시 대 에 듀

독학사 3단계

─ 심리학과 ─

학교심리학

SD에듀
㈜시대고시기획

머리말

심리학은 결코 멀리에 있는 학문이 아닙니다. 심리학은 굳이 전문용어로 다루지 않더라도 이미 우리가 일상 속에서 늘 접하고 있고 행하고 있는 모든 행동, 태도, 현상 등의 연장선상에 있습니다.

심리학 공부란 다른 공부도 그렇겠지만, 우리가 이미 알고 있는 것을 좀 더 체계화하고 세분화하며, 나에게 입력된 지식을 말로 풀어 설명할 수 있게 하고, 더 나아가 이를 실생활에서 응용하기 위하여 필요한 것입니다.

본서는 독학사 시험에서 심리학 학위를 목표로 하는 여러분들을 위하여 집필된 도서로 3단계 전공심화 과목을 다루고 있으며, 시험에 응시하는 수험생들이 효과적인 학습을 할 수 있도록 다음과 같이 구성하였습니다.

01 본서의 구성 및 특징
본서는 독학사 3단계 심리학과를 공부하시는 독자분들을 위하여 시행처의 평가영역 관련 Big data를 분석하여 집필된 도서입니다. 내용이 방대하면서 생소한 심리학의 이론을 최대한 압축하여 가급적이면 핵심만 전달하고자 노력한 것을 특징으로 합니다.

02 빨리보는 간단한 키워드
핵심적인 이론만을 꼼꼼하게 정리하여 수록한 빨리보는 간단한 키워드로 전반적인 내용을 한 눈에 파악할 수 있습니다. 빨리보는 간단한 키워드는 시험장에서 마지막까지 개별이론의 내용을 정리하고 더 쉽게 기억하게 하는 용도로도 사용이 가능합니다.

03 핵심이론 및 실제예상문제
독학학위제 평가영역과 관련 내용을 면밀히 분석한 핵심이론을 제시하였고, 실제예상문제를 풀면서 앞서 공부한 이론이 머릿속에 잘 정리되었는지 확인해 볼 수 있도록 하였습니다. '실제예상문제'를 통해 핵심이론의 내용을 문제로 풀어보면서 3단계 객관식 문제와 주관식 문제를 충분히 연습할 수 있게 구성하였습니다.

04 최종모의고사
최신출제유형을 반영한 최종모의고사 2회분으로 자신의 실력을 점검해 볼 수 있습니다. 실제시험에 임하듯이 시간을 재고 풀어보면 시험장에서 실수를 줄일 수 있습니다.

심리학은 독자의 학습자세에 따라 흥미롭고 매력적인 학문일 수도 아닐 수도 있습니다. 사실, 어떻게 보면 심리학은 지나칠 정도로 방대하고 또한 어렵습니다. 왜 자신이 심리학이라는 분야에서 학위를 받기로 결심하였는지를 우선 명확히 하시고, 그 결심이 흔들릴 것 같으면 그 결심을 바로 세운 뒤에 계속 도전하십시오. 본서를 선택하여 주신 분들께 감사드립니다.

편저자 드림

BDES

독학학위제 소개

독학학위제란?

「독학에 의한 학위취득에 관한 법률」에 의거하여 국가에서 시행하는 시험에 합격한 사람에게 학사학위를
수여하는 제도

- ⊘ 고등학교 졸업 이상의 학력을 가진 사람이면 누구나 응시 가능
- ⊘ 대학교를 다니지 않아도 스스로 공부해서 학위취득 가능
- ⊘ 일과 학습의 병행이 가능하여 시간과 비용 최소화
- ⊘ 언제, 어디서나 학습이 가능한 평생학습시대의 자아실현을 위한 제도
- ⊘ 학위취득시험은 4개의 과정(교양, 전공기초, 전공심화, 학위취득 종합시험)으로 이루어져 있으며 각
  과정별 시험을 모두 거쳐 학위취득 종합시험에 합격하면 학사학위취득

독학학위제 전공 분야 (11개 전공)

※ 유아교육학 및 정보통신학 전공 : 3, 4과정만 개설
※ 간호학 전공 : 4과정만 개설
※ 중어중문학, 수학, 농학 전공 : 폐지 전공으로 기존에 해당 전공 학적 보유자에 한하여 응시 가능

※ 시대에듀는 현재 4개 학과(심리학과, 경영학과, 컴퓨터공학과, 간호학과) 개설 중

독학학위제 시험안내

과정별 응시자격

단계	과정	응시자격	과정(과목) 시험 면제 요건
1	교양	고등학교 졸업 이상 학력 소지자	• 대학(교)에서 각 학년 수료 및 일정 학점 취득 • 학점은행제 일정 학점 인정 • 국가기술자격법에 따른 자격 취득 • 교육부령에 따른 각종 시험 합격 • 면제지정기관 이수 등
2	전공기초		
3	전공심화		
4	학위취득	• 1～3과정 합격 및 면제 • 대학에서 동일 전공으로 3년 이상 수료 (3년제의 경우 졸업) 또는 105학점 이상 취득 • 학점은행제 동일 전공 105학점 이상 인정 (전공 28학점 포함) → 22.1.1. 시행 • 외국에서 15년 이상의 학교교육과정 수료	없음(반드시 응시)

응시 방법 및 응시료

• 접수 방법 : 온라인으로만 가능
• 제출 서류 : 응시자격 증빙 서류 등 자세한 내용은 홈페이지 참조
• 응시료 : 20,400원

독학학위제 시험 범위

• 시험과목별 평가 영역 범위에서 대학 전공자에게 요구되는 수준으로 출제
• 시험 범위 및 예시문항은 독학학위제 홈페이지(bdes.nile.or.kr) – 학습정보–과목별 평가영역에서 확인

문항 수 및 배점

과정	일반 과목			예외 과목		
	객관식	주관식	합계	객관식	주관식	합계
교양, 전공기초 (1～2과정)	40문항×2.5점 =100점	–	40문항 100점	25문항×4점 =100점	–	25문항 100점
전공심화, 학위취득 (3～4과정)	24문항×2.5점 =60점	4문항×10점 =40점	28문항 100점	15문항×4점 =60점	5문항×8점 =40점	20문항 100점

※ 2017년도부터 교양과정 인정시험 및 전공기초과정 인정시험은 객관식 문항으로만 출제

합격 기준

• 1~3과정(교양, 전공기초, 전공심화) 시험

단계	과정	합격 기준	유의 사항
1	교양	매 과목 60점 이상 득점을 합격으로 하고, 과목 합격 인정(합격 여부만 결정)	5과목 합격
2	전공기초		6과목 이상 합격
3	전공심화		

• 4과정(학위취득) 시험 : 총점 합격제 또는 과목별 합격제 선택

구분	합격 기준	유의 사항
총점 합격제	• 총점(600점)의 60% 이상 득점(360점) • 과목 낙제 없음	• 6과목 모두 신규 응시 • 기존 합격 과목 불인정
과목별 합격제	• 매 과목 100점 만점으로 하여 전 과목(교양 2, 전공 4) 60점 이상 득점	• 기존 합격 과목 재응시 불가 • 1과목이라도 60점 미만 득점하면 불합격

시험 일정

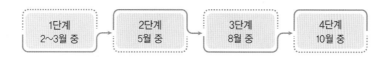

| 1단계
2~3월 중 | 2단계
5월 중 | 3단계
8월 중 | 4단계
10월 중 |

• 심리학과 3단계 시험 과목 및 시험 시간표 (2022년 기준)

구분(교시별)	시간	시험 과목명
1교시	09:00~10:40 (100분)	• 상담심리학 • 심리검사
2교시	11:10~12:50 (100분)	• 산업 및 조직심리학 • 학습심리학
중식	12:50~13:40 (50분)	
3교시	14:00~15:40 (100분)	• 인지심리학 • 중독심리학
4교시	16:10~17:50 (100분)	• 건강심리학 • 학교심리학

※ 시험 일정 및 시험 시간표는 반드시 독학학위제 홈페이지(bdes.nile.or.kr)를 통해 확인하시기 바랍니다.

※ 시대에듀에서 개설되었거나 개설 예정인 과목은 빨간색으로 표시했습니다.

독학학위제 과정

1단계
교양과정 01

대학의 교양과정을 이수한 사람이 일반적으로 갖추어야 할 학력 수준 평가

02 **2단계**
전공기초

각 전공영역의 학문을 연구하기 위하여 각 학문 계열에서 공통적으로 필요한 지식과 기술 평가

3단계
전공심화 03

각 전공영역에서의 보다 심화된 전문 지식과 기술 평가

04 **4단계**
학위취득

학위를 취득한 사람이 일반적으로 갖추어야 할 소양 및 전문 지식과 기술을 종합적으로 평가

GUIDE

독학학위제 출제방향

국가평생교육진흥원에서 고시한 과목별 평가영역에 준거하여 출제하되, 특정한 영역이나 분야가 지나치게 중시되거나 경시되지 않도록 한다.

교양과정 인정시험 및 전공기초과정 인정시험의 시험방법은 객관식(4지택1형)으로 한다.

단편적 지식의 암기로 풀 수 있는 문항의 출제는 지양하고, 이해력·적용력·분석력 등 폭넓고 고차원적인 능력을 측정하는 문항을 위주로 한다.

독학자들의 취업 비율이 높은 점을 감안하여, 과목의 특성상 가능한 경우에는 학문적이고 이론적인 문항뿐만 아니라 실무적인 문항도 출제한다.

교양과정 인정시험(1과정)은 대학 교양교재에서 공통적으로 다루고 있는 기본적이고 핵심적인 내용을 출제하되, 교양과정 범위를 넘는 전문적이거나 지엽적인 내용의 출제는 지양한다.

이설(異說)이 많은 내용의 출제는 지양하고 보편적이고 정설화된 내용에 근거하여 출제하며, 그럴 수 없는 경우에는 해당 학자의 성명이나 학파를 명시한다.

전공기초과정 인정시험(2과정)은 각 전공영역의 학문을 연구하기 위하여 각 학문 계열에서 공통적으로 필요한 지식과 기술을 평가한다.

전공심화과정 인정시험(3과정)은 각 전공영역에 관하여 보다 심화된 전문적인 지식과 기술을 평가한다.

학위취득 종합시험(4과정)은 시험의 최종 과정으로서 학위를 취득한 자가 일반적으로 갖추어야 할 소양 및 전문지식과 기술을 종합적으로 평가한다.

전공심화과정 인정시험 및 학위취득 종합시험의 시험방법은 객관식(4지택1형)과 주관식(80자 내외의 서술형)으로 하되, 과목의 특성에 따라 다소 융통성 있게 출제한다.

독학학위제 단계별 학습법

1단계
평가영역에 기반을 둔 이론 공부!

독학학위제에서 발표한 평가영역에 기반을 두어 효율적으로 이론 공부를 해야 합니다. 각 장별로 정리된 '핵심이론'을 통해 핵심적인 개념을 파악합니다. 모든 내용을 다 암기하는 것이 아니라, 포괄적으로 이해한 후 핵심내용을 파악하여 이 부분을 확실히 알고 넘어가야 합니다.

2단계
시험 경향 및 문제 유형 파악!

독학사 시험 문제는 지금까지 출제된 유형에서 크게 벗어나지 않는 범위에서 비슷한 유형으로 줄곧 출제되고 있습니다. 본서에 수록된 이론을 충실히 학습한 후 '기출복원문제'와 '실제예상문제'를 풀어 보면서 문제의 유형과 출제의도를 파악하는 데 집중하도록 합니다. 교재에 수록된 문제는 시험 유형의 가장 핵심적인 부분이 반영된 문항들이므로 실제 시험에서 어떠한 유형이 출제되는지에 대한 감을 잡을 수 있을 것입니다.

3단계
'실제예상문제'를 통한 효과적인 대비!

독학사 시험 문제는 비슷한 유형들이 반복되어 출제되므로 다양한 문제를 풀어 보는 것이 필수적입니다. 각 단원의 끝에 수록된 '실제예상문제'를 통해 단원별 내용을 제대로 학습했는지 꼼꼼하게 확인하고, 실력점검을 합니다. 이때 부족한 부분은 따로 체크해 두고 복습할 때 중점적으로 공부하는 것도 좋은 학습 전략입니다.

4단계
복습을 통한 학습 마무리!

이론 공부를 하면서, 혹은 문제를 풀어 보면서 헷갈리고 이해하기 어려운 부분은 따로 체크해 두는 것이 좋습니다. 중요 개념은 반복학습을 통해 놓치지 않고 확실하게 익히고 넘어가야 합니다. 마무리 단계에서는 '빨리보는 간단한 키워드'를 통해 핵심개념을 다시 한 번 더 정리하고 마무리할 수 있도록 합니다.

COMMENT
합격수기

> 저는 학사편입 제도를 이용하기 위해 2~4단계를 순차로 응시했고 한 번에 합격했습니다.
> 아슬아슬한 점수라서 부끄럽지만 독학사는 자료가 부족해서 부족하나마 후기를 쓰는 것이 도움이 될까 하여
> 제 합격전략을 정리하여 알려 드립니다.

#1. 교재와 전공서적을 가까이에!

학사학위취득은 본래 4년을 기본으로 합니다. 독학사는 이를 1년으로 단축하는 것을 목표로 하는 시험이라 실제 시험도 변별력을 높이는 몇 문제를 제외한다면 기본이 되는 중요한 이론 위주로 출제됩니다. 시대에듀의 독학사 시리즈 역시 이에 맞추어 중요한 내용이 일목요연하게 압축·정리되어 있습니다. 빠르게 훑어보기 좋지만 내가 목표로 한 전공에 대해 자세히 알고 싶다면 전공서적과 함께 공부하는 것이 좋습니다. 교재와 전공서적을 함께 보면서 교재에 전공서적 내용을 정리하여 단권화하면 시험이 임박했을 때 교재 한 권으로도 자신 있게 시험을 치를 수 있습니다.

#2. 아리송한 용어들에 주의!

강화계획은 강화스케줄이라고도 합니다. 강화계획은 가변비율계획(또는 변동비율계획), 고정비율계획, 가변간격계획(또는 변동간격계획), 고정간격계획으로 나눌 수 있습니다. 또 다른 예를 들어볼까요? 도식은 스키마, 쉐마라고 부르기도 합니다. 공부를 하다보면 이렇게 같은 의미를 가진 여러 용어들을 볼 수 있습니다. 내용을 알더라도 용어 때문에 정답을 찾지 못할 수 있으니 주의하면서 공부하시기 바랍니다.

#3. 시간확인은 필수!

쉬운 문제는 금방 넘어가지만 지문이 길거나 어렵고 헷갈리는 문제도 있고, OMR 카드에 마킹까지 해야 하니 실제로 주어진 시간은 더 짧습니다. 1번에 어려운 문제가 있다고 해서 시간을 많이 허비하면 쉽게 풀 수 있는 마지막 문제들을 놓칠 수 있습니다. 문제 푸는 속도도 느려지니 집중력도 떨어집니다. 그래서 어차피 배점은 같으니 아는 문제를 최대한 많이 맞히는 것을 목표로 했습니다.
① 어려운 문제는 빠르게 넘기면서 문제를 끝까지 다 풀고 ② 확실한 답부터 우선 마킹한 후 ③ 다시 시험지로 돌아가 건너뛴 문제들을 다시 풀었습니다. 확실히 시간을 재고 문제를 많이 풀어봐야 실전에 도움이 되는 것 같습니다.

#4. 문제풀이의 반복!

여느 시험과 마찬가지로 문제는 많이 풀어볼수록 좋습니다. 이론을 공부한 후 실제예상문제를 풀다보니 부족한 부분이 어딘지 확인할 수 있었고, 공부한 이론이 시험에 어떤 식으로 출제될 지 예상할 수 있었습니다. 그렇게 부족한 부분을 보충해가며 문제유형을 파악하면 이론을 복습할 때도 어떤 부분을 중점적으로 암기해야 할 지 알 수 있습니다. 이론 공부가 어느 정도 마무리되었을 때 시계를 준비하고 최종모의고사를 풀었습니다. 실제 시험시간을 생각하면서 예행연습을 하니 시험 당일에는 덜 긴장할 수 있었습니다.

학위취득을 위해 오늘도 열심히 학습하시는 동지 여러분에게도 합격의 영광이 있으시길 기원하면서 이만 줄입니다.

이 책의 구성과 특징

01

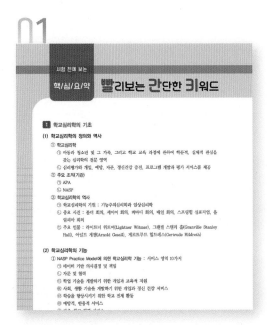

빨리보는 간단한 키워드

'빨리보는 간단한 키워드(빨간키)'는
핵심요약집으로 시험 직전까지 해당 과목의
중요 핵심내용을 체크할 수 있습니다.

02

핵심이론

독학사 시험의 출제 경향에 맞춰 시행처의
평가영역을 바탕으로 과년도 출제문제와
이론을 빅데이터 방식에 맞게 선별하여
가장 최신의 이론과 문제를 시험에
출제되는 영역 위주로 정리하였습니다.

03

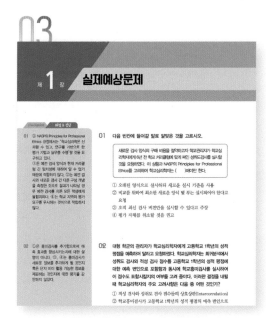

실제예상문제

독학사 시험의 경향에 맞춰 전 영역의 문제를
새롭게 구성하고 지극히 지엽적인 문제나
쉬운 문제를 배제하여 학습자가 해당 교과정에서
필수로 알아야 할 내용을 문제로 정리하였습니다.
'실제예상문제'를 통해 핵심이론의 내용을 문제로
풀어보면서 3단계 객관식 문제와 주관식 문제를
충분히 연습할 수 있게 구성하였습니다.

04

최종모의고사

'핵심이론'을 공부하고, '실제예상문제'를
풀어보았다면 이제 남은 것은 실전 감각
기르기와 최종 점검입니다. '최종모의고사
(총 2회분)'를 실제 시험처럼 시간을 두고
풀어보고, 정답과 해설을 통해 복습한다면
좋은 결과가 있을 것입니다.

목차

빨리보는 간단한 키워드

학교심리학

1 학교심리학의 기초

(1) 학교심리학의 정의와 역사

① 학교심리학
  ㉠ 아동과 청소년 및 그 가족, 그리고 학교 교육 과정에 관하여 학문적, 실제적 관심을 갖는 심리학의 전문 영역
  ㉡ 심리평가와 개입, 예방, 자문, 정신건강 증진, 프로그램 개발과 평가 서비스를 제공
② 주요 조직(기관)
  ㉠ APA
  ㉡ NASP
③ 학교심리학의 역사
  ㉠ 학교심리학의 기원 : 기능주의심리학과 임상심리학
  ㉡ 중요 사건 : 볼더 회의, 세이어 회의, 피바디 회의, 배일 회의, 스프링힐 심포지엄, 올림피아 회의
  ㉢ 주요 인물 : 라이트너 위트머(Lightner Witmer), 그랜빌 스탠리 홀(Granville Stanley Hall), 아널드 게젤(Arnold Gesell), 게르트루드 힐드레스(Gertrude Hildreth)

(2) 학교심리학의 기능

① NASP Practice Model에 의한 학교심리학 기능 : 서비스 영역 10가지
  ㉠ 데이터 기반 의사결정 및 책임
  ㉡ 자문 및 협력
  ㉢ 학업 기술을 개발하기 위한 개입과 교육적 지원
  ㉣ 사회, 생활 기술을 개발하기 위한 개입과 정신 건강 서비스
  ㉤ 학습을 향상시키기 위한 학교 전체 활동
  ㉥ 예방적, 반응적 서비스
  ㉦ 가족-학교 협력 서비스
  ㉧ 발달과 학습의 다양성
  ㉨ 연구 및 프로그램 평가
  ㉩ 법적, 윤리적, 전문적 활동

② 학교 현장 심리학적 서비스의 주요 기능 : 4가지
- ㉠ 직접서비스
- ㉡ 간접서비스
- ㉢ 학교 전체 대상 서비스
- ㉣ 시스템서비스

③ 학교심리학의 10가지 전문성 영역
- ㉠ 자료 기반 의사결정과 책무
- ㉡ 대인 간 커뮤니케이션, 조직화 및 상담
- ㉢ 인지/학업 스킬에 대한 효율적인 지도 및 개발
- ㉣ 사회화 및 생활역량 발달
- ㉤ 발달과 학습에 있어 학생의 다양성
- ㉥ 학교 구조화, 조직화 및 분위기
- ㉦ 예방, 웰빙 증진 및 위기 개입
- ㉧ 가족-학교-지역사회 협력
- ㉨ 연구 및 프로그램 평가
- ㉩ 법률적, 윤리적 사무 및 전문성 개발

(3) 학교심리학자의 역할

① 학교심리학자 : 심리학과 교육학을 특별히 훈련받은 사람으로 학교에서 발생하는 학생 관련 문제 상황을 해결해 가는 전문가

② 학교심리학자의 역할 : 자문, 평가, 개입/상담, 예방, 교육/훈련, 연구 및 계획, 건강관리 준비

③ 학교심리학자의 서비스 대상 : 학생 전체, 학생 개인, 교사, 가족, 지역사회 건강 전문가 및 사회사업 에이전시

④ 학교심리학자의 활동 기관 : 공립·사립학교 기관, 학교 건강센터, 치료실, 병원 등

(4) 학교심리학자의 훈련

① 여러 분야에 대한 기본적인 지식 : 아동 발달, 인간 다양성, 교육법 및 특수교육법, 윤리, 학교심리학의 역사와 최적의 사례 연구, 정보기술, 시스템심리학

② 다방면의 광범위한 스킬 : 독해, 작문, 수학 스킬, 대인 간 커뮤니케이션 및 관계구축 스킬, 과학적 문제해결 스킬

③ 전문화된 기술 : 직·간접서비스 기능에 따른 다양한 기술

④ 예방전략 제안 능력

⑤ 전문지식 개발

2 학교심리학에서의 평가

(1) 학교심리학 평가의 특징

① 심리평가의 의의 : 지능, 성격, 적성, 흥미 등 인간의 지적 능력이나 심리적 특성을 파악하기 위해 양적 또는 질적으로 측정 및 평가를 수행하는 일련의 절차

② 심리평가의 목적 : 분류 및 진단, 자기이해의 증진, 예측

③ 해석 시 유의사항

    ㉠ 전문적인 자질과 경험을 갖춘 사람이 해석할 것

    ㉡ 다른 검사나 관련 자료를 함께 고려하여 결론

    ㉢ 검사결과가 악용되어서는 안 됨

    ㉣ 자기충족예언을 해서는 안 됨

    ㉤ 내담자(수검자)에게 명령을 내리거나 낙인을 찍어서는 안 됨

    ㉥ 규준에 따라 해석할 것

④ 검사도구의 조건

    ㉠ 표준화

    ㉡ 규준

⑤ 객관적 검사와 투사적 검사

    ㉠ 객관적 검사

      • 검사과제가 구조화

      • 제시되는 문항의 내용이나 그 의미가 객관적으로 명료화

      • 수검자가 일정한 형식에 따라 반응

      • 예 : 한국판 웩슬러 성인 지능검사(Korean Wechsler Adult Intelligence Scale, K-WAIS), 한국판 웩슬러 아동용 지능검사(Korean Wechsler Intelligence Scale for Children IV, K-WISC-IV) 등의 지능검사와 미네소타 다면적 인성검사(Minnesota Multiphasic Personality Inventory, MMPI), 마이어스-브릭스 성격유형검사(Myers-Briggs Type Indicator, MBTI), 기질 및 성격검사(Temperament Character Inventory, TCI), 16성격 요인검사(16 Personality Factor, 16PF) 등

    ㉡ 투사적 검사

      • 비구조적 검사 과제를 제시하여 개인의 다양한 반응을 무제한적으로 허용

      • 검사 지시 방법이 간단하고 일반적, 개인의 독특한 심리적 특성을 측정

      • 예 : 로샤검사(Rorschach Test), 주제통각검사(Thematic Apperception Test, TAT), 집-나무-사람검사(House-Tree-Person Test, HTP), 문장완성검사(Sentence Completion Test, SCT), 인물화검사(Drawing A Person Test, DAP) 등

ⓒ 객관적 검사와 투사적 검사의 장단점 비교

구분	객관적 검사	투사적 검사
장점	• 신뢰도와 타당도 수준이 비교적 높음 • 검사의 시행·채점·해석이 용이함 • 검사자나 상황변인의 영향을 덜 받음 • 검사자의 주관성이 배제되어 객관성이 보장됨	• 수검자의 독특한 반응을 이끌어냄 • 수검자의 방어적 반응이 어려우므로 솔직한 응답이 유도됨 • 수검자의 풍부한 심리적 특성 및 무의식적 요인이 반영됨
단점	• 사회적 바람직성(Social Desirability), 반응 경향성(Orientation), 묵종 경향성(Acquie-scence)에 영향을 받음 • 수검자의 감정이나 신념, 무의식적 요인을 다루는 데 한계가 있음 • 문항 내용 및 응답의 범위가 제한됨	• 신뢰도와 타당도의 검증이 어려움 • 검사의 채점 및 해석에 있어서 높은 전문성이 요구됨 • 검사자나 상황변인의 영향을 받아 객관성이 결여됨

(2) 지능평가

① 지능이론

ⓐ 스피어만(Spearman)의 2요인설

ⓑ 손다이크(Thorndike)의 다요인설

ⓒ 서스톤(Thurstone)의 다요인설

ⓓ 길포드(Guilford)의 복합요인설(입체모형설)

ⓔ 카텔과 혼(Cattell & Horn)의 위계적 요인설

ⓕ 가드너(Gardner)의 다중지능이론

ⓖ 스턴버그(Sternberg)의 삼원지능이론

② 개인용 지능검사와 집단용 지능검사

개인용 지능검사	• 수검자 한 사람을 대상으로 실시하도록 되어 있는 검사를 말한다. • 개인용 지능검사에서는 수검자의 행동을 빠짐없이 관찰할 수 있으므로 수검자의 심리 상태나 결함 혹은 장점을 파악하는 데 도움이 된다. • 상대적으로 높은 신뢰성과 타당성, 임상적인 유용성을 기대할 수 있다. • 다만, 실시의 복잡성, 검사자를 위한 고도의 훈련과 기술의 요구, 오랜 검사시간 등의 단점이 있다.
집단용 지능검사	• 한 번에 여러 사람에게 동시에 실시할 수 있도록 구성되어 있는 검사를 말한다. • 검사의 실시와 채점, 해석이 간편하며, 상대적으로 시간 및 비용을 절감할 수 있다. • 선별검사(Screening Test)로 사용하기에 적합하다. • 다만, 검사장면에서 발생할 수 있는 여러 가지 오차 요인을 통제하기 곤란하므로 신뢰성이 떨어지며, 개인용 지능검사에 비해 임상적인 유용성이 낮다.

③ 웩슬러 지능검사
  ㉠ 특징
    • 개인검사
    • 편차지능지수를 사용
    • 병전 지능수준을 추정
    • 객관적 검사
    • 언어성 검사와 동작성 검사로 구성
    • 문맹자도 검사 가능
  ㉡ 종류(최신판 기준)
    • 성인용 : WAIS-IV(Wechsler Adult Intelligence Scale-IV), K-WAIS-IV(Korean Wechsler Adult Intelligence Scale-IV)
    • 아동용 : WISC-IV(Wechsler Intelligence Scale for Children-IV), K-WISC-IV (Korean Wechsler Intelligence Scale for Children-IV)
    • 유아용 : WPPSI-III(Wechsler Preschool & Primary Scale of Intelligence-III), K-WPPSI (Korean Wechsler Preschool & Primary Scale of Intelligence)

(3) 학습 및 진도평가
  ① 학업 어려움이 있는 학습자의 특징 : 낮은 이해력
    ㉠ 낮은 어휘력
    ㉡ 문장 또는 단락 연결에 어려움을 느낌
    ㉢ 새로운 것에 대한 낮은 수용 폭
    ㉣ 추론 및 원인-결과 인식력이 낮은 경우
  ② 학업관련 문제 및 평가
    ㉠ 학습부진, 학습장애
    ㉡ 학업문제의 평가 및 진단을 위한 심리검사
      • 지능검사
      • 교육성취도검사
      • 학습환경진단검사
      • 학습전략검사
      • 학습태도검사
    ㉢ 진단 및 평가절차
      • 호소 문제와 내력 탐색
      • 학업성취도 및 학습 태도에 대한 평가와 행동 관찰

(4) 사회정서 발달 및 성격평가
  ① 발달 : 인간의 생명이 시작되는 수정부터 죽음에 이르기까지 전 생애에 걸쳐 연속해서 일어나는 시간에 따른 변화

② 발달의 특징
 ㉠ 구분 : 양적인 변화 vs 질적인 변화
 ㉡ 결정 요인 : 성숙(Maturation)과 경험(Experience)
③ 발달의 원리
 ㉠ 발달에는 일정한 순서가 있다.
 ㉡ 발달은 일정한 방향으로 진행된다.
 ㉢ 발달에는 개인차가 있다.
 ㉣ 발달은 계속 이루어지지만 그 속도는 동일하지 않다.
 ㉤ 발달에는 결정적 시기가 있다.
 ㉥ 발달은 분화와 통합의 과정을 거친다.
 ㉦ 발달의 각 영역은 서로 밀접하게 관련되어 있다.
④ 발달의 영역과 내용
 ㉠ 신체 발달
 ㉡ 언어 · 인지 발달
 ㉢ 사회 · 정서 발달
⑤ 사회성 발달이론
 ㉠ 프로이트(Freud)의 심리성적 발달이론
 ㉡ 에릭슨(Erikson)의 심리사회적 발달이론
 ㉢ 애착이론
⑥ 사회성 발달 평가
 ㉠ 행동관찰
 ㉡ 표준화검사 및 행동목록
⑦ 정서 발달
 ㉠ 정서의 정의 : 마음이 움직이고 감정이 흔들려서 어떤 행동을 하게 되는 것으로, 여기에는 환경에 대한 지각과 감정의 동요, 그리고 행동이 모두 포함
 ㉡ 정서이론
  • 기본정서이론
  • 기능주의적 접근
  • 학습이론
⑧ 성격평가
 ㉠ 성격의 정의
  • 환경에 대한 개인의 독특한 적응을 결정하는 개인 내의 신체적 · 정신적 체계들의 역동적 조직

- 한 개인이 환경과 상호작용하면서 나타나는 독특하고 일관성이 있으며, 인지적이고 정동적인 안정된 행동양식
- 유전적 요인+학습
ⓛ 성격검사의 종류
- 객관적 검사
  - 미네소타 다면적 인성검사(Minnesota Multiphastic Personality Inventory, MMPI)
  - 마이어스-브릭스 성격유형검사(Myers-Briggs Type Indicator, MBTI)
  - The Sixteen Personality Questionnaire(16PF)
  - The Revised NEO Personality Inventory(NEO-PI-R)
  - 성격평가질문지(Personality Assessment Inventory, PAI)
  - 기질 및 성격검사(Temperament Character Inventory, TCI)
- 투사적 검사
  - 로샤검사(Rorschach Test)
  - 주제통각검사(Thematic Apperception Test, TAT)
  - 인물화검사(Draw A Person, DAP)
  - 집-나무-사람 그림검사(House-Tree-Person, HTP)
  - 문장완성검사(Sentence Completion Test, SCT)

(5) 행동평가
① 행동관찰의 종류
  ㉠ 통제적 관찰 vs 비통제적 관찰
  ㉡ 자연관찰 vs 조직적 관찰
  ㉢ 참여관찰 vs 비참여관찰
② 사회성 측정
  ㉠ 사회성 측정의 필요성
    - 한 아동의 미래 적응지표
    - 아동기 또래 관계와 성인기의 정신건강 간 밀접한 관련성
    - 예방적 개입의 필요 여부
    - 부적응 문제가 있는 학생 확인(선별)
    - 초기 사회성 발달과 청소년기 및 성인의 문제와의 관련성
  ㉡ 사회성 측정 방법
    - 동료지명법
    - 동료평정법
    - 추인법

(6) 프로그램평가

① 정의 : 어떤 프로그램에 대한 기본적인 의문에 대한 대답을 위한 체계적인 정보의 수집, 분석 및 사용법

　㉠ 과정평가

　㉡ 결과평가

② 프로그램평가의 이유

　㉠ 무엇이 잘 기능하였는지와 무엇이 잘못 기능하였는지를 발견

　㉡ 지역사회와 자금 제공자에게 그 프로그램이 가치가 있다는 것을 보여주기 위하여 프로그램 결과를 활용

　㉢ 프로그램 시행자의 최전방 실무를 개선

　㉣ 프로그램의 수용력을 증대

　㉤ 학교 밖 시간에 대한 정보

③ 학교심리학 프로그램평가의 특징(Smith-Harvey와 Struzziero)

　㉠ 서비스의 종합적인 품질에 대한 피드백을 제공

　㉡ 서비스의 향상 요구의 종류를 식별

　㉢ 절차적 영역이나 프로그램 영역에서의 향상을 주도

　㉣ 전문성 개발에 도움

　㉤ 전문적 인식에 대한 기회를 제공

　㉥ 학교심리학 서비스의 효율성 증진에 이바지

④ 학교심리학 프로그램평가 저해 요인

　㉠ 학교심리학자 감독자의 지식・경험 부족

　㉡ 학교심리학자 감독자가 너무 많은 수의 학교심리학자를 감독하는 경우

　㉢ 학교심리학자가 데이터 수집을 소홀히 할 경우

　㉣ 학교심리학 프로그램평가가 너무 단편적일 경우

3 학교심리학에서의 예방

(1) 학생문제에 대한 예방적 접근의 필요성

① 예방의 정의

　㉠ Caplan(1964)

　　• 일차 예방 : 문제가 발생하기 전 전체에 개입하는 것

　　• 이차 예방 : 위기가 있을 것으로 추정되는 사람 혹은 작은 문제를 가진 것으로 밝혀진 사람에 개입하는 것

　　• 삼차 예방 : 본격적인 문제를 가지고 있는 사람에 개입하는 것

② 학교 예방 프로그램
- ㉠ 학생 중심 프로그램
- ㉡ 생태학적 시스템 활용 접근
- ㉢ 다중적인 접근법

③ 성공적인 예방 프로그램의 특징
- ㉠ 프로그램 유형/결과물 합치(Program Type/Outcome Match)
- ㉡ 효과를 위한 시간(Sufficient Length)
- ㉢ 적정한 타이밍(Appropriately Timed)
- ㉣ 사회문화적 관련성(Socioculturally Relevant)
- ㉤ 포괄성(Comprehensive)
- ㉥ 다양한 방법론의 조합(Incorporate a Variety of Methods)
- ㉦ 구조화된 매뉴얼/커리큘럼(Structured Manuals/Curricula)
- ㉧ 시행의 고품질(High Quality Implementation)
- ㉨ 효과가 있다는 증거(Evidence of Effectiveness)
- ㉩ 결과평가 포함(Outcome Evaluation Included)

④ 효과적인 예방 프로그램의 사례
- ㉠ 개별화한 학생 교육(Individualizing Student Instruction)
- ㉡ Olweus의 왕따 예방 프로그램(Olweus Bullying Prevention Program)
- ㉢ 분노대처 프로그램(Anger Coping Program)
- ㉣ 세컨드 스텝―중학교 버전(Second Step―Middle School Version)
- ㉤ 싱크 퍼스트(Think First)

(2) 학생문제 예방을 위한 전략과 방법
① 예방 개입 시 고려하여야 할 중요한 사항
- ㉠ 개입 시점
- ㉡ 예방 개입의 형태 : 개인, 집단, 가족
- ㉢ 예방 개입의 범위
- ㉣ 예방 개입의 장소
- ㉤ 기본적인 예방 개입 가이드라인

② 예방 문제를 다루기 위한 근본적인 질문
- ㉠ 학교에서 직면할 가능성이 있는 문제는 무엇인가?
- ㉡ 학교의 예방 활동에 있어 단기적 목표와 장기적 목표는 무엇인가?
- ㉢ 예방 프로그램은 어떤 학생을 대상으로 하는가?
- ㉣ 학교 예방 활동과 지역사회 수준의 예방 활동은 어떤 관련성이 있는가?

4 학교심리학에서의 개입

(1) 학교심리학 개입의 과정과 절차
① 개입 절차
- ㉠ 지역사회에 학생이 가진 문제를 설명
- ㉡ 개입 대상 학생을 식별
- ㉢ 개입이 가능한 환경을 셋팅
- ㉣ 목표와 단기 목표를 설정
- ㉤ 개입방법 선택
- ㉥ 자원 배치
- ㉦ 지역사회 지원 요청
- ㉧ 개입 활동 및 자료 구체화
- ㉨ 스태프 고용 및 훈련
- ㉩ 진행 과정 모니터링
- ㉪ 개입 성공 여부 평가

(2) 상담 : 개인상담과 집단상담
① 심리학 상담이론
- ㉠ 정신분석상담
- ㉡ 개인주의상담
- ㉢ 형태주의상담(게슈탈트상담)
- ㉣ 행동주의상담
- ㉤ 합리적 · 정서적 행동치료
- ㉥ 인지치료
- ㉦ 인간중심상담
- ㉧ 실존주의상담
- ㉨ 해결중심단기치료

② 개인상담의 일반적 과정
- ㉠ 초기 과정
- ㉡ 문제해결 과정
- ㉢ 종결

③ 상담에서 의사소통의 특성
- ㉠ 공감적 이해
- ㉡ 존중
- ㉢ 진실성
- ㉣ 구체성
- ㉤ 직면
- ㉥ 자아개방
- ㉦ 즉시성

④ 상담적 대화 기법
　㉠ 비수용적 대화 : 사용하지 않기
　㉡ 이해와 수용의 대화
　㉢ 나의 생각과 감정을 표현하는 대화(I-메시지)
⑤ 집단상담
　㉠ 비교적 정상적인 범위에 속하는 사람들 대상
　㉡ 전문적인 상담자
　㉢ 상호신뢰와 허용적인 분위기
　㉣ 자기 이해와 수용, 개방을 촉진
　㉤ 집단 구성원 간 상호작용
　㉥ 개인의 태도 및 행동의 변화를 통한 문제해결과 함께 잠재능력의 개발을 도모하는 것
⑥ 집단상담의 원리
　㉠ 자기이해
　㉡ 자기수용
　㉢ 자기개방
　㉣ 자기평가
　㉤ 자기도전
⑦ 집단상담의 일반적인 과정
　㉠ 제1단계 : 시작단계
　㉡ 제2단계 : 갈등단계
　㉢ 제3단계 : 응집단계
　㉣ 제4단계 : 생산단계
　㉤ 제5단계 : 종결단계

(3) 학부모 상담

① 학부모 상담의 의의 : 학부모의 웰빙증진뿐만 아니라 자녀의 웰빙증진에도 도움을 주고자 하는 것
② 학부모 상담의 원리
　㉠ 학부모와 학교심리학자는 동료이며 한 팀
　㉡ 부모의 불편한 심경을 이해
　㉢ 성공적인 학부모 상담을 위해 평소의 준비가 필요
　㉣ 학부모 유형에 따른 접근
　㉤ 학생과 부모의 특성 및 상황에 따라 다양하게 접근
　㉥ 문제 식별 및 우선순위 결정
　㉦ 추수상담

③ 학부모 상담기법
  ㉠ 공감적 이해
  ㉡ 존중
  ㉢ 일치성
  ㉣ 질문
  ㉤ 재진술
  ㉥ 구조화
  ㉦ 역할연습

(4) 문제 유형별 개입 전략

① 개입의 목표
  ㉠ 행동 변화의 촉진
  ㉡ 적응 기술의 증진
  ㉢ 의사 결정 기술의 함양
  ㉣ 인간관계의 개선
  ㉤ 학생의 잠재력 개발
  ㉥ 자아정체감 확립
  ㉦ 긍정적 자아개념 형성
  ㉧ 건전한 가치관 정립

② 학생문제 유형별 개입 전략
  ㉠ 비행 : 학생 자신은 물론 가족, 또래, 학교 및 지역사회를 모두 포함하는 광범위한 지
    원망을 구축하여 통합적으로 운영
  ㉡ 학업 : 학습동기와 자기효능감을 촉진하고, 학습하는 데 필요한 정보처리, 통제 및 조
    절 능력을 길러주고, 학습 수행을 시작하고 이를 지속하게 하는 전략
    • 학습 내용 구조화 전략
    • 학습 관리 전략
    • Dansereau의 협동학습전략(MURDER 전략)
    • Derry와 Murphy의 학습전략
    • McKeachie 등의 학습전략
  ㉢ 진로 : 심리검사 활용, 정보/검색 활용 등
  ㉣ 대인관계
    • 정서적 상담전략
    • 인지적 상담전략
    • 행동적 상담전략

5 학교심리학에서의 자문

(1) 자문의 정의와 필요성

① 자문의 정의 : 어떠한 특정한 문제나 상황에 대해 전문가의 의견을 듣거나 소견을 묻는 것

② 자문의 특징

ㄱ 자문자와 의뢰인의 관계는 임의적·한시적

ㄴ 자문가는 피자문자나 그의 책임 업무와 관련이 있음

ㄷ 자문가는 관련 업무의 전문가로서 피자문자 개인보다는 그가 제시한 문제를 중점적으로 다루어야 함

ㄹ 자문가는 주로 간접적인 역할 수행

③ 자문의 유형

구분	특징
비공식적 동료집단 자문	• 심리학자나 임상가는 동료집단 내 다른 전문인에게 비공식적인 자문을 요청할 수 있다. • 도전적인 임상사례에 대한 보다 효과적인 치료전략의 수립을 위해 이루어진다.
내담자 중심 사례자문	• 심리학자나 임상가는 환자의 치료 및 보호에 대한 책임감을 가지고 환자의 특별한 요구를 효과적으로 충족시키기 위해 자문을 요청할 수 있다. • 자문가는 다른 분야의 전문가나 치료자로부터 환자의 치료를 위한 자문을 요청받기도 하며, 치료의 책임을 부여받기도 한다.
피자문자 중심 사례자문	• 내담자나 환자의 임상적인 문제보다는 피자문자의 관심사가 주요 요인으로 작용한다. • 피자문자의 경험부족이나 정보부족, 오류나 실수 등이 토론의 주제가 된다.
프로그램 중심 행정자문	• 내담자나 환자 중심의 개인 사례보다는 프로그램 자체에 중점을 둔 자문에 해당한다. • 심리학자나 임상가는 내담자나 환자를 위한 집단치료프로그램의 구성 및 진행과정에 대한 자문을 구할 수 있다.
피자문자 중심 행정자문	• 어떤 조직 내에 소속되어 있는 피자문자가 조직의 행정이나 인사 등의 행정적인 업무에 대해 자문을 요청할 수 있다. • 자문가는 특정 조직의 효율적인 행정업무가 이루어지도록 지도 및 훈련을 제공하며, 경우에 따라 변호인으로서의 역할을 수행하기도 한다.

④ 자문의 일반적 과정

ㄱ 제1단계 : 질문의 이해

ㄴ 제2단계 : 평가

ㄷ 제3단계 : 개입

ㄹ 제4단계 : 종결

ㅁ 제5단계 : 추적

⑤ 학교 자문의 특성

ㄱ 협력적 vs 지시적

ㄴ 자격인정 기준 : 학교심리학자는 자문을 위하여 지식과 기술을 갖추어야 함

(2) 교사 자문

① 기본 원칙

㉠ 지원 전략
- 인센티브
- 작은 일부터 시작
- 수용/실행 가능성
- 성공한 데이터 보여주기
- 학생에 대한 도움의 당위성 이해시킴

㉡ 관계 구축
- 주의 기울이기(Attending)
- 적극적인 숙고적 경청(Reflective Listening)
- 공감하기(Being Empathetic)
- 질문하기(Questioning)

② 교사 자문의 특징

㉠ 3자성과 간접성

㉡ 자발성

㉢ 비위계성

㉣ 차별화된 책임

③ 교사 자문의 목적

㉠ 1차 예방

㉡ 2차 예방

④ 교사 자문 모형

㉠ 정신건강 자문(Mental Health Consultation)

㉡ 행동 자문(Behavioral Consultation)

㉢ 조직 자문(Organizational Consultation)

(3) 학부모 자문

① 학부모 자문의 특징

㉠ 협력적인 문제해결 과정을 통하여 이행되는 간접적인 서비스 전달

㉡ 치료가 아닌 업무에 초점

㉢ 자문 관련자 : 자문가(=학교심리학자), 의뢰인(=학부모), 클라이언트(=학생)

㉣ 동등성과 상호의존성이 수반된 자발적이고 협력적인 관계

② 학부모 자문 모형

　　㉠ 행동 자문(Behavioral Consultation)

　　㉡ 연합 행동 자문(Conjoint Behavioral Consultation)

③ 학부모 유형에 따른 파트너십 전략 : 지지자, 부재자, 정치인, 커리어 메이커, 박해자, 슈퍼
학부모

④ 학부모 교육 프로그램

　　㉠ 효율적인 부모역할 수행을 위한 체계적 훈련(Systematic Training for Effective Parenting,
STEP)

　　㉡ 부모효율성훈련(Parent Effectiveness Training, PET)

　　㉢ 적극적 부모역할훈련(Active Parenting, AP)

(4) 법적 및 윤리적 문제 자문

① 학교심리학 실무와 관련된 법률

　　㉠ 장애인교육법(Individuals with Disabilities Education Act, IDEA) : 공법 94~142의 후신

　　㉡ 가족교육권 및 프라이버시에 관한 법률(Family Educational Rights and Privacy Act,
FERPA)

　　㉢ 미국 재활법(Rehabilitation Act) 504조

　　㉣ 미국 장애인법(Americans with Disabilities Act, ADA)

　　㉤ 낙제학생 방지법(No Child Left Behind Act, NCLB)

② 중요한 판례

　　㉠ Schaffer v. Weast

　　㉡ Tarasoff v. Regents

　　㉢ Larry P. v. Riles

　　㉣ S1 v. Turlington Case

③ 윤리 가이드라인

　　㉠ APA : APA Ethics Code(2011)

　　㉡ NASP : NASP Principles for Professional Ethics(2010)

④ 정보의 보호

　　㉠ 내담자 관련 비밀보장 의무

　　㉡ 비밀보장 의무 예외

　　　• 내담자나 내담자 주변인에게 닥칠 위험이 분명하고 위급한 경우

　　　• 법원의 명령이 있는 경우

제 **1** 장

학교심리학의 기초

I wish you the best of luck

독학사 심리학과 3단계

합격의 공식
온라인 강의

잠깐!

혼자 공부하기 힘드시다면 방법이 있습니다.
시대에듀의 동영상강의를 이용하시면 됩니다.
www.sdedu.co.kr → 회원가입(로그인) → 강의 살펴보기

제 1 장 학교심리학의 기초

제 1 절 학교심리학의 정의와 역사

1 학교심리학의 정의

(1) 학교심리학이란?

① 학교심리학은 교육자와 학부모가 함께 학생의 정신건강과 학습의욕을 증진시키기 위한 목적으로 교육심리학, 발달심리학, 임상심리학, 지역사회심리학과 행동분석학의 원리를 응용한 심리학의 한 분야이다.

② 미국심리학회(American Psychological Association, APA)의 정의에 따르면, 학교심리학은 아동과 청소년 및 그들의 가족, 그리고 학교 교육의 과정에 관하여 학문적, 실제적 관심을 갖는 심리학의 한 전문 영역으로서, 심리평가와 개입, 예방, 정신건강 증진, 프로그램 개발과 평가 서비스를 제공하여, 아동과 청소년들이 건강한 발달을 이루고 효과적인 교육적 및 심리적 서비스를 받을 수 있도록 긍정적인 학습 환경을 도모하는 분야이다.

③ 미국 학교심리학자들의 또 다른 대표적 단체인 전국학교심리학자연합회(National Association of School Psychologists, NASP)에서는 학교심리학자가 모든 아동들이 안전하고 건강한 그리고 지지적인 환경에서 학습할 수 있도록 하기 위하여 교사, 학부모, 행동건강 전문가들과 함께 팀을 이루어 자신이 가진 지식과 기술을 사용하는 전문가로 기술되고 있다.

④ 우리나라에서는 2002년 한국심리학회 산하 분과학회로 학교심리학회가 설립되어 운영되고 있다.

(2) 주요 조직

학교심리학 분야에서 매우 중요한 기관으로 APA 및 NASP가 있다. 두 조직 모두 학교심리학자에게 매우 중요하지만, 각자의 기관은 서로 강조하는 부분과 강령에 있어 차이가 있다.

① **APA**

APA는 1892년 설립되어 모든 심리학 분야를 대표하여 활동하고 있는 조직으로, 시작 당시에는 겨우 26명의 회원이 있었지만 해가 거듭될수록 회원이 증가하여 1981년경 이미 53,000여 명의 회원이 가입하고 있었다.

심리학은 일반적으로 철학, 물리학, 생리학의 세 분야에 기반을 둔 학문으로 인정받고 있으며, 미국 심리학의 역사는 서로 상충되는 이론, 관점, 주안점으로 대표되지만, 이 중에서 특히 두 가지 상호관련된 트렌드가 학교심리학에 있어 중요하다(학문적-과학적 관심 vs 응용적-전문적 관심의 심리학 내 두 입장 간의 논쟁, APA 내의 관심 분야 다양성의 증가).

ⓙ 학문적-과학적 관심 vs 응용적-전문적 관심

심리학이 조직화된 이래 심리학의 일차적 본질이 과학 지향인지 전문성 지향인지에 대한 문제는 끊임없이 논란이 되어 왔다. 학문적-과학적 관심을 추구하는 입장에서는 학문적 심리학 지식을 개발하고 보급하는 것에 관심을 두고 있는 반면, 응용적-전문적 관심을 추구하는 입장에서는 구체화된 대상 집단에 서비스를 전달하는 것에 관심을 두고 있다.

ⓛ APA 내 관심 분야 다양성

APA는 현재 56개 분과를 운영하고 있으며 그중 16번째 분과가 학교심리학 분과이다. 참고로, 한국심리학회는 총 15개 분과를 운영하고 있으며 그중 11번째 분과가 학교심리학 분과이다.

🗐 참고 ➕

16분과

16분과(학교심리학 분과)는 1944년 정식 분과로 편입되었으며, 학교심리학의 발생 초기에 학교심리학자의 자격 및 훈련에 대한 가이드라인을 만들어 학교심리학의 실무에 대하여 정의하는 역할과, 세이어 회의를 지원하여 학교심리학의 훈련 및 실무에 대한 개념적 토대를 구성하는 등의 중요한 역할을 수행하였다.

> **APA의 심리학 분과 명칭**
> 1. Society for General Psychology
> 2. Society for the Teaching of Psychology
> 3. Society for Experimental Psychology and Cognitive Science
> 5. Quantitative and Qualitative Methods
> 6. Society for Behavioral Neuroscience and Comparative Psychology
> 7. Developmental Psychology
> 8. Society for Personality and Social Psychology
> 9. Society for the Psychological Study of Social Issues(SPSSI)
> 10. Society for the Psychology of Aesthetics, Creativity and the Arts
> 12. Society of Clinical Psychology
> 13. Society of Consulting Psychology
> 14. Society for Industrial and Organizational Psychology
> 15. Educational Psychology
> 16. School Psychology
> 17. Society of Counseling Psychology
> 18. Psychologists in Public Service
> 19. Society for Military Psychology
> 20. Adult Development and Aging
> 21. Applied Experimental and Engineering Psychology
> 22. Rehabilitation Psychology
> 23. Society for Consumer Psychology
> 24. Society for Theoretical and Philosophical Psychology
> 25. Behavior Analysis
> 26. Society for the History of Psychology
> 27. Society for Community Research and Action : Division of Community Psychology
> 28. Psychopharmacology and Substance Abuse

29. Society for the Advancement of Psychotherapy
30. Society of Psychological Hypnosis
31. State, Provincial and Territorial Psychological Association Affairs
32. Society for Humanistic Psychology
33. Intellectual and Developmental Disabilities/Autism Spectrum Disorders
34. Society for Environmental, Population and Conservation Psychology
35. Society for the Psychology of Women
36. Society for the Psychology of Religion and Spirituality
37. Society for Child and Family Policy and Practice
38. Society for Health Psychology
39. Psychoanalysis
40. Society for Clinical Neuropsychology
41. American Psychology-Law Society
42. Psychologists in Independent Practice
43. Society for Couple and Family Psychology
44. Society for the Psychological Study of Lesbian, Gay, Bisexual and Transgender Issues
45. Society for the Psychological Study of Culture, Ethnicity and Race
46. Society for Media Psychology and Technology
47. Society for Sport, Exercise and Performance Psychology
48. Society for the Study of Peace, Conflict and Violence : Peace Psychology Division
49. Society of Group Psychology and Group Psychotherapy
50. Society of Addiction Psychology
51. Society for the Psychological Study of Men and Masculinity
52. International Psychology
53. Society of Clinical Child and Adolescent Psychology
54. Society of Pediatric Psychology
55. American Society for the Advancement of Pharmacotherapy
56. Trauma Psychology
*4분과와 11분과는 다른 분과에 흡수되는 등의 이유로 더 이상 기능하지 않기 때문에 현재 공란으로 남아 있다.

② NASP

NASP는 주로 박사 학위를 소지하지 않은 실무 위주 학교심리학자에 의하여 APA에서 충족할 수 없는 전문적 요구를 위하여 구성한 조직이다. NASP를 시작하게 된 촉매제 역할을 한 것은 오하이오 주 학교심리학자연합회의 한 그룹으로, 이들에 의해 1968년 3월 오하이오주, 콜럼버스에서 열린 회의를 통해 일 년 뒤인 1969년 3월 NASP가 공식적으로 출범하게 되었다. 1969년 24개 주에서 온 400명의 참석자는 몇 가지 중요한 문제를 구체화하였다.

㉠ 학교심리학이 많은 주에서 전문적 조직을 구축하고 있으나, 이를 아우르는 커뮤니케이션 네트워크가 없거나 빈약하다.

㉡ 그때까지의 학교심리학 영역에서의 전문 조직은 비조직적이고, 혼란스럽고, 무계획적으로 성장하고 있는데, 이는 공평하지 않은 주별 성장 차이와 이 상황을 해결할 인력과 재정의 부족에서 기인한다.

ⓒ 아동 및 청소년의 정신건강과 교육 개발을 장려하는 것이 많은 잠재력을 가지고 있음에도 불구하고, 미국 내 학교심리학 실무 시행에 있어 보편적이고 정의된 목적이 없다.

ⓔ 박사학위를 소지하지 않은 학교심리학자는 국가적인 정체성과 이들의 전문성에 직면한 문제에 대처할 수 있는 수단이 필요하다.

③ APA vs NASP

위에서 언급한 두 조직은 이제 학교심리학자의 훈련, 훈련 프로그램의 인가, 서비스 전달의 기준, 학교심리학자의 자격인정, 전문적 실무에 대한 윤리적 기준 등을 개발하는 데 있어 명확한 위치를 점하고 있다. 다음 표에서는 APA와 NASP의 지침 문서가 비교/제시되고 있다.

[학교심리학자를 위한 APA와 NASP의 지침 문서 명칭]

분류	APA	NASP
훈련 혹은 인가 기준	• Criteria for Accreditation of Doctoral Training Programs and Internships in Professional Psychology • Accreditation Handbook	• Standards for Field Placement Programs in School Psychology • Standards for Training Program in School Psychology
서비스 전달 및 자격인정 기준	• Standards for Providers of Psychological Services • Specialty Guidelines for the Delivery of Services by School Psychologists	• Standards for Credentialing in School Psychology • Standards for the Provision of School Psychological Services
윤리적 기준	Ethical Principles of Psychologists	Principles for Professional Ethics

기본적으로 두 조직은 자신들의 역사, 전통, 지향점에서 차이가 있기 때문에 중요한 여러 가지 문제들에 있어 다른 입장을 취하고 있다. 다음의 네 가지 문제는 APA와 NASP가 서로 어떻게 다른 입장을 취하는지를 보여주는 단적인 사례이다.

ⓐ 학교심리학의 계보 : APA는 학교심리학자는 학교라는 환경에서 기능하기는 하지만 심리학자라는 입장으로, 학교심리학은 일반 심리학에서 직접적으로 분파한 영역이라는 입장을 취한다. 이와 달리, NASP는 학교심리학은 심리학과 교육학을 혼합한 영역이라는 입장으로, 학교심리학자는 심리학자이자 교육자이기도 하다는 입장을 취한다.

ⓑ 전공 vs 직업 : APA는 학교심리학자가 독자적으로 전문적인 역할을 하는 치료자라기보다는 심리학적 실무를 진행하는 전문가라는 입장을 취하는 한편, NASP는 학교심리학을 심리학과 교육학 양쪽과 관련된 (하지만 양쪽 영역의 어떤 정체성에도 의존하지 않는) 독립적인 직업이라는 입장을 취했다.

ⓒ 자율적인 실무를 위한 진입 수준 : APA에서는 박사 수준(박사학위 소지자)의 실무자들에게만 감독 없이 자율적으로 일하는 것을 허용하였다. 한편, NASP에서는 공립학교 및 사설 기관에서 감독이 필요 없는 자율적인 실무를 할 수 있는 자격을 6년 훈련 경험 혹은 전문가 수준으로 명시하였다. APA와 NASP는 학교심리학 훈련생의 감독 자격에 있어서도 다른 입장을 취하였는데, APA가 박사 수준의 훈련을 통해 충분히 감독 가능한 능력이 갖춰진다고 본 반면, NASP는 박사 학위 자체만으로 감독 역량을 평가하는 것은 타당하지 않으며 전문적인 감독자는 학위 수준보다는 입증된 역량에 근거하여 선택하여야 된다는 입장이었다.

ⓡ 학교심리학에서의 직함 : APA에 따르면 전문적인 심리학자는 박사 학위 소지자로 정의된다. 이 조건을 충족하지 못할 경우, APA의 정책에 따라 심리학자라는 호칭은 사용할 수 없으며, 제안된 다른 직함의 사례로 "학교심리학 조사관(School Psychological Examiner)", "학교심리학 기사(School Psychological Technician)", "학교심리학 보조원(School Psychological Assistant)" 등이 있다. NASP는 자신의 기관명을 따서 "National Association of School Psychological Personnel(약칭 NASPP)"로 명칭을 변경할 것을 제안하였다.

역사가 긴 APA와 상대적으로 짧은 역사를 가지고 있는 NASP는 적대적인 관계라고 하기보다는 중요한 문제가 있을 때마다 커뮤니케이션 네트워크를 구성하고, 협력 및 상호 이득이 될 수 있는 활동을 촉진하는 형태로 학교심리학의 발전을 위하여 서로를 개방하는 방식으로 활동하고 있다.

(3) 학교심리학과 학교상담의 차이

학교심리학과 유사한 분야로 언뜻 보기에는 별 차이가 없어 보이는 학교상담과의 차이점은 다음과 같다.

세분화된 정의에 따르면 학교심리학과 학교상담은 중요한 차이가 있는데 우선 학교심리학은 특수한 요구에 맞게 고안된 영역으로 학교심리학자는 주로 이러한 특수성을 위하여 일하게 된다. 즉, 학교심리학자는 학생을 평가하여 구별하며, 평가로 구별된 특이점이 있는 학생을 모니터링하고 학업을 위한 계획을 세워주며 사회-정서적으로 개입하는 역할을 주로 하게 된다. 또한, 학교심리학자는 학급과 학교 기능이 보다 효율적으로 운영될 수 있도록 하는 데 데이터를 활용하며, 학생이 행동에 문제를 보이거나 학업에 문제가 있을 경우 교사들과 상담하여 해결책을 찾는다.

한편 학교상담은 특수한 학생이 아닌 학생 전체를 위한 영역으로 볼 수 있다. 이런 측면에서 학교상담교사는 학생이 도전하고 성공할 수 있도록 격려하는 역할을 주로 수행한다. 중·고등학교에서 학교상담교사는 학생이 마약, 알코올과 또래집단의 압력을 견디도록 돕는다. 이보다 저학년에서 학교상담교사는 학생에게 사회적 기술을 훈련시키거나 장래 목표를 확실히 할 수 있도록 도와준다.

> **❗ 더 알아두기 🔍**
>
> 두 분야 간 차이점이 거론되기는 하였으나 오늘날 학교심리학자가 제공하는 서비스에는 특수학생뿐만 아니라 학생 전체를 위한 서비스도 포함되어 있어 어떤 학생을 다루는지에 대한 점에서의 구분은 희미해지고 있다고 볼 수 있다.

2 학교심리학의 역사

	특수교육 시작		1차 훈련프로그램	1차 박사프로그램, APA & AAAP 개설	APA의 16번째 분과		NASP 개설	공법 94-142	국가자격 개설	치료에서 개입으로 방향 전환
사회개혁		WWI								

1900　1910　1920　1930　1940　1950　1960　1970　1980　1990　2000

　　　　　　　　　혼성기　　　　　　　　　　　　　　독립기

학교심리학 타임라인 : 혼성기(1890~1969)는 학교심리학이 특수학급에 대한 심리교육적 평가라는 역할만이 두드러진 채 여러 종류의 교육학과 심리학이 뒤섞인 시기이다. 독립기(1970~현재)는 학교심리학이라고 불리는 안정적인 전문집합체를 구성하여 많은 학교심리학자를 양산해 내고 각종 문헌과 프로그램, 국가 차원의 단체들이 설립된 시기이다.

(1) 학교심리학의 기원

학교심리학의 역사는 19세기 말경 미국심리학의 시작으로 거슬러 올라간다. 당시에 심리학은 기능주의와 임상심리 분야가 주도하고 있었으며 학교심리학의 모태가 된 것이 기능주의 심리학이었다. 학교심리학자는 아동행동, 학습과정, 그리고 기능장애 및 뇌 자체도 연구주제로 보았다. 학교심리학자는 행동의 원인과 이것이 학습에 미치는 효과를 이해하고자 하였다. 또한 학교심리학은 1890년경 시작한 임상심리학의 최초 사례라고 할 수 있다. 임상심리학자와 학교심리학자는 아동의 삶의 질을 개선시키기 위해 협력하는 데 있어 서로 다른 접근법을 사용한다. 임상심리학자는 대부분의 관심이 정신건강에 있으나 학교심리학자는 학교학습과 행동문제에 역점을 둔다.

학교심리학의 확립을 가속화시킨 것은 19세기 사회개혁운동이다. 사회개혁운동을 통해 의무교육, 소년법원, 아동노동법과 아동 관련 기관의 필요성이 증대되었다. 의무교육법 이전에는 아동 중 겨우 20%만이 초등교육을 이수하였으며 고등교육 이수율은 8%에 불과하였다. 의무교육법으로 강제하여 특수아(정신지체아, 신체장애아)도 학교교육을 받게 되었으며 이런 아동에게는 대안적인 교수법이 요구되었다. 1910년과 1914년 사이에 도시 및 지방에 이런 아동을 위한 특별학급이 개설되었고 특수교육이 필요한 아동의 선별을 위한 전문가가 필요하게 되었다. 결국 이것이 학교심리학이 확립된 계기가 되었다.

(2) 중요한 사건들

① 볼더 회의(Boulder Conference)

응용 분야 심리학의 전문성에 대하여 구체적으로 논의한 첫 번째 회의로 1949년 미국 콜로라도주의 볼더에서 개최된 2주 기간의 회의였다. 이 회의는 학교심리학 그 자체에 초점을 둔 것은 아니었지만, 이 회의에서 나온 아이디어는 학교심리학자를 훈련시키는 기관들 사이에서 오늘날까지 유지되고 있다. 볼더 회의의 주된 목표는 심리학 응용 분야인 임상, 상담, 그리고 학교심리학의 박사과정 훈련 프로그램을 평가하고 승인하기 위한 절차를 상의하는 것이었다. 아마도 학교심리학 분야에서 얻은 가장 중요하고 지속적인 결과는 응용 심리학자를 점차 전문 과학자로 인정하려고 하는 아이디어였을 것이다. 즉, 대학원 프로그램은 과학적 심리학의 배경을 지닌 개업 심리학자가 아니라, 치료 활동을 하는 과학자를 훈련시키는 것을 장려하게 되었다. 또한 이 회의는 구체적인 훈련에 대한 아웃라인을 제시하였는데, 이는 임상가(Clinician)를 훈련하는 필수적인 요소이기도 하였다.

더 알아두기

이 당시의 임상가라는 용어는 학교에서 일하는 대부분의 심리학자에게 정확하게 적용 가능한 것으로, 학교심리학자가 행하고 있었던 것이 임상심리학의 영역으로부터 온 것이었기 때문이다.

② **세이어 회의(Thayer Conference)**

1954년 8월, 학교심리학에 대하여 구체적으로 다룬 최초 주요 회의가 미국 뉴욕 주, 웨스트포인트의 세이어 호텔에서 개최되었다. "세이어 회의"로 알려진 이 회의는 학교심리학자의 역할과 기능에 대한 명확한 입장을 정하고 학교심리학자를 훈련시키는 데 있어 필수적인 요소를 구체화하는 것을 주된 주제로 삼았다. 볼더 회의의 모형을 활용하여 회의 참가자는 학교심리학자의 활동에 있어 독자적인 측면을 기술하고, 학교심리학자의 역할을 위하여 가장 적합한 훈련을 결정하고자 하였다.

이 회의의 배경은 학교심리학이 그때까지는 아직 어린 전문분야로 학교심리학자로 분류되는 전문가도 극소수였고 이를 위한 훈련 프로그램도 극소수에 불과하였다는 점이다. 학교심리학은 이 회의를 통하여 자신의 최초의 정체성을 찾고자 하였다.

㉠ 세이어 회의에서 다루어진 문제

첫 번째 문제는 용어 문제로, 세이어 회의 당시에 "학교심리학자"는 아주 모호한 용어로 이 분야에서 능력을 갖추고 활동하고 있는 사람의 수도 정확하게 계산하는 것이 어려울 정도였다(인원이 많아서가 아니라 학교심리학이라는 분야와 학교심리학자의 역할에 대한 정의가 구체적으로 내려져 있지 않은 시기였기 때문).

두 번째 문제는 학교심리학 분야에 대한 구체적 훈련의 기회가 거의 없다는 사실이었다. 고등 교육기관 겨우 다섯 곳에서 학교심리학 박사과정을 개설한 정규 프로그램을 운영하고 있었고, 이 밖에 13군데 기관이 석사 수준의 훈련을 제공하고 있었다.

폭넓게 논의된 세 번째 문제는 불충분한 "분류" 문제와 자격과 관련된 것이었다. 그때까지만 해도 학교심리학자는 여러 가지 다른 호칭으로 불리고 있었으며, 미국의 12개 주와 컬럼비아특별구(미국의 수도 워싱턴의 소재지로 연방 정부의 직할지)만이 학교심리학자에 대한 자격 규정을 명기하고 있었다. 세이어 회의의 참가자는 훈련 프로그램을 인가할 사실상의 기준과 절차가 부재한다는 것에 대하여 논의하였다.

이 문제의 초점은 학교심리학자의 고용 조건 및 적합한 역할 및 기능을 정의하는 것에 있었다. 전문가의 리더 집단이 기준을 설립하는 것에 관여하고, 이 기준을 통해 충분히 잘 훈련된 사람이 각자의 자리에 있게 될 것이 보증되어야 한다. 이 회의 참가자가 우려한 것은 "스스로를 학교심리학자라고 부르지만 자격을 검증 받지 못한 사람들이 제공하는 저품질의 서비스"로 인해 학생과 전문가가 피해를 당하는 것이었다.

㉡ 세이어 회의의 조직

세이어 회의의 참가자는 학교심리학자의 트레이너와 다양한 수준에서 서비스를 제공하고 심리학적 관심 영역을 다루는 의사 등이었다. 48명의 참가자 중 21명은 학교심리학자이거나 학교심리학자였던 사람들이었고, 9명은 학교심리학자의 슈퍼바이저, 그리고 19명은 학교심리학자의 트레이너였다. 임상심리학이 가장 대표적인 전문 분야였고, 참가자 중 30명은 임상심리학자였거나 임상심리학자인 사람들이었다.

9일의 회의 일정 중 첫 번째 날은 예비 강연이 주를 이루었다. 첫 번째 날 이후 5일간은 아래의 5가지 문제에 대한 소집단 회의로 구성되었다(1. 역할 정의 2. 역량의 구체화 3. 선택, 훈련, 경험 4. 행정적, 전문적 관계 5. 전문성 개발, 승인/인가 절차). 마지막 3일 동안은 결과 보고와 중요한 문제에 대한 설명으로 이루어졌다.

ⓒ 권고안

정책 수립과 조치에 대한 몇 가지 권고안이 세이어 회의의 결과로 도출되었다. 이 회의가 있은 후 1955년부터 학교심리학은 많은 변화를 이루었다.

- 정의 : 세이어 회의의 결과로 학교심리학자와 그 역할의 정의에 대한 합의가 이루어졌다. 학교심리학자는 "모든 학생의 경험 및 성장을 풍부하게 하고 예외적인 학생을 인지하고 다루는 데 있어 학교교직원을 돕기 위하여 평가, 학습, 그리고 대인 간 관계에 대한 구체적인 지식을 사용하는 교육 분야에서 훈련 받고 경험을 쌓은 심리학자"로 정의되었다(Cutts, 1955).

- 역할 : 학교심리학자가 다양한 방법으로 자신의 특별한 지식을 적용하는 것이 인정되었으나, 학교심리학자의 기능에서 필수적인 요소는 학생의 정신건강을 증진하는 것이라고 설명되었다. 그리고 평가를 수행하고 평가 데이터에 근거하여 치료법을 기획하는 것이 학교심리학자의 일차적 활동으로 명시되었다. 또한 학교심리학자에 있어 연구 활동은 "활동의 도구이자 도덕적인 의무"로 묘사되었다.

  이러한 기능을 수행하는 데 있어 학교심리학자는 모든 종류의 특수한 학생과 일하고 있다는 것이 강조되었다. 하지만, 학교심리학자가 어느 정도까지 정서적으로 장애가 있는 학생을 위해 일하여야 하는지와 그와 같은 학생이 받아야 할 서비스의 종류에 대하여서는 합의가 이루어지지 않았으며, 이에 대한 논란은 오늘날까지 지속되고 있다.

  끝으로, 학교심리학자의 목표는 "가능한 한 최대 수의 학생에 대한 최고의 조정"을 용이하게 하는 것이어야 한다는 것에 대한 합의가 이루어졌다. 이것을 위해, 학교심리학자는 앞서 언급한 기능 이외에도 학교 커리큘럼과 교수 방법에 대한 자문가 역할, 교사, 교장 및 다른 학교교직원이 학생을 돕는 것을 지원하는 역할 등도 수행하여야 한다.

- 자격 : 학교심리학자로서 고용될 자격에 대하여서는 구체적인 설명이 없었고, 단지 박사 수준의 학교심리학자 혹은 학교심리학에 보다 한정하여 훈련을 받은 사람에 대한 요구가 있다는 것에 대한 일반적인 동의가 있었다. 따라서 학교심리학자를 훈련하는 대학에 대한 두 가지 수준의 훈련이 권고되었는데, 이는 4년 기간 박사 과정 프로그램과 2년 과정 석사 과정 프로그램이다. 각 주에서 적합한 검정 기준을 채택할 것과 훈련 프로그램의 충실성을 보증할 수 있는 전문가에 의한 인가 시스템이 수립되어야 한다는 것도 강력하게 권고되었다.

- 훈련 : 두 가지 수준의 훈련에 대한 권고안에 더해, 모든 훈련 프로그램은 학교에서의 경험적 지식과 교사 직무에 대한 공감을 위해 실습 과목을 포함할 것이 제안되었다. 회의 참가자 중 일부는 실제 교수(Teaching) 경험도 필수적이라고 주장하였지만 대부분은 교육에 대한 포괄적인 이해로 충분하다는 입장이었다.

훈련 프로그램에 대한 다양성도 촉구되었다. 회의 참가자들은 학교심리학처럼 걸음마 단계의 영역은 보편적인 가이드라인 안에 여러 가지 훈련 모형을 넣어 이를 검증할 필요가 있다고 생각하였다. 인턴십의 감독도 박사 프로그램의 필수적인 요소로 권고되었다. 석사 학위 프로그램에 대하여서는 최소 반년간의 감독 하에 이루어진 실습 경험이 권고되었다.

- 세이어 회의 요약 : 세이어 회의는 학교심리학자의 "자격과 훈련"에 대하여 논의를 시작한 단계의 회의로 이 회의를 통하여 학교심리학자는 학교의 필수적인 존재가 되는 방법을 찾기 위하여 새로운 프로그램으로 훈련되는 것을 허락받게 되었다. 그만큼 세이어 회의는 학교심리학에 있어 커다란 역사적인 의미를 가지는 회의라고 할 수 있다.

③ **피바디 회의(Peabody Conference) 및 베데스다 회의(Bethesda Conference)**

학교심리학에 있어 새로운 방향성을 제시한 역할을 한 회의 중 하나로 1963년 조지피바디 교원대학(George Peabody College for Teachers)에서 개최된 피바디 회의는 학교심리학 분야의 인턴십에 대하여 논의한 자리였다. 미국 국립정신보건원(National Institute of Mental Health)에서 지원한 이 회의는 학교심리학 영역의 훈련과 관련된 몇 가지 중요한 문제를 논의의 장으로 끌어내는 역할을 하였다. 1964년의 베데스다 회의는 APA의 16분과가 조직한 회의로, 이 회의에서는 세이어 회의에서 논의를 시작한 학교심리학자의 역할 및 기능에 대한 논의가 계속하여 이어졌다.

④ **배일 회의(Vail Conference)**

1973년 심리학 분야의 전문가 양성의 수준과 패턴에 대하여 논의한 회의가 배일 회의로, 학교심리학 분야만 다룬 회의는 아니었지만 1949년 볼더 회의에서 논의된 Ph.D. 모형의 대안으로 Psy.D.(Doctor of Psychology)를 지지함으로써 훈련 프로그램에 대한 새로운 방향을 제공하였다. 새롭게 제안된 이 박사학위는 많은 학교심리학자들에게 어필할 수 있었는데, 그 이유는 연구에 대하여 그 전만큼 강조하지 않으면서 실무자로서의 기술 개발에 대하여 역점을 두고 있었기 때문이다. 학교심리학에 있어 배일 회의의 또 다른 중요한 점은 훈련 수준에 대한 것으로 석사 수준의 심리학자도 APA 정회원으로 받아들여지게 되었다는 점이다.

⑤ **스프링힐 심포지엄(Spring Hill Symposium)**

1980년 스프링힐 심포지엄이 개최될 당시의 미국사회는 1954년 세이어 회의 당시와는 사회적, 정치적으로 매우 달랐던 시기였다. 세이어 회의 당시에 비해 많은 문제가 있다는 것에는 변함이 없었으나, 그러한 문제들은 법률, 정치, 경제, 사회적 변화의 관점에 비추어 다른 방식으로 고려되어야 했다. 학교심리학이 1954년에 전문가로서의 정체성을 확립할 필요가 있었던 반면, 1980년 이 심포지엄의 초점은 앞으로 다가올 세대에서 사회의 요구를 충족하기 위하여 학교심리학 분야의 적합한 서비스를 제공하고 학교심리학자를 훈련시키는 것을 논의하는 것이었다.

㉠ 회의 당시 사회적 배경

- 사회적 가치의 변화 : 사회 가치의 변화는 필연적으로 학교의 목표/목적을 변화시키게 된다. 사회적 가치, 선택, 혹은 선호는 결코 정적인 것이 아니기 때문에, 결과적으로 교육의 목표/목적은 이에 맞추어 끊임없이 변화하게 된다. 스프링힐 심포지엄의 참가자는 이 문제에 주목하였고, 학교가 점차 사회적 변화의 주요 에이전트로서 기능하게 될 것이라고 기대하였는데, 사회적 평등을 가져오고, 빈곤, 비고용, 인종차별, 전쟁을 없애는 역할을 할 것으로 기대하였다.

- 사회적, 정치적 제도의 변화 : 가족이라는 형태가 사라져가는 사회적 제도인지에 대한 의견에는 차이가 있으나, 이혼 통계, 가족 패턴의 변화, 그 밖에 다른 지표는 이때의 "평균적 미국 가족"은 예전의 그것과는 다르다는 것을 나타내고 있었다. 결국, 이러한 변화는 학교심리학자가 학생과 그들의 가족에게 행하는 실무의 방향에 영향을 미칠 수 있는 것이었다. 어떤 제도로 볼 것인지에 따라 학교심리학자의 관여도가 결정될 수 있기 때문이다.
  그 밖에 1954년 세이어 회의 이래 계속되었던 미국 정부의 성장은 학교심리학에 있어 중요한 의미를 가지는 것이었다. Bevan(1981)은 "교육 문제와 정책에 대한 정부의 전방위 개입"은 학교심리학자에 있어 "가장 우려스러운" 문제라고 설명할 만큼 그 당시의 학교심리학자에게는 큰 문제였다.
- 다문화주의와 인종차별 : 미국사회는 점차 "복수인종"이 되어가면서 다인종, 다민족 모형을 인식하고 수용하는 사회 및 교육에 대한 운동이 진행되고 있었다. 동시에, "백인우월주의" 모형에 대한 생각도 여전히 진행 중이었다. 이 현상이 학교심리학자에게 직면하게 한 문제는 "백인 우세의 미국사회에서 살아갈 모든 학생을 준비시키는 동시에, 문화, 민족, 인종차별에 의한 기준으로 판단되지 않을 권리를 인정하고 존중하도록 요구받았다."는 것이다.
- 경제적인 고려사항 : 스프링힐에서 논의된 것 중 특히 중요한 것으로 당시의 경제 상황에 대한 것이 있는데, 이 시기는 높은 인플레이션, 높은 비율의 비고용으로 교육이 취약하던 시기였다. 이 시기에 정부는 교육비 예산을 삭감하였고, 특히 다른 기본적인 서비스 영역과는 달리 꼭 필요하지 않다고 고려되었던 학교심리학 영역에서의 삭감 비율이 컸다.
  이 밖에, 공립학교 시스템에 대한 학부모 및 다른 납세자 간 불만족도가 커지고 있었기 때문에 학교심리학자는 왜 자신들이 "사치스럽기만 하고 비용만 많이 드는" 사람들이 아닌지를 입증하여야만 했던 시기였다.
  경제적인 상황은 학교심리학자의 서비스 전달 시스템에도 영향을 주었는데, 많은 학교심리학자가 여러 군데 학교 소속을 겸임하게 되었다. 결국, 그들은 수업일 동안 이 학교 저 학교로 돌아다녀야 했고 시골 학교인 경우에 상황은 더 심각하였다.
- 소송과 입법 : 이때는 수년 전부터 교육과 관련한 법정 소송의 수와 법률이 가파른 비율로 증가하고 있던 시기였다. 원래 법원은 학교에 대해 불간섭주의 정책을 유지하고 있었으나, 이 무렵에는 법률에서 다양한 학교 문제를 다루고 있었다.
  이 당시 학교심리학자들 사이에 잘 알려진 법정 사례로는 캘리포니아주 학교들이 교육이 가능한 정신박약아를 위한 반에 흑인 학생을 배치하기 위한 기본 검사로 지능검사를 사용할 수 없게 된 판례가 있다. 학교심리학에 있어 이 판례의 영향은 매우 컸는데, 이 검사가 학교심리학자가 가장 빈번하게 사용하는 도구이기 때문이었다.
ⓒ 스프링힐 심포지엄의 조직
  스프링힐 심포지엄은 미네소타주, 웨이자타의 스프링힐 컨퍼런스 센터에서 1980년 6월 4일에서 8일까지 개최되었다. 미국 22개 주, 컬럼비아 자치구, 캐나다 앨버타주 등에서 온 69명의 학교심리학자가 참석하였다. 거의 모든 참석자가 현재 학교심리학자이거나 한때 학교심리학자로 일하였던 경험이 있었다.

ⓒ 스프링힐 심포지엄에서 다루어진 문제

이 심포지엄 참가자의 주요 관심사는 (i) 학교심리학 실무를 위한 목표 및 역할 (ii) 윤리적, 법률적 문제 (iii) 학교심리학자의 프로페셔널리즘 (iv) 훈련 프로그램의 내용 (v) 책임의 5가지로 요약될 수 있다.

ⓓ 학교심리학 실무를 위한 목표 및 역할 : 스프링힐 심포지엄의 구체적인 주제를 살펴보면 다음과 같다.

- 학교심리학자는 학생과 학교 과정에 있어 어떤 종류의 서비스를 가능한 한 효율적으로 제공할 수 있는가?
- 효율적인 서비스가 제공될 수 있는 조건은 무엇인가?
- 효율적인 서비스 제공을 위한 환경적 조건들은 어떻게 만들어질 수 있는가?
- 전문적 심리학 실습을 위하여 적합한 엔트리 레벨(Entry Level)은 무엇인가?

ⓜ 윤리적, 법률적 문제 : 이 문제는 스프링힐 심포지엄에서 많은 주목을 받은 문제로 전문성 기준 혹은 역량의 어느 정도 선까지 현재의 소송 및 법률에 대하여 타협이 가능할지에 대한 것이었다. 참가자들은 공법 94-142조(Public Law 94-142)에 대한 우려를 나타냈는데, 이 조항은 개별 학생에 있어 비싼 비용을 지불하는 심리측정 검사를 강제화하게 하는 것이었다.

더 알아두기

1975년 미국에서 제정된 장애아동교육법(Education of All Handicapped Children's Act 혹은 공법 94-142)으로 학습지진아 등의 장애 아동에게 교육에서의 기회 균등 및 무상의 특별 서비스를 할 수 있도록 하였다.

스프링힐 심포지엄에서 다룬 주요 윤리적 문제는 학생에 대한 결정을 내릴 책임과 관련된 것이었다. 학생을 구별해야 하는 것에 대한 책임, 어떤 학생이 평가를 받아야 할지를 결정하여야 할 책임, 그리고 사용될 진단 절차를 구체화하는 것에 대한 책임 등과 관련된 이 문제는 학교심리학자의 영역을 어디까지 정의할 수 있는지와 맞물린 문제이기도 했다.

ⓑ 학교심리학의 전문화 : 스프링힐 심포지엄의 참가자들은 학교심리학의 전문화와 관련된 여러 가지 문제에 초점을 맞추었는데 학교심리학의 어디까지가 독자적인 전문성 영역인지, 전문적 학교심리학 조직이 수행하여야만 하는 역할, 정책과 입법에 영향을 주는 학교심리학자의 역할, 학교심리학 영역에서 자격을 인정받는 문제, 전문가 간(학교심리학자와 다른 영역의 전문가), 전문가 내(학교심리학자와 학교심리학자) 커뮤니케이션 문제가 그것이었다. 학교심리학이 다른 심리학 분야와 너무 겹치지 않는 독자적인 전문 영역이라는 것에 보편적인 동의가 있는 한편으로, 전문적인 다원성에 대한 공감 및 수용도 있었다.

ⓢ 훈련 문제 : 심포지엄 참가자들은 그 당시 훈련 시스템에 대하여 비판적이었으며, 두 가지의 입장이 도출되었다. 한 입장은 기법 및 활동 지향 훈련 프로그램에서의 전문성 증대를 요구하는 입장이었으며, 다른 한 입장은 범위 확대 및 다양화를 요구하는 입장이었다.

◎ 책임 : 학교심리학자가 자신의 실무 타당성에 대하여 어느 정도까지 책임이 있는지와 관련된 문제이다. 심포지엄의 모든 참가자가 실무에 대한 타당화 과정의 필요성 및 업무 효율성을 위한 문서의 타당화를 시작할 필요가 있다는 것에 동의하였다.

ⓩ 권고안

스프링힐 심포지엄의 조직위원회는 이 심포지엄이 "학교심리학 분야에 대하여 집중적으로 생각하고 향후 이에 대한 관심을 끌 수 있는 계기"로 작용하기를 희망하였다. 이 때문에, 이 심포지엄은 주로 그 당시에 안고 있던 문제에 대하여 토의하고 이를 명확하게 하는 것에 소요되었지만 이로 인하여 공식적인 권고안을 명시하지는 않았다.

ⓩ 스프링힐 심포지엄 요약

스프링힐 심포지엄에서는 학교심리학자의 미래에 대한 전반적인 평가 및 토론이 이루어졌다. 참가자는 "학교심리학의 목표와 역할, 윤리적·법적 문제, 학교심리학자의 전문성, 훈련프로그램의 콘텐츠, 학교심리학자의 책임"에 대하여 논의하였다. 이 심포지엄에서는 학교심리학 분야의 전문가들끼리 그리고 기관들끼리 커뮤니케이션하는 것의 중요성이 논의되었다. 또한 문제아동을 돕기 위하여 학교심리학 분야만이 아닌 타분야 전문가와의 협력도 강조되었다.

⑥ 올림피아 회의(Olympia Conference)

1981년 가을, 위스콘신주, 오카너모왁의 올림피아 리조트에서 개최된 올림피아 회의는 전년도에 있었던 스프링힐 심포지엄의 추적회의로 볼 수 있다. 참가자들은 "학교심리학은 미래에 차이를 만들어 낼 수 있다(School Psychology Can Make a Difference in the Future)"라는 회의 주제에 초점을 맞추어 학교심리학의 미래에 대한 검토로 스프링힐 심포지엄에서 시작하였던 것을 계속하여 논의하였다. 이 회의의 저변에 있는 사회적, 경제적, 정치적 문제는 전년도와 크게 달라진 것이 없었지만, 미국 사회의 경기침체 및 교육에 대한 국가의 우선권 실행 관련 새로운 법안은 회의 참가자의 입장에서는 긴급한 문제였다.

스프링힐 심포지엄 참가자 전체를 포함하여 APA의 16번째 분과 및 NASP, 그리고 각 주를 대표하는 350명이 이 회의에 초대되었다. 다른 학교심리학 회의와는 달리, 올림피아 회의는 개인적, 경제적, 정치적 미래에 대한 전망을 제시하는 활동으로 시작하였다. 10명의 소집단으로 나누어 미래에 대한 대안적 시나리오와 학교심리학자가 직면하게 될 중요한 문제에 대한 조치를 고안하는 방식으로 이틀째 회의가 진행되었다. 회의 셋째 날에는 참가자들이 네트워크를 형성하여 자신의 분야에서 특별히 관심이 있는 영역에 대한 가능한 행동 방안에 대하여 논의하였다. 이 회의에서도 스프링힐 심포지엄에서처럼 구체적인 권고안을 명시하지는 않았으나, 조직위원회와 참가자는 학교심리학의 미래에 대하여 설계한 올림피아 회의가 실제 행동을 이끄는 데 도움을 줄 수 있기를 강하게 희망하였다. 올림피아 회의의 중요성은 회의 참가자에게 학교심리학의 가능한 미래를 이해하고 그것을 설계할 힘을 준 것과 더불어, 참가자들이 협력할 기회 및 미래의 행동 방안을 설계하기 위한 네트워크를 구성할 수 있도록 하는 기회를 제공한 것이라고 볼 수 있다.

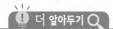

올림피아 회의 요약

전년도에 개최된 스프링힐 심포지엄의 추적회의이기도 했던 이 회의의 주요 목적은 스프링힐 심포지엄에서 다룬 주제였던 전문가의 책임, 정치적 행동, 공적 관계, 협력 및 연구와 관련된 것을 계속하여 논의하였다. 이 회의의 중요한 점은 다른 전문가와 협력하고 지식을 공유할 기회를 제공한 것이었다.

(3) 학교심리학 확립에 기여한 주요 인물

① 라이트너 위트머(Lightner Witmer)

학교심리학의 창시자로 알려져 있다. 빌헬름 분트(Wilhelm Wundt)와 제임스 맥킨 카텔(James Mckeen Cattell)의 제자이기도 하다. 카텔의 개인차를 강조하는 입장을 따랐으며 개별 아동의 욕구에 대한 학습에 초점을 두었다. 위트머는 1896년 펜실베니아대학에 최초의 심리 아동 지도 클리닉을 열었고, 이것의 주요 목적은 교육현장에서 아동학습문제를 해결할 수 있도록 지원하는 심리학자를 양성하는 것이었다.

② 그랜빌 스탠리 홀(Granville Stanley Hall)

학교심리학에 있어 위트머가 아동에 초점을 두었다면 홀은 예외적인 아동과 관련된 행정가, 교사 및 학부모에 더 초점을 두었다. 홀은 심리학이 학교심리학의 행정시스템 적용 수준에 기여할 수 있을 것으로 생각하였고 정상적인 아동의 개념을 정의하는 아동연구운동(Child Study Movement)을 창시했다. 아동연구를 통해 개인의 결함이 선천적인 것인지 후천적인 것인지에 대한 논쟁이 일어나기도 했다.

③ 아널드 게젤(Arnold Gesell)

아동연구운동과 임상심리, 그리고 특수교육의 교량 역할을 한 게젤은 미국에서 최초로 공식적인 학교심리학자 직함을 얻은 사람이다. 게젤은 아동 평가와 특수 교수법을 제안함으로써 심리학과 교육학을 잘 접목시켰다.

④ 게르트루드 힐드레스(Gertrude Hildreth)

힐드레스는 1930년 집필한 "Psychological Service for School Problems"라는 제목의 최초의 학교심리학 서적을 포함하여 다수의 책을 집필하였다. 이 책을 통하여 학교에서 인지된 문제를 설명하는 데 심리학이라는 학문을 적용할 수 있다는 점을 다루었다. 이 책의 논점은 학습결과를 증진시키는 데 교육심리학을 응용할 수 있다는 것이었다. 힐드레스는 심리학적 기법을 적용하여 해결될 수 있는 11가지의 문제를 기술하였는데 학급 지도 문제, 성취 평가, 검사 결과의 해석, 최적의 결과를 위해 학생들을 집단 지도하는 법, 진로 지도, 커리큘럼 개발 및 뛰어난 학생 찾아내기 등이었다. 특히 힐드레스는 부모와 교사 협력의 중요성을 강조하였다.

제 2 절 학교심리학의 기능

학교심리학의 기능, 즉 학교심리학의 기능을 이해하기 위해서는 먼저 앞서 잠시 언급된 NASP와 NASP에서 만든 학교심리학 관련 모형을 개략적으로 이해할 필요가 있다.

1 NASP

미국의 전국 학교심리학자 연합회(National Association of School Psychologists)로 약칭 NASP로 불리는 이 단체는 세계 최대 규모의 가장 영향력 있는 학교심리학자의 조직이다. 세계 44개국에서 약 26,000명 이상의 회원이 가입되어 있다.

> **NASP의 강령 및 목표**
> • 강령 : NASP는 학교심리학을 대표하는 기관으로서 모든 아동과 청소년의 학습 및 정신 건강의 증진을 위하여 학교심리학자를 지원한다.
> • 모토 : "아동이 최선의 성취를 할 수 있도록 돕는다. 학교 환경에서. 집에서. 그리고 그들의 인생에서."
> "Helping children achieve their best. In school. At home. In life."
> • 목표
>   – 전문적인 역량(Professional Competency)
>   – 애드보커시 활동(Advocacy)
>   – 다양성(Diversity)
>   – 구성원 서비스(Member Services)
>   – 운영 우수성(Operational Excellence)
>   – 외부 커뮤니케이션 및 전문적 관련성(External Communications & Professional Relations)

더 알아두기

> 학교심리학자의 애드보커시 활동이란 학생 및 그 가족의 권리와 복지를 옹호하고 자신의 권리를 주장하지 못하거나 하지 않는 학생 혹은 가족을 위해 목소리를 내는 활동을 말한다. 또한, 애드보커시는 학교심리학자가 자신의 학교 학생 및 다른 학교 학생, 그리고 그 가족을 이롭게 할 수 있는 학교, 시스템, 그리고 법률에서의 변화를 촉구하기 위해 심리학적이고 교육학적인 전문성을 사용하는 것을 의미하기도 한다.

(1) NASP의 전문성 제공 영역

① 정책과 입법에 대한 요구

② 훈련, 활동, 윤리에 대한 기준

③ 전문 출판과 자원

④ 전문적 개발

⑤ 국가 전문자격증(National Professional Credential, NCSP)

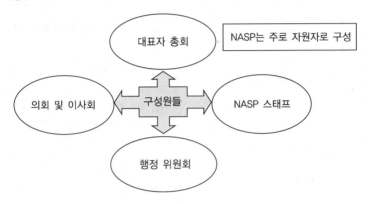

[NASP의 조직 구조]

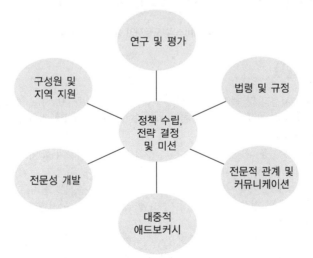

[NASP 공공 정책 전망도]

(2) 학교심리학 서비스의 포괄적인 통합 모형(Model for Comprehensive and Integrated School Psychological Services, NASP Practice Model)

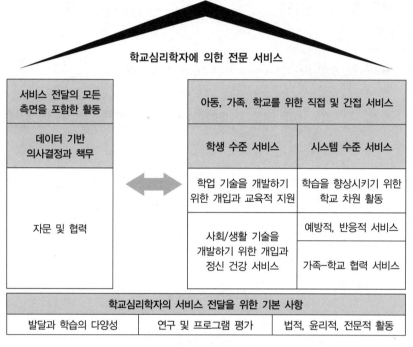

[학교심리학 서비스의 포괄적인 통합 모형 도식]

더 알아두기

① 데이터 기반 의사결정 및 책임 : 학생/학교의 장점 및 요구를 구별하고, 효과적인 서비스 및 프로그램을 개발하고, 절차 및 결과를 측정하기 위한 평가와 데이터 수집에 대한 다양한 모형 및 방법론에 대한 지식
　예 문제해결 틀의 사용, 학생 수행 데이터의 수집 및 검토, 학교의 학생 향상 데이터 분석, 시행 과정의 정확성 평가, 타당하고 신뢰로운 평가 등
② 자문 및 협력 : 개인, 가족, 집단, 시스템에 적용할 수 있는 자문, 협력, 그리고 커뮤니케이션에 대한 다양한 모형 및 전략에 대한 지식 및 효율적으로 서비스를 시행할 수 있도록 하는 방법론에 대한 지식
　예 가족, 교사와 상담 및 협력, 지역사회 관련자와의 조정, 필요한 변화에 대한 홍보 작업 등
③ 학업 기술을 개발하기 위한 개입과 교육적 지원 : 학업 기술, 학습, 인지, 발달 과정, 그리고 증거 기반(=이미 앞서 실행된 사례에서 효과를 거둔 적이 있다는 것을 의미함) 커리큘럼 및 교육적 전략에 대한 생물학적, 문화적, 사회적 영향에 대한 지식
　예 학생 관여와 학업을 증진시키기 위한 증거 기반 개입의 시행, 다양한 학습자를 위한 교육적 전략의 사용 촉진, 결과 평가를 위한 데이터 사용 등

④ 사회, 생활 기술을 개발하기 위한 개입과 정신 건강 서비스 : 행동과 정신건강에 대한 생물학적, 문화적 및 사회적 영향에 대한 지식, 학습과 생활 기술에 대한 행동적, 정서적 영향에 대한 지식, 사회-정서적 기능과 정신건강을 증진시키기 위한 증거 기반 전략에 대한 지식

  예 개별 학생의 사회적, 정서적, 행동적 웰빙을 개선하기 위한 증거 기반 개입의 실행, 실행의 정확성 모니터링, 검사를 통해 위험 상황 가려내기 등

⑤ 학습을 향상시키기 위한 학교 전체 활동 : 학교 및 시스템 구조, 조직, 이론, 일반교육과 특수교육, 기술적 자원에 대한 지식, 학습과 정신건강을 증진시키기 위한 증거 기반 학교 활동에 대한 지식 등

  예 학교 전체를 위한 예방 및 증진 프로그램의 시행, 긍정적 학교 분위기를 증진시키는 정책 및 활동에 대한 노력 등

⑥ 예방적, 반응적 서비스 : 학습과 정신건강에서의 탄력성(=회복력) 및 위험 요인들과 관련된 원리와 연구에 대한 지식, 다양한 단계를 가진 예방 활동을 지원하는 학교 및 지역사회의 서비스, 효율적인 위기 반응에 대한 증거 기반 전략 등

⑦ 가족-학교 협력 서비스 : 가족 시스템, 요구, 문화와 관련된 원리와 연구에 대한 지식, 학생의 학습과 정신건강에 대한 가족 영향력을 증가시키기 위한 증거 기반 전략, 가족과 학교 간 협력을 증가시키기 위한 전략 등

  예 학부모와 연락 및 관여시키기, 문화적·언어적 차이를 존중하도록 촉진하고 이에 적합한 서비스 제공 등

⑧ 발달과 학습의 다양성 : 개인차, 능력, 장애, 그 밖에 다양한 특징들에 대한 지식, 문화, 배경, 개인/역할 차이에 관한 요인을 포함한 학생, 가족, 학교의 다양성 요인에 관련된 원리와 연구에 대한 지식, 다양성과 관련된 서비스를 증진하고 잠재적인 영향을 설명하는 증거 기반 전략에 대한 지식

  예 문화적으로 역량 있고 반응적인 서비스를 제공, 학교 정책 및 프로그램에서 공정성과 사회적 정당성 증진 등

⑨ 연구 및 프로그램 평가 : 연구 설계, 통계, 측정, 다양한 데이터 수집 및 분석 기법에 대한 지식과 연구에 대한 이해 및 응용 환경에서 데이터를 적용하기 위해 충분한 프로그램 평가에 대한 지식

  예 학생 수행에 있어 서비스가 미치는 영향에 대한 데이터 수집, 프로그램 평가 지원, 교사의 의미 있는 학생 데이터 수집 지원 등

⑩ 법적·윤리적·전문적 활동 : 학교심리학의 역사와 기능에 대한 지식, 여러 가지 서비스 모형과 방법론에 대한 지식, 법적·윤리적·전문적 기준에 대한 지식, 학교심리학자로서의 전문적 정체성과 효율적인 활동과 관련된 다른 요인들에 대한 지식

  예 법적 문제와 관련한 많은 지식, 규정 지키기, 전문성 개발에 몰두, 슈퍼비전과 멘토링 받기 등

NASP의 NASP Practice Model(NASP, 2010a)은 포괄적인 학교심리학 서비스의 이행에 대한 NASP의 공식 정책을 대표하는 모형이다. 이 모형은 NASP의 Standards for Graduate Preparation of School Psychologists(NASP, 2010e), Standards for the Credentialing of School Psychologists (NASP 2010d), 그리고 Principles for Professional Ethics(NASP, 2010c)와 함께 활용하도록 되어 있는데, 이는 미국 학교심리학자의 대학원 교육, 증명서 발행, 전문적 활동 및 윤리적 행동을 가이드하는 통일된 전국 차원의 원칙을 제공하기 위함이다.

실무 모형이 필요한 이유

- 학교심리학자가 학교 관리자 및 정책 입안자와 학교심리학 서비스에 대하여 커뮤니케이션할 수 있는 조직적이고 일관성 있는 틀을 제공
- 학교심리학자가 자신의 역할을 명확히 알릴 수 있는 수단을 제공
- 학교심리학자로부터 받을 수 있는 서비스의 종류를 구체적으로 기술함으로써 일관된 서비스 실행을 촉진
- 학교심리학자에게 우수한 서비스에 대한 방향을 제공
- 학교심리학자가 지속적인 전문성 개발을 할 수 있도록 하는 지침을 제공

---

(3) Blueprint III

학교심리학의 훈련 및 활동의 미래 방향에 대하여 가이드하는 틀로 기능하는 Blueprint 시리즈의 시작인 Blueprint for Training and Practice I이 1984년 처음 출간된 이래 1997년 수정되었으며 (Blueprint II), 다시 2006년에 수정된 에디션이 Blueprint III이다.

Blueprint 시리즈는 학교심리학의 훈련 및 활동의 미래에 대한 회의였던 볼더 회의(1949), 세이어 회의(1954), 베일 회의(1973), 스프링힐 심포지엄(1980), 그리고 올림피아 회의(1981)에 그 기반을 둔다.

(4) NASP Practice Model과 Blueprint III

NASP Practice Model과 Blueprint III의 관련성은 다음과 같다. NASP Practice Model은 NASP가 총회를 통해 채택한 NASP를 대표하는 공식 실무 모형이다. 이 모형에는 많은 과거 기준에 대한 수정과 Blueprint I~III의 내용이 종합적으로 담겨 있다. Blueprint III는 글자 그대로 '청사진 (Blueprint)'으로 최종 결과물이 아니다. 따라서, 이 모형은 공식적으로 채택되는 것이 영원히 불가하다. 하지만, Blueprint III의 다양한 아이디어와 요소는 NASP Practice Model에 녹아들어 있다.

[NASP와 Blueprint III의 영역 비교]

NASP 영역	Blueprint III 영역	분류
• 데이터 기반 의사결정 및 책임 • 대인 간 커뮤니케이션, 협력 및 자문 • 효과적인 인지/학업 기술에 대한 교육 및 개발 • 생활 역량으로서의 사회화 및 발달	• 데이터 기반 의사결정 및 책임 • 시스템 기반 서비스 시행 • 인지 및 학업 기술 개발 독려 • 웰빙, 사회 기술, 정신 건강, 그리고 생활 역량의 발달 증진	기능적 영역
• 발달 및 학습에 있어 학생 다양성 • 학교 문화, 조직 및 분위기 • 예방, 웰빙 증진 및 위기 개입 • 가족/학교/지역사회 협력 • 연구 및 프로그램 평가 • 법률적, 윤리적 사무 및 전문성 개발	• 대인간 기술 및 협력 기술 • 다양성에 대한 자각 및 민첩한 서비스 전달 • 기술적 애플리케이션 • 전문적, 법률적, 윤리적, 사회적 책임감	기본적 영역

2 심리학적 서비스 기능

학교 현장에서의 심리학적 서비스의 주요 기능은 네 가지로 직접서비스 기능, 간접서비스 기능, 학교 전체 대상 서비스 기능 및 시스템서비스 기능으로 볼 수 있다.

(1) 직접서비스

직접서비스의 접근은 심리학자가 학생의 인지, 학업, 사회-정서 및 행동기능에 대한 평가를 직접 제공하여야 한다는 관점이다. 직접서비스에는 학생의 인지, 사회-정서 및 행동 문제를 해결하는 개인/집단 개입(즉, 상담, 행동수정 및 학교프로그램)의 실행 및 평가가 포함된다. 또한 학교심리학자는 중요한 문제가 발생할 당시와 그 이후에 절차를 개발하고 학교커뮤니티의 구성원을 지지할 수 있도록 하여야 한다.

① 심리·행동적 평가

심리학적 평가는 학생 개인에게 객관적인 평가를 제공할 수 있는 표준화된 검사의 실행 및 해석을 포함한다. 검사에는 인지기능, 언어발달과 스킬, 시각 및 청각 지각, 운동능력, 그리고 사회-정서적 스킬에 대한 평가가 포함된다.

행동 평가는 아동이나 청소년의 행동에 대한 평가를 제공하는 것으로 학급 환경, 집단 환경, 개별 상담 상황, 심리학적이거나 교육적인 평가 당시 학생을 관찰함으로써 아니면 교사나 학부모와의 면담을 통해 이루어진다.

심리·행동적 평가에서 도출된 자료와 정보로 진단의 방향과 추가 개입 여부가 결정된다.

② 교육적 평가

교육적 평가는 학교 커리큘럼 전반에 걸친 영역에서 학생이 무엇을 학습하는지를 나타내는 성취도 측정으로 학생을 위한 특별 프로그램에 대한 정보를 준다.

③ 심리치료와 상담

학교심리학자는 정신건강문제, 행동문제, 발달문제 및 아동과 청소년에게 영향을 주는 커다란 인생의 문제를 치료하도록 훈련된다. 학생의 정서와 행동을 잘 이해하고 관리하는 동시에 일상적인 사건이나 스트레스원을 효율적으로 처리하며 학교와 가정 양쪽에서 성취감과 만족을 느낄 수 있도록 하는 것이 치료의 목표이다. 치료의 일환으로 학교심리학자는 교사와 학부모가 학생이 겪고 있는 어려움을 이해할 수 있도록 조력한다.

(2) 간접서비스

학교심리학의 기능에 있어 중요한 부분은 교사, 학부모, 다른 관련자에게 조언하거나 상담하는 것을 통하여 학생의 요구를 간접적으로 충족시켜 줄 수 있다는 것으로 다음과 같다.

① 학생에게 영향을 줄 수 있는 일반적인 정신건강문제와 심리적인 문제에 대한 자문 및 정보를 제공하는 것(교사 대상)

② 교육학적, 심리학적 개입과 예방을 포함하여 학생을 위한 프로그램과 전략을 결정할 수 있도록 돕는 것(교사 대상)

③ 학생의 정신건강과 웰빙에 영향을 줄 수 있는 아동·청소년 발달에 대한 정보를 제공하는 것. 아동 및 청소년의 교육적 성공과 학생 웰빙을 지원하는 발달적으로 적합한 전략과 기법을 조언하는 것(학부모 대상)

④ 아동 문제와 그 문제를 다루는데 선택된 심리학적 개입에 대한 상담(학부모 대상)

⑤ 학생 개인의 행동과 학급 구성원의 행동, 학습에서의 어려움을 설명하기 위한 상담과 학생의 교육학적, 발달적, 행동적인 요구를 충족시키기 위한 학급 운영 및 커리큘럼의 방향 설정에 관한 조언(학교관계자 대상)

⑥ 행동 관리와 학생의 심리적인 웰빙과 관련된 학교 차원의 접근법 개발

(3) 학교 전체 대상 서비스

학교심리학자는 전체 학생을 대상으로 심리학적 예방, 개입과 개입 후의 관리를 제공한다. 또한, 여러 종류의 평가를 실시하고 분석하여 학업, 행동, 정서, 심리·사회적 문제와 관련된 선제 계획을 수립함으로써 학생, 학부모 및 교사를 도울 수 있는 적절한 방침을 결정한다.

학교 전체에 전문적인 지식을 활용함으로써 학교심리학자는 심리학적이고 교육학적인 전략을 계획하고 준비하고 시행하고 평가하는 역할을 한다. 학교심리학 영역에서 제공하는 서비스로는 학부모 정보 세션, 왕따, 폭력 예방 및 학생 안전 프로그램의 운영, 위기 개입 전략, 적절한 치료 프로그램의 제안 등이 있다.

(4) 시스템서비스

학교심리학자는 학생의 심리적인 요구를 해결하는 데 있어 교사, 학부모, 그리고 정신건강서비스 조직 혹은 사회적 서비스 조직과 같은 외부 기관을 조직화하기도 한다. 학교심리학자는 응급서비스 인력과 정신건강 전문가와의 관계 개발을 필요로 하는 위기관리 정책과 실습을 지원한다. 또한 중요한 문제가 있은 후에 학교 지역사회 구성원과 협력을 통해 회복 전략을 제공한다.

3 학교심리학의 기능 영역 세분화 : 10가지의 전문성 영역

학교심리학자는 모든 연령대의 학생과 그 학생의 가족, 그리고 시스템이나 기관을 위해 일한다. 많은 학교심리학자는 공립학교에서 일하게 되나 사립학교, 대학, 건강센터, 유관기관, 연구단체, 혹은 개업을 하여 일하는 경우도 있다. 이들은 심리학 및 교육학의 핵심 영역에서 광범위한 훈련을 받기 때문에 교육, 심리, 행동 건강 서비스를 통합하고 조직하는 데 있어 아주 이상적인 위치에 있다. 학교심리학자의 역할을 통하여 학교심리학의 기능을 정의할 수 있으며, 세분화하여 보면 10가지의 전문성 영역이 도출된다.

(1) 자료 기반 의사 결정과 책무

학교심리학자는 문제해결사로 기능한다. 학교심리학자는 자료를 수집하고 정보를 분석·통합하고 교육학적, 심리학적 개입에 대한 결과를 측정하는 전문가이다. 이러한 측면에서 학교심리학자는 다음과 같이 기능한다.

① 성취도 검사와 숙달도 검사, 학생 포트폴리오, 수행 기반 평가 및 커리큘럼 기반 측정을 사용하여 교육 결과물과 개인, 집단, 혹은 지역사회에 대한 교육적 함의를 평가한다.

② 학교심리학자는 학생의 교육적 요구를 결정하고 이것을 해결하기 위한 개입방법을 고안하고 평가하기 위해 검사, 관찰, 면담, 자료 검토 등의 다양한 방법을 사용하여 학생 개개인을 평가한다.

③ 학교심리학자는 효율적인 개입방법을 고안하고 그 개입의 효과를 평가하기 위해 학생, 학급, 그리고 프로그램에서 자료를 수집한다.

④ 학교심리학자는 학급의 생태학적·기능적·행동적 평가 자료를 사용하여 사회적으로, 정서적으로, 그리고 학업에 있어 도움을 줄 수 있는 학급 환경과 학교 환경을 평가한다.

(2) 대인 간 커뮤니케이션, 조직화 및 상담

학교심리학자는 학교교직원, 가족, 학생 및 지역사회의 사이에서 커뮤니케이션과 조직화를 촉진하는 역할을 한다. 이러한 측면에서 학교심리학자는 아래와 같이 기능한다.

① 학교심리학자는 학교 지역사회의 모든 구성원 사이에서 커뮤니케이션과 협력을 용이하게 하여 시스템 전체 수준에서 관련자들이 변화할 수 있도록 한다.

② 학교심리학자는 교사, 관리자 및 다른 학교전문가들 사이에서 협력과 조직화를 용이하게 하며, 다양한 종류의 학교 기반 팀을 효율적으로 운영할 수 있도록 한다.

③ 학교심리학자는 가족, 학급, 학교 및 지역사회에서 문제를 해결하는 데 있어 학부모나 보호자, 교사 및 관리자와 상담한다.

(3) 인지/학업 스킬에 대한 효율적인 지도 및 개발

학교심리학자는 교사와 다른 학교교직원이 모든 학생에 있어 적합한 학업 목표를 세울 수 있도록 지원하며 교육적 전략의 개발에 학습이론과 인지이론을 적용한다. 학교심리학자는 학생 성취를 용이하게 하는 경험적으로 증명된 교육과정을 적용하도록 다른 교육자와 협력한다. 이러한 측면에서 학교심리학자는 다음과 같이 기능한다.

① 학교심리학자는 교사가 학급의 전체 학생의 요구를 충족시키는 대안적인 교육 전략이나 프로그램을 개발하도록 지원한다.

② 학교심리학자는 다른 교육자에게 심리학적, 교육학적 문헌에서 지도에 적합한 연구를 선별하여 제공한다.

③ 학교심리학자는 특수아 교육자에게 특수 학생에 대한 적합한 목표, 전략, 결과분석 방법을 개발할 수 있도록 지원한다.

(4) 사회화 및 생활역량 발달

학교심리학자는 전체 학생을 위해 정서적, 행동적, 사회적 목표를 수립하며 학교 지역사회의 전체 구성원이 서로 존중하는 학교 환경을 촉진할 수 있도록 지원한다. 학교심리학자는 행동개입, 개인·집단·학급·가족 상담, 학교 분위기를 좋게 만들고 소외감을 감소시킬 수 있는 학교 차원 프로그램과 같은 개입 전략을 활용한다. 이러한 측면에서 학교심리학자는 다음과 같이 기능한다.

① 학교심리학자는 사회적 기술, 문제해결, 갈등해소, 의사결정 및 생애기술에 대한 개인·학급·학교 차원의 프로그램을 고안하고 시행한다.

② 학교심리학자는 학급운영, 학생훈육, 행동관리, 생태학적 개입과 학급 분위기 고양을 위한 대안적인 접근법을 고안하고 시행한다.

③ 학교심리학자는 학생이 사회적으로, 정서적으로, 그리고 학업에 있어 더 나은 수행을 할 수 있도록 개인·집단·학급·가족 상담을 제공한다.

(5) 발달과 학습에 있어 학생의 다양성

학교심리학자는 개인차 심리학의 전문가로 이 분야의 지식을 개인, 가족 혹은 시스템의 개별 특징에 기반한 개입을 고안하고 시행하는 데 적용한다. 학교심리학자는 개인 능력과 장애, 다양한 인종, 문화, 생리, 윤리, 사회경제학, 언어학, 성별 관련 배경에 대한 지식이 있으며 학생 발달 및 학습 촉진을 위한 광범위한 전략을 수립하기 위해 이 지식을 활용한다. 이러한 측면에서 학교심리학자는 다음과 같이 기능한다.

① 학교심리학자는 개별 학생의 구체적인 학습 요구를 식별하고 이러한 요구를 충족시키는 교육 전략을 수립하는 것을 지원한다. 학교심리학자는 인지능력, 사회·정서적 기능, 학업 수행 및 감각운동 능력을 평가하고 다양한 범위의 심리학적, 교육학적 장점 및 질환을 진단한다.

② 학교심리학자는 학교 지역사회 내의 다양한 문제에 대한 인식을 일깨우고 학교의 교육 프로그램으로 전체 집단의 다양한 재능과 장점을 통합할 수 있도록 촉진한다.

(6) 학교 구조화, 조직화 및 분위기

학교심리학자는 학습, 보살핌, 안전을 장려하는 방식으로 학교를 조직화할 수 있다. 이러한 측면에서 학교심리학자는 다음과 같이 기능한다.

① 학교심리학자는 학생지원팀, 학교건강팀, 학교분위기위원회, 인성교육위원회, 그리고 학교 분위기를 고양시키고 학생에 대한 서비스를 개선하려는 작업을 고안하고 참여한다.

② 학교심리학자는 채점, 훈육, 위탁시스템, 불만 처리와 같은 문제들에 대한 학교 정책 수립을 지원한다.

(7) 예방, 웰빙 증진 및 위기 개입

학교심리학자는 학교심리학 서비스가 전체 학생에게 활용 가능하도록 하는 학교 전체를 아우르는 프로그램을 개발한다. 학교심리학자는 건강관리자로서 학교 지역사회 전체에서 예방과 웰빙을 강조한다. 또한 위기 상황에서 이에 대응하고 학생, 학교교직원, 가족 및 지역사회 전체를 치료할 수 있는 지도력을 보여준다. 이러한 측면에서 학교심리학자는 다음과 같이 기능한다.

① 학교심리학자는 약물남용, 영양장애, 섭식장애, 에이즈 예방과 스트레스 관리와 같은 건강증진 프로그램을 고안하고 시행하는 것을 지원한다.

② 학교심리학자는 학교 구성원에게 사기 진작, 스트레스 감소, 결석률 감소, 웰빙 증진 등의 다양한 건강증진 프로그램을 제공한다.

③ 학교심리학자는 심각한 학업, 행동적 혹은 정서적 문제가 관련된 상황에 대한 예방 및 개입 프로그램을 고안한다.

④ 학교심리학자는 위기 상황에서 학생, 학교교직원 및 가족을 지원하는 절차를 고안하고 시행한다.

⑤ 학교심리학자는 학교 지역사회에서 포괄적이고 통합적인 학교심리학 서비스 시스템을 구축하기 위해 다른 학교서비스 제공자와 협력한다.

⑥ 학교심리학자는 심리학이나 사회과학 분야에서 전학년, 혹은 중학교 수준 과목에 대한 건강 커리큘럼에 대해 강의하는 데 도움을 줄 수 있다.

(8) 가족-학교-지역사회 협력

학교심리학자는 독립적으로 일하기도 하고 다른 전문가(예) 교사, 학생지원서비스 전문가, 지역사회 제공자)와 협력하기도 하면서 가족-학교 협동을 장려하는 프로그램을 고안하고 시행한다. 학교심리학자는 학부모상담, 학생의 학습과 발달을 촉진하기 위한 훈련 및 상담을 제공한다. 학교심리학자는 지역사회 에이전시 및 다른 인적 자원과의 협력·조직화를 촉진시키는 지도자적 역할을 한다. 이러한 측면에서 학교심리학자는 다음과 같이 기능한다.

① 학교심리학자는 학부모와 가족을 지원하고 가족-학교 연결고리를 단단하게 하는 다양한 활동을 고안하고 수행한다. 이런 활동은 학부모를 대상으로 효과적인 훈육방법 및 행동관리방법, 학업 기술, 학교규칙 및 절차 이해에 관한 훈련과 특별 교육회의 및 학부모/교사 회의에 효과적으로 참석하는 방법 등을 포함한다.

② 학교심리학자는 학부모회의에 참석하고 학부모와 학교교직원 사이의 긍정적 상호작용을 용이하게 하며 갈등이 생길 경우 이를 해결하는 것을 돕는다.

③ 학교심리학자는 학부모-학교 협력을 촉진시키기 위해 학부모 및 지역사회 기관과 함께 일하며 교육학적, 심리학적 지식에 대한 인력으로 활동한다.

④ 학교심리학자는 학교 지역사회의 요구를 해결하기 위한 통합적 노력을 증진시키기 위하여 지역사회 인적 자원 간 협력을 용이하게 한다.

⑤ 학교심리학자는 학교심리학적 프로그램이나 처치에 대한 학교 지역사회의 문의에 대해 답할 수 있는 연구 프로토콜을 고안하도록 지원한다.

(9) 연구 및 프로그램 평가

학교심리학자는 학교의 프로그램을 평가하기 위하여 통계, 측정 및 연구설계와 관련된 지식을 활용하게 된다. 학교교직원과 대중에게 도출된 분석을 명쾌하게 해석하고 설명하는 역할을 한다. 이러한 측면에서 학교심리학자는 다음과 같이 기능한다.

① 학교심리학자는 학교에서 심리측정학상으로 적당한 검사 정책과 절차를 추천한다.

② 학교심리학자는 다양한 학교 시스템의 자원에서 나온 자료를 분석하고 해석하도록 지원하며 자료를 기반으로 프로그램을 평가하고 의사결정하는 데 도움을 준다. 또한, 교육학이나 심리학 영역의 보다 근본적인 문제를 해결하기 위하여 연구를 설계한다.

(10) 법률적, 윤리적 사무 및 전문성 개발

학교심리학자는 법률적, 윤리적 사무 및 전문적 실무 능력을 최고 수준으로 유지할 것을 의무로 한다. 학교심리학자는 스스로의 전문성 개발을 위하여 지속적으로 노력하여야 하며, 전문 분야에 대한 프레젠테이션, 전문적 집필활동, 임상적 감독이나 다른 형태의 전문성 개발을 위한 노력을 통해 동료의 전문성 개발에도 도움을 주어야 한다. 이러한 측면에서 학교심리학자는 다음과 같이 기능한다.

① 학교심리학자는 교육전략, 학급운영, 심리학적 발달, 학생 전체의 요구에 대한 분석에 있어 학교교직원을 대상으로 하는 개발활동을 제공한다.

② 학교심리학자는 진료 일관성을 유지하는 포괄적인 학교심리학 프로그램을 개발하기 위하여 관리자와 다른 학교교직원을 상담한다.

③ 학교심리학자는 서비스 품질을 향상시키기 위한 방법으로 정보 기술 분야의 지식을 활용한다. 이러한 측면에서 학교심리학자는 다음과 같이 기능한다.

㉠ 학교심리학자는 문제해결에 적용하고자 현재 다른 연구자가 진행하고 있는 연구 및 전문적인 문헌을 검색하기 위하여 IT 기술을 활용한다.

㉡ 학교심리학자는 학생을 대상으로 하는 프로그램 설계와 개입 방식을 고안할 때 교육학적인 적용 기술의 선택과 사용에 대하여 다른 분야 전문가와 상의한다.

4 학교심리학의 미래 전망

(1) 학교심리학에서 중점을 두는 성과

① 아동 모두를 위한 학문적 능력을 함양
② 아동 모두를 위한 사회–정서적 기능성 함양
③ 가족–학교의 파트너십과 학교와 학부모 관련성 고양
④ 학습자 모두를 위한 보다 효율적인 교육 및 교수법
⑤ 신체건강과 정신건강을 증진시키는 학교의 학생–가족 서비스 확대 및 지역사회 서비스와의 통합

(2) 학교심리학자가 주로 다루는 주제

① 평가, 개입, 진료 시 증거 기반 접근법에 초점
② 전통적인 방식의 개인 평가를 점차 줄이고 개입과 책임에 직접적인 관련이 있는 평가를 늘림
③ 가족–학교 협력을 통한 학생의 학업, 사회·정서적 기능을 증진하는 데 초점

④ 위험과 예방 요인에 대한 체계적인 평가에 기반한 예방 전략을 활용한 대중건강모형을 학교현장으로 통합

⑤ 타분야(상담, 사회복지) 전문가와 심리학(학교심리학, 상담심리학, 임상심리학) 전문가의 협력 증대

⑥ 실무의 모든 단계에서 비교문화적 역량 통합을 높여가는 것

제 **3** 절 ## 학교심리학자의 역할

"학교심리학자는 학교현장에서 가장 고도로 훈련된 정신건강 전문가이다. 예방, 개입, 그리고 수많은 아동문제에 대한 평가 지식 이외에도 학교심리학자는 학습과 학교에 대한 문제와 관련한 독자적인 전문가이기도 하다.

학생에게서 무엇이 잘못되었는지를 평가하고 진단하는 것보다는 훨씬 더 넓게 문제를 해결하기 위한 프로그램에 관여하는 것이 학교심리학자의 윤리적인 책임이라고 할 수 있다. 이 영역의 가장 숙련된 학교전문가로서 학교심리학자는 사회적/인간적 질환을 해결하는 것에 많은 공을 들여야 한다… 비록 학교심리학자가 이 문제를 해결하지 못할지는 몰라도 학생의 생활에서 한 축으로써 영향을 강화하는 역할을 해야만 한다."

Sheridan, S.와 Gutkin, T. (2000)

…School psychologists are the most highly trained mental health experts in schools. In addition to knowledge about prevention, intervention, and evaluation for a number of childhood problems, school psychologists have unique expertise regarding issues of learning and schools. It is [school psychologists'] ethical responsibility to become involved in programs aimed at problems that are broader than assessing and diagnosing what is wrong with a child. As the most experienced school professionals in this area, school psychologists must become invested in addressing social and human ills … Although [school psychologists] will not 'solve' these ills, [they] must have a role in ameliorating their impact on the lives of children.

Sheridan, S. and Gutkin, T. (2000)

"학교심리학자의 임무는 문제 예방, 독립성 향상 및 최적의 학습을 촉진하는 연구 기반의 효율적 프로그램을 시행하여 모든 아동과 청소년에게 교육학적, 심리학적으로 건강한 환경을 증대시키는 것이다."

National Association of School Psychologists (NASP) Mission Statement, 1997

The mission of school psychologists is to promote educationally and psychologically healthy environments for all children and youth by implementing research-based, effective programs that prevent problems, enhance independence and promote optimal learning.

National Association of School Psychologists (NASP) Mission Statement, 1997

학습 참여와 학업 성취도 증진	효율적인 교육 촉진	긍정적 행동을 지원하여 사회적으로 성공한 학생 만듦
다양한(인종, 언어, 문화 등) 학습자 지원	안전하고 긍정적인 학교 분위기 만듦	평가 및 책임 향상
	가족-학교 파트너십 강화	

[학교심리학자의 역할]

- 학교심리학자의 자질
  - 융통성이 있다.
  - 적극적으로 도우려 한다.
  - 낙천적이다. 즉, 모든 것이 가능하다고 여긴다.
  - 정직하고 윤리적이다.
  - 지략이 풍부하다.
  - 고도로 숙련되어 있다.
  - 헌신적이다.
  - 배려심이 있다.
  - 모든 아이의 대변인이다.
  - 모든 사람에게서 장점을 찾아낸다.

- 학교심리학자의 행동 강령
  - 지성과 감성에 호소하라.
  - 단순한 통계치가 아닌 "사회적 수학(Social Math)"을 사용하라.
  - 문제에 "직면"하라. 사실만 말하는 것이 아닌 이야기를 하라.
  - 잘 듣는 사람이 되라.
  - 명확한 "행동을 개시"하라. 즉, 대상이 학교심리학자가 무엇을 요구하는지를 기대하거나 추측하게 하지 마라.

더 알아두기

'사회적 수학'이란 추상적인 숫자만 나열하였을 때 잘 기억되지 않거나 이해하기 힘들 수 있다는 점을 보완하는 하나의 전략을 의미하는 것으로, 우리가 이미 이해하고 있는 어떤 사례에 숫자 데이터를 관련지어 이해를 훨씬 쉽게 한다. 사회적 수학은 데이터의 힘에 이야기의 정서적인 효과를 조합한 하나의 수단으로 사용된다.
예 자살을 시도하는 3명의 청소년 중 한 명은 병원으로, 두 명은 학교로 간다.

최근 몇 년간 학교는 큰 변화를 겪게 되었다. 교육개혁이 진행되면서 과거와 같은 교사 대 학생의 일방적인 관계가 파괴되었으며 특히 권위적이고 절대적이던 교사상이 무너졌다. 그리고 가정과 사회의 극심한 변화는 학생들 각자에게 큰 영향을 미쳐 과거에 비해 정서 및 행동에 있어 병리적 특성을 보이는 학생 수가 급증하고 있다.

교사의 권위가 무너졌다는 것은 학생이 교사를 불신하고 존경하지 않게 되었다는 것이다. 따라서 학교에서 학생지도가 과거처럼 교사 혼자만의 힘으로는 이루어질 수 없게 되었다. 게다가 병리적 행동 특성을 보이는 학생 수의 증가는 더욱 현장 교사들에 있어 학생지도에 큰 부담을 주고 있으며 실질적으로 많은 교사들이 지도를 포기하게 만들고 있다.

이런 상황에서 학교 현장에서는 특별한 문제를 가진 학생들을 위해 심리학을 공부하고 상담을 할 수 있는 전문가가 필요하다는 점에 모두 공감하고 있다. 이런 역할을 하는 것이 학교심리학자라고 할 수 있다.

1 학교심리학자란?

학교심리학자는 심리학과 교육학을 특별히 훈련받은 사람으로 학교에서 발생하는 학생 관련 문제 상황을 해결해 가는 전문가이다. 이들은 훈련받은 기술을 교사, 학부모, 기타 정신건강 전문가들(의사, 사회사업가, 특수교육 전문가 등)과 함께 팀을 이루어 모든 아동들이 안전하고 건강하며 지지적인 환경에서 공부하도록 하기 위해 활용한다.

오늘날 아동 및 청소년은 이전보다 많은 도전에 직면하고 있으며 학교심리학자들은 향후 생길 수 있는 문제들에 대한 예방책을 제시하는 역할을 한다.

학교심리학자가 되기 위한 훈련은 정신건강, 아동발달, 학교조직(운영), 학습, 행동, 동기 등의 분야에서 이루어진다. 미국의 경우 학교심리학자로 일하기 위해서는 최소한 1년 이내의 인턴 과정을 포함해서 60시간의 훈련이 필요하다. 또 학교심리학자로 일할 주(State)에서 증명하는 자격이 있어야 하고 국립학교심리학자자격국(National School Psychology Certification Board, NSPCB)에서 이를 인정해 주어야 한다.

2 학교심리학자의 역할

앞에서 잠시 언급된 세이어 회의(Thayer Conference)에서 합의된 학교심리학자의 역할은 다음과 같이 기술될 수 있다.

첫째, 아동들의 지적, 사회적, 정서적 발달을 해석하고 평가하는 일

둘째, 정상아동이 아닌 특수아동을 발견하고 이들의 교육적 프로그램을 전문가와 협의하여 개발하는 데 협조하는 일

셋째, 모든 아동의 학습 및 적응상 문제를 촉진시킬 수 있는 방법을 개발하는 일

넷째, 학교 문제의 해결에 적용 가능한 연구를 수행하고, 그 연구의 결과를 해석하는 일

다섯째, 교육적, 개인적 문제를 진단하고 그러한 문제들을 진단하는 프로그램을 추천하는 일 등이다.

메리 앨리스 화이트(Mary Alice White)와 마이런 W. 해리스(Myron W. Harris)는 학교심리학자의 주요 역할로서 교육 및 성격상의 문제를 진단하고 치료하는 것으로 규명하였다.

F. D. 홀트(F. D. Holt)와 R. H. 킥라이터(R. H. Kicklighter)는 학교심리학자의 주요 역할을 ① 심리·교육적 진단 평가 ② 자문과 상담 ③ 연구와 프로그램 개발 ④ 가르치는 일과 교육 등으로 규정하였다.

1980년에 이르러 Pennsylvania Psychological Association에서 학교심리학자의 일차적인 기능을 ① 심리진단적 기능 ② 프로그램 개발 ③ 자문기능 ④ 상담기능 ⑤ 섭외 및 연락기능 ⑥ 재교육 프로그램 개발 ⑦ 정신건강을 위한 활동기능으로 규정하였다.

이상에서 본 바를 통합하자면 학교심리학자는 각 학생과 개개 상황의 특별한 요구에 맞추어 적합한 서비스를 제공하는 역할을 한다. 학교심리학자는 서로 다른 접근법을 사용하지만 대부분 자문, 평가, 개입, 예방, 교육, 연구 및 계획, 건강관리 준비 등의 서비스를 제공한다.

다음에서는 항목별로 학교심리학자의 역할을 구체적으로 짚어 보도록 하겠다.

(1) 자문

① 학생의 학습과 행동 문제에 대해 교사, 학부모, 행정가들에게 건강하고 효과적인 대안을 제시한다.
② 다른 사람들이 아동 발달을 이해하고 그것이 학습과 행동에 어떻게 영향을 미치는지를 이해하도록 돕는다.
③ 교사, 학부모, 그리고 지역사회 서비스 상호 간에 함께 일할 수 있는 관계를 강화시켜 나간다.

(2) 평가

① 학업기술
② 학습태도
③ 성격 및 정서 발달
④ 사회성
⑤ 학습 환경과 학교 분위기
⑥ 특수교육의 적합성

(3) 개입/상담

① 학생 그리고 그 가족과 마주보고 일하기
② 학습과 조정에서 발생할 수 있는 갈등과 문제를 해결하도록 돕기
③ 사회성 증진 훈련, 행동관리 등의 전략 제공
④ 학생과 그 가족에게 심리학적 상담 제공
⑤ 학교와 가정이 분리와 상실(학부모 이혼으로 인한)과 같은 절박한 문제를 처리할 수 있도록 돕기

(4) 예방

① 잠재적인 학습상의 어려움 정의하기
② 실패 위기에 있는 학생을 위한 프로그램 만들기

③ 파괴적인 행동을 잘 처리하는 기술을 학부모와 교사가 가질 수 있도록 지도

④ 학교 사회에서 서로 다른 점을 인식하고 이해하며 인내심을 기르도록 돕기

⑤ 학교를 더 안전하고 효율적으로 만들기 위해 솔선하도록 장려

(5) 교육/훈련

다음 주제의 프로그램을 개발하였다.

① 교수전략과 학습전략

② 학급경영법

③ 장애가 있거나 평범하지 않은 능력을 가진 학생들과 함께 작업하기

④ 아동학대에 대한 교육 프로그램

⑤ 위기관리

(6) 연구 및 계획

① 학업 프로그램과 행동관리체계, 기타 다른 서비스의 효과 평가

② 행동과 학습 관련 새로운 지식을 일반화하기

③ 학교 개선책과 재구성 방안을 계획하고 평가하는 데 기여하기

(7) 건강관리 준비

① 학교와 연결된 건강서비스 모형을 제공하는 지역사회 기반의 기관과 학교 간에 협조하기

② 심리사회적 안녕과 건강 관련 이슈들에 초점을 둔 통합된 지역사회 서비스를 제공하기 위해 아동, 가정과 함께 일하기

③ 건강한 학교 환경을 만들기 위해 학부모, 교사가 함께 하는 동료관계 개발하기

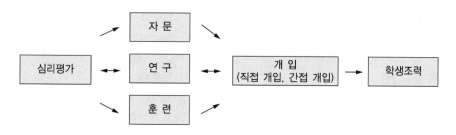

[학교심리학자의 역할과 기능]

〈출처 : 학교교육에서의 학교심리학자의 역할, 한종철, 1991〉

3 학교심리학자가 서비스를 제공하는 대상

(1) 학생 전체

학교심리학자는 학습문제/행동문제 및 학생 요구의 조기 구별을 위한 학교 차원의 선별 검사, 그리고 비폭력의식 고취 프로그램, 웰빙 증진, 학생 안녕과 안전 프로그램, 가족지지 계획과 같은 기본적인 예방 프로그램을 통하여 학생 전체에 개입한다.

(2) 학생 개인

보다 직접적인 개입을 필요로 하는 학생을 위한 개입방법으로 학습평가, 행동문제, 발달문제 및 정서문제 평가, 그리고 이러한 평가를 통하여 나온 요구를 해결하기 위해 고안된 프로그램 개발이 있다. 또 다른 종류의 심리학적 개입인 사후중재(Postvention)는 학교에서 중퇴하거나 퇴학된 학생을 돕기 위한 것이다.

(3) 교사, 가족, 지역사회 건강 전문가 및 사회사업 에이전시

학생의 심리학적인 요구의 해결은 학생, 가족, 교사, 지역사회 건강 전문가 및 사회사업 에이전시 쪽이 협력하여 진행하게 되는 경우가 많다. 학교심리학자는 결코 요청받은 서비스만을 제공하는 것이 아니라 그러한 사람들을 묶어서 조직화하는 역할을 하여야 한다.

4 학교심리학자의 활동 기관

학교심리학자의 주요 활동 기관은 공립·사립 학교 기관이다. 미국의 경우는 학교와 연관된 건강센터, 치료실, 병원, 개인치료실, 대학, 주 및 지역사회의 행정기관, 기타 연구 기관에서 일하기도 한다.

미국의 경우 기본적으로 학교에서 교사는 학생을 가르치는 일에만 전념하고 나머지 발생되는 다양한 문제들은 대부분 학교심리학자가 처리한다. 예를 들어, 한국인이 이민을 가서 자녀를 학교에 보낼 때 제일 먼저 만나는 사람이 학교심리학자이다. 이들은 이중언어를 사용하는 한국인 학생에 대해 학교 시스템 내에서 제공할 수 있는 각종 서비스를 결정하고 학교에서 불편한 점을 이야기하도록 한다.

이처럼 미국의 경우는 학교에서 학교심리학자의 역할이 분명하다. 우리나라의 경우, 이 모든 것은 대체로 교사가 하도록 하고 있어 점차 학교심리학자를 실제 학교 영역에 투입할 수 있도록 하는 제도적 보완이 필요하다.

5 성장하는 과정에서 학생이 직면하는 문제

요즘의 많은 학생들은 과거에 비해 다음과 같이 다양한 문제에 직면하고 있으며 어려움을 겪고 있다.

(1) 학교 가는 것에 대한 공포
(2) 빈약한 시간관리 기술
(3) 학교과업을 따라가지 못함(낙제)
(4) 학부모 이혼이나 사망과 같은 것에서 오는 혼돈
(5) 우울감
(6) 자기극기의 부족
(7) 약물 혹은 알코올 경험
(8) 자살 생각
(9) 공부하는 스킬의 부족
(10) 자신의 성에 대한 근심
(11) 대학을 갈 것인지 직업을 가질 것인지에 대한 강한 걱정에 직면하는 것
(12) 학교를 떠날 것인지에 대한 고민
(13) 자신의 적성과 능력을 알지 못하는 것

학교심리학자는 아동을 어떻게 가르칠 것이며 학교운영은 어떻게 이루어지는지에 대하여 알아야 하고 쉽게 접근할 수 있으며 비용이 적당한 건강서비스를 학생에게 제공할 수 있어야 한다. 또한 최선을 다해 학교 환경이 안전하고 효율적인 학습을 할 수 있는 공간이 될 수 있도록 노력하며 학생이 긍정적인 정신건강을 유지할 수 있도록 도와야 한다.

6 학교심리학자의 역할 사례

(1) 가족문제

> 담임교사는 할 수 있음에도 불구하고 미나가 학급 토론에 참여하는 것을 중단해 버리고 주의집중에 어려움을 보이는 것을 발견하였다. 그래서 왜 미나의 행동이 그렇게 변했는지에 대해 학교심리학자에게 알아봐 줄 것을 요청하였다.
> 미나의 부모가 이혼했다는 것을 알고 나서 학교심리학자는 미나의 부모에게 어려운 시기를 극복할 수 있는 조언을 해 주었고 미나에게는 상담을 시작했다. 미나의 행동은 개선되었으며 부모와는 지속적으로 관계를 계속할 수 있다는 믿음을 가지게 되었다.

(2) 읽기 능력이 미숙한 학생

> 정민의 부모는 정민이 읽기를 느리게 배운다는 것을 알게 되어 걱정스러워하고 있었다. 학교에서는 정민이 말로 제시된 경우 과제를 전부 이해하나 글로 써서 제시할 경우에는 급우의 도움을 받아야 한다는 사실에 주목했다.
> 학교심리학자는 정민의 부모, 교사와 함께 정민의 읽기 능력을 신장시킬 수 있는 교육 프로그램을 개발하였다. 이 프로그램이 실행되면서 정민의 읽기 능력과 자신감은 개선되었다.

(3) 파괴적인 행동

> 현진은 자주 수업을 빠지는 고등학생이다. 그는 학급에서 파괴적인 행동을 하며 여러 번 싸움을 벌이곤 했다.
> 학교심리학자는 현진과 관계를 형성하고 난 후 그에게 이완 및 분노조절 기술을 가르쳐 주었다. 현진의 부모와 교사는 학교심리학자가 만들어준 일관성 유지 및 마음 열고 대화하기 계획에 따라 현진을 대하였다. 점차 현진의 파괴적인 행동은 줄어들 수 있었다.

제 4 절 학교심리학자의 훈련

학교심리학자에게는 아동발달, 정신건강, 평가와 진단, 학교조직, 학습 및 행동에 대한 지식훈련이 중요하다. 학교심리학자의 각 서비스 영역에 대하여 다음과 같은 기술이 훈련될 것이 기대된다.

1 여러 분야에 대한 기본적인 지식

학교심리학자는 아래 분야에 대한 기본 지식을 갖추어야 한다.

(1) 아동 발달

(2) 인간 다양성

(3) 교육법 및 특수교육법

(4) 윤리

(5) 학교심리학의 역사와 최적의 사례 연구

(6) 정보기술

(7) 시스템심리학

> **더 알아두기**
>
> 학교심리학자가 지녀야 할 인간 다양성에 대한 지식이란 개인의 차이, 능력, 장애에 관련한 지식 및 발달과 학습에 있어서의 생리적, 사회적, 문화적, 민족적, 경험적, 사회-경제학적, 성역할 관련, 언어학적 요소에 대한 잠재적인 영향에 관한 지식을 말한다. 학교심리학자는 다양한 특성을 가진 개인들과 일하고 개인의 성격, 장점 및 요구에 기반하여 선택한 전략을 시행하는 데 필요한 세심함과 기술이 있어야 한다. 학교심리학자가 지녀야 할 법률, 윤리에 대한 지식이란 서비스의 품질을 향상시키고 모든 관계자의 권리를 보호하기 위하여 이에 알맞은 윤리적, 법률적인 전문성을 갖추어야 한다는 것이다. 여기에는 학생에게 영향을 줄 수 있는 모든 결정은 정당한 법적인 절차 관련 가이드라인이 갖추어져야 하고 평가, 상담, 및 전반적인 전문 진료는 윤리적인 준거에 따라야 하며, 법률적인 요구조건을 모두 충족하여야 한다는 것이 포함된다. 학교심리학자가 지녀야 할 정보기술 지식이란 자신의 업무와 관련된 정보 출처 및 기술에 대한 지식을 말한다. 학교심리학자는 서비스의 품질을 지키거나 향상시키기 위한 방법으로 정보 출처와 기술에 접근하고, 평가하고, 활용할 수 있어야 한다.

2 다방면의 광범위한 스킬

학교심리학자는 아래 분야에 대한 광범위한 스킬을 갖추어야 한다.

(1) 독해, 작문, 수학

(2) 대인 간 커뮤니케이션 및 관계구축 스킬

(3) 과학적 문제해결 능력

> **더 알아두기**
>
> 학교심리학자가 지녀야 할 대인 간 스킬이란 학교심리학이 다양한 능력을 가진 아동, 청소년, 성인 뿐만 아니라 다양한 시스템과 연계되기 때문에 대인 간 기술 및 다양한 사람 그리고 에이전시와 구조적으로, 협력적으로 일할 수 있는 능력이 학교심리학자에게 필수적이라는 것이다. 훈련 프로그램

은 (학교심리학자가) 경청하고, 조정하고, 애매함을 포용할 수 있는 능력으로 학생을 인정하고 어려운 상황에서 인내할 수 있게 하는 것을 추구한다. 학교심리학자의 구사 기술에는 의사소통을 잘 하는 능력과 아동, 학부모, 교사, 관리자, 정책입안자, 지역사회 정신건강 전문가, 사업지도자 및 다른 학교심리학자에 이르는 다양한 청중에게 명확하게 정보를 전달하는 능력을 포함한다. 동시에, 학교심리학자는 협력의 중요성을 잘 이해하고 있어야 하며 다양한 상황에서 효율적으로 이를 활용할 수 있어야 한다. 또한 다른 사람들로부터 유입된 정보가 지식을 전하거나 전문성을 공유하는 데 있어 중요할 수 있다는 것을 인식하고 있어야 한다. 학교심리학자가 지녀야할 과학적 문제해결능력이란 조화로운 학습 환경의 개발을 용이하게 하고, 문제가 있는 학교에서 자주 발견되는 분열 및 권리의 박탈을 감소시키며, 합의점을 이끌어내는 데 필수적인 원칙에 입각한 협상을 증진시킬 수 있는 능력이다.

3 전문화된 기술

학교심리학자는 아래 영역에서 전문화된 기술을 갖추어야 한다.

(1) 직접서비스

① 학생의 인지, 학업, 사회-정서 및 행동적 기능 평가 기술
② 학생의 인지, 사회, 정서 및 신체적 문제를 해결하는 개인 및 집단을 위한 개입방법(예 상담, 행동수정, 전체 학급 집단 프로그램 등)을 개발, 시행, 평가하는 기술
③ 위기 개입 기술
④ 초기 개입 심사 기술

더 알아두기

학교심리학자가 지녀야 할 평가 기술이란 연구, 통계 및 평가 방법론에 대한 지식을 말한다. 학교심리학자는 연구를 평가하고 연구를 해석하여 현장에 적용하며, 심도 있는 계획을 고안하기 위해 연구설계 및 통계를 이해하고 자신이 제공한 서비스의 개선을 위해 조사 및 프로그램 평가를 할 수 있어야 한다. 학교심리학자가 지녀야 할 위기 개입 기술이란 인간 행동에 대한 생리학적, 문화적, 사회적 영향과 관련된 인간 발달 및 정신병리학에 대한 지식을 활용하여 학생의 정신건강 문제와 신체적인 건강을 증진시키는 예방 및 개입 프로그램을 제공할 수 있는 기술을 말한다.

(2) 간접서비스

(3) 교사, 지원인력, 관리자, 학부모 및 지역사회 에이전시와 면담 및 협력하는 기술

(4) 교사, 지원인력, 관리자 및 학부모를 위한 연수교육 기술

(5) 요구평가 기술

4 예방 전략 제안 능력

학교심리학자는 개인 및 시스템 수준에서의 예방 전략을 제안할 수 있어야 한다.

(1) 학교 지역사회의 안전과 긍정적 분위기를 고양시키기 위한 전체 학급 수업 및 전학년 프로그램을 통하여 학생 전체의 인지, 사회, 정서 및 신체적 성장을 육성한다.

(2) 최적의 사례 연구와 최근의 연구에 따라 프로그램이 개발, 시행, 평가된다.

(3) 학교 및 지역사회 구성원에게 방법을 제공한다.

(4) 학교심리학자는 학교 지역사회 전체의 안전과 긍정적 분위기를 고양시키는 정책, 계획 및 규칙을 설계하는 데 도움을 준다.

5 전문 지식 개발

학교심리학자는 아래를 통해 전문 지식을 함양하여야 한다.

(1) 개인적 목표 수립 및 책임감

(2) 감독

(3) 최상의 진료를 제공하고자 하는 노력

(4) 전문성 개발 활동에 참여

(5) 반성적 실천

(6) 윤리적 실천

(7) 전문적인 주장

(8) 전문적인 조직 가입

01 ③ NASP의 Principles for Professional Ethics 규정에서는 "학교심리학은 신뢰할 수 있고, 연구를 기반으로 한 평가 기법과 실무를 수행"할 것을 요구하고 있다. ①은 예전 검사 양식과 현재 커리큘럼 간 일치성에 대하여 알 수 없기 때문에 적합하지 않다. ②는 예전 검사와 새로운 검사 간 다른 구성 개념을 측정한 것으로 결과가 나타날 경우 예전 검사를 치른 모든 학생에게 불합리하다. ④는 학교 지역의 평가 요구를 무시하는 것이므로 적합하지 않다.

02 ①은 흥미검사를 추가함으로써 예측 효과를 향상시키는지에 대한 설명이 아니다. ③, ④는 흥미검사가 새로운 정보를 추가하게 될 것인지 혹은 단지 이미 활용 가능한 정보를 제공하는 것인지에 대한 평가를 감안하지 않았다.

---

01 다음 빈칸에 들어갈 말로 알맞은 것을 고르시오.

> 새로운 검사 양식의 구매 비용을 절약하고자 학교관리자가 학교심리학자에게 6년 전 학교 커리큘럼에 맞게 짜인 성취도검사를 실시할 것을 요청하였다. 이 상황과 NASP의 Principles for Professional Ethics를 고려하여 학교심리학자는 (　　　)해야만 한다.

① 오래된 양식으로 실시하되 새로운 실시 기준을 사용
② 비교를 위하여 최소한 새로운 양식 몇 부는 실시되어야 한다고 요청
③ 오직 최신 검사 버전만을 실시할 수 있다고 주장
④ 평가 자체를 취소할 것을 권고

02 대형 학군의 관리자가 학교심리학자에게 고등학교 1학년의 성적 평점을 예측하여 달라고 요청하였다. 학교심리학자는 회귀분석에서 성취도 검사와 적성 검사 점수를 고등학교 1학년의 성적 평점에 대한 예측 변인으로 포함함과 동시에 학교흥미검사를 실시하여 이 점수도 포함시킬지의 여부를 고려 중이다. 이러한 결정을 내릴 때 학교심리학자의 주요 고려사항은 다음 중 어떤 것인가?

① 적성 검사와 성취도 검사 점수들의 상호상관(Intercorrelation)
② 학교흥미검사가 고등학교 1학년의 성적 평점의 예측 변인으로 포함된 경우 다중상관을 증가시키는 정도
③ 고등학교 1학년의 성적 평점과 학교흥미검사의 영차상관 (Zero-order Correlation)
④ 고등학교 1학년의 성적 평점과 학교흥미검사의 상관관계와 고등학교 1학년의 성적 평점과 적성 검사 및 성취도 검사의 상관관계의 차이

정답 01 ③　02 ②

03 다음 괄호 안에 들어갈 내용으로 옳은 것은?

> 고등학생 성취도 및 가족 참여로 특징지어진 학교에서 학교-지역사회 파트너십은 (   ).

① 학생들이 학습을 최대화할 수 있는 추가적인 기회를 제공한다.
② 학생들이 성공하는 데 있어 중요한 요인이 아니다.
③ 학생이 성취할 수 있는 성공률을 감소시킨다.
④ 학교 및 지역사회의 시간을 지나치게 많이 빼앗아 간다.

04 다음 괄호 안에 들어갈 내용으로 옳은 것은?

> 학교심리학자는 학업성취도 측정에서의 학생 수행과 관련하여 한 학생의 학부모에게 피드백을 제공하고 있다. 학년수준(Grade Equivalent)을 설명하기 위하여 학교심리학자는 그것이 (   )라는 것을 설명하여야 한다.

① 이 측정에서 해당 학년의 학생이 얻은 평균 점수
② 이 측정에서 해당 연령의 학생이 얻은 평균 점수
③ 학교에서 이 점수로 학생 순위를 평가하게 되는 점수
④ 또래 간 책임감을 결정하는 데 사용되는 점수

05 학생이 학교에서 성공하기 위하여 사용하여야 하는 실행(집행)기능(Executive Function) 유형 중 틀린 것은?

① 예전에 학습한 정보를 인출하는 기능
② 보고서, 작문, 혹은 과제의 부분들을 조합하는 기능
③ 각각의 항목에 적절한 우선권을 안배하는 기능
④ 구체적이고 단계적인 지시를 따르는 기능

03 가족이 참여하는 학교에서 학교-지역사회 파트너십은 실제 학습에 대한 기회를 증진시킬 수 있다. ②, ③은 옳지 않은데, 그 이유는 학교-지역사회 파트너십은 학생의 성공을 촉진하는 데 있어 효과적인 수단이라는 연구결과가 나오고 있기 때문이다. ④는 학교-지역사회 파트너십이 계획에 있어 복잡하거나 시간 소모적인 것이 아니기 때문에 맞지 않다.

04 ②는 연령 수준(Age-equivalent) 점수를 설명하는 것이다. ③은 학년 수준 점수는 학생의 순위를 정하기 위하여 사용되는 것이 아니므로 옳지 않다. ④는 학생이 성취도 검사에서 얻은 점수는 또래 사이에서 학생이 행동하는 방식을 결정하는 데 사용되는 것이 아니기 때문에 옳지 않다.

05 실행기능은 아동이 자기 주도적으로 의사결정을 할 수 있도록 하는 것을 말한다. 예전에 학습한 내용을 인출하고, 어떤 작업을 조직하는 것, 항목의 중요도를 결정하거나 우선권을 안배하는 것, 현실적인 시간 관리 등은 실행기능의 사례로 볼 수 있다. 실행기능에는 자기조절(Self-regulation), 처리 비율 조절, 특정 과제에 초점 맞추기, 주의 유지하기, 필요할 때 어떤 것에서 다른 것으로 전환하기, 공부전략 고안하기, 시험 치기 등과 같이 과제를 시작하는 방법을 알고, 논리적인 순서로 자료를 제시하고, 자신의 과정을 검열할 수 있느냐는 것이 포함된다.

정답 03① 04① 05④

06 Kelman(1958)에 따르면 태도변화는 세 가지 유형으로 나타날 수 있다. 먼저 '순응'에 의한 태도변화는 보상을 얻기 위하여, 혹은 처벌을 피하기 위하여 요구에 순응하는 형태로 나타난다. '동일시'에 의한 태도변화는 태도를 같이하는 사람들과 한 편이라는 소속감을 느껴 심리적 만족을 얻는 형태로 나타나게 된다. '내면화'는 태도를 완전히 수용하여 자신의 가치 체계로 소화한 상태이다. 따라서, 태도변화의 지속성은 '내면화'에 의한 것이 가장 강하고 '순응'에 의한 것이 가장 약하다고 볼 수 있다.

06 한 사람이 다른 사람의 특징을 바람직한 것으로 보아 이에 따라 행동 변화를 일으키는 것은 다음 중 어떤 것인가?

① 순응(Compliance)
② 내면화(Internalization)
③ 동일시(Identification)
④ 위의 모두가 해당된다.

07 자아실현의 욕구가 가장 높은 단계의 욕구이다.

07 매슬로우(Maslow)의 욕구위계이론에서 가장 낮은 단계는 생리적 욕구 단계이다. 다음 중 가장 높은 단계의 욕구는 무엇인가?

① 애정의 욕구
② 자아실현의 욕구
③ 안전의 욕구
④ 위의 모두가 해당되지 않는다.

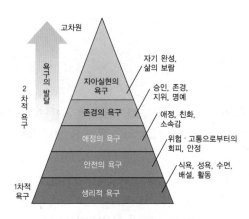

[매슬로우의 욕구의 5단계]

정답 06 ③ 07 ②

08 구성주의(Constructivism)에 따르면 학습은 무엇을 통해 나타나게 되는가?

① 지식 복제(Duplicating Knowledge)

② 사회화(Socialization)

③ 자극(Stimulus)

④ 반응(Response)

08 구성주의 학습이론은 분석과 적용에 기초하는 것으로 학습이란 사고에 기반한 주관적인 사실을 구성해내는 과정으로 사회화를 통해 나타난다. 이 이론과 관련된 학자들은 Dewey, Montessori, Piaget, Morin, Strzeminski 등이 있다. 이 이론에 의하면 학습은 개인적인 것으로 계약, 문화, 그리고 참여의 영향을 받는다. 학습은 또한 새로운 맥락과 조합된 예전 지식과 관련된다.

09 정신활성(향정신성) 약제(Psychoactive Medications)에 해당하는 것은 무엇인가?

① 자극제(Stimulants)

② 진통제(Pain Medications)

③ 항우울제(Antidepressants)

④ 위의 모두가 해당된다.

09 정신활성 약제의 분류는 아래를 포함한다.
- 자극제(Stimulants)
- 진통제(Pain Medications)
- 항우울제(Antidepressants)
- 항불안제(Anxiolytes)
- 항정신병약(Antipsychotics)
- 기타

10 National Association of School Psychologists(NASP)는 언제 설립되었나?

① 1950

② 1969

③ 1975

④ 1980

10 NASP는 1969년 설립된 학교심리학자를 위한 미국 내 주요 전문가 조직 중 하나이다. 이 조직의 강령은 "리더십을 통해 학교심리학을 대표하고 지원하며 모든 아동의 정신 건강과 교육적 역량을 증진시키는 것"이다.

정답   08 ②   09 ④   10 ②

11 학교가 할 수 있는 일은 본부 장소 제공이다.

11 어떤 학교심리학자가 학교관리자에게 위험에 처한 학생들에게 서비스를 제공하는 공공 에이전시와 협력할 것을 제안하고 있다. 다음 중 이 상황에서 학교-지역사회 파트너십을 위하여 학교가 할 수 있는 가장 효과적인 역할을 설명하는 것은?

① 학부모에게 공공 에이전시에서 제공되는 서비스와 이것의 목표에 대하여 이야기한다.
② 이 서비스로 확실히 이익을 볼 수 있는 학생을 선별한다.
③ 가난한 가족의 학생에게 배포될 수 있는 기증 물품을 모은다.
④ 여러 에이전시가 학생의 요구를 다룰 수 있도록 본부 장소를 제공한다.

12 가급적 다양한 최근문헌을 검토하여 개입전략을 수립하는 것이 좋다.

12 다음 중 개별 학생을 위한 특별 교육 혹은 심리학적 개입의 가능한 효과를 평가하는 데 있어 학교심리학자에게 가장 유용한 접근법은?

① 개입과 관련된 광범위한 활용가능 연구문헌을 검토하고 분석한다.
② 개입의 적절성에 대한 의견을 얻기 위해 학생의 가족 구성원과 상담한다.
③ 유사한 진단을 받은 학생을 위해 실행되었던 개입에 대한 사례 연구 하나를 검토한다.
④ 시범 개입 프로그램을 실행하고 수 주 후 그 결과를 검토한다.

13 학교심리학자는 전문성 함양을 위해 전문 영역 관련된 데이터베이스 검색과 관련된 IT 기술을 갖추고 있어야 한다.

13 다음 괄호 안에 들어갈 내용으로 옳은 것은?

학교심리학자는 ( )함으로써 학생의 식이장애에 대한 최근문헌에 액세스할 수 있는 기술을 가장 효과적으로 사용할 수 있다.

① 전문적 저널 속 논문을 찾아주는 온라인 데이터베이스를 사용
② 지역 도서관에서 도서를 찾아주는 카탈로그를 참고
③ 인터넷에서 페이지를 찾아주는 검색 엔진을 사용
④ 동료에게 직접 얻은 정보를 요구

정답 11 ④ 12 ① 13 ①

14 교사 박 씨의 학급 학생 중 한 명이 요즘 매우 파괴적인 행동을 하고 있다. 다음 중 처음으로 할 일로 가장 적합한 것은?

① 해당 학생을 교장실로 보낸다.
② 문제 행동에 대한 원인을 알아보기 위하여 해당 학생과 이야기한다.
③ 해당 학생의 부모를 호출한다.
④ 문제 행동을 무시한다.

14 갑작스러운 파괴적 행동의 증가는 특정 자극에 의한 것일 수 있다. 처음에 할 일로 가장 적합한 것은 학생으로부터 어떤 정보를 얻을 수 있을지 살펴보는 것이다.

15 장애가 있는 학생들과 일하게 되는 경우 전문가인 학교심리학자는 서비스 증진을 위하여 외부의 의사 및 치료사와 의사소통을 하게 된다. 이 상황에서 학교심리학자의 역할은 무엇인가?

① 조사관(Investigator)
② 공동 작업자(Collaborator)
③ 조장자(Enabler)
④ 조정자(Coordinator)

15 학교 내부에 있든 그렇지 않든 타전문가는 장애가 있는 학생들을 도울 치료 목표 및 계획을 개발하고 사회 −정서적으로 성공할 수 있도록 하는 데 있어 값진 도구 및 핵심적 조언을 제공할 수 있다.

16 다음 중 반응형 서비스(Responsive Service)의 사례로 보기 어려운 것은?

① 학생 위탁
② 학급 생활지도
③ 치료계획
④ 위기상담

16 ②는 사전 대비의 성격이 강하고 예방에 초점을 둔 활동이다. 다른 활동들은 사건에 대한 반응으로 개입 혹은 치료에 초점을 두고 있다.

정답   14 ②   15 ②   16 ②

17 지문에서 제시된 양식은 학생들이 사용하기 편리하도록 간결하고 명확하다. 이 양식은 학생들이 최소한의 노력으로 별다른 어려움 없이 문제가 되는 주제를 선택할 수 있도록 하고 있다. 학교심리학자의 1차적인 목표 중 하나는 학생의 웰빙 증진과 학습 능력의 향상을 위한 교육 환경을 만들어 나갈 수 있도록 지원하는 것이다. 이와 같은 자체 양식을 개발하는 것은 이러한 목표 달성의 일환으로 볼 수 있다.

17 다음은 학생자가의뢰양식이다. 이러한 양식의 고안에 따른 주요 이점은 무엇인가?

> 학교심리학자 김 선생님께,
> 저는 선생님과 이야기하고 싶습니다 :
> ____ 저의 학급에 대하여
> ____ 저의 공부에 대하여
> ____ 한 친구에 대하여
> ____ 저의 가족에 대하여
> ____ 제 자신에 대하여
> ____ 개인적인 어떤 것에 대하여
> 제 이름은 _____ 입니다.
> 저의 선생님은 _____ 입니다.

① 학생들은 같은 문제를 가진 것이 자기뿐만이 아니라는 것에 안심하게 된다.
② 특정 집단으로 개별 아동을 할당하기 쉽게 만들어 정보를 조직화할 수 있다.
③ 아동이 학교심리학자의 도움을 요청하는 것이 편리하다.
④ 현재 학생들 사이에서 가장 만연한 문제의 유형을 식별하는 것이 용이하다.

18 문제가 벌어지고 있는 현장에서 학생을 위한 개입을 고안한 ③의 방식이 가장 적합하다.

18 다음 정보에 의거하여 학교심리학자는 무엇을 시작하여야 하는가?

> 학교심리학자가 초등학교 교사 회의에서 지난 몇 달 동안 5학년 학급의 여학생들 사이에서 패거리가 형성되어 비방하는 일이 벌어지고 있다는 한 교사의 발언을 듣게 되었다.

① 교감에게 보고하여 이에 대한 징계조치를 요청한다.
② 부모들에게 연락하여 회의를 소집한다.
③ 우정을 주제로 학급 생활지도와 왕따 및 의사결정에 대하여 토의하는 소집단 세션을 실시한다.
④ 교사들에게 구체적인 문서를 요청하고 사실에 입각한 데이터를 제공한다.

정답 17 ③ 18 ③

[19~20] 아래를 읽고 물음에 답하시오.

> 한 학교심리학자는 세 군데의 다른 학군과 네트워크를 구성하여 브레인스토밍, 자문 및 아이디어와 자료 등을 공유하기 위하여 정기적으로 연락하는 일정을 짜고 있다. 또한 학군 간 화상 회의에 참석할 계획이고 심리학 관련 협회들에도 가입하고 있다.

19 다음 중 이 학교심리학자가 하는 행동의 목적은 무엇인가?

① 다른 학교에 고용되기 위하여
② 업무 부담을 감소시키기 위하여
③ 프로그램 실행에서 생긴 불만 해소를 위하여
④ 전문적 지식을 함양하기 위하여

19 학교심리학자의 의무 중 전문성 개발을 위한 활동으로 볼 수 있다.

20 다음 중 이 학교심리학자의 행동은 어떤 것을 시도하는 증거로 볼 수 있나?

① 전문적 성장을 촉진하기 위하여 IT 기술과 다른 자원을 활용하기
② 직접적인 서비스 제공을 최선으로 유지하기
③ 생활지도 프로그램을 위한 책임 공유하기
④ 학교심리학자와 학생 간의 비율 감소시키기

20 이 학교심리학자는 네트워크를 구성하고 다른 조직과 연계함으로써 전문성 개발 활동을 하고 IT 기술을 사용하여 이러한 활동을 촉진하고 있다.

21 다음 중 교육 과정(Process of Teaching)에 대하여 맞는 설명은?

① 교육은 비관계적일 수 있다.
② 교육은 수동적일 뿐만 아니라 적극적인 과정일 수 있다.
③ 교육은 상호작용 없이 나타날 수 있다.
④ 교육은 의도적이고, 목표지향적인 과정이다.

21 교육은 대인관계와 관련된 상호작용 과정으로 명시적 혹은 촉진적 학습목표를 가지고 이루어지는 것이다.

정답 19④ 20① 21④

안심Touch

22 체계적인 관찰과 타당한 연구 방법으로 검증했을 때, 교육에 대한 상식적인 접근법(Common Sense Approaches to Teaching)이 처음에 생각한 것만큼 효과가 없다는 것이 밝혀지고 있다.

22 교육학 연구에 대한 설명으로 맞는 것은?

① 다른 과학적 연구와 비교하여 타당성이 떨어진다.
② 교육 기술에 대한 통찰은 거의 제공하지 않는다.
③ 교육에 대한 많은 상식적 접근법에 대하여 의문을 제기한다.
④ 효과적인 교수법의 기교에 있어 거의 가치를 부여하지 않는다.

23 정교화란 새로운 정보와 장기기억 속에 이미 저장된 정보 사이에 연결고리를 만들어 처리하는 전략의 일종이다.

23 다음 괄호 안에 들어갈 내용으로 옳은 것은?

> 새로운 정보를 이미 알고 있는 어떤 것에 관련지어 보다 의미 있는 것으로 만드는 과정을 (   )(이)라고 한다.

① 확장(Expansion)
② 시연(Rehearsal)
③ 정교화(Elaboration)
④ 설명(Exposition)

24 절차기억은 어떤 작업을 마치기 위한 특정 기술 혹은 단계를 회상하는 것을 돕는다.

24 다음 괄호 안에 들어갈 내용으로 옳은 것은?

> 현주는 디저트를 요리해 보기로 하였다. 다소 깐깐한 현주는 처음으로 무엇을 하고, 그 다음으로는 무엇을 하는지, 그리고 그 다음은… 이라는 식으로 마지막 단계까지 먼저 요리하는 연습을 해 본다. 이것은 현주의 (   )을 강화할 것이다.

① 절차기억(Procedural Memory)
② 일화기억(Episodic Memory)
③ 의미기억(Semantic Memory)
④ 사건기억(Event Memory)

정답 22 ③ 23 ③ 24 ①

25 다음 괄호 안에 들어갈 내용으로 옳은 것은?

> 인지심리학자가 저장(Storage)이라고 말한다면, 이것은 일반적으로 (   )을(를) 의미한다.

① 동화(Assimilating)
② 수용(Accommodating)
③ 기억으로 부호화(Encoding into Memory)
④ 서브파일(Subfiles) 만들기

25 인지심리학자에게 저장이란 자극을 기억 속에 보관할 수 있는 형태로 변환(=부호화)하는 다양한 절차를 의미한다.

26 다음 괄호 안에 들어갈 내용으로 옳은 것은?

> 일반적인 사실과 개념에 대한 기억을 가진 학생은 (   )을(를) 가졌다고 말할 수 있다.

① 교훈적 지식(Didactic Knowledge)
② 절차지식(Process Knowledge)
③ 의미기억(Semantic Memory)
④ 일화기억(Episodic Memory)

26 의미기억은 일반적인 사실과 개념에 대한 기억이다. 우리가 학교에서 배우는 대부분(교육적 내용들)의 것은 의미기억으로 저장된다.

27 다음 괄호 안에 들어갈 내용으로 옳은 것은?

> 갑작스러운 큰 소음이 교실 뒤편에서 일어날 때 모든 학생들은 교사의 재미나는 강의를 경청 중이었다. 학생들은 모두 깜짝 놀라 교사로부터 교실 뒤편으로 돌아보았다. 이 반응은 (   )(이)라는 것의 결과이다.

① 단기부호화(Short-Term Encoding)
② 감각동기(Sensory Gating)
③ 생존본능(Survival Instinct)
④ 망상체활성화계(Reticular Activating System)

27 망상체활성화계는 중간뇌의 신경체계로 사람이 새로운 자극(이 경우, 시끄럽고 갑작스러운 소음)에 집중하게 한다.

정답 25 ③ 26 ③ 27 ④

28 어떤 순간 감각을 통해 받아들인 모든 정보 중에서 우리는 새롭거나, 독특하거나 중요한 것에 주의를 두게 되며 이를 통해 감각등록기에서 단기(작용)기억으로 처리되게 된다.

28 인지학습 이론가들은 학습과정에서 주의(Attention)의 중요성을 강조한다. 작업기억모형(Working Memory Model)에 따르면 주의가 중요한 이유는 무엇인가?

① 주의를 통해 감각등록기로 정보가 기록될 수 있기 때문이다.
② 주의를 통해 정보가 감각등록기에서 작용기억으로 옮겨지는 것이 촉진되기 때문이다.
③ 주의가 없으면, 순행간섭(Proactive Interference)이 나타나게 된다.
④ 주의가 없으면, 역행간섭(Retroactive Interference)이 나타나게 된다.

>>>◯

[작업기억모형(Baddeley & Hitch, 1974)]

29 다음 괄호 안에 들어갈 내용으로 옳은 것은?

> 정보를 덩이지어(Grouping) 작업기억의 저장 용량을 증가시키는 과정을 (　　)이라고 부른다.

① 정교화시연(Elaboration Rehearsal)
② 유지시연(Maintenance Rehearsal)
③ 기억술(Mnemonics)
④ 청킹(Chunking)

29 청킹은 각각의 정보를 보다 의미 있고 쉽게 저장할 수 있는 단위로 덩이지어 묶는 정보처리 전략의 일종이다.

30 교사 이 씨는 학생의 이름을 독특한 신체적 특징과 연결지어 학생 전부의 이름을 기억하고자 시도하였다. 즉, 입술에 점이 있는 점순이, 동그란 안경을 쓴 동규, 남색 셔츠를 즐겨 입는 남수와 같은 식이다. 다음에서 교사 이 씨는 장기 저장을 촉진하는 어떤 기법을 사용 중인가?

① 정교화시연(Elaboration Rehearsal)
② 유지시연(Maintenance Rehearsal)
③ 감각등록(Sensory Registering)
④ 기억술(Mnemonics)

30 기억술은 청킹, 정교화 등을 통하여 회상을 촉진시키는 인지적 구조화를 통한 기억 전략이다.

31 다음 중 억제나 간섭이 나타날 수 있는 상황은?

① 기존의 학습 개념과 새로운 학습 개념이 매우 유사한 경우
② 기존의 학습 개념과 새로운 학습 개념이 정확히 반대인 경우
③ 기존의 학습 개념과 새로운 학습 개념이 매우 다른 경우
④ 새로운 학습 개념과 기존의 학습 개념을 동시에 배우는 경우

31 기존에 남아 있는 정보가 새로운 자료에 대한 학습을 방해하거나 새로운 자료의 학습이 기존에 남아 있는 기억에 영향을 줄 수 있다. 억제 혹은 간섭은 기존의 자료와 새로운 자료가 매우 유사한 경우 나타나기 쉽다.

정답　29 ④　30 ④　31 ①

32 일화기억은 구체적 시간, 장소, 혹은 경험(이 경우 경기의 디테일)에 대한 기억이다.

32 다음 괄호 안에 들어갈 내용으로 옳은 것은?

> 현미는 지난 금요일의 시합에 대하여 하나하나 설명하여 주었는데 다양한 플레이 유형과 선수의 반응에 대하여 신이 나서 설명하였다. 현미는 ( )에서 매우 뛰어나다.

① 일화기억(Episodic Memory)
② 절차기억(Procedural Memory)
③ 시각작업기억(Visual Working Memory)
④ 운동기억(Kinesthetic Memory)

33 효과의 법칙은 만족스러운 효과가 나타난 행동은 반복되는 경향이 있고, 불만족스러운 효과가 나타난 행동은 중단되는 경향이 있다는 것이다.

33 조작적 조건형성(Operant Conditioning)은 다음 중 어떤 것과 관련이 있는가?

① 효과의 법칙(The Law of Effect)
② 융합의 법칙(The Law of Confluence)
③ 근접성의 법칙(The Law of Contiguity)
④ 연합의 법칙(The Law of Association)

34 고전적 조건형성(Classical Conditioning)에서 소거는 이전에 무조건자극과 연합된 조건자극이 무조건자극이 없이 제시되면 무조건반응이 줄어들거나 사라지는 것을 말한다.

34 다음 괄호 안에 들어갈 내용으로 옳은 것은?

> 조건자극이 무조건자극 없이 제시된다면, ( )가(이) 나타나게 된다.

① 변별(Discrimination)
② 소거(Extinction)
③ 저항(Resistance)
④ 자발적 회복(Spontaneous Recovery)

정답 32 ① 33 ① 34 ②

35 다음 괄호 안에 들어갈 내용으로 옳은 것은?

> 빈도가 적은 행동에 대한 강화물로 빈도가 더 많은 행동을 사용하는 것은 (   )의 사례이다.

① 근접성의 원리(The Contiguity Principle)
② 프리맥의 원리(The Premack Principle)
③ 유사성의 원리(The Principle of Similarity)
④ 조형(Shaping)

35 프리맥의 원리는 선호도가 적어 빈도가 적은 행동에 대한 강화물로 선호도가 높아 빈도가 많은 행동을 사용하는 것이다.

36 다음 괄호 안에 들어갈 내용으로 옳은 것은?

> 간헐강화계획(Intermittent Reinforcement Schedule)은 강화를 (   ) 주는 것이다.

① 연달아
② 가끔
③ 돌발적으로
④ 피험자가 요구할 때마다

36 간헐적 강화는 오직 선택된 맞는 반응 뒤에만 강화를 주는 것이다.

37 다음 괄호 안에 들어갈 내용으로 옳은 것은?

> 행동주의자들은 학습이 이루어지는 방법에 대하여 이견이 있는 한편, (   )을(를) 강조하는 것에서는 일치하고 있다.

① 보상의 중요성
② 개별 선택의 힘
③ 사고가 정보를 처리하는 것에서 하는 역할
④ 학습에 대한 환경의 중요성

37 행동주의자들은 자극연합, 유관계획(Contingency Management), 그리고 관찰학습에 있어 환경의 역할을 강조하고 있다.

정답 35 ②   36 ②   37 ④

안심Touch

38 자금을 모으는 능력은 학교심리학자 가 갖추어야 할 필수 기술에 속하지 않는다.

38 다음에서 학교심리학자가 직무를 수행하기 위하여 갖추어야 할 기술로 볼 수 <u>없는</u> 것은?

① 대인관계기술
② 정확한 정보 전달력
③ 과학적 문제해결능력
④ 자금을 모으는 능력

39 교사 자문은 학교심리학자의 간접서 비스 기능에 속한다.

39 다음 중 학교심리학자의 직접서비스 기능에 속하지 <u>않는</u> 것은?

① 심리·행동적 평가
② 교사 자문
③ 교육적 평가
④ 심리치료와 상담

40 학교심리학자를 위한 실무모형을 참 고함으로써 일관된 서비스 실행이 촉진된다.

40 NASP Practice Model처럼 학교심리학자를 위한 실무 모형이 필요한 이유로 적합한 것은?

① 다른 분야의 사람도 실무 모형으로 쉽게 학교심리학자로 일할 수 있게 하기 위하여
② 일관된 서비스 실행을 촉진하기 위하여
③ 실무 모형을 제시함으로써 관련자와 의사소통할 필요가 없게 하기 위하여
④ 실무 모형의 활용으로 학교심리학자의 실무를 자동화할 수 있 게 하기 위하여

정답 38 ④ 39 ② 40 ②

✔ 주관식 문제

01 학교 현장에서 심리학적 서비스의 네 가지 주요 기능을 기술하시오.

01

정답 (1) 직접서비스 기능
(2) 간접서비스 기능
(3) 학교 전체 대상 서비스 기능
(4) 시스템서비스 기능

해설 • 직접서비스 기능 : 심리·행동적 평가, 교육적 평가, 심리치료와 상담
• 간접서비스 기능 : 교사, 학부모, 다른 관련자에게 상담하는 것을 통해 학생의 요구를 간접적으로 충족시켜 줌
• 학교 전체 대상 서비스 기능 : 전체 학생을 대상으로 심리학적 예방, 개입과 개입 후의 관리를 제공
• 시스템서비스 기능 : 학생의 심리적인 요구 해결을 위해 교사, 학부모, 정신건강서비스 조직 혹은 사회적 서비스 조직과 같은 외부 기관을 조직화

02 학교심리학에 있어 세이어 회의(Thayer Conference)의 (1) 역사적 의의와 이 회의에서 도출된 (2) 중요한 결과를 요약하시오.

02

정답 (1) 역사적 의의 : 학교심리학에 대하여 구체적으로 다룬 최초의 회의라는 데 그 의의가 있다.
(2) 중요한 결과
① 학교심리학자와 그 역할의 정의에 대한 합의가 이루어졌다.
② 학교심리학자가 평가, 연구, 자문, 교직원 지원 등의 역할을 수행하는 것이 구체화되었다.
③ 자격은 박사 수준의 학교심리학자 및 학교심리학자로 한정된 훈련을 받은 사람을 선호하되, 훈련 과정에 대하여 평가하기 위한 인가시스템이 수립되어야 한다고 권고하였다.
④ 훈련은 4년 과정 박사 프로그램 및 2년 과정 석사 프로그램으로 된 두 수준의 프로그램과 실습 과목이 포함될 것을 제안하였다.

해설 세이어 회의는 1954년 학교심리학자의 "자격과 훈련"에 대하여 논의를 시작한 단계의 회의로, 이 회의를 통하여 학교심리학자는 학교의 필수적인 존재가 되는 방법을 찾기 위하여 새로운 프로그램으로 훈련되는 것을 허락받게 되었다.

checkpoint 해설 & 정답

03

정답 ㉠ 라이트너 위트머(Lightner Witmer)
ⓛ 그랜빌 스탠리 홀(Granville Stanley Hall)

해설 이외 학교심리학에 기여한 주요 인물에는 아널드 게젤(Arnold Gesell)이 있다. 게젤은 아동연구운동과 임상심리, 특수교육의 교량 역할을 하였고 미국에서 최초로 공식적인 학교심리학자 직함을 얻은 사람으로 아동 평가와 특수 교수법을 제안함으로써 심리학과 교육학을 잘 접목시켰다.

03 학교심리학에 기여한 주요 인물에 대한 설명이다. (   )에 들어갈 알맞은 학자를 쓰시오.

- 학교심리학의 창시자인 (㉠)은/는 1896년 펜실베니아 대학에 최초의 심리 아동 지도 클리닉을 열었다. (㉠)은/는 개인차를 강조하는 입장을 취하였으며 개별 아동의 욕구에 대한 학습에 초점을 두었다.
- (ⓛ)은/는 심리학이 학교심리학의 행정시스템 적용 수준에 기여할 수 있을 것으로 생각하였고, 정상적인 아동의 개념을 정의하는 아동연구운동(Child Study Movement)을 창시했다.

04

정답 (1) 학교심리학 : 요구가 있는 학생(예 ADHD가 있는 학생 등)을 대상으로 이들을 위한 평가, 개입, 자문 등의 역할을 전제로 한다.
(2) 학교상담 : 요구가 있는 학생이 아닌 전체 학생을 대상으로 서비스를 제공한다.

해설 학교심리학은 현재 전통적인 역할에서 벗어나 학교상담의 영역까지 포괄적으로 다루고 있는 것이 추세로 영역별 구분이 희석되고 있기는 하나, 두 영역 간 가장 큰 차이는 대상의 차이이다.

04 학교심리학과 학교상담의 전통적으로 가장 큰 차이점을 기술하시오.

제 **2** 장

학교심리학에서의 평가

I wish you the best of luck

독학사 심리학과 3단계

제 2 장 학교심리학에서의 평가

제 2 장

제 1 절 학교심리학 평가의 특징

1 심리평가에 대한 전반적인 이해

(1) 심리평가의 의의 및 특징

① 심리평가는 지능, 성격, 적성, 흥미 등 인간의 지적 능력이나 심리적 특성을 파악하기 위해 양적 또는 질적으로 측정 및 평가를 수행하는 일련의 절차를 말한다.

② 심리적 현상에서 개인 간의 차이를 비교·분석함으로써 개인의 인격적·행동적 측면을 이해할 수 있도록 하기 위한 심리학적 측정 과정이다.

③ 표집된 행동표본을 대상으로 과학적인 검증의 과정을 거쳐 그 결과를 수치로 나타내며, 이를 표준화된 방법에 의해 점수로 기술하는 방법이다.

④ 제한된 규준을 통해 개인의 행동을 예측하기 위한 기술적 과정으로서, 개인의 소수 표본 행동을 측정하여 그 결과를 토대로 개인의 전체 행동을 예견할 수 있다.

⑤ 검사는 평가의 특수한 형태로 일련의 질문을 통일된 양식으로 제시하여 행동의 표본을 측정하는 도구 또는 체계적 절차를 의미한다. 대표적인 것이 심리검사로, 심리검사는 규준이나 목표에 비추어 행동을 평가하기 위해서 표집된 행동을 신뢰성 있고 타당하게 측정하는 체계적인 절차를 말한다.

(2) 심리평가의 목적

① **분류 및 진단** : 내담자(수검자)의 적성·흥미·동기 등 내담자에 관한 자료를 수집하여 내담자의 문제 원인을 파악하며, 이를 해결하기 위한 효과적인 도구로 활용한다.

② **자기이해의 증진** : 표준화된 검사를 통해 과학적이고 객관적인 결과를 제시함으로써 내담자가 자기 자신에 대하여 바르게 이해하고 더불어 현명하고 합리적인 의사결정을 내릴 수 있도록 한다.

③ **예측** : 심리검사를 통해 내담자의 특성을 밝혀냄으로써 내담자의 장래 행동이나 성취 등을 예측하며, 이를 토대로 가능한 여러 결과들을 예측하여 대안적 조치를 마련한다.

(3) 심리검사의 시행과정

① **제1단계** : 심리검사의 선택
검사자는 우선적으로 검사 실시의 상황 및 목적을 고려하여 검사의 시행여부를 결정하며, 검사 목적에 가장 잘 부합하는 검사방법을 선택한다.

② **제2단계** : 검사요강에 대한 이해

검사의 실시·채점·해석에 있어서 통일성을 기하기 위해 검사 개발 당시 작성된 규준에 따라 동일한 검사 조건을 형성한다.

③ **제3단계** : 검사에 대한 동기화

검사자는 수검자(피검자)가 심리검사를 받을 준비상태에 놓이도록 심리검사에 대한 두려움이나 거부감을 해소시키기 위해 노력한다.

④ **제4단계** : 검사의 실시

검사자는 검사요강에 제시된 검사 실시 관련 정보들을 숙지한 채 실제 검사장면에서 다양한 조건들을 정확하게 적용한다.

⑤ **제5단계** : 검사의 채점

검사자는 수검자의 응답지 작성 과정에서의 오류를 점검하며, 검사요강에 제시된 기준에 따라 객관적인 채점이 이루어지도록 노력한다.

⑥ **제6단계** : 검사 결과에 대한 해석

검사자는 전문적 지식을 토대로 수검자 개인의 심리검사 결과를 보다 정확하게 해석하기 위해 노력한다.

(4) 심리검사 결과 해석 시 유의사항

① 심리검사는 전문적인 자질과 경험을 갖춘 사람이 해석을 하여야 한다.

② 다른 검사나 관련 자료를 함께 고려하여 결론을 내려야 한다.

③ 검사 결과가 악용되어서는 안 된다.

④ 자기충족예언(긍정적인 기대나 관심이 사람에게 좋은 영향을 미치는 효과)을 해서는 안 된다.

⑤ 내담자(수검자)에게 명령을 내리거나 낙인을 찍어서는 안 된다.

⑥ 규준에 따라 해석을 하여야 한다.

(5) 심리검사와 관련하여 전문가가 지녀야 할 기본적인 태도

① 심리검사는 검사 실시와 채점, 해석 과정 등이 철저히 전문적으로 시행되어야 한다.

② 심리검사를 시행하는 전문가는 수검자 개인이 존엄한 인간임을 자각하고 있어야 한다.

③ 심리검사 결과에 대해 충분히 검토를 했다고 하더라도 그 결과가 현실이 아닌 단지 하나의 가설일 수 있으며, 그로 인해 검사 결과의 타당성에 대한 의문이 제기될 수 있다는 점을 인정해야 한다.

④ 심리검사 전문가는 수검자에게 검사 결과와 관련된 유용한 정보를 전문적인 수준에서 제공할 수 있도록 끊임없이 노력해야 한다.

(6) 라파포트(Rapaport)가 요약한 심리검사의 장점

① 개인에 관한 자료수집 과정에서 주관적 판단을 방지해 준다.

② 양적 측정을 통해 개인 간 행동을 비교할 수 있도록 해준다.

③ 수검자의 검사 반응을 비교함으로써 개인 내 비교를 가능하도록 해준다.

④ 일회적이거나 횡단적인 시행을 통해 개인의 행동을 부분적으로 혹은 전체적으로 평가할 수 있도록 해준다.

⑤ 장기적인 면담이나 행동관찰을 통해 발견할 수 있는 내용을 일회의 심리검사 시행으로 평가할 수 있도록 해준다.

2 학교심리학자에 의한 평가의 목적

'평가 능력'이라는 전문성을 보유하고 있기 때문에 학교심리학자는 학교에서 독자적인 역할을 수행한다. 전통적으로 학교심리학자는 학생 집단 분류와 범주화를 위해 심리교육학적 평가를 주역할로 하였으나, 현재에 이르러서는 개입 전략을 수립하는 데 있어 이러한 종류의 평가가 지니는 한계 때문에 점점 더 많은 검사를 활용하여 자신의 역할을 넓혀가고 있다. 개입과 관련된 평가 기법은 교사와 면담을 통하여 학생의 학급 수행을 고양시키는 방식으로 이루어지고 있다. 평가는 학교의 중대한 임무 중 하나이며 학교심리학자는 이 영역의 전문가로 학교 현장에서 점점 더 중요한 존재로 인정받고 있다.

학교에서 심리학적 평가를 하는 이유는 다양하다. 비싼 독서치료 프로그램을 계속해야 할지 말아야 할지 결정하기 전에 학교는 이 프로그램을 듣고 있는 학생의 향상 여부와 종합적인 비용 효율성을 먼저 알고자 할 것이다. 전학년 대상의 성취도 검사의 결과를 참고하여 교수법 개선을 우선시할 수도 있다. 교사는 시험 전체에서 나온 점수를 참고하여 철자 시험에서 학생 등급을 매길 수 있다. 위 사례는 평가를 통해 의사결정을 하는 것의 사례이다. 또한, 학교 현장에서 평가란 학생의 요구를 구별하고 이를 충족하는 것에 초점을 맞추게 된다. 평가는 행동의 원인과 중요성, 그리고 그것의 결과를 포함하는 행동 샘플을 객관적으로 측정하는 것으로 주로 다음 사항들을 측정하게 된다.

- 사회적 적응
- 정서적 상태
- 성격
- 인지/발달 기능
- 언어처리 능력
- 정보처리 능력
- 시각–운동 발달
- 집행 기능(즉 주의, 충동통제)
- 적성
- 학업 성취도
- 동기

평가에서 얻은 정보는 해당 학생을 위한 구체적인 교육적, 행동적 개입뿐만 아니라 성공을 위한 현실적이고 성취 가능한 목표를 위한 계획을 수립하는 데 사용된다. 여러 자료와 다른 전문가를 통한 정보를 참고한 해석으로 심리학적인 평가는 아동이나 청소년을 더 잘 이해하게 하는 도구가 될 수 있다.

> **더 알아두기**
>
> 정서적 상태에 대한 평가는 공식적으로 혹은 비공식적으로 진행된다. 이 평가는 관찰과 면담을 통해 이루어진다. 또한 학생에게 그림을 그리게 하거나 문장을 끝맺게 하거나, 주어진 그림으로 이야기 꾸며내기 등을 요청하여 이루어지는 투사적 방법으로 이루어지기도 한다. 평가자는 학생이 그린 그림, 완성된 문장, 그리고 만들어진 이야기에서 공통의 주제를 찾는다. 이렇게 나온 결과는 평가 척도를 통하여 정서적 문제와 행동의 점수로 수량화된다. 인지기능 평가는 학생의 지적인 능력을 측정한다. 이 평가는 같은 연령대의 다른 학생들과 비교를 통하여 나오는 전반적인 정보를 제공한다. 이 평가에서는 학생의 문제해결 능력, 정보해석 능력(시각정보, 청각정보 등) 및 기억과 정보처리 속도 등의 다른 영역을 측정한다. 이 평가의 사례가 다양한 평가 영역을 포함하고 있는 종합 IQ 검사이다. 각각의 평가 범위는 언어적 능력, 비언어적 능력, 공간능력, 기억과 처리 속도와 같은 하위 평가 영역을 포함한다. 학업 성취도 평가는 같은 연령대의 다른 학생들과 비교를 통하여 나오는 대상 학생의 학업 관련 능력을 평가한 것이다. 이 평가는 보통 독해, 작문, 수학 및 구술 능력에 초점을 맞춘다. 각각의 평가는 해당 과목이 포함하고 있는 관련 능력을 알아보기 위하여 이루어진다. 예를 들면, 독해 평가를 통해 이해력, 단어 재인 능력 및 독해의 속도 등을 평가하는 식이다.

3 검사도구의 조건 Ⅰ : 표준화

(1) 좋은 검사도구의 조건

① **타당도(Validity)**
  ㉠ 측정하고자 하는 개념이나 속성을 얼마나 실제에 가깝게 정확히 측정하고 있는가를 말한다.
  ㉡ 예를 들어, 국어시험에서 독해력을 측정하려 했지만 실제로는 암기력을 측정했다면 타당도가 문제시된다.

② **신뢰도(Reliability)**
  ㉠ 동일한 대상에 대해 같거나 유사한 측정도구를 사용하여 반복 측정할 경우 동일하거나 비슷한 결과를 얻을 수 있는가를 말한다. 즉, 신뢰도가 높은 검사란 측정하고자 하는 특성을 일관성 있게 측정하는 검사이다.
  ㉡ 예를 들어, 상담자가 내담자의 지능을 알아보기 위해 정확도가 보장된 체중계로 내담자의 몸무게를 측정했다면, 타당도는 낮지만 신뢰도는 높은 측정으로 볼 수 있다.

③ **객관도(Objectivity)**
  ㉠ 검사자의 채점이 어느 정도 신뢰할만하고 일관성이 있는가를 말한다.
  ㉡ 주로 채점이 객관적인 것을 말하며, 정답과 오답의 구분이 명확하고 채점이 용이한 것이 표준화 검사로서 바람직하다.

④ **실용도(Usability)**
  ㉠ 검사도구가 얼마나 적은 시간과 비용, 노력을 투입하여 얼마나 많은 목표를 달성할 수 있는가를 말한다.
  ㉡ 타당도나 신뢰도가 높다고 하더라도 검사 실시나 채점이 복잡하고 어렵다면 검사의 효율성은 낮아진다.

더 알아두기

타당도(Validity)와 신뢰도(Reliability)를 한 마디로 정의하면 각각 '정확성'과 '일관성'으로 표현할 수 있다. 특히 신뢰도를 심리측정학 분야에서 사용할 때는 주로 '일관성(Consistency)'의 의미로 사용된다. 예를 들어, 동일한 사람을 대상으로 동일한 검사를 반복 실시하거나 동등한 형태의 A형과 B형으로 검사 및 재검사를 수행하였을 때 동일한 점수들이 관찰된다면, 해당 검사는 '일관성'이 있다고 말한다. 참고로 객관도(Objectivity)는 신뢰도의 일종으로써, '검사자의 신뢰도'라고도 불린다.

(2) 검사의 표준화(Standardization)

① 검사의 표준화는 검사의 제반 과정에 대한 일관성을 확보하기 위한 노력이다.

② '표준화된 검사(Standardized Test)'는 검사의 실시에서부터 채점 및 해석에 이르기까지의 과정을 단일화·조건화하여 검사의 제반 과정에서 검사자의 주관적인 의도나 해석이 개입될 수 없도록 하는 것이다.

③ 경험적으로 제작되어 적절한 규준 및 기준점수, 타당도 및 신뢰도의 자료를 제시하며, 측정된 결과들을 상호 비교할 수 있도록 해 준다.

④ '검사절차의 표준화'는 검사 실시 상황이나 환경적 조건에 대한 엄격한 지침을 제공하는 동시에 검사자의 질문 방식이나 수검자의 응답 방식까지 구체적으로 규정함으로써 시간 및 공간의 변화에 따라 검사 실시 절차가 달라지지 않도록 하는 것을 말한다.

⑤ '채점 및 해석의 표준화'는 검사의 최종판을 검사 예정 집단과 가능한 한 비슷하게 구성한 '규준집단(Norming Sample)'에 실시하여 채점 및 해석의 기준, 즉 '규준(Norm)'을 미리 설정하는 것을 말한다.

⑥ 표준화 검사와 비표준화 검사는 다음과 같이 서로 구분되는 특징을 가진다.

표준화 검사	• 정해진 절차에 따라 실시되고 채점되는 검사이다. 즉, 검사 조건이 모든 수검자(피검사자)에게 동일하며, 모든 채점은 객관적이다. • 표준화된 평가 절차를 위해 검사의 구조, 실시 방법, 해석에 대한 특정한 기준을 갖추고 있다. • 대부분의 표준화 검사는 검사의 신뢰도와 타당도를 확보한 검사이다. 즉, 신뢰도와 타당도가 비교적 높다. • 검사 결과는 대규모 표집으로부터 얻은 규준 자료를 참고하여 해석되며, 이를 통해 규준집단에 비교해서 수검자의 상대적 위치를 알 수 있다.
비표준화 검사	• 상담에 활용되는 많은 심리검사들은 검사 해석을 위한 대표적 규준집단, 검사 채점의 신뢰도 등의 기준을 갖추고 있지 않은 경우가 많다. • 비표준화 검사는 표준화된 검사에 비해 신뢰도가 떨어지지만, 기존의 심리검사에 의해 다루어지지 못한 측면들을 융통성 있게 고려할 수 있다. • 투사적 기법, 행동관찰, 질문지 등이 포함된다. 이러한 방법들은 평가 절차상 신뢰도는 낮지만 검사 대상자의 일상생활, 주관적인 생각 등 표준화 검사를 통해 얻기 어려운 정보들을 제공해 준다.

(3) 표준화 검사의 기능

① 예언 또는 예측

표준화 검사는 확률에 의한 잠정적 추론을 토대로 인간행동의 특성 및 장래를 예측할 수 있도록 해준다.

② **진단**

표준화 검사는 수검자가 가지고 있는 장점과 단점, 현재 가지고 있는 능력과 특징적 양상 등 수검자에 대한 다각적인 특질을 파악하도록 함으로써, 그 속에 내재된 문제를 포착하고 그 원인을 발견할 수 있도록 해준다.

③ **조사**

표준화 검사는 학급이나 학교의 상태, 지역적 차이나 인종적 차이의 비교 등 어떠한 집단의 일반적인 경향을 조사할 수 있도록 하며, 그 결과를 다른 집단과 비교할 수 있도록 해준다.

④ **개성 및 적성의 발견**

표준화 검사는 수검자의 개성 및 적성을 발견하도록 하며, 이를 토대로 진학이나 직업적 선택 등의 지도 또는 배치를 가능하게 해준다.

(4) 표준화 검사의 제작 과정

① **제1단계 : 검사 목적 정의**

검사 제작자는 사전에 검사의 목적을 구체적으로 정의하여야 한다. 해당 검사를 통해 측정하고자 하는 것이 무엇인지, 주요 검사 대상자는 어떤 사람들인지, 검사는 어떤 용도로 사용되는지 등을 명확히 기술한다.

② **제2단계 : 사전 검사설계**

검사 제작자는 검사 실시 형태(개인 또는 집단), 반응 형태(선택형 또는 완성형), 검사 소요시간, 검사를 통해 산출되는 점수의 개수(양), 점수 보고 방식 등을 고려하여 검사를 설계한다. 또한 검사의 시행·채점·해석을 위해 어느 정도의 경험과 훈련, 전문성을 필요로 하는지 결정한다.

③ **제3단계 : 문항 준비**

검사 제작자는 문항의 형태 및 반응의 형태, 그리고 문항의 채점 형태를 고려하여 문항을 작성한다. 이때 수검자가 올바르게 이해할 수 있도록 작성하며, 특히 완성형 문항의 경우 타당도와 신뢰도가 확보될 수 있도록 주의를 기울인다.

④ **제4단계 : 문항 분석**

문항 분석은 '예비검사단계', '통계분석단계', '문항선택단계'로 이루어진다. 예비검사단계에서는 수검자의 수검 과정에서의 느낌, 예상치 못한 반응, 문항에 대한 잘못된 해석 가능성 등을 검토하고, 통계분석단계에서는 문항의 난이도, 변별도, 추측도 등에 대한 통계적 분석을 통해 구성된 문항들이 양질의 문항인지 확인한다. 또한 문항선택단계에서는 문항의 적절성 여부를 통해 수검자의 특성을 유의미하게 반영할 수 있는 문항들로 검사를 구성한다.

⑤ **제5단계 : 표준화 및 규준 작성**

표준화 과정은 검사에 규준을 제공하는 것으로서, 문항의 최종적인 선택 이후 실시된다. 규준은 검사 결과 점수에 대한 객관적이고 의미 있는 해석을 위해 필요하다. 예를 들어, 지능검사에서는 연령규준을, 학습 성과를 측정하는 성취도검사에서는 학년규준을 사용한다.

⑥ **제6단계 : 최종 검사준비 및 출판**

출판은 검사도구 및 검사책자를 포함하여 검사 매뉴얼, 채점 보고서 등을 제작하는 과정이다. 간단한 검사의 경우 검사 책자, 채점판, 지시사항 등을 포함하나, 복잡한 검사의 경우 부가적으로 해석지침, 특수전문보고서, 채점 및 보고를 위한 컴퓨터프로그램 등을 포함한다.

(5) 문항 응답 자료 분석

① **문항의 난이도(Item Difficulty)**
　　㉠ 문항의 쉽고 어려운 정도를 나타내는 것으로서, 총 수검자 중 정답을 맞힌 수검자의 비율 혹은 해당 문항에 정답을 제시할 확률을 의미한다.
　　㉡ 일반적으로 한 문항에 대해 올바르게 응답한 사례수를 총 사례수의 백분율로 표시한다.

② **문항의 변별도(Item Discrimination)**
　　㉠ 어떤 평가의 개개 문항이 해당 검사에서 높은 점수를 얻은 사람과 낮은 점수를 얻은 사람을 식별 또는 구별해 줄 수 있는 변별력을 의미한다.
　　㉡ 특정 문항에 대해 총점이 높은 응답자들이 대부분 맞게 답하는 반면, 총점이 낮은 응답들이 대부분 틀리게 답을 했다면, 해당 문항은 변별력이 높다고 볼 수 있다.

③ **문항의 추측도(Item Guessing)**
　　㉠ 문항의 답을 맞힌 수검자 중 추측에 의해 맞힌 수검자를 나타내는 것으로서, 문항의 답을 모른 채 추측으로 답을 맞힌 비율을 의미한다.
　　㉡ 문항이 매우 어려운 경우 문항의 추측도가 문항의 난이도보다 높은 모순을 나타내 보일 수 있다.

(6) 표준화된 검사 활용 시 유의사항

① 표준화된 검사는 동일한 목적이라도 그 종류가 매우 다양하므로, 검사의 양호도, 즉 타당성, 신뢰성, 객관성, 실용성 등을 고려하여 선택되어야 한다.
② 표준화된 검사는 그 시행 이유와 필요성에 대한 명확한 목적의식을 가지고 실행되어야 한다.
③ 표준화된 검사는 수검자의 행동 특성에 대한 참고자료로써 유효할 뿐, 그 결과 자체가 절대적인 것은 아니다.
④ 표준화된 검사를 유효하게 활용하기 위해서는 검사의 시행·채점·해석에 대한 전문적인 식견과 소양이 필요하다.

4 검사도구의 조건Ⅱ : 규준

(1) 규준(Norm)의 의의 및 특징

① 규준은 특정 검사 점수의 해석에 필요한 기준이 되는 자료로서, 한 특정 개인의 점수가 어떤 의미를 지니고 있는지에 관한 정보를 제공해 준다.
② 비교대상의 점수들을 연령별, 사회계층별, 직업군별로 체계적으로 정리하여 자료로 구성한 것이다.
③ 특정 집단의 전형적인 또는 평균적인 수행 지표를 제공해 준다.
④ 개인의 점수를 다른 사람들의 점수와 비교하고 해석하는 과정에서 비교대상이 되는 집단을 '규준집단' 또는 '표준화된 표본집단'이라고 한다.

⑤ 규준참조검사(Norm-referenced Test)는 개인의 점수를 해석하기 위해 유사한 다른 사람들의 점수를 비교하여 평가하는 상대평가 목적의 검사로서, 점수분포를 규준으로 하여 원점수를 규준에 따라 상대적으로 해석한다.

⑥ 규준은 절대적이거나 보편적인 것이 아니며, 영구적인 것도 아니다. 따라서 규준집단이 모집단을 잘 대표하는 것인지 확인하는 과정이 요구된다.

(2) 발달규준

발달규준은 수검자가 정상적인 발달경로상에서 어느 정도 수준에 위치해 있는지를 표현하는 방식으로 원점수에 의미를 부여한다.

① 연령규준(정신연령규준)

심리검사의 문항들이 연령 수준별 척도로 구성되어, 해당 검사를 통해 주어지는 결과점수가 수검자의 정신연령 수준을 반영하도록 되어 있다.

② 학년규준

주로 학교에서 실시하는 성취도검사에 이용하기 위해 학년별 평균이나 중앙치를 이용하여 규준을 제작한다.

③ 서열규준

발달검사 과정에서 검사자는 수검자의 행동을 관찰하여 행동의 발달단계상 어느 수준에 위치하는지 나타낼 수 있다.

④ 추적규준

각 개인은 신체발달 및 정신발달에 있어서 독특한 양상을 보이며, 이를 발달곡선으로 표시하는 경우 연령에 따라 다른 높낮이를 보인다. 그러나 이를 동일 연령집단의 발달곡선으로 표시하는 경우 연령이 증가하더라도 일정한 범위 내에 위치하게 되며, 이를 토대로 개인의 발달양상을 연령에 따라 예측할 수 있다.

(3) 집단 내 규준

집단 내 규준은 개인의 원점수를 규준집단의 수행과 비교해 볼 수 있도록 한 것으로서, 원점수가 서열척도에 불과한 것에 비해 집단 내 규준점수는 일반적으로 심리측정상 등간척도의 성질을 가진다.

① 백분위 점수

㉠ 원점수의 분포에서 100개의 동일한 구간으로 점수들을 분포하여 변환점수를 부여한 것이다.

㉡ 표준화 집단에서 특정 원점수 이하인 사례의 비율이라는 측면에서 표시한 것으로서, 개인이 표준화 집단에서 차지하는 상대적인 위치를 가리킨다.

㉢ 원점수가 높을수록 백분위 점수도 높게 되며, 반대로 백분위 점수가 낮을수록 분포상에서 그 사람의 상대적 위치도 낮게 된다. 특히 최저점수에서부터 등수가 정해지므로 백분위가 낮아질수록 개인성적은 나쁘게 나온다. 예를 들어, 백분위 점수 95의 의미는 내담자의 점수보다 낮은 사람들이 전체의 95%가 된다는 의미이다.

㉣ 백분위 점수는 계산이 간편하고 이해가 쉬우며, 사실상 모든 심리검사에서 보편적으로 이용할 수 있는 장점이 있다.

② **표준점수**

㉠ 백분위 점수는 실제 분포 모습을 그대로 반영하지 못하므로, 대부분의 심리검사에서 검사 결과를 작성하는 방법으로 흔히 표준점수를 사용한다.

㉡ 표준점수는 표준편차 및 평균에 기초한다. 즉, 표준점수는 원점수를 주어진 집단의 평균을 중심으로 표준편차 단위를 사용하여 분포상 어느 위치에 해당하는가를 나타낸 것이다.

㉢ 서로 다른 체계로 측정한 점수들을 동일한 조건에서 비교하기 위한 개념으로서, 원점수에서 평균을 뺀 후 표준편차로 나눈 값을 말한다.

㉣ 이와 같이 원점수를 표준점수로 변환함으로써 상대적인 위치를 짐작할 수 있으며, 검사 결과를 비교할 수도 있다.

5 측정과 척도

(1) 측정(Measurement)의 의의 및 특징

① 추상적·이론적인 명제에서 도출된 가설들을 경험적으로 검증하기 위해서는 그 안에 포함된 개념들이 적절한 방법을 통해 경험적으로 변환되어야 한다.

② 측정은 추상적·이론적 세계를 경험적 세계와 연결시키는 수단이다. 즉, 이론을 구성하고 있는 개념이나 변수들을 현실세계에서 관찰이 가능한 자료와 연결시키는 과정이다.

③ 측정은 넓은 의미에서는 어떤 사실을 묘사 또는 기술하는 방법의 하나라고 할 수 있지만, 일반적으로는 묘사대상이 되는 사상(事象)에 수치를 부여한다는 의미로 사용된다. 따라서 측정은 '일정한 규칙에 따라 사물 또는 사건에 대해 숫자를 부여하는 것'이라고 할 수 있다.

④ 예를 들어 '아동의 공격성'을 검증하기 위해서는 '공격성'이란 추상적인 개념을 "친구를 때린다", "물건을 던진다" 등과 같이 경험적으로 관찰이 가능한 구체적인 행동으로 정의한 다음, 일정한 기간 동안 그와 같은 행동이 몇 번이나 나타나는지를 숫자로 나타내어 간접적으로 추론할 수 있다.

(2) 측정의 기능

① **일치 및 조화의 기능**

측정은 추상적인 개념과 경험적인 현실세계를 일치·조화시킨다.

② **객관화 및 표준화의 기능**

측정은 관찰대상이나 현상에 대한 객관화·표준화를 통해 과학적인 관찰과 표준화된 측정을 가능하도록 함으로써, 주관적·추상적인 판단에서 야기되는 오류를 극복할 수 있도록 한다.

③ **계량화의 기능**

측정은 관찰대상이나 현상은 물론 어떤 추상적인 개념에 대해서도 다양한 변수들을 통해 일정한 분류와 기술을 가능하도록 함으로써, 통계적 분석을 활용할 수 있도록 한다.

④ **반복 및 의사소통의 기능**

측정은 연구결과의 반복을 통해 결과에 대한 확인 및 반증을 가능하도록 하며, 해당 연구결과를 정확하고 효율적으로 전달할 수 있도록 한다.

(3) 측정의 과정

① **개념화(Conceptualization)**
- ⊙ '개념화'란 개념을 개발하고 명확하게 하는 것을 말한다.
- ⊙ 개념의 의미가 분명하지 않을 경우 개념에 대한 관찰이 불가능하므로, 개념을 명확하게 하는 것이 측정과정의 첫 단계 작업이다.
- ⓒ 조사자는 이 단계에서 개념에 대한 정의를 명확히 해야 하고, 개념에 대한 통일된 정의가 존재하지 않을 경우 조사자 자신이 이를 새롭게 정의해야 한다.
- ② 만약 조사자가 초보자인 경우 사전 등의 활용을 통해 기존의 정의를 사용할 수도 있다.

② **변수와 지표의 구체화(Specification)**
- ⊙ 하나의 개념이 단일의 카테고리를 의미하거나 복수의 카테고리를 의미하는 경우, 분석의 단위에 따른 상이한 측정을 할 가능성이 있다. 또한 사회과학 분야에서 상당수의 개념들은 직접적인 측정이 불가능하다. 따라서 개념을 변수(Variable)로 전환시켜야 할 필요성이 제기된다.
- ⊙ 예를 들어 "교육이 편견을 감소시킨다."라는 가설의 경우, 먼저 교육은 '공식적 교육량'과 '지식량' 등의 변수로 전환하고, 편견은 '여성에 대한 경멸적 언행 여부'와 '특정 부류의 사람들과 상호작용을 회피하는 정도' 등의 변수들로 전환한다.
- ⓒ 조사자가 개념을 변수로 전환한 후 분석의 단위들에 대한 측정에 어느 정도 접근하게 된다. 그러나 변수의 추상성을 더욱 구체화하기 위해 지표(Indicator)로 재전환해야 한다.

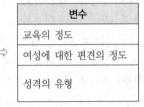

개념		변수		지표
교육	⇨	교육의 정도	⇨	학교 교육연수
편견		여성에 대한 편견의 정도		여성과 대등한 경쟁을 할 용의 여부
성격		성격의 유형		외향형/내향형, 감각형/직관형, 사고형/감정형, 판단형/인식형

- ② 교육과 같은 단순한 개념의 경우 하나의 지표만을 사용해서도 충분히 측정할 수 있다. 그러나 편견이나 성격과 같이 복잡한 개념은 하나의 지표만을 사용해서 측정하는 것이 충분하지 못하다. 따라서 하나의 지표를 사용하여 개념을 측정하기보다는 두 개 이상의 지표를 사용하는 것이 권장된다. 이와 같이 두 개 이상의 지표에 의해 개념을 측정하는 것을 '척도(Scale)'라고 한다.
- ⑩ 척도는 추상적이고 복잡한 개념을 측정하기 위한 도구이다. 예를 들어 앞서 편견과 같은 복잡한 개념을 측정하기 위해 이를 측정할 수 있는 일련의 질문들을 이용하여 편견에 관한 척도를 구성할 수 있다.

③ **조작화(Operationalization)**
- ⊙ 측정 과정의 마지막 단계로서 조작화 단계는 분석의 단위를 카테고리별로 분류하는 과정을 의미한다.
- ⊙ 조작적 정의는 각 분석의 단위를 변수들의 카테고리로 할당하는 작업 또는 과정이라 할 수 있다. 하나의 완전한 조작적 정의는 흔히 분석단위를 대상으로 하는 일련의 질문들과 응답 카테고리들 그리고 자료수집 및 개별 사례들에 대한 카테고리 할당지침 등을 포함한다.
- ⓒ 하나의 개념을 측정하기 위한 조작적 정의 또는 지표로써 질문 문항은 하나인 경우도 있으나 경우에 따라 둘 이상의 질문 문항으로 구성될 수도 있다.

(4) 척도(Scale)의 의의 및 특징

① 척도는 일종의 측정도구로서 일정한 규칙에 따라 측정대상에 적용할 수 있도록 만들어진 일련의 체계화된 기호 또는 숫자를 의미한다.

② '연속성'은 척도의 중요한 속성으로서, 실제로 측정대상의 속성과 일대일 대응의 관계를 맺으면서 대상의 속성을 양적 표현으로 전환하도록 한다.

③ 척도에 의한 측정은 특정 대상의 속성을 객관화하여 그 본질을 보다 명백하게 파악하며, 측정대상들 간의 일정한 관계 또는 그 대상 간의 비교를 정확하게 할 수 있도록 하기 위한 것이다.

④ 척도로 측정대상을 숫자화한다는 것은 어느 정도 비약적인 성격을 갖는 측정상의 추상화 과정을 의미한다.

⑤ 예를 들어 '아동의 공격성'을 측정하기 위한 문항으로 "친구를 때린다", "물건을 던진다" 등과 같은 각각의 문항들은 '공격성'을 구성하는 구성요소일 수는 있어도 '공격성' 자체를 설명하는 것은 아니다. 따라서 구성요소들에 의한 수치를 합한 값이나 중요도에 따라 가중치를 부여한 값 등 일정한 규칙에 근거하여 합산한 값으로 '공격성'의 수준을 설명할 수 있다. 이와 같이 일관적인 내적 구조를 가지는 일련의 문항들이 '척도'에 해당한다.

(5) 척도의 종류

① **명목척도 또는 명명척도(Nominal Scale)**

ㄱ. 측정대상 특성의 존재여부 또는 몇 개의 상호배타적인 범주로의 구분을 위해 수치를 부여하는 일종의 범주형 척도이다.

ㄴ. 척도의 유형 중 가장 기본이 되는 것으로서, 측정대상 구성 간의 관계를 정밀하게 파악하기보다는 기본적인 관계를 밝히는 역할을 할 뿐이다.

ㄷ. 명목척도는 성격을 전혀 달리하는 범주에 대한 표시일 뿐 양적 의미를 갖지 않으므로, 각 범주는 양적으로 크거나 작다든가, 많거나 적다든가 하는 정도와 밀도 등을 구별해주지 못하며, 등가인지(A=B), 아닌지(A≠B)를 단지 숫자나 기호로 대신 지칭해주는 것에 불과하다.

예 성별, 결혼유무, 종교, 인종, 직업유형, 장애유형, 지역, 계절 등

② **서열척도(Ordinal Scale)**

ㄱ. 측정대상의 분류는 물론 대상의 특수성 또는 속성에 따라 각 측정대상들의 등급순위를 결정하는 척도이다.

ㄴ. 서열척도는 단지 상대적 등급순위만을 결정할 뿐 각 등급 간의 차이는 문제로 삼지 않는다. 즉, 서열척도는 각각의 대상이 다른 것과 비교하여 '더 크다/더 작다', '더 높다/더 낮다' 등의 문제와 연관되며, 그 각각의 상대적 지위의 순위만을 구분한다.

ㄷ. 서열척도에서 등급 간의 간격 또는 차이는 동일하지 않을 수 있다.

예 사회계층, 선호도, 석차, 소득수준, 수여 받은 학위, 자격등급, 장애등급, 변화에 대한 평가, 서비스 효율성 평가 등

③ 등간척도(Interval Scale)

　　㉠ 명목척도와 서열척도의 특성을 포함하여 크기의 정도를 제시하는 척도이다.

　　㉡ 측정대상의 특수한 속성에 따라 대상의 '크다/작다'의 구분뿐만 아니라 그 간격에 있어서의 동일함을 의미하는 동일성의 척도이다. 즉, 서열척도가 등급의 순위만을 표시해주는 데 반해, 등간척도는 그 간격이 일정하다는 의미를 내포한다.

　　㉢ 등간척도가 그 본질에 있어서 동일한 거리를 요구하고 있는 이상, 대상의 속성이 동일한 거리의 차를 가지지 않는다면 이론상으로 적용하기 어렵다.

　　　　예 IQ, EQ, 온도, 학력, 학점, 시험점수, 물가지수, 사회지표 등

④ 비율척도 또는 비례척도(Ratio Scale)

　　㉠ 가장 높은 수준의 측정척도로서, 명목·서열·등간척도의 특수성을 포함하는 동시에 절대영점을 가진다. 이때 절대영점은 '0'의 수치가 절대적인 의미를 가지는 것을 의미한다.

　　㉡ 섭씨온도나 화씨온도가 등간척도의 예에 해당한다면, 분자의 움직임이 없는 상태를 '0K'로 나타내는 켈빈온도는 비율척도의 예에 해당한다.

　　㉢ 비율척도는 고도의 통계분석이 가능하며, 모든 통계치를 산출할 수 있다.

　　　　예 연령, 무게, 신장, 수입, 매출액, 출생률, 사망률, 이혼율, 경제성장률, 졸업생 수, 서비스 대기인수, 서비스 수혜기간 등

6　신뢰도(Reliability)의 이해

(1) 의의 및 특징

① 신뢰도란 측정도구가 측정하고자 하는 현상을 일관성 있게 측정하는 능력을 말한다. 다시 말해 어떤 측정도구(척도)를 동일한 현상에 반복 적용하여 동일한 결과를 얻게 되는 정도를 그 측정도구의 신뢰도라고 한다.

② 어떤 측정도구를 사용해서 동일한 대상을 측정하였을 때 항상 같은 결과가 나온다면 이 측정도구는 신뢰도가 매우 높다고 할 수 있다.

③ 신뢰도가 높은 측정도구는 연구자의 변경이나 측정 시간 및 장소의 차이에도 불구하고 항상 동일한 결과를 가져오는 반면, 신뢰도가 낮은 측정도구는 측정할 때마다 측정치가 달라진다.

④ 신뢰도가 높다고 해서 훌륭한 과학적 결과를 보장하는 것은 아니지만, 신뢰도가 없는 훌륭한 과학적 결과는 존재할 수 없다. 다시 말해 신뢰도는 연구조사 결과와 그 해석에 있어서 충분조건은 아니지만 필요조건에 해당한다고 볼 수 있다.

⑤ 신뢰도와 유사한 표현으로 신빙성, 안정성, 일관성, 예측성 등이 있다.

(2) 내적 신뢰도와 외적 신뢰도

① 내적 신뢰도(Internal Reliability)

　　사건이나 현상에 대한 관찰자들 간의 일치도로서, 연구 자료의 수집 및 분석, 해석상의 일관성 정도를 말한다. 다른 연구자들에게 이미 산출된 일련의 구성개념을 제시했을 때 본래의 연구자

가 했던 것과 동일한 방식으로 자료와 구성개념을 결부시킬 수 있다면 내적 신뢰도가 높은 것으로 본다.

② 외적 신뢰도(External Reliability)

연구결과에 있어서의 일치도를 말한다. 동일한 설계를 바탕으로 다른 연구자들도 동일한 현상을 발견하거나 유사한 상황에서 동일한 구성개념을 산출한다면 외적 신뢰도가 높은 것으로 본다.

(3) 신뢰도에 영향을 미치는 요인

① 개인차

검사대상이 되는 집단의 개인차가 클수록 검사점수의 변량은 커지며, 그에 따라 신뢰도계수도 커지게 된다.

② 문항 수

문항 수가 많은 경우 신뢰도는 어느 정도 높아진다. 다만, 문항 수를 무작정 늘린다고 해서 검사의 신뢰도가 정비례하여 커지는 것은 아니다.

③ 문항반응 수

문항반응 수는 적정한 크기를 유지하는 것이 바람직하며, 만약 이를 초과하는 경우 신뢰도는 향상되지 않는다. 일반적으로 리커트(Likert) 척도에서 문항반응 수가 5점 내지 7점을 초과하는 경우 신뢰도계수는 더 이상 커지지 않는 것으로 보고되고 있다.

④ 검사유형(속도검사의 신뢰도)

문항 수가 많고 주어진 시간이 제한되어 있는 속도검사의 경우 특히 전후반분법을 이용하여 신뢰도를 추정하는 것은 바람직하지 못하다. 그 이유는 응답자가 후반부로 갈수록 문항에 답할 충분한 시간이 없으므로 상대적으로 낮은 점수를 받게 되기 때문이다.

⑤ 신뢰도 추정방법(검증법)

신뢰도를 추정하는 각 방법은 오차를 포함하는 내용이 서로 다르므로 동일한 검사에 여러 가지 방법을 동시에 사용하여 얻어진 신뢰도계수는 서로 다를 수밖에 없다. 특히 측정오차가 클수록 신뢰도계수는 그만큼 작게 계산될 가능성이 높다.

(4) 신뢰도의 제고를 위한 기본원리

① 체계적 분산의 극대화(Maximization of Systemic Variance)

체계적 분산은 독립변수에 의해 영향을 받는 종속변수의 분산을 극대화함으로써, 독립변수가 종속변수에 미치는 영향을 명확히 하도록 한다.

② 오차분산의 극소화(Minimization of Error Variance)

신뢰도와 타당도가 높은 측정도구를 사용하여 체계적 오류와 비체계적 오류를 축소함으로써 측정상의 오차를 최소화한다.

③ 외부변수의 통제(Control of Extraneous Variable)

연구 목적과 관련이 없는 외부변수들을 무작위할당, 변수의 제거 등의 방법을 통해 효과적으로 통제한다.

(5) 신뢰도 제고를 위한 구체적인 방법

① **측정상황의 분석 및 일관성 유지**

어떠한 요인이 측정의 신뢰도를 떨어뜨리는가를 결정하기 위해 측정상황 자체에 대한 분석을 하도록 한다. 또한 측정도구는 항상 표준화되고 잘 통제되며, 최대한 동일한 조건 하에서 적용되도록 한다.

② **표준화된 지시와 설명**

측정도구의 사용이나 응답에 있어서 가능한 한 분명하고 표준화된 지시나 설명을 함으로써 측정오차를 줄이도록 해야 한다.

③ **문항(항목)의 추가적 사용**

측정도구가 충분히 믿을 만한 것이 못될 경우 동일한 종류와 질을 가진 문항(항목)을 추가로 사용하도록 한다.

④ **문항(항목)의 명확한 구성**

측정도구가 되는 문항은 누구에게나 동일하게 이해되도록 명백하게 구성해야 한다.

⑤ **대조적인 문항(항목)들의 비교·분석**

측정도구가 되는 각 문항의 성격을 비교하여 서로 대조적인 문항들을 비교·분석하도록 한다.

7 신뢰도의 추정방법

(1) 검사–재검사신뢰도(Test–retest Reliability)

① 가장 기초적인 신뢰도 추정방법으로, 동일한 대상에 동일한 측정도구를 서로 상이한 시간에 두 번 측정한 다음 그 결과를 비교하는 것이다.

② 재검사에 의한 반복측정을 통해 그 결과에 대한 상관관계를 계산하여 도출된 상관계수로써 신뢰도의 정도를 추정한다. 여기서 상관계수가 높다는 것은 신뢰도가 높다는 것을 의미한다.

③ 검사–재검사신뢰도는 두 검사의 실시 간격에 따라 크게 영향을 받는다. 즉, 검사 간격이 짧은 경우 신뢰도가 높게 나타나는 반면, 검사 간격이 긴 경우 신뢰도가 상대적으로 낮게 나타난다.

④ 이월효과(기억효과), 성숙효과(반응민감성 효과), 역사요인, 물리적 환경의 변화 등의 단점을 가진다.

⑤ 검사–재검사신뢰도는 안정성을 강조하는 방법으로 적용이 매우 간편하나, 대부분의 심리검사에서 신뢰도를 찾기 위한 방법으로는 적합하지 않다.

(2) 동형검사신뢰도(Equivalent–form Reliability)

① 새로 개발한 검사와 여러 면에서 거의 동일한 검사를 하나 더 개발해서 두 검사의 점수 간 상관계수를 구하는 방법이다.

② 검사–재검사신뢰도의 변형이라고 할 수 있는 방법으로, 동일한 조작적 정의 또는 지표들에 대한 측정도구를 두 종류씩 만들어 동일한 측정 대상에게 각각 응답하도록 하는 방법이다.

③ 동형검사신뢰도는 각각의 측정도구가 매우 유사해야만 신뢰도를 측정할 수 있는 수단으로 인정받을 수 있다.

④ 동형검사의 개발에 있어서 각각의 검사의 동등성을 보장하는 것이 중요하므로 문항 수, 문항 표현 방식, 문항 내용 및 범위, 문항 난이도, 검사 지시내용, 구체적인 설명, 시간제한 등 다양한 측면에서 동등성이 검증되어야 한다.

(3) 반분신뢰도(Split-half Reliability)

① 반분신뢰도 또는 반분법은 검사를 한 번 실시한 후 이를 적절한 방법에 의해 두 부분의 점수로 분할하여 그 각각을 독립된 두 개의 척도로 사용함으로써 신뢰도를 추정하는 방법이다.

② 조사항목의 반을 가지고 조사결과를 획득한 다음 항목의 다른 반쪽을 동일한 대상에게 적용하여 얻은 결과와의 일치성 또는 동질성 정도를 비교한다.

③ 양분된 각 측정도구의 항목 수는 그 자체가 각각 완전한 척도를 이룰 수 있도록 충분히 많아야 한다. 반분된 항목 수는 적어도 8~10개 정도가 되어야 하며, 전체적으로 16~20개 정도의 항목을 가지고 있어야 한다.

④ 반분신뢰도는 단 한 번의 시행으로 신뢰도를 구할 수 있으나, 반분하는 방식에 따라 각기 다른 신뢰도를 측정하므로 단일의 측정치를 산출하지 못한다.

⑤ 측정도구를 반분하는 과정에서 검사의 초반과 후반에 연습효과나 피로효과가 발생할 수 있는지, 특정 문항군이 함께 묶여 제시되는지 확인해야 한다.

(4) 문항내적 합치도(Item Internal Consistency)

① 단일의 신뢰도 계수를 계산할 수 없는 반분법의 문제점을 고려하여, 가능한 한 모든 반분신뢰도를 구한 다음 그 평균값을 신뢰도로 추정하는 방법이다.

② 동일한 개념을 측정하는 항목인 경우 그 측정 결과에 일관성이 있어야 한다는 논리에 따라 일관성이 없는 항목, 즉 신뢰성을 저해하는 항목을 찾아서 배제시킨다.

③ 쿠더와 리처드슨(Kuder & Richardson)에 의해 처음 개발되었으며, 이후 크론바흐(Cronbach)가 이에 대한 수학적 설명을 시도하였다.

④ 쿠더-리처드슨 신뢰도 계수는 응답문항 유형이 '예/아니오' 또는 '정(正)/오(誤)'인 검사에 사용되는 반면, 크론바흐 알파계수(Cronbach's α Coefficient)는 응답문항 유형이 여러 종류인 검사에 사용된다.

⑤ 크론바흐 알파계수의 경우 크론바흐 알파 값은 '0~1'의 값을 가지며, 값이 클수록 신뢰도가 높다.

⑥ 문항내적 합치도는 반분신뢰도와 같이 단 한 번의 시행으로 신뢰도를 구할 수 있으나, 검사 내용이 이질적인 경우 신뢰도 계수가 낮아지는 단점이 있다.

(5) 관찰자신뢰도(Observer Reliability)

① 관찰자신뢰도 또는 채점자신뢰도는 관찰의 안정성을 기초로 한 신뢰도 측정방법으로, '재검사적 관찰자신뢰도'와 '대안적 관찰자신뢰도'로 구분된다.

② 재검사적 관찰자신뢰도는 '관찰자 내 신뢰도(Intra-observer Reliability)'라고도 하며, 한 사람의 관찰자가 일정한 관찰지침과 절차에 의거하여 동일 측정대상에 대해 시간적 간격에 의한 반복관찰을 시행한 후, 그 결과의 상관관계를 점수로 산정하여 신뢰도를 평가하는 방법이다.

③ 대안적 관찰자신뢰도는 '관찰자 간 신뢰도(Inter-observer Reliability)'라고도 하며, 두 사람 이상의 관찰자가 일정한 관찰지침과 절차에 의거하여 동시에 독립적인 관찰을 시행한 후, 관찰자 간 관찰의 결과를 점수로 산정하여 신뢰도를 평가하는 방법이다.

④ 관찰자신뢰도는 주로 탐색적인 목적을 위해 사용된다.

⑤ 관찰자들의 관찰지침에 대한 정확한 이해와 체계적인 절차가 이루어져야 하며, 관찰자들에 대한 지속적인 훈련이 요구된다.

8 타당도(Validity)의 이해

(1) 의의 및 특징

① 측정의 타당도는 조사자가 측정하고자 한 것을 실제로 정확히 측정했는가의 문제이다.

② 타당한 측정수단이란 측정하고자 하는 것을 측정할 수 있는 도구이다. 따라서 어떤 측정수단이 조사자가 의도하지 않은 내용을 측정할 경우 이 수단은 타당하지 못한 것이 된다.

③ 타당도는 실증적 수단인 조작적 정의나 지표가 측정하고자 하는 개념을 제대로 반영하는 정도를 의미한다.

④ 만약 조사자가 조작적 정의나 지표 또는 척도를 사용하여 처음 측정하고자 했던 개념이 의미하는 바를 제대로 측정하였다면, 이들 조작적 정의나 지표 또는 척도의 타당도는 높다. 반면 조작적 정의, 지표 또는 척도를 사용하여 처음 측정하고자 했던 개념이 의미하는 바를 제대로 측정하지 못한 경우 이들의 타당도는 낮은 것이 된다.

⑤ 심리학을 포함한 사회과학 영역에서 특히 타당도가 문제시되는 이유는 보통 측정을 간접적으로 할 수밖에 없는 사회과학 고유의 특성 때문이다. 측정을 간접적으로 하는 경우 조사자는 자신이 측정하고자 하는 속성들을 제대로 측정하는가에 대해 완전한 확신을 가질 수 없다.

(2) 내적 타당도와 외적 타당도

① 내적 타당도(Internal Validity)
  ㉠ 어떤 연구에서 종속변인에 나타난 변화가 독립변인의 영향 때문이라고 추론할 수 있는 정도를 말한다.
  ㉡ 각 변수 사이의 인과관계를 추론하여 그것이 실험에 의한 진정한 변화에 의한 것으로 판명되는 경우 내적 타당도가 높은 것으로 본다.

② 외적 타당도(External Validity)
  ㉠ 외적 타당도는 연구의 결과에 의해 기술된 인과관계가 연구대상 이외의 경우로 확대·일반화될 수 있는 정도를 말한다.
  ㉡ 내적 타당도가 연구결과의 정확성(Accuracy)과 관련된 개념이라면, 외적 타당도는 연구결과의 일반화 가능성(Generalizability)의 문제와 연관된다.

(3) 내적 타당도를 저해하는 요인

① 성숙요인(시간의 경과)

시간의 흐름에 따른 조사대상 집단의 신체적·심리적 특성의 변화 또는 실험기간 동안 나타나는 실험집단의 성숙이 결과변수(종속변수)에 영향을 미친다.

② 역사요인(우연한 사건)

조사기간 중에 연구자의 의도와는 상관없이 일어난 통제 불가능한 사건이 결과변수에 영향을 미친다.

③ 선별요인(선택요인)

프로그램 시행 후 실험집단과 통제집단 간의 결과변수에 대한 측정값의 차이는 프로그램 집행의 차이라기보다 단지 두 집단성원들이 다르기 때문에 나타난다.

④ 상실요인(실험대상의 탈락)

프로그램 시행 기간 중 관찰대상 집단 일부의 탈락 또는 상실로 인해 남아있는 대상이 처음의 관찰대상 집단과 다른 특성을 갖게 된다.

⑤ 통계적 회귀요인

극단적인 측정값을 갖는 사례들을 재측정할 때, 평균값으로 회귀하여 처음과 같은 극단적인 측정값을 나타내 보이지 않는다.

⑥ 검사요인(테스트효과, 반복효과)

프로그램의 실시 전과 실시 후에 유사한 검사를 반복하는 경우 프로그램 참여자들의 시험에 대한 친숙도가 높아져서 측정값에 부적절한 영향을 미친다.

⑦ 도구요인

프로그램 시행 전과 후에 측정자의 측정기준이 달라지거나 측정수단이 변화함에 따라 정책효과가 왜곡된다.

⑧ 모방(개입의 확산)

분리된 집단들을 비교하는 조사연구에서 적절한 통제가 이루어지지 않은 경우, 실험집단과 통제집단의 상호 교류에 의해 실험집단의 영향이 통제집단에 이식될 수 있다.

⑨ 인과적 시간-순서(인과관계 방향의 모호성)

변수들 간의 시간적 우선성이 모호한 경우, 원인변수와 결과변수 사이의 인과관계의 방향을 결정하기가 곤란하다.

(4) 외적 타당도를 저해하는 요인

① 연구표본의 대표성

조사연구의 제반 조건들이 모집단의 일반적인 상황과 유사해야 실험 결과를 일반화할 수 있다.

② 조사반응성(반응효과)

연구자가 관찰하는 동안 조사대상자가 연구자의 바람에 따라 반응하거나 스스로 조사대상임을 의식하여 평소와 다른 반응을 보이는 경우 일반화의 정도는 낮아진다.

(5) 타당도의 제고방법

① 내적 타당도의 제고방법

○ 무작위할당(Random Assignment) : 연구대상을 실험집단과 통제집단으로 무작위로 배치함으로써 두 집단이 동질적이 되도록 한다.

○ 배합(Matching) : 연구주제에 영향을 미칠 수 있는 주요 변수들을 미리 알아내어 이를 실험집단과 통제집단에 동일하게 분포되도록 한다.

○ 통계적 통제(Statistical Control) : 실험설계를 통해 통제할 필요성이 있는 변수들을 독립변수로 간주하여 실험을 실시한 다음, 그 결과를 통계적으로 분석하여 해당 변수의 영향을 통제한다.

② 외적 타당도의 제고방법

○ 모집단에 대한 타당성(Population Validity) : 표본의 대표성을 높이는 방법으로, 표본자료가 모집단의 특성을 충분히 반영하고 있는지 파악한다.

○ 환경에 의한 타당성(Ecological Validity) : 연구결과가 연구 환경을 벗어나 보다 현실적이면서 다양한 환경에서도 적용될 수 있는지 검토한다.

9 타당도의 추정방법

(1) 내용타당도(Content Validity)

① '논리적 타당도(Logical Validity)'라고도 하며, 측정항목이 연구자가 의도한 내용대로 실제로 측정되고 있는가 하는 문제이다.

② 측정도구가 측정대상이 가지고 있는 많은 속성 중의 일부를 대표성 있게 포함하는 경우 타당도가 있다고 본다.

③ 논리적 사고에 입각한 논리적인 분석과정으로 판단하는 주관적인 타당도로, 객관적인 자료에 근거하지 않는다.

  예 10대 청소년들의 부모에 대한 관심도를 측정하기 위한 두 가지 측정도구로써, 하나는 청소년들이 자신의 부모를 좋아하는지 묻는 문항, 다른 하나는 청소년들이 자신의 부모에 대해 얼마나 알고 있는지 묻는 문항을 개발했다고 할 때, 어느 정도는 후자가 부모에 대한 관심도를 측정하기에 적합하다고 판단할 수 있다.

④ 측정도구의 내용타당도는 문항구성 과정이 그 개념을 얼마나 잘 반영하고 있는지, 그리고 해당 문항들이 각 내용 영역들의 독특한 의미를 얼마나 잘 나타내주고 있는지를 의미한다.

⑤ '안면타당도 또는 액면타당도(Face Validity)'는 내용타당도와 마찬가지로 측정항목이 연구자가 의도한 내용대로 실제로 측정하고 있는가 하는 것으로서, 내용타당도가 전문가의 평가 및 판단에 근거한 반면 안면타당도는 전문가가 아닌 일반인의 일반적인 상식에 준하여 분석한다.

(2) 기준(준거)타당도(Criterion Validity)

① '기준(준거) 관련 타당도(Criterion-related Validity)', '실용적 타당도(Pragmatic Validity)' 또는 '경험적 타당도(Empirical Validity)'라고도 한다.

② 경험적 근거에 의해 타당도를 확인하는 방법으로, 이미 전문가가 만들어놓은 신뢰도와 타당도가 검증된 측정도구에 의한 측정결과를 기준으로 한다.

③ 통계적으로 타당도를 평가하는 것으로, 사용하고 있는 측정도구의 측정값과 기준이 되는 측정도구의 측정값 간의 상관관계에 관심을 둔다.

④ 연구하려는 속성을 측정해 줄 것으로 알려진 외적준거(기준)와 측정도구의 측정결과(척도의 점수) 간의 관계를 비교함으로써 타당도를 파악한다. 즉, 타당화하려는 검사와 외적준거 간에는 상관이 높아야 하고, 어떤 검사를 실시하여 얻은 점수로부터 수검자의 다른 행동을 예측할 수 있어야 한다.

⑤ 기준타당도는 '동시타당도 또는 공인타당도(Concurrent Validity)'와 '예측타당도 또는 예언타당도(Predictive Validity)'로 구분된다.

동시타당도 (공인타당도)	새로 제작한 검사의 타당도를 위해 기존에 타당도를 보장받고 있는 검사와의 유사성 혹은 연관성에 의해 타당도를 검증하는 방법이다. 예 재직자에게 응시자용 문제를 제시하여 시험을 실시한 후 재직자의 평소 근무실적과 시험성적을 비교하여 근무실적이 좋은 재직자가 시험에서도 높은 성적을 얻었다면, 해당 시험은 준거타당도를 갖추었다고 볼 수 있다.
예측타당도 (예언타당도)	어떠한 행위가 일어날 것이라고 예측한 것과 실제 대상자 또는 집단이 나타낸 행위 간의 관계를 측정하는 것이다. 예 신입직원 선발시험에서 높은 성적을 얻은 사람이 이후 근무실적에서도 높은 점수를 얻었다면, 해당 선발실험은 근무실적을 잘 예측한 것으로 볼 수 있다.

(3) 개념타당도(Construct Validity)

① '구성타당도, 구인타당도' 또는 '구조적 타당도'라고도 한다.

② 조작적으로 정의되지 않은 인간의 심리적 특성이나 성질을 심리적 개념으로 분석하여 조작적 정의를 부여한 후, 검사점수가 조작적 정의에서 규명한 심리적 개념들을 제대로 측정하였는가를 검정하는 방법이다.

③ 여기에서 '개념(Construct)'이란 심리적 특성이나 행동양상을 설명하기 위해 존재를 가정하는 심리적 요인을 말하는 것으로, 창의성 검사의 경우 이해성, 도전성, 민감성 등을 개념이라고 할 수 있다.

④ 개념타당도는 응답 자료가 계량적 방법에 의해 검정되므로, 과학적이고 객관적이라 할 수 있다.

⑤ 개념타당도를 분석하는 방법으로는 '수렴타당도 또는 집중타당도(Convergent Validity), 변별타당도 또는 판별타당도(Discriminant Validity), 요인분석(Factor Analysis)'이 있다.

10 객관적 검사와 투사적 검사

(1) 객관적 검사

① 객관적 검사(Objective Tests)는 검사과제가 구조화되어 있으므로 '구조적 검사(Structured Tests)'라고도 한다.

② 검사에서 제시되는 문항의 내용이나 그 의미가 객관적으로 명료화되어 있으므로 모든 사람에게서 동일한 방식의 해석이 내려질 것을 기대하는 검사이다.

③ 검사에서 평가되는 내용이 검사의 목적에 부합하여 일정하게 준비되어 있으며, 수검자가 일정한 형식에 따라 반응하도록 되어 있다.

④ 검사 결과를 통해 나타나는 개인의 특성 및 차이는 각각의 문항들에 대한 반응 점수를 합산한 후 그 차이를 평가하는 과정으로 전개된다.

⑤ 객관적 검사의 목적은 개인의 독특성을 측정하기보다는 개인마다 공통적으로 지니고 있는 특성이나 차원을 기준으로 하여 개인들을 상대적으로 비교하는 데 있다.

> 예 한국판 웩슬러 성인 지능검사(Korean Wechsler Adult Intelligence Scale, K-WAIS), 한국판 웩슬러 아동용 지능검사(Korean Wechsler Intelligence Scale for Children IV, K-WISC-IV) 등의 지능검사와 미네소타 다면적 인성검사(Minnesota Multiphasic Personality Inventory, MMPI), 마이어스-브릭스 성격유형검사(Myers-Briggs Type Indicator, MBTI), 기질 및 성격검사(Temperament Character Inventory, TCI), 16성격 요인검사(16 Personality Factor, 16PF) 등의 성격검사가 해당된다.

(2) 투사적 검사

① 투사적 검사(Projective Tests)는 비구조적 검사 과제를 제시하여 개인의 다양한 반응을 무제한적으로 허용하므로 '비구조적 검사(Unstructured Test)'라고도 한다.

② 검사 지시 방법이 간단하고 일반적인 방식으로 주어지며, 개인의 독특한 심리적 특성을 측정하는데 주목적을 둔다.

③ 투사적 검사에서 수검자의 특성은 명료한 검사자극에 대한 수검자의 의도적·가장적 반응이 아닌 모호한 검사자극에 대한 수검자의 비의도적·자기노출적 반응으로 나타난다.

④ 머레이(Murray)는 검사자극 내용이 모호할수록 수검자가 지각적 자극을 인지적으로 해석하는 과정에서 심리구조의 영향을 더욱 강하게 받는다고 주장하였다.

⑤ 검사자극 내용을 불분명하게 함으로써 막연한 자극을 통해 수검자가 자신의 내면적인 욕구나 성향을 외부에 자연스럽게 투사할 수 있도록 유도한다.

> 예 로샤검사(Rorschach Test), 주제통각검사(Thematic Apperception Test, TAT), 집-나무-사람검사(House-Tree-Person Test, HTP), 문장완성검사(Sentence Completion Test, SCT), 인물화검사(Drawing A Person Test, DAP) 등이 해당한다.

(3) 객관적 검사와 투사적 검사의 장단점 비교

구분	객관적 검사	투사적 검사
장점	• 신뢰도와 타당도 수준이 비교적 높음 • 검사의 시행·채점·해석이 용이함 • 검사자나 상황변인의 영향을 덜 받음 • 검사자의 주관성이 배제되어 객관성이 보장됨	• 수검자의 독특한 반응을 이끌어냄 • 수검자의 방어적 반응이 어려우므로 솔직한 응답이 유도됨 • 수검자의 풍부한 심리적 특성 및 무의식적 요인이 반영됨
단점	• 사회적 바람직성(Social Desirability), 반응 경향성(Orientation), 묵종 경향성(Acquiescence)에 영향을 받음 • 수검자의 감정이나 신념, 무의식적 요인을 다루는 데 한계가 있음 • 문항 내용 및 응답의 범위가 제한됨	• 신뢰도와 타당도의 검증이 어려움 • 검사의 채점 및 해석에 있어서 높은 전문성이 요구됨 • 검사자나 상황변인의 영향을 받아 객관성이 결여됨

11 표본추출·표집(Sampling)

(1) 표본추출의 의의 및 특징

① 표본추출, 즉 표집은 모집단 가운데 자료를 수집할 일부의 대상을 표본으로 선택하는 과정이다.

② 표본은 모집단의 일부를 지칭하는 반면, 표집은 조사대상을 체계적인 방법으로 선정하는 절차를 의미한다.

③ 표집의 주된 목적은 표본으로부터 획득한 표본의 특성인 통계(Sample Statistic)를 사용하여 모집단의 특성을 추론하는 데 있다.

④ 표본추출은 조사 결과가 모집단을 얼마나 잘 대표하고 있느냐 하는 '대표성(Representativeness)'도 중요하지만, 이에 못지않게 어느 정도 크기의 표본을 선정하는 것이 일정한 정확성을 적은 비용으로도 가질 수 있도록 해주는가 하는 '적절성(Adequacy)'의 문제도 중요하다.

(2) 표본의 크기와 표집오차

① '표집오차(Sampling Error)'는 표집하는 과정에서 발생하는 오차로, 모수와 표본의 통계치 간의 차이, 즉 표본의 대표성으로부터의 이탈 정도를 나타낸다.

② 표본의 크기는 필요한 통계학적 신뢰도를 확보할 수 있을 만큼 커야 한다. 또한 비용이 허락하는 범위 내에서 가장 효과적으로 필요한 정보를 얻을 수 있어야 한다.

③ 표본의 크기가 커질수록 비용은 많이 들지만, 모수와 통계치의 유사성이 커지며, 표집오차가 일정 수준 줄어듦으로써 조사의 신뢰성을 높일 수 있다. 반면, 표본의 크기가 작을수록 비용은 적게 들지만 조사의 정확성은 떨어진다.

④ 표본의 크기가 커질수록 표본 결과의 정밀도가 정비례하여 증가하는 것은 아니다. 오히려 비표집오차의 개입으로 인해 조사의 정확성이 떨어질 수도 있다.

⑤ 동일한 표집오차를 가정한다면, 분석변수가 많아질수록 표본의 크기는 커져야 한다.

(3) 표본추출의 과정

① **제1단계 : 모집단 확정**

연구결과의 일반화를 위한 대상을 확정하는 것으로, 모집단은 조사대상이 되는 집단을 의미한다. 모집단을 확정하기 위해서는 연구대상, 표본단위, 연구범위, 기간 등을 명확히 한정해야 한다.

② **제2단계 : 표집틀 선정**

표집틀은 모집단 내에 포함된 조사대상자들의 명단이 수록된 목록을 말한다. 표집틀은 모집단의 구성요소를 모두 포함하는 반면, 각각의 요소가 이중으로 포함되지 않는 것이 좋다.

③ **제3단계 : 표집방법 결정**

표집틀이 선정되면 모집단의 대표성을 확보할 수 있는 표집방법을 결정한다. 표집방법에는 크게 확률표본추출방법과 비확률표본추출방법이 있다.

④ **제4단계 : 표집크기 결정**

표집방법이 결정되면 표본의 크기 또는 표집크기를 결정한다. 모집단의 성격, 시간 및 비용, 조사원의 능력 등은 물론 표본오차를 나타내는 정확도와 신뢰도를 고려하여 표본의 크기를 결정한다.

⑤ **제5단계 : 표본추출**

결정된 표집방법을 통해 본격적으로 표본을 추출한다. 추출방식에 따라 난수표 등을 이용할 수 있으며, 결과의 일반화 가능성을 항상 염두에 두어야 한다.

(4) 확률표본추출방법

① **단순무작위표집(Simple Random Sampling)**

모집단을 구성하는 각 구성요소가 표본으로 뽑힐 확률이 동등하고 '0'이 아닌 경우 난수표, 제비뽑기, 컴퓨터를 이용한 난수의 추출방법 등을 사용하여 무작위로 추출하는 방법이다.

② **계통표집 또는 체계적 표집(Systematic Sampling)**

모집단 목록 자체가 일정한 주기성을 가지지 않는다는 전제 하에 목록의 구성요소에 대해 일정한 표집간격에 따라 매 K번째 요소를 추출하는 방법이다.

③ **층화표집 또는 유층표집(Stratified Sampling)**

모집단의 어떤 특성에 대한 사전지식을 토대로 해당 모집단을 동질적인 몇 개의 층(Strata)으로 나눈 후 이들 각각으로부터 적정한 수의 요소를 무작위로 추출하는 방법이다.

④ **집락표집 또는 군집표집(Cluster Sampling)**

모집단 목록에서 여러 가지 이질적인 구성요소를 포함하는 여러 개의 집락(집단)을 구분한 후, 집락을 표집단위로 하여 무작위로 몇 개의 집락을 표본으로 추출한 다음 표본으로 추출된 집락의 구성요소를 전수조사 하는 방법이다.

(5) 비확률표본추출방법

① **할당표집(Quota Sampling)**

㉠ 모집단의 어떤 특성에 대한 사전지식을 토대로 모집단을 일정한 카테고리로 나눈 후, 이들 카테고리에서 할당된 수를 작위적으로 추출하는 방법이다.

㉡ 모집단의 대표성이 비교적 높으나, 카테고리 분류 과정에서 편견이 개입될 소지가 많다.

② 유의표집 또는 판단표집(Purposive Sampling)
- ⊙ 연구자가 모집단에 대한 지식이 많은 경우 사용하는 방법으로, 연구자의 주관적인 판단에 따라 연구목적달성에 도움이 되는 구성요소를 의도적으로 추출하는 방법이다.
- ⓒ 연구자의 주관적 판단의 타당성 여부에 따라 표집의 질이 결정된다.

③ 임의표집 또는 편의표집(Convenient Sampling)
- ⊙ 모집단에 대한 정보가 없고 구성요소 간의 차이가 별로 없다고 판단될 때 사용하는 방법으로, 표본선정의 편리성에 기초하여 임의로 추출하는 방법이다.
- ⓒ 표본의 대표성을 확신할 수 없으며, 결과를 일반화하는 데 한계가 있다.

④ 누적표집 또는 눈덩이표집(Snowball Sampling)
- ⊙ 첫 단계에서 연구자가 임의로 선정한 제한된 표본에 해당하는 사람으로부터 추천을 받아 다른 표본을 선정하는 과정을 되풀이하여 마치 눈덩이를 굴리듯이 추출하는 방법이다.
- ⓒ 추천하는 사람의 주관에 의한 편견이 개입될 수 있으므로 결과의 일반화가 어려우며, 계량화에 한계가 있다.

(6) 표본추출의 장단점

장점	• 모집단 전체를 연구할 경우 예상되는 막대한 시간과 비용의 소모를 절감할 수 있다. • 자료수집, 집계 및 분석과정을 신속하게 처리할 수 있다. • 전수조사가 불가능한 경우에 적용할 수 있다. • 비표본오차의 감소와 조사대상의 오염방지를 통해 전수조사보다 더욱 정확한 자료획득이 가능하다. • 전수조사보다 더 많은 조사항목을 포함할 수 있으므로 다방면의 정보획득이 가능하다.
단점	• 표본의 대표성 문제가 제기되는 경우 일반화의 가능성이 낮아진다. • 모집단의 크기가 작은 경우 표집 자체가 무의미하다. • 표본설계가 복잡한 경우 시간과 비용의 낭비를 가져온다.

제 2 절 지능평가

지능평가는 인지평가의 한 종류로 학생의 인지적 장점과 약점, 그리고 학생의 종합적인 인지적 잠재성에 대한 정보를 준다. 또한 여러 세분화된 영역에서 동일 연령대의 다른 학생과의 능력 비교에 대한 정보도 얻을 수 있다. 지능평가는 학생이 새로운 지식을 얼마나 잘 습득할지(습득 정도)와 습득 방법에 대하여 예측하고자 사용된다.
- 지능평가는 주어진 정보로 적합한 결정을 하기 위하여 학생을 이해하는 한 방식이다.
- 왜 학생을 검사하여야 하는가?
  - 인지적 결함 여부를 확인하기 위하여
  - 자금 지원 적합성을 평가하기 위하여
  - 학생의 학습 프로파일 혹은 우세한 학습 스타일을 이해하기 위하여

- 학습장애(난독증을 포함한 읽기, 쓰기 혹은 수학학습에서의 장애) 여부를 확인하기 위하여
- 전문적인 도움이 필요한 학생을 위한 개입 프로그램을 제공하기 위하여
- 영재 학생을 확인하여 알맞고 자극이 되는 학습 환경을 제공하기 위하여
- 학교의 준비성을 검사하기 위하여
- 학교에 조기 입학할지 여부와 유치원에 더 있을지 여부를 결정하기 위하여
- 발달 지연 여부를 구별하고 정신교육학적 장애 혹은 문제에 대하여 가능한 한 빨리 개입하기 위하여
- 집이나 학교에서 나타날 수 있는 평소답지 않은 행동 혹은 정서적 문제를 이해하기 위하여

• IQ란 무엇인가?

지능검사를 통하여 산출된 한 사람의 지적인 능력을 나타내는 지표가 바로 지능지수(Intelligence Quotient, IQ)이다. 다양한 IQ 검사가 이용되고 있는데, 학교에서 널리 사용되는 인지검사에는 웩슬러 아동용 지능검사(Wechsler Intelligence Scale for Children, WISC-V), 변별 능력 척도(Differential Ability Scales, DAS-II), 우드콕 존슨 인지능력 검사(Woodcock Johnson, Tests of Cognitive Abilities, WJ-IV) 등이 있다.

• 점수는 어떻게 보고되는가?

- 학생을 평가한 후에 점수가 산출되는데 점수 계산은 단순하게 맞게 대답하는 것을 백분율로 계산하는 것이 아니라 복잡한 통계로 산출한다. IQ 검사의 점수 체계를 만들기 위해 사전에 수많은 사람이 평가를 받고 그 결과는 각 연령별 능력에 대한 다양한 범위를 결정하고자 표준화되었다. 표집된 모집단의 결과로 규준 점수가 만들어졌다. 표준화된 표집집단으로부터 나온 규준 점수에 근거하여 한 사람의 수행 수준을 나타내는 것이 백분위 등급이다. 예를 들어, 한 학생의 백분위 등급이 45라고 한다면, 이것은 동일 연령대의 학생 100명 중에서 45명보다 그 학생이 더 나은 점수를 받았다는 것을 의미한다.
- IQ 점수는 표준화된 표집집단과 비교하였을 때 얼마나 잘 수행했는지를 나타내는 것이다. 즉, IQ 점수는 동일 연령대의 다른 학생 집단에 비하여 그 학생이 얼마나 잘 수행했는지를 보여주는 것이다. 모든 영역을 합산했을 때 가능한 가장 높은 IQ 점수는 160이며 가능한 가장 낮은 IQ 점수는 40이다. 모든 학생의 반은 IQ 점수가 100보다 낮을 것이며 모든 학생의 반은 IQ 점수가 100보다 높을 것이다. 90~109까지의 점수는 평균 점수에 속한다.

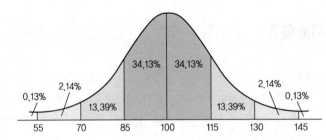

IQ의 정규 분포 : 그래프의 진한 부분에 대부분의 학생의 점수가 위치할 것이다(이 부분이 평균 영역이다). 영재 학생은 오른쪽의 연한 부분에 위치하게 되며 왼쪽의 연한 부분에는 장애가 있는 학생이 위치하게 된다.

⚡ **더 알아두기** 🔍

IQ와 학업 성취도와의 관계

현대의 IQ 검사는 원래 비네(Binet)가 개별 학생이 학급 내의 유사한 상황에서 얼마나 잘 수행하는지를 예측하기 위한 목적으로 고안한 것에서 기인한다. 여러 연구에서 IQ 검사의 결과가 학업 성취도와 관련이 있다는 것이 나타났다. 대체로, IQ 점수가 높은 학생이 표준화된 성취도 검사에서 더 나은 결과를 보이며, 학교 성적이 더 높고, 교육 수준도 더 높은 것으로 나타났다. 비록 애매한 점은 존재하나, IQ 점수는 학업 성취도를 빈번하게 예측한다. 결국, 특수한 교육적 요구가 있는 학생을 구별해 내기 위한 방법으로 학교심리학자 및 관련 전문가는 IQ 검사를 빈번하게 사용한다. 하지만, IQ 검사와 학업 성취도 간 관계에 있어 아래 세 가지 사항이 중요하다.

① IQ는 학업 성취도의 필수적인 원인이 아니라 단순히 관계가 있는 요인이다.

　　높은 IQ 점수를 가진 학생이 일반적으로 학교에서 더 잘 수행하는 것은 맞지만, 그 학생의 높은 성취도가 IQ의 결과라고 결정지어 말할 수는 없다. IQ가 학업 성취도에 있어 중요한 역할을 하는 것은 맞을지 몰라도 많은 다른 요인들—동기, 교육의 질, 가족 자원, 학부모의 지지, 또래 집단의 기대 등—도 역시 이와 관련이 있기 때문이다.

② IQ 점수와 성취도 간 관계는 많은 예외를 지니는 불완전한 것이다.

　　다양한 이유 때문에 IQ가 높은 어떤 학생은 학급에서 잘 수행하지 못하는 반면 어떤 학생은 IQ 점수만으로 예측하는 것보다 훨씬 높은 수준까지 수행할 수 있다. 그리고, IQ 검사는 일상 속의 실제적인 임무에서의 수행 혹은 특이하고 다면적인 문제 상황에서의 수행을 예측하는 것보다 전통적인 학업 속 임무를 훨씬 더 잘 예측하는 것으로 보인다.

③ IQ 점수는 유통기한(Shelf Life)이 있다.

　　IQ 점수는 짧은 기간(1년 혹은 2년 정도) 동안 학생의 학업 성취를 예측하는 데 합리적인 잣대이다. 학령 전기 혹은 초등학교 저학년에 얻은 점수라면 더욱이 시간이 지남에 따라 성취를 예측하는데 있어 IQ 점수는 유용성이 떨어진다.

1 **지능의 정의**

(1) 지능에 대한 학자들의 견해

① **웩슬러(Wechsler)** : 지능은 개인이 합목적적으로 행동하고 합리적으로 사고하며, 환경을 효율적으로 다룰 수 있는 총체적인 능력이다.

② **비네(Binet)** : 지능은 일정한 방향을 설정하고 그것을 유지하는 능력, 목표달성을 위해 일하는 능력, 행동의 결과를 수정하는 능력이다.

③ **터만(Terman)** : 지능은 추상적 사고를 하는 능력, 즉 다양한 문제들을 해결하기 위해 추상적 상징을 사용하는 능력이다.

④ **스피어만(Spearman)** : 지능은 사물의 관련성을 추출할 수 있도록 하는 정신작용이다.

⑤ **서스톤(Thurston)** : 지능은 추상적 개념과 구체적 사실을 연관시킬 수 있는 능력이다.

⑥ **피아제(Piaget)** : 지능은 단일형식의 조직이 아닌 적응 과정을 통해 동화와 조절이 균형을 이루는 형태를 말한다.

⑦ **스턴(Stern)** : 지능은 사고를 작동시켜 새로운 요구에 의식적으로 적응하는 일반적 능력이다.

⑧ **핀트너(Pintner)** : 지능은 새로운 환경에 자신을 적응시키는 능력이다.

⑨ **게이츠(Gates)** : 지능은 학습해 가는 능력 또는 다양하고 광범위한 사실들을 파악하는 복합화된 능력이다.

⑩ **디어본(Dearborn)** : 지능은 학습된 능력, 즉 경험에 의해 습득되는 능력이다.

⑪ **프리만(Freeman)** : 지능은 지능검사에 의해 측정된 것이다.

(2) 지능의 일반적 의미

① **학습능력**

㉠ 지능은 교육을 받을 수 있는 능력 또는 유익한 것을 학습할 수 있는 능력이다.

㉡ 지능이 높은 사람은 학습할 수 있는 능력이 높은 반면, 지능이 낮은 사람은 학습할 수 있는 능력이 낮다.

㉢ 주요 학자 : 게이츠(Gates), 디어본(Dearborn) 등

② **적응능력**

㉠ 지능은 전체 환경에 대한 적응력이자, 생활상의 새로운 문제와 상황에 대처하는 정신적 적응력이다.

㉡ 지능이 높은 사람은 새로운 환경의 변화에 비교적 잘 적응하는 반면, 지능이 낮은 사람은 잘 적응하지 못하는 양상을 보인다.

㉢ 주요 학자 : 피아제(Piaget), 스턴(Stern), 핀트너(Pintner) 등

③ **추상적 사고능력**

㉠ 지능은 추상적인 사고를 할 수 있는 능력이자, 이를 구체적인 사실과 연관시킬 수 있는 능력이다.

㉡ 지능이 높은 사람은 자신이 소유한 지식을 통해 구체화된 현상을 파악하는 동시에 이를 서로 연관시킬 수 있다.

㉢ 주요 학자 : 터만(Terman), 스피어만(Spearman), 서스톤(Thurston) 등

④ **종합적·전체적 능력(포괄적 정의)**

㉠ 지능은 어떠한 목적을 향해 합리적으로 행동하고 체계적으로 사고하며, 환경을 효과적으로 다루는 유기체의 종합적인 능력이다.

㉡ 지능이 높은 사람은 학습능력, 적응능력, 추상적 사고능력 등을 통해 성공적인 생활을 영위할 수 있다.

㉢ 주요 학자 : 웩슬러(Wechsler) 등

⑤ **조작적 정의**

㉠ 지능은 지능검사에 의해 측정된 것이다.

㉡ 이것은 정의로써는 명확하나 지능의 정신적인 본질에 관한 내용을 담고 있지 못하다.

㉢ 주요 학자 : 프리만(Freeman), 보링(Boring) 등

(3) 개인용 지능검사와 집단용 지능검사

개인용 지능검사	• 수검자 한 사람을 대상으로 검사를 실시하도록 되어 있는 검사를 말한다. • 개인용 지능검사에서는 수검자의 행동을 빠짐없이 관찰할 수 있으므로 수검자의 심리상태나 결함 혹은 장점을 파악하는 데 도움이 된다. • 상대적으로 높은 신뢰성과 타당성, 임상적인 유용성을 기대할 수 있다. • 다만, 실시의 복잡성, 검사자를 위한 고도의 훈련과 기술의 요구, 오랜 검사시간 등의 단점이 있다.
집단용 지능검사	• 한 번에 여러 사람에게 동시에 실시할 수 있도록 구성되어 있는 검사를 말한다. • 검사의 실시와 채점, 해석이 간편하며, 상대적으로 시간 및 비용을 절감할 수 있다. • 선별검사(Screening Test)로 사용하기에 적합하다. • 다만, 검사장면에서 발생할 수 있는 여러 가지 오차 요인을 통제하기 곤란하므로 신뢰성이 떨어지며, 개인용 지능검사에 비해 임상적인 유용성이 낮다.

2 지능이론

(1) 스피어만(Spearman)의 2요인설

① 지능에 대한 최초의 요인분석으로, 스피어만은 여러 지적능력에 관한 검사와 이들 검사 간에 존재하는 상관관계를 설명하는 '요인(Factor)'의 개념을 도입하였다.

② 지능은 모든 개인이 공통적으로 가지고 있는 '일반요인(General Factor)'과 함께 언어나 숫자 등 특정한 부분에 대한 능력으로서 '특수요인(Special Factor)'으로 구성된다.

③ 일반지능이 낮더라도 음악이나 미술 등 예능에서 천재성을 보이는 경우가 있으며, 이는 일반요인이 아닌 특수요인에 의한 것이다.

일반요인 (G Factor)	생득적인 것으로, 모든 유형의 지적 활동에 공통적으로 작용한다. 예 이해력, 관계추출능력, 상관추출능력 등
특수요인 (S Factor)	일반요인만으로 해결하기 어려운 특수한 과제를 수행하기 위해 작용한다. 예 언어능력, 수리능력, 정신적 속도, 상상력 등

(2) 손다이크(Thorndike)의 다요인설

① 손다이크는 지능을 "진리 또는 사실의 견지에서 올바른 반응을 행하는 능력"으로 정의하였다.

② 지능은 '추상적 지능', '구체적(실제적) 지능', '사회적 지능'으로 구성되어 있다.

    ㉠ 추상적 지능 : 언어나 수 등 상징적 기호를 처리하는 능력

    ㉡ 구체적(실제적) 지능 : 동작에 의해 사물을 조작하는 능력

    ㉢ 사회적 지능 : 다른 사람을 이해하거나 사람과 협력하는 능력

③ 손다이크가 제시한 구체적(실제적) 지능은 웩슬러(Wechsler)의 동작성 지능이나 비오(Viaud)의 실용적 지능으로 발전하였으며, 사회적 지능은 돌(Doll)의 사회성숙 척도에 영향을 미쳤다.

(3) 서스톤(Thurstone)의 다요인설

① 서스톤은 대학생들을 대상으로 다양한 종류의 지능검사를 실시한 후 이를 요인분석적 방법으로 연구하였다.

② 지능은 각각 독립적인 기능을 가지고 있는 개별적인 능력들로 구성되어 있다고 주장함으로써 불분명한 일반지능의 실체를 강조한 일반지능설의 한계를 극복하고자 한다.

③ 지능은 언어이해(Verbal Comprehension), 수(Numerical), 공간시각(Spatial Visualization), 지각속도(Perceptual Speed), 기억(Memory), 추리(Reasoning), 단어유창성(Word Fluency) 등 7가지 요인으로 구성된다.

(4) 길포드(Guilford)의 복합요인설(입체모형설)

① 길포드는 서스톤의 7가지 기본정신능력에 관한 이론을 발전시켜 기존의 지능에 대한 협소한 계열을 확대하였다.

② 지능은 다양한 방법에 의해 상이한 정보들을 처리하는 다각적 능력들의 체계적인 집합체이다.

③ 지능구조는 내용(Content), 조작(Operation), 결과(Product)의 3차원적 입체모형으로 이루어지며, 이들의 상호작용에 의한 180개의 조작적 지적 능력으로 구성된다.

④ 내용(Content)은 사고의 대상으로서 주어진 정보의 내용에 관한 것이며, 조작(Operation)은 사고의 과정으로서 정보를 처리하고 작동하는 지적 활동에 관한 것이다. 또한 결과(Product)는 사고의 결과로서 정보 조작의 결과에 관한 것이다.

내용 (Content)	• 시각 : 시각적 지각에 대한 정보 • 청각 : 청각적 지각에 대한 정보 • 상징 : 상징적·기호적 정보 • 의미(어의) : 의미 있는 단어나 개념의 의미적 정보 • 행동 : 표정, 동작 등의 행동적 정보
조작 (Operation)	• 평가 : 사고결과의 적절성을 판단하는 평가 • 수렴적 사고(조작) : 이미 알고 있는 지식이나 기억된 정보에서 어떤 지식을 도출해 내는 능력 • 확산적 사고(조작) : 이미 알고 있거나 기억된 지식 위에 전혀 새로운 지식을 창출해 내는 능력 • 기억파지 : 정보의 파지 • 기억저장 : 정보의 저장 • 인지 : 여러 가지 지식과 정보의 발견 및 인지와 관련된 사고력
결과 (Product)	• 단위 : 각 단위의 정보 • 분류 : 공통적인 특성의 공유 • 관계 : 2개 이상 단위들의 종합 • 체계 : 단위의 조직화된 체계 • 전환 : 기존 정보에 대한 해석 또는 수정과 적용 • 함축 : 어떤 정보에서 생기는 예측, 기대 또는 시사점

(5) 카텔과 혼(Cattell & Horn)의 위계적 요인설

① 카텔은 인간의 지능을 유동성 지능(Fluid Intelligence)과 결정성 지능(Crystallized Intelligence)으로 구분하였다.

유동성 지능	• 유전적·신경생리적 영향에 의해 발달이 이루어지는 반면, 경험이나 학습의 영향을 거의 받지 않는다. • 신체적 요인에 따라 청소년기에 이르기까지 발달이 이루어지다가 이후 퇴보현상이 나타난다. • 속도, 기계적 암기, 지각능력, 일반적 추론능력 등이 해당한다. • 웩슬러 지능검사의 소검사 중 '빠진 곳 찾기, 차례 맞추기, 토막짜기, 모양 맞추기, 공통성 문제, 숫자 외우기' 등이 유동성 지능을 반영한다.
결정성 지능	• 경험적·환경적·문화적 영향의 누적에 의해 발달이 이루어지며, 교육 및 가정환경 등에 의해 영향을 받는다. • 나이가 들수록 더욱 발달하는 경향이 있다. • 언어이해능력, 문제해결능력, 상식, 논리적 추리력 등이 해당한다. • 웩슬러 지능검사의 소검사 중 '기본지식, 어휘문제, 공통성 문제, 이해문제' 등이 결정성 지능을 반영한다.

② 혼은 카텔의 주장을 토대로 유동성 지능과 결정성 지능의 특징적 양상에 대해 연구하였다.

③ 일반적으로 웩슬러 지능검사의 언어성 소검사들은 결정성 지능과 연관된다. 반면, 동작성 소검사들은 유동성 지능과 관련되며, 문제해결능력을 측정한다고 볼 수 있다.

④ 혼은 변형된 지능 모델을 통해 웩슬러 지능검사의 소검사들을 다음과 같이 4개의 범주로 분류하였다.

⑤ 환경의 영향을 받는 결정성 지능에는 언어성 소검사 4개가 포함되며, 유동성 지능에는 공통성 문제와 숫자 외우기의 2개 언어성 소검사와 함께 동작성 소검사들이 포함된다.

⑥ 공통성 문제는 결정성 지능과 유동성 지능 모두와 관계가 있으며, 기억과 관련된 소검사로서 기본지식은 결정성 지능, 숫자 외우기는 유동성 지능과 연관된다.

⑦ 소검사 특유의 변량이 큰 바꿔 쓰기는 운동속도와 연관된다.

결정성(Crystallized)	유동성(Fluid)	기억(Retrieval)	속도(Speed)
• 기본지식 • 어휘문제 • 이해문제 • 공통성 문제	• 빠진 곳 찾기 • 차례 맞추기 • 토막짜기 • 모양 맞추기 • 공통성 문제 • 숫자 외우기	• 기본지식 • 산수문제 • 숫자 외우기	바꿔 쓰기

(6) 가드너(Gardner)의 다중지능이론

① 전통적인 지능이론이 지능의 일반적인 측면을 강조하는 데 반해, 가드너는 문제해결능력과 함께 특정 사회적·문화적 상황에서 산물을 창조하는 능력을 강조하였다.

② 인간의 지능은 일반지능과 같은 단일한 능력이 아닌 다수의 능력으로 구성되며, 각각의 능력들의 상대적 중요도는 서로 동일하다.

③ 가드너는 지능을 언어지능(Linguistic Intelligence), 논리-수학지능(Logical-Mathematical Intelligence), 공간지능(Spatial Intelligence), 신체-운동지능(Bodily-Kinesthetic Intelligence), 음악지능(Musical Intelligence), 대인관계지능(Interpersonal Intelligence), 개인 내적 지능(Intra Personal Intelligence) 등 7가지의 독립된 지능으로 구분하였다.

④ 최근에는 자연탐구지능(Naturalist Intelligence) 및 실존적 지능(Existential Intelligence)을 비롯하여, 도덕적 감수성(Moral Sensibility), 성적 관심(Sexuality), 유머(Humor), 직관(Intuition), 창의성(Creativity) 등 다양한 지능의 존재 가능성을 제기하고 있다.

(7) 스턴버그(Sternberg)의 삼원지능이론

① 스턴버그는 지능을 개인의 내부세계와 외부세계에서 비롯되는 경험의 측면에서 성분적 지능(Componential Intelligence), 경험적 지능(Experiential Intelligence), 상황적(맥락적) 지능(Contextual Intelligence)으로 구분하였다.

② 지능의 세 가지 측면을 토대로 한 성분하위이론, 경험하위이론, 상황하위이론은 다시 각각의 세부적인 하위이론들로 나눠짐으로써 위계구조를 이룬다.

③ 삼원지능이론의 각 하위이론들은 내부영역, 경험영역, 외부영역에서 지능의 근원적 요소들을 포착하여 해당 요소들이 어떻게 지적 사고와 행동을 산출하는지 제시한다.

3 웩슬러 지능검사의 이해

(1) 웩슬러 지능검사의 의의

① 웩슬러 지능검사는 데이비드 웩슬러(David Wechsler)가 1939년에 제작한 개인지능검사로, 오늘날 스탠포드-비네 검사와 더불어 가장 널리 사용되고 있다.

② 웩슬러는 지능을 개인이 합목적적인 행동과 합리적인 사고를 통해 환경을 이해하고 그것에 적응할 수 있는 종합적·전체적인 능력으로 보았다. 그는 지능의 다요인적·중다결정적 측면을 강조하며, 지능이 유전적 요인은 물론 초기의 교육환경, 정서적 상태, 기질적·기능적 정신장애, 검사 당시의 상황 등의 상호작용에 의해 결정된다고 보았다.

③ 웩슬러 지능검사는 지능이 다차원적이고 중다적인 구조로 이루어져 있음을 전제로 하여, 지능의 다양한 영역을 총체적인 관점으로 평가한다.

(2) 웩슬러 지능검사의 특징

① **개인검사**

집단검사가 아닌 개인검사이므로 검사자와 수검자 간의 관계형성이 보다 용이하다. 또한 검사 과정에서 수검자에 대한 관찰을 통해 수검자의 성격적 특징은 물론 수검자의 문제와 관련된 진단적 단서를 얻을 수 있다.

② **객관적 검사**

인지적 검사로서 구조화된 객관적 검사에 해당한다. 그러나 검사 문항 중에는 투사적 함축성을 지닌 것도 있으므로 이때 나타나는 수검자의 반응 내용 및 양상을 분석하여 수검자에 대한 객관적 또는 투사적 정보를 얻을 수도 있다.

③ **편차지능지수를 사용**

정신연령과 생활연령을 비교한 스탠포드-비네 검사의 비율지능지수 방식에서 벗어나 개인의 지능을 동일 연령대 집단에서의 상대적인 위치로 규정한 편차지능지수를 사용한다.

④ **언어성 검사와 동작성 검사로 구성**

'언어성(Verbal) 검사'와 '동작성(Performance) 검사'로 이루어져 있으며, 이를 통해 '언어성 IQ (VIQ)', '동작성 IQ (PIQ)', '전체 IQ (FIQ)'를 측정할 수 있다. 또한 언어성 검사와 동작성 검사는 각각 하위검사들을 포함하므로 언어성 검사와 동작성 검사의 비교는 물론 하위검사 간 비교를 통해 개인의 인지기능 전반을 평가할 수 있도록 한다.

⑤ **병전 지능수준을 추정**

영역별 검사 및 프로파일 해석을 통해 개인의 성격적 측면과 정신역동, 심리내적인 갈등을 이해하도록 하며, 정신병리를 파악할 수 있도록 한다. 특히 현재의 지능수준은 물론 병전 지능수준까지 추정함으로써 현재의 기능장애의 정도를 양적으로 알 수 있도록 한다.

⑥ **문맹자도 검사 가능**

검사자가 모든 문제를 구두 언어나 동작으로 제시하고 수검자의 반응을 직접 기록할 수 있도록 함으로써 글을 모르는 수검자라도 검사를 받는 것이 가능하다.

(3) 웩슬러 지능검사의 발달

① 웩슬러 지능검사의 개발과정

용도	구분	개발연도	대상연령
범용	W-B I (Wechsler Bellevue I)	1939년	7~69세
	W-B II (Wechsler Bellevue II)	1946년	10~79세
성인용	WAIS (Wechsler Adult Intelligence Scale)	1955년	16~64세
	WAIS-R (Wechsler Adult Intelligence Scale-Revised)	1981년	16~74세
	WAIS-III (Wechsler Adult Intelligence Scale-III)	1997년	16~89세
	WAIS-IV (Wechsler Adult Intelligence Scale-IV)	2008년	16~90세
아동용	WISC (Wechsler Intelligence Scale for Children)	1949년	5~15세
	WISC-R (Wechsler Intelligence Scale for Children-Revised)	1974년	6~16세
	WISC-III (Wechsler Intelligence Scale for Children-III)	1991년	6~16세
	WISC-IV (Wechsler Intelligence Scale for Children-IV)	2003년	6~16세
유아용	WPPSI (Wechsler Preschool & Primary Scale of Intelligence)	1967년	4~6.5세
	WPPSI-R (Wechsler Preschool & Primary Scale of Intelligence-Revised)	1989년	3~7.5세
	WPPSI-III (Wechsler Preschool & Primary Scale of Intelligence-III)	2002년	2.6~7.3세

② 한국판 웩슬러 지능검사의 개발과정

용도	구분	개발연도	대상연령
성인용 (청소년)	KWIS (Korean Wechsler Intelligence Scale)	1963년	12~64세
	K-WAIS (Korean Wechsler Adult Intelligence Scale)	1992년	16~64세
	K-WAIS-IV (Korean Wechsler Adult Intelligence Scale-IV)	2012년	16~69세
아동용	K-WISC (Korean Wechsler Intelligence Scale for Children)	1974년	5~16세
	KEDI-WISC (Korean Educational Development Institute-Wechsler Intelligence Scale for Children)	1987년	5~15세
	K-WISC-III (Korean Wechsler Intelligence Scale for Children-III)	2001년	6~16세
	K-WISC-IV (Korean Wechsler Intelligence Scale for Children-IV)	2011년	6~16세
유아용	K-WPPSI (Korean Wechsler Preschool & Primary Scale of Intelligence)	1995년	3~7.5세

(4) 지능지수 산출

$$지능지수(IQ) = 15 \times \frac{개인\ 점수 - 해당\ 연령규준의\ 평균}{해당\ 연령규준의\ 표준편차} + 100$$

4 한국판 웩슬러 성인 지능검사(K-WAIS)의 언어성(Verbal) 검사

(1) 기본지식(Information) : 29문항

① 개인이 소유한 일반적인 지식의 정도를 측정한다.

② 기억의 인출 및 장기기억, 언어적·청각적 이해력, 결정성 지능, 지적 호기심, 폭넓은 독서경험 등과 연관된다.

③ 수검자의 지적 능력·학력·생활여건을 고려한다.

④ 병전 지능 추정에 사용되며, 특히 좌반구 손상 환자에게서 낮은 수행이 나타난다.

⑤ 높은 점수는 지적인 야심이나 주지화의 방어기제를 반영하기도 한다.

⑥ 낮은 점수는 만성적인 불안이나 갈등, 억압의 방어기제를 반영하기도 한다.

(2) 숫자 외우기(Digit Span) : 14문항

① 주어진 숫자(예 5-8-2, 6-4-6-9, 5-8-1-9-2-6-4-7)를 바로 따라 외우기 7문항과 거꾸로 따라 외우기 7문항으로 구성되어 있다.

② 청각적 단기기억, 즉각적인 기계적 회상, 주의력 및 주의집중력, 유동성 지능, 학습장애 등과 연관된다.

③ 검사 상황에 민감하게 영향을 받는 검사로, 특히 청각적인 문제를 가진 수검자에게 불리하다.

④ 높은 점수는 오히려 수검자의 분열성 성격을 반영하기도 한다.

⑤ 낮은 점수는 정신병적 우울이나 상태불안, 주의력 결핍, 학습장애 등의 문제를 반영하기도 한다.

(3) 어휘문제(Vocabulary) : 35문항

① 제시되는 여러 낱말의 뜻을 말하게 하는 검사이다.

② 총 35개의 단어목록(예 단풍, 망각하다, 남루하다, 명분, 알력 등)으로 구성되어 있다.

③ 언어적 지식 정도, 일반개념의 범위, 언어 사용 및 축적된 언어학습능력 등을 측정할 수 있다.

④ 가장 안정적인 검사로서 정신장애에 의한 기능의 손상 및 퇴화가 적으므로, 병전 지능 추정에 사용된다.

⑤ 높은 점수는 지적인 야심이나 주지화의 방어기제를 반영하기도 한다.

⑥ 낮은 점수는 기억이나 학습상의 문제, 억압의 방어기제를 반영하기도 한다.

(4) 산수문제(Arithmetic) : 16문항

① 간단한 계산문제를 암산으로 푸는 과제로 구성되어 있다.

② 주의력 및 주의집중력, 청각적 기억, 숫자를 다루는 능력 및 계산능력, 언어적 지시의 이해, 현실 접촉과 정신적 기민성, 시간적 압박 하에서의 작업능력, 학습장애 등과 연관된다.

③ 과제 수행에서의 실패는 주의력 및 주의집중력 부족, 계산 과정에서의 불안감, 반항심이나 패배주의적 태도에 의한 것일 수 있다.

④ 좌측 측두엽, 두정엽 손상 환자에게서 낮은 수행이 나타난다.

⑤ 높은 점수는 주지화 방어기제와 연관되며, 경우에 따라 분열성 성격을 반영하기도 한다.

⑥ 낮은 점수는 불안 성향, 주의집중의 어려움, 학습장애 등의 문제를 반영하기도 한다.

(5) 이해문제(Comprehension) : 16문항

① 일상생활에서의 사회적 상황과 관련된 여러 가지 문항들에 대해 답하는 과제들로 구성되어 있다.

② 사회적 지능 및 사회적 이해력, 도덕적 판단 및 양심, 보편적 행동양식에 대한 지식수준, 실제적 정보의 표현 및 실제상황에서의 응용능력, 언어적 개념화, 결정성 지능 등과 연관된다.

③ 다른 소검사들에 비해 지적 영역과 정서적 영역이 서로 결부되어 있다.

④ 수검자의 문제 상황에 대한 능동적/수동적 대처, 사회적/반사회적 행동 등이 임상적으로 유의미한 가치를 가진다.

⑤ 높은 점수는 수검자의 사회적·도덕적 판단력, 관습적인 문제해결 방식을 반영하기도 한다.

⑥ 낮은 점수는 사회적 관심에 대한 저항, 대인관계에 대한 무관심, 판단력 손상을 반영하기도 한다.

(6) 공통성 문제(Similarity) : 14문항

① 제시된 두 단어의 공통점에 대해 말하도록 하는 과제로 구성되어 있다.

② 언어적 이해력, 언어적 개념화, 논리적·추상적 사고, 연합적 사고, 본질과 비본질을 구분하는 능력, 폭넓은 독서경험 등과 연관된다.

③ 수검자의 응답 내용은 구체적 개념형성, 기능적 개념형성, 추상적 개념형성의 양상으로 나타난다.

④ 언어적 이해력을 평가하는 소검사들 가운데 정규 교육이나 특정 학습, 교육적 배경 등의 영향을 가장 적게 받는다.

⑤ 높은 점수는 오히려 수검자의 강박적·편집증적 성향을 반영하기도 한다.

⑥ 낮은 점수는 사고장애나 중추신경계 손상을 반영하기도 한다.

5 한국판 웩슬러 성인 지능검사(K-WAIS)의 동작성(Performance) 검사

(1) 빠진 곳 찾기(Picture Completion) : 20문항

① 제시된 그림카드에서 생략된 부분을 찾아내도록 하는 과제로 구성되어 있다.

② 각 문항의 그림(예 태극기, 얼굴, 물병, 바이올린, 한반도, 오두막)에는 중요한 부분이 빠져 있으며, 수검자가 20초 이내에 빠져 있는 부분을 찾아내도록 한다.

③ 시각적 기민성, 시각적·지각적 조직화, 본질과 비본질을 구분하는 능력, 시각적 기억, 자동적·표상적 수준에서의 조직화, 시간적 압박 하에서의 작업능력, 유동성 지능 등과 연관된다.

④ 수검자의 반응속도가 지나치게 빠른 경우 충동성을 시사하는 반면, 쉬운 문항에서조차 반응속도가 지나치게 느린 경우 진단적으로 주목할 필요가 있다.

⑤ 높은 점수는 고도의 주의집중력, 강박적·현학적 성향을 반영하기도 한다.

⑥ 낮은 점수는 논리성 결여나 주의집중력 부족을 반영하기도 한다.

(2) 차례 맞추기(Picture Arrangement) : 10문항

① 10벌의 그림카드 세트(예 집, 감옥, 낚시, 강도)를 도구로 사용하여 수검자로 하여금 각각의 그림들을 순서대로 잘 맞추어 어떤 줄거리가 있는 이야기로 꾸미도록 되어 있다.

② 사회적 지능 및 사회적 이해, 전체 상황에 대한 이해능력, 추리력, 계획능력, 시간적 연속성, 지각적 조직화, 시간적 압박 하에서의 작업능력, 유동성 지능 등과 연관된다.

③ 수검자가 그림의 순서에 따라 이야기를 엮어나가는 것이 중요한 해석적 가치를 지닌다.

④ 수검자의 충동성/조심성, 시행착오적 접근/통찰적 접근 등에 관한 정보를 입수할 수 있다.

⑤ 높은 점수는 수검자의 사회적 상황에서의 민감성, 편집증적 성향을 반영하기도 한다.

⑥ 낮은 점수는 사회적 상황에 대한 이해력 부족, 대인관계상의 어려움을 반영하기도 한다.

(3) 토막짜기(Block Design) : 9문항

① 모형이 그려진 9장의 카드와 함께 빨간색과 흰색이 칠해진 9개의 나무토막을 도구로 사용하여 이를 맞추어 보도록 하는 과제로 구성되어 있다.

② 시각-운동 협응능력, 지각적 조직화, 공간적 표상능력, 전체를 구성요소로 분석하는 능력, 추상적 사고, 장 의존적 또는 장 독립적 인지유형, 시간적 압박 하에서의 작업능력, 유동성 지능 등과 연관된다.

③ 수검자의 주의산만/주의집중력, 충동성/조심성, 시행착오적 접근/통찰적 접근, 운동협응능력 등에 대한 정보를 입수할 수 있다.

④ 대뇌 손상에 취약하며, 병전 지능 추정에 사용된다.

⑤ 높은 점수는 수검자의 양호한 형태지각, 문제해결능력, 시각-운동 협응능력을 반영하기도 한다.

⑥ 낮은 점수는 강박성, 정서불안, 뇌손상 또는 뇌기능 장애를 반영하기도 한다.

(4) 모양 맞추기(Object Assembly) : 4문항

① 4개의 상자에 들어있는 모양 맞추기 조각들을 도구로 사용하여 해당 조각들을 특정 모양이 되도록 하는 과제로 구성되어 있다.

② 시각-운동 협응능력, 지각적 조직화, 공간적 표상능력, 부분들을 전체로 통합하는 능력, 형태 관계의 평가, 장 의존적 또는 장 독립적 인지유형, 시간적 압박 하에서의 작업능력, 유동성 지능 등과 연관된다.

③ 토막짜기 소검사에서는 전체를 부분으로 분석하는 능력이 강조되는 반면, 모양 맞추기에서는 부분을 전체로 통합하는 능력이 강조된다.

④ 수검자의 주의산만/주의집중력, 충동성/조심성, 시행착오적 접근/통찰적 접근, 운동협응능력 등에 대한 정보를 입수할 수 있다.

⑤ 높은 점수는 오히려 수검자의 만성 정신분열을 반영하기도 한다.

⑥ 낮은 점수는 강박성, 정서불안, 우울 성향, 분열성 성격을 반영하기도 한다.

(5) 바꿔 쓰기(Digit Symbol) : 93문항

① 7개의 연습문항과 93개의 본 문항으로 이루어져 있으며, 검사는 연필과 지우개를 사용하여 검사용지에 실시한다.

② 1에서 9까지의 숫자가 적힌 칸과 숫자에 대응하는 기호(예 2/ㄱ, 4/ㄴ, 8/x)가 있으며, 수검자는 제한시간 내에 각 숫자 밑에 숫자에 대응하는 기호를 그려 넣는다.

③ 시각-운동 협응능력, 시각-운동 기민성, 시각적 단기기억, 익숙하지 않은 과제의 학습능력, 정확성, 쓰기 속도, 시간적 압박 하에서의 작업능력, 주의산만, 학습장애 등과 연관된다.

④ 뇌의 특정 부위에 대한 손상을 밝힐 수는 없으나, 손상의 유무를 판단하기 위한 좋은 지표로 활용된다.

⑤ 높은 점수는 수검자의 과도한 성취욕구, 순응적 경향을 반영하기도 한다.

⑥ 낮은 점수는 강박성, 주의력 분산, 학습장애, 뇌손상 및 뇌기능 장애를 반영하기도 한다.

6 K-WAIS-IV의 척도별 구성

(1) 언어이해(Verbal Comprehension)

① 공통성(Similarity)

ㄱ 총 18문항으로, 쌍으로 짝지어진 낱말들을 제시하여 그들 간의 공통점이 무엇인지 찾도록 한다.

    ⓛ 특히 이 소검사는 유동성 지능을 잘 반영하는 소검사로 간주되고 있다.

    ⓒ 공통성 소검사에 의해 측정되는 주요 내용은 다음과 같다.

- 언어적 개념형성능력
- 논리적·추상적 추론능력
- 연합 및 범주적 사고력
- 본질과 비본질을 구분하는 능력 등

② **어휘(Vocabulary)**

    ㉠ 총 30문항으로, 27개의 어휘문항과 3개의 그림문항으로 구성되어 있다.

    ⓛ 어휘문항에서 수검자는 인쇄된 글자와 함께 구두로 제시되는 단어의 뜻을 말하며, 그림문항에서 수검자는 시각적으로 제시되는 물체의 이름을 말한다.

    ⓒ 반응 내용은 매우 중요한 질적 분석의 기초로서, 수검자의 공포, 흥미, 배경, 사고 집착, 기괴한 사고 등을 분석할 수 있게 한다.

    ⓓ 일반지능을 나타내는 중요한 지표로 간주되어 수검자의 병전 지능을 추정할 때 사용된다.

    ⓜ 어휘 소검사에 의해 측정되는 주요 내용은 다음과 같다.

- 언어발달 정도
- 단어지식 및 언어적 개념형성능력
- 언어 사용 및 축적된 언어학습능력
- 우수한 학업성취 및 교육적 배경
- 장기기억 등

③ **상식(Information)**

    ㉠ 총 26문항으로, 개인이 평균적으로 획득할 수 있는 지식을 요구하는 문항으로 구성되어 있다.

    ⓛ 개인이 소유한 기본지식, 즉 개인이 소유한 일반적인 지식의 정도를 측정한다.

    ⓒ 일반지능의 가장 좋은 측정치 중 하나로써, 전체지능지수(FSIQ)와 높은 상관을 보인다.

    ⓓ 상식 소검사에 의해 측정되는 주요 내용은 다음과 같다.

- 일반적·실제적 지식의 범위
- 과거의 학습 또는 학교교육
- 지적 호기심 또는 지식을 얻고자 하는 욕구
- 장기기억과 정보축적
- 결정성 지능, 획득된 지식 등

④ **이해·보충(Comprehension)**

    ㉠ 총 18문항으로, 대부분 개방형 질문으로 구성되어 있어 수검자가 다양한 반응을 할 수 있도록 되어 있다.

    ⓛ 일상생활에서의 사회적 상황과 관련된 여러 가지 문항들에 대해 자신의 이해를 토대로 답하도록 한다.

    ⓒ 반응을 정확히 채점하기 위해 실시 단계에서 중립적인 태도로 추가적인 탐색질문을 할 필요가 있다.

    ⓓ 이해 소검사에서의 낮은 점수는 빈약한 사회적 판단력, 초자아의 약화 등을 시사한다.

    ⓜ 이해 소검사에 의해 측정되는 주요 내용은 다음과 같다.

- 사회적 상황의 이해력 및 사회적 성숙도
- 관습적 행동규준에 관한 지식 정도
- 과거 경험을 평가하고 사용하는 능력
- 실질적 지식과 판단력
- 언어적 추론 및 개념형성능력
- 언어적 이해와 표현 등

(2) 지각추론(Perceptual Reasoning)

① 토막짜기(Block Design)

㉠ 총 14문항으로, 모형이 그려진 카드를 보고 빨간색과 흰색이 칠해진 나무토막을 도구로 사용하여 이를 맞추어 보도록 한다.

㉡ 과제를 수행하는데 시간제한이 있으며, 수검자가 빠르고 정확하게 과제를 수행할 경우 추가 점수를 받게 된다.

㉢ 일반지능과 상관이 높으므로 상식(Information), 어휘(Vocabulary) 소검사와 더불어 병전 지능을 추정하는데 사용된다.

㉣ 특히 뇌의 우반구 손상에 민감하며, 알츠하이머병 환자들이 가장 낮은 수행을 보이는 것으로 알려져 있다.

㉤ 토막짜기 소검사에 의해 측정되는 주요 내용은 다음과 같다.
- 시각적 자극의 분석 및 통합능력
- 시각·운동 협응능력
- 지각적 조직화 능력
- 비언어적 개념형성능력
- 시간적 압박 하에서의 작업능력 등

② 행렬추론(Matrix Reasoning)

㉠ 총 26문항으로, 일부가 누락된 행렬을 보고 이를 완성할 수 있는 반응선택지를 고르도록 한다.

㉡ 수검자가 약 30초 이내에 반응을 하지 않는 경우 검사자는 단지 반응을 촉구할 뿐 시간제한을 하지 않는다.

㉢ 행렬추론 소검사에 의해 측정되는 주요 내용은 다음과 같다.
- 광범위한 시각적 지능
- 부분과 전체의 관계를 파악하는 능력
- 지각적 조직화 능력
- 시공간 정보에 대한 동시적 처리능력
- 유동성 지능 등

③ 퍼즐(Visual Puzzles)

㉠ 총 26문항으로, 완성된 퍼즐을 모델로 하여 제한된 시간 내에 해당 퍼즐을 만들 수 있는 세 개의 조각을 찾도록 한다.

㉡ 이 소검사는 퍼즐 맞추기와 유사하지만 수검자가 실제로 퍼즐 조각을 조작하거나 맞춰볼 수는 없다.

    ⓒ 퍼즐 소검사에 의해 측정되는 주요 내용은 다음과 같다.
- 광범위한 시각적 지능
- 부분들 간의 관계를 예상할 수 있는 능력
- 시각적·지각적 조직화 능력
- 시각적 기억능력
- 공간적 표상능력 등

④ **무게비교·보충(Figure Weights)**

    ㉠ 총 27문항으로, 양쪽 무게가 달라 불균형 상태에 있는 저울 그림을 보고 균형을 맞추는 데 필요한 반응선택지를 고르도록 한다.

    ⓒ 이 소검사는 수학적 추론을 비언어적으로 측정하며, 귀납적 및 연역적 추론이 강조된다.

    ⓒ 지속적 주의집중력을 필요로 한다는 점에서 산수(Arithmetic) 소검사와 유사하나, 산수 소검사가 작업기억과 연관된 반면, 이 소검사는 문항이 시각적으로 제시되므로 기억의 영향력이 최소화된다.

    ㉢ 무게비교 소검사에 의해 측정되는 주요 내용은 다음과 같다.
- 양적·수학적 추론능력
- 유추적 추론능력
- 시각적 조직화 및 주의집중력 등

⑤ **빠진 곳 찾기·보충(Picture Completion)**

    ㉠ 총 24문항으로, 특정 부분이 생략된 그림을 보고 해당 부분을 찾도록 한다.

    ⓒ 수검자의 시각적 예민성과 연관된 것으로, 수검자의 특이한 반응이나 오류에 대한 내용분석이 중요하며, 반응시간이 지나치게 길거나 짧은 경우에 주목해야 한다.

    ⓒ 빠진 곳 찾기 소검사에 의해 측정되는 주요 내용은 다음과 같다.
- 시각적·지각적 조직화 능력
- 대상의 핵심적인 세부사항을 시각적으로 인식해내는 능력
- 본질과 비본질을 구분하는 능력
- 시각적 기억능력
- 환경적 세부사항에 대한 인식 등

(3) 작업기억(Working Memory)

① **숫자(Digit Span)**

    ㉠ '바로 따라하기', '거꾸로 따라하기', '순서대로 따라하기'의 3가지 과제로 구성되며, 한 문항당 두 번의 시행이 포함된 각 8개의 문항으로 이루어져 있다.

    ⓒ '바로 따라하기'는 자릿수가 점차적으로 증가하는 일련의 숫자를 듣고 동일한 순서로 따라하는 즉각적인 회상과제이며, '거꾸로 따라하기'는 이를 역순으로 반복하여 집중력의 범위를 측정하는 과제이다.

    ⓒ 수검자의 작업기억과 연관된 것으로, 특히 수검자의 불안이나 긴장의 증가로 인해 저하될 수 있다.

    ㉢ 특히 알츠하이머병과 외상성 뇌손상의 영향에 민감한 소검사로 알려져 있다.

◎ 숫자 소검사에 의해 측정되는 주요 내용은 다음과 같다.
- 청각적 단기기억능력
- 즉각적인 기계적 회상능력
- 연속적 정보처리능력
- 암기학습능력
- 주의력 및 주의집중력
- 정신적 조작능력 등

② 산수(Arithmetic)

㉠ 총 22문항으로, 제한된 시간 내에 간단한 계산문제를 암산으로 풀도록 한다.

㉡ 모든 문항에 시간제한이 있으며, 특히 수검자의 반응시간을 측정하고 오답을 기록하는 것이 질적 분석에서 매우 중요하다.

㉢ 충동적이고 성급한 수검자, 집중력이 부족한 수검자, 산수 공포증이 있는 수검자의 경우 좋은 점수를 받기 어렵다.

㉣ 산수 소검사에 의해 측정되는 주요 내용은 다음과 같다.
- 청각적 단기기억능력
- 연속적 정보처리능력
- 주의력 및 주의집중력
- 수리적 추론능력
- 계산능력
- 단기 및 장기기억 등

③ 순서화·보충(Letter-Number Sequencing)

㉠ 숫자와 요일을 지시에 따라 순서대로 암기하도록 하는 과제로 구성되며, 한 문항당 세 번의 시행이 포함된 10개의 문항으로 이루어져 있다.

㉡ 본래 WAIS-Ⅳ의 경우 알파벳을 글자로 사용하였으나, K-WAIS-Ⅳ에서는 영어 알파벳에 상응하는 한글 자음의 발음이 변별하기 어렵고, 순서가 알파벳만큼 보편적이지 않으므로 요일 이름으로 대체한 것이다.

㉢ 순서화 소검사에 의해 측정되는 주요 내용은 다음과 같다.
- 청각적 단기기억능력
- 주의력 및 주의집중력
- 정신적 조작능력
- 순차적 처리능력 등

(4) 처리속도(Processing Speed)

① 동형 찾기(Symbol Search)

㉠ 총 60문항으로, 쌍으로 이루어진 도형이나 기호들이 표적부분과 반응부분으로 제시되며, 해당 두 부분을 훑어본 후 표적모양이 반응부분에 있는지 여부를 지적하도록 한다.

㉡ 수검자의 처리속도를 측정하기 위해 고안된 소검사로써, 수검자의 완벽주의적 성향이나 강박적 문제해결양식 등을 반영하기도 한다.

ⓒ 동형 찾기 소검사에 의해 측정되는 주요 내용은 다음과 같다.
- 정보처리속도
- 시각·운동 협응능력
- 시각적 단기기억능력
- 시각적 변별력
- 주의력 및 주의집중력 등

② **기호쓰기(Coding)**

㉠ 총 135문항으로, 제한된 시간 내에 기호표를 사용하여 숫자와 짝지어진 기호를 그려 넣도록 한다.

㉡ 이 소검사는 읽기 및 쓰기 경험이 풍부한 수검자에게 유리한 반면, 불안이나 우울, 우유부단, 완벽주의 등에 의해 저하될 수 있다.

㉢ 지속적인 집중력, 빠르고 기민한 반응, 양호한 미세운동 조절력 등이 요구되는 과제로, 특히 뇌손상에 가장 민감한 소검사로 알려져 있다.

㉣ 기호쓰기 소검사에 의해 측정되는 주요 내용은 다음과 같다.
- 정보처리속도
- 시각·운동 협응능력
- 시각적 단기기억능력
- 시각적 지각능력 및 탐색능력
- 주의력 및 주의집중력
- 사무적 과제의 속도 및 정확성
- 친숙하지 않은 과제를 학습하는 능력
- 새로운 시각적 학습자극에 대한 모방능력 및 연합능력 등

③ **지우기·보충(Cancellation)**

㉠ 제한된 시간 내에 조직적으로 배열된 도형들 속에서 표적대상과 색깔 및 모양이 동일한 도형을 찾도록 한다.

㉡ 이 소검사의 과제는 본래 반응 억제나 운동 보속증 등을 측정하는 신경심리검사에서 널리 사용되어 왔다.

㉢ 특히 주의력결핍 및 과잉행동장애(Attention Deficit Hyperactivity Disorder, ADHD), 외상성 뇌손상에서 나타나는 주의산만을 측정하는 데 유효한 것으로 알려져 있다.

㉣ 지우기 소검사에 의해 측정되는 주요 내용은 다음과 같다.
- 정보처리속도
- 시각·운동 협응능력
- 시각적 단기기억능력
- 선택적 주의력
- 속도와 정확성 등

7 한국판 웩슬러 아동용 지능검사 IV(K-WISC-IV)

(1) 정의

6세 0개월부터 16세 11개월까지의 아동을 대상으로 하는 아동용 지능 평가 도구이다. 기존의 한국판 웩슬러 아동용 지능검사 Ⅲ를 개정한 것으로 개정 과정에서 인지발달, 지적평가, 인지과정에 대한 최근 연구를 통합하여 전반적인 지적 능력을 나타내는 합산 점수(전체 IQ)뿐만 아니라, 특정 인지 영역 내에서의 지적 기능을 나타내는 소검사와 각각의 합산 점수를 제공한다.

(2) 특징

① **소검사 추가** : K-WISC-IV는 15개의 소검사로 구성되어 있다. K-WISC-Ⅲ와 동일한 10개 소검사에 5개의 새로운 소검사(공통그림찾기, 순차처리, 행렬추리, 선택, 단어추리)가 추가되었다.

② **합산점수 산출** : K-WISC-IV는 다섯 가지 합산점수를 얻을 수 있으며, 아동의 전체적인 인지 능력을 나타내는 전체검사 IQ를 제공한다(15개의 소검사로 이루어져 있지만 합산점수를 얻기 위해서는 대부분 10개의 주요검사만 실시한다).

③ **처리점수 산출** : K-WISC-IV는 3개의 소검사(토막짜기, 숫자, 선택)에서 7개의 처리점수를 제공한다. 이러한 점수들은 아동의 소검사 수행에 기여하는 인지적 능력에 대한 보다 자세한 정보를 제공하도록 고안되었다(처리점수는 다른 소검사 점수로 대체할 수 없으며, 합산 점수에도 포함되지 않음).

④ **심리교육적 도구** : K-WISC-IV는 전반적인 인지적 기능에 대한 포괄적인 평가를 할 때 사용할 수 있다. 또한 지적 영역에서의 영재, 정신지체, 그리고 인지적 강점과 약점을 확인하기 위한 평가의 일부분으로 사용가능하다. 따라서 임상장면 및 교육장면에서 치료계획이나 배치결정을 내릴 때 유용하다.

⑤ **다양한 인지기능 평가** : 인지 능력이 평균 이하로 추정되는 아동, 아동의 인지기능을 재평가해야 하는 아동, 낮은 지적능력이 아닌 신체적·언어적·감각적 제한이 있는 아동, 청각장애아 또는 듣는 데 어려움이 있는 아동의 평가 등이 가능하다.

(3) 하위검사 구성

소검사	설명
토막짜기	아동이 제한시간 내에 흰색과 빨간색으로 이루어진 토막을 사용하여 제시된 모형이나 그림과 똑같은 모양을 만든다.
공통성	아동이 공통적인 사물이나 개념을 나타내는 두 개의 단어를 듣고, 두 단어가 어떻게 유사한지를 말한다.
숫자	숫자 바로 따라하기에서는 검사자가 큰소리로 읽어 준 것과 같은 순서로 아동이 따라한다. 숫자 거꾸로 따라하기에서는 검사자가 읽어준 것과 반대 방향으로 아동이 따라한다.
공통그림찾기	아동에게 두 줄 또는 세 줄로 이루어진 그림들을 제시하면, 아동은 공통된 특성으로 묶일 수 있는 그림을 각 줄에서 한 가지씩 고른다.
기호쓰기	아동은 간단한 기하학적 모양이나 숫자에 대응하는 기호를 그린다. 기호표를 이용하여 아동은 해당하는 모양이나 빈칸 안에 각각의 기호를 주어진 시간 안에 그린다.

어휘	그림문항에서 아동은 소책자에 있는 그림들의 이름을 말한다. 말하기 문항에서는 아동은 검사자가 크게 읽어주는 단어의 정의를 말한다.
순차연결	아동에게 연속되는 숫자와 글자를 읽어주고, 숫자가 많아지는 순서와 한글의 가나다 순서대로 암기하도록 한다.
행렬추리	아동은 불완전한 행렬을 보고, 다섯 개의 반응 선택지에서 제시된 행렬의 빠진 부분을 찾아낸다.
이해	아동은 일반적인 원칙과 사회적 상황에 대한 이해에 기초하여 질문에 대답한다.
동형찾기	아동은 반응 부분을 훑어보고 반응 부분의 모양 중 표적 모양과 일치하는 것이 있는지를 제한 시간 내에 표시한다.
빠진곳찾기	아동이 그림을 보고 제한시간 내에 빠져 있는 중요한 부분을 가리키거나 말한다.
선택	아동이 무선으로 배열된 그림과 일렬로 배열된 그림을 훑어본다. 그리고 제한 시간 안에 표적 그림들에 표시한다.
상식	아동이 일반적 지식에 관한 광범위한 주제를 다루는 질문에 대답을 한다.
산수	아동이 구두로 주어지는 일련의 산수 문제를 제한 시간 내에 암산으로 푼다.
단어추리	아동이 일련의 단서에서 공통된 개념을 찾아내어 단어로 말한다.

(4) 실시 지침

> 토막짜기 → 공통성 → 숫자 → 공통그림찾기 → 기호쓰기 → 어휘 → 순차연결 → 행렬추리 →
> 이해 → 동형찾기 → 빠진곳찾기 → 선택 → 상식 → 산수 → 단어추리

① **표준 소검사 실시 순서**

아동의 특성에 따라 표준 실시 순서를 벗어나야 할 경우도 있는데 아동이 어떤 특별한 소검사에 응하기를 거부한다면, 그 소검사를 일시적으로 중지하고 다음 소검사를 실시한다. 그 후, 아동이 검사에 좀 더 열중할 경우 중지했던 그 소검사로 되돌아간다.

② **실시 규칙**

ⓐ 시작점

각 소검사 실시는 전문가 지침서와 기록용지에 명시되어 있는 특정 연령의 시작점에서 시작하고, 시작점에 대한 연령 범위는 포괄적이다. 〈숫자〉, 〈선택〉 두 개의 소검사만이 모든 연령에 대해 단 하나의 시작점을 가지며, 나머지 소검사에서는 시작점이 아동의 연령에 따라 달라진다.

ⓑ 역순 규칙

특정 연령용 시작점이 있는 대부분의 소검사에 적용되고, 어린 아동이나 지적 결손으로 의심되는 나이가 많은 아동용으로 고안된 것이다. 역순 문항이 있는 소검사에서는 처음 실시되는 두 문항에서 아동이 완벽한 점수를 받으면 시작점 이전의 미실시 항목들에 대해서 모두 만점을 부여하고, 그 소검사를 계속한다.

ⓒ 중지 규칙

소검사 실시를 언제 그만두는가를 결정하기 위한 기준들을 나타내며, 라포(=상호신뢰관계)를 유지하고 검사 시간을 최소화하도록 고안된 것으로 소검사마다 다른데 일반적으로 아동이 특정 수의 연속적인 문항에서 0점을 받은 후에 소검사 실시를 그만 두도록 지시한다.

제 3 절   학습 및 진도평가

학업은 학생의 가장 중요한 발달과제로 생활의 중심이 되고 있다. 사회구성원에게 주어진 역할 면에서 보더라도 학생은 학업에 매진하는 것이 자신의 역할을 수행하는 중심이 된다. 따라서 학업과 관련된 문제는 학생의 삶 전반에 관련되어 있으므로 학업에서의 부적응이나 어려움은 생활의 모든 영역에 영향을 미치며, 학생에게 발생한 어떤 문제나 갈등은 대부분 학업에 곤란을 초래할 수 있다. 특히 우리나라처럼 교육열이 높은 사회에서는 학부모의 기대라는 요인이 학업문제의 큰 배경으로 자리 잡고 있다.

학업에서 어려움을 경험하는 학습자의 공통된 원인으로 '낮은 이해력'이 언급되는데 이 문제에 접근하기 위해서는 낮은 이해력이 나타나는 여러 가지 원인을 고려해야 한다.

- 어휘력이 낮은 경우이다. 학교 환경에서의 주된 활동은 새로운 교과 내용의 습득인데 이는 언어적 설명으로 이루어지기 때문에 교과 수준에 맞는 적절한 어휘가 수반되지 않으면 내용을 파악하기 어렵다.
- 문장 또는 단락연결에 어려움을 겪는 경우이다. 교과내용을 파악하기 위해서는 문장을 이해해야 한다. 문장이 문단으로, 문단이 특정주제의 내용을 이루기 때문에 여러 개의 문장을 동시에 연결하는 것에 어려움을 느낄 때 내용 파악이 어렵게 된다.
- 새로운 것에 대한 수용 폭이 낮은 경우이다. 평소의 학업성취 수준에 비해 새로운 내용을 받아들이는 수용 폭이 낮은 경우 학업문제에 어려움을 겪는다.
- 추론 및 원인–결과 인식력이 낮은 경우이다. 제시된 내용을 기반으로 원인이나 결과를 추론해야 하는 데 이러한 내용을 유추하지 못할 경우 이해력이 낮은 것으로 평가한다.
이 외에 단기기억 능력이 낮은 경우 설명을 들어도 쉽게 잊기 때문에 매번 새로운 내용으로 인식하여 학업에서 어려움을 겪기도 한다.

---

1 학습부진의 정의 및 특성

(1) 개요

① 학습부진의 정의

   ⊙ 정상적 인지능력을 가지고 있으나 전학, 가정불화 등과 같은 사회 환경적 요인과 불안이나 우울과 같은 정서적 요인에 의해 학업 수행이 떨어지는 것을 의미한다. 이에 따라 학습부진을 겪고 있는 학생은 자신의 능력에 비해 학업 성취 수준이 낮다. 따라서 학습부진으로 분류되려면 최소한의 학습능력을 갖추고 있어야 한다.

   ⊙ 교육부는 학습부진을 기초학습부진과 교과학습부진으로 구분하고 있다. 기초학습부진은 기초적인 학습기능이나 학습전략이 부족한 경우이고, 교과학습부진은 해당 학년 교과교육 과정에서 제시된 최소 수준의 목표에 도달하지 못한 경우를 말한다.

   ⊙ 학습부진의 요건으로 인지적 요인, 학습 전략적 요인, 신체적 요인, 정서적 요인, 환경적 요인이 있지만 지능보다는 환경적 조건의 결함을 더 중요하게 여긴다.

② **학습부진 학생에 대한 학자들의 정의**
　㉠ 커크(Kirk, 1972)는 지적 결함을 가진 학생이라기보다는 교육과정 적응에 곤란을 겪는 학생이라 정의한다.
　㉡ 잉그램(Ingram, 1953)은 학년진급에서 만족할만한 성과를 내지 못하여 연령집단수준의 학업성적을 얻는데 장애를 보이는 학습자라 정의한다.
　㉢ 박성익(1986)은 정상적인 학교학습능력이 있으면서도 선수학습 요소의 결손 때문에 설정된 교육 목표의 최저 학업 성취 수준에 도달하지 못한 학습자라 정의한다.

구분	내용
학습지진	• 지적능력의 저하로 학습성취가 뒤떨어지는 것을 말한다. • 지능 수준은 하위 3~25% 정도로써 지능지수(IQ)로는 약 75~90 사이에 속한다.
학업저성취	• 학습부진과 자주 중복하여 쓰는 개념으로, 일반적으로 하위 5~20%의 성취수준을 보이는 아동을 가리킨다. • 학습부진과 다른 점은 아동의 잠재적인 수준을 고려하지 않고 학업성취의 결과만을 기준으로 삼는다는 데에 있다.
학업지체	• 학습에서의 발달과업을 적절히 성취하지 못하여 규정된 학년이나 학기의 학습목표를 달성하지 못한 학습자를 말한다. • 절대적인 기준을 준거로 하여 적절한 학업성취를 보이지 못한 경우를 의미한다.
학습장애	정신지체, 정서장애, 환경 및 문화적 결핍과는 관계없이 듣기, 말하기, 쓰기, 읽기 및 산수능력을 습득하거나 활용하는 데 심한 어려움을 한 분야 이상에서 보이는 장애이다. 개인 내적인 결손, 즉 지각장애, 신경 체계의 역기능 및 뇌손상과 같은 기본적인 정보처리 과정의 장애로 인해 학습에 부적응을 보이는 것이다.

③ 학습부진이라는 용어는 다음과 같이 학습지진, 낮은 학업성취, 학업지체, 학습장애 등과 구별할 수 있다.

④ **우리나라의 학습부진 기준**
　㉠ 기초 학습부진의 기준은 초등학교 3학년 진입수준에서 읽기·쓰기·기초수학의 최소성취 기준에 대한 도달 여부이다.
　㉡ 잠재적인 학습능력이나 지적능력을 고려하지 않고, 결과적으로 나타난 학업성취 수준을 중시한다.
　㉢ 기초학력 미달기준은 국어, 사회, 수학, 과학, 영어 과목에서 목표 성취수준의 20% 이상을 달성하지 못한 경우이다.
　㉣ 교과 학습부진 학생은 각 교육(학년) 단계에서 요구하는 최저 학업성취 기준에 도달하지 못한 학습자로 어느 정도의 지적능력은 있으나, 선수학습 요소의 결핍이나 기타 제반 환경적 영향으로 인해, 각 학년의 최저 학업성취 수준에 도달하지 못한 학생을 의미한다. 평가도구는 교과학습 진단평가, 중간·기말평가, 교사평가(수업 중 관찰 포함) 등을 이용한다.
　㉤ 우리나라에서는 학습부진의 발생 원인보다도 결과적으로 나타나는 현상에 초점을 두고 있으며, 학업성취와의 비교준거를 지적능력에 두고 있고, 학습부진의 원인을 뇌손상과 같은 개인 내적인 결함보다는 누적된 학습결손, 학습전략과 같은 교수 학습 환경에 두고 있다. 결과적으로 학습부진은 신체적·정서적·행동적·환경적인 장애나 결핍으로 인해 학습상황에서 부진을 나타내는 현상이라고 볼 수 있다.

(2) 학습부진의 특성

① 인지적 특징

㉠ 주의력이 부족하며 흥미의 범위가 좁고 상상력, 창의력, 사고력이 부족하며, 읽기능력도 생활 연령에 비해 뒤떨어진다. 파지력(기억하고 있는 것 중에 재생되는 것을 파지라 하며, 비록 재생되지 않는 것일지라도 동일한 내용을 다시 학습할 경우 기억해 둔 잠재적 효과가 나타나 학습을 용이하게 하는 현상을 파지라고 한다)과 기억력이 부족하고 상상한 것을 전달하는 능력이 부족하며, 시간과 공간을 국지적으로 지각하고, 창의성, 손 기능, 인내력, 주의집중력, 추리력, 정의감, 분석력이 부족하다. 학습의 흥미와 태도가 정상보다 낮고 장래에 대한 기대점수도 낮으며 자아개념도 부정적이다.

㉡ 학습부진 학생은 시·청각지각과 기억력에서 낮은 경향을 지니고 있어 중요하지 않은 정보를 회상하는 데는 별다른 차이를 보이지 않으나, 중요한 정보를 회상하는 데는 정상보다 뒤떨어진다. 중요한 개념을 고무시키는 유도질문이 있는 경우는 중요한 정보를 기억하는 데 정상적인 학생과 차이를 보이지 않으나, 유도질문이 없는 경우는 비교집단보다 성취가 낮다. 장기기억에서는 정상적인 학생에 비해 별다른 차이를 보이지 않지만, 단기기억에서는 학습부진 학생이 정상적인 학생보다 낮은 경향을 지닌다.

㉢ 기초적인 학습기능이나 학습전략이 부족하고 심리검사 시 보이는 특징은 자신이 잘 모른다는 것이 드러나는 것에 대해서 매우 꺼리고, 자신감이 부족하여 자신이 한 답을 수정하는 태도가 잦다. 학습장애 학생이 어느 특정 영역의 수행에서 지체 현상을 보이는 것에 비해, 학습부진 학생은 국어, 수학을 포함한 전 영역에서 뒤떨어진다.

② 정의적 특징

㉠ 자극에 대한 반응시간이 늦다. 불안과 수줍음이 많고, 잘 복종하고, 자기 판단력이 결여되어 새로운 상황이나 인물에 대한 적응력이 부족하며, 충동적으로 행동하고 결과에 대한 조급한 기대감을 지닌다. 학습부진 학생의 귀인(타인의 행동이나 현재의 상황에 대한 원인을 찾는 심리적 활동) 성향은 우수한 학생에 비해 내적 귀인을 덜 하는 것으로 나타난다. 학습부진 학생은 과제의 수행결과에 대한 원인 귀속을 그가 통제할 수 없는 외적 환경으로 돌리는 경향이 많다. 즉 학습자는 실패의 원인이 자신의 통제권 외에 있다는 사실을 지각하고 이러한 지각에 근거하여 앞으로의 성취기대감을 지닌다. 그 결과 학습자의 학업성취는 저조하게 된다.

㉡ 사회성과 학습동기가 부족하고 자아개념이 낮다. 무관심, 억압, 자기 비하, 태만, 무책임, 그리고 신뢰상실을 보인다. 자신감이 부족하며 정서적·사회적으로 미성숙을 보이고, 열등감을 지니고 있다. 감정부전증(Dysthymia)이라는 만성 우울증적 경향을 지니고 있다. 오락과 같은 말초적인 자극 외에는 자기 나이에 적절한 활동에는 거의 흥미를 느끼지 못하고 의욕이 없으며 쉽게 피곤해져 집중력이 떨어지고, 자신감이 없어 어떤 결정도 자신이 제대로 내릴 수 없으며, 자신의 앞날에 대한 기대나 희망이 없다.

③ 환경적 특징

㉠ 학부모의 훈육태도가 지시적·강요적이며, 가정 내의 추상적 언어 사용이 부족하고, 학습결과에 대한 피드백이 부족하거나 과잉행동을 요구받는다.

㉡ 불안정한 가족 분위기가 조성되어 있고, 학부모의 과잉기대 경향이 강하다. 가족 간의 정서적인 공감대 형성이 부족한 상태에서 공부로 압박을 받는다.

(3) 학습부진 요인

능력 요인	지능, 기초 학습기능, 선수학습, 적성, 인지양식
인지 요인	공부에 대한 태도·동기, 부모의 기대에 대한 지각, 공부와 관련된 비합리적 신념
정서적 요인	우울(학습된 무기력), 불안, 성취압력으로 인한 스트레스
행동적 요인	학습 전략, 공부 시간
환경적 요인	물리적 환경, 심리적 환경(학부모/또래/교사와의 관계, 형제 간 경쟁)

(4) 학습부진 학생을 위한 수업 전략

① **적응수업전략**
　㉠ 학습부진 학생이 이해할 수 있는 수준으로 수업시간에 도달해야 할 학습목표를 제시한다.
　㉡ 수업 진행에 대한 안내를 위하여 각 단원별 또는 차시별 수업 개요를 제시한다.
　㉢ 전문적인 어휘의 목록이나 추상적인 개념에 대한 해설자료 등을 제공한다.
　㉣ 학습부진 학생의 수준에 맞는 적절한 가정학습 과제를 제공한다.
　㉤ 특별교재 또는 학습 자료를 활용한다.
　㉥ 학습계획서를 작성해 주고 계속 점검한다.
　㉦ 정보의 확인, 분석, 저장, 기억방법, 독서방법, 시험 준비, 노트필기 방법 등 학습기술을 지도한다.

② **교정수업전략**
　㉠ 학습을 방해하거나 장애가 되는 결함과 약점 등을 제거하는 데 중점을 둔다.
　㉡ 학습부진 학생의 잘못된 학습 습관을 확인할 수 있고, 이를 수정할 수 있다는 가정 하에 학습자를 변화시키는 데 관심을 갖는다.
　㉢ 교정수업전략에서는 학습부진 학생에 대한 개인별 진단이 중시되며, 진단결과에 따라 학습과제 및 적절한 프로그램이 주어진다.

③ **목표설정전략**
　㉠ 학습부진 학생의 경우 비현실적 목표를 세우거나 목표달성에 대한 내적인 통제력이 부족한 것이 특징이므로, 목표를 세울 때는 특히 현실적이고 구체적인 단기 목표를 세워서 목표달성 성공경험을 확대하는 것이 필요하다.
　㉡ 공부 이외에 몰입하고 있는 활동도 참고하여 목표설정전략에 반영하는 것이 바람직하다.
　㉢ 단기목표는 SMART 원칙에 따라 구체적이고(Specific), 목표달성을 측정할 수 있고(Measurable), 목표행동으로 표현되고(Actionable), 현실적이며(Realistic), 목표달성기간(Time-frame)이 정해져 있는 것이 좋다.
　㉣ 장기목표와 단기목표설정을 모두 촉진해야 한다. 즉, 장기목표를 달성할 수 있는 단기목표를 설정해 장기목표를 달성할 수 있도록 해야 한다.

(5) 학습부진 학생의 상담

① 다른 문제가 병존하는 경우 병존하는 다른 문제 혹은 보다 시급하게 다루어야 하는 원인은 없는지 살펴보아야 하며, 시급한 문제는 먼저 어느 정도 해결되고 난 후, 학습문제를 다루어 주어야 한다.
② 보다 직접적으로 학생이 현재 어떤 방법으로 공부하고 있는지, 그리고 강·약점이 무엇인지 알아

보기 위해 학생이 공부하는 과정을 상담 장면에서 재연해 보도록 하거나 공부한 자료(책, 공책, 문제집 등)를 가져오도록 하여 점검해 볼 수도 있다.

③ 자신 있는 과목에 먼저 학습전략을 적용하고 꾸준히 공부하는 시간을 갖도록 하여 성과를 우선 경험하게 한다. 이런 과정에서 갖게 된 자신감을 기반으로 하여 취약한 과목을 어떤 방법으로 보충할지에 대한 전략을 세워보게 하고, 이를 꾸준히 실천할 수 있는 장·단기 계획을 세워보게 한다.

④ 학습방법에 대한 진단검사 등 현재 상태를 객관적으로 알 수 있는 심리검사 등을 통해 막연한 혹은 이상적으로 생각하는 자신의 모습이 아니라, 보다 현실적인 자신의 모습을 알 수 있도록 한다.

⑤ 학부모와 자녀가 서로에 대한 감정을 표현하는 연습을 하고, 어느 정도 마음을 열고 이야기하는 것이 시작되었다면, 이제 서로에 대해 기대하는 것 혹은 바라는 것이 무엇인지 구체화시켜 보도록 한다. 막연한 기대나 비현실적 기대는 자칫 서로에 대한 실망감과 분노로 이어질 수 있기 때문이다. 구체화하는 방법으로는 척도질문을 활용하거나 서로 원하는 것을 목록으로 적은 다음, 구체적으로 그 의미를 설명하도록 하는 방법 등을 사용한다.

2 학업관련 문제 및 평가

(1) 호소 문제 유형

① 개요

특정 학습자를 대상으로 하거나 학습의 특정 영역에 대한 개별적 연구, 학업성취 관련 변인 등의 연구가 이루어지고 있다. 대다수 학습자의 학습 문제를 분류하기 위한 연구는 1994년에 청소년대화의 광장(현 한국청소년상담원)에서 실시한 청소년 문제 유형분류체계 개발 연구가 시작이라 할 수 있고 그 분류는 다음과 같다.

> **학업의 호소 문제 유형**
> • 시험불안 : 시험에 따른 불안감과 압박감, 스트레스 등
> • 공부 자체에 대한 회의와 의문 : 공부의 필요성에 대한 근본적인 의문과 회의
> • 집중력 부족 : 주의산만, 잡념 등으로 인해 집중력이 부족해서 공부나 성적에 영향을 주는 경우
> • 성적 저하 및 저조로 인한 걱정과 스트레스 : 성적이 떨어지거나 오르지 않아 스트레스를 겪는 경우
> • 공부 방법 문제 : 효과적으로 공부하는 방법을 모르거나 부적절한 방법으로 공부함으로써 공부나 성적에 영향을 주는 경우
> • 공부에 대한 반감 : 공부에 대한 근본적 의문은 별로 없이 공부하는 것 자체에 대한 반감과 반발심을 가지는 경우
> • 노력은 했는데 성적이 안 오름 : 나름대로 공부를 하려고 하고, 했음에도 불구하고 뚜렷한 원인을 알 수 없이 결과가 좋지 않아 고민하는 경우

- 능력 부족 : 실제 능력 즉, 지능이나 기억력이 부족해 공부나 성적에 영향을 주는 경우
- 공부습관 미형성 : 공부를 하고자 하는 마음은 있는데 단지 그것이 체계적 습관으로 형성되지 않는 경우
- 공부에 대한 동기 부족 : 공부에 대한 반감이나 반발심과 같은 부정적 감정은 없고 단지 공부하려는 마음이 형성되지 않는 경우
- 성적에 대한 집착 : 공부의 질적인 면에 치중하기 보다는 점수와 등수에 얽매여서 경쟁심을 느끼고 심지어 죽고 싶다는 생각까지 가지는 경우
- 성적으로 인한 관계에서의 문제 : 공부 및 성적에 대한 문제들로 인해 친구나 부모, 교사와의 관계에서 어려움을 겪는 경우

② **유형**

㉠ 홍경자 등(2002)은 학습문제를 대분류, 중분류, 소분류로 구분하고, 대분류는 인지적, 정의적, 관계의 문제로 구분하였다. 자세한 내용은 아래 표와 같다.

대분류	중분류	소분류
인지적 문제	지적 능력 부족의 문제	• 능력 부족 • 기타
	학습 전략의 문제	• 집중력 부족 • 공부 방법 문제 • 노력은 했는데 성적이 오르지 않음 • 기타
정의적 문제	학습 동기의 문제	공부 자체에 대한 회의와 의문
	공부 태도의 문제	• 공부에 대한 반감 • 공부 습관 미형성 • 기타
	학습 관련 스트레스와 시험불안	• 시험불안 • 성적 저하 및 저조로 인한 걱정과 스트레스 • 성적에 대한 집착 • 기타
관계의 문제	관계 관련 문제	• 성적으로 인한 관계 문제 • 관계 문제로 인한 학업 문제 • 기타

출처 : 홍경자 외(2002)

㉡ 황매향(2009)은 호소문제와 학습부진요인을 통합한 2차원적 학업문제 유형분류를 제안하였고, 그 내용은 다음 표와 같다.

시험불안	인지적 요인	비합리적 신념
	정서적 요인	불안
공부에 대한 회의	인지적 요인	비합리적 신념
	정서적 요인	우울
집중력	인지적 요인	인지양식
	행동적 요인	학습 전략

걱정과 스트레스	인지적 요인	공부에 대한 태도·동기, 부모의 기대에 대한 지각, 비합리적 신념
	정서적 요인	우울, 불안
공부 방법	인지적 요인	인지양식
	행동적 요인	학습 전략, 공부 시간
공부에 대한 반감	인지적 요인	공부에 대한 태도·동기, 비합리적 신념
노력해도 성적이 안 오름	능력 요인	지능, 기초학습, 선수학습, 적성
	행동적 요인	학습 전략
능력 부족	능력 요인	지능, 기초학습, 선수학습
	행동적 요인	학습 전략
공부 습관 미형성	행동적 요인	학습 전략, 공부 시간
동기 부족	인지적 요인	공부에 대한 태도·동기
성적에 대한 집착	인지적 요인	비합리적 신념
	정서적 요인	불안, 스트레스
	환경적 요인	심리적 환경
대인관계	환경적 요인	심리적 환경
낮은 학습효능감	인지적 요인	공부에 대한 태도·동기, 부모의 기대에 대한 지각
다른 활동과 갈등	인지적 요인	공부에 대한 태도·동기
	행동적 요인	공부 시간
	환경적 요인	물리적 환경, 심리적 환경
신체적·물리적 환경	환경적 요인	물리적 환경

출처 : 황매향(2009)

(2) 학업관련 장애

정신장애 분야에서 표준화된 분류체계인 DSM-IV에 나타난 학업 문제와 관련된 장애로는 학습장애, 지적장애, ADHD 등을 들 수 있다. 그 각각의 특징을 살펴보면 다음과 같다.

① 학습장애

㉠ 학습부진과 달리 학습과 관련된 특정 뇌 기능에 이상이 있거나 발육이 지연되어 나타나는 장애이다. 요컨대, 전반적인 지능은 정상범위에 있지만 특정 영역의 이상으로 학습능력의 결손, 즉 말하기, 읽기, 쓰기, 추론, 산수계산 등에서 결손이 나타나는 장애이다.

㉡ 학습장애는 학업상 학습장애와 발달적 학습장애로 구분하여 설명하기도 한다.

학업상 학습장애	• 주로 취학기의 아동들이 겪는다. • 학교에서 습득하는 학습에 관한 장애이다. • 읽기장애, 쓰기장애, 수학장애 등이 포함되고, 읽기장애가 학업상 학습장애의 대표적인 장애유형이다.
발달적 학습장애	• 출생부터 취학 전까지의 발달기를 중심으로 일어나는 문제이다. • 학생이 교과를 습득하기 전에 필요한 신체적 기능에 관한 문제이다. • 지각장애, 주의집중 장애, 기억장애, 사고장애 등이 포함된다.

ⓒ 시각장애, 청각장애, 운동장애, 정신지체, 정서장애에 따른 학습결손, 또는 환경, 문화, 경제적 결핍에 따른 학습결손은 학습장애에 포함되지 않는다.

ⓔ 학습장애의 한 특성인 학습전략의 결함은 별도의 교육이 없으면 성인이 되어서도 그대로 유지되는 경향이 많다.

ⓜ 학습장애의 진단은 부모면담, 신체검사, 심리검사, 신경발달평가, 심리교육평가를 통해서 할 수 있다. 구체적으로 BGT, 로샤검사, K-ABC 검사가 활용되고 있다.

ⓗ 학습장애에서 가장 중요한 것은 '조기발견'과 '조기치료'이며, 학습을 본인의 능력에 맞게 효과적으로 수행하게 하고, 학습장애에 따른 이차적 심리 문제를 해결하는 것이며, 필요할 경우 약물치료를 병행할 수 있다.

구분	특징
읽기장애	A. 읽기의 정확도 또는 이해 능력을 평가하기 위해 개별적으로 실시된 표준화 검사에서, 읽기 성적이 개인의 생활 연령, 측정된 지능, 그리고 나이에 적합한 교육에 비해 기대되는 정도보다 현저하게 낮다. B. A항의 장애가 읽기 기술이 요구되는 학업의 성취나 일상생활의 활동을 현저하게 방해한다. C. 만약 감각 결함이 있다면, 읽기 장애는 통상적으로 감각 결함에 동반되는 정도를 초과해서 심한 정도로 나타난다.
쓰기장애	A. 개별적으로 실시된 표준화 검사(또는 쓰기 기술 기능 평가)에서 쓰기 능력이 개인의 생활 연령, 측정된 지능, 그리고 나이에 적합한 교육에 비해 기대되는 정도보다 현저하게 낮다. B. 기준 A항의 장애는 쓰기 능력(예 문법적으로 올바른 문장과 체계적인 문단을 쓰는 것)이 요구되는 학업의 성취나 일상생활의 활동을 현저하게 방해한다. C. 만약 감각 결함이 있다면, 쓰기장애는 통상적으로 감각 결함에 동반되는 정도를 초과해서 심한 정도로 나타난다.
산수장애	A. 개별적으로 실시된 표준화 검사에서, 산술 능력이 개인의 생활 연령, 측정된 지능, 그리고 나이에 적합한 교육에 비해 기대되는 정도보다 현저하게 낮다. B. 기준 A항의 장애가 계산이 요구되는 학업의 성취나 일상생활의 활동을 현저하게 방해한다. C. 만약 감각 결함이 있다면, 산술 능력 장애는 통상적으로 감각 결함에 동반되는 정도를 초과해서 심한 정도로 나타난다. ※ 산술장애가 있는 아동 및 청소년의 경우 개념을 이해하고 명명, 산술부호를 인식하거나 읽기, 공식기호 인식하기, 구구단 외우기 등에서 어려움을 경험하게 된다.

ⓢ 학습장애 선별 및 진단·평가 절차 및 방법 : 학습장애 선별 및 진단·평가 절차에 있어서 근간이 되는 것은 「장애인 등에 대한 특수교육법」 및 동법 시행령 등을 통해 제시된 특수교육 대상자의 진단·평가 의뢰서 제출 및 처리절차이다.

더 알아두기

「장애인 등에 대한 특수교육법」이란 2007년 5월에 제정된 대한민국의 법으로 「교육기본법」 제18조에 근거하였다. 이 법에 근거하여 장애 학생 및 특별한 교육적 요구가 있는 학생에게 '통합교육의 환경(특수교육 대상자인 학생이 일반 학교에서 차별을 받지 않고 또래와 함께 개인의 요구에 합당한 교육을 받을 권리)'을 제공하고 생애 주기, 장애 유형, 장애 정도를 고려한 교육을 실시함으로써 이들이 자아를 실현하고 사회가 통합되는 데 기여할 수 있도록 하는 것을 목적으로 한다.

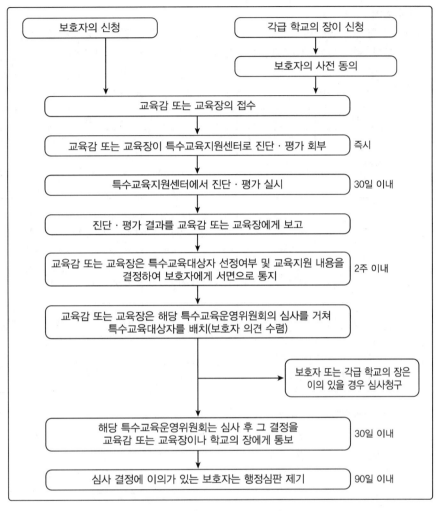

[특수교육대상자의 진단·평가 의뢰서 제출 및 처리절차]

◎ 학습장애 학생의 특성

인지적 특성	지적 능력은 평균적인 지능을 보이고 주의집중력이 떨어지며 인지처리 과정에 결함을 보임
정서적 특성	부정적 자아개념을 가지며 좌절 극복 의지가 약하고, 사회적으로 위축되어 있으며 불안 수준이 높고 자기관리 능력이 부족함
행동적 특성	충동적 과잉행동의 문제를 보이고 협응 능력이 떨어져 동작이 전반적으로 어설프고 부자연스러움. 시각 및 청각적 정보처리의 문제로 인해 읽거나 쓰기를 하지 못함

② **지적 장애**

㉠ 지적 장애는 18세 이전에 발병하고, 표준화된 지능검사 결과 지능지수 70 혹은 그 이하이면서 행동적응력이 낮아 교육수행능력이 불리한 장애를 말한다. 두 가지 이상의 적응기술영역에서 결함이 있다. 지적 장애는 가벼운 정도의 지적 장애, 중간 정도의 지적 장애, 심한 정도의 지적 장애, 아주 심한 정도의 지적 장애, 정도를 규정할 수 없는 지적 장애 등 다섯 단계로 분류된다.

구분	IQ	내용
경도 (가벼운 정도의 지적 장애)	50(55)~70	학교 밖에서 지적 결함이 나타날 수도 있고, 그렇지 않을 수도 있다. 특히 스트레스 상황일 때 간헐적인 지원과 도움이 필요할 수 있지만 흔히 이 범위에 해당되는 아동은 성장해서 독립적인 생활이 가능하다.
중등도 (중간 정도의 지적 장애)	35(40)~50(55)	어느 정도의 개인적 자율성과 주변과의 사회적 관계를 발달시킬 수 있다. 종종 보호 작업장에서 일하는 데 필요한 기술들을 획득한다.
중도 (심한 정도의 지적 장애)	20(25)~35(40)	때로 보호 작업장에서의 작업이 가능하기도 하지만, 일반적으로 일생 동안 다른 사람의 도움과 보살핌이 필요하다.
최중도 (아주 심한 정도의 지적 장애)	20(25) 이하	학습능력이 크게 손상되었고, 전부는 아니어도 대부분의 신체적 요구에 대한 지속적인 보살핌이 필요하다.
정도를 규정할 수 없는 지적 장애		지적 장애일 가능성이 높으나 개인의 지능을 표준검사에 의해 검사할 수 없을 때의 수준

㉡ 지적 장애(정신지체) 학생의 특성
* 인지적 특성 : 빈약한 기억력, 느린 학습 속도, 주의집중이 잘 되지 않음. 일반화의 어려움, 동기유발의 어려움
* 심리·정서적 특성 : 실패의 원인을 자기가 아닌 남의 탓으로 돌림. 실패에 대한 경험이 누적되어 문제의 어려움 정도에 관계없이 미리 실패를 예상함. 남에게 의존하려는 경향이 많음
* 말·언어의 특성 : 의미적·개념적 측면보다는 형식적·순차적 측면에 초점을 맞추는 경향. 언어발달이 지체됨. 다운증후군의 경우 특히 언어발달이 느림
* 사회성 : 다른 사람과 어떻게 상호작용해야 하는지 몰라 친구를 사귀지 못하는 경우가 많음. 빈약한 차아개념으로 사회성 발달에 부정적임. 실제적인 적응행동의 결함으로 신변처리기술이나 사회적 관계와 행동에 제한성을 가짐
* 신체운동기능 : 일반 학생의 평균보다 낮음. 협응, 균형, 소근육 운동기능이 떨어짐(특히, 다운증후군의 경우 운동기능이 상당히 열악함)

③ **주의력결핍 및 과잉행동장애(Attention Deficit Hyperactivity Disorder, ADHD)**

㉠ 아동기에 많이 나타나는 장애로, 지속적으로 주의력이 부족하여 산만하고 과다행동, 충동성을 6개월 이상 지속적으로 보이는 상태를 말한다.

㉡ 만 12세 이전에 시작하며 성인기까지 계속될 수 있다. 같은 또래의 아동에 비하여 현저하게 부산한 행동을 보이며 안절부절못하고 충동적인 행동을 나타내기 때문에 가정이나 학교생활에서 커다란 어려움을 겪을 수 있다.

ⓒ ADHD 학생이 많이 드러내는 문제 가운데 하나가 만성적 학습부진이다. 대다수의 ADHD 학생은 하나 이상의 과목에서 낙제 점수를 받고, 표준화된 성취도 검사에서 또래보다 심각하게 낮은 점수를 받는다.

ⓔ ADHD 학생의 고등학교 중퇴율은 일반 모집단에 비해 높은 편이다.

과잉행동	• 흔히 손발을 꼼지락거리거나 의자에 앉아서도 몸을 가만두지 못한다. • 흔히 앉아 있어야 하는 교실이나 다른 상황에서 자리를 떠난다. • 흔히 부적절한 상황에서 지나치게 뛰어다니거나 기어오른다. • 흔히 조용한 여가활동에 참여하거나 놀지 못한다. • 흔히 끊임없이 활동하거나 무언가에 쫓기는 것처럼 행동한다. • 흔히 지나치게 수다스럽게 말을 한다.
충동성	• 흔히 질문이 채 끝나기도 전에 성급하게 대답한다. • 흔히 차례를 기다리지 못한다. • 흔히 다른 사람의 활동을 방해하고 간섭한다.

3 학업 관련 검사에 대한 이해

(1) 학업문제의 평가 및 진단을 위한 심리검사

지능검사	학습자의 인지적 능력을 진단하고 평가하기 위해 사용되는 가장 대표적인 심리검사	
	웩슬러 아동지능검사	웩슬러가 6세 0개월부터 16세 11개월까지의 아동을 대상으로, 아동의 인지적 능력을 평가하기 위해 개발한 개인용 임상도구
	카우프만 아동용 지능검사	카우프만 부부가 2세 6개월부터 12세 5개월까지의 아동을 대상으로, 아동의 정신 과정과 후천적으로 습득한 사실적 지식수준의 측정
교육 성취도 검사	기초적인 학습 능력이나 학습 가능성을 진단하고 평가	
	기초학습 기능검사	한국교육개발원에서 유치원 및 초등학교 수준의 정상 아동 및 장애 아동을 대상으로 학업에 기초가 되는 능력을 평가하는 데 사용하기 위한 목적으로 표준화된 개인검사용 기초학습 진단검사로 정보처리, 셈하기, 읽기Ⅰ, 읽기Ⅱ, 쓰기 등 5개의 소검사로 구성
	기초학습 기능 수행평가 체제	학습부진 학생이나 특수교육 대상자의 읽기, 쓰기, 수학 영역에서의 수행 수준을 진단하고 평가하는 검사로 읽기, 쓰기, 수학 등 3개의 검사로 구성
	국립특수교육원 기초학력 검사	읽기, 쓰기, 수학의 3개 소검사로 구성된 도구로, 유치원, 초등 1~6학년, 중학생 1~3학년의 현재 학년과 기초학력 지수를 알아볼 수 있는 진단평가 검사도구
학습환경 진단검사	가정환경 진단검사	캘드웰과 브래들리(Caldwell & Bradley, 1978)가 개발한 '환경 측정을 위한 가정 관찰'을 장영애(1986)와 조용태(1995)가 각각 일반 아동과 정신지체 아동의 가정을 대상으로 우리나라 실정에 맞게 타당화한 것
	교육환경 진단검사	우리나라 초등학교 아동들의 특성과 그들이 가정 및 학교에서 접하고 있는 학습환경을 알아보기 위해 개발된 것으로 실시 대상에 따라 아동용, 부모용, 교사용, 교장용이 있음

학습전략 검사		최근 인지심리학의 영향으로 학습전략을 다루는 인지적 접근이 학습문제에 대한 주된 개입방법으로 자리잡게 되면서 학습자의 학습전략 활용수준을 측정하기 위한 각종 심리검사가 개발되어 사용
	학습방법 진단검사	한국심리자문연구소에서 학습부진의 원인을 진단하기 위해 제작하여 초등학교용, 중학교용, 고등학교용 검사가 별도로 개발되었으며 학습방법 진단척도, 감성지수 척도, 학습환경지수 척도 등 3개의 하위척도
	ALSA 청소년 학습전략 검사	김동일(2000)이 초등학교 고학년부터 중·고등학생을 대상으로 학습전략을 분석하고 프로그램 활용을 통한 학습전략 증진에 기여할 목적으로 개발하였으며 학습동기, 자기효능감, 학습기술, 자원관리 기술 등의 하위능력을 측정
	학습기술 진단검사	변영계와 김석우(2000)가 제작한 것으로 초등학교 고학년부터 중·고등학생을 대상으로 학습자가 스스로 학습 목표를 정하고 학업성취를 이루어 가는 과정을 계획하고 설계하는 데 관련된 일련의 기법으로 평가를 통하여 학습기술 향상 방안을 제시할 목적으로 사용되며, 자기관리, 수업참여, 과제해결, 읽기, 쓰기, 시험치기, 정보처리 등 학습기술 측정
	MLST 학습전략 검사	박동혁(2000)이 중·고등학생을 대상으로 학습자의 학습 과정에서 자기조절학습 능력의 근간을 이루는 습관적·행동적·전략적인 효율성을 측정하기 위해 개발되었으며 성격적 차원, 정서적 차원, 동기적 차원, 행동적 차원으로 구성
학습태도 검사	학습흥미 검사	조봉환과 임경희(2003)가 초등학교 4~6학년을 대상으로 초등학교 교육 과정에 포함된 학습활동에 대한 흥미와 학교생활 장면에서 아동들이 가지고 있는 학습에 대한 흥미를 구체적으로 알아보기 위해 개발되었으며 학급 유형별 흥미척도, 교과별 흥미척도, 타당도 척도로 구성
	표준화 학습흥미 검사	이상로와 변창진(1990)이 중·고등학교 학생을 대상으로 중·고등학교 교육 과정에 포함된 학습 활동에 대한 흥미를 구체적으로 알아보기 위해 개발
	학업동기 검사	김아영(2003)이 초등학교부터 대학교까지의 학생을 대상으로 학습자를 이해하고 학습 수행을 예측하며 실패에 대한 건설적인 반응 여부를 파악할 목적으로 개발되었으며 학업적 자기효능감 척도, 학업적 실패내성 척도로 구성
	학업동기 및 학습전략 검사	김효창(2011)이 초등학교 3학년부터 고등학교까지의 학생을 대상으로 수행 향상을 위해 요구되는 다양한 학습동기 및 학습전략에서 학생 개개인의 장점과 단점을 파악하기 위해 개발되었으며 학업동기 척도, 학습전략 척도, 정서 척도, 타당도 척도로 구성
	학습습관 검사	학생들에게 자신들의 학습습관이 다른 학생들에 비해 상대적으로 얼마나 적절한지를 확인하고, 부적절한 습관을 개선하기 위한 전략을 논의하는 데 유용한 정보 제공
기타 특수 검사	한국판 학습장애 평가 척도	일차적인 관찰 기회를 가진 전문가들이 객관적인 정보를 보고할 수 있는 도구를 제공하기 위한 것으로 실생활에서 아동을 매일 접하는 교사나 부모가 평가하도록 되어 있어 아동의 학습 문제를 조기에 발견하여 조속한 치료적 도움을 받도록 하는 데 유용
	아동·청소년 행동평가 척도	4세부터 17세까지의 아동·청소년기를 대상으로 그들의 사회적 적응 및 학업 수행 그리고 정서·행동 문제를 부모가 평가하는 것으로 아동·청소년의 심리 장애 진단에 유용
	주의집중력 검사	학생의 주의력과 집중력을 평가하여 개선 방안을 강구하는 데 유용한 정보 제공
	진로탐색 검사	학생의 직업적 흥미나 성격 등 진로선택에 필요한 유용한 정보를 제공하여 학습 의욕 회복에 도움

(2) 일반적인 심리검사 활용 지침

① 심리검사 필요 여부 판단 과정의 지침

㉠ 검사를 하려는 목적을 분명히 한다.

㉡ 학생을 실습 대상으로 삼지 않는다.

㉢ 학교심리학자는 자신이 실시와 해석을 할 수 있는 전문성을 가지고 있는지 돌아본다.

② 심리검사 선정 과정의 지침

㉠ 검사목적에 맞는 검사를 선정한다.

㉡ 검사의 신뢰도와 타당도, 검사 규준을 확인한다.

㉢ 검사의 실용성을 고려한다.

③ 심리검사 실시 과정의 지침

㉠ 검사자인 학교심리학자와 피검자인 학생 간 라포(=상호신뢰관계) 형성에 유의한다.

㉡ 검사 요강에서 정한 표준적인 절차에 따른다.

㉢ 피검자인 학생에게 불필요한 불안감이나 의혹을 안겨 주지 않기 위해 검사의 목적이나 진행 방법을 충분히 설명한다.

㉣ 한 번에 너무 많이 검사하려고 하지 않는다.

④ 심리검사 결과 해석의 지침

㉠ 검사 결과에 대해 학생이 어떻게 기대하고 있는지 먼저 탐색한다.

㉡ 검사 결과는 하나의 잠정적인 결과임을 인식하고 학생에게 알려준다.

㉢ 한 두 개의 숫자, 한 두 개의 유형 정보만 알려 주고 결과를 해석했다고 생각하지 않는다.

㉣ 심리검사는 학생에 대한 여러 가지 이해 방법 중 하나일 뿐임을 명심한다.

㉤ 심리검사의 결과가 평소의 행동 관찰 결과와 다를 때, 이러한 차이를 보이는 이유에 대해 궁금해 하고 탐색한다.

⑤ 심리검사 결과 활용의 지침

㉠ 학생과의 대화를 여는 도구로 사용한다.

㉡ 학생의 특성을 명명해 버리는 데 사용하지 않는다. 검사의 목적은 '차이점의 발견과 이해'이다.

㉢ 최종 결정을 내리는 데 심리검사 결과를 사용하지 않는다. 학생 이해를 위한 다양한 방법 중 한가지일 뿐 절대적일 수 없다는 것을 명심해야 한다.

4 진단 및 평가절차

(1) 호소 문제와 내력 탐색

① 학생에서 지적 수행 문제가 발견되면, 일단 그 학생이 불편을 호소하는 문제에 귀를 기울이고 그러한 문제의 내력을 체계적으로 탐색한다. 우선적으로, 가정생활 및 학교생활과 관련해서 평소와는 다르게 행동하는 이상 전조가 있는지를 살핀 후 학생이 불편을 호소하는 심리적 문제에 관심을 기울이고 그 내력을 탐색한다.

② 이 단계에서 그림검사(집–나무–사람 검사, 가족화 그림검사 등)와 문장완성검사와 같은 평가 도구를 이용하면 학생과 친밀감을 형성하고 그 학생의 생각과 느낌을 찾아내는 데 도움이 된다.

(2) 학업성취도 및 학습 태도에 대한 평가와 행동 관찰

① **학업성취도에 대한 평가와 행동 관찰**

학생의 지적 수행에 관련된 문제를 보다 체계적으로 이해하기 위해서는 일차적으로 학업성취도에 관한 자료를 면밀히 검토한다.

② **학습 태도에 대한 평가와 행동 관찰**

학생이 지적 수행에서 드러내는 학업성취도는 학생의 지적 수행에 연관된 심리적 과정은 물론 학교 및 가정의 생활환경 등 다양한 내적·외적 요인이 관여하기 때문에 학생이 학습에 임하는 태도와 전략을 면밀히 관찰하여 학습 행동에 관여하는 내적·외적 요인을 파악할 필요가 있다.

제 4 절 ▶ 사회정서 발달 및 성격평가

1 발달에 대한 개관

발달(Development)이란 역동적 체계(Dynamic Systems)의 산물로 인간의 생명이 시작되는 수정부터 죽음에 이르기까지 전 생애에 걸쳐 연속해서 일어나는 시간에 따른 변화를 의미한다. 역동적 체계란, 한 사람 또는 한 집단 내의 연속적인 변화과정을 의미하는데, 이 체계는 개인과 모든 사회 내에서 이루어지는 다른 발달과 연결되어 있다.

발달은 시간에 의한 연속적인 변화로써 출생 후 청년기까지의 상승적인 과정과 청년기 이후부터 사망하기까지 하강적 과정을 모두 포함한다.

(1) 발달의 특징

발달은 양적인 변화와 질적인 변화로 구분되는데, 양적인 변화는 신체 변화처럼 크기와 양의 증가 현상이고 질적인 변화는 분화되지 못하는 낮은 수준에서 정밀화된 높은 수준으로 구조적 변화와 미숙한 수준에서 유능한 수준으로의 기능적 변화를 말한다.

발달을 결정짓는 요인은 성숙(Maturation)과 경험(Experience)이 있다. 성숙은 유전적 기제에 의해 나타나는 타고난 변화로서 신체적, 심리적 변화(예 목소리의 변성, 초경, 뇌 기능의 분화, 사춘기 등)를 의미한다. 경험은 유기체가 환경과의 상호작용을 통해 획득하는 것으로 아동이 접하는 모든 물리적, 사회적 환경(예 부모, 친구, 교육, 대중매체 등)과의 상호작용을 의미한다.

(2) 발달의 원리

발달은 환경의 요인에 의한 영향과 무관하게 모두에게 보편적으로 나타나는 몇 가지 기본 원리를 가지고 있다.

① **발달에는 일정한 순서가 있다**

모든 유아는 앉을 수 있게 된 다음에 설 수 있으며, 설 수 있게 된 다음에 걸을 수 있다. 또한 옹알이를 한 다음에 말을 할 수 있으며, 간단한 문장을 사용할 수 있게 된 다음에 복잡한 문장을 사용하게 된다.

② **발달은 일정한 방향으로 진행된다**

㉠ 두미 발달의 원칙 : 머리 부분이 먼저 발달하고, 점차 팔, 다리 등 아래 쪽 부분의 기관이 발달한다.

㉡ 근원 발달의 원칙 : 안에서 바깥으로 발달이 진행된다.

㉢ 세분화 발달의 원칙 : 일반적인 것에서 특수한 것으로 발달이 진행된다. ㉸ 물건을 잡을 때 손 전체를 사용하다가 점차 필요한 손가락만으로도 잡을 수 있게 됨

③ **발달에는 개인차가 있다**

사람마다 가지고 있는 유전인자와 처해 있는 환경이 다르기 때문에 발달 속도나 그 정도에 차이가 있다. ㉸ 일찍부터 말을 잘 하고 이해력도 높은 아이가 있는 반면, 말이 늦거나 상대방이 알아들을 수 없을 정도로 의사소통이 원활하지 못한 유아가 있음

④ **발달은 계속 이루어지지만 그 속도는 동일하지 않다**

발달은 상승과 하강 과정을 거치며 일생 동안 끊임없이 변화하지만, 발달해 가는 속도는 신체적, 심리적 특성에 따라 혹은 발달 영역에 따라 동일하지 않다.

⑤ **발달에는 결정적 시기가 있다**

발달이 가장 쉽게 빨리 나타나는 시기가 결정적 시기인데, 발달의 각 영역별로 다르게 나타난다. ㉸ 신체발달의 결정적 시기-영아기, 언어발달의 결정적 시기-유아기

⑥ **발달은 분화와 통합의 과정을 거친다**

발달은 먼저 전체적이고 미분화된 기관들이 부분적·구체적이며 특수화된 것으로 분화되고, 분화된 각 기능들은 다시 전체적으로 조직·통합되어 보다 높은 단계로 재체제화되어 간다.

⑦ **발달의 각 영역은 서로 밀접하게 관련되어 있다**

발달에 있어서 신체적·지적·언어적·사회적·정서적 발달은 개별적인 것이 아니라 서로 밀접한 관련이 있다. ㉸ 또래 아동과 놀면서 사회적 발달과 동시에 언어, 신체, 정서 발달이 함께 이루어짐

(3) 발달의 영역과 내용

① **신체 발달** : 뇌신경 발달, 감각 기관의 발달, 신장과 체중·근육·골격·호르몬 등의 생물학적인 신체 변화와 운동 능력의 발달과 관련된 유전·영양·건강 등의 요인에 의해 영향을 받는다.

② **언어·인지 발달** : 지식을 얻고 환경에 대처해 가기 위해 사고하고 배우는 모든 정신적 과정으로 지각·표상·개념·기억문제 해결력·지능·언어 등의 발달을 주로 다룬다.

③ **사회·정서 발달** : 아동의 선천적 요인과 부모의 양육행동·형제·또래·교사·학교·지역사회·대중매체·문화 등의 사회적 관계에서 많은 영향을 받으며, 부모-자녀관계·형성관계·또래관계·교사와의 관계를 통한 자아개념·정서 및 성격발달, 사회적 기술능력의 발달 등을 다룬다.

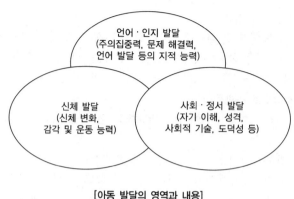

[아동 발달의 영역과 내용]

2 사회성 발달 및 정서 발달

사회성이란 상당히 포괄적인 의미를 담고 있으나 일반적으로 한 개인이 타인 혹은 집단, 공공 사물, 습관, 가치, 전통, 법률 등의 관계를 이해하고 그것에 적응하며, 여러 가지 문제를 해결해 나가는 정도를 말한다. 다시 말하면, 각 개인이 만족한 구성원으로서 자기의 능력을 발휘하는 동시에 자기 자신의 삶과 마찬가지로 다른 사람의 삶을 어떻게 보호해야 하는지를 알기 위해 사회현상을 바르게 이해하는 것과 아울러 나아가서는 국가, 세계의 일원으로서 국가생활에 대해 이해하고 적응하는 것을 의미한다.

인간은 자기중심적인 영아기로부터 차차 사회화 과정을 거쳐서 마침내 가족과 사회의 일원으로 성장하게 된다. 사람은 각자 태어난 문화, 시대, 성에 따라 기대되는 역할이 다르고 연령과 능력에 따라서도 역시 사회의 기대가 다르다. 하지만 어느 사람이라도 각 단계에 따라 적응을 하고, 사회의 도덕과 규범에 순응하고, 창조적으로 사회에 공헌하기까지 여러 단계를 거치게 된다. 따라서, 각 발달 단계에 따른 적절한 기대와 교육을 실시함으로써 그들을 둘러싸고 있는 사회 현상을 이해하고 집단 안에서 일어나는 문제에 유능하게 대처하고, 신중하게 고려할 수 있는 태도를 발달시켜 줄 필요가 있다.

(1) 사회성 발달과 관련된 이론

① 프로이트(Freud)의 심리성적 발달이론

프로이트는 성적 에너지인 리비도(Libido)가 집중적으로 표출되고 만족을 얻는 신체부위의 변화에 따라 심리성적 발달단계를 구분하였다. 각 단계에서 리비도가 추구하는 욕구가 적절히 충족될 때 아동은 정상적인 성격발달을 이룰 수 있으나 리비도가 심하게 억압되거나 좌절되면 그 신체부위의 욕구에 고착된다고 생각하였다. 성격 발달의 단계는 연령에 따라 구순기, 항문기, 남근기, 잠복기, 생식기의 다섯 단계를 따른다.

○ 구순기(Oral Stage : 출생~1세 6개월)

이 시기는 유아의 입, 혀가 존재의 중심이며, 생존과 밀접한 관련이 있다. 리비도는 구강영역에 주로 분포하며 수유를 지나치게 규칙적으로 하거나 이유를 지나치게 빨리 하여 구순만족이 좌절되면 구순고착(Oral Fixation)의 성격을 갖게 된다. 구순고착 경험은 성격발달에 지속적인 영향을 미친다.

- 구순전기 : 빠는 행위를 통해 쾌감을 얻음
- 구순후기 : 씹거나 깨무는 행동으로 욕구 충족
- 고착될 경우 : 음식에 대한 지나친 집착, 과도한 흡연이나 음주, 사람과의 접촉에 대한 지나친 요구, 타인에 대한 의존성 등 퇴행적 성격을 보임, 타인에 대한 비난이나 분노를 나타냄
- 승화될 경우 : 미식가, 반동형성할 경우 : 금주 운동가
- 구강기의 위험성 : 어머니가 옆에 없는 것. (욕구만족) 대상의 상실에 대한 위험으로 봄

ⓛ 항문기(Anal Stage : 1세 6개월~3세)

이 시기는 배설의 쾌감을 통해서 욕구 충족하게 되나, 배변훈련을 하는 시기이므로 항문쾌감이 박탈될 가능성이 높다(이 시기 유아는 배설을 참아내다 최후의 순간에 배에 힘을 주면서 배설물을 쏟아 내는 방출의 쾌감을 높이는 행동에 몰두하며, 또 그러한 배설물에 자주 흥미를 느껴 가지고 놀거나 만지는 것을 즐긴다. 하지만 부모는 이를 용납하지 못하여 배변훈련을 하게 되므로 이러한 쾌감을 박탈당하게 된다).

- 주된 사회화 기간 : 올바른 때에 배설하면(충족지연) 부모는 보상을 줌. 잘못하면 실망을 하거나 처벌함
- 고착될 경우 : 항문기 폭발적 성격(정돈하지 않고 지저분하며, 어지럽히는 행동을 통해 항문기 억압에 대해 반항하는 경우), 항문기 강박적 성격(고집이 세고 완고하며 검소하고 인색하다. 이는 항문기 억압에 대한 분노가 소극적으로 나타나는 방식이다)
- 승화될 경우 : 조각가, 미술가, 반동 형성할 경우 ⇒ 결벽증
- 항문기의 위험성 : 어머니의 사랑을 상실하는 것에 대한 위험

ⓒ 남근기(Phallic Stage : 3세~6세)

이 시기는 성기를 통해 쾌감을 얻는 시기로 리비도가 자신과 가장 가까이에 있는 이성의 부모를 향한 근친상간적인 욕구로 나타나게 된다.

- 오이디푸스 콤플렉스(Oedipus Complex) : 남아의 어머니에 대한 애정. 아동의 성격 형성에 중요한 역할을 함 ⇒ 아동은 거세불안(Castration Anxiety)을 감소시키기 위해 아버지와 동일시하므로 초자아가 형성됨
- 엘렉트라 콤플렉스(Electra Complex) : 여아의 아버지에 대한 애정 ⇒ 여아의 남근선망(Penis Envy)은 이전까지 지속되던 어머니와의 애착관계로부터 아버지에 대한 강한 집착으로 바뀌게 된다고 주장. 그러나 거세불안이 없으므로 동일시 기제가 약하고 따라서 여아들이 약한 초자아를 형성한다고 주장 ⇒ 비판, 논란 많음
- 승화될 경우 : 시, 연극 등으로 성공, 반동 형성할 경우 ⇒ 수사, 금욕적인 생활
- 남근기의 위험성 : 금지된 성과 공격적 소망에 대한 보복과 벌에 대한 공포의 위험

ⓔ 잠복기(Latency Stage : 6세~12세)

이 시기는 모든 성적인 것들이 억압되고 외면적으로 성적 관심이 없는 시기로, 모든 리비도는 학교과업, 운동 등 사회적으로 용납되고 인정되는 활동을 통해 강력한 에너지로 발산된다. 사춘기의 성적 변화와 더불어 잠복기는 끝나게 된다.

　　　　ⓑ 생식기(Genital Stage : 12세~)

　　　　　이 시기는 공격적으로 되고 성적 본능들이 활발해지며 이성이 다시 관심의 초점이 된다. 그래서 이성관계, 구애, 결혼, 가족형성 등에 관심이 많아진다.

　　　　　• 목표 : 성숙한 성인의 성격(자기도취, 자기성애, 즉각적 쾌락의 끊임없는 추구가 다른 사람들에 대한 사랑, 일, 욕구 충족의 지연, 책임감 등과 교환되어야 함)

　② 에릭슨(Erikson)의 심리사회적 발달 이론

단계	심리사회적 위기	바람직한 결과	
		바람직하지 않은 결과	
0~1세	신뢰감 대 불신감	환경과 다가올 사건들을 믿음	
		다가올 사건에 대한 의혹과 두려움	
1~3세	자율성 대 수치와 회의	자기통제감과 자기효능감	
		수치심과 자기의혹	
4~5세	주도성 대 죄의식	자신의 활동에서의 자율감	
		죄책감과 부족감	
6세~사춘기 이전	근면성 대 열등감	사물을 이해, 조직하는 능력	
		이해, 조직하는 데 열등감	
청소년기~20대 초반	정체성 확립 대 역할 혼미	자기정체성의 확립	
		자기가 누구이며 무엇인가에 대해 혼미	
성인 초기	친밀감 대 고립감	타인을 위해 봉사, 사랑할 수 있는 능력	
		애정관계를 형성하지 못함	
장년기~중년기	생산성 대 침체	가정과 사회에 대한 책임감	
		자신의 복지와 번영에만 관심이 있음	
노년기	자아통합 대 절망	통합과 성취감 속에 기꺼이 죽음을 직면	
		생에 대한 불만과 죽음에 대한 낙심	

　　에릭슨의 심리사회적 발달 이론은 인간의 성격이 전 생애에 걸쳐 변화하며 8개의 발달단계를 따른다고 전제하였다. 이 이론에 따르면 모든 인간은 자신이 처한 사회역사적 환경과 그것으로부터 주어지는 각 단계의 심리사회적 과제를 해결하고 위기를 극복해 나감에 따라 성숙을 이루게 된다. 심리사회적 발달단계의 순서는 고정불변한 것으로, 각각의 단계는 그 순서에 따라 점진적으로 전개되어 간다. 모든 단계가 순서대로 진행되고, 각 단계에서 주어지는 심리사회적 위기를 각 개인이 적절하게 해결할 때 가장 완전한 기능을 하는 성격이 형성된다고 보았다.

　㉠ 신뢰감 대 불신감(0~1세)

　　　• 유아기의 주요과업은 적당한 비율로 신뢰와 불신감을 획득하는 것이다. 신뢰감이 불신감보다 많아야 위기에 잘 대처할 수 있다. 신뢰감이 형성된 유아는 배고프면 어머니가 먹여주고 놀라거나 고통스러울 때 어머니가 자기를 안심시켜줄 것이라고 믿는다. 그러므로, 어머니가 유아의 욕구에 민감하게 반응하고 돌봄으로써 유아에게 신뢰감을 생기게 한다. 유아는 타인이 자기를 받아준다는 믿음과 자기신체의 충동에 차차 익숙해짐으로써 자신에 대한 신뢰와 자기만족에 대해 지연할 수 있는 능력을 발달시킨다.

- 유아와 어머니(양육자) 간의 상호작용에서 중요한 것은 양육의 양적인 측면(돌보는 시간, 제공되는 음식의 양)이라기보다는 양육의 질, 즉 유아가 양육자의 행동에서 어떤 일관성, 예언성, 신뢰성을 발견하느냐는 것이다. 예 배가 고프거나, 오줌을 싸서 젖은 경우 양육자가 자신의 고통을 덜어준다는 경험을 통해 양육자뿐만 아니라 세상과 인간에 대한 믿음이 형성되게 된다. 이런 경우 신뢰감이 발달하고 그렇지 못한 경우 불신감이 발달하게 된다. 양육자를 통한 외부적 확신과 믿음을 얻은 후에, 이를 토대로 자신에 대한 믿음(내적인 확신)이 발달하게 된다.

- 양육자를 통한 외부세계에 대한 믿음(신뢰)과 자신에 대한 믿음(자신감)을 획득하게 되면 아이는 비록 엄마가 보이지 않더라도 지나친 불안과 심한 걱정을 보이지 않는다고 보았다. 그러나 이것이 신뢰감만을 발달시키는 것을 의미하는 것은 아니다. 모든 유아들은 신뢰와 불신을 모두 경험하게 되며, 유아는 신뢰감과 더불어 불신감을 어느 정도 학습함으로써 분별 있는 신뢰감을 형성하여야 한다. 결국 건강한 성격발달을 위해서 중요한 것은 신뢰와 불신 사이의 적당한 비율이다. 물론 전자가 후자보다 큰 비중을 차지해야 한다. 이와 같은 원리는 다른 단계에도 해당되게 된다.

- 이 시기에 매우 중요한 것은 무엇보다도 부모의 자기 확신(자신이 올바르게 하고 있다는 인식과 자신감)이라고 보았다. 이런 부모의 자녀양육에 대한 자기 확신의 형성에 있어 에릭슨은 종교, 우정, 직업적 목표, 사회적 이상 등의 역할을 강조했다.

ⓒ 자율성 대 수치와 회의(1~3세)

- 신경과 근육의 발달로 유아는 이 시기가 되면 혼자서 걸을 수 있고, 의사를 말로 표현할 수 있게 되며 배변훈련을 받을 수 있는 능력이 생긴다. 유아가 신체적으로나 심리적으로 독립적으로 되면서 부모와의 관계에서나 유아 자신의 욕구 간에 충돌이 일어날 수 있다. 유아가 자기주장을 하기 시작하는데 부모는 배변훈련을 포함한 여러 가지 습관훈련을 하기 시작하므로 충돌이 일어나게 되는 것이다. 부모는 유아가 자신감을 잃지 않고 자신을 통제할 수 있다는 느낌을 발달시킬 수 있는 지지적인 분위기를 만들어주는 것이 좋다. 자율성이 발달하지 못하면 수치와 회의가 발달하는데, 이는 기본적 신뢰가 충분히 발달하지 못했거나, 배변훈련이 너무 빠르거나 너무 심할 때 혹은 과잉 통제하는 부모 때문에 유아의 의지가 손상될 때 나타난다.

- 이 시기에 유아는 자신의 자율성과 권리를 행사라도 하려는 듯이 "나", 또는 "내꺼야"란 단어를 반복해서 사용한다. 무엇보다도, "아니야", "싫어"라는 한 단어에서도 그들의 자율성을 찾아볼 수 있다. 2세 정도가 되면 마치 자신이 다른 사람들의 말에 찬성을 하면 자신의 독립성이나 자율성이 완전히 상실되기라도 하는 듯이 "응"이라는 말을 거의 하지 않는다. 특히 강하고 고집스런 "아니야"라는 말을 통해서 이들은 모든 외적 통제와 요구를 거부한다.

- 이렇게 유아가 자신에 대한 통제력이 커져 자기 멋대로 하려 할 때, 사회는 부모를 통하여 이들이 올바로 행동하도록 가르치기 시작한다. 프로이트가 관찰한 바와 같이 유아가 자신에 대한 통제력이 커져 자기 멋대로 하려 할 때, 부모는 이들이 마음대로 변을 보도록 허용하지 않는다. 그 대신 사회적으로 적합하게 행동하도록 이들을 훈련시킨다(배변훈련). 즉, 부모는 이들에게 지저분한 배변행동에 대해 수치심을 느끼게 함으로써 배변훈련을 시키며 이들은 한동안 이 훈련에 저항하기도 하지만 결국은 따르게 된다.

- 에릭슨은 이러한 배변 싸움이 중요하기는 하나 배변훈련 이외에도 아동들의 자율성과 사회규제 사이의 싸움이 일어난다고 보았다. 예 자녀들이 스스로 밥을 먹으려 하여 밥상을 엉망으로 만들려 할 때, 부모들은 그들의 행동을 규제하려 한다. 부모들은 2살 된 유아가 부모의 요구에 무조건 "아니야"라고 말대꾸하지 못하게 한다. 이를 통해 2세 된 유아도 다른 사람과 마찬가지로 사회에서 살아야 하고 다른 사람의 욕구를 존중해야 한다고 하는 점을 배우기 시작하게 된다. 이런 과정을 통해 아동은 자율성 대 수치와 회의의 갈등을 경험하게 된다. 유아가 배변을 잘못했을 때 부모가 지나치게 수치감을 주거나 반항적인 행동을 묵살해버리거나 스스로 행동하려는 노력을 조롱할 때, 유아는 자기결정을 발달시키지 못하고 수치와 회의심을 발전시키게 된다.

ⓒ 주도성 대 죄의식(4~5세)
- 이 시기 유아의 주요과업은 크고 힘세고 아름다워 보이는 부모처럼 되고 싶어 하며 그런 부모와 동일시하는 것이다. 이 시기의 기본적 행동양식은 침입하고, 주도적이고, 목표를 정하여 추진하고, 경쟁하는 것이다. 주도성을 지닌 아동은 계획을 세우고, 목표를 설정하며, 그것을 달성하고자 노력한다. 예 벽돌을 얼마나 높이 쌓을 수 있는지를 알아보려고 한다든가, 아버지나 형보다 누가 더 침대에서 높이 뛰어오를 수 있는지 알아보려는 놀이를 한다든가, 누가 더 높은 곳에서 뛰어내릴 수 있는지 시도해 보거나, 액션이나 폭력이 담긴 영화(배트맨, 슈퍼맨)를 자꾸 보자고 조르거나 모방하는 등의 행동을 보인다.
- 그러나 자신의 이런 계획과 희망이 이루어질 수 없다는 것을 깨달으면서 위기가 오게 된다. 이 시기에 에릭슨은 프로이트가 언급한 오이디푸스 컴플렉스의 중요성을 강조했다. 한쪽의 부모를 자기만 소유하고, 동성의 부모를 경쟁시키고 공격하는 행동은 결국 부모의 처벌을 가져오게 한다. 이를 통해 아이는 결국 죄의식을 발달시킨다. 이때 부모가 자신의 권위를 다소 완화하고 유아로 하여금 흥미 있는 계획에 동등한 자격으로 참여하도록 함으로써 이런 위기를 극복하게 할 수 있다고 보았다. 이를 통해 유아는 자신의 야망을 포기하지 않으면서 성인 사회생활의 목표에 맞게 부합시켜 나갈 수 있게 된다고 보았다.

ⓓ 근면성 대 열등감(6세~사춘기 이전)
이 시기의 아동은 지식 획득과 일이 있는 더 넓은 세계로 들어가기를 원한다. 그리고 학교에 입학해서 그 사회가 요구하는 기술과 지식을 배워야 한다. 성공적인 경험은 아동에게 능력과 숙달감, 근면감을 느끼게 해 준다. 한편 실패는 열등감과 자기는 아무 곳에도 쓸모가 없다는 느낌을 갖게 한다. 아동은 일을 잘 하려고 하고 시작한 것을 완성하려 한다. 이 시기는 앞의 세 단계와는 달리 내적인 욕구의 출현이 없는 심리성적인 잠복기이다. 에릭슨은 이 단계에서 본능적인 갈등은 존재하지 않지만, 자아성장에 있어 가장 결정적인 단계로 보았다(첫 사회경험). 이 시기에 아동은 처음으로 가족 내에서 이루어졌던 과거의 희망과 바람을 망각하고 보다 넓은 문화의 유용한 기술과 도구를 배우는 데 전념하게 된다. 이 단계에서 지나치게 부적절함과 열등감을 느끼는 것은 위험하다고 보았다.

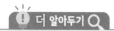

근면성 발달의 방해요인 사례
- 교실이나 운동장에서 맛보았던 실패의 아픔이 큰 상처로 남게 되는 경우
- 이전 단계에서 자율성보다는 회의를 발달시켜서 새로운 과제를 학습하려 할 때 자신감이 없는 경우
- 자신의 피부가 검다던가, 집이 경제적으로 어렵다는 사실에 의해 자신이 배우고자 하는 소망이나 의지가 제대로 실현되지 못할 수 있다는 것을 알게 되는 경우

ⓜ 정체성 확립 대 역할 혼미(청소년기~20대 초반)

이 시기의 청소년은 급격한 신체성장과 생리적 변화로 인해 익숙하지 않은 성적 충동과 함께 자기의 신체에 대해 새로운 느낌을 갖게 된다. 이런 변화는 상급학교와 직업을 선택해야 하는 사회적 압력과 함께 청년으로서의 여러 가지 역할에 대하여 생각해 보게 한다.

이 시기의 기본 과업은 아동기부터 해온 여러 가지 동일시를 더욱 완전한 하나의 정체성으로 통합하는 것이다. 이와 같이 새로 형성된 정체성은 청소년의 새로운 욕구, 기술, 목표와 잘 부합된다. 만일 청소년이 그의 동일시와 역할 혹은 단편적인 자기 자신에 대한 개념들을 전체적인 하나로 통합할 수가 없으면 역할 혼미가 초래되어 청소년 비행으로 연결될 수 있다. 이 단계는 자기 자신이 되느냐 되지 못하느냐의 문제가 기본과제이다. 이 시기에는 친구들, 동호회 활동과 종교, 정치운동 등을 통해서 진실한 자기를 추구한다.

ⓗ 친밀감 대 고립감(성인초기)

앞 단계에서 어느 정도 정체감이 형성되면 타인과의 심리적인 친밀감의 형성이 가능해진다. 자기의 정체성을 잃지 않고 다른 사람이나 이성과 융화될 수 있으며 이성과 친밀한 관계를 형성하더라도 동성 친구와의 우정을 유지할 수 있다. 친밀감의 한 면은 우리라는 결속감이고 자신들에게 위협적인 사람들인 그들에 대한 방어이다. 만일 이성과 친밀감을 가지려는 시도가 실패하면 고립감으로 빠져 들게 된다. 이러한 경우에 대인 관계는 상투적이고 냉정하며 공허해진다.

ⓢ 생산성 대 침체(장년기~중년기)

생산성이란 자녀양육이나 창조적인 활동 혹은 생산적인 활동을 통해서 다음 세대를 키우고 교육하는데 대한 관심을 말한다. 단순하게 아이를 낳아 기른다는 것이 생산성은 아니다. 미래에 대한 신념, 자기 종족에 대한 믿음, 다른 사람들을 돌볼 능력 등이 이 단계 발달에 필요조건이다. 이 단계의 기능은 세대로 이어오는 사회의 연속성을 유지해 주는 것이다. 생산성의 부족은 자기몰입, 지루함, 심리적인 미성숙으로 표현된다.

생산성이 결핍되게 될 때의 결과는 성격이 침체되고 불모화되는 것이다. 이런 경우에 사람들은 종종 일종의 "유사친밀(진심으로 친밀감을 경험하는 것이 아니라 직업상, 도덕상 친밀함을 지니는 경우)"로 퇴행하거나, "마치 그들이 혼자이고, 모든 사람이 자기를 돌봐주어야 하는 아이"인 것처럼 스스로에 빠져들기 시작한다.

◎ 자아통합 대 절망(노년기)

에릭슨은 인생의 마지막 시기인 이 시기에도 역시 내적인 갈등이 존재하고 이를 해결해야 할 시기라고 보았다. 이 시기의 갈등은 자신의 생애를 돌이켜보며 그것이 과연 가치가 있는지 평가하면서 나타나게 된다. 통합이란 자신의 인생을 돌이켜 보고, 인생의 한계를 받아들여 그 안에서 의미를 찾을 때 나타나는 것이다. 통합은 다음과 같은 자기고백의 느낌을 나타내 주는 듯하다. "그렇다. 나는 실수를 했다. 그러나 그 당시 그 상황에서 그 실수는 어쩔 수 없는 것이었다. 나는 그것을 내 생애의 행복했던 일들과 함께 받아들이겠다." 통합은 또한, 자기를 넘어 국가적·이념적 영역까지도 초월하는 느낌이다. 어느 정도 통합수준에 이르면, 노인은 과거와 현재, 미래를 넘어서 인간과 사회에 대한 통찰과 동료의식을 느끼게 된다. 따라서 자아통합은 인생과 세상 그 자체에 대한 초연하고 철학적인 지혜로 인도한다. 이것에 실패하여 자신과 자신의 인생에 대한 혐오, 그리고 죽음에 대한 두려움이 과도할 경우 절망이 된다.

③ **애착이론**

영아가 사회적 존재로 성장, 발달해 나가기 위해서는 반드시 어떤 집단이나 사회 속에서 다른 사람과 효율적 인간관계를 맺을 수 있는 능력이 필요한데, 이에 결정적인 영향을 미치는 것이 애착이라는 개념이다. 애착이란 한 개인이 자신과 가장 가까운 사람에 대해서 느끼는 강한 감정적 유대관계, 즉 친숙한 개인과의 근접성을 구하고 접촉하려는 경향을 의미하는 것으로 영아기에 발생하는 가장 중요한 형태의 사회적 발달이자, 영아와 주 양육자(주로 어머니) 간에 형성되는 친밀한 정서적 유대감을 의미한다.

애착이론은 엄마와의 초기 관계가 아동의 후기 기능에 큰 영향을 미친다는 것을 가정한다. 볼비(Bowlby)와 에인즈워스(Ainsworth)를 포함한 애착 이론가들에 의하면, 어린 아이가 엄마의 접근 가능성을 적절하게 충족하지 못했을 경우 아이들은 불안정 회피애착이나 불안정 저항애착을 형성하게 됨으로써 엄마를 더 이상 안전지대로 믿지 않게 된다. 즉, 애착은 아이에게 근본적인 안전 기지를 제공한다. 아이는 놀고 싶을 때뿐만 아니라 괴롭고 피곤하고 싫증나고 배고프고 아프고 두려울 때와 같은 스트레스 상황에서 애착 대상에 접근하려고 한다. 또한, 다른 사람보다 애착 대상이 아이를 잘 달래고 안정시킬 수 있다. 아이는 애착 인물과 같이 있을 때 즐거워할 뿐만 아니라 애착 대상을 안전기지로 삼아 주위환경을 탐색한다. 애착이 잘 형성되지 않으면 아이는 불안하고 거부적인 아이로 성장하게 된다.

자녀가 엄마에게 애착을 잘 형성했다면 나중에 엄마를 떠나기가 쉬워진다. 엄마라는 안전한 정서적 기반을 가진 자녀는 더 이상 엄마와 가까이 붙어 있어야 할 필요가 없어지게 되는 것이다. 그 결과 더 새로운 세상을 탐색할 수 있는 자유가 생기게 되어, 새로운 행동을 시도하고 새로운 방식으로 문제에 도전하며, 낯선 것에 보다 더 긍정적인 태도를 갖게 된다.

㉠ 애착 유형 및 애착 유형의 결정 요인

- 안정애착 : 이 유형의 아이는 엄마와 긍정적인 유대관계를 형성하고 엄마를 좋아한다. 엄마와 함께 있을 때 주변을 적극적으로 탐색하는 행동 양상을 보이며, 엄마가 밖으로 나가려고 하면 당황하나 엄마가 돌아오면 반갑게 맞이한다. 타인에 대해 우호적이다.
- 불안정-회피 애착 : 이 유형의 아이는 엄마와 상호작용이 적고 엄마와 떨어졌을 때 별로 고통스러워하지 않는다. 엄마와 있을 때도 주변 탐색에 어려움을 보이며 낯선 사람과 엄마를 동등하게 취급한다.

- 불안정-저항 애착 : 이 유형의 아이는 자신과 다른 사람에 대한 신뢰가 낮으며 감정의 기복이 심하다. 엄마와 분리되기 전에는 가까이 있으려고 하고 분리될 때는 매우 당황한다. 낯선 사람의 접촉을 거부하며 엄마가 돌아오면 화를 내고 저항하며 쉽게 달래기 힘들다.
- 불안-혼돈 애착 : 이 유형의 아이는 애착형성이 불안정하나 회피와 저항 어느 쪽에도 포함시키기 어려운 경우이다. 이 유형의 아이는 엄마와 다시 만났을 때 상반된 행동 패턴을 잇달아 혹은 동시에 나타낸다. 즉, 매우 강한 애착행동이나 분노행동을 한 후 갑자기 회피하거나 한다. 또 엄마가 부르거나 접근할 때 바로 두려움이나 불안을 표현하기도 한다.

애착형성에 영향을 미치는 요인으로는 영아의 기질, 영아와 부모의 기질, 그리고 양육의 질 등을 들 수 있다. 일반적으로 기질이 까다로운 아이로 인식되는 적응력이 낮고 활동적인 아이일수록 불안정애착 유형을 보일 가능성이 높다. 영아의 기질이나 특성뿐만 아니라 엄마의 특성 역시 애착형성에 영향을 미치는 요인으로 작용한다. 엄마의 성격, 연령, 사회경제적 지위, 어머니 자신의 양육과정 등이 애착형성에 영향을 미치는 요인이다. 특히, 엄마의 민감한 반응이 중요한데, 안정된 애착을 형성한 영아의 어머니는 아기의 신호에 빨리 반응하고, 적절한 도움을 주는 등 민감한 상호작용을 한다. 이와는 반대로 불안정애착이나 회피애착 영아의 어머니는 화를 잘 내고 아기와의 밀접한 신체접촉을 회피하며 자신의 감정을 표현하는 데 어려움이 있는 것으로 나타났다. 어머니의 연령이 어리거나 사회경제적 지위가 낮은 경우 또는 직장이나 경제적 사건에서 오는 스트레스가 많은 경우 불안정애착이나 회피애착이 많은 것으로 나타났다. 또한 성장과정에서 자신이 부모와 안정된 관계를 형성한 경우에는 자신의 자녀와도 안정된 관계를 형성하지만, 그렇지 못한 경우에는 어려움을 경험한다. 즉, 어린 시절 자신의 부모와의 관계가 이후 자녀와의 관계에 지속적으로 영향을 미치는 애착의 세대 간 전이가 일어나게 된다. 어머니와 마찬가지로 아버지의 특성 또한 애착형성에 영향을 미친다.

ⓒ 애착이 발달에 미치는 영향
- 정서 : 모성박탈, 장기간의 격리불안의 경우 정상적인 아이보다 높은 불안을 갖고 대인불안으로 지속될 수 있다.
- 사회성 : 안정애착의 유아는 또래 아이에게 애정과 관심을 보이며 덜 공격적이다.
- 인지 : 안정애착 유아는 적극적인 탐색활동과 인지적 호기심을 보임 vs 불안정애착 유아는 문제해결과제나 놀이에 몰입 정도가 낮고 지속적이지 못함

(2) 사회성 발달 평가

① 행동관찰
ⓐ 유아의 사회적 특성을 인식하려면 어떻게 행동하는지를 관찰
ⓑ 혼자 고립되어 노는 유아가 있을 경우의 중점 관찰사항
- 또래와의 상호작용 대신 무엇을 하나?
- 다른 유아가 상호작용을 시도할 경우 어떻게 하나?
- 대상 유아와 때때로 상호작용하는 유아는 누구인가?

② **표준화검사 및 행동목록**
　㉠ 표준화검사 활용 시 염두에 두어야 할 내용
　　• 목적에 대한 타당성 검토(검사문항, 실시요강, 문장내용의 적절성 등)
　　• 실시요강에 제시된 신뢰도 검토
　　• 규준(norm)을 검토(지역, 연령, 계층, 인원 등의 측면)
　　• 표준화 시기 검토(표준화된 당시의 표집대상, 검사결과 등 최근에 표준화된 것이 좋음)
　　• 환경조건 정비(피험자가 충분히 실력을 발휘할 수 있도록 장소, 기후, 시간대 등 최적의 조건 제공)
　　• 실시요강 엄수(실시, 채점 및 해석상의 지시를 정확히 따라야 함)
　　• 교사제작 검사를 병용(개별적인 집단의 특수성을 고려한 평가를 할 수 없으므로 가능한 한 이를 보완 또는 확인하는 교사제작 검사를 수시로 실시하는 것이 필요)
　㉡ Devereux 행동평정척도
　㉢ Bower와 Lambert의 평정척도(아동에 대한 교사의 평정/아동상호간의 평정/자기평정)

(3) 정서 발달

정서(Emotion)란 마음이 움직이고 감정이 흔들려서 어떤 행동을 하게 되는 것으로, 여기에는 환경에 대한 지각과 감정의 동요, 그리고 행동이 모두 포함되어 있다. 인간은 기쁨과 슬픔, 애정과 질투, 쾌와 불쾌, 희열과 분노 등을 느끼는 정서적 존재이다.
정서는 얼굴 표정, 신체적 표현, 언어 등으로 나타나는 표현적 요소와 자율신경계의 흥분에 따른 생리적 요소를 가진다.

> **정서의 특성**
> • 인생 초기 정신능력을 발달시키거나 사람들과의 관계를 형성하는 데 중심 역할을 한다.
> • 여러 가지 정서의 분화 단계를 거치며 빠르게 발달하며 일·이차정서는 거의 영아기에 발달한다.
> • 인간관계의 가장 기본이 되는 신뢰감이 영아기에 이미 형성된다.

① **기본정서이론**
　㉠ Darwin의 진화론에서 비롯된 이론으로 Tomkins, Ekman, Izard 등에 의해서 발전되었다.
　㉡ 기본 개념
　　• 범문화적으로 발견되는 기본 정서가 존재하는데, 차이는 있지만 행복(기쁨), 분노, 슬픔, 공포 등이 이에 포함된다.
　　• 기본 정서는 진화론적으로 중요한 적응적 가치를 가지고 있다.
　　• 기본 정서는 각각 고유의 속성을 가지고 있다(예 각 정서에 대한 얼굴 표정 등).
　㉢ 비판
　　• 기본 정서의 개수와 종류에 대하여 학자들 간 합치가 없다.
　　• 기본 정서가 생물학적 근거를 가지고 있다는 증거가 부족하다.
　　• 어떤 정서가 다른 정서보다 기본적이라는 것은 문화적 편파를 반영하는 것이다.

② **기능주의적 접근**

ⓐ 정서는 개인적 목적 달성을 목표로 하는 행동에 도움을 주는 것이다.

ⓑ 정서는 인간과 환경 간의 지속적인 교류로부터 발생하며 인간의 인지적 과정, 사회적 행동, 신체적 건강 등 각 영역의 경험을 조직하고 조절하는 데 핵심적인 기능을 한다.

- 인지과정의 결정 요소 : 정서는 사고력이나 기억력 같은 인지과정에 결정적 영향을 미친다.
- 사회적 행동의 결정 요소 : 어린이의 정서적 반응은 다른 사람의 행동에 영향을 미치고 다른 사람의 정서적 반응은 어린이의 사회적 행동을 조절하는 역할을 한다.
- 신체적 건강의 결정 요소 : 어린이의 정서는 신체 건강과 밀접한 관련이 있다.

③ **학습이론**

ⓐ 정서적 반응은 아동 발달에 중요한 역할을 한다.

ⓑ 고전적 조건형성 지지자 : 인간은 공포, 분노, 사랑의 정서를 선천적으로 가지고 태어나며 다른 정서는 고전적 조건형성을 통하여 형성된다.

ⓒ 조작적 조건형성 지지자 : 아동의 정서 반응은 강화와 처벌에 의하여 학습된다.

---

3 성격평가

(1) 성격과 관련된 이론

① **올포트(Allport)** : 성격은 개인의 특유한 행동과 사고를 결정하는 심리신체적 체계인 개인 내 역동적 조직이다.

② **설리반(Sullivan)** : 성격은 인간 상호 관계 속에서 개인의 행동을 특징짓는 비교적 지속적인 심리적 특성이다.

③ **프롬(Fromm)** : 성격은 한 개인의 특징이 되며 독특성을 만들어 내는 선천적이자 후천적인 정신적 특질의 총체이다.

④ **미셸(Mischel)** : 성격은 보통 개인이 접하는 생활상황에 대해 적응의 특성을 기술하는 사고와 감정을 포함하는 구별된 행동패턴이다.

⑤ **매디(Maddi)** : 성격은 사람들의 심리적 행동(사고, 감정, 행위)에 있어서 공통점과 차이점을 결정하는 일련의 안정된 경향이자 특성이다.

⑥ **릭맨(Ryckman)** : 성격은 개인이 소유한 일련의 역동적이고 조직화된 특성으로, 이와 같은 특성은 다양한 상황에서 개인의 인지, 동기, 행동에 독특하게 영향을 준다.

⑦ **버거(Burger)** : 성격은 일관된 행동패턴 및 개인 내부에서 일어나는 정신내적 과정이다.

(2) 성격의 일반적 정의

① 성격은 환경에 대한 개인의 독특한 적응을 결정하는 개인 내의 신체적·정신적 체계들의 역동적 조직이다.

② 성격은 한 개인이 환경과 상호작용하면서 나타나는 독특하고 일관성이 있으며, 인지적이고 정동적인 안정된 행동양식이다.

③ 성격은 태어날 때부터 유전적으로 가지고 있는 것뿐만 아니라 성장과 함께 학습하면서 생기게 된 것, 그리고 개인이 가지고 있는 긍정적 혹은 부정적 특성 모두를 포함하여 특정 개인을 다른 사람과 구별해 주는 것이다.

④ 따라서 성격은 다른 사람이나 환경과 상호작용하는 관계에서 행동양식을 통해 드러난다.

(3) 유형론(Typology)

① 히포크라테스(Hippocrates)의 체액기질설

ㄱ 다혈질 : 명랑하고 낙천적·온정적·정서적이며 교제에 능하다.

ㄴ 우울질 : 우울·비관·소심하며, 걱정과 불평불만이 많다.

ㄷ 담즙질 : 쉽게 흥분하고 의기양양하며, 과단성이 있으나 실수가 잦다.

ㄹ 점액질 : 냉정·침착하고 사색적이며, 동작이 느린 반면 지속적이다.

② 셀든(Sheldon)의 체형기질설

ㄱ 내배엽형 : 비만형 또는 내장형에 해당하는 것으로, 사교적·향락적이며, 다정다감하다.

ㄴ 중배엽형 : 근골형 또는 신체형에 해당하는 것으로, 냉정하고 잔인하며, 자기주장이 강하고 투쟁적·모험적이다.

ㄷ 외배엽형 : 세장형(키가 크고 뼈나 근육의 발달이 나쁨) 또는 두뇌형에 해당하는 것으로, 고독하고 신경질적이며, 극도의 억제력을 지닌다.

③ 딜테이(Dilthey)의 세계관 유형에 따른 성격유형

ㄱ 감성적 인간 : 감각적·충동적이며, 지상의 행복과 향락을 추구한다.

ㄴ 영웅적 인간 : 자신의 의지로써 주변의 저항을 극복하며, 자유를 획득하고자 한다.

ㄷ 사색적 인간 : 범신론과 함께 세계적 감정을 통한 인간의 통일성을 믿는다.

④ 융(Jung)의 양향설

내향성	• 관심의 방향이 자신의 내부로 향한다. • 객체의 인상이 주체 안에서 형성한 것에 의거하여 사물을 본다. • 일시적인 외부사건보다는 지속적인 개념이나 절대적인 원리를 신뢰한다. • 사려 깊고 사색을 즐기며, 수줍음이 많다. • 새로운 상황에서의 융통성과 적응성이 부족하다. • 신중하게 생각한 다음 경험한다. • 자신의 생각이나 감정에 대해 글로 표현하는 것을 좋아한다.
외향성	• 관심의 방향이 외부로 향한다. • 객체에 부합하는 방향으로 행동하고 판단한다. • 외부세계의 중요성을 확신하며, 환경에 자신의 영향력을 행사하고자 한다. • 솔직하고 사교성이 있으며, 때로 충동적으로 사람들과 관계를 맺는다. • 새로운 상황에서의 융통성과 적응성이 뛰어나다. • 일단 경험한 다음에 생각한다. • 자신의 생각이나 감정에 대해 말로 표현하는 것을 좋아한다.

(4) 특질론(Trait Theory)

① **올포트(Allport)**

㉠ 올포트는 특질(Trait)을 환경의 자극에 반응하는 일관적이고 지속적인 방식으로 보았다.

㉡ 성격의 일관성을 강조하며, 이러한 일관성이 생의 초기부터 시작하여 아동에서 성인으로 성장함에 따라 더욱 공고해진다고 보았다.

㉢ 개인의 환경에 대한 일관성 있는 반응은 개인 내부의 신체적·정신적 체계의 역동적 구조에 의한 것이다.

㉣ 성격이 개인의 인생 전체에 미치는 영향력에 따라 '주특질 또는 기본특질(Cardinal Trait), 중심특질(Central Trait), 이차특질(Secondary Trait)'로 구분된다.

㉤ 주특질은 영향력이 매우 커서 한 개인의 행동 전반에 영향을 미친다. 이러한 주특질은 이 특질을 소유한 사람에게 매우 지배적이며 거의 모든 생활에 영향을 미치는데 이러한 주특질은 소수의 사람만이 가지고 있다. 중심특질은 주특질보다 행동에 미치는 영향력은 적지만 비교적 보편적이고 일관된 영향을 끼치는 것으로 우리가 한 개인을 기술할 때 사용하는 특성들이 바로 중심특질에 해당한다. 예를 들어, 어떤 사람에 대하여 신뢰할 수 있고 성실하다고 기술하였다면 이는 그 사람의 중심특질에 대한 것이라고 할 수 있으며 주특질에 비해 덜 지배적이다. 이차특질은 개인에게 가장 영향을 적게 미치는 특질로 주특질과 중심특질보다 덜 두드러지고 덜 일관되게 나타난다. 예를 들어, 누군가 직장에서는 깔끔한데 집에서는 깔끔하지 않다면 이는 바로 이차특질에 해당한다.

㉥ 특질은 사람마다 다르다. 즉, 어떤 사람에게 중심특질인 것이 다른 사람에게는 이차특질일 수 있다.

② **카텔(Cattell)**

㉠ 카텔은 특질을 한 개인으로 하여금 여러 상황과 시간에서 일관성 있게 행동하려는 성향을 부여하는 정신적 구조로 보았다.

㉡ 개인의 특정 행동을 설명할 수 있느냐에 따라 특질을 '표면특질(Surface Trait)'과 '원천특질' 또는 '근원특질(Source Trait)'로 구분하였다. 표면특질은 겉으로 드러나는 구체적인 행동 중 일관성·규칙성이 있는 특질을 말하며, 원천특질은 그와 같은 행동을 결정하는 요인으로서 그 기저에 깔려 있는 보다 안정적인 특질을 말한다.

㉢ 카텔은 특질 차원을 찾아내는 방법으로써 요인분석의 통계학적 분석방법을 사용하였다. 성격특성과 연관된 4,500개의 개념들에서 최소한의 공통요인을 추출하여 16개의 요인을 발견하였으며, 이를 토대로 자신의 성격이론을 입증하기 위해 '16성격 요인검사(Sixteen Personality Factor Questionnaire, 16PF)'를 고안하였다.

③ **아이젱크(Eysenck)**

㉠ 아이젱크는 히포크라테스의 4대 기질설에 관심을 가지고 이를 현대 경험적 성격이론과 결합하여 인간의 성격차원을 분류하였다.

㉡ 성격을 구성하는 행위와 성향들이 서열적으로 조직화되어 있으며, 성격이 불연속적 범주가 아닌 하나의 넓은 연속적 차원을 이루고 있다고 보았다.

㉢ 성격특질은 '내향성-외향성(Introversion-Extraversion)', '신경증적 경향성(Neuroticism)', '정신병적 경향성(Psychoticism)'으로 구분된다.

ⓔ 내향성-외향성은 개인의 각성수준, 신경증적 경향성은 정서적 예민성·불안정성, 정신병적 경향성은 공격성·충동성·반사회성을 나타낸다.

(5) 미네소타 다면적 인성검사(Minnesota Multiphastic Personality Inventory, MMPI)의 이해

① MMPI의 의의

ⓐ MMPI는 세계적으로 가장 널리 쓰이고 가장 많이 연구되어 있는 객관적 성격검사이다.

ⓑ 1943년 미국 미네소타대학의 하더웨이와 매킨리(Hathaway & McKinley)가 처음 발표하였으며, 진단적 도구로써의 유용성과 다양한 장면에서의 활용 가능성을 인정받고 있다.

ⓒ 임상장면의 규준집단을 사용하여 개발된 것으로, 비정상적인 행동과 증상을 객관적으로 측정하여 임상진단에 관한 정보를 제공해 주는 것이 주목적이다.

ⓓ 본래 일반적 성격 특성을 측정하기 위한 것이 아니었으나, 진단적·병리적 분류의 개념이 정상인의 행동을 설명하는 데에도 어느 정도 유효하다는 전제 하에 일반적 성격특성을 유추하기 위한 용도로도 사용되고 있다.

② MMPI의 특징

ⓐ 20세기 초반 대다수의 심리검사들이 이론적 제작방법에 의해 고안된 반면, MMPI는 실제 환자들의 반응을 토대로 경험적 제작방법에 의해 만들어졌다. 즉, 검사 제작 초기에 검사 개발을 목표로 이론적인 접근을 하여 문항을 제시하기는 하지만, 최종 단계에서 문항을 질문에 포함시킬 것인지는 목표 집단과 통제집단의 반응 차이 여부에 따라 결정이 이루어진다.

ⓑ 대표적인 자기보고식 검사로, 검사의 실시·채점·해석이 용이하며, 시간과 노력을 절약할 수 있다.

ⓒ 투사적 검사에서와 달리 비교적 덜 숙련된 임상가라도 간편하고 정확한 해석을 할 수 있다.

ⓓ 550개의 문항을 포함하고 있는데, 이 중 16개의 문항이 중복되어 총 566개의 문항으로 구성되어 있다. 중복된 16개의 문항은 수검자의 반응 일관성을 확인하기 위한 지표로 사용된다.

ⓔ 수검자는 각 문항에 대해 '그렇다' 혹은 '아니다'의 두 가지 답변 중 하나를 택하여 반응하도록 되어 있다.

ⓕ 이와 같은 반응은 주요 비정상 행동을 측정하는 10가지 임상척도와 수검자의 검사태도를 측정하는 4가지 타당도 척도에 따라 채점된다.

ⓖ 원점수를 T점수로 환산하여 평가하며, 이때 T점수는 평균이 50, 표준편차가 10이 되도록 Z점수를 변환한 점수에 해당한다.

ⓗ 수검자의 성격적 특징을 보다 정확히 반영하기 위해 수검자가 검사문항에 솔직하게 반응하는지, 의도적으로 좋게 또는 나쁘게 보이려고 하는지 파악한다.

ⓘ 보다 올바르고 풍부한 해석을 위해서는 임상가의 수련과 경험이 필요하며, 성격 및 정신병리에 대한 체계적인 지식이 요구된다.

ⓙ MMPI의 문항 수가 너무 많고 방대하여 시간이 많이 소요된다는 문제가 제기되어 단축형 MMPI에 대한 연구가 지속적으로 전개되었다. 참고로 현재 임상장면에서는 383개의 문항으로 구성된 단축형이 널리 사용되고 있다.

③ MMPI의 발달

ⓐ 다면적 인성검사Ⅱ(MMPI-2)

- 1943년 MMPI가 처음 개발된 이후 1960년대부터 사회문화적인 변화에 따른 문항들의 새로운 규준에 대한 필요성이 제기되었다.
- 남자 1,138명, 여자 1,462명을 규준집단으로 하였다.
- MMPI-2는 원판 MMPI의 개정판으로, 기존 원판의 문제점을 개선하고 최신의 규준을 확보하여 새로운 문항과 척도들을 추가한 것이다.
- 1989년 MMPI-2가 처음 출판되었으며, 이후 축적된 연구결과들을 토대로 하여 2001년 MMPI-2 Manual Revised Edition이 출판되었다.
- 총 567개의 문항과 함께 재구성 임상척도, 내용척도, 보충척도, 성격병리 5요인척도(PSY-5 척도) 등이 포함되었으며, 원판 MMPI의 기본 타당성 척도 및 임상 척도의 틀은 그대로 유지되었다.
- 구시대적인 표현, 성차별적인 문구 등이 제외되는 대신 새로운 오락문화, 성적표현, 자살 및 약물 문제 등이 포함되었다.
- 검사대상자는 19세 이상의 성인남녀이고, 동형 T점수를 사용하여 지표 간 백분위 비교가 가능하게 하여 지속적으로 지적되던 규준의 문제를 해결하였다.
- 임상척도 간의 높은 상관성을 배제하고, 각각의 임상척도가 다른 척도와 구분되는 핵심적 특징을 측정한다는 가정 하에 재구성 임상척도를 개발하였다.
- 내용척도는 주로 명백 문항으로 구성되어 있어서 피검자의 수검태도를 고려하여 해석해야 한다.

ⓛ 다면적 인성검사II 재구성판(MMPI-2 Restructured Form, MMPI-2-RF)

- MMPI-2-RF(MMPI-2 Restructured Form)은 MMPI-2의 단축형으로 338개의 문항으로 구성되어 있다.
- 남자 1,138명, 여자 1,138명을 규준집단으로 하였다.
- 성별에 따라 서로 다른 T점수를 제공하던 기존의 방식에서 벗어나 전체 규준에 따른 T점수를 제공한다.
- MMPI-2 문항의 임상적 의미를 효과적으로 측정하기 위한 총 50개의 척도로 구성되어 있다. 여기에는 타당도 척도 8개, 상위 차원 척도 3개, 재구성 임상 척도 9개, 특정 문제 척도 23개, 흥미 척도 2개, 성격 병리 5요인 척도 5개가 포함된다.
- MMPI-2와 다르게 재구성 임상척도가 임상척도를 대체하고 있다.

ⓒ 청소년용 다면적 인성검사(Minnesota Multiphasic Personality Inventory, MMPI-adolescent, MMPI-A)

- MMPI는 본래 성인을 대상으로 한 것으로, 일부에서 청소년에게 부적절한 문항이 포함되거나 청소년기의 특징을 담아내지 못하는 한계를 지니고 있었다.
- MMPI-A는 청소년을 위해 개발된 것으로, 가족이나 학교, 또래집단에서의 문제 등과 관련된 내용을 포함하고 있다.
- MMPI의 타당도 척도와 임상 척도의 큰 틀을 유지한 채 청소년들에게 적절한 문항을 제시하고 그들의 특징을 담아내고 있다.
- 일부 청소년에게서 나타나는 정체감 혼란으로 인해 자신의 증상을 극단적으로 과장함으로써 비전형 척도(F척도)의 T점수가 성인에 비해 높게 나타나는 문제를 고려하였다.
- 남자 805명, 여자 815명을 규준집단으로 하였다.

- 총 478개의 문항과 함께 타당도 척도, 임상 척도, 내용 척도, 보충 척도로 구성되어 있으며, 이들 중에는 청소년을 위해 새롭게 개발된 척도들도 포함되어 있다. 다만, 재구성 임상 척도는 포함되어 있지 않다.

④ MMPI의 구성

㉠ 타당도 척도

척도 (무응답 척도, ?척도)		• 응답하지 않은 문항 또는 '예', '아니요' 모두에 응답한 문항들의 총합이다. • 문항의 누락은 보통 검사지시에 따라 좌우된다. 즉, 모든 문항에 응답하도록 요청하면 별로 빠뜨리는 문항 없이 응답하며, '예', '아니요'를 결정할 수 없는 경우에는 답하지 않아도 된다는 지시를 주면 무응답 문항이 많아지게 된다. • 제외되는 문항의 효과는 잠재적으로 전체 프로파일 및 해당 문항이 속한 척도의 높이를 저하시키는 결과를 초래한다. • 보통 30개 이상의 문항을 누락하거나 양쪽 모두에 응답하는 경우 프로파일은 무효로 간주될 수 있다. 다만, 30개 이상의 문항을 누락하더라도 기본적인 타당도 척도와 임상 척도가 위치한 검사의 전반부에 해당하지 않는다면 비교적 타당한 것으로 볼 수 있다.
비일관적 반응	무선반응 비일관성 (VRIN 척도)	• 수검자의 무선반응을 탐지하는 척도로서 문항의 내용을 제대로 읽지도 않고 응답했거나 무선적으로 반응했기 때문에 비일관성을 보이는 사람들을 확인할 수 있다. • 내용이 서로 비슷하거나 상반되는 문항으로 이루어져 있고, T점수가 80 이상이면 무효 프로파일일 가능성이 있으며, F척도와 함께 해석하면 유용한 결과를 얻을 수 있다.
	고정반응 비일관성 (TRIN 척도)	• 수검자가 척도 문항의 내용과 상관없이 무분별하게 문항 모두에 대해 '그렇다' 또는 '아니다'로 반응하는 경향을 탐지하는 척도로 내용이 서로 상반되는 문항 쌍만으로 이루어져 있다. • 20개의 문항 쌍으로 되어 있으며, T점수가 80 이상일 경우 검사자료가 타당하지 않다고 판단하여 해석하지 않는다.
비전형 반응	비전형 척도 (F척도)	• F척도는 비전형적인 방식으로 응답하는 사람들을 탐지하기 위한 것으로, 어떠한 생각이나 경험이 일반대중의 그것과 다른 정도를 측정한다. • 수검자의 부주의나 일탈된 행동, 질문 항목에 대한 이해부족, 채점상의 심각한 오류 등을 식별할 수 있다. • 문항은 정상 성인을 대상으로 하여 비정상적인 방향으로의 응답이 10%를 초과하지 않은 것들로 구성되어 있다. ⑩ "내 혼이 가끔 내 몸에서 떠난다." • 양쪽으로 치우친 문항들을 통해 수검자가 '예' 또는 '아니요'에 일률적으로 응답하는 일탈된 반응 태도를 확인하는 데 유효하다. • F척도 점수가 높을수록 수검자는 대부분의 정상적인 사람들이 하는 것처럼 반응하지 않는 것을, 그가 가지고 있는 문제 영역이 많고 문제의 정도가 심각한 것을 나타낸다. • 측정 결과가 100T 이상인 경우 망상, 환청, 뇌의 기질적 손상 등 심각한 정신과적 장애를 가진 것으로 의심할 수 있다. 반면, 수검자의 문항에 대한 이해의 어려움이나 자신의 상태에 대한 의도적인 왜곡을 짐작할 수도 있다. 비임상 장면에서는 T점수가 80 이상인 경우 검사자료가 타당하지 않다고 본다. • 무선반응, 고정반응, 정신병리, 부정가장에 민감한 척도이기 때문에 F척도가 상승할 경우 VRIN, TRIN 척도를 함께 살펴본다.

비전형 반응	비전형-후반부 척도 [F(B)척도]	• 검사 후반부의 비전형 반응을 탐색하는 척도로 검사과정에서 수검자의 태도변화를 알 수 있다. T점수는 수검자의 검사태도가 변화되었는지를 파악하는 목적으로만 사용되며, F(B)척도 점수가 높으면 검사 후반부에 위치한 내용척도들을 해석하는 데 주의해야 한다. • 임상 장면에서는 T점수가 110 이상일 때, 비임상 장면에서는 T점수가 90 이상일 경우 검사자료가 타당하지 않다고 본다.
	비전형-정신병리 척도 [F(P)척도]	• F척도에 비해 심각한 정신병리에 덜 민감하지만 F척도 상승이 실제 정신병적인 문제에서 기인한 것인지, 아니면 의도적으로 부정적인 모습을 보이려고 하는 것인지 판단하는 데 유용한 척도다. • T점수가 100 이상일 경우 검사자료가 타당하지 않다고 본다. T점수가 70~99인 경우, 도움을 청하려는 의도로 증상을 과장되게 보고했을 가능성을 고려하여 해석한다.
	증상 타당도 척도(FBS 척도)	• 개인 상해 소송이나 신체적 장애 신청 장면에서 F척도가 타당하지 못하기 때문에 이를 보완하는 목적으로 개발된 척도이다. • 개인 상해 소송 시 꾀병으로 판단된 사람과 꾀병이 아닌 사람의 반응을 비교하여 선정된 43개 문항으로 이루어져 있다. • T점수가 100 이상일 경우, 과대보고가 시사되기 때문에 검사자료가 타당하지 않다고 본다. T점수가 70~99일 경우, 신체적·인지적 증상들에 대한 신뢰할 수 없는 보고로 인해 과대보고의 가능성이 있다고 본다.
방어성	부인 척도 (L척도)	• L척도는 사회적으로 찬양할만하나 실제로는 극도로 양심적인 사람에게서 발견되는 태도나 행동을 측정한다. • 본래 수검자가 자신을 좋게 보이려고 하는 다소 고의적이고 부정직하며 세련되지 못한 시도를 측정하려는 척도이다. • 심리적 세련(Psychological Sophistication)의 정도를 나타내는 것으로, 점수가 높을수록 세련됨이 부족한 것을 의미한다. • L척도의 점수는 수검자의 지능, 교육수준, 사회경제적 위치 등과 연관이 있으며, 특히 지능 및 교육수준이 높을수록 L척도의 점수는 낮게 나온다. • 문항은 이성적으로는 가능하나 사실상 그대로 실행하기 어려운 것들이다. 예 "가끔 욕설을 퍼붓고 싶은 때가 있다." • MMPI의 모든 척도가 경험적 방법에 의해 도출된 문항으로 구성된 반면, L척도만은 논리적 근거에 의해 선발된 문항으로 구성되어 있다. • 측정 결과가 80T 이상으로 높은 경우 프로파일이 타당하지 않다고 본다.
	교정 척도 (K척도)	• K척도는 분명한 정신적인 장애를 지니면서도 정상적인 프로파일을 보이는 사람들을 식별하기 위한 것이다. • 심리적인 약점에 대한 방어적 태도를 탐지하기 위한 것으로, 수검자가 자신을 바람직한 방향으로 왜곡하여 좋은 인상을 주려고 하는지 혹은 검사에 대한 저항의 표시로 나쁜 인상을 주려고 하는지 파악하는 데 유효하다. • L척도의 측정 내용과 중복되기도 하지만 L척도보다는 은밀하게, 그리고 보다 세련된 사람들에게서 측정한다는 점이 다르다. • K척도는 5가지 임상척도의 진단상 변별력을 높이기 위한 교정 목적의 척도로도 사용된다. 특히 척도 7 Pt(강박증), 척도 8 Sc(정신분열증)에는 K척도의 원점수 전부를 더하고, 척도 1 Hs(건강염려증), 척도 4 Pd(반사회성), 척도 9 Ma(경조증)에는 K척도의 점수 일부를 더하여 교정하도록 하고 있다.

	교정 척도 (K척도)	• 임상 장면에서 T점수가 65 이상인 경우와 T점수가 40 미만인 경우 검사결과가 타당하지 않다고 본다. • 비임상 장면에서 T점수가 75 이상인 경우와 T점수가 40 미만인 경우 검사결과가 타당하지 않다고 본다.
방어성	과장된 자기제시 척도(S척도)	• 자신을 매우 정직하고, 책임감 있고, 심리적 문제가 없고, 도덕적 결함이 없고 남들과 잘 어울리는 원만한 사람인 것처럼 보이려는 경향성을 측정하는 척도이다. • K척도와 함께 방어성을 측정하는 척도로 두 척도 간 상관이 상당히 높은 특징을 보인다. • 임상장면에서 T점수 70 이상인 경우, 비임상 장면에서 T점수 75 이상인 경우에 프로파일이 타당하지 않을 수 있다.

> **더 알아두기**
>
> MMPI 타당도 척도에서 L척도는 수검자가 자신을 좋게 보이려는 다소 고의적이고 부정직한 정도를 측정하는 척도이며, F척도는 보통 사람의 생각이나 경험과는 다르게 비전형적으로 행동하는 것을 측정하는 척도이고, K척도는 정신적 장애를 가지고 있으면서도 정상적인 결과를 보이는 사람을 가려내기 위한 척도이다.

ⓛ 임상척도
- 척도 1 Hs(Hypochondriasis, 건강염려증)-33문항
  - 심기증(Hypochondria) 척도로써 수검자의 신체적 기능 및 건강에 대한 과도하고 병적인 관심을 반영한다.
  - 수검자가 호소하는 신체적인 증상의 수와 함께 이를 통한 다른 사람의 조종 가능성을 측정하는 문항으로 구성되어 있고, 수검자에게서 나타나는 불안이나 집착은 정신병적 상태에서보다는 신경증적 양상에서 비롯된다.
  - 대부분의 문항들이 다른 임상척도에서도 채점되며, 특히 척도 3 Hy(히스테리)와 중복되어 같은 방향으로 채점이 이루어진다.
  - 측정 결과가 65T 이상인 경우만 성적인 경향이 있는 모호한 여러 신체 증상들을 호소한다. 일반적으로 불행감을 느끼고 자기중심적이며, 애처롭게 호소하는 동시에 적대적이고 타인의 주의집중을 바란다. 또한, 자신의 병을 구실로 다른 사람을 조종하며 지배하려고 한다.
  - 측정 결과가 44T 이하인 경우 낙천적이고 통찰력이 있으며, 건강에 대한 염려가 없는 것을 나타낸다. 반면, 오히려 자신의 건강에 대한 걱정 및 신체적 결함에 대한 강한 부정을 의미하기도 한다.
  - 척도 1이 단독 상승한 경우 오랫동안 모호한 신체증상을 호소하며, 이를 통해 타인을 조종하거나 지배할 목적으로 이용하는 경우도 있다.
- 척도 2 D(Depression, 우울증)-60문항
  - 검사수행 당시 수검자의 우울한 기분, 즉 상대적인 기분상태를 알아보기 위한 척도이다.
  - 우울증상은 사기저하, 자신에 대한 과소평가, 열등감, 미래에 대한 희망상실, 현재 자신의 생활환경에 대한 일반적인 불만 등으로 나타난다.

- 문항은 선과 악 또는 옳은 것과 그른 것을 가려내는 특성과 연관된다.
- 주로 내인성 우울증보다는 외인성 우울증을 측정하므로, 척도 점수는 수검자의 현재 기분 상태에 의해 변할 수 있고, 수검자의 자기 자신 및 생활환경에서의 안정감 또는 만족감을 파악하는 지표로도 활용된다.
- 측정 결과가 70T 이상인 경우 우울하고 비관적이며, 근심이 많고 무기력하다. 또한 지나치게 억제적이며 쉽게 죄의식을 느낀다. 특히 점수증가는 심한 심리적 고통, 변화나 증상완화에 대한 소망을 반영하기도 한다.
- 측정 결과가 40T 이하인 경우 우울이나 비관적 성향이 없이 사교적이고 낙천적이며, 사고나 행동에서 자유로움을 의미한다. 반면, 오히려 주의력 부족 또는 자기 과시적 성향을 시사하기도 한다.

- 척도 3 Hy(Hysteria, 히스테리)-60문항
  - 현실적 어려움이나 갈등을 회피하는 방법으로 부인기제를 사용하는 성향 및 정도를 반영한다.
  - 전환성 히스테리 경향의 지표로, 스트레스로 인해 일시적으로 나타나는 신체마비, 소화불량, 심장이상 등의 신체적 기능장애나, 신경쇠약, 의식상실, 발작 등의 심리적 기능장애와 연관된다.
  - 히스테리 증상을 가지고 있는 환자가 과도한 정신적 스트레스를 받는 경우 심리적 갈등에서 도피하고자 하며, 자신의 욕구를 무의식적으로 신체적 증상으로 전환시켜 나타내기도 한다. 따라서 척도 3에 속하는 문항들은 척도 1 Hs(건강염려증)과 중복되어 같은 방향으로 채점이 이루어진다.
  - 척도 3의 점수는 수검자의 지능, 교육수준, 사회경제적 위치 등과 연관이 있으며, 특히 지능 및 교육수준이 높을수록 척도 3의 점수 또한 높게 나온다. 또한 성별에서도 차이가 나타나 보통 여자가 남자보다 높은 경향이 있다.
  - 정상적인 사람으로서 척도 3의 점수가 약간 높은 경우 감정이 풍부하고 예민하며, 정이 많고 우호적이다. 그러나 실망스러운 상황이나 스트레스에 처하게 되면 심신장애나 부인방어를 보인다.
  - 측정 결과가 70T 이상인 경우 유아적이고 의존적이며, 자기도취적이고 요구가 많다. 또한 스트레스 상황에서 특수한 신체적 장애를 나타내 보이며, 스트레스 처리에 있어서 부인이나 억압의 신경증적 방어기제를 사용하기도 한다.
  - 측정 결과가 40T 이하인 경우 논리적이고 냉소적이며, 정서적으로 둔감하고 흥미 범위가 좁다. 특히 이와 같은 낮은 점수는 타인에 대한 비우호적인 성향과 사회적인 고립 상태를 반영하기도 한다.
  - 척도 3이 단독으로 상승하는 사람들은 타인과의 관계나 조화를 강조하고 낙천적이며 관습적인 특성을 보이고, 어떠한 형태의 분노감정도 표출하지 않는다.

- 척도 4 Pd(Psychopathic Deviate, 반사회성)-50문항
  - 갈등의 정도에 대한 지표로, 특히 가정이나 권위적 대상 일반에 대한 불만, 자신 및 사회와의 괴리, 권태 등을 반영한다. 또한 반사회적 일탈행동에 대한 지표로, 반항, 충동성, 학업이나 진로문제, 범법행위, 알코올이나 약물남용 등을 반영한다.

- 반항, 충동성 등 일탈행동의 경향은 항상 나타나는 것이 아니며, 출현 시기 사이에 상당한 간격이 있는 경우가 많다.
- 일탈행동이 나타나기 이전 잠재시기에는 오히려 다른 사람의 호감을 사고 지적인 사고와 행동을 하는 경우가 많다.
- 정상적인 사람으로서 척도 4의 점수가 약간 높은 경우 자기주장이 강하고 솔직하며 진취적이고 정력적이지만, 실망스러운 상황이나 좌절에 처하게 되면 공격적이고 부적응적인 모습으로 변하게 된다.
- 비행 청소년의 경우 척도 4가 단독으로 상승할 수도 있으나 척도 6 Pa(편집증), 척도 8 Sc(정신분열증) 또는 척도 9 Ma(경조증)와 쌍을 이루는 경우도 많다.
- 측정 결과가 65T 이상인 경우 외향적·사교적이면서도 신뢰할 수 없고 자기중심적이며, 무책임하다. 스트레스를 경험하면 반사회적인 특성이 드러나며, 적대감이나 반항심을 표출한다.
- 측정 결과가 40T 이하인 경우 도덕적·관습적이며, 권태로운 생활에도 잘 견뎌낼 수 있다. 반면, 자신의 경쟁적·공격적·자기주장이 강한 성향에 대한 강한 억제를 반영하기도 한다.
- 척도 4가 단독 상승한 사람들은 권위적 대상에 대한 갈등, 충동적 행동, 반항성을 보이며 자기중심적이고 심리적 통찰력이 결여되어 욕구좌절에 대한 인내력이 낮고, 분노감정을 통제하기 어렵다.

- 척도 5 Mf(Masculinity-Femininity, 남성성-여성성)-60문항
  - 본래 동성애 경향을 측정하기 위한 것이었으나, 남성성-여성성의 측정 척도로 개정되었다.
  - 흥미 양상이 남성적 성향에 가까운지 여성적 성향에 가까운지를 나타내는 지표로서 남성용과 여성용 두 개의 척도가 있으며, 그 해석은 별개이다.
  - 최근 남성과 여성 간의 구별이 예전에 비해 모호해진 상황에서 남성성과 여성성의 정의적 구분이 척도의 제작 당시와 많이 다를 수 있다는 문제가 제기되고 있다. 또한 척도 5를 통해 남성 동성애자를 색출할 수 있다는 논리도 근거가 없는 것으로 밝혀져 있다.
  - 측정 결과가 70T 이상인 남성의 경우 예민하고 탐미적이며, 여성적이거나 수동적인 성향이 있다. 이들은 성적 정체감에 대한 갈등, 이성애적 욕구의 저하를 나타낸다.
  - 측정 결과가 40T 이하인 남성의 경우 능동적이고 공격적이며, 거칠고 모험을 즐긴다. 또한 무모하고 실질적이며 관심이 좁다. 반면, 남성성에 대한 강박적 성향이 있거나 공격적 충동을 해소하는 데 있어 어려움을 나타내기도 한다.
  - 측정 결과가 60T 이상인 여성의 경우 남성적이고 거칠며 공격적이고 자신감이 있다. 이들은 감정적이지 않으며 무딘 경향이 있다. 다만, 이 범위에 해당하는 여성은 많지 않으므로 채점 및 환산 과정에서의 오류를 점검할 필요가 있다.
  - 측정 결과가 34T 이하인 여성의 경우 수동적이고 복종적이며, 스스로 무력하다고 생각한다. 반면, 여성성에 집착하여 자신을 정형적인 여성의 역할에 동일시하는 것으로도 볼 수 있다.
  - 척도 5는 병리적인 특성을 재는 척도가 아니기 때문에 다른 척도들을 해석한 후 척도 5의 특성과 통합시키는 것이 바람직하다.

- 척도 6 Pa(Paranoia, 편집증)-40문항
  - 대인관계에서의 민감성, 의심증, 집착증, 피해의식, 자기 정당성 등을 반영한다.
  - 보통 이와 같은 심리적 성향은 말로 표현되기보다는 묵시적·암시적으로 표출되는 경향이 있다.
  - 문항에 대한 요인분석에서는 박해, 망상, 희망상실, 죄책감 등의 편집증적 요인과 함께 냉소적 태도, 히스테리, 경직성 등의 신경증적 요인이 나타나고 있다.
  - 정상적인 사람으로서 척도 6의 점수가 약간 높은 경우 호기심과 탐구심이 많으며, 진취적이고 흥미 범위도 넓다. 다만, 과도한 스트레스 상황에 처하는 경우 민감성과 의심증을 드러내며, 왜곡된 지각을 나타내 보이기도 한다.
  - 측정 결과가 70T 이상인 경우, 수검자는 편집증적 정신병의 가능성이 있다. 이들은 투사하고 남을 비난하며 원망한다. 또한 적대적이거나 따지기를 좋아한다. 경우에 따라 피해망상이나 과대망상을 보이며, 정신분열증(조현병) 또는 편집형장애로 진단되기도 한다.
  - 정상인으로서 측정 결과가 44T 이하인 경우, 사회적인 흥미를 가지고 생활상의 문제에 유연하게 대처하는 양상을 보이나, 정신병적 소견이 있는 환자의 경우 자기중심적인 성향으로 문제해결에 있어서 경직적이며 경계심이 많은 양상을 보인다. 반면, 반동형성을 통해 대인관계에서의 민감성을 의도적으로 부인하는 것으로도 볼 수 있다.
  - 척도 6은 명백 문항으로 구성되어 있기 때문에 단독 상승하는 경우가 드물다.
- 척도 7 Pt(Psychasthenia, 강박증)-48문항
  - 심리적 고통이나 불안, 공포, 강박관념의 정도를 반영하는 지표로 활용된다.
  - 척도 7은 특히 걱정을 많이 하는 성격(특성불안)에서의 만성적 불안을 측정한다.
  - 자신이 부적응적이라는 사실을 알고 있음에도 불구하고 특정행동이나 사고를 하지 않을 수 없는 상태이다.
  - 정상적인 사람으로서 척도 7의 점수가 약간 높은 경우 조직화와 시간 엄수, 질서정연하게 행동하는 능력을 나타내 보인다. 다만, 과도한 스트레스 상황에 처하는 경우 과도한 걱정에 사로잡히고 사소한 일에 집착하는 등 부적응적인 모습을 드러낸다.
  - 척도 7은 특히 척도 8 Sc[정신분열증(조현병)]과 척도 2 D(우울증)에서 상당부분 중복적인 양상을 보인다.
  - 정상인으로서 측정 결과가 높은 남성의 경우 책임감이 있고 양심적이며 이상주의적인 반면, 여성의 경우 불안과 걱정이 많고 긴장되어 있다. 그러나 강박적인 환자의 경우 긴장되고 불안하며 생각에 집착한다. 또한 창의력과 융통성이 결여되어 있으며, 공포와 죄의식을 느끼기도 한다.
  - 낮은 점수는 일상생활에서의 심리적 고통이나 불안 없이 비교적 안정감과 만족감을 느끼는 상태로 볼 수 있다. 다만, 과거 70T 이상의 높은 점수를 보인 사람에게서 낮은 점수가 나타난 경우, 자신의 불안상태에 대한 과잉보상의 결과로 볼 수 있다.
  - 척도 7만 단독 상승한 사람들은 불안하고 긴장되고 경직된 사람들이며 사고의 융통성이 부족하고 우유부단하며 자신과 타인에게 높은 행동 기준을 요구한다.

- 척도 8 Sc[Schizophrenia, 정신분열증(조현병)]-78문항
  - 정신적 혼란과 불안정 상태, 자폐적 사고와 왜곡된 행동을 반영하는 지표로 활용된다.
  - 감정 반응에서의 위축 및 양면성이 나타나며, 공격적이고 기태적인(정도를 벗어난) 행동을 보이기도 한다.
  - 척도 8의 문항들은 본래 정신분열증(조현병)으로 진단된 두 개 집단 환자들의 반응을 대조하여 경험적으로 제작한 것이다.
  - 정상적인 사람으로서 척도 8의 점수가 약간 높은 경우 창의성과 상상력이 풍부하며 전위적인 성격을 가진 것으로 볼 수 있으나, 과도한 스트레스 상황에 처하는 경우 비현실적이고 기태적인 행위를 보이기도 한다.
  - 임상 척도 중 다른 여러 가지 요인들에 의해 점수 차이가 발생하므로 단독으로 해석하기 어려우며, 교정 척도인 K척도의 문항 중 비정상적인 방향으로 응답한 문항 수 전부를 더하여 점수를 산출한다.
  - 측정 결과가 70T 이상인 경우, 전통적인 규범에서 벗어나는 정신분열성 생활방식을 반영한다. 이들은 위축되어 있고 수줍어하며 우울하다. 또한 열등감과 부족감을 느끼며, 주의집중 및 판단력장애, 사고장애를 나타내 보이기도 한다. 다만, 90T 이상의 높은 점수인 경우 극심한 스트레스 상황에 처해 있거나 자아정체성 위기를 맞고 있는 것으로 볼 수 있으며, 정신분열증(조현병)이라고 단정하기는 어렵다.
  - 측정 결과가 40T 이하인 경우, 현실적·관습적·실용적인 사고를 나타내며, 지나치게 순종적이고 권위에 수용적인 모습을 보인다. 이들은 창의력과 상상력이 부족하며, 세상을 다르게 지각하는 사람들을 이해하지 못한다.
  - 척도 8이 단독 상승하는 사람들은 현실적 압박으로부터 도망가려고 하거나 수용할 수 없는 충동을 공상세계에서 대리충족시키려는 특징이 있다.
- 척도 9 Ma(Hypomania, 경조증)-46문항
  - 심리적·정신적 에너지의 수준을 반영하며, 사고나 행동에 대한 효율적 통제의 지표로 활용된다.
  - 인지영역에서는 사고의 비약이나 과장을, 행동영역에서는 과잉 활동적 성향을, 정서영역에서는 과도한 흥분상태, 민감성, 불안정성을 반영한다.
  - 정상적인 사람으로서 척도 9의 점수가 약간 높은 경우 적극적·열성적인 성격을 가진 것으로 볼 수 있으나, 과도한 스트레스 상황에 처하는 경우 피상적이고 신뢰성이 결여되며 일을 끝맺지 못한다.
  - 보통 척도 9만을 단독으로 해석하는 경우는 드물며, 다른 임상 척도와의 상승 척도 쌍으로 해석하는 경우가 대부분이다.
  - 특히 남성의 경우 여성보다 높은 점수를 보이는데, 이는 과격 행동에 대한 성역할적 시인에서 비롯된다.
  - 측정결과가 70T 이상인 경우, 외향적·충동적·과대망상적 성향과 함께 사고의 비약을 반영한다. 비현실성으로 인해 근거 없는 낙관성을 보이기도 하며, 신경질적으로 자신의 갈등을 행동으로 표출하기도 한다.

- 측정 결과가 40T 이하인 경우, 소극적·통제적 성향, 조심스러움, 정서적 표현의 자제를 반영한다. 또한 만성적인 피로나 흥미의 상실, 우울장애를 반영하기도 한다. 일시적인 질병의 영향력으로 인해 점수가 낮게 나올 수도 있으나, 35T 이하의 극단적으로 낮은 점수는 우울증을 시사하기도 한다.
- 9번 척도만 단독 상승하는 사람들은 충동적이고 과격한 행동을 보인다.

• 척도 0 Si(Social Introversion, 내향성)-70문항
- 사회적 활동 및 사회에 대한 흥미 정도를 나타내는 지표로 활용된다.
- 혼자 있는 것을 좋아하는가(내향성), 타인과 함께 있는 것을 좋아하는가(외향성)와 같이 다른 사람과의 관계형성 양상을 반영한다.
- 척도 0은 원개발자에 의해 만들어진 것이 아니라 드라케(Drake)에 의해 제작되어 임상적 가치를 인정받음으로써 새롭게 추가된 것이다.
- 척도 0의 상승은 대인관계 회피증이나 개인적 고민에서 비롯되는 자기비하 또는 내향적 성격 때문일 수도 있다. 즉, 척도 0은 정신병리와 무관한 경우가 대부분이다.
- 측정 결과가 70T 이상인 경우, 내성적 성향으로 수줍어하고 위축되어 있으며, 사회적으로 보수적·순응적이다. 또한 지나치게 억제적이고 무기력하며, 융통성이 없고 죄의식에 잘 빠진다. 사회적 상황에서 불안정해지므로 사회적 접촉을 기피하며, 이것이 문제를 더욱 악화시키기도 한다.
- 측정 결과가 40T 이하인 경우, 외향적 성향으로 자신감이 넘치며 사회적 관계에서의 능숙함을 보인다. 그러나 오히려 대인관계가 가벼울 수 있으며, 자신의 이익을 위해 다른 사람을 조정할 가능성도 배제할 수 없다.
- 척도 0만 단독 상승하는 경우는 드물게 나타나는데, 이들은 대인관계를 불편하게 느끼고 사회적 기술이 부족하고 내향적이며 자신감이 부족한 특징을 보인다.

⑤ MMPI의 시행, 채점, 해석
ᄀ MMPI의 시행 상 유의사항
• 검사자는 수검자가 MMPI에 제대로 응답할 수 있는지 수검자의 독해력 수준을 파악해야 한다. 이 경우 독해력은 초등학교 6학년 이상의 수준이어야 한다.
• 검사자는 수검자의 연령 및 지능수준을 확인해야 한다. 본래 검사를 실시할 수 있는 연령 하한선이 16세이나, 일정 수준의 독해력이 인정되는 경우 12세까지 가능하다. 지능수준은 언어성 IQ(VIQ)가 80 이하인 경우 검사 실시가 부적합한 것으로 간주되고 있다.
• 검사자는 수검자의 임상적인 상태를 고려해야 한다.
• 검사 시간은 원칙적으로 제한이 없으나, 대부분의 사람들(90% 이상)에서 60분 내지 90분 정도 소요된다. 그러나 다른 심리검사에 비해 검사 문항이 월등히 많으므로 수검자가 피로나 권태를 느끼지 않는 시간대에 실시하는 것이 바람직하다.
• 검사자는 수검자에게 검사 용지를 주어 집에서 하게 할 수도 있으나, 가능한 한 검사자가 지정하는 곳에서 검사자의 감독 하에 실시하는 것이 바람직하다.
• 검사는 충분한 조명, 조용한 분위기, 여유로운 공간, 적절한 환기 등 환경적 조건이 갖추어진 곳에서 이루어져야 한다.

- 검사 실시 전 검사의 목적, 결과의 용도, 누가 이 결과를 보게 되는가, 그리고 결과의 비밀보장 등에 대해 솔직하고 성실하게 설명해 준다. 또한 수검자의 검사에 대한 제반 질문에 대해 친절하게 답변함으로써 수검자의 협조를 얻도록 노력한다.
- 검사 도중 검사자는 수검자에게 방해되지 않게 한두 번 정도 검사 진행을 확인할 필요가 있다.
- 검사 실시와 함께 보호자나 주변인물과의 면접을 실시함으로써 수검자에 대한 생활사적 정보와 수검자의 현 상태에 대한 객관적인 정보를 얻는 것이 필요하다.
- 마지막으로 실시한 검사를 채점한 후에 다시 수검자와 면접을 실시해야 한다.

ⓒ MMPI의 채점 및 프로파일 작성
- 채점자는 수검자의 답안지를 세밀하게 살펴보며, 응답하지 않은 문항 또는 '예', '아니요' 모두에 응답한 문항을 표시해 둔다. 해당 문항들은 무응답으로 처리하여 '?'를 채점란에 기입한다.
- 구멍 뚫린 채점판 또는 컴퓨터 채점 프로그램을 이용하여 채점한다. 특히 원점수가 극단적으로 높거나 낮게 나오는 경우 채점 과정상의 오류를 점검해 본다.
- 검사의 신뢰도와 타당도를 높이기 위해 K교정점수를 구하며, 이를 5가지의 특정 임상척도에 일정 비율 더해 준다.
- 13개 검사척도('?척도'를 제외한 3개의 타당도 척도와 10개의 임상 척도)의 원점수를 T점수로 환산하며, 해당 값에 따라 프로파일 용지 위에 프로파일을 그린다.
- 프로파일을 작성할 때 우선 T점수를 점으로 찍은 후 검사 척도들을 실선으로 연결한다. 다만, 타당도 척도와 임상 척도는 분리하며, 보통 '?척도'는 환산점수 대신 원점수를 그대로 기입한다.

ⓒ MMPI 해석 시 검토사항

기본적인 신상자료 검토	• 피검자의 성별, 연령 및 교육수준을 검토한다. • 성별, 연령 및 교육수준에 따라서 해석이 다를 수 있다.
검사 태도에 대한 검토	• MMPI 타당도 척도들로써 수검 태도를 살펴볼 수 있다. 또한, 검사장면에서의 긴장도와 불안 등 관찰된 검사 태도와 검사 소요시간 및 답안지를 살펴봄으로써 해석에 유의한 자료를 구할 수도 있다. • 답안지를 살펴서 필압, 네모 칸을 채우는 방법, 지우개의 사용빈도, 여백의 사용 등에 따라서 그 사람의 성격이나 현재의 심리적 상태에 대한 가설을 세울 수 있다.
타당도 척도와 임상 척도 검토	• 각 척도의 상승 정도를 파악하고, 그것이 피검자에 대하여 어떤 의미로 해석될 수 있는지 검토해 본다. • 각 척도의 점수가 피검자에게 있어서 정상범위에 속하는지, 비정상범위에 속하는지, 또한 성별, 연령, 교육수준, 환자의 증상이나 상황을 고려할 때 가장 가능성 있는 해석은 어떤 것인지에 대한 가설들을 만들어 본다.
척도별 연관성에 대한 검토	• 타당도 척도와 임상 척도, 어느 특정 척도의 점수를 근거로 하여 다른 척도들에 대한 예측을 시도해야 한다. • 타당도 및 임상 척도들로부터 얻어지는 자료 간 일관성 여부를 알 수 있다.
상승척도쌍 분석	• 두 개의 척도가 가장 높거나 가장 비정상적인 임상 척도들이라면 MMPI 해석 체계의 핵심인 상승척도쌍의 분석을 할 수 있다. • 이 같은 분석을 위해서는 적어도 T점수가 70 이상으로 상승하는 것을 원칙으로 하며, 때로는 하나만 T점수 70 이상으로 상승하는 단독 프로파일의 경우도 있다.

전체 프로파일에 대한 형태적 분석	전체적 형태분석에서 주로 고려하게 되는 프로파일의 특징은 척도들의 상승도, 기울기 및 굴곡이다.
낮은 임상 척도 검토	낮은 점수가 반드시 높은 점수가 의미하는 것과 반대되는 측면만을 나타내는 것은 아니며, 낮은 점수 나름대로 특별한 의미가 있는 경우가 종종 있으므로, 프로파일의 낮은 점수에도 충분한 주의를 기울여 이를 해석에 포함시키도록 한다.

ⓔ MMPI의 해석 과정

제1단계	• MMPI 시행 결과에 의한 수검자의 타당도 척도 및 임상 척도 점수를 검토한다. • 각 척도가 정상 또는 비정상 범위에 속하는지 파악하며, 그 척도의 범위가 나타내는 의미를 검토한다.
제2단계	• 각 척도 간 연관성이나 인과성 정도를 분석한다. • 각 척도의 점수 범위가 의미하는 바와 함께 그것이 나타낼 수 있는 다양한 가설들을 종합함으로써 특정 척도의 점수를 토대로 다른 척도에 대한 예측을 시도한다.
제3단계	• 척도 간의 응집이나 분산을 구분하여 그에 적합한 해석상의 가설을 형성한다. • T점수가 70 이상으로 상승하는 임상 척도로 가장 높은 2개의 척도를 하나의 상승척도쌍으로 묶어 분석을 수행하는 것이 가장 일반적이다.
제4단계	• T점수가 매우 낮은 임상 척도를 검토한다. • 표준적인 프로파일은 T점수가 50±5의 범위이며, T점수가 30~70인 경우 '정상'의 범위에 있는 것으로 간주한다. 그러나 만약 어떠한 프로파일이 정상 범위의 하한선에 위치한 경우, 그것이 오히려 수검자의 병적 상태를 나타내는 등 임상적으로 유의미한 것일 수 있다.
제5단계	• 타당도 척도 및 임상 척도들을 집단으로 묶어 형태분석을 수행한다. • 3개 척도의 상승 정도는 물론 다른 척도 집단과의 상대적인 차이를 고려하며, 그에 따른 임상적 양상에 대한 정보를 수검자의 개인적 신상자료와 연결하여 추론한다.
제6단계	• 타당도 척도 및 임상 척도들의 전체 프로파일에 대한 형태분석을 수행한다. • 프로파일의 상승도, 기울기, 굴곡 등과 수검자의 개인자료 등을 종합적으로 고려하여 총체적·통합적인 해석을 내린다.

ⓜ MMPI의 주요 코드 유형

• 1-2 또는 2-1 코드(Hs & D)
  – 신체 기능에 몰두함으로써 수반되는 다양한 신체적 증상에 대한 호소와 염려를 보인다.
  – 정서적으로 불안감과 긴장감을 느끼며, 감정 표현에 어려움이 있다.
  – 보통 내향적인 성격을 가지고 있으며, 다른 사람과의 관계에 있어서 수동적·의존적인 양상을 보인다.
  – 사소한 자극에도 쉽게 안정을 잃으며, 의심과 경계심을 품는다.
  – 억압과 신체화 방어를 통해 스스로 신체적 불편함을 견디려 하므로 정신적 치료를 통한 변화의 동기가 부족하다.
  – 신체형 장애(Somatoform Disorder), 불안장애(Anxiety Disorder)의 가능성이 있다.

• 1-3 또는 3-1 코드(Hs & Hy)
  – 심리적인 문제가 신체적인 증상으로 전환되어 나타난다.
  – 자신의 외현적 증상이 심리적인 요인에 의한 것임을 인정하지 않으려 한다.
  – 부인(Denial)의 방어기제를 사용하기 때문에 자신의 우울감이나 불안감을 잘 드러내지 않는다.

- 스트레스를 받는 경우 사지의 통증이나 두통, 흉통을 보이며, 식욕부진, 어지럼증, 불면 증을 호소하기도 한다.
- 자기중심적인 동시에 의존적인 성향을 나타내며, 대인관계에 있어서 피상적이다.
- 전환장애(Conversion Disorder)의 가능성이 있다.

• 1-9 또는 9-1 코드(Hs & Ma)
- 소화기 장애, 두통, 피로감 등과 같은 신체증상과 심한 마음의 고통을 호소한다.
- 외향적이고 수다스러워 보이지만 내면적으로는 수동-의존적이며 긴장되어 있다.
- 안절부절 못하며 정서적 불안과 고통을 경험한다.
- 자신의 심리적 특성을 인정하지 않고, 포부 수준이 높지만 확고한 목표를 설정하지 못하고 자신의 무능함에 좌절하게 된다.

• 2-6 또는 6-2 코드(D & Pa)
- 심각한 정서적 어려움을 겪고 있는 정신병 초기의 환자에게서 종종 나타난다.
- 평소 우울한 상태에 있으며, 그러한 우울한 감정에는 분노와 적개심이 내재해 있다.
- 보통의 우울증 환자와 달리 자신의 공격성을 공공연하게 드러낸다.
- 타인의 친절을 거부하고 곧잘 시비를 거는 등 대인관계에서 문제를 드러낸다.
- 보통의 상황에 대해 악의적인 해석을 내린다.

• 2-7 또는 7-2 코드(D & Pt)
- 불안하고 우울하며, 긴장하고 예민한 모습을 보인다.
- 스트레스를 받는 경우 식욕부진, 불면증 등의 신체적인 증상을 호소하며, 이는 환자의 만성적인 긴장상태를 반영한다.
- 완벽주의 성향으로 인해 사소한 문제에 집착하며, 자신의 결함에 대해 열등감과 죄책감을 느낀다.
- 대인관계에 있어서 수동적·의존적인 양상을 보이며, 특히 다른 사람들로부터 보호적인 행동을 유도한다.
- 도덕적·종교적인 성향을 보이나, 자기억제력이 풀리는 경우 일탈행동을 보이며 심지어 자살을 생각하기도 한다.
- 우울장애(Depressive Disorder), 불안장애(Anxiety Disorder), 양극성 장애(Bipolar Disorder)의 가능성이 있다.

• 2-8 또는 8-2 코드(D & Sc)
- 2-8 상승척도쌍을 가진 환자의 경우 심한 불안과 우울, 자제력 상실에 대한 공포를 가지고 있다. 또한 사고장애를 보이거나 강박적 명상에 빠지기도 한다. 대인관계를 회피하는 경향이 있으며, 자살을 생각하는 경우도 있다.
- 8-2 상승척도쌍을 가진 환자의 경우 심한 불안과 우울은 물론 정신분열증적 양상이 포착되기도 한다. 과거 대인관계에서 비롯된 상처로 인해 다른 사람과 항상 일정한 거리를 유지하려고 한다. 환청이나 환시, 망상에 사로잡히기도 하며, 기태적인 신체적 증상을 보이기도 한다.
- 2-8 또는 8-2 상승척도쌍을 가진 청소년 환자들은 불안과 우울 등의 부적절한 정서적 반응을 보인다. 성적 갈등이나 대인관계에서의 두려움으로 인해 학교생활에서 부적응적

인 양상을 보이며, 무단결석을 자주 한다. 특히 이와 같은 유형의 청소년들은 자살기도의 경험이 있는 경우가 많다.

- 우울장애(Depressive Disorder), 불안장애(Anxiety Disorder), 분열정동성 장애(Schizoaffective Disorder)의 가능성이 있다.

• 3-8 또는 8-3 코드(Hy & Sc)
- 심각한 불안과 긴장, 우울감과 무기력감을 호소한다.
- 주의력 장애 및 집중력 장애, 지남력 상실, 망상 및 환각 등의 사고장애를 보인다.
- 정서적으로 취약하고 다른 사람에 대해 애정과 관심의 욕구를 가진다.
- 자신의 욕구가 좌절되는 경우 자기 처벌적인 양상을 보이며, 상동증적 방식으로 문제에 접근한다.
- 과도한 정신적 고통이 두통이나 현기증, 흉통, 위장장애 등의 신체적 증상으로 나타나기도 한다.
- 정신분열증(Schizophrenia), 신체형 장애(Somatoform Disorder)의 가능성이 있다.

• 3-9 또는 9-3 코드(Hy & Ma)
- 두통, 심혈관 계통 증상이나 흉통 등과 같은 신체적 증상을 급성으로 호소한다.
- 외향적이며 사교적이고 타인과 어울리기를 좋아하지만 대인관계는 피상적이다.
- 임상적으로 신체형 장애로 진단받는 경우가 많고, 히스테리성 성격장애일 가능성도 높다.
- 치료적 예후는 좋지만 심리적인 요인을 인정하려고 하지 않으며 신체적인 증상만 호전되면 치료는 잊어버려 재발될 가능성이 있다.

• 4-6 또는 6-4 코드(Pd & Pa)
- 사회적 부적응이 현저하고 공격적 태도를 보이는 비행 청소년에게서 종종 나타난다.
- 미성숙하고 자기중심적인 성향을 보이며, 다른 사람들에게서 관심과 동정을 유도한다.
- 화를 내면서 내부의 억압된 분노를 표출하나, 그 분노의 원인을 항상 외부에 전가한다.
- 부인이나 합리화의 방어기제를 사용하여 자신의 심리적인 문제를 외면하며, 이를 지적하는 사람에게 분노와 비난을 퍼붓는다.
- 다른 사람을 의심하며, 정서적인 유대관계를 맺지 않으려고 한다.
- 비현실적인 사고를 하기도 하며, 자신에 대해 과대망상적인 평가를 내리기도 한다.
- 수동-공격성 성격장애(Passive-Aggressive Personality Disorder), 편집형 정신분열증(Paranoid Schizophrenia)의 가능성이 있다.

• 4-8 또는 8-4 코드(Pd & Sc)
- 특이한 행동이나 심리상태를 가지고 있는 비행 청소년에게서 종종 나타난다.
- 분열성(조현병) 또는 분열형(조현병)의 성격을 가지고 있으며, 타인과의 친밀한 관계 형성을 회피하여 사회적으로 고립되어 있다.
- 변덕스럽고 충동적이며, 사회적 관습에서 벗어나 기이한 옷차림과 행동을 보이기도 한다.
- 판단력, 통찰력, 의사소통 능력 등이 부족하여 학업적·직업적 성취도가 낮으며, 알코올이나 약물을 남용하기도 한다.
- 정신분열증(조현병)(Schizophrenia), 분열(조현)성 성격장애(Schizoid Personality Disorder), 분열(조현)형 성격장애(Schizotypal Personality Disorder)의 가능성이 있다.

- 4-9 또는 9-4 코드(Pd & Ma)
  - 재범 우려가 있는 범죄자나 신체노출, 강간 등의 성적 행동화를 보이는 사람, 결혼문제나 법적 문제 등에 연루된 사람에게서 종종 나타난다.
  - 충동적·반항적 성격과 함께 과격하고 공격적인 행동을 특징으로 한다.
  - 일시적으로 다른 사람에게 좋은 인상을 주기도 하지만, 자기중심적 성향과 다른 사람에 대한 불신으로 대인관계가 피상적이다.
  - 자신의 행동에 대해 무책임하여 신뢰감을 주지 못하며, 사회적 가치를 무시하여 반사회적 범죄행위를 저지르기도 한다.
  - 합리화의 방어기제를 사용하여 자신의 문제를 외면하며, 실패의 원인을 다른 사람에게 전가하기도 한다.
  - 반사회성 성격장애(Antisocial Personality Disorder)의 가능성이 있다.
- 6-8 또는 8-6 코드(Pa & Sc)
  - 편집증적 경향과 사고장애 등으로 편집증적 정신분열병이 의심되는 사람에게서 종종 나타난다.
  - 피해망상, 과대망상, 환청 등으로 작은 고통에도 괴로워한다.
  - 타인에 대해 적대감과 의심, 과민한 반응과 변덕스러운 태도를 보이는 등 타인과의 관계에서 불안정하다.
  - 현실을 인지하는 능력을 상실하여 자폐적이고 분열적인 환상에 빠지기도 하며, 성적인 문제에 대해 갈등을 나타낸다.
  - 편집형 정신분열증(Paranoid Schizophrenia), 분열(조현)성 성격장애(Schizoid Personality Disorder)의 가능성이 있다.
- 7-8 또는 8-7 코드(Pt & Sc)
  - 불안하고 우울하며, 긴장하고 예민한 모습을 보인다.
  - 주의집중에 어려움을 호소하며, 사고력이나 판단력에 있어서 장애를 보이기도 한다.
  - 망상, 감정적 둔마를 보이기도 한다.
  - 사회적 상황에서 현실 회피적인 양상을 보이며, 대인관계에 있어서도 수동적·의존적이거나 대인관계 자체를 기피하기도 한다.
  - 성과 관련된 공상을 즐기나 성숙한 이성관계의 형성에 어려움을 보인다.
  - 우울장애(Depressive Disorder), 불안장애(Anxiety Disorder), 분열(조현)성 성격장애(Schizoid Personality Disorder), 분열(조현)형 성격장애(Schizotypal Personality Disorder)의 가능성이 있다.
- 8-9 또는 9-8 코드(Sc & Ma)
  - 편집증적 망상과 환각, 공상으로 많은 시간을 보낸다.
  - 사고는 기태적이며, 정서는 부적절하다.
  - 한 가지 생각에 집중하지 못하며 예측불허의 행동을 보이기도 한다.
  - 다른 사람에 대한 의심과 불신으로 인해 친밀한 대인관계를 형성하기 어렵다.
  - 성적 적응에 어려움을 보이며, 성적인 문제에 대해 갈등을 나타낸다.
  - 정신분열증(조현병), 양극성 장애(Bipolar Disorder)의 가능성이 있다.

• Harris-Lingoes 소척도

D1 주관적 우울감	• 불행감, 울적함이나 우울감을 느낄 때가 많다. • 일상생활에서 일어나는 문제들을 처리할 힘이 모자란다. • 주변에서 어떤 일이 일어나는지 관심이 가지 않는다. • 신경이 예민하거나 긴장되어 있는 경우가 대부분이다. • 주의집중이 어렵다. • 식욕이 줄고 수면에 어려움이 있다. • 깊은 근심에 빠져 자주 울음이 나온다. • 자신감이 부족하다. • 열등하고 쓸모없다고 느낀다. • 비판에 쉽게 상처받는다. • 사회적인 상황에서 불편해하고 수줍어하며 당황한다. • 친한 친구 및 친척을 제외한 다른 사람들과의 교류를 피하는 경향이 있다.
D2 정신운동 지체	• 꼼짝할 수 없다고 느끼고 틀어박혀 있다. • 일상생활에서 일어나는 문제들을 처리할 힘이 모자란다. • 사람들을 피한다. • 적대적이거나 공격적인 충동이 없다.
D3 신체적 기능장애	• 자신의 신체 기능에 대한 생각에 몰두해 있다. • 건강이 좋지 않다. • 허약하고, 건초열(Hay Fever)이나 천식, 식욕부진, 메스꺼움이나 구토 및 경련과 같은 여러 종류의 다양한 신체증상을 경험한다.
D4 둔감성	• 일상생활에서 일어나는 문제들을 처리할 힘이 모자란다. • 긴장한다. • 정신을 집중하기 어렵다. • 기억 및 판단력이 떨어진다. • 자신감이 부족하다
D5 깊은 근심	• 깊은 근심에 빠져 곰곰이 생각하며 우는 경우가 많다. • 문제들을 처리할 힘이 모자란다. • 더 이상 살 가치가 없다고 생각한다. • 열등하고 불행하며 쓸모없다고 느낀다. • 비판받으면 쉽게 속상해한다. • 사고과정을 통제하지 못하는 느낌이다.
Pd1 가정불화	• 자신의 가정 및 가족 분위기가 유쾌하지 않다고 본다. • 자신의 가정을 떠나고 싶어 한다. • 자신의 가정은 사랑, 이해 및 지지가 부족하다고 본다. • 자신의 가족들이 비판적이고 걸핏하면 싸우며, 적당한 자유 및 독립성을 보장하지 않는다고 느낀다.
Pd2 권위불화	• 사회적으로 통용되고 부모님이 가지고 있는 규준 및 관습에 분개한다. • 학교에서 말썽을 부리거나 혹은 법적인 문제를 일으킨 적이 있다. • 옳고 그름에 대한 분명한 소신이 있다. • 자신이 믿는 것을 옹호한다. • 타인의 가치 및 규준에 크게 영향 받지 않는다.
Pd3 사회적 침착성	이 소척도에서 T점수 65점 이상을 얻는 것이 불가능하므로, 4번 척도(반사회성)가 상승한 이유를 이해하는 데 도움이 되지 않는다.

Pd4 사회적 소외	• 소외감, 고립감 및 소원함을 느낀다. • 사람들로부터 이해받지 못한다고 느낀다. • 외롭고, 불행하며 사랑받지 못한다고 느낀다. • 살면서 부당한 대우를 받는다고 느낀다. • 자신의 문제와 결점들을 다른 사람의 탓으로 돌린다. • 다른 사람들이 자신에 대해 어떻게 반응할지를 염려한다. • 자신의 행동에 대한 후회, 죄책감 및 양심의 가책을 경험한다.
Pd5 내적소외	• 불편하고 불행하다. • 정신을 집중하기 어렵다. • 일상에서 재미나 보람을 찾지 못한다. • 예전에 한 일에 대해 후회, 죄책감 및 양심의 가책을 경험하지만, 무엇을 잘못했는지는 잘 모른다. • 차분하게 마음잡기가 힘들다. • 과도하게 술을 마실 수 있다.
Pa1 피해의식	• 세상을 위협적인 곳으로 본다. • 살면서 부당한 대우를 받고 있다고 느낀다. • 이해받지 못한다고 느낀다. • 다른 사람들로부터 부당한 비난이나 책망을 받는다고 느낀다. • 타인을 의심하고 믿지 못한다. • 자신의 문제 및 결점에 대해 다른 사람을 비난한다. • 다른 사람들이 자신에게 영향력을 행사하거나 통제하려 한다고 느낀다. • 다른 사람들이 자신을 독살하려 하거나 그렇지 않으면 해를 입히려 한다고 믿는다.
Pa2 예민성	• 다른 사람들보다 신경이 과민하거나 흥분을 잘하며 더 민감하다. • 다른 사람들에 비해 더 강렬한 감정을 느낀다. • 외롭고 이해받지 못한다고 느낀다. • 기분전환을 위해 위험하거나 자극적인 행위를 찾는다.
Pa3 순진성	• 다른 사람에 대해 매우 낙관적인 태도를 취한다. • 사람들이 정직하고, 이기적이지 않고, 관대하며 이타적이라고 본다. • 잘 믿는다. • 도덕적 기준이 높다. • 적대감 및 부정적인 충동이 일어나지 않는다.
Sc1 사회적 소외	• 살면서 부당한 대우를 받고 있다고 믿는다. • 사람들로부터 이해받지 못한다고 믿는다. • 다른 사람들이 자신에 대해 원한을 품고 있다고 믿는다. • 다른 사람들이 자신에게 해를 입히려 한다고 믿는다. • 가족 간에 사랑과 지지가 부족하다고 느낀다. • 가족들이 자신을 애 취급한다고 느낀다. • 외로움과 공허감을 느낀다. • 누구와도 사랑을 해본 적이 없다. • 가족에 대해 적대감과 증오심을 품는다. • 가능하면 사회적 상황 및 인간관계를 피한다.
Sc2 정서적 소외	• 우울 및 절망감을 경험하며, 죽어버렸으면 하는 마음이 있을 수 있다. • 냉담하며 겁을 먹는다. • 가학적인 혹은 피학적인 욕구가 있다.

Hy1 사회적 불안의 부인	이 소척도에서 T점수 65점 이상을 얻는 것은 불가능하기 때문에, 3번 척도(Hy) 상승의 이유를 이해하는 데 도움이 되지 않는다.
Hy2 애정욕구	• 다른 사람들로부터 주목받고 사랑받고 싶은 욕구가 강하며, 자신의 감정이나 태도를 더 솔직하게 드러내면 이런 욕구가 충족되지 못하리라는 두려움이 있다. • 다른 사람들에 대해 낙관적이고 사람을 잘 믿는 태도를 보인다. • 다른 사람들을 정직하고, 민감하며 사리가 분명하다고 본다. • 타인에 대한 부정적인 감정이 없다. • 가능하면 언제나 불쾌한 대면은 피하려고 애쓴다.
Hy3 권태- 무기력	• 불편해 하고 건강이 좋지 않다고 느낀다. • 허약하고 쉽게 피로감을 느끼거나 지친다. • 특별한 신체증상을 호소하지 않는다. • 정신집중이 어렵고, 식욕부진과 수면장애가 있다. • 불행감 및 우울감을 느낀다. • 자신의 집안 환경이 유쾌하지 않으며, 재미도 없다고 본다.
Hy4 신체증상 호소	• 많은 신체증상을 호소한다. • 심장이나 가슴 통증을 경험한다. • 짧게 기절하거나 현기증이나 몸의 균형을 잡지 못할 때가 있다. • 메스꺼움 및 구토, 시야 흐림, 떨림이나 너무 뜨겁거나 차가워지는 느낌을 경험한다. • 타인에 대해 거의 혹은 전혀 적대감을 표현하지 않는다.
Hy5 공격성의 억제	• 적대적·공격적인 충동이 일어나지 않는다. • 범죄 및 폭력에 대한 기사가 흥미롭지 않다. • 다른 사람들이 자신에게 어떻게 반응하는지에 민감하다. • 단호하다.
Sc3 자아통합 결여, 인지적	• 미칠지도 모른다고 느낀다. • 생각이 이상하게 흘러가며 비현실감이 든다. • 정신집중 및 기억에 어려움이 있다.
Sc4 자아통합 결여, 동기적	• 인생살이가 힘들다고 느끼며, 우울 및 절망감을 경험한다. • 일상적인 일을 처리하는 데 어려움이 있으며, 과도하게 염려한다. • 스트레스에 부딪히면 공상 및 백일몽으로 빠져들게 된다. • 일상에서 재미와 보람을 찾지 못한다. • 모든 게 더 나아질 거라는 희망을 잃었다. • 죽어버렸으면 하는 마음이 있을 수 있다.
Sc5 자아통합 결여, 억제부전	• 자신의 감정과 충동을 통제하지 못한다고 느끼며, 자신의 통제력 상실에 놀란다. • 안절부절못하고 과잉행동을 보이며, 짜증을 부리는 경향이 있다. • 웃음과 울음을 참지 못하는 때가 있다. • 자신이 무엇을 하고 있는지 모르고, 나중에도 자신이 한 행동을 기억하지 못했던 경 험이 있다.

Sc6
기태적
감각 경험
	• 자신의 몸이 이상하고 유별나게 변하고 있다는 느낌이 든다.
	• 피부가 민감해지고, 뜨겁거나 차가운 느낌이 들고, 목소리가 변하고, 근경련이 일어나
	  고, 동작이 서툴고, 몸의 균형을 잡는 데 어려움이 있고, 귀가 윙윙거리거나 울리고,
	  마비를 경험하고 몸이 허약해지는 것을 경험한다.
	• 환각, 이상한 사고 내용을 경험하고, 외부의 어떤 힘이 작용한다고 생각한다.

Ma1 비도덕성	• 사람들을 이기적이고 정직하지 못하며 기회주의적이라고 보면서, 그런 사람들처럼 행동하는 것이 정당하다고 느낀다. • 다른 사람들을 조종하고 착취함으로써 대리만족을 얻는다.
Ma2 심신운동 항진	• 말의 속도, 사고과정 및 근육운동이 빨라진다. • 긴장감을 느끼고 안절부절 못한다. • 이유 없이 흥분하거나 기분이 고양된다. • 쉽게 지루함을 느끼고 이를 이겨내고자 모험이나 흥분, 위험을 쫓게 된다. • 해롭거나 충격적인 무엇인가를 하려는 충동이 인다.
Ma3 냉정함	• 냉정하다. • 사회적 장면에서 불안을 경험하지 않는다. • 주변에 사람들이 있으면 편안하다. • 사람들과 이야기하는 데 어려움이 없다. • 다른 사람의 견해, 가치 및 태도에 아랑곳하지 않는다. • 참을성이 없고 다른 사람들에게 짜증을 부린다.
Ma4 자아팽창	• 자신은 중요한 사람이라고 생각한다. • 다른 사람들이 요구를 할 경우, 특히 요구하는 사람이 자신보다 무능하다고 느끼는 경우 분개한다. • 부당하게 취급받는다고 느낀다.

(6) 마이어스-브릭스 성격유형검사(Myers-Briggs Type Indicator, MBTI)의 이해

① MBTI의 의의

ㄱ MBTI는 융(C. G. Jung)의 심리유형이론을 토대로 마이어스와 브릭스(Myers & Briggs)가 제작한 객관적 검사이다.

ㄴ 브릭스는 자서전에 관한 연구에서 융의 이론을 접하게 되었으며, 이 이론을 토대로 오랜 기간 동안 개인의 성격적 특징 및 개인차에 대한 관찰을 수행하였다.

ㄷ 브릭스는 융의 심리유형이론의 타당성을 경험적 방법으로 확증하였으며, 이를 그녀의 딸인 마이어스가 지속적으로 연구하여 마침내 MBTI를 완성하였다.

ㄹ MBTI는 Form A, B, C, D, E를 거쳐 1962년에 Form F, 1975년에 Form G가 개발되었으며, 현재 Form J, K, M, Q 등이 개발되어 있다.

② MBTI의 특징

ㄱ MMPI와 달리 MBTI는 인간의 건강한 심리에 기초를 두어 만들어진 심리검사 도구이다.

ㄴ 인간은 겉으로 보기에는 예측하기 힘들 정도로 변화무쌍해 보이지만, 사실 매우 질서정연하고 일관성 있게 다르다. 일관성과 상이성은 각 개인이 외부로부터 정보를 수집하고(인식과정), 자신이 수집한 정보에 근거해서 행동을 위한 결정을 내리는 데(판단과정) 있어서 각 개인이 선호하는 방법이 근본적으로 다르기 때문이다.

ㄷ MBTI는 수검자로 하여금 자신의 성격유형을 파악하도록 하여 자신을 보다 깊이 이해하며, 진로나 직업을 선택하는 데 도움을 준다. 또한 수검자의 타인에 대한 이해 및 대인관계 향상에 긍정적인 영향을 미치는 것을 목표로 한다.

② 개인이 비교적 쉽게 응답할 수 있는 자기보고식의 문항들을 통해 선호 경향들을 추출한 다음 그러한 경향들이 행동에 어떠한 영향을 미치는지 파악한다.

⑩ 개인의 성격을 4개의 양극차원에 따라 분류하고 각 차원별로 2개의 선호 중 하나를 선택하도록 함으로써 총 16가지의 성격유형으로 구분한다.

ⓗ 총 95개의 문항으로 구성되어 있으며, 검사에만 약 30분 정도의 시간이 소요된다.

> **⚡ 더 알아두기 🔍**
>
> MBTI는 고등학생부터 성인을 대상으로 하는 검사이며 초등학교 4학년 이상에서 중학교 3학년까지는 Murphy-Meisgeier Type Indicator for Children(MMTIC) 검사를 실시하게 된다. 이론과 문항 구성은 MBTI의 4가지 선호지표와 16가지 성격 유형을 그대로 가져왔다. 결과치에서 미결정 영역(Undetermined Band)을 두어 청년기~성인으로 성숙하는 과정에서의 변화 가능성을 염두에 두고 있다는 점에서는 다소 차이가 있다.

③ **MBTI의 선호지표에 따른 성격유형**

㉠ 에너지의 방향 : 외향형(Extroversion)/내향형(Introversion)

이 선호지표는 개인의 주의집중 및 에너지의 방향이 인간의 외부로 향하는지 혹은 내부로 향하는지를 나타낸다. 융은 이와 같은 외향형과 내향형이 상호보완적인 태도임을 강조하였다.

외향형 (E)	• 에너지가 외부세계의 일이나 사람에게 향하는 것을 선호한다. • 폭넓은 활동력과 적극성, 정열을 특징으로 한다. • 다른 사람이 자신을 어떻게 보는가에 관심을 가진다. • 경험을 우선으로 하며, 글보다는 말로 표현하려는 경향이 있다.
내향형 (I)	• 에너지를 내부세계의 아이디어에 집중하는 것을 선호한다. • 깊이와 집중력이 있으며, 신중하고 조용하다. • 자신이 지금 무엇을 느끼고 있는지에 관심을 가진다. • 이해를 우선으로 하며, 말보다는 글로 표현하려는 경향이 있다.

㉡ 인식기능 : 감각형(Sensing)/직관형(Intuition)

이 선호지표는 정보의 인식 및 수집 방식에 있어서 경향성을 반영한다.

감각형 (S)	• 오감을 통해 직접적으로 인식되는 정보에 주의를 기울이고 실제로 존재하는 것을 선호한다. • 실용적인 현실감각이 있으며, 실제 경험을 강조한다. • 과거 지향적이며, 세부적이고 진지한 관찰을 수행한다. • 정확한 일처리를 강조하며, 숲보다는 나무를 보려는 경향이 있다.
직관형 (N)	• 육감을 통해 얻은 정보에 관심을 기울이고 실제로 존재하는 것보다는 있음직한 것 혹은 있을 법한 것, 즉 숨어 있는 의미를 알아차리는 것과 관련된 것을 선호한다. • 은유, 이상, 환상, 공상, 이미지 등과 연관된다. • 미래지향적이며, 아이디어를 강조한다. • 신속한 일처리를 강조하며, 나무보다는 숲을 보려는 경향이 있다.

ⓒ 판단기능 : 사고형(Thinking)/감정형(Feeling)

이 선호지표는 인식된 정보를 토대로 판단 및 결정을 내리는 경향성을 반영한다.

사고형 (T)	• 판단을 할 때 사실과 논리에 근거를 두고 객관적인 가치에 따라 결정을 내리는 것을 선호한다. • 진실 및 사실이 주된 관심사이다. • 논리와 분석, 원리와 원칙을 추구한다. • 옳고 그름에 대한 판단을 내리며, 지적인 비평을 강조한다.
감정형 (F)	• 개인적인 가치와 인간중심적 가치에 근거하여 결정을 내리는 것을 선호한다. • 인간 및 인간관계가 주된 관심사이다. • 온화함과 인정, 우호적인 협력을 추구한다. • 좋고 나쁨에 대한 느낌을 반영하며, 의미와 영향을 강조한다.

ⓔ 생활양식 또는 이행양식 : 판단형(Judging)/인식형(Perceiving)

이 선호지표는 외부세계에 대한 태도, 생활방식 및 적응양식에 있어서 어떠한 과정을 선호하는지를 나타낸다.

판단형 (J)	• 무엇이든 나름대로 판단을 하여 서둘러 결정을 내리는 것을 선호한다. • 일에 대해 철저한 준비와 계획을 중시하며, 임무 완수를 강조한다. • 조직력과 계획성, 통제성을 추구한다. • 목적의식이 명확하며, 자기의사가 확고하다.
인식형 (P)	• 결정을 가능한 한 미루면서 새로운 가능성의 소지를 남겨두는 것을 선호한다. • 어떤 일에 대해 서둘러 결정을 내리기보다는 그 과정을 즐긴다. • 적응성, 개방성, 수용성을 추구한다. • 자율적·융통적·잠정적이며, 상황에 따른 포용성을 발휘한다.

④ **MBTI의 성격유형 및 특징**

㉠ MBTI의 16가지 성격유형

ISTJ(세상의 소금형)	ISFJ(임금님 뒷편의 권력형)	INFJ(예언자형)	INTJ(과학자형)
ISTP(백과사전형)	ISFP(성인군자형)	INFP(잔다르크형)	INTP(아이디어 뱅크형)
ESTP(수완 좋은 활동가형)	ESFP(사교적 유형)	ENFP(스파크형)	ENTP(발명가형)
ESTJ(사업가형)	ESFJ(친선도모형)	ENFJ(언변능숙형)	ENTJ(지도자형)

㉡ 주요 유형별 특징

구분	특징
ST 유형	• 과제를 조직, 지시하는 등 조직화된 일을 능숙하게 수행한다. • 객관적·논리적·능률적이며, 정확하고 공정하다. • 대인관계에서 미숙한 양상을 보이며, 과제수행에 있어서 일방적이다. • 장기적인 계획을 잘 세우지 못하며, 미래 변화를 예측하는 데 어려움이 있다.
SF 유형	• 사람에 대한 관심과 함께 인간적인 따뜻함이 있다. • 다른 사람의 말을 잘 경청하며, 상호교류 및 타협에 능숙하다. • 다른 사람의 비판에 민감하며, 감정적으로 반응하는 경향이 있다. • 대인관계를 의식하여 자신의 주장을 확고하게 제시하지 못하며, 객관적인 태도를 견지하기 어렵다.

NF 유형	• 변화의 필요성을 인식하며, 변화의 시도를 위한 새로운 접근 및 대안들에 관심을 가지고 있다. • 어떠한 사실을 세부적으로 해석하여 이를 보다 광범위한 사실로 수렴할 수 있는 능력이 있다. • 미래와 변화에 대한 관심으로 인해 정작 현실적인 문제를 간과하는 경우가 있다. • 참신한 아이디어나 영감을 실제 계획을 통해 완수하지 못하는 경우가 있다.
NT 유형	• 어려운 과제나 장기적인 계획을 체계적이고 끈기 있게 수행한다. • 정확하고 객관적인 판단을 내리며, 이전에 배운 내용을 새로운 상황에 적용하는 능력이 있다. • 다른 사람은 물론 자기 자신에 대해서도 비판적이고 무감동하며 냉정하다. • 자신의 방식을 고집함으로써 다른 사람과 협동적으로 일하는 데 어려움이 있다.

(7) The Sixteen Personality Questionnaire(16PF)

① 개요

다요인 인성검사는 Raymond B. Cattell의 성격특성이론을 근거로 제작하였고 거의 모든 성격 범주를 포괄하고 있어 일반인들의 성격 이해에 매우 적합한 검사이다. 또한 이 검사는 임상 장면에서 정신과 환자들의 문제를 진단하는 데도 매우 유용한 검사로, 우리가 가지고 있는 성격이란 한 개인이 특정한 상황에서 어떻게 행동할지를 예언하게 해주는 총체적 특징이라고 볼 수 있다. 한 개인이 처한 상황과 그 사람의 성격 구조를 알면 그 상황에서 취할 그 사람의 행동을 예측할 수 있다고 보는데 이에 대한 해석에 유용한 검사이다.

② 척도의 구성 및 내용(한국판 16PF)

요인명	내용	요인명	내용
A요인	온정성 척도(냉정성 / 온정성)	M요인	공상성 척도(실제성 / 공상성)
C요인	자아강도 척도(약한 자아강도 / 강한 자아강도)	N요인	실리성 척도(순진성 / 실리성)
E요인	지배성 척도(복종성 / 지배성)	O요인	자책성 척도(편안감 / 자책감)
F요인	정열성 척도(신중성 / 정열성)	Q1요인	진보성 척도(보수성 / 진보성)
G요인	도덕성 척도(약한 도덕성 / 강한 도덕성)	Q2요인	자기결정성 척도(집단의존성 / 자기결정성)
H요인	대담성 척도(소심성 / 대담성)	Q3요인	자기통제성 척도(약한 통제력 / 강한 통제력)
I요인	예민성 척도(둔감성 / 예민성)	Q4요인	불안성 척도(이완감 / 불안감)

특수척도
• 동기왜곡척도(MD요인) : 솔직한 대답 / 잘 보이기 위한 대답
• 무작위척도(RANDOM) : 진지한 대답 / 불성실한 대답

(8) The Revised NEO Personality Inventory(NEO-PI-R)

① 개요

ⓐ 성격심리학의 특성이론을 근거로 요인 분석적 방법을 통해 개발되었다. 코스타와 매크레이(Costa와 McCrae)는 5요인을 측정하기 위해 1985년 NEO-Personality Inventory(NEOPI)를 개발하였고, 1992년에는 하위 요인들을 보강하여 수정한 NEO-PI-R을 구성하였다.

ⓑ 신경증과 개방성은 개인의 정서적이고 인지적인 경험들과 관련 있고, 외향성과 우호성은 모두 대인관계적인 특성을 요약한 것이며, 성실성은 일과 관련한 개인의 계획성 및 조직성과 관련 있다.

② 척도의 구성 및 내용

요인명	의미	내용
N요인 (신경증)	• 일상생활에서 경험하는 부정적 정서와 그에 대한 적응의 정도를 의미함 • 높은 점수의 사람은 정서적으로 안정되어 있지 못하며 예민하고 스트레스에 취약함	• N1 : 불안 • N2 : 적대감 • N3 : 우울 • N4 : 자의식 • N5 : 충동성 • N6 : 심약성
E요인 (외향성)	• 높은 점수의 사람은 사람들과 만나기를 좋아하며 적극적이고 자기주장을 잘하며 열성적이고 낙천적인 것을 의미하고, 직업 세계에서 영업과 판매를 잘하는 사람들이 해당됨 • 낮은 점수의 사람은 조용하고 잘 드러나지 않으며, 혼자 지내는 것을 더 좋아하며 조용한 모습을 보이므로 비사교적이고 우유부단하며 일의 속도가 늦음	• E1 : 온정 • E2 : 사교성 • E3 : 주장 • E4 : 활동성 • E5 : 자극 추구 • E6 : 긍정적 감정
O요인 (개방성)	• 독자적인 판단, 변화에 대한 선호, 심미적인 감수성, 풍부한 상상력과 아이디어, 지적호기심 등의 정도를 의미 • 높은 점수의 사람은 세상에 대해 호기심이 많으며 새로운 아이디어와 가치를 추구하며, 자신의 감정에 민감하고, 창조적이고 탐구적인 일을 좋아함	• O1 : 상상 • O2 : 심미성 • O3 : 감정 개방 • O4 : 행동 개방 • O5 : 사고 개방 • O6 : 가치 개방
A요인 (우호성)	• 이타심과 관련이 있으며, 타인을 신뢰하고 관심을 가지는 정도와 솔직하고 순응적인 정도를 의미 • 외향성과 같이 개인의 대인관계 양식을 잘 설명해 줌	• A1 : 온정성 • A2 : 신뢰성 • A3 : 관용성 • A4 : 이타성 • A5 : 겸손 • A6 : 동정
C요인 (성실성)	• 자신에 대한 능력을 믿고 계획적이고 조직적으로 일을 수행하며, 자기 통제를 잘하여 책임감 있게 생활하는가의 정도를 의미 • 높은 점수의 사람은 목적 지향적이고, 조직력이 뛰어나며, 시간을 엄수하고 자신의 의무 이행에 철저함 • 낮은 점수의 사람은 게으르고 원칙 없이 행동하는 것이 아니라, 정해진 원칙을 정확히 적용하기를 힘들어하거나 주어진 목표 달성을 하려는 의지가 부족한 특성을 보임	• C1 : 능력감 • C2 : 정연성 • C3 : 충실성 • C4 : 성취동기 • C5 : 자기통제 • C6 : 신중성

(9) 성격평가질문지(Personality Assessment Inventory, PAI)

① 개요

1991년 미국의 심리학자 모레이(Morey)가 성격과 정신병리를 평가하기 위한 객관적 검사로 임상 장면에서 환자나 내담자에 대한 중요한 정보를 제공하기 위해 개발한 자기보고형 검사를 말한다.

② 특징

㉠ 총 344문항으로 구성되어 있고, 22개의 척도들을 4개의 타당성 척도, 11개의 임상척도, 5개의 치료척도, 2개의 대인관계 척도 등 서로 다른 영역을 평가하는 척도들로 분류하고 있다.

㉡ 환자 집단의 성격 및 정신 병리적 특징과 동시에 정상 성인의 성격평가에도 매우 유용하다.

ⓒ 우울, 불안, 정신분열병 등과 같은 축Ⅰ장애뿐만 아니라 반사회적, 경계선적성격장애와 같은 축Ⅱ장애를 포함하고 있어서 DSM-IV의 진단분류에 정보를 제공한다.

ⓔ 대부분의 질문지형 성격검사가 '그렇다-아니다'의 양분법적 반응양식으로 되어 있지만, PAI는 4점 평정 척도로 이루어져 있어 행동의 손상 정도 또는 주관적 불편감 수준을 정확히 측정하고 평가한다.

ⓕ 분할점수를 사용한 각종 장애의 진단과 꾀병이나 과장 및 무선적 반응과 같은 부정적 왜곡, 물질남용으로 인한 문제의 부인과 같은 긍정적·방어적 반응왜곡의 탐지에도 유용하다.

ⓗ 각 척도는 3~4개의 하위척도로 구분되어 있어 장애의 상대적 속성을 정확히 측정하고 평가할 수 있다.

ⓧ 문항을 중복시키지 않아 변별타당도가 높고 여러 가지 지표가 있어 유용하다.

ⓞ 환자가 질문지에 반응하는데 그치지 않고 임상장면에서 반드시 확인해야 할 위기문항을 제시하고 있어 그 내용을 직접 환자에게 물어봄으로써 추가 정보를 수집할 수 있고, 임상척도의 의미를 보다 정확하게 평가할 수 있다.

ⓩ 잠재적 위기상황의 지표에 관한 중요한 내용으로 구성되어 있는 27개의 결정문항이 있어 위기상황에 즉각적으로 개입할 수 있다.

③ 척도

타당도척도	내용
ICN(비일관성)	경험적으로 도출한 척도로서 내용이 유사한 문항에 대한 수검자의 반응일치성을 평가하기 위한 척도
INF(저빈도)	무선반응, 무관심, 부주의, 정신적 혼란 또는 독해력 결함 등으로 인해 문항에 대해 제대로 반응하지 못한 수검자를 찾아내는 데 유용한 척도
NIM(부정적 인상)	바람직하지 못한 인상을 과장하기 위해 반응을 왜곡하거나 또는 매우 기이하고 희한한 증상과 관련된 문항들을 포함하고 있는 척도
PIM(긍정적 인상)	수검자가 매우 바람직한 방향으로 반응했거나 어떠한 사소한 결점도 부정하려는 내용으로 구성되어 있는 척도

임상척도	내용
SOM(신체적 호소)	신체적 기능 및 건강과 관련된 문제에 대한 관심을 반영하는 문항들을 포함
ANX(불안)	불안을 경험할 때 공통적으로 나타나는 임상적 특징들을 측정
ARD(불안관련 장애)	불안장애와 관련된 3가지 상이한 증후군의 임상적 특징을 측정
DEP(우울)	우울증후군에 공통적인 임상적 특징을 측정하는 척도
MAN(조종)	조증과 경조증의 임상적 특징을 측정하는 척도
PAR(망상)	편집증적인 사람들이 가지고 있는 증상적 및 성격적 요소와 관련된 특징적 현상을 측정하는 척도
SCZ(정신분열병)	정신분열병의 다양한 측면을 측정하기 위한 척도
BOR(경계선적 특징)	심한 성격장애와 관련된 여러 특징을 평가하기 위한 척도
ANT(반사회적 특징)	반사회적 성격의 구성개념과 관련된 특징 및 행동을 평가하기 위한 척도
ALC(알코올문제)	알코올을 사용, 남용, 의존과 관련된 행동과 그 결과를 평가하기 위한 척도
DRG(약물문제)	약물사용, 남용, 의존과 관련된 행동과 그 결과를 평가하기 위한 척도

치료척도	내용
AGG(공격성)	공격성, 분노, 적개심과 관련된 태도와 행동적 특징을 평가하기 위한 척도
SUI(자살관련)	죽음이나 자살과 관련된 사고 및 구체적인 계획 등에 관한 생각을 평가하기 위한 척도
STR(스트레스)	개인이 현재 경험하고 있거나 최근에 경험한 생활 상황적 스트레스인을 평가하기 위한 척도
NON(비지지)	사회적 관계의 가용성과 질을 포함한 지각된 사회적 지지의 부족을 평가하기 위한 척도
RXR(치료거부)	심리적, 정서적 변화에 대한 개인적 관심과 관련된 속성과 태도를 평가하기 위한 척도

대인관계척도	내용
DOM(지배성)	개인이 대인관계에서 통제적, 순종적 또는 자율적인 정도를 평가하기 위한 척도
WRM(온정성)	대인관계에서 관여하고 공감하는 정도와 거절과 불신하는 정도를 평가하기 위한 척도

(10) 기질 및 성격검사(Temperament Character Inventory, TCI)

① 개요

유전적으로 타고난 기질을 이해하고 기질을 바탕으로 환경과의 상호작용 속에서 발달한 성격을 파악하여 개인의 고유한 인성을 종합적으로 평가하는 심리검사를 말한다. 클로닝거(Cloninger)가 심리생물학적 인성모델에 기초하여 개발한 것으로 기존의 다른 인성검사들과 달리, 한 개인의 기질과 성격을 구분하여 측정할 수 있다는 장점이 있다. 이를 통해 한 개인의 사고방식, 감정양식, 행동패턴, 대인관계 양상, 선호경향 등을 폭 넓고 정교하게 이해할 수 있다.

② 기질 차원

ⓐ 자극추구 : 새롭거나 신기한 자극, 잠재적인 보상단서 등에 강하게 반응하는 유전적 경향성으로 흥분과 보상을 추구하는 탐색 활동을 하며, 단조로움과 처벌은 적극적으로 회피한다. 두뇌의 행동 활성화 시스템과 도파민 기제와 관련되어 있다.

ⓑ 위험 회피 : 위험하거나 혐오스러운 자극에 강하게 반응하는 유전적 경향성으로 처벌이나 위험을 회피하기 위해 행동을 억제하며, 이전에 하던 행동도 중단한다. 두뇌의 행동억제 시스템과 세로토닌 기제와 관련되어 있다.

ⓒ 사회적 민감성 : 사회적인 보상 신호에 대해 강하게 반응하는 유전적 경향성으로 사회적인 보상 신호에 의해 이전의 보상 또는 처벌 감소와 연합되었던 행동이 유지된다. 두뇌의 행동 유지 시스템과 노어에피네프린 기제와 관련되어 있다.

ⓓ 인내력 : 보상이 없을 때 혹은 간헐적으로만 강화되는 경우에도 한 번 보상된 행동을 꾸준히 지속하는 경향성을 말한다. 두뇌의 행동 유지 시스템과 관련되어 있다.

③ 성격 차원

ⓐ 자율성 : 자신이 선택한 목표와 가치를 이룰 수 있도록 상황을 만들어 가는 능력으로 자기 행동에 대한 통제력, 조절력, 적응력과 관련되어 있다.

ⓑ 연대감 : 자기 자신을 사회의 통합적인 한 부분으로 지각할 수 있는 정도로 타인을 수용하고 공감하는데 있어서의 개인차를 보여준다.

ⓒ 자기 초월 : 자기 자신을 우주의 통합적인 한 부분으로 지각할 수 있는 정도로 개인의 영성과도 관련되어 있다.

4 투사적 검사

(1) 투사적 검사의 의의 및 특징

① 투사적 검사는 투사기법을 이용한 검사로, 객관적 검사와 달리 덜 구조화되어 있다. 이와 같은 특징을 강조하여 '비구조적 검사(Unstructured Test)'라고도 부른다.

② 성격에 대한 총체적인 접근을 통해 수검자 개인의 전체적인 성격을 그려내는 데 초점을 둔다.

③ 수검자의 반응에 제한을 가하지 않으며, 검사 지시문 또한 매우 단순하다.

④ 모호한 검사자극에 대한 수검자의 지각 및 해석 방식에서 수검자의 심리적인 특징이 표출된다.

⑤ 검사도구는 수검자에게 내재된 욕구, 갈등, 불안의 양상을 비롯하여 수검자의 사고방식이나 문제해결 방식을 표출하도록 하는 일종의 스크린이 된다.

⑥ 대부분의 투사적 검사들은 정신분석이론에서 상당부분 영향을 받았으나, 최근에는 현상학이론, 자극-반응이론, 지각이론 등의 개념을 도입하고 있다.

⑦ 정신분석이론의 '투사(Projection)'는 사회적으로 인정받을 수 없는 자신의 행동이나 생각을 무의식적으로 억압하여 그 책임을 외부로 전가하는 것을 말한다. 반면, 투사적 검사의 투사는 개인의 주관적인 상태가 지각에 영향을 미치는 '통각(Apperception)'의 의미를 가진다. 즉, 투사는 '지각에 대한 의미 있는 해석'으로, 개인의 주관적 지각에서 비롯되는 '통각적 왜곡(Apperceptive Distortion)'인 것이다.

(2) 투사적 검사의 유용성

① **개인별 독특성**

투사적 검사는 개인에 대해 질적으로 상이한 정보를 제공한다. 특히 수검자의 사례사, 발달과정, 가족배경, 성장환경 등을 통한 독특하고 다양한 반응을 유도하고, 의식화 되지 않던 사고를 자극함으로써 수검자 개인에 대한 종합적인 정보를 입수할 수 있도록 한다.

② **통찰적 인상의 발견**

투사적 검사는 수검자의 반응에 대한 해석과정에서 평정자 간에 차이가 발생할 가능성이 매우 높다. 그러나 검사에 대한 전문적인 훈련과 경험의 습득을 통해 수검자에 대한 통찰적인 인상의 발견이 가능하다.

③ **풍부한 자료의 제공**

투사적 검사는 개인의 성격을 이해하는 데 매우 풍부한 자료를 제공한다. 정형화된 자기보고식 검사와 달리 투사적 검사는 다양한 해석의 차원을 통해 수검자의 과거 경험 및 현재 상태에 대한 포괄적인 이해를 가능하도록 한다.

(3) 투사기법의 분류

① **연상기법**

수검자에게 잉크반점이나 단어 등의 모호한 자극을 제시하여 해당 자극에서 연상되는 최초의 지각이나 이미지를 표현하도록 한다. 예 로샤검사, 단어연상검사 등

② **구성기법**

수검자에게 그림이나 조각, 문장등을 제시하여 순서나 이야기를 구성하도록 한다. 예 주제통각검사 등

③ **완성기법**

수검자에게 미완성된 그림이나 조각, 문장 등을 제시하여 하나의 완성된 작품으로 만들도록 한다. 예 문장완성검사 등

④ **표현기법**

수검자에게 몇 가지 자극을 결합하여 새로운 것을 만들어내도록 함으로써 수검자의 표현능력을 평가한다. 예 인물화검사, 집-나무-사람 그림검사 등

(4) 로샤검사(Rorschach Test)

① **로샤검사의 의의**

ㄱ 로샤검사는 1921년 스위스 정신과의사인 로샤(Hermann Rorschach)가 『심리진단(Psychodiagnostik)』에 발표한 논문을 통해 세상에 소개되었다.

ㄴ 로샤는 잉크반점(Ink-Blot)으로 된 카드들에 대해 정신과 환자들이 일반인과 다르게 반응한다는 사실에 주목하며, 405명의 수검자들을 대상으로 한 테스트에서 잉크반점기법이 정신분열증을 진단하는 데 유효한 도구가 된다는 사실을 입증하였다.

ㄷ 로샤는 자신의 연구가 단순히 정신과적 진단에 유효한 것이 아닌 개인의 성격 및 습관, 반응양상 등에 대한 유용한 정보를 제공하는 도구로 사용될 수 있음을 인식하고, 연구를 체계적으로 확장하고자 하였다.

ㄹ 로샤는 처음에 자신이 고안한 검사가 무의식을 탐구하는 도구로 오인되어서는 안 된다고 주장하였으나, 차츰 검사 결과가 수검자의 무의식에 대한 깊은 통찰을 제공할 수 있다고 입장을 바꿈으로써 수많은 논쟁을 불러왔다.

ㅁ 로샤검사는 다양한 학자들에 의해 연구되었으며, 최근에는 엑스너(Exner)의 실증적 접근방법과 러너(Lerner)의 개념적 접근방법이 주류를 이루고 있다.

② **로샤검사의 특징**

ㄱ 로샤검사는 대표적인 투사적·비구조적 검사로, 지각과 성격의 관계를 상정한다.

ㄴ 추상적·비구성적인 잉크반점을 자극 재료로 하여 수검자의 학습된 특정 반응이 아닌, 여러 가지 다양한 반응을 유도한다.

ㄷ 개인이 잉크반점을 조직하고 구조화하는 방식이 근본적으로 그 사람의 심리적 기능을 반영한다고 본다.

ㄹ 수검자는 그가 지각한 것 속에 자신의 욕구, 경험, 습관적 반응양식을 투사한다.

ㅁ 로샤 카드에서는 형태와 색채는 물론 음영에 대한 지각적 속성까지 고려한다.

ㅂ 해석자의 판단에 있어서 옳고 그름을 판단하는 정답은 없다.

ㅅ 우울증상이 있는 사람은 보통 음영차원과 무채색 반응의 빈도가 높게 나타난다.

ㅇ 로샤검사는 주관적 검사로 신뢰도 및 타당도가 검증되지 못했으므로 객관적·심리측정적 측면에서는 부적합하다.

③ 로샤검사의 잉크반점카드(Ink-Blot Card)

㉠ 카드 Ⅰ

- 이 카드는 무채색으로, 박쥐 또는 나비를 평범(P)반응으로 한다.
- 상당히 큰 검정과 회색의 잉크반점, 그리고 뚜렷이 구별되는 4군데의 백색 공간이 있다.
- 처음으로 제시되는 카드이므로, 수검자의 새로운 상황에 대한 대처방식을 살펴볼 수 있다. 즉, 수검자가 편안한 가운데 효율적으로 카드에 접근하는 경우, 수검자는 새로운 스트레스에 대한 적응력이 상대적으로 높은 것이다.
- 다른 카드에 비해 어렵지 않으므로 평범(P)반응이 쉽게 유도되나, 검정과 회색의 무채색으로 인해 우울감이나 불행감의 반응을 보일 수 있다.

㉡ 카드 Ⅱ

- 이 카드는 무채색에 부분 적색으로, 동물을 평범(P)반응으로 한다.
- 두 개의 큰 회색빛이 도는 검은 영역으로 구성되어 있으며, 이것은 위와 아래에 세 개의 붉은 점에 연결되어 있다.
- 수검자는 적색을 피로 보기도 하며, 이를 통해 분노나 적개심, 심리적 고통의 반응을 보일 수 있다.
- 검은 영역의 상단을 남성의 성기로, 붉은 영역의 하단을 여성의 성기로 보는 경우도 있으며, 이는 수검자의 성(性)에 대한 관심 정도를 보여준다.

㉢ 카드 Ⅲ

- 이 카드는 무채색에 부분 적색으로, 인간의 형상을 평범(P)반응으로 한다.
- 진한 검정 및 회색의 영역과 밝은 회색의 부분이 서로 결합되어 있으며, 두 영역 사이에는 분명하게 형성된 붉은 부분이 있고, 그 위에는 두 개의 다른 붉은 부분이 있다.
- 두 번째 카드와 달리 반점의 형태가 명확히 분리되어 있으며, 이는 마치 두 사람이 서로 마주하고 있는 것처럼 보일 수 있다.
- 수검자가 이 카드에서 어려워하는 경우, 대인관계나 사회적 상호작용에 대해 부정적인 태도를 가지고 있는 것으로 볼 수 있다.

㉣ 카드 Ⅳ

- 이 카드는 무채색으로, 인간 또는 거인을 평범(P)반응으로 한다.
- 온통 검정과 회색으로 상당히 그늘져 있으며, 반점은 육중하고 형태가 분명하다.
- 이른바 '아버지 카드(Father Card)'로 불리며, 크고 강하며, 권위적이고 위협적인 것을 연상시킨다.
- 수검자가 이 카드에서 어려워하는 경우, 권위나 권위적인 인물에 대한 열등감을 가지고 있는 것으로 볼 수 있다.

㉤ 카드 Ⅴ

- 이 카드는 무채색으로, 박쥐 또는 나비를 평범(P)반응으로 한다.
- 온통 검정색으로 외곽선이 분명하며, 수검자에게는 비교적 쉬운 과제에 해당한다.
- 수검자는 앞선 카드들에서 느꼈던 고통을 이 카드에 와서 다시 회복할 기회를 얻게 된다.
- 쉬운 과제에도 불구하고 수검자가 이 카드에서 어려워하는 경우, 앞선 카드 Ⅳ에서 경험한 불안의 감정이 지속된 것으로 볼 수 있다.

ⓗ 카드 Ⅵ
- 이 카드는 무채색으로, 양탄자 또는 동물 가죽을 평범(P)반응으로 한다.
- 그림자 부분이 명확히 제시되어 다른 어떤 카드에서보다 그림자가 두드러지게 나타난다.
- 많은 사람들에 의해 성기의 상징으로 해석되므로 이른바 '성 카드(Sex Card)'라고 불리며, 이를 통해 수검자의 성에 대한 태도를 살펴볼 수 있다.
- 인간관계에서의 친밀성을 연상시키기도 하므로, 이를 통해 수검자의 대인관계에 대한 태도를 살펴볼 수 있다.

ⓧ 카드 Ⅶ
- 이 카드는 무채색으로, 인간의 얼굴 또는 동물의 머리를 평범(P)반응으로 한다.
- 전체의 반점은 가벼운 회색이며, 하단 가운데 부분에 아주 약간 더 진한 부분이 보인다.
- 하단 가운데 부분이 여성의 성기를 연상시키므로 이른바 '어머니 카드(Mother Card)'라고 불리며, 여성적인 것과 연관된 특성들을 대거 포함한다.
- 수검자가 이 카드에서 어려워하는 경우, 여성에 대한 부정적인 감정이나 여성과의 해결되지 못한 불안 등을 경험하고 있는 것으로 볼 수 있다.

ⓞ 카드 Ⅷ
- 이 카드는 전체가 유채색으로, 움직이는 동물을 평범(P)반응으로 한다.
- 상단은 푸른색을 띤 회색 또는 초록을 띤 회색으로, 중앙은 푸른색으로, 하단은 핑크와 오렌지색으로 되어 있다.
- 대부분의 수검자는 앞선 카드들에 비해 보다 쉽게 평범(P)반응을 나타내 보이며 안도감을 드러내기도 한다.
- 화려한 색상이 조각으로 나뉘어 흩어져 있으므로 이를 위협적인 것으로 느낄 수도 있으며, 수검자가 그와 같은 반응을 보이는 경우 복잡한 상황에서의 감정적 자극을 회피하고자 하는 것으로 볼 수 있다.

ⓩ 카드 Ⅸ
- 이 카드는 전체가 유채색으로, 인간 또는 인간과 흡사한 형상을 평범(P)반응으로 한다.
- 오렌지, 핑크, 초록색의 색 면들이 크고 윤곽이 모호한 상태로 서로 교차되어 있다.
- 색 면의 구조, 색상의 혼합, 그림자 영역으로 인해 모호하고 산만하게 보이므로, 어떤 수검자들은 전체를 사용하여 하나의 반응을 나타내는 데 어려움을 느낀다.
- 가장 빈번하게 거부되는 카드로써, 수검자가 이 카드에서 어려워하는 경우, 이와 같은 복잡한 상황을 좋아하지 않는 것으로 볼 수 있다.

ⓩ 카드 Ⅹ
- 이 카드는 전체가 유채색으로, 게 또는 거미를 평범(P)반응으로 한다.
- 다양한 색이 여러 군데 산재해 있으며, 예술가의 팔레트 혹은 해저의 풍경이라고 말하지 않는 한 전체를 하나의 윤곽으로 파악하기 어렵다.
- 카드 Ⅸ 다음으로 어려운 카드로, 수검자들은 이 카드에서 전체가 아닌 부분을 선택하여 반응하는 경우가 많다.
- 수검자가 이 카드에서 어려워하는 경우, 많은 것을 동시에 처리하는 것에 압도되어 부담감을 느끼거나 검사 자체를 빨리 끝내고 싶어 하는 것으로 볼 수 있다.

더 알아두기

로샤의 잉크반점기법을 위한 10장의 카드

순서	색상	평범반응
카드 Ⅰ	무채색	박쥐 또는 나비
카드 Ⅱ	무채색에 부분 적색	동물
카드 Ⅲ	무채색에 부분 적색	인간의 형상
카드 Ⅳ	무채색	인간 또는 거인
카드 Ⅴ	무채색	박쥐 또는 나비
카드 Ⅵ	무채색	양탄자 또는 동물가죽
카드 Ⅶ	무채색	인간의 얼굴 또는 동물의 머리
카드 Ⅷ	유채색	움직이는 동물
카드 Ⅸ	유채색	인간 또는 인간과 흡사한 형상
카드 Ⅹ	유채색	게 또는 거미

평범반응 : 규준집단의 1/3 이상에서 자주 응답되는 반응들로 13개의 반응이 있다. 이를 평범반응(Popular Response)이라고 하고, 3개의 반응 프로토콜 중 적어도 한 번은 나타나는 반응을 기준으로 기호화한다.

④ **로샤검사의 시행 및 채점**

㉠ 로샤검사의 실시 과정

단계	내용
소개단계	• 검사자는 로샤검사에 대해 수검자에게 자세히 설명한다. • 수검자가 검사를 받는 목적을 어느 정도 이해하고 있는지 확인하기 위해 짧은 면접을 할 필요가 있고 검사에 대한 부정적 이해나 오해가 확인되는 경우 검사의 전 절차를 개략적으로 설명해 주어야 한다. • "지금부터 그림이 있는 10장의 카드를 보여드리겠습니다.", "잘 보시고 그림이 무엇처럼 보이는지 말씀해주세요.", "그림은 사람마다 다르게 보일 수 있습니다."
반응단계	• 이 단계에서는 그림에 대한 수검자의 지각 및 자유연상이 이루어진다. • 지시를 간단히 하고 상상력 검사라는 인상을 주지 않아야 하고 검사자는 수검자가 하는 말을 가능하면 있는 그대로 기록한다. • 수검자가 하나의 카드에서 한 가지 반응을 보이고 멈추는 경우 다시 격려하여 연상하도록 한다. • 수검자의 반응이 너무 적은 경우 질문단계로 넘어가지 않은 채 반응단계를 반복한다. • Ⅹ번까지 끝낸 후 총 반응수가 14개 이하이면 반응을 더 해달라고 부탁("보통 하나의 그림에서 2개 이상을 이야기하곤 합니다.", "더 보시면 그것 외에 또 다른 것을 보실 수도 있어요.")하고 검사를 다시 할 수 있다.

질문단계	• 검사자는 수검자가 어떤 결정인에 의해 해당 반응을 형성한 것인지 확인할 수 있는 질문을 한다. • 개방적인 질문을 통해 어떤 영역을 무엇 때문에 그렇게 보았는지 질문하며 반응을 유도할 수 있는 질문은 피한다. • 검사자는 수검자의 이야기를 반응기록지(Location Sheet)에 기재한다. • 과도한 질문은 수검자의 저항과 거부감을 유발할 수 있으므로 삼간다. • "어디서 그렇게 보았나요?"(반응영역), "무엇 때문에 그렇게 보았나요?"(결정인), "무엇을 보았나요?"(반응내용)
한계검증 단계	• 공식적인 검사가 끝난 후 수검자에게 자연스럽게 질문을 건네는 단계이다. • 수검자가 평범반응을 놓친 경우 검사자가 해당 카드에 대해 손으로 가리는 등의 일정한 한계를 준 후 재질문하면서 평범반응을 볼 수 있는지 확인한다. • 이 단계에서 검사자는 수검자의 투사와 관련하여 유용한 해석 정보를 얻을 수 있으나, 수검자의 새로운 반응 내용을 채점에 포함시키지는 않는다. • 검사 과정상의 반응에 대해 추가적인 설명을 할 수 있도록 한다. • 수검자가 선호하는 카드 또는 거부하는 카드를 고르도록 하여 그 이유를 설명하도록 할 수 있다.

ⓒ 로샤검사의 채점

• 반응영역

– "수검자의 주된 반응이 어느 영역에 대해 일어나고 있는가?"

– 검사자는 수검자의 반응영역 자체를 평가하는 동시에 그와 관련된 인지적 활동을 평가한다.

기호	정의	기준내용
W	전체반응	• 반점 전체를 보고 반응하는 경우 • 아주 작은 부분이 제외되어도 W로 기호화할 수 없음
D	흔히 사용하는 부분에 대해 반응 또는 보통 부분반응	자주 사용되는 반점 영역을 보는 경우
Dd	드문 부분반응 또는 이상 부분반응	• 남들이 잘 보지 않는 부분이지만 검사자의 판단상 그럴 듯하게 보일 경우 • W반응, D반응이 아니면 자동적으로 Dd로 기호화함
S	흰 공간 부분이 사용되었을 경우의 공백반응 또는 간격반응	• 카드의 여백을 본 경우 흰 공간은 다른 영역과 함께 사용하는 경우도 있고, 흰 공간만을 사용할 수도 있음 • 어떤 경우든 S는 단독으로 기호화할 수는 없음. 따라서 WS, DS 또는 DdS처럼 항상 다른 기호와 같이 사용함

- 발달질
  - "반응의 질은 어떠한가?", "반응영역에서 발달수준은 어떠한가?"
  - 검사자는 수검자가 지각한 대상에 구체적인 형태가 있는지와 함께 그 대상들 간에 상호 작용이 있는지를 평가한다.

기호	정의	기준내용
+	통합반응	반점의 단일하거나 구분된 부분이 관련이 있는 하나의 반응에 조직되어 묘사된 것으로, 구체적인 형태특성으로 나타나는 경우
v/+	모호-통합반응	반점의 단일하거나 구분된 부분이 관련이 있는 하나의 반응에 조직되어 묘사된 것으로, 구체적인 형태특성으로 나타나지 않는 경우
o	보통반응	잉크반점이 구체적인 형체특성으로 묘사되어 대상의 윤곽과 함께 구조적인 양상을 보이는 경우
v	모호반응	잉크반점이 구체적인 형체특성 없이 묘사되어 대상의 윤곽이나 구조적인 양상을 보이지 않는 경우

- 결정인
  - "반응하기 위해 잉크반점의 어떤 부분이 사용되었는가?", "반응을 결정하는 데 영향을 미친 반점의 특징은 어떠한가?"
  - 검사자는 수검자가 왜 그렇게 보았는지를 형태, 운동, 유채색, 무채색, 음영(그림자), 형태차원, 쌍반응 및 반사반응 등 7가지 범주의 차원에서 평가한다.

기호	정의	해석
F	형태(Form)	통제, 지연
M, FM, m	운동(Movement)	개념화, 욕구, 스트레스
C, CF, FC, Cn	유채색(Chromatic Color)	정서 표현의 조정
C', C'F, FC'	무채색(Achromatic Color)	정서 억제
T, TF, FT	음영-재질(Shading-Texture)	애정 욕구
V, VF, FV	음영-차원(Shading-Dimension)	부정적 자기 평가
Y, YF, FY	음영-확산(Shading-Diffuse)	불안감, 무력감
FD	형태차원(Form Dimension)	내성
(2) / rF, Fr	쌍반응(Pairs) / 반사반응(Reflections)	자기초점, 자아중심성

- 형태질
  - "반응이 잉크반점의 특징에 얼마나 부합하는가?"
  - 검사자는 수검자가 사용한 반점영역의 형태가 지각한 대상의 형태와 어느 정도 일치하는지를 평가한다.

기호	정의	기준내용
+	우수-정교한	형태를 매우 구체적으로 자세하게 묘사한 경우
o	보통의	대상을 묘사함에 있어서 쉽게 이해할 수 있는 방식으로 언급하는 경우
u	드문	반점의 특징과 반응의 내용이 크게 부조화하지는 않지만 흔하지 않은 경우
–	왜곡된	반점의 특징에 대해 왜곡하고, 임의적·비현실적으로 반응을 형성하는 경우

- 쌍반응 및 반사반응
  - "사물에 대해 대칭적으로 지각하고 있는가?"
  - 검사자는 수검자가 반점에 대해 대칭을 근거로 하여 반응하고 있는지를 평가한다.
  - 쌍반응 기호인 '(2)'는 다른 결정인과 형태질 기호의 오른쪽에 표시한다.
  - 반사반응은 대상의 대칭성이라는 측면에서 쌍반응과 동일하나 해당 대칭이 반사된 것 또는 거울상이라는 점에서 다르다.
- 반응내용
  - "반응은 어떤 내용의 범주에 포함되는가?"
  - 검사자는 수검자의 반응이 동시에 하나 이상의 대상을 포함하는 경우 반응에 포함된 내용들을 모두 기호로 표시한다.

기호	반응내용	기호	반응내용
H	사람의 전체 모습	Bt	식물 또는 식물의 부분, 새둥지
(H)	가공인물, 신화 속 인물, 유령, 요정	Cg	의복, 신발, 벨트, 안경
Hd	인체의 일부	Cl	구름
(Hd)	가공인물 등의 불완전한 형태	Ex	불꽃놀이, 폭발, 폭풍
Hx	정서, 감각 경험	Fi	불, 연기
A	동물의 전체 모습	Fd	사람의 음식, 동물의 먹이
(A)	가공적·신화적 동물	Ge	지도
Ad	동물의 불완전한 형태	Hh	가정용품, 주방기구, 램프, 양탄자
(Ad)	가공적·신화적 동물의 불완전한 형태	Ls	풍경, 산, 섬, 동굴, 바다 경치
An	골격, 근육, 해부학적 구조	Na	Bt와 Ls에서 제외된 자연환경(태양, 달, 하늘)
Art	예술작품, 보석, 장식물	Sc	과학 및 과학적 산물(자동차, 빌딩, 무기)
Ay	문화적·역사적 의미의 물건, 토템	Sx	성기관 및 성행동
Bl	사람이나 동물의 피	Xy	엑스레이 반응에 의한 뼈나 내부기관

• 특수점수

반응 내용에서 나타나는 특이한 면에 대해서 기호화하는 것으로 종합체계 이전에는 내용 분석의 대상이었던 여러 가지 반응 특징에 대한 수량화가 어느 정도 가능해졌다. 종합체계에서는 14가지의 특수 점수를 제시하고 있고 그 분류는 다음과 같다.

특이한 언어반응 **(Unusual** **Verbalization)**	일탈된 언어표현	• DV(일탈된 언어표현) : 수검자가 신어 조작을 보이거나 과잉 표현을 보일 때 채점 • DR(일탈된 반응) : 수검자가 부적절한 구를 사용하였거나 표현이 우회적일 때 채점
	부적절한 반응합성	• INCOM(조화되지 않는 합성) : 반점의 부분이나 이미지들이 부적절하게 하나의 대상으로 합쳐져서 압축하여 표현할 때 채점 • FABCOM(우화적인 합성) : 분명하게 분리되어 있는 두 가지 이상의 반점 영역들에 대해서, 대상들이 있을 수 없는 방식으로 관계를 맺고 있는 것으로 지각하는 경우 채점 • CONTAM(오염 반응) : 부적절한 반응합성 중에서 가장 부적절한 반응을 하였을 때 채점
	부적절한 논리	ALOG(부적절한 논리) : 검사자가 유도하지 않았는 데도 수검자가 자신의 반응을 정당화하기 위하여 설명할 때, 논리가 부적절하고 비합리적일 때 채점
반응반복 **(Perseveration); PSV**		• 같은 카드에 대해서 위치, 발달질, 결정인, 형태질, 내용 및 Z점수까지 모두 같은 반응이 연속적으로 나타날 경우 • 카드 간 내용이 반복될 경우 • 기계적으로 계속 대상을 보고하는 경우
통합 실패(Integration **Failure); CONFAB**		수검자가 반점의 어느 한 부분에 주의를 기울여 반응한 뒤, 이를 보다 큰 반점 영역이나 전체 반점에 대해 일반화시키는 경우
특수내용 **(Special Content)**		• 추상적 내용(AB) : 수검자가 상징적인 표현을 사용하거나 인간의 정서, 감각적인 경험을 보고하는 경우 • 공격적 운동(AG) : 운동반응에서 싸움, 파괴, 논쟁, 공격 등의 분명하게 공격적인 내용이 포함될 경우 • 협조적 운동(COP) : 운동반응에서 둘 또는 그 이상의 대상들이 협조적인 상호작용을 하고 있는 경우 • 병적인 내용(MOR) : 죽은, 파괴된, 손상된, 폐허가 된, 상처 입은, 깨어진 등의 대상으로 지각한 경우 • 개인적 반응(PER) : 수검자가 자신의 반응을 정당화하고 명료화하기 위하여 자신의 개인적인 지식이나 경험을 언급하면서 반응할 경우 • 특수한 색채 투사(CP) : 무채색 영역에서 유채색을 지각하는 경우

⑤ **구조적 요약**

각 반응을 정확하게 부호화하고 채점하는 목적은 궁극적으로 구조적 요약을 완성하기 위함이다. 이러한 구조적 요약 자료들은 임상가가 피험자의 심리적 특성과 기능에 관한 가설을 세우고 이러한 가설을 바탕으로 피검자의 성격적 특징과 임상진단에 관한 기술을 하도록 돕는다. 구조적 요약은 먼저 각 반응을 순서에 따라 부호화 채점을 한 후에 각 반응의 빈도를 기록하고 비율, 백분율 총 점수 등을 계산하는 순으로 한다.

구조적 요약 : 상단부		
위치	조직활동	3개 항목이 채점되어야 한다. – Z반응의 수, 즉 Zf(Z빈도) 기록 – 가중치를 부여한 Z점수의 총합(Zsum) 계산 – 가중치 Zest(최대Z값) 구하기
	영역기호	기본적인 영역기호 각각의 빈도 계산
	발달질	반응영역에 관계없이 발달질 기호 각각의 빈도 계산
결정요인		결정인 혼합된 경우를 제외하고는 각각 따로 기록, 혼합반응은 혼합반응란에 기록
형태질		• FQx : 기록에 포함된 모든 반응의 형태질을 평가 • MQual : 모든 인간운동반응의 형태질의 빈도 • W+D : W나 D영역을 사용한 모든 반응들의 FQ빈도
내용		내용 안에 27개의 항목이 있는데 일차반응과 이차반응으로 나누어 기록
접근방식 요약		구조적 요약의 오른편 상단에 보면 피검자가 사용한 반응의 원리를 순서대로 기록
특수점수		• 15개 특수점수 각각의 빈도 기록 • 6개 특수점수의 원점수의 합 구하기 • 6개 특수점수의 원점수에 가중치를 곱하고 더해서 WSUM6에 기록

구조적 요약 : 하단부

상단부에서 구해진 빈도들을 기초로 하여 비율이나 백분율, 가중점수 등이 구해진다. 이 점수들을 7개의 군집으로 나눈다. 6개 특수 지표(정신분열증 지표, 우울증 지표, 자살 지표, 대응 손상 지표, 강박성 지표, 과민성 지표)가 있고, 이 지표들이 기준표에 따라 가장 나중에 계산된다.

핵심영역	Lambda, λ람다(람다 λ)	전체 반응에서 순수 형태반응이 차지하는 비율로 심리적 자원의 경제적 사용과 관련
	Erlebnistypus, EB (체험형 EB)	인간운동 반응 M과 가중치를 부여한 색체 반응 총 점수 SumC와의 관계
	Experience Actual, EA (경험실제 EA)	개인의 가용자원과 관련 있는 변인으로, Sum M과 WSumC를 더하면 됨
	EB Pervasive, EBPer (EB 지배성)	의사결정에서 EB 양식 중 우세한 양식이 있는지 나타내주는 비율
	Experience Base, eb (경험기초 eb)	모든 비인간 운동결정인(FM, m)과 음영 및 무색채 결정인의 관계
	Experience Stimulation, es(경험자극 es)	eb 자료를 근거로 계산하고, 현재 수검자가 경험하는 자극과 관련 있음
	D Score, D(D점수)	EA와 es 간의 관계에 대한 중요한 정보를 제공해 주고, 스트레스에 대한 내성과 통제요소와 관련 있음
	Adjusted es, Adj es(조정 es)	D점수는 스트레스 인내도와 유용한 자원에 관한 정보를 제공해 줄 뿐만 아니라 이러한 요소들이 상황적 요소에 의해 영향 받았는지를 알려주는데 이를 알아보기 위해서 es로부터 상황적 요인과 관련이 있는 모든 요소들을 제외시키면 됨
	Adjusted D Score, Adj D (조정 D 점수)	EA–Adj es를 통하여 얻어진 원점수를 D 점수 환산표에 적용시켜 구함

관념영역	Active : Passive Ratio, a:p(능동 : 수동 비율)	관념과 태동의 융통성과 관련 있는 것으로 왼쪽에는 능동 운동반응의 총 반응 수를, 오른쪽에서는 수동 운동반응의 총 반응 수를 적음
	M Active : Passive Ratio, Ma : Mp(인간 운동 능동 : 수동 비율)	사고특징과 연관되는데 인간 운동반응의 능동운동과 수동운동의 비율을 나타냄
	Intellectualization Index, 2AB+(Art+Ay) (주지화 지표)	특수 점수인 AB(Abstract)와 Art 및 Ay 반응내용 포함
정서영역	Form-Color Ratio, FC : CF+C(형태 – 색채비)	정서의 조절과 연관되고, FC 결정인을 사용한 총 반응 수와 Cf+C+Cn 반응 수의 비율을 나타냄
	Constriction Ratio, SumC' : WSumC	정서를 지나치게 내면화하는 것과 관련 있음
	Affective Ratio, Afr (정서비)	이는 Ⅰ–Ⅶ번 카드까지 반응 총합과 Ⅷ–Ⅹ번까지 반응 수와 나머지 Ⅷ–Ⅹ번 카드까지의 반응 수 비율로 수검자의 정서적 자극에 대한 관심을 나타냄
	Complexity Ratio, Blends : R(복합성 지표)	혼합 반응의 수와 총 반응 수의 비율
중재영역	Form Appropriate Extended, XA+% (적절한 확대 형태)	형태 특성을 적절히 사용한 반응의 비율을 나타냄
	Form Appropriate- Common Areas, WDA% (적절한 일반 영역 형태)	W와 D영역을 사용한 반응들 중에서 형태 특성을 적절히 사용한 반응의 비율을 나타냄
	Distorted Form, X-% (왜곡 형태)	반점의 특징과 맞지 않게 형태를 사용한 비율을 나타냄
	Conventional Form Use, X+%(관습적 형태)	일상적인 대상을 지각한 반응 중 형태 특징을 적절하게 사용한 비율을 나타냄
	Unusual Form Use, Xu%(드문 형태 반응)	윤곽을 적절히 사용했지만 비관습적으로 사용한 반응의 비율을 나타냄
처리영역	Economy Index, W : D : Dd(경제성 지표)	W 반응 수, D 반응 수, Dd 반응 수의 비율
	Aspirational Ratio, W : M(기대 지표)	W 반응 수와 M 반응 수의 비율
	Processing Efficiency, Zd(과정 효율성)	Zd는 ZSum에서 Zest를 뺀 값
중재영역	Form Appropriate Extended, XA+% (적절한 확대 형태)	형태 특성을 적절히 사용한 반응의 비율을 나타냄

중재영역	Form Appropriate-Common Areas, WDA% (적절한 일반 영역 형태)	W와 D영역을 사용한 반응들 중에서 형태 특성을 적절히 사용한 반응의 비율을 나타냄
	Distorted Form, X-% (왜곡 형태)	반점의 특징과 맞지 않게 형태를 사용한 비율을 나타냄
	Conventional Form Use, X+%(관습적 형태)	일상적인 대상을 지각한 반응 중 형태 특징을 적절하게 사용한 비율을 나타냄
	Unusual Form Use, Xu%(드문 형태 반응)	윤곽을 적절히 사용했지만 비관습적으로 사용한 반응의 비율을 나타냄
처리영역	Economy Index, W : D : Dd(경제성 지표)	W 반응 수, D 반응 수, Dd 반응 수의 비율
	Aspirational Ratio, W : M(기대 지표)	W 반응 수와 M 반응 수의 비율
	Processing Efficiency, Zd(과정 효율성)	Zd는 ZSum에서 Zest를 뺀 값
대인관계 영역	Interpersonal Interest, Human Cont. (대인관계관심)	인간에 대한 관심에 관한 정보를 제공
	Isolation Index, Isolate/R(소외지표)	사회적 고립과 관련된 것으로 식물, 구름, 지도, 풍경, 자연 등 다섯 가지 내용범주를 포함
자기지각 영역	Egocentricity Index, 3r+(2)/R (자아중심성지표)	자존감과 관련이 있는 지표로 전체 반응기록에서 반사반응과 쌍반응의 비율
특수지표	구조적 요약의 하단에 6개 특수지표(PTI, DEPI, CDI, S-CON, HVI, OBS)들이 있음	

⑥ 심리적 문제를 나타내는 Rorschach 변인

통제	• EA(Experience Actual : Sum M + WSumC) < 7 : 심리적 자원의 가용성이 낮음 • Adj D(adjusted D : D[= EA-es] - m - Y) < 0 : 심리적 스트레스를 경험하지만, 통제가 어려움 • Adj D(adjusted D) > 0 : 심리적 스트레스가 없음, 치료 동기가 낮을 수 있음 • L(Lamda : F/R-F) > 0.99 : 자극장에 참여가 낮음, 정보처리의 문제 시사 • L(Lamda) < 0.30 : 과잉포괄적 양식, 정서나 관념의 과도한 관여 • EB-style = ambient : 사고, 문제해결, 결정과정에 영향을 미치는 정서적 측면이 일관되지 않음 • SumSh > FM + m : 정서적 스트레스
정서	• Shdshd(blends of shading) : 고통스럽고 혼란스러운 정서 경험 • WSumC < 2.5 : 정서적인 경험에 접근하려 하지 않음 • Afr < 0.40 또는 SumC' > WSumC : 정서적인 자극에 반응성이 낮음 또는 정서의 과도한 내재화 • CF + C > FC : 정서조절의 어려움 • FC > 1.5 CF + C, C = 0 : 정서적인 표현의 지나친 통제 • Blends < 4 : 복잡한 정서 자극을 다루는 데 있어 어려움 • S > 2 : 환경에 대한 부정적·반항적 태도

대인관계	• AG + COP < 3 : 사회적 상호작용에 관심이 적음 • AG > 3 : 사회적 상호작용에서 공격성 표현 예상 • Isol/R > .24 : 사회적 상호작용에 참여가 낮음 • Fd > 0 : 의존적 경향성 • H < 2 : 다른 사람과 동일시하는 능력이 낮음 • T = 0 : 밀접함에 대한 요구가 없음 • T > 1 : 밀접함에 대한 과도한 요구
자기지각	• Fr + rF > 0 : 나르시스적 특성 • Egoindex (3r + [pair]/R) < 0.33 : 부정적인 자기 가치감 • Egoindex > 0.44 : 자기 자신에 지나치게 몰두함 • SumV + FD > 2 : 과도하고 고통스러운 자기 검열 • FD = 0 : 자기 검열 능력이 낮음 • MOR > 2 : 부정적이고 염세적인 자기상 • An + Xy > 2 : 신체와 자기상에 대한 반추
사고과정	• X-% > 0.29 : 지각적 왜곡 • S-% > 0.40 : 지각적 부정확성에 기여하는 분노 또는 부정적 경향성 • P < 4 : 명백한 상황에서 관습적인 반응이 적음 • Sum6 > 6, WSum6 > 17 : 사고 왜곡 • M- > 1 : 다른 사람을 지각하는 데 있어 왜곡 • Ma < Mp + 1 : 환상의 과도한 사용 • Intell-index > 5 : 방어로써 주지화의 과도한 사용

(5) 주제통각검사(Thematic Apperception Test, TAT)

① TAT의 의의

ⓐ TAT는 로샤검사와 더불어 전 세계적으로 널리 사용되고 있는 대표적인 투사적 검사이다.

ⓑ 1935년 하버드대학의 머레이와 모건(Murray & Morgan)이 『공상연구방법론 A Method for Investigating Fantasies』을 통해 처음 소개하였다.

ⓒ 머레이는 기존의 아카데믹한 심리학이 인간 본성에 대한 실제적인 내용을 알려주지 못한다고 주장하며, 상상을 통해 인간 내면의 내용들을 탐구하는 새로운 검사방식을 고안하였다.

ⓓ 머레이는 프로이트(Freud)와 융(Jung)의 정신분석이론을 통해 '지각(Perception)'보다는 '상상(Imagination)'에 의한 반응이 우선한다는 점을 강조하였다.

ⓔ 머레이는 융의 정신분석을 연구하던 모건과 함께 카드 형태의 TAT 도구를 개발하였으며, 이 카드는 1936년 처음 배포되기 시작하여 1943년 하버드 출판부에서 출판되었다.

ⓕ 3회의 개정을 거쳐 1943년에 출판된 31개 도판의 TAT 도구는 현재까지 그대로 사용되고 있다.

② TAT의 특징

ⓐ '통각(Apperception)'이란 '투사(Projection)'와 유사하나 보다 포괄적인 의미를 가진 것으로써, '지각에 대한 의미 있는 해석'을 말한다. 즉, 통각은 지각에 의미가 부가되는 것으로서, 외부세계에 대한 객관적인 지각 과정에 주관적인 요소가 개입된 통합적인 인식 과정으로 볼 수 있다.

ⓑ TAT는 투사적 검사로, 자아와 환경관계 및 대인관계의 역동적 측면 등을 평가한다.

ⓒ 정신분석이론을 토대로 수검자 자신의 과거 경험 및 꿈에서 비롯되는 투사와 상징을 기초로 한다.

ⓔ 수검자가 동일시 할 수 있는 인물과 상황을 그림으로 제시하여 수검자의 반응양상을 분석·해석한다.

ⓜ 수검자는 그림들을 보면서 현재의 상황과 그림 속 인물들의 생각 및 느낌과 행동, 그리고 과거와 미래의 상황들을 상상력을 발휘하여 이야기한다.

ⓗ 수검자의 그림에 대한 반응을 통해 현재 수검자의 성격 및 정서, 갈등, 콤플렉스 등을 이해하는 동시에 수검자 개인의 내적 동기와 상황에 대한 지각 방식 등에 대한 정보를 얻을 수 있다.

ⓢ 로샤검사와 주제통각검사는 상호보완적으로 사용된다. 로샤검사가 주로 사고의 형식적·구조적 측면을 밝히는 데 반해, 주제통각검사는 주로 사고의 내용을 규명한다.

ⓞ TAT는 가족관계 및 남녀관계와 같은 대인관계 상황에서의 욕구 내용 및 위계, 원초아(Id), 자아(Ego), 초자아(Superego)의 타협구조 등을 파악할 수 있도록 한다.

ⓩ 머레이는 TAT를 심리치료 과정의 첫 단계에 유용하게 사용할 수 있다고 제안하였다.

③ TAT의 기본 가정

벨락(Bellak)은 TAT의 기본가정으로 '통각(Apperception)', '외현화(Externalization)', '정신적 결정론(Psychic Determination)'을 제시하였다. 특히, 벨락은 TAT에 대한 연구를 토대로 3~10세의 아동에게 시행할 수 있는 아동용 주제통각검사(Children Apperception Test, CAT)를 고안하였다.

통각 (Apperception)	개인은 대상을 인지할 때 지각, 이해, 추측, 심상의 심리적 과정을 거쳐 대상에 대한 결론을 내린다. 이러한 과정에서 개인은 내적 욕구와 선행 경험을 토대로 새로운 지각에 대해 상상력을 발휘하게 된다.
외현화 (Externalization)	수검자는 전의식적 수준에 있는 내적 욕구와 선행 경험을 외현화 과정을 통해 의식화한다. 수검자는 반응 시 즉각적으로 인식하지 못하더라도 질문 과정을 거치면서 그것이 자기 자신에 대한 내용임을 부분적으로 인식하기에 이른다.
정신적 결정론 (Psychic Determination)	TAT를 비롯한 모든 투사적 검사는 자유연상의 과정을 포함하며, 검사 결과의 해석에 있어서 정신적 결정론의 입장을 따른다. 즉, 수검자의 반응 내용은 그의 역동적인 측면을 반영하므로, 수검자의 반응 모두 역동적인 원인과 유의미하게 연관된다는 것이다.

④ TAT의 구성

ⓒ 주제통각검사는 30장의 흑백그림카드와 1장의 백지카드 등 총 31장으로 구성되어 있다.

ⓒ 그림카드 뒷면에는 공용도판, 남성공용도판(BM), 여성공용도판(GF), 성인공용도판(MF), 미성인공용도판(BG), 성인남성전용도판(M), 성인여성전용도판(12F), 소년전용도판(B), 소녀전용도판(G)으로 구분되어 있으며, 한 사람의 수검자에게 20장을 적용할 수 있도록 구성되어 있다.

ⓒ 숫자로만 표시되어 있는 카드는 연령과 성별의 구분 없이 공통적으로 적용될 수 있다.

도판	내용 및 해석
1	• 한 소년이 탁자 위의 바이올린을 보면서 생각에 잠겨 있다. • 주요 해석 : 부모와의 관계, 자율 및 권위에의 순응
2	• 젊은 여인은 책을 들고 서 있고 남자는 들에서 일을 하고 있다. 나이든 여인은 나무에 기댄 채 먼 곳을 응시하고 있다. • 주요 해석 : 가족관계, 자립 및 복종, 성역할
3BM	• 한 소년이 마룻바닥에 주저앉아 소파 위로 고개를 파묻고 있고, 그 옆에는 권총이 놓여 있다. • 주요 해석 : 공격성, 우울감, 엄격한 초자아
3GF	• 한 여인이 고개를 숙인 채 오른손으로는 자신의 얼굴을 가리고, 왼손으로는 나무로 된 문을 잡고 있다. • 주요 해석 : 우울감, 배우자 또는 부모와의 관계
4	• 한 여인이 남자의 어깨를 잡고 있으나, 그 남자는 몸을 돌린 채 그녀에게서 벗어나려는 듯 자세를 취하고 있다. • 주요 해석 : 남녀관계, 남녀 간의 역할 및 태도
5	• 중년의 여인이 문을 반쯤 연 채 방 안을 들여다보고 있다. • 주요 해석 : 자위행위, 두려움, 공포감
6BM	• 키 작고 나이든 여인이 등을 돌린 채 창밖을 바라보고 있는 반면, 키 크고 젊은 남자는 약간 어두운 표정으로 여인의 옆에 서 있다. • 주요 해석 : 오이디푸스 콤플렉스, 모자 갈등, 부부 갈등
6GF	• 한 여인이 소파에 앉아 어깨 너머로 나이든 남자를 바라보고 있고, 그녀의 뒤에 있는 남자 또한 파이프를 문 채 그녀를 바라보고 있다. • 주요 해석 : 이성 간의 갈등, 남녀의 역할 및 태도
7BM	• 젊은 남자와 나이든 남자가 머리를 맞댄 채 무언가 이야기를 나누는 듯하다. • 주요 해석 : 부자 관계, 반사회적·편집증적 경향
7GF	• 나이든 여인이 어린 소녀에게 책을 읽어주고 있고, 그 소녀는 인형을 안은 채 다른 곳을 응시하고 있다. • 주요 해석 : 모녀 관계, 어머니 또는 자신에 대한 태도
8BM	• 한 청년이 정면을 응시하고 있고, 그 옆에 엽총의 총신이 보인다. 그 뒤로 마치 수술 장면인 듯, 한 사람이 누워 있고 몇 명의 남자들이 그 앞에 서 있다. • 주요 해석 : 오이디푸스적 관계, 공격성, 성취동기
8GF	• 한 젊은 여인이 턱을 고인 채 어딘가를 바라보며 생각에 잠겨 있다. • 주요 해석 : 현실의 어려움, 미래에 대한 상상
9BM	• 풀밭에 4명의 남자들이 편한 자세로 누워 있다. • 주요 해석 : 사회적 관계, 동료 및 교우와의 관계
9GF	• 해변에서 한 젊은 여인이 드레스를 입고 어딘가로 달려가고 있고, 또 다른 여인이 한 손에 책을 든 채 나무 뒤에서 그녀를 바라보고 있다. • 주요 해석 : 자매 간 또는 모녀 간의 경쟁 및 적대감
10	• 남자와 여자가 서로 안고 있는 자세로, 여자는 남자의 어깨에 머리를 기대고 있다. • 주요 해석 : 자녀관계 또는 부부관계, 결혼생활의 적응
11	• 높은 절벽 사이로 길이 나 있고, 길 위의 바위벽 위로 용의 머리 형상이 튀어나와 있다. • 주요 해석 : 유아적·원시적 공포, 구강기적 공격

12M	• 젊은 남자는 눈을 감은 채 소파에 누워 있고, 그 옆에 나이든 남자가 몸을 구부린 채 젊은 남자의 얼굴 위로 손을 뻗고 있다. • 주요 해석 : 수동적 동성애의 두려움, 수동성, 의존욕구
12F	• 젊은 여인이 정면에 위치하고, 그 뒤로 이상한 얼굴의 노파가 숄을 두른 채 그녀의 뒤에 있다. • 주요 해석 : 두 여자 간의 갈등, 고부갈등
12BG	• 인적 없는 숲속 시냇가에 조각배가 하나 있고, 그 옆에 나무 한 그루가 서 있다. • 주요 해석 : 은둔 성향, 우울감, 자살성향
13MF	• 젊은 여자는 가슴을 반쯤 드러낸 채 침대에 누워 있고, 그녀 앞에 젊은 남자가 한 손으로 얼굴을 가리고 고개를 숙인 채 서 있다. • 주요 해석 : 성적 갈등, 성적 학대에의 두려움, 부부갈등
13B	• 한 소년이 통나무집 문 앞에 쪼그리고 앉아 있다. • 주요 해석 : 분리불안, 부모에 대한 애정욕구, 외로움
13G	• 한 소녀가 구불구불한 계단을 오르고 있다. • 주요 해석 : 혼자 일할 때의 외로움, 시간에 대한 태도
14	• 어두운 방안에서 한 남자가 빛이 들어오는 창문턱에 한쪽 발을 올려놓은 채 서 있다. • 주요 해석 : 어둠에 대한 공포, 자살충동, 성적 정체성
15	• 이상한 모습의 한 남자가 묘비 앞에서 두 손을 꼭 쥔 채 서 있다. • 주요 해석 : 죽음에 대한 공포, 죄책감, 우울감
16	• 백지카드 • 주요 해석 : 자유로운 투사, 수검자의 현재 상태와 느낌
17BM	• 한 남자가 벌거벗은 채 밧줄에 매달려 있다. • 주요 해석 : 오이디푸스적 공포, 야망, 과시경향
17GF	• 한 여인이 강물 위 다리 난간에 몸을 숙인 채 서 있고, 그 뒤로 큰 건물과 남자들의 형상이 보인다. • 주요 해석 : 우울 및 불행에 대한 감정, 자살성향
18BM	• 한 남자가 뒤쪽으로 누군가의 손에 의해 붙잡혀 있다. • 주요 해석 : 남성의 공격성에 대한 두려움, 중독 상태
18GF	• 한 여자가 계단 난간에서 다른 여자의 목을 손으로 받든 채 안고 있다. • 주요 해석 : 여성의 공격성에 대한 두려움, 모녀갈등
19	• 눈에 덮인 오두막집 위로 기괴한 형상의 구름이 걸려 있다. • 주요 해석 : 불안, 안전에의 욕구, 환경적 어려움의 극복
20	• 한 남자가 어둠 속 가로 등에 기대어 서 있다. • 주요 해석 : 어둠 및 불안에 대한 공포, 외로움

⑤ **TAT의 시행 및 해석**

㉠ TAT의 시행방법

- 검사에 의한 피로를 최소화하기 위해 대략 한 시간 정도 두 번의 회기로 나누어 시행한다. 이때 회기 간에는 하루 정도의 간격을 두도록 한다.
- 보통 1~10번의 카드를 첫 회기에 시행하며, 나머지 11~20번의 카드를 다음 회기에 시행한다.
- 임상장면에서는 수검자의 임상적 상태에 따라 융통성 있게 지시할 수 있어야 한다.
- 검사자는 지시 내용을 편안한 방식으로 전달해야 하며, 각 그림에 대해 "어떻게 해서 그림과 같은 상황이 일어나게 되었고, 그림에 나타난 인물이 어떤 생각과 느낌을 가지고 있을

것으로 보이고 앞으로 어떻게 될 것 같은가?"와 같은 의문 즉, 각 그림에 관한 과거, 현재, 미래, 및 인물의 생각과 느낌은 반드시 포함시켜야 한다.

- 지시문은 연령, 성격, 교육수준, 지적 수준 및 환경에 따라 달리 할 수 있다.
- 일반적으로 한 번 지시한 다음에는 더 자세하게 설명하거나 다시 지시하지 않는다.
- 수검자가 말한 이야기에 결정적인 내용이 빠져 있을 경우, 다시 지시하거나 보충할 필요가 있다.
- 다시 지시하거나 보충한 후에도 중요한 사항이 빠지게 되면 다시 지시하거나 질문할 필요가 없다.
- 반응이 적거나 저항이 강하거나 의심이 있는 수검자의 경우, 이 검사를 시행하기 전에 다른 검사를 시행하는 것이 자유로운 반응을 끌어내는 데 도움이 된다.
- 수검자가 검사 실시 동안 자유롭게 상상하고 이러한 공상을 언어로 표현하려면 수검자가 편안하게 느낄 수 있어야 한다.
- 검사자는 검사 도중 중립적이어야 하며, 수검자의 반응에 대해 검사자의 개인적인 감정반응을 말해서는 안 된다.
- 검사시행 후 그림에서 반응된 수검자의 이야기가 그의 순수한 생각인지, 아니면 다른 잡지나 소설, 혹은 친지의 경험에서 나온 것인지, 이야기의 원천에 대해 질문해 보는 것이 도움이 된다. 그리고 수검자의 이야기의 주요 줄거리를 상기시켜 주면, 그 주제에 대해 자유롭게 이야기하도록 한다. 이러한 경우 TAT 반응이 수검자로 하여금 자유로운 연상을 유도하고 의미 있는 경험을 의식화시키는 기회를 제공해 주고, 나아가서는 통찰력을 제공하는 기회도 주게 된다.
- 반응기록 방식은 검사자가 수검자의 말 그대로를 기록하는 방식이 가장 일반적이다. 다른 방식으로 수검자가 직접 기록하게 하는 방식, 기록 보조자의 도움 방식, 녹음 방식이 있다.
- 검사는 검사자와 수검자 간에 관계형성(Rapport)이 이루어진 상태에서 시행하도록 한다.
- 검사자는 수검자에게 각 카드를 통해 어떠한 극적인 이야기를 만들어보도록 요구하며, 그에 대해 대략 5분 정도 이야기를 해줄 것을 요청한다.
- 16번 백지카드에서는 수검자가 어떤 그림을 상상하고 있는지 말해 달라고 요청한다. 다만, 과도하게 상상력을 발휘할 것을 요구하여 수검자로 하여금 위협감을 느끼게 해서는 안 된다.

ⓛ TAT 해석의 기본가정
- 수검자가 제시하는 이야기의 구성요소는 그의 내적인 역동에서 비롯된 것이므로, 그 이야기의 내용이나 구조는 필연적으로 수검자의 내적인 상태와 인과관계를 맺고 있다.
- 수검자는 이야기 속의 어느 한 사람과 자신을 동일시하게 되며, 그 가상적 인물을 통해 자신의 욕구와 갈등을 드러낸다.
- 수검자가 드러내는 욕구와 갈등은 종종 간접적·상징적인 방식으로 표출된다.
- 수검자의 욕구와 갈등을 진단하는데 있어서 수검자의 이야기가 모두 동등한 가치와 중요성을 가지는 것은 아니다.
- 수검자의 이야기는 그림 자체에 의해 도출된 주제보다 그렇지 않은 주제를 담고 있을 때 더욱 중요할 수 있다.
- 수검자의 이야기 중 특정 주제가 반복되어 나타나는 경우 그것이 수검자의 욕구와 갈등을 잘 반영하는 것일 수 있다.

- 자극에 따라 반응된 내용은 자극과 직접 상관없이 결정된 내용에 비해 진단적으로 덜 의미 있다.
- 이야기 속에 수검자의 과거의 사건이 나타날 수 있으며 이는 진단적인 가치가 있다.
- 이야기 속에 개인적 내용만 반영되는 것이 아니라 개인이 소속된 집단, 사회적·문화적 요인과 관련된 내용이 반영된다.
- 이야기 속에 나타난 충동, 갈등과 외부 행동 사이에 상관관계가 있다.
- 이야기 내용은 수검자의 지속적인 기질과 갈등뿐만 아니라 그 상황의 순간적인 자극에 따라 일어난 충동과 갈등이 표현되며, 이 두 가지 내용이 동일한 방식으로 반영된다.
- TAT 반응 내용으로부터 개인의 성격에 대한 판단을 내리는데 정당한 근거가 있다.

ⓒ TAT 해석의 방법
- 표준화법(Hartman) : 수량화된 해석 방법으로, 수검자의 반응을 항목별로 구분하여 표준화 자료와 비교한다.
- 욕구-압력 분석법(Murray) : 주인공 중심의 해석 방법으로, 주인공의 욕구 및 압력, 욕구 방어 및 감정, 다른 등장인물과의 관계 등에 초점을 둔다. 일반적으로 가장 널리 사용되고 있다.
- 대인관계법(Arnold) : 이야기에 등장하는 인물들의 상호관계를 중심으로 한 해석 방법으로, 이들 간의 공격성이나 친화성 등을 분석한다.
- 직관적 해석법(Bellak) : 해석자의 통찰적인 감정이입 능력이 요구되는 해석 방법으로, 수검자의 반응에서 나타나는 무의식적 내용을 자유연상을 이용하여 해석한다.
- 지각법(Rapaport) : 이야기 내용에 대한 형식적 해석 방법으로, 수검자의 왜곡적 반응이나 일탈된 사고, 기괴한 언어 사용 등을 포착한다.

⑥ **욕구-압력 분석법(Murray)**
ⓐ 분석 단계

단계	분석 요인	해석 과정
제1단계	주인공	수검자는 이야기 속 주인공에 자신을 동일시하므로, 검사자는 그 주인공이 누구인지 찾아낸다.
제2단계	환경 자극 또는 압력	검사자는 주인공의 행동을 유발하는 일반적 환경과 특수한 환경에 주의를 기울여 그 강도, 빈도 등 특징적 양상을 세밀하게 검토한다.
제3단계	주인공의 욕구·동기·행동	검사자는 이야기 속 주인공이 느끼고 생각하며 행동하는 것에 세심한 주의를 기울인다.
제4단계	심적 부착 (Cathexes)	검사자는 주인공이 가까이 하거나 멀리 하는 인물이나 사물, 관념이나 현상 등 주인공의 욕구나 압력의 대상이 되는 것들을 세밀하게 검토한다.
제5단계	내적 심리상태	검사자는 이야기 속에서 주인공이 경험하는 행복, 갈등, 비관의 양상을 포착한다.
제6단계	해결행동의 양식	검사자는 주인공이 환경 자극 또는 압력에 직면하는 경우 그 주인공의 반응 양상을 세밀하게 검토한다.
제7단계	결과 또는 결말	검사자는 주인공이 겪는 성공 또는 실패의 정도를 평가하며, 그 이야기가 행복 또는 불행의 결말로 이어지는지, 주인공의 갈등상태가 미해결 상태로 지속되고 있는지 분석한다.

ⓛ 욕구의 목록

욕구의 방향	욕구 내용	
사물 또는 상황	• 성취의 욕구 • 인지의 욕구 • 구성의 욕구 • 흥분의 욕구 • 수동의 욕구 • 유희의 욕구 • 변화·여행·모험의 욕구	• 획득의 욕구 • 이해의 욕구 • 만회·극복의 욕구 • 섭식의 욕구 • 확보의 욕구 • 관능의 욕구
사람(타인)	• 친화의 욕구 • 지배의 욕구 • 양육의 욕구 • 인정의 욕구 • 성(性)의 욕구	• 공격의 욕구 • 전달의 욕구 • 구원의 욕구 • 거부의 욕구
타인의 행동에 대한 반응	• 자유·자율의 욕구 • 존경·복종의 욕구 • 방어의 욕구 • 비난 회피의 욕구	• 굴종의 욕구 • 은둔의 욕구 • 불가침의 욕구 • 해독 회피의 욕구

ⓒ 압력의 목록

압력의 방향	압력 내용	
사람	• 착취의 압력 • 공격의 압력 • 존경의 압력 • 인지의 압력 • 확보의 압력 • 구원의 압력 • 공격-지배의 압력 • 가정불화의 압력 • 성(性)의 압력 • 지배-양육의 압력	• 친화의 압력 • 지배의 압력 • 모범의 압력 • 전달의 압력 • 배척의 압력 • 보상의 압력 • 사기·배신의 압력 • 경쟁의 압력 • 양육의 압력 • 형제출산의 압력
환경	• 운명의 압력 • 자연적 또는 물리적 위험의 압력 • 주변 환경의 불행 또는 결핍의 압력	• 재해의 압력 • 사회적·이데올로기적 압력
주인공 자신	• 죽음의 압력 • 신체부전의 압력 • 욕구 좌절의 압력 • 죄의식의 압력	• 질병의 압력 • 심리부전의 압력 • 열등감의 압력 • 수술의 압력

⑦ **TAT에서 나타나는 진단별 반응 특징**

구분	내용
정신분열증 (조현병)	• 이야기 구조의 와해, 지각의 오지각, 기괴한 언어화, 일관된 주제의 결여, 환자 자신과 그림의 사건을 구별하지 못하는 거리감의 상실 등이 나타난다. • 내용상에서는 사회적으로 수용될 수 없는 이야기(금기시된 공격, 성적 도착 등), 불합리하고 기괴한 요소, 상반되는 내용, 망상적 자료, 엉뚱한 독백이나 상징주의 등이 표현된다. • 인물들은 감정의 깊이가 결여되어 있으며, 고립되어 있거나 철수되어 있다.
우울증	• 사고가 위축되어 있고, 반응과 언어가 느리며, 정동(기분)이 가라앉아 있다. • 이야기는 대개 자살사고, 고립감, 거부당함, 무가치함, 인물들의 무능력 등에 관한 주제를 포함한다.
경조증	• 언어방출에 대한 압력, 사고 비약, 다행증(이유 없이 병리적으로 행복감을 느끼는 증상) 등으로 이야기를 대단히 빨리 말한다. • 정신증적 수준에서 현실 검증력을 상실한 조증 환자들은 부인이라는 원시적 방어기제를 자주 사용하는데, 내용상 우울, 죄책감, 분노, 무기력 등이 부인되고 유쾌함, 평온함, 좋은 감정 등이 교대로 출현한다.
히스테리적 성격	• 두드러진 특징으로 정서적 가변성을 들 수 있다. 공포스럽거나 또는 예쁜 장면들에 대한 정서적인 반응이 급변하여 나타난다. • 언어적 표현에 있어서는 서술 자료를 지나치게 많이 사용하고, 이야기가 양가적(한 가지 대상에 대한 상반되는 감정)이다. • 내용상 피상적이고 성적인 내용이 많이 나타난다.
강박장애	• 이야기 길이가 길고, 수정을 많이 한다. • 검사자극에 대한 불확신감으로 인해서 지루하고 반추적이고 현학적인 이야기를 만들어낸다. • 어떤 경우에는 객관적으로 나타난 세부적인 것만 기술하고, 이야기를 만들 수 없다고 하기도 한다. • 내용도 주로 인물들의 주저와 망설임으로 표현하는 경우가 많고, 주제도 부지런함과 복종, 완벽함이 강조된다.
편집성 성격장애	• 일반적으로 회피적이고 검사의 목적을 의심한다. • 이야기가 자기 개인적인 것이 아님을 강조한다. • 단서에 과도하게 민감하고, 방어가 심하다. • 이야기가 매우 간결하며, 의심과 방어적 특성이 나타날 수 있고, 어떤 경우에도 이야기가 과대적이고 확산적인 조증 경향을 드러낼 수도 있다. 아니면 허위 논리를 중심으로 세세한 증거들을 수집, 언어화하여 자신의 결론을 정당화 할 수도 있다. • 불신, 교활함, 사악한 외부의 힘에 대한 강조, 갑작스러운 인물의 변화 등이 나타난다. • 인물의 성이나 연령 등을 오지각하는 경우를 자주 보인다.
불안상태	• 이야기가 간결하고, 행동이 극적이며, 강박적이다. • 양자택일의 상황이 자주 나타난다. • 모호, 주저, 당황을 암시하는 표현이 많다. • 도판 내의 인물과 직접적 동일시를 한다. • 검사자에게 불안 섞인 질문을 자주 한다. • 내용상으로 갈등, 욕구좌절, 비극 등이 흔히 나타난다.

(6) 인물화검사(Draw A Person, DAP)

① 의의

ⓐ 구디너프(Goodenough)의 인물화검사

아동용 지능검사 도구로써 인물화검사를 고안하였는데, 주로 세부 묘사를 얼마나 많이 했는
가를 측정의 대상으로 삼아 성격에 대해서 연구하였다.

ⓑ 마코버(Machover)의 인물화검사

- 인물화는 그리는 사람의 성격의 중요한 측면을 나타낸다고 지적하였다.
- 인물화로써 성격의 중요 부분을 진단할 수 있다.

ⓒ 레비(Levy)의 인물화검사

자아개념, 주위환경의 인물, 이상적 자아상, 습관과 정서, 인성과 사회의 전반적인 태도를
측정할 수 있다고 주장하였다.

② 인물화 기법의 장점

ⓐ 실시하기 쉽다.

ⓑ 연필과 종이, 지우개 이외의 재료가 없다.

ⓒ 한 시간 이내로 가능하다.

ⓓ 운동신경을 매개로 한다.

ⓔ 외국인에게도 실시할 수 있으며, 문맹자도 가능하다.

ⓕ 검사의 목적이 숨겨져 있으므로 솔직할 수 있다.

③ 도구 및 실시 방법

ⓐ 흰 종이 한 장과 연필을 제시하고 "사람을 그리세요."라고 요구하며 남·여성에 대한 지시는
하지 않는다.

ⓑ 한 장을 그리고 난 후, 그린 사람의 성별을 묻고 그린 성별의 사람과 반대되는 성별의 사람
을 그릴 것을 요구한다.

ⓒ 그림에 대한 표현은 피검사자의 자유로운 선택에 맡기도록 하며, 질문에 구체적인 대답은 하
지 않도록 한다.

ⓓ 그림이 완성되고 나면 나이, 성격, 배경, 신분 등에 대한 질문을 한다.

④ 주의할 점

ⓐ 검사시간은 제한이 없으나 그리는데 10분 내지 30분가량 걸린다.

ⓑ "당신에게 달려있으니 당신 마음대로 그리세요." 하고 말하며 아무런 지시도 하지 않는다.

⑤ 해석 목록

그림을 그리는 과정	• 그림을 그리는 순서 • 그림 그리는 태도 • 지움(수정, 생략)
전체적인 인물상	• 인물상의 균형, 대칭, 비례 • 나체상인가, 대칭성이 있는가, 도화지 속의 균형, 옆모습인가 정면인가 등
기타	• 인물상의 크기 • 인물상의 방향 • 인물상의 음영과 완성되지 않은 그림 • 세부묘사 등

⑥ **해석 방법**

㉠ 임상적 해석 방법

- 인물의 순서
- 그림의 크기 및 위치
- 인물의 동작
- 왜곡이나 생략
- 각 신체 부분들이 의미하는 상징
- 필압 등은 분석하여 피험자의 심층 심리적 특성을 진단

㉡ 신체도식과 자의식으로서의 특징

크기	• 인물의 크기가 작으면 개인은 위축되고 작게 느끼고 있으며, 환경의 요구에 대해 열등감과 부적당감을 느끼는 경우임 • 인물의 크기가 크면 우월한 자아상, 공격적 태도로 환경과의 관계를 맺는 경우임
신체형상의 배치	• 중앙위편 : 자아에 대한 불확신감, 혹은 긴장감 • 왼편 : 자의식이 강하거나 내향적 경향 • 중앙 아래편 : 안정돼 있는 평온상태, 또는 우울감, 패배감 • 오른편 : 저항, 적개심이 가능함 • 중앙 : 자율적, 적응적, 자아중심적인 경향
선처리	• 자의식이나 불안의 정도를 나타냄 • 필압이 증가되는 것은 스트레스를 표명 • 분명한 윤곽선은 건강한 상태와 관련 • 끊어지거나 여러 번 그은 선은 불안 표시
음영처리	• 신체부분의 음영은 불안을 나타내며, 음영이 강할수록 더 불안함 • 얼굴음영 : 매우 혼란한 부정적 자아상 • 팔의 음영 : 공격적 충동 • 손의 음영 : 도벽의 경향 • 신체부분의 음영은 그 곳을 가리고 싶은 욕구 • 사람형상에서 생동감 있게 보이고자 하는 기법으로 단순히 사용하기도 함
지우기	• 지우기는 음영처리와 같은 의미 • 불안의 척도 • 불안과 전혀 관계없다고 보기도 함
생략	• 정신병자와 어린아이들에게서 자주 표현됨 • 방어와 후퇴의 척도 • 신체의 중요한 부분을 삭제하는 것은 심한 퇴행과 관련 • 정신분열 환자에게서 자주 나타남 • 눈의 생략 : 현실도피, 현실기피 • 입의 생략 : 사회적 접촉기피(언어적) • 팔의 생략 : 적개심이나 성적 충동에 의한 죄책감
왜곡	• 심한 정서적 장애 • 유도된 불안과 관련 • 어린이, 청소년, 병원환자, 성범죄자의 그림에 나타남

ⓒ 인물화의 인성영역과 정서적 측면

충동성 문제	신체의 불균형, 큰 형상, 목 생략, 미숙한 통합성
불안정, 부족감	기운 형상, 아주 작은 머리, 잘린 손, 괴물이나 기괴한 형상, 팔과 다리와 발의 생략
불안	얼굴, 신체에 음영처리, 손과 목의 음영처리, 다리를 붙인 형태, 구름, 비, 날아다니는 새
소심함, 부끄러움	아주 작은 형상, 짧은 팔, 몸에 바짝 붙어있는 팔, 코 생략, 입 생략
의기소침함, 낙심	아주 작은 형상, 짧은 팔, 눈 생략
분노, 공격성	어긋난 눈동자, 치아, 긴 팔, 큰 손, 벗은 형상
초등 저학년의 미숙한 학업성취	15도 이상 기운 형상, 괴물이나 기괴한 형상, 세 개나 네 개의 형상을 즉흥적으로 그림, 신체, 팔, 입의 생략
불안을 나타내는 척도	유별나게 큰 머리, 머리카락이 강한 음영처리, 비정상적으로 큰 눈이나 음영이 많이 든 눈이나 사시를 그린 눈, 길이가 다른 두 팔, 기운형상, 다른 성을 그리는 경우, 크거나 작게 그린 경우

(7) 집-나무-사람 그림검사(House-Tree-Person, HTP)

① HTP의 의의

ⓐ 인류가 언어 사용 이전에 그림을 통해 의사소통을 해 온 바와 같이, 그림이 언어보다 인간의 정서표현에 더욱 가깝다고 볼 수 있다. 따라서 인간의 보다 원시적이고 무의식적이며 심층적인 심상은 그림을 통해 더 잘 반영된다.

ⓑ HTP는 1948년 벅(Buck)이 처음 개발한 투사적 그림검사로, 수검자가 자신의 개인적 발달사와 관련된 경험을 그림에 투사한다는 점에 기초한다.

ⓒ 해머(Hammer)는 HTP를 임상적으로 확대 적용하였으며, 코피츠(Koppitz)는 투사적 채점 체계를 제시하였다.

ⓓ 번스와 카우프만(Burns & Kaufman)은 기존의 HTP를 변형하여 동작성 HTP(Kinetic-HTP)를 고안하였다.

② HTP의 특징

ⓐ HTP는 수검자의 무의식과 관련된 상징을 드러내줌으로써 더욱 풍부한 정보를 제공한다.

ⓑ HTP는 기존의 인물화검사(DAP)에 의한 결과보다 더 많은 정보를 입수할 수 있으므로 개인의 성격구조를 이해하는 데 효과적이다.

ⓒ HTP의 집, 나무, 사람은 수검자의 연령과 지식수준 등을 고려할 때 다른 어떠한 주제보다도 받아들이기 쉽다. 즉, HTP는 사실상 모든 연령의 수검자에게 실시가 가능하며, 특히 문맹자에게 적합하다.

ⓓ 검사 자체가 간접적이므로, 수검자는 검사자가 요구하는 바를 알지 못하여 보다 솔직하고 자유롭게 반응한다.

ⓔ 수검자의 그림은 모호하고 구조화되지 않은 것이므로 반응을 해석하는데 어려움이 따른다.

ⓕ 일반적으로 집은 가정생활이나 부부관계, 가족 간의 상호작용을 반영하며, 특히 아동기 부모와의 관계를 나타낸다.

    ⓐ 나무-사람은 대인관계, 타인에 대한 감정 등을 반영하며, 특히 자신의 신체상(Body Image) 및 자기상(Self Image)을 나타낸다.

    ⓞ '나무'나 '사람' 그림은 주로 성격의 핵심적인 갈등 및 방어에 대한 정보를 제공해 준다. '사람' 그림이 보다 의식적인 측면을 반영하는 반면, '나무' 그림은 더 깊고 무의식적인 감정을 반영해 준다.

    ⓩ HTP는 수검자의 여러 가지 반응들에 대해 총체적인 관점에서 해석이 이루어져야 하며, 어느 하나의 측면에 집중해서는 안 된다.

    ⓒ 로샤검사나 주제통각검사가 제시된 자극에 대해 수검자가 어떻게 반응하는지 수검자의 수동적인 반응 과정으로 전개되는 반면, HTP는 수검자가 직접 반응을 구성해 가는 능동적인 반응 과정으로 전개된다.

    ⓚ 로샤검사나 주제통각검사가 언어 또는 이야기를 매개로 하는 반면, HTP는 언어적인 표현을 전제로 하지 않으므로, 비언어적인 방식으로 표출되는 성격의 단면을 포착하는 것이 가능하다.

    ⓔ HTP를 통해 개인의 무의식이나 방어기제를 탐색하는 것이 가능하며, 특히 아동의 성격을 이해하는데 매우 유효하다.

③ **HTP의 시행**

  ㉠ 그림 단계
- 검사자는 백지 4장, 연필, 지우개, 초시계를 준비한다.
- 검사자는 수검자에게 그림을 잘 그리고 못 그리는 것이 중요하지 않으므로 자유롭게 그릴 것을 요구한다.
- 검사는 '집→나무→사람' 순으로 한다. 특히 중성적 자극에서부터 점진적으로 자기상으로 접근하는 방향으로 전개한다.
- 처음 집을 그리도록 할 때에는 용지를 가로로 제시하며, 이후 나무나 사람, 반대 성(性)의 사람을 그리도록 할 때에는 용지를 세로로 제시한다.
- 수검자가 사람을 그릴 때 전신을 그리도록 요구하며, 만화적으로 그리거나 뼈대만 그리지 않도록 한다.
- 검사자는 내담자의 반응을 상세히 기록한다. 수검자가 편안한 상태인지 또는 긴장한 상태인지, 충동적으로 그리는지 또는 조심스럽게 그리는지 등 수검자의 검사 태도는 물론 수검자가 한 말과 함께 각 그림마다 소요된 시간까지 함께 기재한다. 이는 모호한 상황에서 수검자가 어떻게 대처하는지 파악하도록 해준다.

  ㉡ 질문 단계
- 그림이 완성된 경우 검사자는 수검자에게 그 그림에 대해 자유롭게 이야기를 해보도록 요구하며, 중요한 사항들에 대해 질문한다.
- 질문의 목적은 수검자가 그림을 통해 표출하는 개인적인 의미, 즉 현상적 욕구나 갈등, 압박의 투사를 알아보기 위한 것이다.
- 검사자가 집, 나무, 사람과 관련하여 수검자에게 할 수 있는 질문은 매우 다양하며, 대표적인 질문은 다음과 같다.

집 (House)	• 집의 재질은 어떻습니까? • 이 집은 누구의 집입니까? • 이 집에 누구와 함께 살고 싶습니까? • 이 집에 대해 어떻게 생각합니까? • 당신이 살고 있는 집은 이 집보다 큽니까 아니면 작습니까? • (굴뚝이 있는 경우) 굴뚝의 연기는 어느 방향으로 흐릅니까? • (나무가 있는 경우) 나무를 그린 이유는 무엇입니까? • (도로가 있는 경우) 도로는 어디로 통합니까? 등
나무 (Tree)	• 나무는 어떤 종류입니까? • 나무가 살아 있습니까 아니면 죽어 있습니까? • 잎과 가지가 무성합니까 아니면 메말라 있습니까? • 이 나무는 남자입니까 아니면 여자입니까? • 나무는 한 그루입니까 아니면 여러 그루입니까? • 나무는 큽니까 아니면 작습니까? • (바람이 있는 경우) 바람은 어느 방향에서 불어옵니까? • (새가 있는 경우) 새는 누구를 나타내는 것입니까? 등
사람 (Person)	• 이 사람은 남자입니까 아니면 여자입니까? • 이 사람의 나이는 어떻습니까? • 이 사람은 누구입니까? 친구인가요 아니면 친척인가요? • 이 사람은 행복합니까 아니면 불행합니까? • 이 사람의 장·단점은 무엇입니까? • 이 사람에게 가장 필요한 것은 무엇이라고 생각합니까? • 이 사람은 지금 무엇을 하고 있습니까? • (옷을 입고 있는 경우) 이 사람이 입고 있는 옷은 어떤 옷입니까? 등

④ **HTP의 해석**

　㉠ 구조적 해석

　　• 검사 소요시간

　　　- 일반적 소요시간 : 하나의 그림을 완성하는 데 대략 10분 정도 소요

　　　- 과도하게 빨리(2분 이내) 또는 느리게(30분 이상) 그린 경우 : 수검자의 갈등과 연관됨

　　　- 오랜 시간 소요 : 완벽 성향, 강박 성향

　　　- 어려움 호소 : 낮은 자존감, 우울감

　　• 그림의 순서

　　　- 일반적 순서 : 집의 경우 '지붕 → 벽 → 문 → 창문', 인물의 경우 '얼굴 → 눈 → 코 → 입 → 목 → 몸 → 팔 → 다리'

　　　- 일반적 순서와 다르게 그린 경우 : 사고장애, 발달장애

　　　- 얼굴의 내부를 먼저, 윤곽을 나중에 그린 경우 : 평소 타인과의 대인관계에 문제가 있음

　　　- 그림을 지우고 새로 그린 경우 : 해당 영역이 상징하는 것과 관련하여 열등감이나 가장 성향을 지니고 있음

- 그림의 크기
  - 일반적 크기 : 종이 크기의 2/3 정도 사용
  - 그림을 과도하게 크게 그린 경우 : 공격성, 과장성, 낙천성, 행동화성향, 자기확대의 욕구 등
  - 그림을 과도하게 작게 그린 경우 : 열등감, 불안감, 위축, 낮은 자존감, 의존성 등
- 그림의 위치
  - 일반적 위치 : 종이 가운데
  - 가운데 : 적정 수준의 안정감, 융통성의 부족
  - 위 : 높은 욕구, 목표달성에 대한 스트레스, 공상적 만족감
  - 아래 : 불안정감, 우울성향, 실제적인 것을 선호하는 성향
  - 왼쪽 : 충동성, 외향성, 변화에의 욕구, 즉각적 만족 추구 성향
  - 오른쪽 : 자기 통제적 성향, 내향성, 지적 만족 추구 성향
  - 구석 : 두려움, 위축감, 자신감 결여
- 그림의 선
  - 수평선 : 여성성, 두려움, 소극적·자기 방어적 성향
  - 수직선 : 남성성, 결단성, 활동적·자기 주장적 성향
  - 직선 : 경직성, 완고함, 공격성
  - 곡선 : 유연성, 관습 거부 성향
  - 길게 그린 선 : 안정성, 결단성, 높은 포부수준
  - 끊긴 곡선 : 의존성, 우유부단함, 복종적 성향
  - 선에 음영 : 불안정성, 불안감, 민감성, 신중함
- 필압
  - 필압의 의미 : 에너지 수준
  - 일반적 필압 : 강(强) 또는 약(弱)의 유연한 필압 사용
  - 필압의 계속적인 변화 : 낮은 안정감
  - 강한 필압 : 공격성, 독단성, 자기 주장적 성향, 극도의 긴장감, 뇌염 또는 간질 상태 등
  - 약한 필압 : 위축감, 두려움, 우유부단, 자기 억제 성향, 우울증 상태 등
- 그림의 세부묘사
  - 세부묘사의 의미 : 일상생활에서 실제적인 면을 의식 또는 처리하는 능력
  - 생략된 세부묘사 : 위축감, 우울 성향
  - 과도한 세부묘사 : 강박성, 자기 억제 성향, 주지화 성향
  - 부적절한 세부묘사 : 위축감, 불안감
- 그림의 대칭성
  - 대칭성 결여 : 불안정성, 신체적 부적응감, 정신병적 상태, 뇌기능장애
  - 대칭성 강조 : 경직성, 강박성, 충동성, 융통성 결여, 편집증적 성향

- 그림의 왜곡 또는 생략
  - 왜곡 및 생략 : 불안감, 내적 갈등
  - 극단적 왜곡 : 현실 검증력 장애, 뇌손상 또는 정신지체
- 동적 또는 정적 움직임
  - 경직된 모습 : 우울감, 위축감, 정신병적 상태
  - 극단적 움직임 : ADHD(주의력 결핍 및 과잉행동장애), 경계선 장애
- 절단
  - 용지 하단에서의 절단 : 강한 충동성 또는 충동성의 억제
  - 용지 상단에서의 절단 : 주지화 성향, 지적인 면에서의 강한 성취욕구
  - 용지 왼쪽에서의 절단 : 의존성, 강박성, 과거에의 고착, 감정의 솔직한 표현
  - 용지 오른쪽에서의 절단 : 행동에 대한 통제, 미래로의 도피 욕구, 감정표현의 두려움
- 음영
  - 음영의 의미 : 불안 또는 갈등 수준
  - 진하게 칠한 음영 : 불안 및 강박에 의한 우울감, 미숙한 정신상태로의 퇴행
  - 연하게 칠한 음영 : 대인관계에서의 과민성
- 그림 지우기
  - 빈번한 지우기 : 내적 갈등, 불안정, 자신에 대한 불만
  - 반복적 지우기에도 그림이 개선되지 않음 : 특별한 불안 또는 갈등
- 종이 돌리기
  - 이리저리 돌리기 : 반항성, 내적 부적절감
  - 계속 같은 방향으로 돌리기 : 하나의 개념에 얽매인 보속성
- 투시화
  - 투시화의 의미 : 성격 통합 상실, 현실검증장애, 병적 징조
  - 신체 내부의 장기 투시 : 정신분열증
ⓛ 내용적 해석
- 집

분류	내용
문	• 환경과의 직접적 접촉의 성질 및 상호작용의 정도 • 문이 없는 경우 : 가족 간 거리감, 고독감 • 문이 활짝 열린 경우 : 온정을 느끼고 싶은 강렬한 욕망 • 문이 측면에 그려진 경우 : 신중성, 현실도피 성향 • 문이 집에 비해 작은 경우 : 사회성 결핍, 무력감, 현실도피 성향 • 문에 잠금장치를 강조한 경우 : 방어적 성향, 의심증, 망상증
창문	• 환경과의 간접적 접촉의 성질 및 상호작용의 정도 • 창문이 없는 경우 : 대인관계 곤란 • 창문과 문이 모두 없는 경우 : 정신분열 • 창문이 많은 경우 : 타인과 친밀해지고 싶은 욕망

지붕	• 생활의 환상적 영역, 공상적 활동, 자기 자신에 대한 관념 • 지붕이 큰 경우 : 환상·공상에의 몰두, 대인관계에 대한 무관심 • 지붕과 벽을 함께 그린 경우 : 심한 환상적·공상적 사고, 정신분열 • 지붕이 없는 경우 : 심각한 위축성, 정신지체 • 지붕이 파괴되거나 금이 간 경우 : 억압된 자기통제력
굴뚝	• 가족 내 관계, 애정욕구, 성적 만족감 • 작은 연돌 : 거세불안, 성적 무능력감 • 많은 연돌 : 남근선망, 대인관계 욕구 • 굴뚝에서 연기가 나는 경우 : 가정 내 갈등, 애정욕구 결핍 • 굴뚝이 없는 경우 : 정적인 가족 내 분위기
벽	• 자아 강도 및 통제력 • 연결이 부적절한 벽 : 일차적 욕구에 대한 집착, 자아상실감 • 허물어질 듯한 벽 : 자아의 붕괴 • 벽면이 깨끗한 경우 : 우울증, 현실도피 성향, 대인관계 결핍 • 벽에 방의 내부를 그린 경우 : 정신지체, 정신분열 • 벽의 한쪽 면과 다른 쪽 면이 어긋난 경우 : 이중인격, 해리성 장애
부수적 사물	• 해, 나무, 수풀 : 의존욕구 • 구름, 그림자 : 불안감 • 길 : 대인관계 • 울타리, 산, 관목 : 방어욕구

• 나무

분류	내용
뿌리	• 안정성 여부, 현실과의 접촉 수준 • 뿌리를 강조한 경우 : 불안정 및 그에 대한 과도한 보상 • 뿌리가 없는 경우 : 현실에서의 불안정감 • 뿌리 없이 땅을 그린 경우 : 내적 자기에의 단절감, 약간의 안정감 수준
기둥	• 자아 강도, 내면화의 힘 • 크거나 높은 경우 : 자아 강도 부족 및 그에 대한 과도한 보상 • 기둥이 빈약한 경우 : 위축감, 무력감 • 기둥이 기울어진 경우 : 외적 요인에 의한 내적 자아 손상 및 압박 • 옹이구멍이 있는 경우 : 성장과정상 외상 경험
가지	• 환경 및 타인과의 접촉 성향, 수검자의 자원 • 작은 기둥에 큰 가지를 그린 경우 : 과도한 성취성향 • 큰 기둥에 작은 가지를 그린 경우 : 성취좌절, 부적절감 • 가지가 없는 경우 : 대인관계 위축, 우울감 • 가지의 열매가 떨어진 경우 : 타인관계 실패, 정서적 어려움
잎	• 잎이 가지에 비해 작은 경우 : 정신적 퇴행 • 잎이 가지에 비해 큰 경우 : 정열, 과도한 욕구 • 잎이 직선적인 경우 : 분리적 성격, 외계 순응에의 어려움 • 잎이 둥그런 경우 : 사교성, 명랑한 성격

• 사람

분류	내용
머리	• 인지능력 및 지적 능력, 공상 활동 • 머리를 크게 그린 경우 : 지적 욕망, 자아의 확장 • 머리를 작게 그린 경우 : 지적 부적절감, 열등감, 강박적 성향 • 머리가 없는 경우 : 불쾌한 생각의 제거 욕망 • 머리가 뒤를 보고 있는 경우 : 정신분열, 현실도피 • 머리가 옆을 보고 있는 경우 : 공상, 환각
얼굴	• 눈 : 기본적 성향 및 현재의 기분 • 코 : 성적 상징, 외모에 대한 태도, 타인과의 관계형성 • 입 : 심리적 성향, 타인과의 의사소통 • 귀 : 정서자극에 대한 반응 • 턱 : 공격성, 자기 주장적 성향 • 목 : 지적 영역, 충동적 성향
몸통	• 어깨 : 책임성, 책임 수행 능력 • 가슴 : 남자의 경우 힘과 능력, 여자의 경우 성적 성숙 및 애정욕구 • 허리 : 성적 행동, 성충동 • 엉덩이 : 성적 발달 미숙
팔다리	• 팔 : 현실에서의 욕구충족 방식 • 다리 : 목표를 위한 행동, 위험으로부터의 도피 • 손 : 사회적 교류, 환경에 대한 통제 능력 • 발 : 독립성 대 의존성

❗ 더 알아두기 ○

HTP의 투사적 상징	
집 (House)	• 가정생활 • 가족 간 상호관계 • 부부관계 • 아동기 부모와의 관계
나무-사람 (Tree-Person)	• 신체상(Body Image) 및 자기상(Self Image) • 대인관계 • 타인에 대한 감정

HTP의 내담자 그림 해석 사례 : 사람 그림의 경우(성인 내담자). '사람' 그림의 경우 자기상의 반영이다. 위 두 그림 모두에서 그림의 위치는 왼쪽으로 치우쳐 있다. 이는 내담자의 외향성, 충동성을 반영한다. 그림의 크기는 여자로 보이는 그림이 남자로 보이는 그림보다 다소 크다. 이는 여성 내담자가 그렸다면 성정체감에 대한 불확실로 이 불안을 보상하기 위한 우월감의 표시로 해석하는 것이 가능하다. 남성 내담자가 그린 경우, 남성처럼 보이는 그림을 아이처럼 표현한 것으로 보아 불안한 상황에 대한 안정감을 추구하여 어린아이로 되돌아가고 싶은 욕구를 반영한 것으로 풀이할 수 있다. 두 그림 모두 신체의 일부가 생략(혹은 절단)되어 있는데 이는 불안감과 내적 갈등, 그리고 강한 충동성 혹은 이를 억제하는 것이 발현된 것으로 해석될 수 있다.
*위의 해석은 일례에 불과한 것으로 보다 정확한 해석을 하려면 내담자가 그림을 그린 순서, 그림을 그리면서 한 반응, 면담 결과 등 모든 것이 종합적으로 고려되어야 한다.

(8) 문장완성검사(Sentence Completion Test, SCT)의 이해

① SCT의 의의

㉠ SCT는 단어연상검사의 변형·발전된 형태로, 다수의 미완성 문장들에 대해 수검자가 자신의 생각대로 문장을 완성하도록 하는 검사이다.

㉡ 갤톤(Galton)의 자유연상법, 카텔(Cattell) 및 라파포트(Rapaport)의 단어연상법, 융(Jung)의 임상적 연구 등에 영향을 받았다.

㉢ 1897년 에빙하우스(Ebbinghaus)가 최초로 지능검사 도구로써 미완성문장을 활용하였으며, 1928년 페인(Payne)이 문장완성을 성격검사 도구로써 처음 사용하였다. 이후 1930년 텐들러(Tendler)가 이를 사고반응 및 정서반응의 진단을 위한 도구로 발전시켰다.

㉣ 제2차 세계대전 당시 대규모의 인원을 대상으로 한 효과적인 병사 선발을 목적으로 일대일의 직접 면담 대신 활용되었다. 이후 심리검사 배터리(Battery)에 포함되어 연구 목적에 따라 다양한 형태로 변형·제작되었다.

㉤ 현재 임상 현장에서는 삭스 문장완성검사(Sacks Sentence Completion Test, SSCT)가 널리 사용되고 있다.

② SCT의 특징

㉠ SCT는 자유연상을 토대로 하므로 수검자의 내적 갈등이나 욕구, 환상, 주관적 감정, 가치관, 자아구조, 정서적 성숙도 등을 효과적으로 파악할 수 있다.

㉡ 언어표현을 사용하므로 수사법, 표현의 정확성 여부, 표현된 정서, 반응시간 등이 중요한 의미를 지닌다.

㉢ 보통 50~60개 문장을 통해 수검자의 복합적인 성격 패턴을 도출해 낸다.

ⓔ 로샤검사나 주제통각검사보다 더 구조화되어 있으므로, 몇몇 학자들에 의해 투사적 검사로 보기 어렵다는 견해도 있다.

ⓜ 단어연상검사에 비해 연상의 다양성이 감소된다는 지적도 있으나, 검사 문장을 통해 나타나는 상황적 맥락이나 감정적 색채 등이 오히려 수검자의 태도나 관심 영역을 잘 반영하고 있다는 주장이 받아들여지고 있다.

ⓗ 수검자는 '예/아니요'와 같이 단정적으로 답을 강요당하지 않으며, 자신이 원하는 대로 답할 수 있다.

ⓢ 수검자가 검사의 구체적인 의도를 명확히 알지 못하고, 옳은 답 또는 그른 답을 분간할 수 없으므로 비교적 솔직한 답을 얻을 수 있다. 다만, 다른 투사적 검사에 비해 검사의 의도가 완전히 은폐되지 않으므로 수검자의 응답이 왜곡되어 나타날 가능성을 완전히 배제하기는 어렵다.

ⓞ 다른 투사적 검사에 비해 검사의 시행 및 해석에 있어서 특별한 훈련이 요구되지 않는다. 다만, 표준화검사와 같이 객관적인 채점을 할 수는 없으므로 검사결과의 임상적인 분석을 위해 보다 전문적인 수준의 지식과 훈련이 필요하다.

ⓩ 집단적인 검사가 가능하므로 시간 및 노력이 상대적으로 적게 소요된다.

ⓩ 검사 문항의 작성이 매우 용이하며, 특히 다양한 상황에 부합하도록 검사 문항을 수정하거나 추가적인 질문을 할 수 있다.

ⓚ 수검자의 언어 표현능력이 검사 결과에 영향을 미치므로, 언어 발달이 완전히 이루어지지 못한 아동에게는 적용하기 어렵다.

③ SCT의 시행 및 해석

　㉠ SCT의 시행 방법

　　• 문장을 완성하는 데 있어서 정답이 없으므로, 수검자는 의식적인 검열의 과정을 거치지 않은 채 자신의 처음 생각을 작성하도록 한다.

　　• 글씨나 문장의 좋고 나쁨은 의미가 없다.

　　• 주어진 문장에 대해 아무런 생각이 나지 않는 경우 해당 문항에 표시를 한 채 다음 문항으로 넘어간다. 이후 해당 문항은 마지막 과정에서 작성을 완료하도록 한다.

　　• 원칙적으로 시간제한은 없으나, 생각을 하는데 오래 걸리지 않도록 빨리 작성한다.

　　• 문장을 지우고 다시 쓰고자 하는 경우 두 줄을 긋고 빈 공간에 쓰도록 한다.

　㉡ SCT의 반응 유형

유형	반응 내용	판단
고집형	내용의 변화가 적으며, 특정 대상이나 욕구를 반복적으로 제시함	성격의 경직성, 기호의 편벽성
감정 단반응형	'좋다' 또는 '싫다' 등 간단하고 짧막한 어휘로 반응함	정신지체, 감정 통제의 어려움
장황형	감정 단반응형과 달리 장황하고 지루하게 반응함	신경증적·강박적 성향
자기 중심형	자신과 관련되지 않은 문항에서조차 자기중심적인 주제로 반응함	미성숙
공상 반응형	비현실적인 생각이나 공상으로 반응함	현실도피, 현실에의 부적응

허위 반응형	자신의 본래 모습을 감추면서 도덕적으로 반응함	반사회성, 가장적 성향
모순형	검사 전체의 전후 내용을 고려할 때 내용상 모순적으로 반응함	무의식적 갈등
반문형	자극 문항 앞에서 응답이 아닌 반문으로 반응함	권위에 대한 저항
은닉형	자극 문항 앞에서 반응의 내용에 대해 구체적인 표현을 삼감	자기 방어적 성향
거부형	자극 문항 앞에서 고의로 '없다' 또는 '모른다'로 반응하거나 전혀 반응하지 않음	자기 방어적 성향
병적 반응형	자극 문항 앞에서 비정상적인 내용으로 반응함	정신장애

ⓒ SCT의 해석 요인

성격적 요인	• 지적 능력 요인 • 정의적 요인 • 가치 지향적 요인 • 정신역동적 요인
결정적 요인	• 신체적 요인 • 가정적·성장적 요인 • 대인적·사회적 요인

ⓓ SCT 해석 시 고려사항
- 수검자는 외적인 환경자극에 반응하는가 또는 자신의 내적인 충동에 반응하는가?
- 수검자는 스트레스 상황에서 충동적으로 반응하는가 또는 자기 통제적으로 반응하는가?
- 수검자의 사고는 성숙한 편인가 또는 미성숙한 편인가?
- 수검자의 사고는 현실적인가 또는 공상적이거나 자폐적인가?

제 5 절 　행동평가

1 행동관찰

(1) 행동관찰이란?

관찰은 질문지나 표준화 검사를 실시하지 않고 연구대상에 대하여 지켜보는 것이다. 관찰은 관찰자의 관찰에 의하여 관찰대상의 특성을 파악하고 분석한다.

(2) 행동관찰의 종류

관찰은 관찰의 통제여부, 관찰의 조직성 여부, 연구의 참여여부 등의 세 가지 기준에 따라서 구분될 수 있다(성태제, 1998).

① 관찰의 통제 여부

통제 여부에 따라서 통제적 관찰과 비통제적 관찰로 구분된다. 통제적 관찰은 처치를 가하거나 자극을 준 어떤 실험적 상황에서 관찰을 통하여 처치나 자극에 대한 효과를 분석하는 방법이다. 이때 통제를 가하는 이유는 관찰자가 설정한 변인 이외의 다른 변인이 관찰결과에 영향을 미치는 것을 최대한 제외시키기 위한 목적으로 실시된다. 비통제적 관찰은 전혀 처치를 가하지 않은 상태에서 자연스러운 모습을 관찰하는 것을 말한다. 주로 인류학에서 사용하는 방법의 대부분이 비통제적 관찰이다.

② 관찰의 조직성 여부

관찰의 조직성 여부에 따라서 자연 관찰과 조직적 관찰로 구분된다. 조직적 관찰은 관찰의 내용이 제한적이어서 관찰내용, 관찰방법, 기록방법 등이 사전에 규명되어 있는 관찰이다. 일반적으로 점검표에 의하여 관찰할 경우 관찰방법이 구조화되어 있다고 할 수 있다. 자연 관찰은 조직적 관찰과 반대되는 관찰방법으로 관찰의 내용, 시기, 방법 등을 사전에 조직화하지 않고 자연스럽게 관찰하는 방법이다.

③ 관찰의 참여 여부

관찰의 참여 여부에 따라서 참여관찰과 비참여관찰로 구분되며, 참여관찰은 완전 참여관찰과 부분 참여관찰로 다시 구분된다. 참여관찰이란 연구자가 관찰 상황에 참여하여 관찰하는 방법이다. 완전 참여관찰은 관찰자가 역할을 숨기고 상황에 참여하여 관찰하는 방법이다. 일반적으로 인류학자들이 주로 사용하는 방법으로 피관찰자가 관찰자를 의식하지 못하도록 하는 것이 주된 방법이다. 경우에 따라서는 관찰을 하고 있다는 것을 공개적으로 알리고 관찰을 하는 경우도 있다. 학교장면에서는 학생들이 교사와 함께 있을 때, 교사가 자신들을 항상 관찰하고 있다는 것을 의식하는 상황이기 때문에 공개적인 관찰이 되는 경우가 대부분이다. 부분 참여관찰은 특정 상황 또는 장면에만 관찰을 하는 방법이다. 교사가 부분 참여관찰을 하는 경우는 학생들과 접촉하는 시간에만 관찰을 하는 방법이다. 대부분의 교사들이 부분 참여관찰의 형식으로 학생들을 관찰하고 있다고 보는 것이 맞다.

반면에 비참여관찰은 대상과의 상호작용을 극소화하기 위해서 관찰자가 관찰 상황에 참여하지 않고 관찰하는 방법이다. 최근에는 비디오카메라를 이용한 관찰법이 주로 사용되고 있다.

2 사회성 측정법

사회성 측정법은 다음과 같을 때 매우 유용하게 사용된다.
• 새로운 집단을 조직하거나 기존의 집단구조를 재구성하고자 할 때
• 사회적 적응에 다른 도움이 필요한 개인을 찾아내고 그 원인을 진단하고자 할 때
• 한 집단의 응집력과 집단 내 개인들 간의 수평적·수직적 인간관계를 분석하고자 할 때

(1) 사회성 측정의 필요성

① 아동들이 또래 관계 속에서 갖는 사회적 지위에 대한 평가가 어떤 한 개인 아동의 미래에 대한 적응지표가 됨

② 아동기의 또래 관계가 성인기의 정신건강 간에는 밀접한 관련성이 있다는 발달심리학자와 임상 심리학자들의 견해

③ 예방적 개입이 필요한 아동들에게 처치를 가하기 위하여 사회성 측정 자료가 필요

④ 부적응 문제를 가지고 있는 아동을 확인해야 하는 윤리적인 문제

⑤ 아동의 초기 사회성 발달이 청소년기의 비행문제 및 성인기의 사회적 부적응 문제와 매우 관련성이 높음

> **더 알아두기**
>
> 사회성 측정은 소시오메트리(Sciometry)라는 용어로 사용되고 있으며, 사회성 또는 동료관계의 측정을 의미한다. 처음 사용되었던 사회성 측정의 방법은 추인법(Guess Who Technique)이었으며, 사회성 측정을 학문적으로 완성시킨 사람은 Moreno(1934)이다. 사회성 측정의 초기에는 일차원적 접근으로 매력차원(긍정지명) 하나만으로 사회성 측정에 따른 개인의 사회적 지위를 계산하였다.

(2) 사회성 측정법을 이용할 때 주의점

① 집단이 형성된 시간을 고려해야 한다.

② 집단의 연령수준을 고려해야 한다. 초등학교 저학년의 경우에는 질문지를 사용하기보다는 면접과 같은 형태로 자료를 수집하는 것이 좋다.

③ 집단의 크기가 적당해야 하고, 모든 구성원이 참여해야 한다. 사회성 측정의 대상을 전체 학교, 전체 학년 등과 같이 대규모로 진행하기에는 어려움이 많다. 따라서 가장 적절한 규모는 같은 학급 내에서 이루어지는 것이 타당하며, 학급의 모든 구성원이 포함되어야 한다.

④ 결과는 학생들에게 일체 알려주지 않는다. 결과를 공개하는 것은 사회성 측정의 목적을 달성하는데 도움이 되지 않는다.

⑤ 실시 시기는 한 학기에 한 번 정도가 적당하다. 학급의 전체 구조 및 그 변화과정을 알기 위해서는 한 학기에 한 번 정도가 적당하며, 너무 자주 실시하는 것도 오히려 바람직하지 않다.

(3) 사회성 측정의 방법

① 동료지명법

동료지명법에서 많이 사용된 고전적인 방식으로 여러 다양한 상황에서 학생이 택하거나 배척하는 사람의 이름을 물음으로써 학급 내의 현존하는 여러 가지 인간관계, 사회적 구조 등을 알 수 있다. 선호하는 사람을 3명만 선택하도록 제한하기도 한다. 이러한 선택 수 제한의 방법은 자료수집이 용이하고 자료처리가 쉬운 장점이 있다. 교사가 학생들로부터 수집하고자 하는 정보에 따라서 질문은 여러 가지로 다르게 제시될 수 있다.

　　㉠ 누구와 같이 앉기를 원합니까? 원하는 순서대로 적으세요.

　　㉡ 혼자서는 하기 힘든 숙제가 있다면, 누구와 함께 했으면 좋겠습니까?

　　㉢ 만약 등산을 간다면, 누구와 함께 가고 싶은가요?

　　㉣ 방학 동안에 함께 놀고 싶은 친구는 누구인가요?

　　㉤ 생일파티에 초대하고 싶은 친구는 누구인가요?

　　㉥ 사진을 함께 찍고 싶은 친구는 누구인가요?

② **동료평정법**

동료평정법은 동료들이 평정척도에 따라 동료들을 평정하는 방법이다. 현재 이 방법은 동료지명법과 함께 많이 사용되고 있다. 교실에서 교사가 학생행동에 관한 관찰이 매우 제한적이기 때문에 동료 간의 평정이 오히려 학생들의 사회적 적응을 이해하는 데 도움이 될 수 있다. 이 방법은 모든 동료를 모두 다 평정해야 하기 때문에 동료평정법은 동료지명법보다 시간이 더 많이 소요되며 반응에 대한 자발성이 결여될 가능성이 높다.

> **⚡ 더 알아두기 🔍**
>
> 동료 간 평정 시의 유의점은 ⓐ 평정하고자 하는 특성이 학생의 이해 범위 안에 있어야 한다. 특히 아직 어린 학생들은 "가장 약속을 잘 지키는 사람은?" 같은 문항에 대해서는 평정할 수 있겠지만, "가장 수용성이 높은 사람은?"과 같은 문항에 대해서는 그 의미를 이해하기 어려워서 평정이 불가능할 수 있다. ⓑ 평정을 통해서 도출된 결과는 철저하게 비밀이 보장되어야 한다. 평정결과가 나쁜 학생이 이를 통해서 친구들에 대한 배신감 또는 열등감 같은 부정적인 감정을 갖지 않도록 배려해 주어야 한다.

③ **추인법**

추인법은 일련의 진술문을 학생에게 주고 각 설명에 적합한 이름을 적도록 하는 것이다. 질문은 교사의 선택에 따라 다르게 제시될 수 있다. 사용되는 질문은 학생들에게 친구를 판단하는 데 흥미와 동기를 유발한다. 또한 친구들의 개인적 역할을 교사가 이해하도록 도움을 준다. 물론 추인법에서 지명된 학생들의 이름도 밝혀지지 않도록 비밀을 유지하여야 한다.

　　㉠ 언제나 행복한 사람은 누구입니까?

　　㉡ 언제나 걱정이 많은 사람은 누구입니까?

　　㉢ 가장 운동을 잘하는 사람은 누구입니까?

　　㉣ 수업시간에 가장 조용한 사람은 누구입니까?

　　㉤ 가장 친구를 잘 도와줄 것 같은 사람은 누구입니까?

　　㉥ 친구들을 가장 즐겁게 해주는 사람은 누구입니까?

　　㉦ 가장 노래를 잘하는 사람은 누구입니까?

3 **심리검사의 활용**

(1) 학교장면과 심리검사의 활용

① 객관화된 점수를 이용하여 학생의 성격, 적성, 흥미 등을 알려주는 각종 심리검사는 교사의 입장에서는 학생을 이해하기 위한 타당한 자료가 된다. 학생들이 지니고 있는 흥미, 적성, 성격과 같이 눈으로 보이지 않는 심리적 속성들을 눈으로 확인할 수 있는 객관화된 점수로 알려줄 수 있다.

② 학생의 여러 가지 특성을 정확하게 알 수 있다. 학생의 특성을 이해한다는 것은 상담의 과정과 결과에 영향을 미칠 수 있다. 또한 학생에게 보다 나은 성찰을 제공해 줄 수 있다는 점에서 필요하다.

(2) 심리검사의 해석 절차

개인 검사해석을 하는 경우 일반적으로 다음의 4단계의 과정을 거치는 것이 필요하다. 성격검사, 임상적 진단검사 등의 개인의 특성을 진단하거나 의미하는 검사의 경우 검사의 제작절차, 검사제작에서의 타당도와 신뢰도 등 전문성을 요하는 경우가 많다.

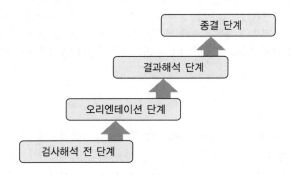

[심리검사의 해석 단계]

① **1단계 : 검사해석 전 단계**

㉠ 검사실시과정에서 작성한 상담을 받게 된 경위 등을 확인하고, 특이점이 있었는지를 점검한다.

㉡ 검사실시자가 다른 사람이었다면, 여러 개의 검사 중 학생에게 실시한 검사의 선택이유를 파악해 둘 필요가 있다.

㉢ 학생이 전에도 상담실을 찾았던 경험이 있다면 다른 심리검사를 했을 수 있다. 학생의 모든 심리검사 결과 파일을 미리 찾아둔다. 최근에는 다면적인 접근을 위해서 하나 이상의 검사를 실시하는 경우가 빈번하게 발생하기 때문에 여러 가지 검사의 종합적인 해석을 위해서 필요하다. 따라서 학생에게 검사 실시를 권유한다면 여러 가지 검사의 권유를 할 수도 있다.

㉣ 이 단계에서 마지막으로 고려할 점은 검사결과를 신뢰해도 되는가를 판단하는 것이다. 각각의 검사는 타당도 척도를 포함하고 있다. 타당도 척도의 결과를 통해서 나머지 검사척도의 해석에 대한 판단에 대한 도움을 받을 수 있다. 심한 경우에는 검사결과에 대한 해석이 불가능함으로 재검사를 실시할 필요도 있다.

② **2단계 : 오리엔테이션 단계**

　㉠ 검사 실시 과정에서 학생이 제기한 상담의 목적 또는 검사실시의 목적을 확인할 필요가 있다. 검사실시의 목적이 상담의 과정인지 아니면 단순히 검사만을 목적으로 한 것인지 등을 파악하는 것은 효율적인 검사해석을 위해서 반드시 검사실시자가 알고 있어야 할 내용이다.

　㉡ 학생이 검사를 실시하는 과정의 심리적 또는 환경적 상태를 파악할 필요가 있다. 검사실시과정에서 학생이 편안하게 검사를 실시할 수 있는 환경이 제공되었는지를 확인할 필요가 있다.

　㉢ 학생은 검사결과 해석을 받기 위해 대기하는 동안, 개인적으로 검사결과를 예측해 볼 수 있다. 검사실시자는 학생이 가지고 있는 검사결과에 대한 본인의 생각을 확인할 필요가 있다. 타당도 문제로 재검사를 실시할 경우에는 별도의 인터뷰를 실시하여 검사실시과정에 대한 학생의 상태를 파악할 필요가 있다.

③ **3단계 : 결과해석 단계**

　㉠ 내담자가 실시한 심리검사에 대한 일반적인 설명과 함께 점수의 의미를 설명한다. 청소년 내담자는 심리검사의 점수를 성적과 같은 능력으로 이해할 수 있다. 또한 검사결과에서 제시하는 점수의 종류가 내담자가 이해하는 원점수의 개념이 아닌 표준점수를 사용했을 경우에는 그 의미를 정확하게 설명해주는 것이 필요하다.

　㉡ 내담자에게 검사의 타당도 척도에 대한 설명을 해주어야 한다. 표준화검사는 타당화 척도를 포함하고 있다. 타당화 척도는 검사결과에 대한 신뢰성을 제공해주는 척도이며, 때로는 타당화 척도 결과에 따라 검사를 재실시하는 경우도 발생한다. 결과해석 단계에 있는 내담자라면 타당화 척도의 결과를 통해서 본인이 솔직하게 응답하였음을 알게 하는 것이 필요하다. 결과에 대한 내담자의 수용정도에 영향을 미칠 수 있기 때문이다.

　㉢ 검사해석의 과정에서 각 하위척도를 설명하고 각 점수의 의미를 설명하는 것이 가장 핵심적인 단계이다. 초보 학교심리학자는 단일척도에 대한 해석만을 제공하여 내담자에게 전문적인 조언을 못해주는 경우가 발생하기도 한다. 여러 개의 하위척도로 구성된 검사는 척도의 조합에 따른 해석이 필요한 경우가 발생한다. 따라서 복합척도의 해석 경험이 없는 학교심리학자는 사전에 검사매뉴얼 또는 해석집의 도움을 받아 검사해석을 준비해야 한다.

　㉣ 일반적으로 검사실시자는 검사가 제공하는 다양한 전문용어를 사용한다. 그러나 각각의 검사에서 제공하는 용어는 별도의 조작적 정의가 존재한다. 상식적인 수준에서 이해하려고 하는 내담자를 위해서 용어에 대한 충분한 설명이 해석과정에서 이루어져야 한다.

　㉤ 검사의 해석과정에서 학교심리학자가 검사결과를 일방적으로 설명하는 것은 주의해야 할 사항이다. 일방적인 검사결과 전달보다는 검사해석 과정에 내담자가 보다 많이 참여하도록 격려한다. 또한 검사해석과정에서 내담자가 검사결과를 어떻게 이해하고 느끼는지에 관심을 가지고 의사소통하는 것이 내담자를 이해하는 데 도움이 될 것이다.

　㉥ 최종적으로 내담자에게 검사의 종합적인 소견을 정리해 주는 것이 필요하다. 내담자는 검사해석과정에서 다양한 설명을 받게 된다. 자신의 성격적 측면 또는 현재의 심리상태에 대한 종합적인 설명을 통해서 스스로 문제에 대한 자각을 할 수 있도록 도와줘야 한다. 때로는 학교심리학자의 입장에서 내담자의 상태를 정리해 주는 것도 필요하다. 학교심리학자가 결과해석의 마지막 단계에서 정리를 해주지 않는다면 내담자는 혼란에 빠질 수도 있다.

④ **4단계** : 종결 단계
   ⊙ 검사해석 과정을 통해 내담자는 자신에 대한 내적통찰을 이루게 된다. 이미 자신에 대해서 알고 있었던 내용과 함께 새로운 내용을 알게 될 것이다. 학교심리학자는 내담자가 새롭게 인식한 내용을 요약할 수 있는 시간을 제공해야 한다. 이를 통해서 내담자의 검사결과에 대한 수용여부를 확인할 수 있다.
   ⓛ 내적 통찰능력이 있는 내담자는 검사해석 결과를 듣는 과정에서 해석내용과 자신의 문제를 연결지어서 추론할 수 있을 것이다. 만약 학교심리학자와의 상담과정에서 내담자의 통찰이 이루어지지 않는다면, 학교심리학자가 내담자에게 검사해석내용과 내담자 자신의 문제를 연결지어서 탐색하도록 유도할 필요가 있다.
   ⓒ 내담자가 심리검사를 실시하는 이유는 상담을 위한 목적과 자신의 현재 상태를 파악하려는 목적으로 구분될 수 있다. 심리검사 해석을 통해서 나타난 결과에 대한 수용여부는 본인의 선택이지만, 학교심리학자는 내담자가 합리적인 판단을 할 수 있도록 도와주어야 한다.

제 6 절   프로그램평가

1 개관

아동과 청소년에게 시행한 자신의 프로그램의 질을 향상시키고자 하는 프로그램 관리자(=학교심리학자 등)에게 있어 프로그램평가는 매우 중요한 수단이 될 수 있다. 프로그램평가는 해당 프로그램의 효과에 대한 기본적인 의문에 대한 대답인 동시에 평가 데이터는 프로그램 서비스를 향상시키는 데 사용될 수 있다.

(1) 정의

프로그램평가는 어떤 프로그램에 대한 기본적인 의문에 대한 대답을 위한 체계적인 정보의 수집, 분석 및 사용법을 의미한다. 여러 가지의 프로그램평가 방법이 있고 그러한 방법을 설명하는 많은 용어가 있을 수 있지만, 평가는 크게 과정 평가와 결과 평가의 두 가지 범주로 구분된다.

① **과정평가** : 개입이나 프로그램이 계획한대로 실행되었는지, 의도된 타겟 집단에게 실행되었는지, 그리고 프로그램 실행에 있어 중요한 문제점과 성공 전략은 무엇인지 등을 평가하는 것이다.

② **결과평가** : 아동 혹은 청소년에게 나타나는 결과 및 기대되는 변화 정도, 그리고 그 변화가 프로그램 실행에 의한 것인지를 평가하는 것이다.

(2) 우려사항

프로그램평가에 있어 프로그램 관리자가 고려할 수 있는 몇 가지 우려의 사례는 다음과 같다.

① 평가는 프로그램 자체의 자원을 분산시킬 수 있다. 일반적으로 평가가 프로그램 전체 예산의 10~20%를 가져가는 것은 맞으나, 평가를 통하여 얻는 것으로 프로그램 참가자를 위해 어떻게 일하고 무엇을 개선할 수 있는지에 초점을 맞추는 방식으로 자원을 간소화할 수 있다.

② 평가는 지나치게 복잡할 것이다. 일부 평가는 복잡할 수 있으나, 평가 설계는 단순하고 쉬울 수 있다. 독립적인 평가자 혹은 상담자는 해당 프로그램에 적합한 서비스 모델을 선택하여 평가를 설계하는 것을 도울 수 있다.

③ 평가는 관련자에게 추가적인 부담을 줄 수 있다. 프로그램 관련자에 대한 부담을 최소화하기 위하여 평가 활동을 진행 중인 프로그램 관리 활동에 포함시킬 수 있다. 그리고 적당할 때에 외부 평가자가 평가 데이터를 수집할 수 있다.

④ 평가는 부정적인 결과를 양산할 수 있다. 무엇이 잘못 기능하였는지를 알아내는 것은 무엇이 잘 기능하는지를 알아내는 것만큼이나 중요한 것이다.

⑤ 평가는 프로그램 모니터링의 다른 형태이다. 프로그램 모니터링은 그 프로그램이 수행 기준을 준수했는지 여부를 평가하는 것이며, 평가란 기대되는 결과가 도출되었는지를 평가하는 것이다.

(3) 수행 이유

① 프로그램평가로 무엇이 잘 기능하였는지와 무엇이 잘못 기능하였는지를 발견할 수 있다. 과정평가 혹은 결과평가는 프로그램 관리자가 그 프로그램의 효과에 대한 아래의 기본적인 의문에 대답하게 한다.

ㄱ 프로그램 서비스를 통하여 참가자들이 얻을 수 있는 이점은 무엇인가?

ㄴ 모집 전략이 기능하는지?

ㄷ 시행자는 서비스 실행에 있어 필수적인 기술을 갖추었는가?

ㄹ 참가자는 프로그램에 만족하는가?

ㅁ 일부 하위 집단에만 이점이 있고 다른 하위 집단에게는 그렇지 않은가?(예 소년 집단 vs 소녀 집단 등)

무엇이 잘 기능하였는지를 아는 것은 프로그램 참가자에게 이점을 줄 수 있는 프로그램 요소에 자원을 집중할 수 있도록 하며, 무엇이 잘못 기능하였는지를 아는 것은 서비스 전달 모형을 개량할 수 있도록 한다. 무엇이 잘 기능하였는지를 모르는 것은 귀중한 시간과 자원을 낭비하게 하는 것이다.

② 프로그램평가를 통하여 지역사회와 자금 제공자에게 프로그램의 효과를 알려 줄 수 있다. 지역사회와 자금 제공자에게 그 프로그램이 가치가 있다는 것을 보여 주기 위하여 프로그램 결과를 활용할 수 있다. 지역사회에서 결과를 공유하는 것은 협력 파트너를 불러 모으고, 참가자를 모집하고, 가족과 지역사회 구성원의 신뢰를 얻는 데 있어 좋은 수단으로 기능한다. 또한, 자금 제공자는 종종 어떤 프로그램에 자금을 지원할지 말지를 결정하고자 프로그램평가를 요구하기도 한다.

③ 프로그램평가는 프로그램 시행자의 최전방 실무를 개선할 수 있다. 아동과 청소년에게 서비스를 전달하는 최전방 시행자의 방식을 개선하는 것은 프로그램 참가자에게서 프로그램의 긍정적 효과를 얻을 수 있는 가능성을 증가시킬 수 있다. 프로그램의 평가를 통해 그 프로그램의 관리자가 시행자의 수행을 체계적으로 평가하고 시행자가 성공한 부분과 더 많은 지원이나 훈련이 필요한 부분을 알 수 있도록 한다. 평가는 또한 시행자에게 그들이 직면한 문제와 잠재적인 해결책에 대하여 토의할 수 있는 기회를 제공하기도 한다.

평가 질문은 다음 아래를 포함한다.

　㉠ 프로그램 참가자에게 효과적으로 작용하는 시행자의 필수 기술을 갖추었는지?

　㉡ 어떤 종류의 추가 훈련이 시행자에게 도움이 될지?

　㉢ 시행자는 일하는데 필요한 코치와 멘토링을 받고 있는가?

　㉣ 시행자는 효과적으로 기능하는 데 필수적인 지원을 받고 있는가?

④ 프로그램평가를 통하여 중요한 자가평가 및 미래에 대한 계획을 수행할 수 있는 프로그램의 수용력을 증대시킬 수 있다. 내부적으로 혹은 외부 평가자를 통하여 평가를 수행하는 것은 시행자 및 프로그램 요구 평가, 시행자의 수행 평가 및 프로그램의 목적이 충족되었는지를 평가하는 것을 포함하여 중요한 자가평가를 수행할 수 있는 조직의 수용력을 증대할 수 있다. 이것은 프로그램 운용을 강화하는 역할을 하여 긍정적인 결과가 나올 수 있도록 한다.

⑤ 프로그램평가는 학교 밖 시간에 대한 정보를 줄 수 있다. 프로그램에서 학습되는 지식에 대하여 동료와 공유하는 것은 다른 프로그램 관리자와 시행자가 실수를 반복하지 않도록 하며 성공적이고 효과적인 전략이 반복하여 사용될 수 있도록 한다.

2 학교심리학 프로그램평가의 특징

(1) 스미스-하비(Smith-Harvey)와 스트라찌에로(Struzziero)(2008)의 학교심리학 서비스 프로그램 평가

① 서비스의 종합적인 품질에 대한 피드백 제공

② 서비스의 향상 요구의 종류 식별

③ 절차적 영역이나 프로그램 영역에서의 향상 주도

④ 전문성 개발에 도움

⑤ 전문적 인식에 대한 기회 제공

⑥ 학교심리학 서비스의 효율성 증진에 이바지할 수 있어야 한다고 제안

(2) 위 평가 과정을 시작하려면 학교심리학적 서비스의 효율성 및 품질과 관련된 몇 가지 질문이 필요하다.

① 학교심리학 서비스가 학생과 학교 관계자에게 긍정적인 영향을 주었는지?

② 학교심리학 서비스 절차가 지역사회 및 정부의 가이드라인을 준수하였는지?

③ 학교심리학 서비스가 전문적 기준[학교심리학 서비스의 포괄적인 통합 모형(Model of Comprehensive and Integrated School Psychological Services; 통칭, NASP Practice Model)]과 비교해서 어떤지?

④ 학교 행정가, 학부모, 그리고 교사가 학교심리학 서비스를 충분히 고려했는지?

⑤ 학교심리학 담당 부서의 정책과 리소스가 무엇인지?

⑥ 학교심리학 서비스가 비용 효율성이 있는지?

> **더 알아두기** 🔍
>
> 미국의 학교심리학자연합(National Association of School Psychologists, NASP)은 30년 이상에 걸쳐 학교심리학 서비스의 영역에 대한 기준을 제공하고자 하였다. 이렇게 오랜 노력에도 불구하고 학교심리학자의 역할과 활동은 여전히 표준화되어 있지 않고 지역별, 국가별로 차이가 있다. 2010년 3월, NASP는 미국 내 학교에서의 학교심리학 서비스의 효과 및 품질을 극대화하기 위하여 학교심리학 서비스의 공식 모형을 승인하기에 이르렀다. 통칭 NASP Practice Model로 불리는 학교심리학 서비스의 포괄적인 통합 모형(Model for Comprehensive and Integrated School Psychological Services)은 학교심리학 서비스와 관련된 NASP의 공식 정책을 제안한다. 이 모형은 10가지의 실행 영역에 걸쳐 학교심리학자에게서 기대할 수 있는 서비스를 설명하는 하나의 보편적인 틀이다. NASP Practice Model을 활용하면 학교심리학자의 기술과 전문성(=학교에서 보유하고는 있으나 때때로 사용하지 않고 있는 자원)을 최대로, 그리고 비용 효율적으로 활용할 수 있다고 주장한다. NASP Practice Model에 대한 설명은 다음에서 한 번 더 기술될 것이다.

(3) 학교심리학 서비스 평가를 위한 종합적 요소의 포함 내용

① 학교심리학 서비스의 종합적인 품질 평가와 학생, 가족, 그리고 학교 관계자에 대한 긍정적 영향 평가

② 학교심리학 서비스의 지역사회 및 정부의 가이드라인 준수에 대한 평가

③ 현행 실무 기준인 NASP Practice Model에 의거한 학교심리학적 서비스의 평가

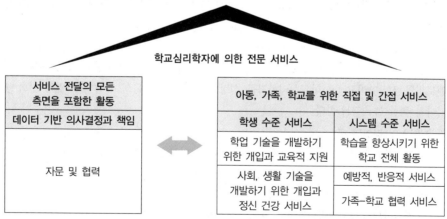

[학교심리학 서비스의 포괄적인 통합 모형]

(4) 학교심리학 서비스의 종합적인 품질 평가와 학생, 가족, 그리고 학교 관계자에 대한 긍정적 영향 평가

학교심리학자는 학생의 학업 및 사회복지에 미치는 서비스의 효과를 입증하기 위해 자료 기반 의사결정 기술을 점점 더 많이 사용하고 있다. 학교심리학 서비스의 효과를 평가하기 위한 전략과 지표는 아래의 데이터 수집을 포함한다.

① 학생 수행 데이터(예 진전도 점검, 목표 달성 데이터 등)
② 개인이나 집단행동 계획 혹은 상담 사례로부터 나온 사전 혹은 사후 데이터
③ 학부모 세션 혹은 학부모 서포트 집단에 의한 조사 데이터
④ 위기에 대한 반응이 반영된 데이터(예 후속조치 설명, 직접적인 학생 개입, 외부 혹은 지역사회 지원 요청 등)
⑤ 교사상담의 결과와 학생에 대한 효과 관련 조사 데이터
⑥ 시스템 수준 개입에 의한 조사 데이터(예 학교 안전성 지각, 출석률, 왕따 보고 등)
⑦ 서비스가 근거 기반 실천에 근거한다는 것을 나타내는 데이터
　　프로그램 선택 시 프로그램평가를 위한 엄격한 기준을 사용하는 경험적인 데이터를 고려하여야 한다. 모든 경우에서, 학교심리학자는 학생의 요구에 맞추어 제공되는 서비스의 폭을 고려하여야 하며 이러한 서비스에 대한 학생의 진전도를 점검하고 보고하기 위한 객관적인 방법을 식별해내기 위하여 일해야 한다.

(5) 학교심리학 서비스의 지역사회 및 정부의 가이드라인 준수에 대한 평가

법으로 명시된 요구조건을 준수하는 것은 필수적이며, 학교 행정의 중요한 목표이자 학생과 가족을 위한 최선의 결과로부터 나올 수 있는 것이기도 하다.
학교심리학 프로그램평가를 지원하는 학교에서 현재 수집되고 있는 여러 출처의 데이터가 있다.

(6) 현행 실무 기준인 NASP Practice Model에 의거한 학교심리학적 서비스의 수준 평가

NASP Practice Model은 학교심리학적 서비스가 정부 기준에 따라 제공되고 있는지 여부를 평가할 수 있는 여러 가지 선택안을 제시한다. 즉, NASP Practice Model은 (a) 학생의 요구에 맞추어 학교 지역사회가 제공하는 서비스의 깊이와 폭, (b) 지역사회 학교심리학자에게 제공되는 관리감독과 멘토링의 질, 그리고 (c) 학교심리학자를 성장하도록 하는 전문성 개발과 지원의 기회 및 질을 평가하기 위한 틀을 제공한다.

① **서비스의 깊이와 폭**
　　학업, 행동 및 사회-정서적 위험, 그리고 이런 위험을 초래하는 요인들에 대한 종합적인 검사는 예방 및 개입 프로그램의 필요성 여부를 결정하는 데 도움을 준다. 이 과정과 관련된 중요한 질문들은 다음과 같다.
　　㉠ 지역사회가 종합적인 범위의 학생 수준 서비스를 제공하는지?
　　㉡ 교육적 지원에 대한 개입이 충분한지?
　　㉢ 정신적, 행동적 건강 지원이 충분한지?

　　ㄹ 학교심리학자가 시스템 수준, 특히 학교에서 학업 및 사회적 문제를 예방하기 위하여 일하고 있는지?

　　ㅁ 학교심리학자가 서비스를 제공할 때 학부모 및 다른 학교 관계자, 지역사회 전문가들과 일상적으로 협력하고 있는지?

　　ㅂ 학교심리학 서비스가 서비스 데이터 기반 의사결정, 책임, 그리고 상담과 협력에 의한 실무를 반영하고 있는지?

　　ㅅ 학교심리학 서비스가 문화적 역량을 적절하게 반영하는지, 그리고 법적, 윤리적 사항을 고려하여 제공되는지?

　　ㅇ 학생 수준, 시스템 수준 서비스가 알려진 연구나 증거 사례에 기반한 것인지?

　　ㅈ 결과물 표식자 및 학교심리학 서비스로 인한 학생 진전도에 대한 정보가 규칙적으로 수집되고 점검/보고되고 있는지?

② 관리감독과 멘토링의 질

NASP Practice Model에서는 유효한 자격증을 보유한 감독자로 최소 3년의 학교심리학자 경험이 있어야 하며, 교육 혹은 감독으로서의 경험을 갖추어야 한다는 감독자 자질 기준을 권고한다. 즉, 감독자(ㄱ~ㄷ)와 시스템(ㄹ~ㅂ)은 다음과 같다.

　　ㄱ 학교심리학자의 전문성 수준에 따라 적합한 방법을 사용하여 감독해야 한다. 예를 들어, 초보 학교심리학자는 노련한 전문성보다는 관찰, 반영, 피드백의 기회를 더 늘린 집중적인 감독 방식을 사용할 필요가 있다.

　　ㄴ 실습과 인턴십 경험이 NASP의 Standards for Graduate Preparation of School Psychologists를 준수한 적합한 감독이어야 한다.

　　ㄷ 학교심리학 전문조직에 참여하고 지역, 국가 수준의 공공정책 개발에 적극적으로 관여함으로써 리더십을 보여 줄 필요가 있다.

　　ㄹ 학교심리학자가 감독 및 멘토링 활동에 필요한 시간을 주어야 한다.

　　ㅁ 자격을 갖춘 학교심리학자 감독자가 지역사회에서 고용되지 않았을 때 합당한 대안적 전문가를 고려하여야 한다. 대안으로는 지역 외부의 학교심리학자의 감독을 받거나 동료 감독 모형(Peer Supervision Model)을 사용한 다른 감독 기회를 주는 것을 포함한다.

　　ㅂ 모든 학교심리학자 및 학교심리학 서비스 프로그램을 전문적으로 평가할 수 있는 조정된 계획이 있어야 한다.

③ 전문성 개발

NASP Practice Model은 학교심리학자의 전문성 성장 및 발전을 지원할 수 있는 학교 시스템에 대한 지침을 제공한다. 전문적 성장이 필요하여 관련 훈련, 멘토링 등에 참여할 필요가 있는 영역을 지역사회 학교심리학자가 구별하는 것은 매우 중요하다. 학교 지역사회는 학교심리학자와 감독자들이 NASP Practice Model의 온라인 자가평가 및 개인 전문성 개발 계획을 통하여 이 과정을 촉진할 수 있다. 또, 학교는 직원 인식도 조사 프로그램이나 다른 종류의 프로그램을 통하여 학교심리학자의 몰입도와 우수성에 대해 알 수 있다.

(7) 효과적인 학교심리학 서비스 프로그램평가에 대한 공통된 저해 요인

① 학교심리학자 감독자가 학교심리학자로서의 지식이나 일한 경험이 없을 때, 특정 서비스의 품질에 대한 기술적 피드백을 줄 수 없다.

② 학교심리학자 감독자가 너무 많은 학교심리학자를 감독하게 되면 수행 향상에 필요한 멘토링 및 피드백을 제공하기 어렵다.

③ 학교심리학자가 자신의 서비스가 얼마나 학생에게 긍정적으로 작용했는지를 알 수 있거나 종합적인 지역 수준 향상 계획을 반영한 데이터를 수집하지 않는다.

④ 학교심리학 프로그램의 종합적인 효과가 학교심리학 서비스를 받은 학생들의 연간 시험 점수만으로 결정된다.

(8) 효과적인 학교심리학 서비스 프로그램평가를 위한 권고안

① 교사별 평가 도구가 학교심리학자를 포함한 모든 전문가에게 사용되는 지역에서 학교심리학 팀의 대표는 지역 행정가의 요건을 충족하여 학교심리학자의 인적 평가에 있어 가장 적합한 리소스를 제공할 수 있다. 그는 학교심리학자의 평가를 위한 독자적인 도구 및 과정을 개발하기 위한 지역사회 행정가로 일할 수 있는 학교심리학자로 구성된 팀을 조직화할 수 있다.

② 시스템 상, 학교심리학자에게 독자적인 직무 기회를 제공하지 않는 환경에서 학교심리학자 감독자는 팀 회의 중에 전문성을 개발할 수 있는 기회를 줄 수 있다(예 연사 초대, 온라인 학습 세미나에서 집단 토론 등).

③ 토론 주제는 지역 향상 목표와 계획과 관련하여 지역사회 학교심리학자의 전문성에 근거하여 선정되어야 한다.

④ 지역사회 학교심리학자는 지역사회 행정가와 학교 이사회를 위한 학교심리학 서비스의 연간 보고를 위하여 협력할 수 있다. 이 보고는 제공되는 서비스 유형, 셋팅, 학생 수, 측정될 결과 데이터 등과 같은 정보를 포함하여야 한다. 이 보고 및 관련 권고안은 학교 이사회, 지역사회 행정가, 학부모-교사 조직에 매해 보고될 수 있다.

⑤ 학교심리학자 팀은 직무 설명 및 인적 평가 도구와 같은 구체적인 문서를 포함하여 학교 이사회 정책 검토 및 지역사회 정책이 학교심리학적 실무 기준을 얼마나 준수하는지를 평가하기 위하여 지역사회 행정가와 함께 일할 수 있다.

> **더 알아두기**
>
> 학교심리학은 이것이 시작된 이래로 거의 한 세기 동안 많은 진화를 해왔으며 짧은 역사임에도 여러 가지 문제에 직면해 왔다. 학교심리학자가 겪게 되는 공통적인 문제 중 하나가 그들의 역할 모호성에 대한 것이다. 심지어 학교 시스템 내에서조차 학교심리학자가 구체적으로 무엇을 하는지에 대하여 익숙하지 않은 경우가 많다. 학교심리학자의 서비스 영역을 구체화하기 위하여 NASP는 학교심리학 서비스의 포괄적인 통합 모형(Model of Comprehensive and Integrated School Psychological Services)을 고안하였다. 이 모형은 NASP의 공식 정책으로 1978년 처음으로 작성된 이래로 1984, 1992, 1997, 2000, 2010년에 걸쳐 5차례의 수정을 거쳤다. 이 모형의 목적은 미국 내 학교심리학자에 의한 서비스의 조직과 전달의 지침으로 기능하는 것이다. 이 모형에 따르면 적정 학교심리학자 : 학생의 비율은 1 : 500~700이다(학교심리학자 한 명당 학생 500~700명). 이 모형은 10가지 학교심리학 영역을 포함하는데, ① 자료기반 의사결정 및 책임, ② 상담과 협력, ③ 학업 기술을 개발하기 위한 개입과 교육적 지원, ④ 사회성과 생활 기술을 개발하기 위한 개입과 정신건강 서비스, ⑤ 학습 촉진을 위한 학교 차원의 개입, ⑥ 예방 서비스, ⑦ 가족-학교 협력 서비스, ⑧ 개발과 학습의 다양화, ⑨ 연구 및 프로그램평가, ⑩ 법적, 윤리적, 전문성 관련 실무가 그것이다.

제 7 절 진로 및 적성평가

1 주요 용어

(1) 진로(Career)와 직업(Vocation)

① 진로
  - ㉠ 한 개인의 전 생애 과정이며, 일생을 통해 행해지는 모든 행동을 포함한 보편적 생활 형태로 어느 순간 완성되는 것이 아니다.
  - ㉡ 개인의 직업뿐만 아니라 일과 관련된 가치, 흥미, 태도, 진로계획 및 진로선택, 직업변경, 여가 등을 포괄하는 총체적 개념으로서 개인의 역할 통합에 영향을 주는 과정이다.
  - ㉢ 과거와 미래를 포함한 매우 복합적이고 종합적인 의미를 지니고 있다. 즉, 한편으로는 일을 통해 무엇인가를 축적해 놓은 직업적 경력을 의미하는 과거적 용어이면서도 앞으로 생애의 모든 단계에서 쌓아가야 할 '행로'라는 의미도 들어있는 미래지향적인 용어이기도 하다.

② 직업
  - ㉠ 일반적으로 보수를 받는 것을 전제로 한 일을 의미한다.
  - ㉡ 한국직업사전에서는 직업을 '개인이 계속적으로 수행하는 경제 및 사회활동의 종류'라고 규정한다.

(2) 진로교육(Career Education)과 직업교육(Vocational Education)

① 진로교육

개인의 진로선택, 적응, 발달에 초점을 둔 교육으로 각 개인이 자신과 일의 세계를 인식 및 탐색하여 자신에게 적합한 일을 선택하고, 선택한 일을 잘 수행할 수 있도록 취학 전부터 시작하여 평생 학교, 가정, 사회에서 가르치고, 지도하고, 도와주는 활동을 총칭한다(서울대 교육연구소). 여기에서는 항상 교육적 작용이 중시된다.

② 직업교육

어떤 직업에 취업하기 위하여 준비하거나 현재의 직무를 유지·개선하기 위한 형식 또는 비형식 교육이라고 할 수 있다. 바꾸어 말하면, 개인이 일의 세계를 탐색하여 자기의 적성·흥미·능력에 맞는 일을 선택하고, 그 일에 필요한 지식·기능·태도·이해 및 판단력과 일에 대한 습관 등을 개발하는 형식 또는 비형식적인 교육을 말한다(서울대 교육연구소).

(3) 진로상담(Career Counseling)과 직업상담(Vocational Counseling)

① 진로상담

진로지도를 위한 수단의 하나로 개인의 진로발달을 촉진하거나 진로계획, 진로·직업의 선택과 결정, 실천, 직업적응, 진로변경 등의 과정을 돕기 위한 활동을 의미한다.

② 직업상담

선택 가능한 직업의 결정, 각 직업의 조건, 취업에 필요한 조건, 취업절차 등 더욱 구체적인 수준에서 취업을 돕는 활동을 지칭한다.

(4) 진로발달(Career Development)과 진로수정(Career Change)

① 진로발달

진로발달은 평생을 통하여 지속되는 과정으로서, 각 개인이 자기가 설정한 진로목표에 접근해가고 그 목표를 달성해가는 과정을 말한다.

② 진로수정

원래의 진로에서 다른 진로로 옮겨가는 것을 말한다. 주된 동기는 이미 주어진 진로에서 더 이상 발전할 기회가 차단된 경우이다. 진로수정을 할 때는 새로 선택하는 진로가 그동안 쌓인 경험들과 유사한 점이 있어 그동안 쌓은 지식과 경험들을 활용할 수 있는가의 여부와 진로가 개인의 적성, 흥미, 태도, 능력, 신체적 조건, 인성에 부합하며 발전가능성이 있는가를 발견하도록 고려하여야 한다.

2 적성의 탐색

(1) 개요

① 적성이란 어떤 과제나 임무를 수행하는 데 있어 개인에게 요구되는 특수한 능력이나 잠재능력을 의미하며, 개인이 가지고 있는 일반 능력인 지능과 구분되는 특수한 능력을 말한다.

② 개인의 적성을 구성하는 요인으로는 일반적으로 일반적성능력, 언어능력, 수리능력, 공간지각능력, 수공능력, 운동조절능력, 사무지각능력, 형태지각능력 등이 있다.

③ 적성은 타고난 능력이나 소질이라고 알려진 바와 같이 유전적인 성향이 강하지만, 학습경험이나 훈련으로 계발될 수도 있으므로 다양한 학습경험을 해보는 것이 도움이 된다.

④ 적성을 파악하는 주요 방법으로는 표준화 검사를 활용하는 것과 관찰하는 방법이 있다.

(2) 적성검사

① **적성분류검사**
  ㉠ 수리력, 추리력, 공간관계, 언어추리, 기계추리, 사무능력, 언어철자, 언어문장의 8개 하위검사로 구성
  ㉡ 고등학교에서 학업지도 및 직업지도를 위해 제작한 것이지만, 타당도 및 신뢰도가 높아 성인용으로도 사용

② **일반적성검사**
  ㉠ 기구대조검사, 형태비교검사, 명칭비교검사, 종선기입검사, 타점속도검사, 표식검사, 평면도판단검사, 입체공간검사, 어휘검사, 산수추리검사, 기계검사의 11개 지필검사와 환치검사, 회전검사, 조립검사, 분해검사의 4개 기구검사로 구성
  ㉡ 검출되는 적성은 형태지각, 사무지각, 운동조절, 공간판단능력, 언어능력, 산수능력, 손재치, 손가락 재치, 손운동 속도, 학습능력인 일반지능의 10개 요인
  ㉢ 검사결과는 요인별 표준점수에 의한 프로파일 형식으로 제공되며, 몇 개의 적성요인에 대한 표준점수를 조합하면 개인이 어떤 유형의 직업에 적당한지에 대한 정보를 얻음

③ **특수적성검사**
  ㉠ 과학, 예능 등 특수 분야의 적성을 측정하기 위한 검사는 감각운동능력검사, 기계적성검사, 사무적성검사, 직업적성검사, 예능적성검사 등으로 분류
  ㉡ 최근에는 전문 분야에서 특수 직업적성검사가 개발되어 사용
    예 의과대학입학허가검사, 법과대학입학허가검사, 전국교사시험 등

3 일반 직업적성검사(GATB, The General Aptitude Test Battery)

(1) 일반 직업적성검사(GATB)의 의의

① 일반 직업적성검사는 1947년 미국 연방정부 직업안정국(United States Employment Service) 이 일반 적성검사배터리를 표준화한 것이다.

② 포괄적인 적성을 측정하는 종합적성검사로서, 11개의 지필검사와 4개의 수행검사(동작검사)를 포함한 총 15개의 하위검사로 구성되어 있다.

③ GATB를 통해 총 9개 분야의 적성이 검출된다.

(2) GATB의 구성

① **지필검사** : 기구대조검사, 형태대조검사, 명칭비교검사, 타점속도검사, 표식검사, 종선기입검사, 평면도판단검사, 입체공간검사, 어휘검사, 산수추리검사, 계수검사

② **수행검사(동작검사)** : 환치검사, 회전검사, 조립검사, 분해검사

(3) GATB에 의해 검출되는 적성의 분류

① **지능(G ; General Intelligence)** : 일반적인 학습능력, 설명이나 지도내용과 원리를 이해하는 능력, 추리·판단하는 능력, 새로운 환경에 신속하게 순응하는 능력 등

② **언어능력(V ; Verbal Aptitude)** : 언어의 뜻과 함께 그와 관련된 개념을 이해하고 사용하는 능력, 언어 상호간의 관계와 문장의 뜻을 이해하는 능력, 보고 들은 것이나 자신의 생각을 발표하는 능력 등

③ **수리능력(N ; Numerical Aptitude)** : 신속하고 정확하게 계산하는 능력 등

④ **사무지각(Q ; Clerical Perception)** : 문자나 인쇄물, 전표 등의 세부를 식별하는 능력, 잘못된 문자나 숫자를 찾아 교정하고 대조하는 능력, 직관적인 인지능력의 정확도나 비교·판별하는 능력 등

⑤ **공간적성(S ; Spatial Aptitude)** : 공간상의 형태를 이해하고 평면과 물체의 관계를 이해하는 능력, 기하학적 문제해결 능력, 2차원이나 3차원의 형체를 시각적으로 이해하는 능력 등

⑥ **형태지각(P ; Form Perception)** : 실물이나 도해 또는 표에 나타나는 것을 세부까지 바르게 지각하는 능력, 시각으로 비교·판별하는 능력, 도형의 형태나 음영, 근소한 선의 길이나 넓이 차이를 지각하는 능력, 시각의 예민도 등

⑦ **운동반응(K ; Motor Coordination)** : 눈과 손 또는 눈과 손가락을 함께 사용하여 빠르고 정확하게 운동할 수 있는 능력, 눈으로 겨누면서 정확하게 손이나 손가락의 운동을 조절하는 능력 등

⑧ **손가락 재치(F ; Finger Dexterity)** : 손가락을 정교하고 신속하게 움직이는 능력, 작은 물건을 정확하고 신속하게 다루는 능력 등

⑨ **손의 재치(M ; Manual Dexterity)** : 손을 마음대로 정교하게 조절하는 능력, 물건을 집고 놓고 뒤집을 때 손과 손목을 정교하고 자유롭게 운동할 수 있는 능력 등

(4) GA3TB의 채점 및 적용

① **채점 및 원점수 산출** : 지필검사는 맞은 문항수를, 수행검사는 완성한 개수를 센다. 단, 종선기입검사, 타점속도검사, 표식검사는 진행한 수를 세는데, 이때 해당 수치가 원점수가 된다.

② **환산점수 산출** : 검사요강에 수록된 환산표를 참조하여 원점수를 그에 부합하는 환산점수로 변환한다.

③ **적성별 점수 산출** : 환산점수를 이용하여 9개의 적성분야별 점수를 산출한다.

④ **적정 직무군 선정** : GATB는 2~3개의 적성분야를 조합하여 모두 15개의 직무군을 제공하고 있으며, 각 직무군에서 필요로 하는 적성분야의 점수에 따라 다시 2~3개의 하위직무군으로 분류하고 있다. 이 분류는 직무군별로, 직무군 내 하위직무군별로 적성분야의 기준점수를 제시하고 있으며, 수검자의 적성분야별 점수를 이 기준과 비교하여 수검자의 적정한 직무군을 판별한다.

실제예상문제

01 ③ 맥락(환경) 의존성이 높은 제2언
　　어 기술은 맥락이 적은 제2언어
　　기술이 습득되기 전에 습득된다
　　(제2언어 습득 시 환경 의존성이
　　높은 말하기, 듣기 기술이 환경
　　의존성이 적은 읽기, 쓰기 보다
　　더 빨리 습득된다는 의미이다).
　　이중언어이론에 따르면 모국어 언어
　　기술의 발달은 학생의 영어 습득을
　　돕는 것으로 보이므로 ①과 ④는 제
　　외된다. 여학생의 영어 유창성은 (시
　　간이 지남에 따라) 변화하는 성질을
　　가질 것이므로 ②는 제외한다.

01 다음 정보만을 근거로 하여 (학생의 상태에 대한) 가장 정확한 해석을 고르시오.

> 영어를 사용하지 않는 국가 출신으로 일 년 전 미국으로 건너
> 온 7살 여학생이 대상이다. 이 학생은 이민 전 국가에서는 독
> 해에서 높은 점수를 받았다. 미국에 온 지도 일 년이 지나 이
> 제 사교적인 영어(Social English : 전화통화, 일상적인 대화
> 등을 가르치는 과목) 사용에서는 유창하다. 2학년의 영어단일
> 학급(영어만 사용하는 학급) 수개월 후에 담임교사가 여학생
> 의 평가를 위탁하였는데 그 이유는 학급에서 사용되는 기초
> 독해교재를 매우 어려워했기 때문이다. 두 가지 종류의 영어
> 유창성 검사가 해당 학생에게 실시되었으며 이 학생은 말하
> 기와 듣기에서는 영어단일학급의 또래 학생에 비해 평균 이
> 상의 수행을 보이지만 독해와 쓰기에서는 평균보다 아주 낮
> 은 수행을 보이는 것으로 나타났다. 또한 자신의 모국어로 시
> 행된 독해 시험에서는 또래 학생 평균보다 훨씬 높은 수행을
> 하는 것으로 나타났다.

① 여학생의 가정에서 모국어를 계속 사용하는 것이 영어 실력
　향상을 저해하고 있다.
② 여학생의 독해에서의 어려움은 향상된 독해 실력이 필요한 과
　목에서 더 많은 학업 관련 문제를 일으킬 수 있는 것에 대한
　조기 지표로 작용한다.
③ 여학생의 사교적 영어에서의 언어 기술과 독해 기술 간 차이
　는 사교적인 기술이 습득되기에 더 풍부한 환경이 제공된 것
　으로 예측할 수 있다.
④ 여학생의 모국어에서의 독해 기술과 영어에서의 독해 기술 간
　차이는 영어의 복잡성과 관련이 있다.

02 다음 괄호 안에 들어갈 내용으로 옳은 것은?

> 커리큘럼에 기반한 평가와 비교하였을 때 표준화된 규준 참조 평가의 주요 이점은 '표준화된 규준 참조 평가가 (   )'라는 점이다.

① 특정 커리큘럼에 있어 보다 잘 들어맞는다.
② 다수의 학년 또래 집단 학생들을 평가하는 데 있어 더 많은 수용력을 제공한다.
③ 학생들이 향후 과제에 필수적인 단원을 마스터했는지 여부에 대한 보다 많은 정보를 제공한다.
④ 학생들의 학습 환경과 기술 간 상호작용에 대한 보다 많은 정보를 제공한다.

02 커리큘럼에 기반한 평가 모형과 규준 참조 모형은 일반적으로 특정 커리큘럼에 대하여 평가하기 위한 목적으로 고안된 것이기 때문에 ①과 ③은 제외된다. 규준 참조 검사에서 일반적인 표준화 성격은 특정한 학습 환경에 대한 효과를 평가하는 데 있어 제한적일 수 있으므로 ④는 제외된다.

03 다음 괄호 안에 들어갈 내용으로 옳은 것은?

> 영어를 사용하지 않는 국가 출신인 10세의 학생이 학교 지역 집단 성취도 검사에서 낮은 점수를 받게 된 것을 근거로 특수교육 서비스를 받게 될 후보군으로 위탁되었다. 이 학생은 그 지역의 영어 유창성 검사에서는 높은 점수를 받았었다. 진단 평가에 있어 아래 접근법 중에서 가장 적합한 것은 (   )이다.

① 이 학생의 출신국 언어가 유창한 통역가를 활용하는 것
② 최소 두 가지의 영어로 된 지능검사의 결과를 사용하는 것
③ 기술과 능력을 구별하는 절차로 사회문화적인 행동과 적응적인 행동을 확인하는 것
④ 학부모 면담 및 학급에서의 관찰뿐만 아니라 지능검사의 결과까지 포함하는 것

03 영어 유창성 검사에서 좋은 점수를 받아 이것이 이 학생에게는 더 이상 문제가 되지 않으므로 ①, ②는 제외한다.
④ 학생이 특수교육의 어떤 서비스로 위탁되는지를 모르는 채로 학생을 위한 지능검사가 의뢰되는 것은 적절하지 않다.

정답 02 ② 03 ③

04
① 성인을 대상으로 하는 MMPI는 1943년에, 청소년을 대상으로 하는 MMPI-A는 1992년에 미국에서 처음 출판되었다.
② 일부 청소년에게서 나타나는 정체감 혼란으로 인해 자신의 증상을 극단적으로 과장함으로써, F척도의 T점수가 성인에 비해 높게 나타나는 문제를 고려하였다.
③ 남자 805명, 여자 815명을 규준집단으로 하였다. 참고로 남녀 동수를 규준집단으로 한 것은 MMPI-2-RF(다면적 인성검사 II 재구성판)이다.

05 청소년을 위해 개발된 3개 척도
• 알코올/약물 문제 인정(ACK) : 점수가 높은 청소년은 자신이 알코올 및 다른 약물 문제를 인정하고 있음을 나타냄
• 알코올/약물 문제 가능성(PRO) : 또래집단의 부정적 영향, 자극 추구, 규칙 위반, 성취에 대한 부정적 태도, 부모와의 갈등, 판단력 문제 등 포함
• 미성숙(IMM) : 미래를 계획하기보다는 현재에만 관심을 집중, 자신감 결여, 통찰과 내성의 결여, 인지적 복합성의 결여, 대인관계에서의 불편감, 의심 및 소외, 적대감과 반사회적 태도, 자기중심성, 비난의 외재화 등의 내용 포함

06 MMPI와 달리 MBTI는 인간의 건강한 심리에 기초를 두어 만들어진 심리검사도구이다.

---

04 다음 중 MMPI-A에 대한 설명으로 옳은 것은?

① MMPI-A는 청소년을 위해 개발된 것으로, 성인용 MMPI와 비슷한 시기에 출판되었다.
② 정체감 혼란을 경험하는 청소년들에게서 K척도의 T점수가 성인에 비해 높게 나타나는 문제를 고려하였다.
③ 검사 개발 시 남녀 청소년 동수를 규준집단으로 하였다.
④ 검사 문항 수는 478개이다.

05 MMPI-A는 MMPI-2의 3개의 보충척도에 청소년에게 적용할 수 있는 3개의 보충척도를 추가하였다. 추가된 보충척도를 모두 고른 것은?

> ㄱ. 알코올/약물 문제 인정(ACK)
> ㄴ. 알코올/약물 문제 가능성(PRO)
> ㄷ. 미성숙(IMM)
> ㄹ. 불안(A)
> ㅁ. 억압(R)
> ㅂ. MacAndrew의 알코올중독(MAC-R)

① ㄱ, ㄴ, ㄷ
② ㄱ, ㄴ, ㄹ
③ ㄱ, ㄴ, ㅁ
④ ㄴ, ㄷ, ㅂ

06 다음 중 마이어스-브릭스 성격유형검사(MBTI)에 대한 설명으로 옳지 <u>않은</u> 것은?

① 융(Jung)의 심리유형이론을 토대로 제작된 객관적 검사이다.
② MMPI와 같이 임상장면에서 비정상적인 행동 및 증상을 측정하기 위해 고안되었다.
③ 인간 성격의 일관성과 상이성에 근거한다.
④ 개인의 성격을 4개의 양극 차원에 따라 분류하고 있다.

07 다음 괄호 안에 들어갈 내용으로 옳은 것은?

> 검사 구조화 및 평가에 있어 타당도는 검사가 (   )하는 정도와 관련된 것이다.

① 그것이 측정한다고 주장하는 것을 측정
② 일련의 실행에 대한 일관된 결과를 산출
③ 예비적으로 시험되어 통계적으로 분석
④ 일반 모집단의 대표성 샘플에 기반한 규준을 포함

07 ②는 검사-재검사 신뢰도에 대한 정의이다.
③은 사전검사의 일종과 관련된다. 대표성 샘플에 기반한 규준이 포함되는 것이 중요하며 이것 없이는 검사가 타당하지 않을 수 있으나 ④는 제외된다.

08 개인의 환경 및 행동 측면 간 관계를 살펴봄으로써 가장 긴급한 행동 문제를 구별하여 그 행동 문제를 완화할 가능한 방법을 모색하는 것으로 볼 수 있는 평가 유형은?

① 성격평가
② 인지적 평가
③ 생태학적 평가
④ 커리큘럼에 기반한 평가

08 생태학적 평가는 개인이 기능하는 환경에 대한 광범위한 분석을 수행한다. 성격(①) 및 인지적(②) 평가는 개인이 기능하는 특정 영역을 다루는 것으로 환경의 광범위한 영향에 대하여서는 설명하지 않는다. 커리큘럼에 기반한 평가(④)는 학급에서 배우고 있는 자료에 대한 학생의 학습 절차를 결정하기 위하여 사용되는 것으로 행동에 주안점을 두고 있지 않다.

09 동일한 질문에 초점을 맞춘 유사한 변인들을 사용하는 다중연구로부터 얻은 데이터들을 체계적으로 종합하기 위하여 구성된 통계 절차는 다음 중 어떤 것인가?

① 변량분석(Analysis of Variance)
② 차이점수분석(Analysis of Difference Scores)
③ 중다회귀(Multiple Regression)
④ 메타분석(Meta-Analysis)

09 메타분석은 동일한 질문에 초점을 맞춘 유사한 변인들을 사용하는 다수의 연구들로부터 얻은 데이터를 체계적으로 종합하기 위한 방법으로 정의된다. 나머지 보기는 단일연구에서 얻은 데이터를 분석하기 위하여 사용되는 통계적 절차들이다.

정답 07 ① 08 ③ 09 ④

안심Touch

10 ③ 사건기록법은 관찰자가 정해진 기간 동안 관찰된 행동의 빈도를 기록하는 방식이다.
①은 행동을 하는 데 소요되는 시간을 기록하는 방식이다. ②는 자극이나 신호가 나타난 후 행동이 있을 때까지 경과되는 시간을 측정하는 방식이다. ④에서 대상 행동이 전체 시간 간격에서 나타났는지 나타나지 않았는지만을 기록하는 방식이다.

11 심리검사는 개인의 과거 발달과정을 기술하기보다는 개인의 미래 행동을 예측하기 위한 과정으로 전개된다. 심리검사는 개인의 지능, 성격, 적성, 흥미 등 지적 능력이나 심리적 특성을 파악하기 위해 양적 또는 질적으로 측정 및 평가를 수행하는 과정이다. 심리적 특성은 추상적 개념으로서 이를 직접 측정하기 어려우므로, 그 개념과 연관되어 있다고 판단되는 몇 가지 행동을 수량화하는 간접적인 방법을 통해 측정이 이루어진다.

12 심리검사는 심리치료의 방향을 제시하는 것을 목적으로 하나, 심리치료의 구체적인 과정을 제시하지는 않는다. 심리검사는 내담자에 대한 임상적 진단을 토대로 문제의 증상 및 심각성 정도를 구체화한다. 또한 내담자의 인지 기능 및 자아 강도를 평가하여 내담자의 심리치료를 위한 적절한 치료유형 및 전략을 기술한다.

정답 10 ③ 11 ② 12 ②

10 데이터 유형 중 어떤 것이 정해진 기간 동안 관찰된 행동이 나타나는 횟수를 세는 것과 관련되는가?

① 지속시간기록법(Duration Recording)
② 반응-지연시간기록법(Latency Recording)
③ 사건기록법(Event Recording)
④ 전간기록법(Whole-Interval Recording)

11 다음 중 심리검사에 대한 설명으로 옳지 <u>않은</u> 것은?

① 개인의 심리적 특성을 양적 또는 질적으로 측정한다.
② 개인의 과거 발달과정에 대해 기술한다.
③ 표집된 행동표본을 대상으로 표준화된 방법에 의해 점수를 산출한다.
④ 개인의 소수 표본 행동을 통해 전체 행동을 예견한다.

12 다음 중 심리검사의 목적에 대한 설명으로 가장 옳지 <u>않은</u> 것은?

① 내담자의 문제 증상 및 심각성 정도를 구체화한다.
② 내담자의 심리적 치료를 위한 구체적인 과정을 제시한다.
③ 내담자의 치료에 따른 반응을 검토한다.
④ 내담자의 치료 효과를 평가한다.

13 다음 중 심리평가 보고서의 작성지침에 대한 설명으로 옳지 <u>않은</u> 것은?

① 보고서에 제시할 공식이나 수치는 읽는 사람에게 별다른 의미가 없더라도 구체적인 정보 제공을 위해 가급적 포함시킨다.

② 보고서를 작성할 때에는 내담자와의 접촉을 통해 검사에 영향을 미칠 수 있는 요인들에 대한 면밀한 검토가 필요하다.

③ 보고서를 작성할 때에는 활자체, 철자, 구문, 문법 등을 고려해야 한다.

④ 보고서는 제3자의 입장에서 정직하게 작성해야 한다.

13 심리평가 보고서에는 읽는 사람에게 별다른 의미가 없는 공식이나 수치 등을 사용하지 않아야 한다.

14 다음 중 심리검사 개발 시 유의사항으로 옳지 <u>않은</u> 것은?

① 검사 본래의 개념화보다는 통계분석 등의 구체적인 과정이 더욱 중요하다.

② 문항 준비 단계에서 충분한 분량의 문항을 작성할 필요가 있다.

③ 사전 검사설계 단계에서부터 최종 검사 점수 보고에 대해 고려해야 한다.

④ 통계적인 관점에서 표준화 집단은 무조건 크다고 좋은 것이 아니다.

14 검사 본래의 개념화가 통계분석 등의 구체적인 과정보다 더욱 중요하다.

15 다음 중 수검자의 권리와 가장 거리가 <u>먼</u> 것은?

① 검사를 받지 않을 권리

② 검사 결과에 대한 비밀보장을 받을 권리

③ 검사 결과에 대한 알 권리

④ 동일 방법에 의한 재검사를 요구할 권리

15 동일 방법에 의한 재검사는 반복노출의 영향으로 인해 검사의 신뢰도에 영향을 미칠 수 있으므로 바람직하지 않다.

정답 13 ① 14 ① 15 ④

16 행동관찰의 특징에 해당한다. 행동관찰은 면접이나 심리검사 장면에서 내담자가 드러내 보이는 행동을 통해 내담자의 일상적인 생활 상황에서의 행동, 즉 긴장과 압력, 대인관계, 문제상황에서의 행동양상을 추론할 수 있도록 한다.

17 ABA Inventory는 학생의 교실 밖 활동을 탐색하기 위하여 고안된 것으로 가족 구성원으로서의, 친구로서의 학생의 역할, 학생이 하고 있는 게임, 취미 혹은 기술의 종류, 그리고 학생이 소속된 커뮤니티에서 어떤 집단에 소속되어 있는지 등을 탐색한다.

18 CBCL은 아동의 행동에 대한 정보가 부모를 통하여 보고되는 검사로 118개 문항은 행동 문제를, 20개 문항은 학교에서의 역할, 우정, 집단 멤버십, 레크리에이션 활동 등과 같은 사회적 역량을 평가한다. 이 검사는 학부모 혹은 면담자에 의해 실행되며 표준화되어 있다. 이 검사는 경험적 선행연구에 근거한 표준화된 양식의 검사로, 모집단 대표성을 지닌 것으로 나타난 1,300개의 학부모 반응 샘플에 기반하여 규준을 만들었다. 이 검사는 4~18세 아동 및 청소년을 위하여 고안되었다.

정답 16 ② 17 ③ 18 ①

16 다음 중 심리평가를 위한 자료로써 면접에 대한 설명으로 옳지 <u>않은</u> 것은?

① 면접에 의해 수집된 자료는 충분한 검토와 함께 분석 및 추론 등에 의한 전문적인 진행 과정을 거침으로써 유효하게 활용될 수 있다.
② 면접은 직접적인 평가 과정으로, 평가 대상의 실제 속성에 대한 가장 근접한 자료를 제공한다는 점에서 유의미하다.
③ 면접에 의한 자료는 자의적인 해석이나 의도적 또는 비의도적인 왜곡이 개입될 수 있으므로 정확성을 보장하기 어렵다.
④ 면접은 비구조적인 특징으로 인해 내담자에 대한 보다 의미 있는 자료를 제공한다.

17 Activity-Based Assessment Inventory(ABA Inventory)가 학생 생활에서 탐색하기 위하여 고안된 영역으로 틀린 것은?

① 가족
② 친구
③ 점수
④ 집단

18 아동행동평가척도(Child Behavior Checklist, CBCL)에 대하여 맞는 내용은?

① 이 검사에서 수집되는 정보는 아동의 부모를 통해 보고된다.
② 이 검사는 행동 문제가 아니라 사회적 역량을 평가한다.
③ 이 검사는 자기 보고식 검사로 면담자가 필요 없다.
④ 이 검사의 문항은 표준화되어 있지 않아 개인화가 가능하다.

19 Wechsler Intelligence Scale for Children (WISC) 검사에서, 다음 중 어떤 소검사가 단기기억을 측정하는 검사인가?

① 어휘
② 숫자외우기
③ 토막짜기
④ 동형찾기

20 문제의 행동을 식별하고 평가하기 위하여 사용되는 기법 중 ERASE가 있다. ERASE는 무엇을 의미하는가?

① Explain, Reason, Appropriate, Support, Evaluate
② Explain, Reason, Action, Suggest, Evaluate
③ Explore, Realize, Appropriate, Support, Evaluate
④ Examine, React, Appropriate, Support, Evaluate

>>>○

Explain(설명)
문제가 무엇인가?
〈학생 행동에서 우려되는 점 설명〉

Evaluate(평가)
그 방식이 효과가 있다는
것을 어떻게 알 것인가?
〈행동 변화 측정〉

Reason(이유)
학생은 무엇을 버리거나
멀어져야 하는가?
〈문제 행동의 선행사건 및 그 결과〉

Support(지지)
이것이 보다 자주 일어날
수 있도록 어떤 도움을
줄 수 있는가?
〈성공 전략〉

Appropriate(적절성)
학생은 대신에 무엇을
해야 하는가?
〈대체 행동〉

[ERASE 기법]

ERASE는 문제 행동을 식별하고 평가하기 위하여 사용되는 기법이다. 이것은 설명(Explain), 이유(Reason), 적절성(Appropriate), 지지(Support), 평가(Evaluate)의 머릿 글자를 따온 합성어이다. 이 기법은 문제가 무엇인지, 학생이 버려야 할 행동, 대신에 취하여야 할 행동과 행동을 버리기 위한 지원 방법 등을 결정하는 것을 포함한다.

---

19 ① 어휘 소검사는 아동에게 주어진 단어의 정의를 질문하여 어휘 이해력을 측정한다.
③ 토막짜기 소검사는 아동에게 주어진 토막에 맞게 토막을 짜도록 요청하여 지각추론능력을 측정한다.
④ 동형찾기 소검사는 열에서 주어진 표적 기호에 일치하는 기호를 찾는 것으로 처리속도를 측정한다.

20 Explain, Reason, Appropriate, Support, Evaluate

checkpoint 해설 & 정답

21 '비계 교수(飛階敎授)'는 학생들이 학습하는 방식에 대한 연구에 근거한다. 이 교수법은 학생이 처음 학습할 때에는 많은 지원을 필요로 하지만, 시간이 지나면서 지원을 점차적으로 줄여갈 수 있다고 주장한다. 궁극적인 목표는 학생이 자신의 학습에서 보다 독립적으로 되는 것이다.

22 ① 행동관찰에 관한 설명이다.
③ 심리생리적 평가에 관한 설명이다.
④ 인지적 행동평가에 관한 설명이다.

23 ④ 직무만족도검사(Job Satisfaction Survey, JSS)는 정서적 검사 중 태도검사에 해당한다.
① 일반 직업적성검사(The General Aptitude Test Battery, GATB)는 인지적 검사 중 적성검사에 해당한다.
② 스탠포드 성취도검사(Stanford Achievement Tests, SAT)는 인지적 검사 중 성취도검사에 해당한다.
③ 미네소타 다면적 인성검사(Minnesota Multi-phastic Personality Inventory, MMPI)는 정서적 검사 중 성격검사에 해당한다.

정답 21 ② 22 ② 23 ④

---

21 점진적 학습책임 이양(Gradual Release of Responsibility)은 또한 무엇으로 부를 수 있는가?

① 모델링(Modeling)
② 비계 교수(Scaffolding Instruction)
③ 수직 교수(Perpendicular Instruction)
④ 기본 교수(BASIC Instruction)

22 다음 중 행동평가의 기법에 관한 설명으로 옳은 것은?

① 관찰하고자 하는 행동을 써 두는 이야기 기록방법은 행동면담에 해당한다.
② 행동이 일어날 때까지 기다린 후 행동의 세목을 기록하는 사상 기록의 방법은 행동관찰에 해당한다.
③ 인지적 행동평가는 심장박동, 혈압, 체온, 근육긴장, 피부전기반사로 평가된다.
④ 심리생리적 평가는 중얼거리기, 혼잣말하기, 명료하게 표현된 사고, 시인 방법, 사고 기술하기, 사고 표집 등의 방법을 사용한다.

23 다음 중 태도검사에 해당하는 것은?

① GATB
② SAT
③ MMPI
④ JSS

24 다음 중 성취도검사와 적성검사의 특징에 대한 설명으로 가장 옳은 것은?

① 성취도검사와 적성검사의 차이는 문항형식에 있다.

② 성취도는 과거 중심적이고 적성은 미래 중심적이라고 할 수 있다.

③ 성취도는 유전의 영향을, 적성은 환경의 영향을 많이 받는 것으로 본다.

④ WJPB는 종합적 적성검사에 해당한다.

24 ② 성취도검사는 개인의 현재까지 축적된 과거의 경험, 훈련이나 학습의 결과 등을 측정 대상으로 하는 과거 중심적 검사인 반면, 적성검사는 개인의 특수한 능력이나 잠재력을 발견하도록 하여 학업이나 취업 등의 진로를 결정하는데 정보를 제공하며 미래의 성공 가능성을 예측하는 미래 중심적 검사에 해당한다.

① 성취도검사와 적성검사의 근본적인 차이는 검사 제작방법 및 제작자의 목적에 있다.

③ 성취도나 적성은 유전 및 환경의 영향을 받지만, 그 중 성취도는 교육적 환경에, 적성은 타고난 유전적 성질에 주로 영향을 받는다.

④ 우드콕-존슨 학습능력평가 심리학적 배터리(Woodcock-Johnson Psychoeducational Battery, WJPB)는 쓰기, 읽기 등을 평가하는 성취도검사에 해당한다.

25 다음 중 규준참조검사와 준거참조검사에 대한 설명으로 옳지 <u>않은</u> 것은?

① 규준참조검사는 상대평가 목적의 검사에 해당하는 반면, 준거참조검사는 절대평가 목적의 검사에 해당한다.

② 규준참조검사는 규준을 가지고 있는 반면, 준거참조검사는 규준을 가지고 있지 않다.

③ 규준참조검사는 규준집단이 모집단을 잘 대표하는 것인지 확인하는 절차가 요구되는 반면, 준거참조검사는 문항 개발 시 측정하고자 하는 내용 영역을 잘 반영했는지에 대한 전문가의 평가 절차가 요구된다.

④ 규준참조검사는 영역참조검사로서 보통 범주를 구분하기 위해 기준점수를 설정하며, 원점수를 설정된 기준에 비추어 판단한다.

25 준거참조검사는 '영역참조검사(Domain Referenced Test)'라고도 하며, 보통 범주를 구분하기 위해 기준점수(분할점수 또는 경계선점수)를 설정하고, 원점수를 설정된 기준에 비추어 판단한다.

정답   24 ②   25 ④

checkpoint 해설 & 정답

26 심리검사의 시행과정
ㄹ. 심리검사의 선택
ㅁ. 검사요강에 대한 이해
ㄴ. 검사에 대한 동기화
ㄱ. 검사의 실시
ㄷ. 검사의 채점

26 다음 보기에서 심리검사의 시행과정을 순서대로 올바르게 나열한 것은?

> ㄱ. 검사자는 검사요강에 따라 검사장면에서의 다양한 조건들을 정확하게 적용한다.
> ㄴ. 수검자가 심리검사에 대한 거부감을 가지지 않도록 충분히 설명한다.
> ㄷ. 검사요강에 제시된 기준에 따라 검사를 채점한다.
> ㄹ. 검사의 양호도를 고려하여 검사방법을 선택한다.
> ㅁ. 검사자는 검사 과정의 통일성을 위해 검사요강을 숙지한다.

① ㅁ - ㄹ - ㄴ - ㄱ - ㄷ
② ㅁ - ㄴ - ㄹ - ㄱ - ㄷ
③ ㄹ - ㅁ - ㄴ - ㄱ - ㄷ
④ ㄹ - ㄴ - ㅁ - ㄱ - ㄷ

27 심리검사의 제작
1. 제작목적의 설정
2. 검사내용의 정의
3. 검사방법의 결정
4. 문항의 작성
5. 예비검사의 실시
6. 문항 분석
7. 신뢰도와 타당도 검토
8. 규준과 검사요강 작성

27 심리검사를 제작하는 과정을 순서대로 올바르게 나열한 것은?

> ㄱ. 제작목적의 설정
> ㄴ. 검사내용의 정의
> ㄷ. 문항의 작성
> ㄹ. 예비검사의 실시
> ㅁ. 규준 및 검사요강 작성

① ㄱ - ㄴ - ㄷ - ㄹ - ㅁ
② ㄱ - ㄴ - ㄹ - ㄷ - ㅁ
③ ㄴ - ㄱ - ㄷ - ㅁ - ㄹ
④ ㄷ - ㄹ - ㄱ - ㄴ - ㅁ

정답 26 ③ 27 ①

28 다음 중 아동의 사회적 기술을 평가하기 위하여 고안된 검사가 아닌 것은?

① SSRS
② SIB-R
③ Vineland
④ Peabody

»»�○

Social Skills Rating System(SSRS)은 한 학생의 긍정적 사회적 행동, 문제 행동, 그리고 학업 역량을 교사, 학부모, 그리고 다른 학생이 평정하는 방식으로 시행되는데, 이 밖에 행동 문제 및 대인관계 기술 결함을 구별하여 중재 계획을 세우기 위하여 사용될 수 있다.
Scales of Independent Behavior-Revised(SIB-R)는 14가지 적응 행동과 8가지 문제 행동에 대한 종합적인 평가를 제공한다. Vineland Adaptive Behavior Scales는 커뮤니케이션, 일상생활 기술, 사회화 및 운동기능 등을 포함하는 필수적 적응 행동 영역을 측정하여 발달장애를 진단하는 데 사용된다.

29 Erikson의 심리사회적 발달 단계에서 초등학교 학생에서 가장 전형적인 단계인 것은?

① 신뢰감 대 불신감
② 자율성 대 수치와 회의
③ 주도성 대 죄의식
④ 근면성 대 열등감

»»�○

첫 번째 단계인 신뢰감 대 불신감은 유아기의 경험이다. 유아의 요구가 일관적으로 충족될 때, 세상에 대한 기본적인 신뢰가 나타나게 되는데 만약 유아의 요구가 비일관적으로 충족된다면 불신이 생기게 된다. 2~3세 아동은 두 번째 단계인 자율성 대 수치와 회의 단계에 있다. 예를 들어 배변과 같이 독립적인 활동을 배우게 될 때 아동은 완전한 의존으로부터 벗어나게 된다. 성공할 경우 자율감이 생기나 실패하면 수치와 회의가 생겨나게 된다. 세 번째 단계인 주도성 대 죄의식은 3~5세 때 나타나게 된다. 이때는 학령전기로 주변 환경에 대한 통제를 강하게 고집하면서 왕성하게 탐색할 시기이다. 성공할 경우 목적의식이 생기나 실패할 경우 죄의식이 생겨나게 된다.

해설 & 정답   checkpoint

28 Peabody Picture Vocabulary는 수용 어휘력(Receptive Vocabulary)과 지능을 평가하기 위하여 고안되었다. 이 검사는 어린 아동들 및 회화 혹은 언어 장애가 있는 아동들에게 유용하다.

29 초등학교 학생은 주로 Erikson의 단계 중 네 번째인 근면성 대 열등감의 단계에 있다. 6~11세 아동에게 있어 새로운 기술에 성공하는 것은 자신감을 갖게 만드나 실패는 열등감을 갖게 만든다.

정답 28 ④   29 ④

checkpoint **해설 & 정답**

30 DSM-IV의 Axis V가 GAF이다. GAF는 심리 평가를 받는 모든 사람이 완료하여야 하는 평가이며 GAF 점수는 적응 능력의 정도를 평가하는 점수이다.

30 어떤 학생이 심리적, 사회적 그리고 직업적 영역에서 현재 얼마나 기능하고 있는지를 반영하는 점수를 알고자 할 때, Global Assessment of Functioning(GAF)를 사용할 수 있다. DSM-IV의 축 중 어디에서 발견되는 평가인가?

① Axis II
② Axis III
③ Axis IV
④ Axis V

31 ① 비네(Binet) : "지능은 일정한 방향을 설정하고 이를 유지하는 경향성, 자신이 소망하는 바를 성취하기 위해 순응하는 능력, 자신이 도달한 목표를 아는 능력이다."
③ 스피어만(Spearman) : "지능은 사물의 관련성을 추출할 수 있도록 하는 정신작용이다."
④ 터만(Terman) : "지능은 추상적 사고를 하는 능력, 즉 다양한 문제들을 해결하기 위해 추상적 상징을 사용하는 능력이다."

31 지능을 다음과 같이 정의한 학자는?

지능은 개인이 합목적적으로 행동하고 합리적으로 사고하며, 환경을 효율적으로 다룰 수 있는 총체적인 능력이다.

① 비네(Binet)
② 웩슬러(Wechsler)
③ 스피어만(Spearman)
④ 터만(Terman)

32 ④ 유동성 지능(Fluid Intelligence)은 경험이나 학습의 영향을 거의 받지 않는 반면, 결정성 지능(Crystallized Intelligence)은 교육 및 가정환경, 문화적 요인에 의해 영향을 받는다.
① 유동성 지능은 수열 및 분류, 비언어적·비표상적 유추와 관련된 능력을 말하는 반면, 결정성 지능은 산술, 기계적 지식, 언어적 이해와 관련된 능력을 말한다.
② 유동성 지능은 유전적·신경생리적 영향에 의한 지능을 말하는 반면, 결정성 지능은 경험에 의해 누적되는 후천적 지능을 말한다.
③ 유동성 지능은 신체적 요인에 따라 청소년기에 이르기까지 발달이 이루어지다가 이후 퇴보현상이 나타나는 반면, 결정성 지능은 나이가 들수록 더욱 발달하는 경향이 있다.

32 다음 중 지능을 구성하는 요인에 관한 카텔과 혼(Cattell & Horn)의 이론 중 결정성 지능(Crystallized Intelligence)에 대한 설명으로 옳은 것은?

① 비언어적 요인과 관련된 능력을 말한다.
② 후천적이기보다는 선천적으로 이미 결정화된 지능의 측면을 말한다.
③ 나이가 들어감에 따라 낮아진다.
④ 문화적 요인에 의해 더 많은 영향을 받는다.

정답 30 ④ 31 ② 32 ④

33 다음 중 집단용 지능검사의 특징으로 옳은 것은?

① 개인용 검사에 비해 지적 기능을 보다 신뢰성 있게 파악할 수 있다.
② 대규모 실시로 검사의 실시·채점·해석이 상대적으로 어렵다
③ 개인용 검사에 비해 임상적인 유용성이 높다.
④ 선별검사(Screening Test)로 사용하기에 적합하다.

≫○

집단용 지능검사의 특징
• 한 번에 여러 사람에게 동시에 실시할 수 있도록 구성되어 있다.
• 보통 컴퓨터 등을 활용하므로 검사의 실시·채점·해석이 비교적 간편하며, 검사자의 특별한 기술을 요하지 않는다.
• 선별검사(Screening Test)로 사용하기에 적합하다.
• 검사 시행 및 채점에 소요되는 비용과 시간을 절감할 수 있다.
• 채점 과정은 비교적 객관적이며 신뢰할 만하나, 검사장면에서 발생할 수 있는 오차 요인을 통제하기 어려우므로 신뢰성이 상대적으로 떨어진다.
• 개인용 지능검사에 비해 임상적인 유용성은 낮다.

33 집단용 지능검사는 선별검사로 사용하기에 적합하다.

34 동일한 사람에게 교육 수준이나 환경의 영향, 질병의 영향 등과 같은 모든 가외 변인을 통제한 상태에서 20세, 30세, 40세 때 편차점수를 사용하는 동일한 지능검사를 실시하였다. 이 경우 지능지수는 어떠한 변화를 나타내 보일 것인가?

① 점진적인 저하가 나타난다.
② 점진적인 상승이 나타난다.
③ 30세 때까지 상승하다가 그 이후 저하한다.
④ 변화 없이 일정하다.

≫○

개인의 어떤 시점의 지능을 동일 연령대 집단에서의 상대적인 위치로 규정한 지능지수를 '편차지능지수(편차IQ)'라고 한다. 편차지능지수의 방식을 본격적으로 도입한 지능검사는 웩슬러(Wechsler) 지능검사로, 이는 기존의 비네(Binet) 지능검사에서 적용하던 비율지능지수(비율IQ)의 한계에 대한 인식에서 비롯되었다. 비율지능지수는 아동의 정신연령을 신체연령으로 나누어 '100'을 곱한 것으로서, 신체연령의 지속적인 증가에도 불구하고 정신연령은 대략 15세 이후로 증가하지 않는다는 사실을 간과함으로써 15세 이후의 청소년이나 성인을 대상으로 하는 검사로는 부적합하다는 문제점이 있었다. 그로 인해 편차지능지수는 개인의 지능 수준을 동일 연령대 집단의 평균치와 대조하여 그 이탈된 정도를 통해 상대적인 위치로 나타낸다.

34 문제의 내용은 편차지능지수의 방식에 의한 각 연령대별 평균치에 해당하므로, 연령의 차이에 의해 점수가 변하지 않는다.

정답 33 ④   34 ④

안심Touch

checkpoint 해설 & 정답

35 웩슬러 지능검사는 검사자가 모든 문제를 구두 언어나 동작으로 제시하고 수검자의 반응을 직접 기록할 수 있도록 함으로써 글을 모르는 수검자라도 검사를 받는 것이 가능하다.

35 다음 중 웩슬러 지능검사의 특징으로 옳지 <u>않은</u> 것은?

① 개인검사로써 검사 과정을 통해 수검자의 문제와 관련된 진단적 단서를 얻을 수 있다.
② 인지적 검사로서 구조화된 객관적 검사에 해당한다.
③ 아동 및 청소년, 성인을 대상으로 하나 문맹자에게는 적용할 수 없다.
④ 언어이해, 지각추론, 작업기억, 처리속도 4개의 소검사로 구성되어 있다.

36 ② 한국판 웩슬러 아동용 지능검사 (K-WISC-Ⅳ)는 6세 0개월~16세 11개월까지의 아동의 인지적 능력을 평가하기 위한 개별 검사 도구이다.
① K-WAIS-Ⅳ는 16세 0개월부터 69세 11개월까지의 청소년과 성인의 인지능력을 개인적으로 평가할 수 있도록 만들어진 임상도구이다.
③ K-WPPSI는 만 3세~만 7세 5개월의 유아를 대상으로 한 지능검사이다.
④ MBTI는 성격유형을 파악하기 위한 검사이다.

36 김 교사는 학업성적이 낮은 초등학교 5학년 영수의 학습부진 원인이 지능 때문은 아닐까 하는 생각이 들어서, 학교심리학자에게 지능검사를 의뢰하였다. 다음 중 이 학생에게 사용하기에 적절한 검사는 무엇인가?

① K-WAIS-Ⅳ ② K-WISC-Ⅳ
③ K-WPPSI ④ MBTI

37 한국판 아동용 웩슬러 지능검사(K-WISC-Ⅳ)의 소검사 중 다음 내용과 연관된 것은?

37 ① 토막짜기(BD) : 아동이 제한시간 내에 흰색과 빨간색으로 이루어진 토막을 사용하여 제시된 모형이나 그림과 똑같은 모양을 만든다.
② 공통그림찾기(PCn) : 아동에게 두 줄 또는 세 줄로 이루어진 그림들을 제시하며, 아동은 공통된 특성으로 묶일 수 있는 그림을 각 줄에서 한 가지씩 고른다.
③ 순차연결(LN) : 아동에게 연속되는 숫자와 글자를 읽어주고, 숫자가 많아지는 순서와 한글의 가나다 순서대로 암기하도록 한다.

• 아동은 간단한 기하학적 모양이나 숫자에 대응하는 기호를 그린다.
• 기호표를 이용하여 아동은 해당하는 모양이나 빈칸 안에 각각의 기호를 주어진 시간 안에 그린다.
• 처리속도에 더하여, 단기 기억, 학습 능력, 시지각, 시각-운동 협응, 시각적 주사 능력, 인지적 유연성, 주의력, 동기를 측정한다.

① 토막짜기 ② 공통그림찾기
③ 순차연결 ④ 기호쓰기

정답 35 ③ 36 ② 37 ④

38 다음 중 객관적 검사의 특징에 대한 설명으로 옳은 것은?

① 설문지 형태의 자기보고식 검사는 대부분 객관적 검사에 해당한다.

② 검사 지시 방법이 간단하며 비구조화되어 있다.

③ 개인의 독특성을 측정하기에 적합하다.

④ 수검자는 비의도적·자기노출적으로 반응한다.

»Q

객관적 검사의 특징

• 검사과제가 구조화되어 있다.

• 문항의 내용이나 그 의미가 객관적으로 명료화되어 있다.

• 검사에서 평가되는 내용이 검사의 목적에 부합하여 일정하게 준비되어 있다.

• 수검자는 일정한 형식에 따라 반응하도록 되어 있다.

• 검사 결과를 통해 나타나는 개인의 특성 및 차이는 각각의 문항들에 대한 반응 점수를 합산한 후 그 차이를 평가하는 과정으로 전개된다.

• 개인마다 공통적으로 지니고 있는 특성이나 차원을 기준으로 하여 개인들을 상대적으로 비교하는 데 목적을 둔다.

39 다음 중 객관적 검사의 단점에 해당하지 <u>않는</u> 것은?

① 신뢰도, 타당도를 검증하기가 어렵다.

② 수검자가 자신의 의견을 자유롭게 표현할 수 없다.

③ 사회적 바람직성 요인에 의해 영향을 많이 받는다.

④ 반응 경향성 요인에 의해 영향을 많이 받는다.

38 ②, ③, ④는 투사적 검사의 특징에 해당한다.

39 **객관적 검사와 투사적 검사의 장·단점**

① 객관적 검사

ⓐ 장점

• 검사실시의 간편성

• 검사의 신뢰도 및 타당도 ↑

• 객관성의 증대

ⓑ 단점

• 사회적 바람직성에 맞춘 반응

• 반응 경향성

• 문항 내용의 제한성

② 투사적 검사

ⓐ 장점

• 반응의 독특성

• 반응 시 방어의 어려움

• 반응의 풍부함

• 무의식적 내용에 대한 반응

ⓑ 단점

• 검사의 신뢰도 ↓

• 검사의 타당도 ↓

• 반응에 대한 상황적 영향력

정답 38 ① 39 ①

40 MMPI-2는 19세 이상인 성인(MMPI
-A는 13~18세 청소년)을 대상으로
실시한다.

40 MMPI-2의 시행상 유의사항에 대한 설명으로 옳지 <u>않은</u> 것은?

① 수검자의 독해력은 초등학교 6학년 이상 수준이어야 한다.

② 검사 시간은 원칙적으로 제한이 없다.

③ 가능한 한 번에 실시하나, 임상적 상태에 따라 분할 실시가 가능하다.

④ 검사의 연령하한선은 16세이다.

41 I요인 : 예민성 척도, M요인 : 공상성
척도

41 다요인 인성검사(16PF)에서 척도의 구성 및 내용과 관련하여 옳지 <u>않은</u> 것은?

① A요인 : 온정성 척도

② E요인 : 지배성 척도

③ G요인 : 도덕성 척도

④ I요인 : 공상성 척도

42 ㄱ, ㄴ, ㄷ은 객관적 검사에 해당한다.

42 다음 중 투사적 검사에 해당하는 것을 모두 고른 것은?

> ㄱ. 기질 및 성격검사(TCI)
> ㄴ. 마이어스-브릭스 성격유형검사(MBTI)
> ㄷ. 16성격 요인검사(16PF)
> ㄹ. 문장완성검사(SCT)

① ㄱ, ㄴ, ㄷ   ② ㄱ, ㄷ

③ ㄴ, ㄹ   ④ ㄹ

정답   40 ④   41 ④   42 ④

43 자기보고식 성격검사를 실시한 결과 의도적 왜곡 가능성이 높아 결과 해석에 어려움이 있었다. 다음 중 이러한 의도적 왜곡을 최소화할 수 있는 검사에 해당하는 것은?

① GATB
② LNNB
③ MBTI
④ Rorschach Test

»»Q

자기보고식 성격검사는 객관적 검사 또는 비투사검사에 해당하는 것으로, 검사 과제의 구조화를 통해 검사의 시행·해석·채점 등 검사 과정이 객관적으로 결정되어 있는 검사 유형이다. 성격검사로는 다면적 인성검사(MMPI)나 성격유형검사(MBTI) 등이 대표적이며, 검사 과정이 비교적 간편하고 검사자 변인이나 검사 상황변인에 따른 영향을 적게 받는다는 장점이 있다. 다만, 사회적 바람직성이나 반응 경향성, 묵종 경향성 등 수검자의 의도적인 왜곡에 의해 검사 결과의 타당도에 부정적인 영향을 미칠 수 있다.

43 투사적 검사는 애매모호한 자극을 검사자극으로 활용하여 수검자의 응답 및 반응양식을 파악함으로써 수검자 내면의 무의식적 동기와 갈등이 표출되도록 하는 검사 유형이다. 로샤검사(Rorschach Test), 주제통각검사(TAT) 등이 대표적이며, 특히 수검자로 하여금 사회적 바람직성에 의한 왜곡에서 벗어나도록 하여 수검자의 전반적인 성격 특성을 효과적으로 파악하도록 해준다.

44 다음 중 투사적 검사의 유용성에 대한 설명으로 옳지 않은 것은?

① 투사적 검사는 개인에 대해 양적으로 풍부한 자료를 제공한다.
② 투사적 검사는 개인에 대해 질적으로 상이한 정보를 제공한다.
③ 투사적 검사는 개인에 대한 종합적인 정보를 제공한다.
④ 투사적 검사는 개인에 대해 표준화된 해석을 제공한다.

44 투사적 검사는 개인의 성격을 이해하는데 매우 풍부한 자료를 제공한다. 또한 정형화된 자기보고식 검사와 달리, 다양한 해석의 차원을 제공하여 수검자의 과거 경험 및 현재 상태에 대한 포괄적인 이해를 가능하도록 한다.

45 실험실 세팅에서 부적 강화(Negative Reinforcement)는 피험자가 어떤 방식으로 반응하도록 영향을 미치나?

① 반응을 감소시킨다.
② 반응을 소거한다.
③ 반응을 증가시킨다.
④ 반응에 영향을 주지 않을 것이다.

45 반응에 대하여 주어지던 자극을 제거함으로써 그 반응의 빈도 혹은 강도를 증가시키는 것이 부적 강화이다.

정답 43 ④ 44 ④ 45 ③

46 이 남학생은 자신을 양육하고 있으며 어머니를 무시하는 아버지를 행동 모델로 하고 있는 것으로 볼 수 있다.

46 한 남자 중학생은 남자 교사가 가르치는 과목에서는 전부 우수한 성적을 거두었으나, 여자 교사가 가르치는 과학에서는 그렇지 못하였다. 학생은 이 여교사의 말을 경청하지 않았으며 강의를 반대하고 방해하였다. 학교심리학자는 상담 회기에서 이 학생이 아버지에 의해 양육 중인데 이 아버지는 이혼한 전처를 아이 앞에서 빈번하게 폄하하고 있다는 것을 알게 되었다. 다음 중 이 학생의 태도는 어디에 속하는가?

① 성적 지향(Sexual Orientation)
② 특질 요인(Trait Factor)
③ 정보 모형(Informational Model)
④ 사회적 학습(Social Learning)

47 언어 이해력이 떨어지는 학생의 경우 자기대화가 유용하지 않다. 자기대화는 대안을 모색하거나 생각을 조직하는 데 있어 유용한 전략이다.

47 자기대화(Self-talk)*는 다음 중 어떤 학생에게는 적합한 전략이 될 수 없는가?

① 독립적인 자습시간 동안 자기 자리에서 벗어나지 않는 방법을 학습하고 있는 학생
② 과제의 지시문을 이해하지 못하는 학생
③ 분노를 조절하는 방법을 배우고 있는 학생
④ 독해 이해 기술을 익히고 있는 학생

> *Self-talk : 자기대화는 긍정적 생각을 일으키는 단어 혹은 글을 떠올리고 스스로 말하여 자신감과 집중력을 높이는 방법이다.

48 어떤 행동에 대한 선행 사건을 파악하는 것은 중요한 첫 번째 단계인데 학생이 부적응 행동을 하게 되는 이유를 설명하여 주는 것이기 때문이다.

48 Functional Behavior Assessment (FBA)를 수행할 때에는 우선 (   ) 혹은 문제 행동이 나타나는 원인이 되는 사건을 결정하는 것이 중요하다. 괄호 안에 알맞은 말은?

① 주변 사건   ② 선행 사건
③ 사후 분석   ④ 사건 결과

정답 46 ④ 47 ② 48 ②

49 다음 괄호 안에 들어갈 내용으로 옳은 것은?

> 표준편차(Standard Deviation)와 변량(Variance)은 검사의 (   )을/를 측정하기 위하여 사용될 수 있는 통계치이다.

① 변산도(Variability)
② 신뢰도(Reliability)
③ 중심경향성(Central Tendency)
④ 타당도(Validity)

50 다음 중 비탄이라기보다는 우울증의 증상에 더 가까운 것은?

① 시간이 지남에 따라 치료에 큰 반응을 보이는 경향이 있음
② 세로토닌(Serotonin) 감소
③ 특히 상실과 관련된 슬픔
④ 자존감에 유의한 손상이 없는 강한 슬픔

51 19개월 된 여아와 그 부모가 평가를 받기 위하여 학교심리학자를 방문하였는데, 여아의 부모는 다음과 같이 기술하였다.

> (1) 여아는 예전에 배웠던 운동기능을 잃고 있는 것처럼 보이고, (2) 자매와 노는 것이 줄어들고 (3) 무기력이 증가하는 것처럼 보인다. 병원 기록에 따르면 이 여아의 머리 크기는 또래보다 성장이 늦다. 이 증상들은 약 12개월 경 시작되었다.

위 정보를 고려하였을 때 다음 중 가장 적합한 진단은?

① 레트장애(Rett's Disorder)
② 전반적 발달장애(Pervasive Developmental Disorder)
③ 아동기붕괴성장애(Childhood Disintegrative Disorder)
④ 자폐장애(Autistic Disorder)

49 표준편차와 변량은 데이터가 평균으로부터 얼마나 멀리까지 퍼져 있는지(=변산도)를 나타내 주는 역할을 한다.

50 신경전달 물질인 세로토닌이 부족한 경우 우울증, 불안증 등이 생긴다.

51 레트장애의 주된 징후는 처음에는 아동이 정상적으로 발달하는 것처럼 보이다가 생후 5~48개월 사이에 머리 성장이 늦어지고 예전에 습득했던 운동기능 등을 상실하는 것으로 나타나기 시작한다.

정답 49 ① 50 ② 51 ①

52 기저율은 특정 사건이 전체 사건에서 차지하는 비율을 의미하는 것으로 ④가 기저율에 가깝다.

52 기저율(Base Rate)이란 다음 중 무엇을 의미하는가?

① 다양한 자격이 특정 직업에서 활용되는 비율
② 특정 지역에서 인력으로 활용할 수 있는 사람들의 비율
③ 해당 자격을 갖춘 사람들이 특정 직업에 응시하는 비율
④ 업무 수행 능력을 갖춘 개인의 모집단 내 비율

53 희진이 자신의 행동을 통제할 수 있다는 사실에 근거하여 일반 학급 환경이 희진에 있어 가장 이익이 될 것이다.

53 다음 정보를 바탕으로 희진에게 가장 적합한 학급 배치 권고안은?

> 희진은 상황에 맞지 않는 말을 하는 것에서 부주의함까지 문제가 있는 행동을 보였었다. 행동수정시스템을 활용하여 희진의 행동은 많이 개선되고 있으며, 서류에서 이 사항들이 뒷받침되고 있다.

① 하루 중 반나절은 행동장애 학습도움실(Resource Room)*에 배치한다.
② 자립 학급에 배치한다.
③ 일반 학급에 배치한다.
④ 하루 중 한 번의 강의 시간 동안 특수학습장애(Specific Learning Disability, SLD) 학급에 배치한다.

> *학습도움실 : 특별한 요구를 가진 학생이 일반학급에서 교육을 받다가 일정 시간 동안 개별화된 특수교육 서비스를 받을 수 있도록 설치된 별도의 공간을 의미한다.

정답 52 ④ 53 ③

54 다음과 같은 상황에서 추가 사항으로 검토할 필요가 <u>없는</u> 것은?

> 호성은 청각장애가 있는 중학교 1학년 학생으로 문어(文語)와 수학 학습에 어려움이 있다. 호성은 검사 시간에 음향증폭시스템을 사용하여 시험을 치렀다. 언어 능력에서 105점, 비언어 능력에서는 85점으로 전체 IQ는 95점으로 나왔다. 청각작업기억에서 90점, 장기기억에서 85점, 단기기억에서 81점, 청각처리에서 80점, 그리고 처리속도에서 80점이었다. 독해에서 90점, 수학에서 70점, 그리고 문어에서 80점을 받았다. 호성은 장문 이해력 및 조직화에 문제가 있었다. 또한 작문 기술에도 문제가 있었다.

① 사회기술 훈련 ② 정기시험
③ 청각기기 ④ 시력

54 정기시험은 해당되지 않는다.

55 다음 중 찬호의 지능은 정확히 어느 분류에 속하는가?

> 찬호는 초등학교에 다니는 10살짜리 남자아이로 자신의 학급에서 그다지 뛰어난 수행을 보이고 있지 않다. 담당 교사는 찬호가 그리기를 잘 하고 친구가 많다고 이야기하였다. 또 찬호는 일대일로 가르칠 때는 수행을 잘 한다. 찬호는 "뭐라고(요)?"라는 말을 자주 하고 지시를 잘못 이해하는 경우도 가끔 있다. 담당 교사와 어머니는 찬호가 공상의 세계에서 살고 있는 것 같다고 이야기하였다. 검사에서 찬호는 비슷한 소리의 단어들끼리 자주 혼동하였다. 시공간 기술에서는 수행을 잘 하였다. Stanford-Binet 검사에서 전체 IQ 107점을 받았다. 언어 능력에서는 90점을 받았다. 인물화검사(Draw-A-Person Test, DAP)에서는 이상 행동을 보이지 않았다. Woodcock-Johnson 인지능력 검사에서 시각 처리, 사고에서 수행을 잘 하였고 청각처리에서 수행을 잘못하였다.

① 평균 미만
② 평균
③ 우수
④ 평균 이하

55 107점은 평균 범위(90~109점)에 속하는 점수이다.

정답 54 ② 55 ②

56 ① 프로이트(Freud) : "성격은 원초
아(Id), 자아(Ego), 초자아(Super
ego)의 상호작용 결과이다."
② 켈리(Kelley) : "성격은 개인이 자
신의 생활경험에서 스스로 의미
를 부여해나가는 그 나름대로의
독특한 방법이다."
④ 올포트(Allport) : "성격은 한 개
인의 내부에 있는 그 어떤 것으
로서, 행동과 생각을 결정하는
신체적·정신적 체제의 역동적 조
직이다."

56 다음 중 성격을 보기와 같이 정의한 학자는?

> 성격은 일생 동안 여러 단계를 거치면서 당면하게 되는 심리
> 사회적 위기의 극복 결과이다.

① 프로이트(Freud)
② 켈리(Kelley)
③ 에릭슨(Erikson)
④ 올포트(Allport)

57 ① 클라인(Klein)과 램플라인(Remplein)
은 성격에 대한 심신동형적 관점
을 제시하였다.
② 올포트(Allport)와 레빈(Lewin)은
성격에 대한 정신역동적 관점을
제시하였다.
③ 카디너(Kardiner)와 린턴(Linton)
은 성격에 대한 사회학적 관점을
제시하였다.

57 다음 중 성격에 대한 요인적 관점을 제시한 학자들로 올바르게
묶인 것은?

① 클라인(Klein), 램플라인(Remplein)
② 올포트(Allport), 레빈(Lewin)
③ 카디너(Kardiner), 린턴(Linton)
④ 아이젱크(Eysenck), 카텔(Cattell)

정답 56 ③ 57 ④

58 다음 중 성격이론에 대한 설명으로 옳지 않은 것은?

① Allport : 성격은 과거 경험에 의해 학습된 행동성향으로, 상황이 달라지면 행동성향도 변화한다.

② Cattell : 특질을 표면특질과 원천특질로 구분하고, 자료의 통계분석에 근거하여 16개의 요인을 발견하였다.

③ Rogers : 현실에 대한 주관적 해석 및 인간의 자기실현과 성장을 위한 욕구를 강조하였다.

④ Freud : 인간의 본능적인 측면을 지나치게 강조하여 사회환경적 요인을 상대적으로 경시하였다.

>>>◯

올포트(Allport)의 특질론적 성격이론
• 올포트는 1920~30년대 심리학계를 지배하고 있던 정신분석과 행동주의에 대해 반발하였다. 즉, 그는 인간의 행동을 어린 시절의 경험이나 억압된 본능의 탓으로 돌리거나 자극에 대한 단편적인 반응으로 간주하는 방식을 거부하였다.
• 올포트의 특질론적 성격이론은 인간의 성격분석에 있어서 의식적 동기에 대한 접근을 강조한다.
• 성격은 개인의 특징적인 행동 및 사고를 결정하는 신체적·심리적인 체계로서 개인 내의 역동적 조직이다.
• 성격은 조직화된 전체로서 현재에 뿌리를 두는 동시에 미래를 지향한다.
• 개인의 신체적·심리적 체계를 이루는 각 부분들, 즉 특질들(Traits)은 서로 관계를 맺으며 독특한 조직을 형성한다.
• 성격은 일반적인 것이 아닌 한 개인에게 국한된 특정한 것이며, 개인의 성격적 특징을 이루는 특질은 환경의 자극에 반응하는 개인의 일관적이고 지속적인 방식으로 나타난다.

58 올포트(Allport)는 성격이 과거 경험에 의해 학습된 행동성향으로 나타나지 않으며, 개인의 내적 성향으로서의 특질(Traits)은 상황이 달라져도 비교적 변화하지 않는다고 보았다.

59 다음 중 미네소타 다면적 인성검사(MMPI)에 대한 설명으로 옳지 않은 것은?

① 제1차 세계대전 중 많은 사람들을 선별하는 과정에서 필요성이 대두되었다.

② 성격검사 유형 중 대표적인 객관적 성격검사에 해당한다.

③ 어느 한 문항이 특정 속성을 측정한다고 생각되면 특정 척도에 포함시키는 방식으로 논리적·이성적 방법에 의해 제작되었다.

④ MMPI의 일차적인 목표는 정신과적 진단분류를 위한 측정이며, 일반적 성격특성에 관한 유추도 어느 정도 가능하다.

59 미네소타 다면적 인성검사(MMPI ; Minnesota Multiphastic Personality Inventory)는 1943년 미국 미네소타대학의 하더웨이와 매킨리(Hathaway & McKinley)가 이전의 이성적·논리적 제작방식을 탈피하여 경험적 제작방식을 이용하여 개발하였다. 객관적 검사 또는 자기보고식 검사에 해당하며, 특히 정신병리에 대한 효율적인 평가와 진단을 주된 목적으로 한다.

정답 58 ①   59 ③

60 아동의 정상적 언어발달 단계에 있어 2~3개 단어로 된 문장을 말할 수 있는 시기는 2~3세 무렵이다. 보통 5~6세 때 아동은 6~8개 단어로 된 문장을 사용할 수 있다.

60 다음 중 일반 모집단에 비해 유의한 발달 지연을 나타내는 상황은 어떤 것인가?

① 네 글자 단어를 잘못된 철자로 쓰는 7살 아이
② 소리에 맞는 철자를 정확하게 매치시키지 못하는 6살 아이
③ 오직 두 단어와 세 단어로 된 문장만을 말하는 5살 아이
④ 한 발로 30초 이상 서 있기를 힘들어 하는 4살 아이

61 행동 요소를 분석하여 이에 적합한 교육 계획을 수립하기 위함이다.

61 다음 괄호 안에 들어갈 내용으로 옳은 것은?

> 학생을 위한 교육 계획을 세우게 될 때, 계획 수립자들은 기능적 행동 평가를 사용하게 되는데, 이는 (   )을(를) 제공하기 위함이다.

① 학생의 행동에 포함된 요소 분석
② 학생의 학습 프로파일 이해와 프로파일을 통한 장단점 이해
③ 표준적인 학교 훈육 정책의 검토 및 이에 따라 예상되는 학생의 행동 검토
④ 부적응 행동의 물리적 원인을 밝히기 위한 학생의 감각 정보에 대한 평가

62 신경성 식욕부진증의 대표적인 증상은 체중 증가에 대한 두려움, 식사 거부, 폭식 후 스스로 구토 유도 혹은 하제 사용 등이 있다.

62 다음 중 학교에서 학생이 일상적으로 기능하는 것을 가장 유의하게 방해하는 신경성 식욕부진증(Anorexia Nervosa)의 행동 증상은?

① 빈혈
② 자발적 구토
③ 복부 경련
④ 에너지 과잉

정답   60 ③   61 ①   62 ②

63 다음 중 주제통각검사(TAT)에 대한 설명으로 옳지 <u>않은</u> 것은?

① 대표적인 투사적 검사로 머레이가 프로이트와 융의 영향을 받아 고안하였다.

② 자아와 환경관계 및 대인관계의 역동적 측면 등을 평가한다.

③ 수검자의 그림에 대한 반응을 통해 성격 및 정서, 갈등, 콤플렉스를 이해할 수 있다.

④ 로샤검사를 대체하여 수검자 개인의 내적 동기 및 지각 방식에 대한 정보를 얻을 수 있다.

63 로샤검사와 주제통각검사는 상호보완적으로 사용된다. 로샤검사가 주로 사고의 형식적·구조적 측면을 밝히는 데 반해, 주제통각검사는 주로 사고의 내용을 규명한다.

64 다음 중 집-나무-사람 그림검사(HTP)에 대한 설명으로 옳지 <u>않은</u> 것은?

① HTP는 DAP보다 더 많은 정보를 얻을 수 있다.

② 수검자의 그림은 모호하고 구조화되지 않은 것이므로 해석이 어렵다.

③ 집은 신체상(Body Image) 및 자기상(Self Image)을 반영한다.

④ '나무-사람'은 대인관계 및 타인에 대한 감정을 반영한다.

64 [문제 하단의 표 참고]

»»⌕

[HTP의 투사적 상징]

집(House)	• 가정생활 • 가족 간 상호관계 • 부부관계 • 아동기 부모와의 관계
나무-사람 (Tree-Person)	• 신체상(Body Image) 및 자기상(Self Image) • 대인관계 • 타인에 대한 감정

정답 63 ④ 64 ③

안심Touch

65 연쇄는 복잡한 행동 교육을 위하여 종종 사용되는 학습전략으로 서로 간 의미 없고 무질서해 보이는 항목 자료를 서로 연결 지어 의미를 부여함으로써 기억을 촉진시키는 결과를 가져온다.

65 자극–반응 상호작용의 연속을 통하여 복잡한 행동을 학습하는 데 필요한 교육적 전략의 이름은 무엇인가?

① 용암법(Fading)
② 연쇄(Chaining)
③ 비계(Scaffolding)
④ 부호화(Coding)

66 마샤의 이론에서 청소년의 정체성 발달 단계는 순서대로 정체성 혼미, 정체성 유실, 정체성 유예, 그리고 정체성 성취의 네 단계이다.

66 다음 중 마샤(Marcia)의 청소년 정체성이론에 해당되는 단계가 아닌 것은?

① 정체성 위기(Identity Crisis)
② 정체성 혼미(Identity Diffusion)
③ 정체성 유예(Identity Moratorium)
④ 정체성 유실(Identity Foreclosure)

67 영재 아동은 종종 학급에서 지루해하여 좋지 않은 점수를 받는 경우가 있다.

67 어떤 학교심리학자가 학생 중 한 명이 많은 과목에서는 낙제하였지만 한 과목에서는 특출하다는 것을 발견하였다. 다음 중 이러한 상황에 가장 적합한 설명은?

① 이 학생은 자폐증이 있다.
② 이 학생은 영재이다.
③ 이 학생을 가르치는 교사 중 한 명만이 뛰어나다.
④ 이 학생은 트라우마를 가진 가족사가 있다.

정답 65 ② 66 ① 67 ②

68 다음 로샤검사의 카드 중 보기의 내용에 해당하는 것은?

> • 색상은 무채색이며, 양탄자 또는 동물가죽을 평범반응으로 한다.
> • 많은 사람들에 의해 성기의 상징으로 해석되므로 이른바 '성 카드(Sex Card)'라고 불린다.

① 카드 Ⅳ   ② 카드 Ⅴ

③ 카드 Ⅵ   ④ 카드 Ⅶ

68 카드 Ⅵ은 해부학적인 성적 구조를 볼 수 있는 것으로, 특히 수검자의 성적 반응을 살펴볼 수 있는 카드이다. 따라서 수검자가 이미지를 다루는 방식을 통해 수검자의 성적인 측면에 대한 정보를 얻을 수 있다. 또한, 카드 Ⅵ은 인간관계에서의 친밀성을 연상시키기도 한다.

69 아동 교육에 대한 이론 중에서 교육이란 적극적으로 성장에 대한 방향을 제시할 필요 없이 아동이 성장을 지속할 수 있도록 지원하는 것으로 충분하다고 주장하는 입장은?

① 개입주의자(Interventionist)

② 행동주의자(Behaviorist)

③ 성숙주의자(Maturationist)

④ 구성주의자(Constructivist)

69 성숙주의이론은 타고난 유전적 요인에 의해 인간의 성장과 발달이 결정된다고 보는 입장이다. 발달의 가장 중요한 힘은 바로 아동 내부로부터 오기 때문에 환경적 요소의 영향을 최소화하여야 한다고 주장하였다.

70 다음 중 학령전기 아동에게 적합한 활동으로 볼 수 있는 것은?

① 시 암송

② 작문하기

③ 독립적으로 이야기책 읽기

④ 낱말의 형태 익히기

70 학령전기 아동은 언어적 정교성을 갖추고 있지 못하기 때문에 ④ 이외의 활동은 어렵다.

정답 68 ③ 69 ③ 70 ④

안심Touch

71 중등도 지적 장애가 있는 학생은 새로운 맥락에 대하여 알고 있는 규칙을 적용하는 것에서 어려움을 갖는다.

71 다음 중 중등도 지적 장애(Moderate Intellectual Disabilities)를 가진 학생 집단에게 가장 어려운 활동은 무엇인가?

① 가족 그림 그리기
② 크로스워드 퍼즐
③ 농구시합 점수 유지를 위해 부가적 규칙 사용
④ 단편 읽기

72 정신지체가 있는 학생을 위한 교육의 우선순위는 독립적으로 생활하는 데 필요한 기술을 제공하는 것이다.

72 다음 중 정신지체 학생을 위하여 가장 적합한 커리큘럼은?

① 생활기능 커리큘럼
② 직업 커리큘럼
③ 학업 커리큘럼
④ 공동 커리큘럼

73 블룸의 교육목표분류학은 지식의 여섯 단계를 설명하고 있는데 가장 높은 수준은 평가로 이것은 어떤 아이디어 혹은 개념을 평가하고 비판하는 능력을 의미한다.

73 블룸(Bloom)의 교육목표분류학(Taxonomy of Learning)에 따르면 학습에서 가장 높은 수준은 무엇인가?

① 평가   ② 이해
③ 적용   ④ 지식

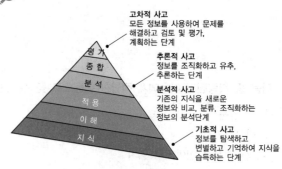

고차적 사고
모든 정보를 사용하여 문제를 해결하고 검토 및 평가, 계획하는 단계

추론적 사고
정보를 조직화하고 유추, 추론하는 단계

분석적 사고
기존의 지식을 새로운 정보와 비교, 분류, 조직화하는 정보의 분석단계

기초적 사고
정보를 탐색하고 변별하고 기억하여 지식을 습득하는 단계

평가 / 종합 / 분석 / 적용 / 이해 / 지식

[블룸의 교육목표분류학]

정답 71 ③   72 ①   73 ①

[74~76] 다음 지문을 읽고 물음에 답하시오.

조사 유형의 평가에서 리커트 유형 척도가 종종 사용된다. 이 척도는 반응의 짝수형, 혹은 홀수형을 사용한다. 반응의 짝수형을 사용하는 척도에서, 중립적인 반응은 선택지에 없고 피검자는 부정 혹은 긍정 반응의 한 쪽을 선택하게 된다. 반응의 홀수형을 사용하는 척도에서, 피검자는 중립적 반응 혹은 미결정 반응을 사용할 수 있다.

74 학교심리학자인 당신은 약물과 알코올에 대한 학생의 지식과 이 것의 사용에 대하여 알아보기 위하여 5점 리커트 척도(=홀수형)를 사용하기로 결정하였다. 당신이 의식하고 있어야만 하는 이 방법의 문제점은 무엇인가?

① 학생들이 이 척도를 이해하지 못할지도 모른다.
② 학생들은 긍정 혹은 부정 답변을 회피하는 용도로 중립 반응을 선택할지도 모른다.
③ 이 방법은 사회적 바람직성 요인(Social Desirability Factor)으로 인하여 비현실적인 결과가 나올 수도 있다.
④ 위의 모두가 해당되지 않는다.

74 사회적으로 바람직한 것과 관련되는 주제(이 경우 약물과 술은 하지 않는 것이 바람직하다)에 대한 검사를 받게 될 때 사람은 사회의 주류에 동조하는 방식으로 대답하는 경향이 있다.

75 4점 리커트 척도(=짝수형)를 사용할 경우 단점은 무엇인가?

① 충분한 선택지를 제시하지 못한다.
② 학생이 긍정 혹은 부정으로 선택 시 양자택일하게 한다.
③ 반응이 타당하지 않을 수 있다.
④ 별다른 단점은 없다.

75 단지 4개의 선택만이 주어진다는 것은 학생이 긍정 혹은 부정의 방향 중에서 선택하여야만 한다는 것을 의미한다. 이것은 왜곡된 결과 분석을 낳을 수 있고 학교심리학자가 학생의 다수가 그 주제에 찬성 혹은 반대한다고 믿게 만들 수 있다.

정답   74 ③   75 ②

안심Touch

76 이런 유형의 척도를 사용하는 것이 중립적 반응을 더 많이 나오게 하는 것이 사실이긴 하지만, 사실 대부분의 피검자는 자신의 진짜 생각을 제공할 것이다. 지문의 경우에서처럼 모든 반응에서 중립을 표시한 경우는 특이치(Outlier)로 간주될 것이다.

77 학습 환경에 대한 지속적인 모니터링과 평가는 다양한 이점을 가질 수 있다.

78 일반적으로 학교심리학자는 학생 전체의 종합적인 관점을 알기 위하여 학생 조사를 수행하게 될 것이다. 인구통계적 정보를 수집하는 목적은 학교심리학자가 학생 집단에서 중요한 차이점을 결정하기 위함이다.

정답 76 ② 77 ④ 78 ③

---

76 한 학생이 5점 리커트 척도(=홀수형)에서 전부 중립 반응으로 표시하였다. 학교심리학자인 당신은 이 결과에서 무엇을 알 수 있는가?

① 그 학생은 태평스럽고 게으르다.
② 그 학생은 자신의 생각을 공유하는 것을 원하지 않았고 단지 평가가 가능한 한 빨리 끝나기를 바랐다.
③ 그 학생은 검사를 이해하지 못하였다.
④ 그 학생은 우유부단함에 대한 개입이 필요한 상태이다.

77 지속적인 검사의 이점은 무엇인가?

① 학생의 진전이 모니터링된다.
② 약한 부분이 식별된다.
③ 학습 스타일과 목표가 수정되는 것이 가능하다.
④ 위의 모두가 해당된다.

78 조사 평가에서 인구통계적 정보의 목적은 무엇인가?

① 별다른 실제적인 목적은 없다.
② 이 정보는 포함되지 말아야 한다.
③ 차이점 식별을 위한 것이다.
④ 유사점 식별을 위한 것이다.

79 사전-사후 검사는 평가에 있어 중요한 도구이다. 사전-사후 검사를 개발할 때 고려하여야 할 중요한 것은 무엇인가?

① 검사를 받을 대상
② 핵심 아이디어와 개념
③ 질문의 개수
④ 검사가 치러지는 때

79 핵심 아이디어와 개념은 사전-사후 검사의 모든 질문에 있어 근간을 형성한다. 사전-사후 검사에서 이에 대한 정보가 적절하게 제시되지 못하였다면 사전-사후 검사는 실패하게 된다.

80 다음 중 또래중재자(Peer Mediator)가 하는 일이 <u>아닌</u> 것은?

① 또래의 이야기를 경청한다.
② 자신의 위치에 대하여 진지하다.
③ 물리적으로 또래를 속박한다.
④ 또래에게 관심을 기울인다.

80 또래중재자는 결코 학생을 속박하지 않으며 항상 신경 쓰고, 경청하고, 자신의 위치에 대하여 매우 진지하게 임하게 된다. 또래중재프로그램(Peer Mediation Program)의 또래중재자는 명확한 의사결정을 내리는 대신 상생(Win-win)할 수 있는 해결책을 지향한다. 또래중재는 같은 연령대의 학생 집단이 갈등을 해결하는 것을 돕기 위한 프로그램이다.

81 아래 학생은 아마도 (　　)(으)로 고통 받고 있는 듯하다. (　　)의 내용으로 옳은 것은?

> 한 학생과 그 가족이 최근의 태풍으로 전 재산을 잃었다. 이 학생은 잠들기가 힘들고, 자주 악몽을 꾸며, 식욕을 잃었다고 보고하고 있다.

① 정신분열증 혹은 조현병(Schizophrenia)
② 강박장애(Obsessive-compulsive Disorder)
③ 반항장애(Oppositional Defiant Disorder)
④ 외상후스트레스장애(Posttraumatic Stress Disorder)

81 학생은 대단히 충격적인 사건을 경험하였고, 수면장애, 악몽, 식욕감퇴(중요한 활동에 대한 흥미 상실) 등을 나타내고 있다. 이러한 증상들은 외상후스트레스장애의 증상에 해당된다.

정답　79 ②　80 ③　81 ④

안심Touch

checkpoint 해설 & 정답

82 편의표본추출은 샘플이 가용성 혹은 편의에 따라 선택된 경우를 말한다. 학생들은 이미 의뢰된 학생들이기 때문에 연구에 참여시키기가 쉬운 상태이다.

83 ④ 행동주의 이론에 의하면 반응을 피하거나 눈을 감는 것은 집단 내의 부적절한 행동을 소거하거나 단념하게 만드는 데 있어 좋은 방법이다.
①·②·③은 전부 부적절한 행동이 나타날 가능성을 높이는 부적절한 행동에 대한 정적인 강화이다.

84 유급 결정은 지능검사가 아니라 학업성취도검사에 근거하여야 한다.

82 학교심리학자인 장 씨는 분노 조절 문제로 의뢰된 10명의 같은 반 학생을 맡게 되었다. 장 씨는 새로운 소집단 분노관리 프로그램의 효과를 평가할 좋은 기회로 생각하여 자신의 평가에 10명의 학생을 모두 참여시키기로 하였다. 주어진 정보에 따르면 장 씨의 표본추출(Sampling) 방법은 무엇인가?

① 군집(Cluster)
② 편의(Convenience)
③ 할당(Quota)
④ 단순무작위(Simple Random)

83 집단 내에서 한 학생이 적절하지 못한 행동을 하는 것을 보게 된 학교심리학자가 그 행동을 못하게 하기 위하여 해야 하는 것은?

① 학생을 향해 끄덕이거나 웃음 짓기
② 학생에게 따뜻하게 말 걸기
③ 학생 쪽으로 기대기
④ 반응을 피하거나 눈 감기

84 다음 중 Wechsler Intelligence Scale for Children-Fourth Edition(WISC-IV)을 사용할 수 없는 경우는?

① 일반 모집단 아동의 능력에 비하여 학생의 능력이 어떤지를 살펴보고자 할 때
② 학습장애를 식별하고자 할 때
③ 영재 아동을 식별하고자 할 때
④ 학생의 유급 여부를 결정하고자 할 때

85 적합한 평가를 선택하려고 할 때 학교심리학자가 가장 필요로 하는 핵심 정보는 다음 중 무엇인가?

① 평가의 목적
② 평가의 비용
③ 평가를 시행하는데 필요한 시간
④ 결과를 보고하는데 사용되는 측정 유형

85 적합한 평가 도구를 선택하는 데 있어 가장 중요한 준거는 평가의 목적이다. 이를 검토함으로써 학교심리학자는 평가를 위해 필요한 정보가 무엇인지 그리고 정보를 어떻게 사용할 것인지를 결정할 수 있다.

86 다음 중 명화에 대한 관찰과 일치하는 질환은?

> 초등학교 1학년 학생인 명화의 부모가 학교심리학자에게 자문을 요청하였다. 명화가 겉보기에 언어 혹은 인지 발달 지연이 없으나 표정과 몸짓을 사용하는 데 있어 명백한 장애를 보인다는 것이다. 명화는 학급의 또래와 상호작용하는 것을 좋아하지 않고 종종 인형과 같은 무표정으로 일관하고 있다. 그리고 부모에 따르면 명화는 상동적인 행동을 한다.

① 다운증후군(Down's Syndrome)
② 아동기붕괴성장애(Childhood Disintegrative Disorder)
③ 레트장애(Rett's Disorder)
④ 아스퍼거스장애(Asperger's Disorder)

86 사회적 상호작용, 몸짓과 표정에 장애가 있으나 자폐증과 달리 인지 및 언어발달에는 지연이 나타나지 않는 것은 아스퍼거스장애의 특징이다.

87 에릭 에릭슨(Erik Erikson)에 따르면 청소년이 되기 직전에 나타나는 발달 단계는 무엇인가?

① 주도성 대 죄의식(Initiative vs. Guilt)
② 근면성 대 열등감(Industry vs. Inferiority)
③ 정체성 확립 대 역할 혼미(Identity vs. Role Confusion)
④ 친밀감 대 고립감(Intimacy vs. Isolation)

87 근면성 대 열등감 단계는 학령기에서 청소년기 직전 시기까지 나타나게 된다.

정답 85 ① 86 ④ 87 ②

88 프로이트는 청소년기에 나타나는 생식기가 사람들이 성적 성숙에 도달하는 시기라고 보았다.

89 전반적으로 대부분의 영재 아동은 강한 어휘력과 뛰어난 독해 실력을 갖는 경향이 있다.

90 상관연구는 관찰 현상에 대한 조작이나 인과관계의 구별이 없는 체계적 관찰과 데이터 기록 방식을 사용한다.

88 지그문트 프로이트(Sigmund Freud)의 심리성적 발달이론(Psychosexual Development Theory)에서 성적 성숙(Sexual Maturity)을 정의한 단계는?

① 남근기(Phallic)
② 생식기(Genital)
③ 잠복기(Latency)
④ 구강기(Oral)

89 다음 중 전반적인 영재 아동의 특징으로 가장 널리 알려진 것은?

① 풍부한 어휘력과 뛰어난 독해 실력
② 특정 분야에 집중된 뛰어난 능력과 강한 동기
③ 다음 단계로 넘어가기 전의 세부 사항을 더 잘 배우려는 경향
④ 추상적 사고가 아닌 사실적 사고에 대한 선호

90 다음 괄호 안에 들어갈 내용으로 옳은 것은?

> 한 연구에서 두 변인이 관련성이 있으나 하나의 변인이 다른 변인을 야기하였다고 말할 수 없을 경우, 우리는 이 연구를 (   )라고 부른다.

① 상관연구(Correlational Study)
② 기술적 연구(Descriptive Study)
③ 자연적 연구(Naturalistic Study)
④ 준실험연구(Quasi Experimental Study)

정답 88 ② 89 ① 90 ①

91 다음 중 MMPI의 타당도 척도에 대한 설명으로 가장 옳은 것은?

① 수검자의 심리상태를 파악하기 위한 목적으로 고안되었다.
② 무응답 척도에서 수검자가 20개 이상의 문항을 누락하는 경우 프로파일은 무효로 간주된다.
③ L척도는 경험적 방법에 의해 도출된 15개의 문항으로 구성된다.
④ K척도는 분명한 정신적인 장애를 지니면서도 정상적인 프로파일을 보이는 사람들을 식별하기 위한 것이다.

92 다음 중 MMPI-2에서 F척도 점수가 매우 높은 경우 가능한 해석으로 가장 옳지 <u>않은</u> 것은?

① 무선적인 반응
② 긍정 왜곡 경향
③ 심한 정서적 혼란
④ 망상, 환청

91 ① MMPI의 타당도 척도는 수검자의 검사태도를 파악하기 위한 목적으로 고안되었다. 밀과 하더웨이(Meehl & Hathaway)가 개발한 것으로, 자신을 좋게 보이려 하는 태도(Faking-good) 또는 자신을 나쁘게 보이려 하는 태도(Faking-bad)를 포착한다.
② 무응답 척도(? 척도)에서는 보통 30개 이상의 문항을 누락하거나, 양쪽 모두에 응답하는 경우 해당 프로파일을 무효로 간주하기도 한다. 다만, 30개 이상의 문항을 누락하더라도 기본적인 타당도 척도와 임상척도가 위치한 검사의 전반부에 해당하지 않는다면 비교적 타당한 것으로 간주한다.
③ MMPI-2의 모든 척도가 경험적 방법에 의해 도출된 문항으로 구성된 반면, L척도만은 논리적 근거에 의해 선발된 문항으로 구성되어 있다.

92 물론 측정 결과가 65~80T 정도로 어느 정도 높은 수준을 나타내는 경우 수검자의 신경증이나 정신병을 의심할 수 있으나, 오히려 100T 이상으로 매우 높은 수준을 나타내는 경우 수검자의 문항에 대한 이해의 어려움이나 심각한 정서적 혼란, 자신의 상태에 대한 의도적인 왜곡(부정 왜곡 경향), 망상, 환청, 뇌의 기질적 손상 등의 심각한 정신과적 장애를 짐작할 수 있다.
F척도(Infrequency)는 비전형 척도로, 비전형적인 방식으로 응답하는 사람들을 탐지하기 위한 것이다. F척도 점수가 높을수록 수검자는 대부분의 정상적인 사람들이 하는 것처럼 반응하지 않는 것을, 그가 가지고 있는 문제영역이 많고 문제의 정도가 심각한 것을 나타낸다.

정답   91 ④   92 ②

93 ② 욕구-압력 분석법은 주인공 중심의 해석방법으로, 주인공의 욕구 및 압력, 욕구 방어 및 감정, 다른 등장인물과의 관계 등에 초점을 둔다.
① 표준화법은 수량화된 해석방법으로, 수검자의 반응을 항목별로 구분하여 표준화자료와 비교한다.
③ 직관적 해석법은 해석자의 통찰적인 감정이입능력이 요구되는 해석방법으로, 수검자의 반응에서 나타나는 무의식적 내용을 자유연상을 이용하여 해석한다.
④ 지각법은 이야기 내용에 대한 형식적 해석방법으로서, 수검자의 왜곡적 반응이나 일탈된 사고, 기괴한 언어 사용 등을 포착한다.

94 ① 하나의 그림을 완성하는 데 일반적인 소요시간은 대략 10분 정도이다.
② 인물을 그리는 경우 일반적인 순서는 '얼굴 → 눈 → 코 → 입 → 목 → 몸 → 팔 → 다리'이다.
③ 그림의 일반적인 크기는 종이 크기의 2/3 정도이다.

95 HTP의 사람에 대한 내용적 해석 중 얼굴 부위의 주요 해석 내용
• 눈 : 기본적 성향 및 현재의 기분
• 코 : 성적 상징, 외모에 대한 태도, 타인과의 관계형성
• 입 : 심리적 성향, 타인과의 의사소통
• 귀 : 정서자극에 대한 반응
• 턱 : 공격성, 자기 주장적 성향
• 목 : 지적 영역, 충동적

정답 93 ② 94 ④ 95 ②

---

93 다음 TAT 해석의 방법 중 주인공 중심의 해석 방법에 해당하는 것은?

① 표준화법
② 욕구-압력 분석법
③ 직관적 해석법
④ 지각법

94 다음 중 HTP의 구조적 해석에 대한 설명으로 옳은 것은?

① 하나의 그림을 완성하는데 일반적인 소요시간은 대략 20분 정도이다.
② 인물을 그리는 경우 일반적으로 몸과 사지를 먼저 그린 후 얼굴과 눈·코·입을 나중에 그린다.
③ 그림의 일반적인 크기는 종이 크기의 절반 정도이다.
④ 수검자가 그림의 대칭성을 강조하는 경우 강박적·편집증적 성향을 나타낸다.

95 다음 HTP의 내용적 해석에서 사람의 얼굴 부위 중 외모에 대한 태도나 타인과의 관계형성을 반영하는 것은?

① 눈
② 코
③ 입
④ 귀

96 다음 중 문장완성검사(SCT)의 특징에 대한 설명으로 옳지 <u>않은</u> 것은?

① 집단검사가 가능하므로 시간 및 노력이 적게 소요된다.

② 언어발달이 완성되지 못한 유아나 아동에게는 부적합하다.

③ 로샤검사나 주제통각검사(TAT)보다 더 구조화되어 있다.

④ 수사법이나 표현의 정확성 여부는 채점 시 중요하게 고려되지 않는다.

96 문장완성검사(SCT)는 언어표현을 사용하므로 수사법, 표현의 정확성 여부, 표현된 정서, 반응 시간 등이 중요한 의미를 지닌다. 또한 수검자의 언어표현능력이 검사 결과에 영향을 미치므로, 언어발달이 완성되지 못한 아동에게는 적용하기 어렵다.

97 다음 SCT의 해석 요인 중 성격적 요인에 해당하지 <u>않는</u> 것은?

① 정의적 요인

② 대인적·사회적 요인

③ 가치 지향적 요인

④ 지적 능력 요인

97 [문제 하단의 표 참고]

[SCT의 해석 요인]

성격적 요인	• 지적 능력 요인 • 정의적 요인 • 가치 지향적 요인 • 정신역동적 요인
결정적 요인	• 신체적 요인 • 가정적·성장적 요인 • 대인적·사회적 요인

정답 96 ④ 97 ②

checkpoint   **해설 & 정답**

98 ②가 틀린 내용이다.

99 개인의 자아개념, 태도, 가치관, 흥미, 적성, 동기 등이 심리적 핵에 해당한다고 볼 수 있다.
성격 구조상 심리적 핵(Psychological Core)은 성격의 가장 기본적인 단계로, 인간의 내면적이고 순수한 측면을 나타낸다. 특히 성격 구조상 가장 안정된 부분으로서 상황의 변화에 민감하지 않으며, 가장 파악하기 어려운 구조이기도 하다.

98 다음 중 검사문항 작성 시 유의사항으로 옳지 <u>않은</u> 것은?

① 수검자가 사실적인 것으로 해석할 수 있는 문장은 삼간다.
② 부정적 감정을 표현하는 문항 수는 가급적 최소화한다.
③ 조건절이나 이유절의 사용은 가급적 삼간다.
④ 강한 긍정이나 강한 부정은 삼간다.

>>>♀

검사문항 작성 시 유의사항
• 문장은 현재시제로 작성한다.
• 수검자가 사실적인 것으로 해석할 수 있는 문장은 삼간다.(①)
• 하나 이상의 해석이 가능한 중의적인 문장은 삼간다.
• 거의 모든 사람들이 '예' 또는 '아니요'라고 답할 가능성이 높은 문장은 삼간다.
• 문장은 가급적 짧고 이해하기 쉽도록 한다.
• 문장은 문법상 오류가 없어야 한다.
• 긍정적 또는 부정적인 감정을 표현하는 문항 수는 가급적 유사한 비율로 구성한다.(②)
• '반드시', '모두', '결코', '전혀' 등 강한 긍정이나 강한 부정은 가급적 삼간다.(④)
• '거의', '단지' 등 애매모호한 형용사의 사용은 가급적 삼간다.
• '~하지 않을 수 없다', '~ 없지 않다' 등 이중부정은 가급적 삼간다.
• '만약~한다면'의 조건절이나 '~이기 때문에'의 원인·이유절의 사용은 가급적 삼간다.(③)

99 다음 중 성격 구조상 가장 안정된 부분으로서 심리적 핵에 해당하는 것을 모두 고르면?

> ㄱ. 개인의 적성
> ㄴ. 사회적 역할
> ㄷ. 행동의 동기
> ㄹ. 전형적 반응

① ㄱ, ㄴ, ㄷ
② ㄱ, ㄷ
③ ㄴ, ㄹ
④ ㄱ, ㄴ, ㄷ, ㄹ

정답 98 ② 99 ②

100 MMPI-2 임상척도의 Harris-Lingoes 소척도 중 Hy4 신체증상 호소의 소척도 점수가 높은 사람들의 특징으로 옳지 <u>않은</u> 것은?

① 타인에 대해 적대감을 표현한다.

② 많은 신체증상을 호소한다.

③ 심장이나 가슴 통증을 경험한다.

④ 짧게 기절하거나 현기증이나 몸의 균형을 잡지 못할 때가 있다.

≫Ｏ

Harris-Lingoes 소척도 중 Hy4 신체증상호소의 소척도 점수가 높은 사람들의 특징

• 많은 신체증상을 호소한다.(②)

• 심장이나 가슴 통증을 경험한다.(③)

• 짧게 기절하거나 현기증이나 몸의 균형을 잡지 못할 때가 있다.(④)

• 메스꺼움 및 구토, 시야 흐림, 떨림이나 너무 뜨겁거나 차가워지는 느낌을 경험한다.

• 타인에 대해 거의 혹은 전혀 적대감을 표현하지 않는다.(①)

100 타인에 대해 적대감을 표현하지 않는다.

정답 100 ①

안심Touch

01

정답 (1) 객관적 검사(Objective Tests)는 검사에서 제시되는 문항의 내용이나 그 의미가 객관적으로 명료화되어 있으므로 모든 사람에게서 동일한 방식의 해석이 내려질 것을 기대하는 검사이다.
(2) 투사적 검사(Projective Tests)는 비구조적 검사 과제를 제시하여 개인의 다양한 반응을 무제한적으로 허용하는 검사로 지시 방법이 간단하고 일반적인 방식으로 주어지며, 개인의 독특한 심리적 특성을 측정하는 데 주목적을 둔다.

✔ **주관식 문제**

01 (1) 객관적 검사와 (2) 투사적 검사의 정의를 기술하시오.

해설

구분	객관적 검사	투사적 검사
장점	• 신뢰도와 타당도 수준이 비교적 높음 • 검사의 시행·채점·해석이 용이함 • 검사자나 상황변인의 영향을 덜 받음 • 검사자의 주관성이 배제되어 객관성이 보장됨	• 수검자의 독특한 반응을 이끌어냄 • 수검자의 방어적 반응이 어려우므로 솔직한 응답이 유도됨 • 수검자의 풍부한 심리적 특성 및 무의식적 요인이 반영됨
단점	• 사회적 바람직성, 반응 경향성, 묵종 경향성에 영향을 받음 • 수검자의 감정이나 신념, 무의식적 요인을 다루는 데 한계가 있음 • 문항 내용 및 응답의 범위가 제한됨	• 신뢰도와 타당도의 검증이 어려움 • 검사의 채점 및 해석에 있어서 높은 전문성이 요구됨 • 검사자나 상황변인의 영향을 받아 객관성이 결여됨
예	한국판 웩슬러 성인 지능검사, 미네소타 다면적 인성검사, 마이어스-브릭스 성격유형검사, 16성격 요인검사 등	로샤검사, 주제통각검사, 집-나무-사람검사, 문장완성검사, 인물화검사 등

02 사회성 발달 이론 중 '심리성적 발달이론'의 단계별 명칭을 쓰시오.

02

정답 (1) 구순기(Oral Stage)
(2) 항문기(Anal Stage)
(3) 남근기(Phallic Stage)
(4) 잠복기(Latency Stage)
(5) 생식기(Genital Stage)

해설 프로이트의 심리성적 발달이론은 인간발달의 5단계를 가정한다. 프로이트는 성적 에너지인 리비도(Libido)가 집중적으로 표출되고 만족을 얻는 신체부위의 변화에 따라 심리성적 발달단계를 구분하였다. 각 단계에서 리비도가 추구하는 욕구가 적절히 충족될 때 아동은 정상적인 성격발달을 이룰 수 있으나 리비도가 심하게 억압되거나 좌절되면 그 신체부위의 욕구에 고착된다고 생각하였다.

03

정답 (1) MMPI는 임상장면의 규준집단을 사용하여 개발된 것으로서, 비정상적인 행동과 증상을 객관적으로 측정하여 임상진단에 관한 정보를 제공해주는 것이 주목적이다.
(2) MBTI는 인간의 건강한 심리에 기초를 두어 만들어진 심리검사 도구이다.

해설 • MMPI는 본래 일반적 성격특성을 측정하기 위한 것이 아니었으나, 진단적·병리적 분류의 개념이 정상인의 행동을 설명하는 데에도 어느 정도 유효하다는 전제 하에 일반적 성격특성을 유추하기 위한 용도로도 사용되고 있다.
• MBTI는 수검자로 하여금 자신의 성격유형을 파악하도록 하여 자신을 보다 깊이 이해하며, 진로나 직업을 선택하는 데 도움을 준다. 또한 수검자의 타인에 대한 이해 및 대인관계 향상에 긍정적인 영향을 미치는 것을 목표로 한다.

03 MMPI와 MBTI의 인간 접근법에서의 차이를 기술하시오.

04

정답 ㉠ 동료지명법
㉡ 추인법

해설 이 밖에 사회성 측정의 방법으로는 동료들이 평정척도에 따라 동료들을 평정하는 동료평정법이 있다. 교실에서 교사가 학생행동에 관한 관찰이 매우 제한적이기 때문에 동료 간의 평정이 오히려 학생들의 사회적 적응을 이해하는 데 도움이 될 수 있다.

04 다음은 사회성 측정의 방법에 대한 설명이다. (   )에 들어갈 알맞은 방법을 쓰시오.

• (㉠)은 여러 다양한 상황에서 학생이 택하거나 배척하는 사람의 이름을 물음으로써 학급 내의 현존하는 여러 가지 인간관계, 사회적 구조 등을 알 수 있다.
• (㉡)은 일련의 진술문을 학생에게 나누어 주고 각 설명에 적합한 학생의 이름을 적도록 하는 것이다.

학교심리학에서의 예방

I wish you the best of luck

독학사 심리학과 3단계

제 3 장 | 학교심리학에서의 예방

제 1 절 | 학생문제에 대한 예방적 접근의 필요성

예방 개입 연속 차원 일차 예방	예방 개입의 초점 및 유형의 사례(시스템 변화 및 개별 요구에 의한 프로그램/서비스)

1. 기회, 긍정적 발달, 웰빙을 증진하기 위한 공중위생보호, 프로모션 및 유지 프로그램
   - 빈곤층 경제 향상(예근로/복지 프로그램 등)
   - 안전(예교육, 규칙, 납성분 제거 프로그램 등)
   - 신체 및 정신건강(예건강시작 프로그램, 면역, 구강관리, 약물남용 예방, 폭력 예방, 건강/정신건강 교육, 성교육 및 가족계획, 레크리에이션, 기본적 생활 자원에 접근할 수 있는 사회적 서비스 등)

2. 건강 및 심리사회적 발달을 증진하기 위한 학령전기 지원
   - 다학제 간 팀워크, 자문 및 스태프 발전을 통한 시스템 향상
   - 학령전기 아동의 부모에 대한 교육 및 사회적 지원
   - 양질의 데이케어

> **⚡ 더 알아두기 🔍**
>
> 데이케어란 미취학 아동/고령의 노인/환자 등을 낮 동안 집이 아닌 시설에서 맡아 보살펴 주는 것을 말한다.

- 양질의 조기 교육
- 신체 및 정신건강, 그리고 심리사회적 문제에 대한 적합한 검사 및 개선

문제 발생 후
조기 예방 개입

3. 학교 입학(혹은 전학) 초기 대상에 대한 예방 개입
   - 학생 및 그 가족(특히 이민자)에 대하여 학교/지역사회 생활로의 편입을 위한 오리엔테이션, 환영 및 전이기(이동해 온 과도기) 지원
   - 학교 적응 문제를 개선하기 위한 지원 및 생활지도
   - 초등학생에 대한 개별화된 교육
   - 특수한 학습문제를 다루기 위한 추가적인 지원
   - 문제해결을 위한 학부모 관여
   - 포괄적이고 이용 가능한 심리사회, 신체, 정신건강 프로그램(예지역사회 요구 평가를 통하여 구체화된 지역사회 및 가정 폭력, 이 밖에 다른 문제에 초점을 둔 프로그램 등)

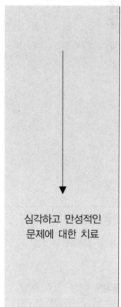

심각하고 만성적인
문제에 대한 치료

4. 진행 중인 정규 지원의 개선 및 촉진
   - 다학제 간 팀워크, 자문 및 스태프 발전을 통한 시스템 향상
   - 학교 및 생활권 변경에 대한 준비 및 지원
   - 정규교사에 대한 지원으로 학생에게 '베이직 과목' 가르치기(예 활용 가능한 인력 자원, 동료 지원 및 자원봉사자 지원 등)
   - 문제해결을 위한 학부모 관여
   - 요구가 있는 학부모를 위한 자원의 지원(예 구직 활동 지원, 법률적 지원, ESL 및 시민권 강좌 등)
   - 포괄적이고 이용 가능한 심리사회, 신체, 정신건강 예방 개입(예 건강교육 및 체육, 레크리에이션, 폭력 감소 프로그램 등)
   - 학업 가이드 및 지원
   - 응급상황 및 위기 예방, 그리고 반응 메커니즘

5. 진행 중인 집중적 대상 치료를 위탁하기 전 단계의 예방 개입
   - 다학제 간 팀워크, 자문 및 스태프 발전을 통한 시스템 향상
   - 구체화된 단기 예방 개입(예 특수학급 교사를 통한 교육, 가족동원, 자살예방 프로그램, 임신한 십대를 위한 프로그램, 약물남용자를 위한 프로그램, 갱 멤버를 위한 프로그램, 낙제 가능성이 있는 학생을 위한 프로그램 등)

6. 집중 치료
   - 위탁, 분류, 배치 가이드 및 지원, 케이스 관리, 자원 조정
   - 가족 예방 프로그램 및 서비스
   - 특수교육 및 재활
   - 낙제 학생 회복 및 사후 지원
   - 심각하고 만성적인 심리사회/정신/신체 건강 프로그램 서비스

1 개관

학교심리학에서 예방은 개입과 개념이 분리되지 않은 채 사용되어 오다가 2006년 NASP 회의에서 두 가지를 분리하여야 한다는 선언 이래로 별개의 역할 개념으로 점차 중요성이 더해지고 있다. 역사적으로 심리학은 교육적 그리고 정신건강적 문제의 인과관계에 관하여 분리된 입장을 취하였다. 일부에서는 환경과 사회-정서적 원인을 강조하는 반면에 일부에서는 유기적/생체의학적 요소 혹은 깊이 뿌리내린 정신병리학, 특히 정신질환을 강조하였다. 이런 양분된 입장을 이해하는 것은 심리학 분야에서의 예방을 이해하는 데 아주 중요하다. 예방학자는 전자의 입장을 강조하는 한편 후자를 강조하는 입장에서는 개인의 치료에 초점을 맞추고 있다. 학교심리학 내에서는 사회-정서적 질환의 예방과 적절한 교육을 통한 학습질환의 예방에 대한 이분법이 존재한다.

Albee(1968)는 서비스가 요구되는 모든 사람에게 직접 서비스를 제공하기에는 턱없이 서비스를 제공할 수 있는 인원이 적기 때문에 예방의 중요성을 역설한 바 있다. NASP가 권고하는 학생심리학자 대 학생의 비율을 한참 초과하는 지금, 학교심리학자가 서비스가 필요한 개개인별로 학교심리학 서비스를 직접 제공하는 것은 현실적이라고 하기 어렵다. 결국, 학교심리학자는 자신들의 업무에 예방을 포함시킬 필요가 있다.

예방은 이제 학교심리학자의 중요한 역할 중 하나이며 예방 노력은 이제는 정신건강 개입 혹은 사회-정서적 개입과 동일시되지 않는다. 원래 예방은 행동의 부정적인 결과를 미연에 방지하는 활동 혹은 발달적 성장에 긍정적이거나 역량을 강화하는 활동으로 정의되었으나, 현재에는 예방이란 사고나 바람직하지 않은 결과를 초래하는 사건(예 평균 이하의 학업 성취도, 잦은 결석, 왕따, 약물남용, 자살 등)을 감소하게 하는 것으로 주로 정의되고 있다.

(1) 정의 및 용어

Caplan(1964)은 예방을 세 가지 수준으로 분류하였고, 예전에는 이 분류가 예방을 정의하는 데 주로 사용되었다. Caplan의 모형에서 일차 예방은 구체적인 문제가 없이(문제가 발생하기 전) 전체에 개입하는 것(예 3학년 학급을 위한 사회 기술 훈련)을 의미한다. 이차 예방이란 위기가 있을 것으로 추정되는 사람(예 이혼 가정 자녀) 혹은 작은 문제를 가진 것으로 밝혀진 사람(예 낙제는 아니지만 낮은 점수)에 개입하는 것을 의미한다. 삼차 예방이란 본격적인 문제를 가지고 있는 사람에 개입하는 것을 의미한다. 1990년대 중반 이전까지는 대부분의 학자가 Caplan의 예방 개념을 사용하였다. 1990년대 중반을 시작하면서 미국의학협회(Institute of Medicine, IOM)의 예방 개념 사용이 장려되기 시작하였는데 IOM은 개입 대상에 초점을 둔 구분을 사용하였다. 이 모형에서 예방은 보편적(Universal), 선택적(Selective), 지시적(Indicated) 수준으로 구분된다.

> 🔔 **더 알아두기** 🔍
>
> 위 내용을 개념상 유사한 공중보건모형(Public Health Model)과 연결지어 알아둘 필요가 있다. 공중보건모형은 건강, 교육, 복지 등을 포함하여 많은 영역에서 사용하고 있는 모형으로 위험 요인을 식별하여 모집단에서 특정 질병 혹은 사회 문제를 예방하거나 감소시키는 것을 목적으로 한다. 예방을 목적으로 하는 공중보건모형은 일차(혹은 보편적), 이차(혹은 선별적), 삼차(혹은 지시적) 개입의 세 가지 수준에 따라 개입을 진행하게 된다. 일차 개입은 전체 모집단에 서비스를 제공하고, 이차 개입은 요구가 있는 대상에게 서비스를 제공하며, 삼차 개입은 이미 문제가 나타난 대상에게 서비스를 제공하게 된다.
>
> ① 일차 혹은 보편적 개입 : 이 수준의 개입 전략에서는 공공 자원을 구축하고 문제와 관련이 있는 사회적인 요소에 주의를 기울이기 위하여 전체 지역사회 혹은 모집단을 대상으로 하는 개입을 시행하게 된다.
> ② 이차 혹은 선별적 개입 : 이 수준의 개입 전략에서는 '위험에 빠진(At Risk)' 대상을 선별하여 개입을 진행하게 된다. 이차 개입은 위험군 대상을 식별하기 위하여 조기 선별 프로그램 진행이 관련된다.
> ③ 삼차 개입 혹은 지시적 개입 : 이 수준의 개입 전략에서는 이미 문제를 경험하고 있는 대상에게 개입을 진행하게 된다.

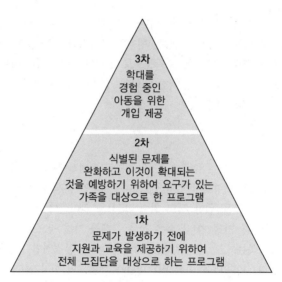

[공중보건모형의 공중보건 피라미드(학대 받는 아동 사례)]

[공중보건모형에 따른 학대 받는 아동 예방 프로그램 사례]

주안점	개입 수준		
	1차	2차	3차
아동	개인 안전 프로그램	위험에 빠진 아동을 위한 자기표현 훈련	치료 프로그램(예 학대받는 아동을 위한 집단치료 혹은 개인치료)
부모/가족	보편적 가정 방문 프로그램	부모 교육 프로그램	아동보호서비스 위탁(예 분노조절프로그램)
지역사회	일반적 미디어 공익 캠페인	위험에 빠진 지역사회에서의 지정된 미디어 캠페인	집중적인 지역사회 개입(예 알코올 없이 견디기 캠페인)

(2) 전망과 초점

학교에서의 예방 프로그램으로 가장 많은 것은 학생 중심 프로그램으로 이는 대부분의 학교심리학자에게 익숙한 프로그램이다. 이 프로그램은 주로 개인의 행동이나 정서 상태를 변화시키는 데 초점을 맞춘 개인에 대한 개입 혹은 집단 개입법을 사용하게 된다. 변화시키고자 하는 대상은 매우 광범위하며 특정 학업 능력 고양, 자기개념 개선, 사회정보 처리능력 변화, 혹은 산만한 사회적 행동의 변화 등과 같은 것을 포함한다. 비슷하게, 접근기법도 엄격한 행동적 접근법에서 인지-행동적 접근법, 정서적이거나 휴리스틱적인 접근법 등으로 다양하다.

생태학적 시스템을 활용하는 접근법은 학교에서의 효율적인 예방을 위하여 필수적이다. 생태학적인 모형은 환경이 학생에게 차별적인 상호작용 효과를 준다는 것을 상정한다. 이 접근법은 학습, 사회, 정서, 그리고 행동적 문제점을 예방하거나 다루는 환경으로 수정할 필요가 있다는 것을 강조한다. 생태학적인 접근법을 채택한 전문가는 학부모와 지역사회 구성원을 포함한 예방법을 활용할 것이다. 이러한 접근법을 활용한 사례로 낮은 사회-경제적 지위에 있는 학부모를 학교 일에 더 개입하도록 하는 프로그램이 있으며 실제로 이런 종류의 프로그램을 통해 학생의 행동과 학업 수행이 개선된 사례가 있다. 품행장애가 있는 학생을 돕기 위한 예방적 개입방법으로 프로그램의 시행자가 학부모 집단, 학부모-학생 공유 시간, 가족 방문과 같은 방과 후의 학교 외부적 요소를 프로그램에 넣어 프로그램 목표가 훨씬 더 빨리 달성되도록 한 사례도 있다.

다중적인 접근법을 활용한 프로그램은 학생의 기술 및 역량 개발과 학교 차원의 변화 양쪽에 초점을 두며 학생 역량을 강화하거나 이미 확인된 문제에 개입하는 등 보편적이고 일관적인 접근법을 합쳐서 시너지 효과를 내는 방식을 채택한다.

(3) 대상 영역

학교심리학자의 예방을 사회-정서 혹은 정신건강을 목적에 초점을 맞춘 프로그램으로만 생각하는 경향이 있으나 이것은 맞지 않다. 지금까지의 예방 관련 연구가 이 영역에 초점을 둔 것은 맞지만, 초기의 학업기술을 강화하고자 하는 보편적인 개입, 학업 실패의 위험이 있는 학생들을 대상으로 한 선별 개입(예 Head Start 운동 등) 등도 학업 결과에 초점을 맞춘 예방 프로그램의 사례이다. 또한, 중재반응모형(Response to Intervention, RtI)도 학업 결과를 목표 대상으로 하는 예방 지향적 시스템으로 볼 수 있다. 교육 지원팀과 같은 학업 예방 프로그램은 저렴한 비용으로 시행될 수 있고 심각한 학습 문제를 예방하기 위한 교육적인 개입으로 활용될 수 있다. 평가와 절차 모니터링의 전문가인 학교심리학자는 예방적인 교육 프로그램을 시행하는 데 있어 매우 적임자로 볼 수 있다.

> **더 알아두기**
>
> Head Start란 미국에서 저소득층 아동을 위해 제공한 포괄적 프로그램으로 주요 목적은 저소득층 자녀가 초등학교에 입학하기 전 이 프로그램을 통해 가정환경과 발달에 있어서 결손된 점을 보상받아 일반 아동과 동등하게 학교생활을 시작할 수 있도록 돕고자 한 유아교육 프로그램의 일환이다. 중재반응모형(RtI)은 학업과 행동 문제의 예방과 장애의 조기 판별을 위한 진단 모형으로 교수 환경에 의해 제공되는 다양한 교육적 중재에 대한 아동의 반응을 연속적으로 평가하여 학습장애를 진단하는 진단 모형이다.

학교에서 시행되는 사회정서적 혹은 정신건강 예방 프로그램은 주로 개별 능력에 초점을 두고 사회적 역량을 개발하는 것을 중요시하거나(예 스킬스트리밍[Skillstreaming]; McGinnis[2011]), 학생들이 대인간 상황에서 친사회적이고 기능적으로 효과적인 선택을 하도록 하는 사회적 문제해결 프로그램(예 I Can Problem Solve; Shure, 2001), 혹은 사회인지를 변경하게 하는 프로그램(예 Structure/Themes/Open Communica tion/Reflection/Individuality/Experiential Learning/Social Problem-Solving [STORIES]; Teglasi & Rothman[2001])을 채택한다. 위 프로그램 중 일부는 가족과의 협력이 필요하다.

> ⚠️ **더 알아두기** 🔍
>
> 스킬스트리밍 프로그램의 목적은 아동과 청소년이 효과적이고 만족스러운 개인 및 대인 간 생활을 영위하는 데 있어 필수적인 사회적 기술을 체계적으로 가르치고자 하는 것이다. 주로 사회적 기술에 결함이 있는 아동과 청소년을 대상으로 하는 프로그램이다. I Can Problem Solve 프로그램은 인지적인 대인 간 문제해결 기술을 개발하는 것을 목적으로 한다. 주로 학교에서 시행되는 예방 프로그램의 일환으로 4~12세 아동에게 다양한 문제해결 기술을 훈련시킨다. 이 프로그램의 주요 원칙은 교사가 아니라 학생이 스스로 문제를 해결하여야 한다는 것으로 학생은 자신의 행동으로 인해 초래될 결과를 스스로 생각함으로써 문제해결 습관을 개발하게 된다. STORIES 프로그램은 사회적 학습의 도식을 점차적으로 구별함으로써 반사회적이고 폭력적인 행동을 예방하도록 하는 1차 예방 프로그램이다. 이 프로그램에서 교사와 관련자는 특히 학생들에게 흔한 왕따 및 종합적인 잘못된 행동을 역할 연기하며 적대적인 공격성을 드러내 보인다. 이 프로그램 시연 후에 학생들의 공격성 수준이 낮아진다는 결과가 나왔다.

예방 프로그램은 무엇을 예방할지 대상을 정하여 시행되어야 한다. 어떤 학교는 학생의 사회적, 정서적, 행동적 기능을 중심으로 하는 예방 프로그램이 필요할 것이고, 어떤 학교는 학생의 학업에 대한 예방 프로그램이 필요할 것이다. 심각한 학습문제를 예방하고자 고안된 교육용 예방 도구는 학업 관련 예방 프로그램이 시행되고 사용될 수 있다.

그 밖에, 예방 프로그램을 시행하기 전에 프로그램의 질과 관련 증거 자료를 고려하는 것이 중요하다. 학교심리학자는 예방 프로그램의 효과를 지지하거나 하지 않는 풍부한 증거를 접할 수 있다.

2 예방 프로그램의 실제

학교심리학자가 프로그램 기획 과정에서 하게 되는 잠정적인 역할

단계	학교심리학자의 역할
심사와 식별	학습 혹은 행동 문제에 대하여 학교 측과 비공식적으로 상담
교육적 전략 탐색	가능한 교수법 및 행동 전략에 대하여 교사 측과 비공식적으로 상담
프로그램 기획팀에 위탁	위탁 및 정보 수집 절차에 대한 지원 제공
프로그램 기획팀 미팅	더 많은 정보가 필요할 경우, 자문/평가 서비스 제공
프로그램 계획 개발	학교팀의 일원으로서 다음을 담당함 • 학생의 학습/행동 프로필과 관련된 정보 공유 • 학생 문제에 대한 적합한 자료 및 자원의 선별/개발 지원 • 학생 문제를 해결하기 위한 교육적 전략을 세우는 것을 지원
프로그램 계획 이행	• 프로그램 계획 이행에서 구체화된 행동적/사회적 개입 이행 • 프로그램 기획팀의 일원으로서 지속적인 자문 제공
모니터링	지정된 프로그램 계획 이행에서 나온 행동적/사회적 결과에 대한 평가를 지원
프로그램 계획의 검토	프로그램 계획 이행과 관계가 있을 경우, 행동적/사회적 결과에 대한 평가와 관련된 학생의 수행 절차를 보고

(1) 예방 프로그램의 유형

예방 프로그램은 초점과 전망, 혹은 대상에 따라 분류될 수 있다. 사람(=학생)에 초점을 맞추거나 환경 혹은 생태학적으로 초점이 맞추어지거나 사람 및 생태학적 전망을 조합한 다중적인 접근법을 사용할 수 있다. 내용에 있어 학교 기반 예방 프로그램은 주로 학업 혹은 사회-정서적 영역을 대상으로 한다. 최근의 예방 프로그램은 양쪽 영역을 모두 다룬 통합적인 접근법을 사용하는 추세이다. 얼마 전까지 학교심리학자는 역사적으로 가장 일반적으로 사용되었을 예방 프로그램 유형인 사람(=학생) 중심 프로그램에 가장 능숙하였다. 이런 종류의 프로그램은 학생 개인의 어떤 측면을 변화시키고자 개인 혹은 집단 개입법을 사용하였다. 사람 중심 프로그램은 의도된 결과를 도출할 것을 목표로 하는데, 예를 들면 학업기술 증대(예 Individualizing Student Instruction; Connor, Morrison, Fishman, Schatschneider, & Underwood, 2007), 사회적 정보처리 방식의 변화(STORIES; Teglasi & Rothman, 2001), 혹은 개별 사회적 행동의 변화(Skillstreaming; McGinnis, 2011) 등이 그것이다. 사람 중심 프로그램은 그것이 적용되는 최적화된 상황이 다양할 수 있는데, 예를 들면, Second Step : Student Success Through Prevention (Committee for Children, 2008)은 사람 중심 예방 프로그램으로 (학생 전체를 대상으로) 학교 차원에서 진행되나, 스킬스트리밍 프로그램은 일반적으로 위험군으로 분류된 소규모 집단의 학생에게만 실시된다.

> **💡 더 알아두기 🔍**
>
> Second Step : Student Success Through Prevention은 학교에서 시행되는 사회-정서적 기술 기반 프로그램으로 중학생의 왕따, 또래 괴롭히기, 그 밖에 다른 문제 행동을 교정하기 위한 프로그램이다. 이 프로그램은 교사에 의해 15주 이상 진행되며 왕따, 문제해결 기술, 정서 관리 및 공감과 관련된 내용을 포함한다.

사람 중심 프로그램과는 다르게, 생태학 중심 프로그램은 학습, 사회, 정서, 그리고 행동적 문제를 예방하거나 다루기 위하여 학생이 처한 다양한 환경에 효과를 줄 필요성을 강조한다. 생태학적 틀에 근거한 이러한 프로그램은 환경의 차이가 학생 개개인에게 영향을 줄 수 있다는 것을 가정한다. 이런 프로그램은 아직까지 많이 알려져 있지 않으나, 학교심리학자는 최근 이런 류의 프로그램으로 눈을 돌리고 있다. 예를 들어, Fast Track(Conduct Problems Prevention Research Group, 2011)은 품행장애를 줄인다고 알려진 잘 짜여진 예방 프로그램으로 학부모 집단을 포함하여 부모-아동 공유 시간, 가정 내 변인(방과 후, 학교 외부 요인)뿐만 아니라 학생의 사회-정서적 역량을 강화하기 위하여 학교 내 변인까지 활용한다.

(2) 성공적인 예방 프로그램의 특징

① **프로그램 유형/결과물 합치(Program Type/Outcome Match)** : 프로그램은 특정 결과물에 대하여 차별적으로 효과가 있을 수 있다(예 생태학 중심 프로그램은 약물중독 및 청소년 비행에 특히 효과적이다).

② **효과를 위한 시간(Sufficient Length)** : 프로그램은 원하는 효과가 나타날 때까지 충분한 시간을 가지고 시행하여야 한다. 많은 프로그램이 지나치게 짧은 경향이 있다. 또한 프로그램은 종료 후에 가속화할 기간을 필요로 한다. 다년간 프로그램이 이상적이다.

③ **적정한 타이밍(Appropriately Timed)** : 프로그램은 문제가 완숙기에 접어들기 전 효과가 있을 이른 시기에 빨리 시작되어야 한다(이 시기를 놓치면 교정이 어렵거나 불가능해진다).

④ **사회문화적 관련성(Socioculturally Relevant)** : 프로그램은 참가자의 요구와 문화적 잣대를 민감하게 반영하여야 한다.

⑤ **포괄성(Comprehensive)** : 다양한 상황에 걸친 다중 개입법을 사용하는 프로그램(사람 중심 및 환경 혹은 조직 변화 중심을 포함)은 성공할 확률이 가장 높다.

⑥ **다양한 방법론의 조합(Incorporate a Variety of Methods)** : 프로그램은 학생의 학습에 아울러 중요한 기술 훈련도 포함하여야 한다.

⑦ **구조화된 매뉴얼/커리큘럼(Structured Manuals/Curricula)** : 프로그램은 시행 시 일관성이 있어야 한다.

⑧ **시행의 품질(High Quality Implementation)** : 프로그램은 잘 훈련된 시행자가 필요하다. 처음 시행 뒤에 프로그램에 합류한 시행자를 위하여 처음과 후속 훈련을 모두 시킬 필요가 있다.

⑨ **효과가 있다는 증거(Evidence of Effectiveness)** : 프로그램은 클라이언트가 프로그램의 채택에 관하여 세심하게 선택할 수 있도록 하는 명확한 연구에 기반한 증거를 제공하여야 한다.

⑩ **결과 평가 포함(Outcome Ealuation Included)** : 프로그램은 과정과 결과에 대한 공식적인 평가에 관련된 방법론이 있어야 한다.

(3) 예방과 관련된 학교 변인

어떤 학교든 예방 프로그램을 잘 받아들이거나 예방을 학교심리학자의 중요한 역할로 인정하고 있지는 않을 것이다. 예방을 시행하는데 있어 몇 가지의 학교 변인이 작용한다.

① **학교의 강령이 예방 프로그램을 시행하는 데 영향을 미친다.**

사회-정서적 영역을 대상으로 하는 보편적인 예방 프로그램은 정신적 건강을 학교 강령에 포함하고 있을 때 가장 효과적으로 수행될 수 있다(Elias & Branden, 1988). 학업에서의 숙련도를 목표로 하는 예방적 개입은 거의 대부분의 학교에서 채택하려고 할 것이다.

② **프로그램 관련자 간 커뮤니케이션이 프로그램 수행의 정확도에 영향을 줄 수 있다.**

성공적인 예방 프로그램이 되려면 다면적이면서도 각각의 부분이 일관되게 효율적으로 시행되어야 한다. 관리자, 교사, 지원 인력, 그리고 필요한 경우 학부모가 프로그램을 더 용이하고 잘 실행할 수 있도록 하는 요소에 대하여 의견을 주고받는 것이 매우 중요하다.

③ **학교의 계획에 학부모의 관여가 높을수록 예방 프로그램의 성공률도 높아진다.**

가정과 학교 양쪽에서 프로그램을 잘 지원한다면 그 프로그램에 대한 학생의 지식과 태도를 개선하여 학생의 참여로 이끌 수 있다.

④ **학교의 다른 계획안끼리 합쳐서 다루어질 수 있다.**

예를 들어, 학교가 학교 분위기를 좋게 하고 왕따를 줄이고자 한다면, 예방 프로그램은 이러한 계획과 관련된 다른 목표를 합쳐서 같이 시행할 수 있다.

(4) 예방 전략과 예방 프로그램의 계획 및 선택

① 학교심리학자는 예방 전략과 단계적인 개입 모형을 사용한 프로그램을 모두 고려하여야 하며 이러한 모형은 잠재적인 문제를 평가하고 적합한 개입 프로그램을 선택할 수 있는 지침을 제공할 수 있다.

② 예방 프로그램은 해당 학교의 독자적인 환경, 자원, 그리고 요구에 맞추어 계획될 때 가장 효과적이다. 프로그램을 선택하기 전에 학교심리학자는 요구 평가—그 학교에서 특정할 수 있는 문제점과 이러한 문제점의 잠재적인 결과—에 대하여 체계적으로 평가하여 어떤 문제점을 대상으로 삼을 것인지를 결정하여야 한다.

③ 요구 평가는 비공식적인 방법(예 학내 왕따로 인하여 많은 사고가 발생한 뒤에 왕따 예방 프로그램에 대한 요구를 인식함)에서 공식적인 방법(예 학내의 중요한 문제에 대한 구조화된 학생 조사)까지 다양하다. 여러 종류의 요구 평가가 학교 환경에서 수행될 수 있으나, 면담이나 질문지를 통한 조사가 가장 일반적으로 사용된다. 질문지 형식 혹은 웹을 통한 구조화된 질문이 다수의 사람을 조사하는 데 가장 유용하다. 면담은 상대적으로 적은 수의 응답자로부터 양질의 정보를 얻을 수 있는 방식이다. 학교심리학자는 학생들이 사용하고 있는 자료를 통해 직접적으로 정보를 얻어냄으로써 요구를 평가할 수 있다. 연구로 단련되고 평가 방법에 익숙한 학교심리학자는 이러한 것을 평가하는데 있어 매우 적합하다고 볼 수 있다.

④ 학교에서 특정된 문제가 해결되는 데 대한 전망과 잘 짜여진 요구 평가로부터 나온 결과는 학교심리학자와 프로그램 시행자 등이 어느 정도 수준의 예방 프로그램을 시행하여야 가장 효과가 있을지를 결정할 수 있도록 한다. 예를 들어, 요구 평가의 결과가 왕따를 포함한 학교 전체와 관련된 문제로 나온다면, 예방 프로그램은 학교 전체를 대상으로 하여야 한다. 하지만, 결과가 특정 학년에 해당하는 문제로 나온다면, 예방 프로그램은 그 학년만을 대상으로 시행할 수 있다.

⑤ 학교심리학자는 예방 프로그램을 선택할 때 요구 평가의 결과에만 의존해서는 안 된다. 구상된 예방 활동이 학교 환경에 적합한지 고려하는 것도 똑같이 중요하다. 구상된 예방 프로그램의 적합성은 활용할 수 있는 학교 자원, 프로그램 실시 스태프의 역량, 구상된 예방 활동이 얼마나 교육 철학과 학교 및 지역사회의 전반적인 분위기와 잘 맞아 떨어지는지에 의해 영향을 받는다. 학교의 강령 혹은 학교 문화에 아주 잘 맞는 학교 기반 예방 프로그램을 설계하여야 그 프로그램이 잘 수용되고, 지속되고, 충실하게 시행될 수 있다(Biggs, Vernberg, Twemlow, Fonagy, & Dill, 2008). 이렇게 할 수 있는 방법으로 (a) 계속 진행되는 교육 과정에 예방 프로그램을 정규적인 부분으로 포함할 수 있도록 설계하는 방법, (b) 학교의 일상으로 프로그램 활동을 합치는 방법(예 국어 과목의 일환으로 성격 교육 프로그램 넣기), 그리고 (c) 초기의 예방적 개입이 훨씬 수용력이 높다는 이유로 전체 대상을 위한 보편적인 개입으로 시작하기보다는 위험군 학생을 대상으로 초기 개입을 위한 예방 노력을 기울이는 방법이 있다. 그리고, 예방 활동은 눈으로 보이는 학교 요인(예 잦은 결석, 지각, 사회적 관계 개선 등)과 관련되어 있을 때 훨씬 가시적이고 수용적일 수 있다.

⑥ 학교심리학자가 요구와 적합도 분석을 완료하면 그 결과는 중요한 관계자들에게 예방 프로그램의 채택 및 시행과 관련하여 전달되게 된다. 예방 프로그램을 효과적으로 시행하려면 다양한 관계자의 지원이 있어야 한다. 능숙한 커뮤니케이션 기술과 함께 예방 프로그램의 필요성을 객관적인 증거로 입증한 자료가 프로그램 실행의 핵심 인사들과의 회의에 있어 성공을 좌우하는 중

요한 요소이다. 학교 차원의 예방 프로그램이 필요하다면, 해당 학교의 관리자가 그 프로그램이 학교 환경에 미칠 영향과 학교심리학자가 그와 같은 프로그램을 만들고 평가하는 선두주자로 준비되어 있다는 것을 이해하여야만 된다. 관리자가 이런 예방 프로그램에 대한 잠재성을 인식하고 지원을 하게 되면 다른 학교교직원 및 학생의 가족에게도 그런 중요성이 홍보가 될 수 있다(Biggs et al., 2008). 학급 차원의 예방 프로그램이 필요하다면, 학교심리학자는 해당 학급의 교사가 그 프로그램의 중요성을 입증 자료를 통하여 이해하도록 할 수 있다. 이런 상황에서 학교심리학자는 해당 프로그램이 그 교사의 학급과 얼마나 관련성이 있는지에 대한 중요한 정보를 제공하여 납득시킬 수 있다.

(5) 프로그램 시행

미국의 일부 학교심리학자는 이미 예방 프로그램이 제도화되어 학교의 역할 중 한 부분으로 받아들여진 곳에서 일하고 있다. 하지만, 많은 학교심리학자에 있어 대상을 구체화한 예방 프로그램의 실시는 여전히 어려운 것이다. Johnson, Hays, Center, and Daley(2004)는 예방 프로그램을 시작하고 유지하기 위하여 필요한 요소 중 하나로 "투사의 역할 및 지도자적 행동(Champion Roles and Leadership Actions)"을 제안하고 있다. 예방 프로그램을 통한 개입을 효과적으로 시행하고 유지하기 위하여 영향력 있고 상황을 앞장서서 주도할 수 있는 지도자가 중요하다는 것이 연구를 통해 일관되게 지지를 받고 있다. 즉, "채택된 시스템 속의 공식·비공식 지도자들뿐만 아니라 시스템의 내부 혹은 외부로부터 변화를 이끌어낼 수 있는 주도적인 투사가 지속적인 변화를 지원하고 용이하게 하는 환경을 만들어 내는 데 있어 중요하다(Johnson et al., 2004, p. 143)."

① 리더십 문제

새로운 예방 프로그램을 만들 때에는 핵심 의사결정자 집단이 강력한 리더십을 발휘할 수 있다. 하지만, 향후 프로그램의 시행에 있어서는 프로그램 관련자를 관여하게 하여 지도적 역할을 주는 것이 프로그램 지원 및 지속성을 증가시킬 수 있다. 중요한 지도적 역할로 관여하게 하면 문제점 및 새로운 프로그램에 대한 저항도 극복할 수 있다. 예방 프로그램을 계획하는 학교심리학자는 프로그램을 위한 투사 역할을 하면서 관리자 및 학교교직원으로부터 지원을 이끌어낼 수 있어야 한다(Johnson et al., 2004). 교장의 지원은 중요한데, 교장은 예방 프로그램을 학교 전체가 엄수하도록 장려할 수 있다. 사실, 이런 지원 없이 프로그램이 효과가 있기는 힘들다. 그리고, 교장 및 지역사회 수준의 지원으로 교사 및 학교 관련자에 대한 훈련이 활발하게 진행될 수 있는데, 이는 바꾸어 말하자면 프로그램의 효율적인 시행을 장려하는 것으로 볼 수 있다.

② 실행 효과 지속

프로그램은 그것이 실제로 실행되고 계획한대로 완전히 실시되었을 때 최대의 효과를 낼 수 있다. 위의 상식적인 문장은 예방 및 다른 학교 차원의 개입 프로그램이 가진 중요한 문제를 호도하게 할 수 있다. 다수의 프로그램이 일부분만 시행되거나 잘못된 방법으로 시행된다. 예를 들어, Biggs et al.(2008)은 폭력 예방 프로그램을 엄수하였는지와 관련된 교사들의 보고서를 검토하여 그 프로그램을 매일 사용한 교사에서 전혀 사용하지 않은 교사까지 다양한 실행 수준이 있음을 발견하였다. 프로그램 실행이 불충분할 경우 두 가지의 문제가 생길 수 있다. 첫째, 예방 프로그램의 모든 요소가 효과를 발휘하기 위하여 필수적인 경우, 불충분한 프로그램 실시는 시간과 자원의 낭비가 된다. 왜냐하면, 학생이 그 프로그램을 통하여 얻을 수 있는 것이 적기 때문이다. 둘째로, 불충분하게 실행된 프로그램이 바람직한 효과를 가져오지 않는다면, 학교 정책 결정자들이 그 프로그램 및 유사 프로그램은 효과가 없다고 잘못 판단하게 되어 향후 이러한 프로그램을 실시하지 않게 될 것이다. 근본적으로, 부분적으로 실행된 프로그램을 정확하게 평가할 수 있는 방법이 없다.

따라서, 예방 프로그램은 실행 정확성을 모니터링하고 실행이 불충분할 때 프로그램 실시 스태프를 지원할 수 있는 메커니즘을 포함하고 있어야 한다. 실행 정확성의 모니터링은 평가를 통하여 이루어질 수 있으며 이런 평가의 성격은 해당 프로그램에 특화되어 있다. 일반적인 방법으로 해당 프로그램의 구성 요소와 관련된 체크리스트를 만들어 실행자가 각 요소를 완료했는지를 체크하여 프로그램 리더에게 제출하거나 프로그램 리더가 프로그램 시행 상황을 관찰하여 각 요소의 적절한 완료 여부를 확인한다. 예를 들어, 학급 기반의 교사가 주도하는 사회적 역량 프로그램의 경우 프로그램의 필수 요소로써 각 기술에 대한 설명, 학생들에게 그 기술에 대하여 되새기게 하는 벽보, 교사의 기술 시연, 그리고 최소 학급의 3분의 1이 참여한 피드백이 있는 역할 놀이 등이 포함된다.

직무 연수와 지속적 상담은 예방 프로그램을 실행하고 있는 학교 관련자를 지원할 수 있는 학교심리학자의 기술이다(Fixsen, Naoom, Blase, Friedman, & Wallace, 2005). 발표를 통한 직무 연수는 학교 관련자에게 프로그램에 대한 정보를 제공하여 그에게 프로그램 실행에 있어 필수적인 기술과 잠재적인 문제를 해결할 수 있는 실습을 가능하게 한다. 학교심리학자와 관련자 간의 지속적 상담은 프로그램 요소의 교육, 프로그램에서 학교 관련자의 역할 설계에 대한 도움, 그리고 실행 시 일어날 수 있는 문제의 해결을 용이하게 한다. 실행 정확도를 높이는 추가적인 전략으로는 정확한 커뮤니케이션, 명확한 절차와 프로토콜, 학교 문화, 요구, 자원과의 일치, 그리고 리더십과 지역사회의 지원이 있다.

(6) 프로그램 평가

명확하게 프로그램 평가 절차를 포함하는 학교 기반 예방 프로그램은 그와 같은 절차가 없는 프로그램에 비하여 훨씬 더 효과적이다(CASEL, 2012). 예방 프로그램의 평가는 형성적(Formative)이고 총괄적(Summative)이어야 한다. 형성 평가는 정보의 프로그램이 실행될 때 수집된 정보와 관련된 평가인데 이런 정보에는 실행 정확도, 관련자의 프로그램 실행에 대한 피드백, 혹은 중간 점검 평가와 같은 것을 포함한다. 총괄 평가는 프로그램의 종합적 결과에 대한 것을 평가하는 것이다.

(7) 효과적인 예방 프로그램의 사례

① 개별화한 학생 교육(Individualizing Student Instruction)

개별화한 교육이 학업 능력을 향상하기 위한 학급 전체 접근에 비해 훨씬 효과적이라는 연구 결과가 있다(Dombek & Connor, 2012). Dombek와 Connor(2012)는 Individualizing Student Instruction(Connor et al., 2007)을 사용하여 이것과 관련된 연구를 진행하였다. Individualizing Student Instruction은 각 학생에게 필요한 교육의 양과 유형에 대한 권고안을 포함한 평가 결과가 링크된 소프트웨어와 교사의 훈련을 합쳐 놓았다. 이것은 차별화된 독해 교육을 진행하여야 하는 교사를 돕기 위한 것이다. 연구의 결과는 Individualizing Student Instruction이 학생의 단어 재인 및 단락 이해를 증가시키는 효과가 있다는 것을 보여준다(Connor et al., 2007).

Dombek와 Connor(2012)의 연구에서는 학교를 1학년 독해반에서 Individualizing Student Instruction을 시행하거나 혹은 일상적인 독해를 계속하는 반으로 무작위할당하였다. 일 년 후, Individualizing Student Instruction반으로 편입된 학생이 통제집단 학생에 비하여 덜 유급된다는 결과가 나왔다. 이 연구를 통하여 교사가 효과적인 평가 및 선별적인 교육적 권고를 참고하여 정보에 입각한 교육적 결정을 내리는 데 필요한 자원이 있을 경우, 학생 유급은 감소하고 결국 효과적인 예방 프로그램으로 기능하게 된다.

② Olweus의 왕따 예방 프로그램(Olweus Bullying Prevention Program)

Olweus의 왕따 예방 프로그램(Olweus & Limber, 2010)은 품행 문제에 대한 보편적인 개입 프로그램이다. 학교에서의 왕따는 꽤 오랫동안 학교교직원과 연구자들의 관심을 받아온 문제이다. 왕따를 방지하기 위한 많은 프로그램이 있지만 Olweus의 왕따 예방 프로그램은 특히 학생 왕따를 감소시키는 효과가 있음이 나타났다. 이 프로그램은 1980년대에 노르웨이의 학교에서 시작하여 사우스캐롤라이나, 펜실베니아, 워싱턴 및 캘리포니아 주에서도 실행되고 있다.

Olweus의 왕따 예방 프로그램은 네 가지의 실행 수준을 가지는 다중요인 모형을 사용하는데, 네 가지 요인은 학교(예 조정위원회 수립, 학교 관련자 훈련 수행 등), 학급(예 왕따에 대한 사후 및 행동 강령, 학부모를 대상의 학급회의 개최 등), 개인(예 왕따 관련 학생과 만남, 학생을 위한 개별 개입 계획 수립 등) 및 지역사회(예 조정위원회에 지역사회 구성원 합류, 프로그램 지원을 위한 학교-지역사회 파트너십 수립 등)이다. 각 실행 단계에서, 예방 프로그램은 학내에서 발생 중인 왕따를 줄이고, 추후에 있을지도 모르는 왕따를 예방하고, 또래 관계를 개선하는 것을 목표로 삼는다.

Limber(2011)가 검토한대로 노르웨이의 학교에서 실시된 Olweus의 왕따 예방 프로그램을 실행하는 것은 왕따 피해 자가보고 및 다른 학생을 왕따시켰다는 응답을 유의미하게 감소시켰으며 또한 학생들은 학교의 분위기를 긍정적으로 지각하는 경향이 늘어난 결과를 보였다. 이 프로그램은 미국으로 도입되면서 프로그램의 핵심 요소는 거의 동일하게 가져왔으나, 미국 학교의 구조에 맞추어 소소하게 실행하는 방법에서 변경하게 되었다. Limber(2011)에 의하면 미국에서 이 프로그램을 실행하면서 생긴 변화로는 왕따 피해 자가보고 및 다른 학생을 왕따시켰다는 응답의 유의미한 감소, 평가자 관찰 왕따 발생률의 감소, 그리고 교사의 경우, 왕따 방지 규칙에 대하여 명확하게 인식하여 전달하고 자신이 왕따 상황에 효과적으로 개입할 수 있다는 자신감이 증가가 있다.

(8) 다양성 문제

다양성 문제는 예방 계획과 실행은 전 단계와 관련되며 학교심리학자는 프로그램을 선택할 때 인종적(특히, 미국과 같은 다민족 구성의 나라가 해당됨), 문화적 다양성을 반드시 고려하여야 한다. 학교심리학자는 해당 학교의 모집단에 있어 프로그램이 미칠 수 있는 효과에 관한 자료를 검토하여야 한다. Farahmand, Grant, Polo, and Duffy(2011)는 저소득 가정의 도시 청소년에 대한 학교 기반 행동 예방 프로그램에 대한 연구를 통하여 목표 대상을 정하지 않고 전체 학생에게 프로그램을 실시하였을 때 프로그램의 효과가 현저하게 떨어진다는 것을 밝혀냈다. 그리고, 일반적인 저소득 가정의 도시 청소년에 대한 프로그램은 목표 대상 중심으로 진행하였을 때 훨씬 효과가 있으며 일반 청소년을 모두 대상으로 한 경우 이런 효과가 발견되지 않았다는 것을 밝혀냈다. 이 연구를 통하여 프로그램의 실시 모집단에 따라 효과가 있을 수도 있고 없을 수도 있다는 것이 증명되었다.

다양성 문제는 또한 예방 프로그램 실행에 있어 중요한데, 인종 소수 집단의 비율이 높은 환경(예 이들에게서 나타날 수 있는 언어의 장벽)에서 프로그램을 실행하였을 때 나타날 수 있는 명백한 어려움 같은 것이 아니더라도 학교심리학자는 특정 집단이 학교의 역할을 인식하는 방법을 스스로 교육시켜야 한다. 정신 건강 문제를 예방하기 위한 프로그램과 같은 경우에 일부 학생은 학교에서 왜 그런 프로그램을 진행하는지 모르겠다고 생각하여 그런 종류의 예방 프로그램에 대하여 받아들이지 않으려고 할 수 있다. 또, 어떤 학생은 예방 계획에 있어 학부모 혹은 가족이 중요한 역할을 할 수 있다는 것을 이해하지 못할 수도 있다. 이런 학생에게는 (특히, 학교심리학자가) 주의 깊은 방식으로 예방의 필요성에 대하여 알려 줄 필요가 있다. 학교심리학자는 지역사회 구성원이 내는 목소리를 듣고 그들의 요구가 가급적이면 많이 처리될 수 있도록 하는 환경을 조성하기 위하여 노력하여야 한다. 이를 효율적으로 처리하기 위하여 학교심리학자는 자신의 학교 내의 다양성에 대하여 파악하고 지역사회의 모든 구성원에게 최선을 제공할 수 있는 방법에 대한 지식이 있어야 한다. 그리고, 학교심리학자는 학교 문화의 중요성, 교사의 태도, (학교심리학자) 자기 자신의 문화적 정체성 및 편견도 인지하고 예방 프로그램을 선택, 실행, 평가하여야 한다(Biggs et al., 2008).

(9) 발달에서의 차이 문제

예방 프로그램을 기획하는 단계에서 목표로 하는 집단의 연령이 고려되어야 한다. 프로그램의 주제는 발달적으로 적합하게 구성이 되어야 한다(=아동/청소년의 발달 단계에 맞추어 구성이 되어야 한다). 예를 들어, 왕따 방지 프로그램은 초기 유치원 및 초등학교 학년 동안 시행되는 것이 바람직할 수 있는데, 많은 아동에 있어 이 시기는 많은 또래 연령 집단과 대부분의 시간을 소비하게 되는 생애 첫 시기로 이 시기에 왕따의 기회도 증가하게 된다. 이에 반해, 약물 남용 예방 프로그램은 중학생 시기에 아주 적합할 수 있는데 이 시기는 많은 학생이 약물 남용의 기회와 직면하게 되는 시기이기 때문이다. 예방 프로그램 실행의 수준은 또한 연령 집단에 따라 서로 전혀 다른 결과가 나오게 할 수도 있다. 학교 기반 폭력 예방 프로그램에 대한 연구를 메타분석(=동일하거나 유사한 주제로 연구되어진 많은 연구물들의 결과를 객관적으로, 그리고 계량적으로 종합하여 고찰하는 연구방법)한 Wilson과 Lipsey(2007)의 연구에서 목표 대상을 정한 집중 프로그램은 더 나이든 학생에게 효과가 있는 결과가 나온 반면에 더 어린 학생에서는 보편적인 프로그램이 더 효과적으로 공격적 행동을 감소시킬 수 있다는 결과가 나왔다. 아동기에 걸쳐 자주적이기를 원하는 마음이 점차 강해지기 때문에 후기 아동기와 청소년기로 갈수록 집단보다 개인에 초점을 맞춘 예방 프로그램이 더 효과가 있을 수 있다는 것을 시사한다.

(10) 장애물 극복

예방 프로그램을 실행하는 데 있어 잠재적인 장애물이 있을 수 있다.

첫째로, 그런 프로그램을 누가 실행하는지와 관계없이 예방 프로그램 자체에 대한 저항감이 있을 수 있다. 예방에 대한 가장 흔한 부정적인 점 중 하나는 객관적 자료의 부족이다.

두 번째 장애물은 특수교육 리소스, 즉 학교심리학자의 시간 사용과 같은 자원에 대한 관리자의 잘못된 인식인데 이는 예방 활동에 문제를 가져올 수 있다. 하지만, 2004년 이래 시행된 장애인 교육법(2004 Individuals with Disabilities Education Improvement Act [IDEA])으로 최소 몇 가지의 예방 활동(일반적으로 1차 예방을 위한)이 IDEA의 기금으로 지원받을 수 있게 되었다.

학생/심리학자 서비스의 높은 비율이 세 번째 장애물이다(심리학자 한 명당 맡고 있는 학생의 수가 지나치게 많다). 여러 곳의 학교를 위하여 일하거나 담당 건수가 많은 학교심리학자는 예방 프로그램 개발과 실행을 위하여 낼 수 있는 시간이 거의 없게 된다. NASP는 예방 활동에 대하여 각각의 학교심리학자 당 500~700명의 학생 비율을 권고하고 있지만, 이 비율은 잘 지켜지지 않고 있다(Curtis et al., 2012).

네 번째 장애물은 학교심리학자의 역할에 대한 인식과 관계가 있다. 전통적으로, 학교심리학자는 특수교육 분야의 평가를 하는 일을 하였으며 이로 인하여 학교 관리자와 스태프는 학교심리학자의 예방 중심의 역할을 잘 이해하지 못할 수 있다. 학교심리학자가 단지 평가자의 역할만 하는 것이 아니라 자신이 보다 넓은 영역을 다루고 있다는 것을 알리고 편안한 환경에서 자신 있게 일하려면 다소 시간이 걸릴 것이다.

예방 프로그램의 선택과 실행에 있어 위와 같은 장애물이 있는데 이를 해결하기 위하여 아래의 방법을 포함한 여러 가지를 고려하여야 한다. 평가자로서의 역할을 줄이고 예방과 관련된 일을 좀 더 늘리고자 하는 학교심리학자는 시작부터 자문을 활용하여야 한다. 교사 자문은 학교심리학자의 활동 중 두 번째로 많은 부분을 차지한다. 자문과 협력을 위한 훈련은 NASP가 승인한 모든 학교심리학 훈련 프로그램에서 요구되는 바이므로, 학교심리학자는 이 분야에서 역량을 갖추고 있다. 어떤 문제가 일어난 뒤에 일반적으로 학교심리학자의 자문 역할(교사에 대한)이 수행되는 측면이 있긴 하지만, 학생에 대하여서는 교사가 훨씬 더 효율적으로 도움을 줄 수 있고 미래 학생들에 대한 교사의 효율성을 높이기 위하여 예방의 요소를 포함한 방식의 자문 역할이 강조된다. 그리고 사례 중심 혹은 교사 중심의 자문은 보편적인 예방 활동을 장려하는 시스템 수준의 자문으로 확대될 수 있다.

학교심리학자의 시간적 제약, 학생 대 학교심리학자의 높은 비율, 그리고 보다 예방 중심으로 학교심리학자의 역할을 전환하기 위한 장애물을 극복하기 위하여, 학교심리학자는 학교상담자 혹은 사회복지사와의 파트너십 구축을 고려하여야 한다. 이렇게 구축된 파트너십을 통하여 학교심리학자는 자신의 현재 역할에서 다소 범위가 넓은 예방 활동을 수행하기 위하여 다른 전문가들과 협력할 수 있다. 학교심리학자는 예방 개입을 위한 요구를 평가하고 기획하는 것을 훈련 받음으로써 학교 현장에서 독자적인 기술을 발휘하고 있다. 결국, 학교 전체의 예방 프로그램은 기존에는 학교상담자의 역할이긴 하였으나, 학교심리학자가 같이 일함으로써 이런 종류의 프로그램을 기획하고, 실행하고, 평가하는 영역이 더 향상될 수 있을 것이다.

(11) 요약

예방은 이제 학교심리학자의 한 역할로 자리잡게 되었는데, 이것은 NASP Practice Model에서 이 역할을 강조하고 최근 학교심리학 관련 문헌에서 예방 관련 업무에서의 커다란 성장을 지적하고 있는 것 등을 통해 알 수 있다. 치료자이기도 한 학교심리학자는 예방 활동에 대한 관여를 점차 높여가고 있다.

예방은 개입의 일종으로 일어난(그리고 일어나고 있는) 문제에 대하여 개입을 할 때에는 주의 깊은 단계를 따라 진행되어야 한다. 어떤 예방 프로그램을 실행하기 전에 우선 그 프로그램에 대한 객관적인 증거를 검토하는 것이 중요한 첫 번째 단계이다. 오늘날에는 학업, 사회-정서, 그리고 행동 영역에 있어 보편적인 예방 프로그램 혹은 대상 중심의 예방 프로그램 양쪽에 대한 효용성과 효과를 검토한 충분한 자료가 있다. 체계적인 프로그램을 평가할 수 있는 요소를 포함하는 것도 예방 활동에 있어 중요한 부분이다.

학교 자체의 성격(예 학교의 강령 및 분위기 등) 역시 예방 활동을 개발할 때 고려하는 것이 중요하다. 예를 들어, 어떤 학교가 학교 강령을 어떻게 여기는지는 예방 활동을 받아들일지 말지에 영향을 줄 수 있고, 학교교직원 간 커뮤니케이션은 프로그램 실행의 정확도에 영향을 줄 수 있다. 초기 기획 단계에서 프로그램의 요구에 대한 평가와 활용 가능한 자원에 대한 검토를 수행하는 것은 어떤 프로그램이 특히 그 학교에서 잘 기능할지를 결정하는 데 도움을 줄 수 있다. 또 다른 중요한 부분으로, 학교심리학자는 예방 프로그램을 기획하고 실행할 때 인종적이고 문화적인 다양성을 인식하여야 한다.

학교심리학자의 넓은 영역에 걸친 핵심적인 역량은 예방 영역에 있어 잘 준비되고 숙련된 능력으로 사용될 수 있다. 예방 프로그램이 새롭게 적용되는 학교에서 일하는 학교심리학자에게, 예방을 학교심리학자의 역할 중 하나로 인식시키는 것은 어려움이 있을 수 있고, 이럴 경우 학교심리학자는 지도력을 발휘하여야 한다. 현재는 점차 예방도 학교심리학자의 중요한 역할 중 하나로 받아들이는 인식이 늘어나고 있는 추세다.

📖 **사례 : 비행 문제를 다루는 데 있어 예방의 초점**

I. 비행을 예방하기 위하여
- 사회 프로그램의 확대
  - 저소득층을 위한 경제적 기회 제공의 증가
  - 건강과 안전을 위한 예방 및 유지 프로그램 증대(학부모 교육 및 직접적인 학생 서비스를 포함)
  - 양질의 데이케어 및 조기 교육 확장
- 학교교육 개선
  - 개별화된 학급 교육(예 광범위한 동기적/발달적 차이를 고려한 교육 제공)
  - 인기 없는 학생에 대한 상황 기회 제공(예 어시스턴트 및 개인 지도교사로서의 특별한 역할)
  - 부족한 기술을 조기에 발견하여 이를 치료
- 원인 해결을 위한 비행의 모든 발생 요인 추적
  - 비행의 저변에 있는 동기를 구별
  - 고의가 아닌 비행에 대한 대처 기술 강화(예 사회적 기술, 문제해결 전략 등)
  - 비행이 의도적이지만 수동적인 경우 반응을 만들어 내는 조건(예 학생이 무능하거나, 규제받거나, 중요한 타인과 유대가 없다고 느끼게 하는 조건 등)을 소거
  - 능동적인 비행에 대하여 학생이 유능감, 통제감, 유대관계를 추구할 수 있는 방식으로 적당하고 매력적인 대안을 제공

- 학생이 비행 대신에 선택할 수 있도록 다른 대안을 마련(예 그 상황을 철회하거나 완화하기 위한 옵션)
- 행동 문제를 극복하기 위한 학생의 동기 및 기술 증진(예 학교에 대한 부정적인 태도를 변화시킴)

II. 비행이 예상될 때
- 고위험군 학생을 위한 개별 학급 편성
  - 비행의 저변에 있는 동기를 구별
  - 구별을 통한 개인의 본질적 동기 및 발달 역량과 잘 매치가 되는 활동으로 구성된 커리큘럼을 고안
  - 추가 지원 및 방향을 제시하여 구별된 학생이 어려운 상황에 대처할 수 있도록 함
- 학생에게 논리적(즉, 학생에게 어느 정도 일리가 있으며 자신의 자율성을 해치지 않는 것으로 인식되는)으로 인식될 수 있는 비행의 결과에 대한 교육

III. 비행을 저지를 때
- 저변에 있는 동기를 이해하는 것을 시작으로 반응(동기가 불확실한 경우, 비행이 고의가 아니라는 것을 전제로 시작)
- 차분하고 안전한 분위기 회복
  - 무엇이 일어난 것인지를 명확히 하기 위하여 학생 비행 저변의 동기를 이해하는 데 사용(실현 가능하다면, 참가자[주변 사람]가 해당 사건에 대하여 토의할 수 있도록 함)
  - 각 참가자의 입장과 느낌을 타당화
  - 문제가 해결되는 방식을 구체화(저변의 동기를 계속하여 이해하면서 비행에 있어 개별화된 논리적 결과에 대한 강조)
  - 비행이 계속된다면 그 행동을 멈추어야만 한다는 확고하지만 비권위적인 진술로 다시 돌아감
  - 최후의 수단으로, 위기 상황을 도울 다른 자원 활용
    a. 해당 학생의 학급 친구에게 도움 요청
    b. 보조 인력에게 도움 요청
  - 위 절차를 통하여 차분하고 적극적인 태도로 상황을 다룸으로써 다른 사람들은 차분함을 유지할 수 있음

IV. 비행을 저지른 후에
- 논리적인 결과/처벌로 훈육 절차 이행
  - 결과 활용의 목적
    a. 학생에게서 원하는 것을 박탈
    b. 학생이 스스로 원치 않는 경험을 하게 만듦
  - 결과의 형태
    a. 제거/박탈(예 특혜 상실, 활동으로부터 제외 등)
    b. 질책(예 공개비판 등)
    c. 배상(예 파괴하거나 훔친 재산/소유물의 배상 등)
    d. 철회(예 사과, 향후 문제를 방지하기 위한 계획 등)

- 문제에 대하여 학부모와 논의
  - 어떻게 하면 학부모가 문제를 악화시키지 않을 수 있는지 설명
  - 학교와 함께 예방 활동을 할 수 있도록 학부모 동원
- 앞으로 나타날 사후 문제를 예방하기 위한 작업

제 2 절 학생문제 예방을 위한 전략과 방법

1 학교심리학에 있어 예방

(1) 정신 건강에 있어 스트레스 유발인자 및 전략에 대한 인식을 증가시킨다.

(2) 학부모(혹은 양육자)와 교사들에게 행동 문제를 해결할 수 있는 기술을 가르친다.

(3) 신체적, 정신적 건강과 웰빙을 증진시키는 서비스를 제공하는 학교교직원과 지역사회 에이전시와 협력한다.

(4) 학내에서 긍정적이고 효율적인 학습 환경을 증진시키는 프로그램의 개발을 돕는다.

(5) 학교 지역사회 내의 다양성(문화, 학습, 성별, 사회-경제적 지위, 인종, 종교, 등)에 대한 이해와 공감을 증진시키는 역할을 한다.

📖 예방 개입 시 고려하여야 할 중요한 사항

- **개입 시점**
  - 1차 예방
  - 어린 나이
  - 문제 발생 후 빨리
  - 문제가 만성화되기 전

- **예방 개입의 형태 : 개인, 집단, 가족**
  - 정보 공유(예 출력 자료, 미디어와 기술 활용, 지원을 얻기 위한 지시 및 정보, 정보 제공 전화 시스템 등)
  - 평가 및 정보 수집

- 교훈적 교수와 기술 개발(예 사회적 기술, 성취 기술, 이행 기술, 진로 계획, 약물 교육, 성 교육, 학부모 강좌 등)
- 학생을 위한 지원을 총동원(예 지원그룹 시작, 자매결연 학생, 특별한 상황 역할 개발, 스태프/시스템 지원, 학부모/가족 지원을 포함하여 타인을 위한 노력에 참여하기 등)
- 학업 및 레크리에이션 프로그램
- 프로그램 효용성을 증대하기 위한 체계적 변화(예 학교교육 개선 팀 참가 등)

• 예방 개입의 범위
- 무시험 입학 프로그램
- 위기 반응
- 대상을 좁힌 단기간의 지정 서비스
- 대상을 좁힌 요구가 있는 한 계속되는 지정 서비스
- 지정된 포괄적 접근법

• 예방 개입의 장소
- 학급, 사무실, 레크리에이션 시설
- 학교 클리닉 혹은 건강 센터
- 학교의 가족 서비스 센터
- 지역사회 일체감을 만드는데 중요 지점으로 사용 가능한 학교 전체
- 가정 방문 및 지역사회 기반 협회(법원 등 포함)의 관여
- 지역사회의 관련 리소스로 위탁

• 기본적인 예방 개입 가이드라인
- 근본적인 공통점을 잘 파악하여 개별적인 문제에 대한 균형 있는 강조
- 개별화된 예방 개입(예 심리사회, 발달, 문화적 요인에 대한 설명, 동기와 능력에 맞추기 등)
- 가급적이면 개입의 최소화(예 가장 정규화된 환경, 제한을 최소화한 환경, 지역사회 기반이고 우선적으로 학교 기반이 "최적의 조건")
- 포괄적, 통합적 접근법 설계
- 서비스 제공자가 선호하는 것이 아닌 서비스를 받는 사람의 요구에 우선순위

2 학교 안전성 문제와 예방

학교는 일찌감치 학생들 사이의 폭력적 행동을 식별하고 전체 지역사회에 영향을 줄 수 있는 예방 전력을 시행할 수 있는 특수한 위치에 있다. 여기서는 학교 폭력 예방과 관련하여 알아보도록 한다.

(1) 학교 안전과 폭력

학교는 범죄와 폭력이라는 심각한 문제에 직면하고 있다. 대부분의 학교는 왕따, 괴롭힘, 그리고 약물 및 알코올 남용과 같은 문제의 행동을 해결해야만 한다. 이제, 대인 간 폭력과 갈등이 비교적

안전했던 학교에서 학교 및 학교교직원의 일상으로 침투하고 있다. 학교 폭력에 대한 최근의 보고에 따르면 무기를 가져오거나 범죄 피해의 위협을 받는 학생, 학교에서 갱단의 모집에 직면하게 된 학생 등 여러 가지의 놀랄만한 사례들을 볼 수 있다. 교사들 역시 학생에게서 폭력의 위협을 받은 경험이 있으며, 일부 교사는 학교에서 신체적으로 부상을 입은 경우도 있음을 보고하고 있다.

이런 문제는 학교 강령에 정면으로 배치되는 것으로 학생과 학교교직원 양쪽에게 학업 성취도 저하 및 삶의 질 저하라는 결과를 초래하게 된다. 미국교육목표 패널 리포트(National Educational Goals Panel Report, 미국교육부 1998)는 학생의 독해 수준 저하, 약물 사용 증가, 공립학교 교사에 대한 위협 및 상해의 증가, 교사의 수업 방해 증가와 같은 문제를 인용하고 있다. 이러한 결과는 학교 분위기, 학교 폭력, 그리고 학업 성취도 간에 명백한 연결고리가 있다는 것을 나타내는 것이다.

(2) 학교 실습과 폭력

학교는 반사회적인 행동을 보이는 아동과 청소년이 증가하고 있는 문제에 대하여 이에 대한 해결안을 수립할 수 있는 이상적인 장소가 될 수 있다. 우리에게는 학교 행정, 교수(teaching) 및 관리에 있어 지침이 될 수 있는 탄탄한 연구적 기반이 있다. 긍정적인 학교 훈육 효과를 제공하고 폭력 예방을 촉진할 수 있는 학교 실습은 다음을 포함한다.

---

① 체계적인 사회 기술 교육
② 학업 및 커리큘럼 재구성과 채택
③ 반사회적 행동 패턴의 조기 구별 및 치료
④ 긍정적 학교 훈육 시스템

지금의 학교 실습은 학교 분위기를 긍정적으로 고양시키기보다 반사회적 행동 및 폭력의 가능성을 부추기는 경향이 있다. 이런 종류의 실습은 폭력성을 예측하는 개인 학생의 성격을 찾아내는 것을 지나치게 강조하는 특징이 있다. 폭력 문제를 조장할 수 있는 학교 실습은 다음을 포함한다.

---

① 학업 실패를 초래하는 비효율적인 교육
② 비일관적이고 징벌적인 학교 및 학급 행동 관리 시스템
③ 긍정적인 대인간 기술 및 자기관리 기술 가르치기 실패
④ 정확하지 않은 규칙 및 적절한 행동에 대한 기대
⑤ 규칙 위반을 효과적으로 교정하는 것과 그에 따른 상벌을 주는 것에 실패
⑥ 학급 및 공통 영역에서 학생의 행동을 충분히 감독하고 모니터링하는 것에 실패
⑦ 개인차를 적용한 개별화된 교육에 실패
⑧ 위험에 노출된 배경의 학생들이 학교 과정에 유대감을 형성하게 하는 것에 실패

이에 더하여, 학교교직원은 복잡한 행동 문제에 단순하고도 효과가 입증되지 않은 해결책(예 정학, 퇴학 등)을 오랫동안 시도해 오고 있었다. 이러한 해결의 시도는 학생의 행동 문제에 영향을 주는 행정, 교수 및 관리 실습을 변화시키는 것에 초점을 두기보다 나타나고 있는 문제를 빨리 없애버리려고 하는 경향(즉, 정학이나 퇴학으로 문제 학생을 보이지 않게 함) 때문에 계속 지속된다.

(3) 학교 폭력 예방의 절차

학생의 폭력적인 행동을 감소시키기 위한 효과적인 전략에 깔려 있는 기본 원리는 결국 모든 학생을 위한 건강 증진 혹은 학습 증진 전략에 깔려 있는 원리와 동일하다. 효과적인 접근법은 긍정적 지지, 기술 개발, 학부모와 지역사회 관여, 그리고 개선된 학교 분위기 등과 함께 보안 대책 및 교육이 균형을 이룬다. 학교 정책과 절차의 토대로써 이러한 원리를 잘 융합하면 폭력 감소뿐만 아니라 학생 전체에 있어 학업 및 사회적 결과에서 개선이 있을 수 있다.

① 토대 구축하기

안전한 학교란 목적이 있는 기획과 조직을 통하여 만들어지는 것이다. 이 절차는 포괄적인 폭력 예방 계획을 개발하는 역할을 맡은 안전팀(Safety Team)의 형성을 통하여 시작된다. 안전팀은 요구를 식별하고, 옵션을 선택하고, 학교 및 지역사회 관계자로부터 지원을 모으고, 다양한 서비스를 편성하려는 노력을 주도한다. 학교 안전팀은 관리자, 학교교직원, 학부모, 학생, 그리고 지역사회 구성원을 모두 포함하는 것이 좋은데, 이 팀에서 하는 일은 다음과 같다.

㉠ 규칙적인 데이터 수집을 통하여 학교의 요구에 대한 체계적이고 반복적인 평가를 이행한다.

㉡ 예방 활동(이 활동 계획은 학교, 교실, 개별 학생 수준에서의 전략을 포함하여야 한다)을 시행함으로써 평화로운 학내를 만들고 유지하기를 추구하는 다중 수준 전략에 기반한 포괄적인 계획을 수립한다.

㉢ 학생이 불건전한 행동을 하기 전에 학생 요구를 관찰하고 이에 반응할 수 있도록 학교교직원을 훈련한다(이 훈련은 위협 평가[Threat Assessment]를 위한 명확하게 설명된 절차를 포함하여야 한다).

㉣ 모든 학교에 나타나고 있는 폭력의 만연한 형태인 왕따를 대상으로 한다(성희롱, 관계 공격[즉, 소문이나 거짓말을 퍼뜨려 타인의 관계에 해를 끼침] 그리고 데이트 폭력 등을 포함하여 중고등 학생들 사이에서 또래를 괴롭히는 다른 보편적인 형태에도 주목한다).

㉤ 학생의 웰빙을 개선시키기 위한 학교의 일차 강령과 보안에 대한 요구가 균형을 맞추게 한다.

② 데이터 수집하기

폭력을 예방하기 위한 체계적인 변화의 중요한 첫 단계는 학교의 강점 및 위험을 구별할 수 있는 요구 평가를 수행하는 것이다. 평가에는 나타나는 폭력의 유형에 대한 설명, 폭력 관계자의 경험, 어떤 맥락에서 폭력이 나타나고, 그 맥락이 폭력에 어떤 방식으로 기여하는지, 훈육 절차 및 위탁의 수, 그리고 이전 개입의 효과 등의 정보가 포함되어야 한다. 요구 평가는 구성원에게 자신들의 학교에 무슨 일이 일어나고 있는지에 대한 정보와 교육, 폭력, 학교 안전에 대한 자신의 아이디어, 의견, 그리고 철학에 대하여 토의할 기회를 준다.

📖 효과적인 예방 프로그램 사례

- 분노대처 프로그램(Anger Coping Program) : 두 명의 프로그램 리더가 가이드하는 8시간짜리 주간 인지 행동 훈련으로 모델링(Modeling), 역할 놀이(Role Play), 문제해결, 그리고 정적 강화(Positive Reinforcement)가 8~14살 학생 소집단에 교육된다.

> **💡 더 알아두기 🔍**
>
> 모델링은 행동주의 이론에서 온 개념으로 모방학습이라고 부르기도 한다. 역할 놀이는 가상적인 역할을 해봄으로써 문제가 되는 행동 혹은 태도를 변화시키는 기법이다. 정적 강화는 목표행동이 나타난 이후 특정 후속자극을 제공함으로써 해당 목표행동을 더 빈번하게, 혹은 더 강하게, 더 지속적으로 나오게 하는 방법이다.

- 세컨드 스텝─중학교 버전(Second Step─Middle School Version) : 현재 진행 중인 학교 커리큘럼에 끼워 넣은 기술 기반 교육 강좌로 중학생들에게 폭력, 공감(혹은 감정이입), 문제해결, 그리고 분노관리를 이해하도록 가르친다.
- 싱크 퍼스트(Think First) : 미국에서 뇌 혹은 척수손상 고위험 연령군에 속하는 학령기 어린이 및 청소년 "먼저 생각한다면 자신의 몸을 보호하면서도 충분히 재미있고 짜릿한 삶을 즐길 수 있다."라는 모토로 실시되는 예방 프로그램으로 해당 학생에게 역할 놀이, 모델링, 그리고 보상을 통하여 분노 및 공격성 관리 기술을 가르친다.

> **💡 더 알아두기 🔍**
>
> 학령기 및 청소년기에는 다양한 폭력에 노출될 가능성이 높으며, 이로 인한 뇌손상, 척수손상 및 다른 외상에 의한 손상이 나타날 수 있는데, 이 시기의 사고는 예방이 가능하기 때문에 이들에게 초점을 맞추고 있다.

- 왕따 예방 프로젝트(The Bullying Prevention Project) : 초등학교 및 중학교의 왕따를 예방하고 이에 대응하기 위하여 학부모 및 학교교직원에 대한 훈련, 학급 활동, 그리고 학교 전체 절차를 포함하고 있는 왕따 예방의 포괄적인 모형이다.

학교교직원은 요구 평가를 통하여 나온 문제를 해결하기 위하여 힘쓰면서 자신의 개인적, 전문적 신념과 이 정보를 통합함으로써, 폭력 예방에 대하여 학생, 학교 구성원 및 학교에 대한 목표 및 기대를 결정하여야 한다. 학교 폭력 예방 정보를 모을 때 필수적인 것은 반드시 규칙적으로 행해져야 하며 학교 지역사회와 이를 공유하여야만 한다는 것이다. 그리하여 모두가 학교의 안전을 위하여 노력하는 것을 이해하고 지원할 수 있도록 하여야 한다.

③ 체계적으로 계획하기

포괄적인 학교 폭력 예방 프로그램을 만들고, 시행하고, 평가하는 데 문제해결 접근법이 사용될 수 있다. 이 체계적인 접근법은 예방 개입의 성공을 최대화하는 5가지 요소와 관련된다.

㉠ 문제 식별 : 현재 상태와 장래 목표에 대한 요구 평가로부터 얻은 정보를 사용하여, 관계자가 체계적으로 해결되어야 하는 문제를 식별한다.

     ⓛ 문제 분석 : 찾아낸 문제에서 우선 해결할 문제를 골라내어 구체적으로 검증 가능하도록 객관적
이고 측정가능한 형태로 만든다. 학생, 학교교직원, 환경의 요구 사항을 함께 고려한다.

     ⓒ 예방 방법 제안 : 프로그램을 구체화하고 학교 폭력에 노출되는 전 수준 단계에서 학생의 요
구를 다룰 수 있는 절차를 만든다. 프로그램 선택 시에는 구체화된 문제를 다룰 수 있는 프
로그램을 고른다.

     ⓔ 예방 실행 : 예방 개입은 프로그램에 대한 학생과 학교교직원의 관심을 모으고 프로그램에
대하여 동기화시킨 후에 이루어져야 한다. 관계자와의 커뮤니케이션은 이들의 관여도를 높이
고 예방 방법 선정에 대한 불만 혹은 부정적인 인식을 없애는 데 중요할 수 있다.

     ⓜ 예방 전략 평가 : 이 평가에는 프로그램 진행 당시의 실시 과정에 대한 평가 및 학생에 있어
그 프로그램이 어떻게 작용하였는지를 알아보는 평가의 두 가지가 포함된다. 프로그램 평가
는 보다 효과적인 프로그램 제작에 있어 매우 중요한 자료가 될 수 있다.

④ 왕따 문제 다루기

왕따 예방 프로그램은 종합적인 폭력 예방 활동에 있어 필수적이다. 이 프로그램은 진행 중인
왕따 문제를 없애고, 왕따 문제가 새로 발생하는 것을 예방하고, 학교 내에서 보다 나은 또래
관계를 이룰 수 있도록 돕고, 긍정적인 학교 분위기를 만들고, 또래 및 성인이 혹시 왕따 피해
자가 있다면 이들을 보살피는 행동을 증가시키는 것을 목표로 한다. 예방 프로그램을 시행하기
에 앞서 아래의 사항들이 반드시 고려되어야 한다.

     ⊙ 스태프 훈련 : '어떤 유형의 훈련법이 필요한지? 누가 훈련을 담당할지? 훈련 방법은 무엇인
지?' 등

     ⓒ 프로그램 자금 확보 : '유용 가능한 자금이 얼마인지? 자금을 모을 방법은 무엇인지?' 등

     ⓔ 소요 시간 : '프로그램 시행에 얼마가 소요되는지? 프로그램 시행 빈도 및 시행 시간은?' 등

     ⓔ 명확한 행동 목표 : '예방 개입 이후 학생에게서 나타날 변화가 무엇인지? (결과 여하에 따
라) 학칙을 변경하는 것도 가능할지?' 등

     ⓜ 대안 프로그램 : '해당 프로그램의 실시로 변화가 없을 학생에게 어떤 대안 프로그램을 제공
할 수 있는지?' 등

     ⓗ 프로그램 리더십 : '누가 프로그램을 이끌어 나갈지? 참여할 스태프는 어떤 식으로 결정할
지? 어떤 자격검정과 훈련이 요구될지?' 등

학교 버스 운전사, 학교 관리팀, 그리고 학교 카페테리아 직원 등을 포함하여 전체 스태프가 훈
련을 받아야 하는데, 이것은 왕따가 복도나 식당처럼 교사가 통제할 수 없는 곳에서도 자주 발
생하기 때문이다. 훈련에는 학내 왕따의 심각성에 대한 인식 증대, 왕따를 다루는 구체적 전략,
그리고 왕따의 본질에 대한 이해가 포함된다.

⑤ 균형 맞추기

학교의 역할은 캠퍼스를 통제하고 교사와 학생이 완전히 배움에 몰입할 수 있게 하는 분위기를
만드는 것이기도 하다. 학교 폭력을 예방하는 활동에는 만약 규칙을 위반한다면 이를 어떻게 다
룰지에 대한 계획도 포함되어야 한다. 어떤 경우에는 그 위반이 학교를 아주 큰 위험에 몰아넣
을 수 있을 정도로 심각할 수도 있다. 대체로, 학교 관련 규칙에서는 특정 폭력 행위(예 무기 소
지, 중대한 공공기물 파손, 중대한 폭행 등)의 경우 정학이나 퇴학을 적용하도록 하고 있다. 학
교별로 명확하고 공정한 규칙을 수립하고 있겠지만, 처벌은 교육 기회라는 측면도 함께 고려하

는 입장에서 균형에 맞게 적용이 되어야 한다고 학자들은 주장한다. 학생은 실수를 할 것이며, 학생이 실수했을 때, 교육자는 학생의 실수를 더 적합한 행동을 배우는 기회로 활용할 수 있다는 것을 명심하여야 한다.

엄격한 훈육 모형이 장기적으로 폭력을 예방한다는 증거는 아직 없고, 오히려 배제적인 훈육이 학내 폭력을 악화시킬지도 모른다는 결과가 있다. 교육적 전망에서 폭력 예방은 학생의 행동을 이해하기 위한 수단의 하나로 학생이 적합한 사회적 기술을 익힐 수 있도록 하는 계획의 일부로 볼 수 있다.

📖 **예방 문제를 다루기 위한 근본적인 질문**

예방 프로그램은 사전 계획 없이, 그리고 요구 평가 없이 진행되어서는 안 되며, 예방이라는 목적에 대하여 충분히 반응하여야 한다. 학교 위기관리팀은 예방 기획의 절차 중 하나로써 아래의 질문을 다루어야 한다.

- 우리 학교에서 직면할 가능성이 있는 문제는 무엇인가?
- 우리 학교의 예방 활동에 있어 단기적 목표와 장기적 목표는 무엇인가?
- 그 예방 프로그램은 어떤 학생을 대상으로 하는가?
- 학교 예방 활동과 지역사회 수준의 예방 활동은 어떤 관련성이 있는가? 등

---

01 ① 자기충족예언의 정의를 포함하고 있다.
② 효과의 법칙은 개개인은 보상이 주어지는 반응을 학습하며 처벌을 초래하는 반응은 약화하거나 학습하지 않는다고 주장한다.
③ 초두효과는 인간의 전체적 인상 형성에 있어 나중에 제시된 정보보다는 처음에 제시된 정보가 더 많은 효과를 발휘하는 경향을 말한다.
④ 사회적 태만은 다른 사람들이 있을 때 개개인이 작업에 대하여 갖게 되는 책임감이 감소되는 현상이다.

02 학생들이 교육받은 글자를 소리 내는 횟수는 각 문장에서 6(①), 4(②), 8(③), 4(④)번 반복된다. 학생들에게 글자의 소리가 소개되면, 이들은 문장에서 이 소리를 사용할 수 있는 기회를 많이 가질수록 좋다.

01 문제가 있는 학생으로 분류하는 것에 대한 공통된 비판은 개개인이 분류된 집단의 성향과 연합된 특징에 따라 수행하는 경향이 있다는 것이다. 다음 중 이러한 수행 현상을 나타내는 단어는?

① 자기충족예언(The Self-Fulfilling Prophecy)
② 효과의 법칙(The Law of Effect)
③ 초두효과(The Primacy Effect)
④ 사회적 태만(Social Loafing)

02 저학년 독해 교육 중 알파벳을 통한 발음 교육에서 1학년 학생들은 b, a, s 및 g의 발성을 교육받는다. 부호 기반 발음 접근(Code-Based Phonic Approach)에 기초한 이론에 따르면 다음 중 어떤 것이 학생들이 읽을 첫 번째 문장으로 가장 효과적인가?

① Bob ate a snack.
② A dog bit Ann.
③ Gail has a bag.
④ Sally was happy.

정답 01① 02③

03 보편적인 집단 검진 데이터에서 극소수의 학생만이 학교 역량을 충족하는 데 있어 통과 점수를 받은 것으로 나온 경우 다음 중 어떤 것이 행해져야 하는가?

① 중요 프로그램을 전달하는 데 있어 변화가 이루어져야 한다.
② 역량을 충족하지 못한 학생들에게 전략 교육 혹은 보충 교육이 이루어져야 한다.
③ 학생들에게 역량 개발을 위한 시간을 더 많이 주어야 한다.
④ 역량을 충족하지 못한 학생들에게 학습장애를 위한 평가를 시행해야 한다.

03 ① 학생 중 유의미한 다수가 학교 역량을 충족하지 못한 경우에, 학교는 학생의 요구를 충족하기 위하여 중요 프로그램을 전달하는 데 있어 어떤 변화가 이루어져야 할지를 고려하여야 한다(예 교수법의 변경 등).
②, ④는 Tier1에서 고품질의 연구 기반 교육 프로그램의 시행 이후에 취해지는 조치이다. ③은 구식의 방식으로 권고하지 않는다.

04 심리학자가 사용하는 관찰 척도에 대하여 맞는 내용은?

① 관찰은 행동의 과정에만 주안점을 둔다.
② 관찰은 행동의 결과에만 주안점을 둔다.
③ 관찰 수행은 반드시 직접 관찰을 통해서 이루어져야 한다.
④ 위의 모두가 해당되지 않는다.

04 ④ 심리학적 관찰은 행동의 과정 및 결과 모두에 주안점을 둔다. 대상에 대한 관찰은 직접적으로 이루어질 수 있으나, 이것이 필수적인 것은 아니다. 행동이 명시적이고 기록하기 쉬운 경우라면 직접 관찰이 적합하지만, 대상에 대한 지식이 관찰 행동에 영향을 주는 것을 피하고자 하는 경우에는 자연적 관찰이 활용된다.

05 포트폴리오 평가가 가장 하기 어려울 것이다. 이 평가는 (학생) 수행을 기반으로 학생의 학습에 대한 결과를 포함한다. 학년 시작 시기에 이전의 평가 기록이나 학적 기록이 없는 새로운 학생은 포트폴리오가 없을 것이다. 포트폴리오 평가는 학년을 보내면서 학생의 진보를 반영하는 것이다.
기록이 없는 새로운 학생의 문제 식별을 위해 학교심리학자는 학생의 지적 수준 결정을 위해서는 종합적 IQ 검사를, 학생의 심리적 기질, 사회적 기술, 장단점 등의 결정을 위해서는 성격 검사를, 말하고 듣기의 장애뿐만 아니라 언어발달을 평가하기 위하여서는 말하기, 듣기 검사를 시행하게 될 것이다.

05 학년 시작 시기에 이전의 평가 기록이나 학적 기록이 없는 새로운 학생에 있어 문제 식별을 위해 가장 하기 <u>어려운</u> 것은?

① IQ 검사
② 포트폴리오 평가
③ 성격 검사
④ 사회적 기술 검사

정답 03 ① 04 ④ 05 ②

06 고위험 성적 행동에 대한 가장 효과적인 예방은 종합적인 접근법을 취하는 프로그램이다. 종합적인 프로그램으로 중재할수록 위험 행동을 예방할 수 있는 가능성이 높아진다고 볼 수 있다.

06 **다음 중 고위험 성적 행동을 가장 효과적으로 예방하여 주는 예방적 중재법은?**

① 피임기구 사용에 대하여서만 교육하는 프로그램
② 피임과 성병에 대한 청소년의 지식을 넓혀주는 프로그램
③ 사실을 담은 정보를 포함하고, 가족 간 상의 및 청소년 커플 간 커뮤니케이션을 장려하며, 피임과 성병에 대한 청소년의 지식을 넓혀주는 프로그램
④ 인간의 생식에 대하여 교육하는 프로그램

07 청소년 비행 문제는 지역사회 차원의 문제로 학교, 가족 및 지역사회가 모두 함께 참여할 필요가 있다.

07 **방과 후에 학생들을 감독할 수 있는 장소가 많지 않기 때문에 10대 학생들이 이 시간 동안 학교 주변을 배회하다가 경찰에 붙잡히는 경우가 늘고 있다. 다음 중 이 문제에 대처하기 위한 가장 효과적인 방식은?**

① 지역사회 정상회담을 열어 문제에 대한 정보를 발표한다. 소그룹 토론을 통해 가족도 함께 참여할 수 있는 해결책을 생각해 본다.
② 방과 후 학교 부지에서 발견되는 학생은 무단침입으로 체포하겠다는 새로운 정책을 만든다. 포스터로 이 새로운 정책을 공지한다.
③ 학부모에게 방과 후에 학생을 보다 잘 감독할 수 있도록 요청하는 서신을 작성한다. 감독을 받지 않은 학생들이 비행의 위험에 노출될 수 있다는 것을 설명한다.
④ 방과 후에 학생들이 바쁘도록 과제량을 늘린다. 학생들이 숙제를 완성하지 못하여 좋지 않은 점수를 받으면, 학부모는 그런 문제가 있다는 것을 알게 될 것이다.

정답 06 ③ 07 ①

08 학생지원팀(Student Support Team, SST)의 역할을 가장 잘 설명한 것은?

① 간헐적으로 학교급식을 제공한다.
② 학생의 요구를 평가하고 관련되는 서비스를 제공한다.
③ 학생이 교통수단을 가지고 학교로 오가는지 확인한다.
④ 위탁양육을 받는 학생에게 재정적 지원을 제공한다.

08 SST는 다양한 범주의 개인 문제에 대한 새로운 해결책을 찾는 역할을 하게 된다.

09 다음 중 유아교육의 장기적인 결과가 <u>아닌</u> 것은?

① 소득이 낮은 집안 출신 학생의 높은 성공 비율
② 높은 IQ
③ 높은 고등학교 졸업률
④ 범죄 감소

09 유아 교육을 통한 IQ 향상은 단지 일시적인 것으로 연구결과를 통하여 밝혀지고 있다.

10 Head Start 프로그램은 누구를 지원하기 위한 프로그램인가?

① 저소득층 초등학교 고학년 학생
② 저소득층 청소년
③ 저소득층 정신지체 아동
④ 저소득층 입학 전 아동

10 Head Start 프로그램은 정규 학교 생활을 원활하게 하기 위하여 입학 전 저소득층의 아동을 지원하기 위한 프로그램이다.

정답 08 ② 09 ② 10 ④

안심Touch

11 형성평가는 개입의 효과를 결정하기 위하여 사용되는 것으로 처치를 수정하기 위하여 사용될 수 있다. 형성평가의 목적은 학생의 학습 및 이해를 증진시키기 위하여 최선이 가능한 환경을 제공하는 것이다. 또한 형성평가는 효과가 없는 개입 전략에 대한 중간 지표를 제공하는 역할도 수행한다.

11 형성평가는 언제 수행되는 것이 좋은가?

① 개입 전
② 개입 중
③ 개입 후
④ 학생이 개입을 거부한 경우에만

12 학교심리학자는 데이터 수집을 위하여 다양한 방법을 사용한다.

12 다음 중 데이터 수집을 위하여 학교심리학자가 사용하는 방식은?

① 관찰
② 면담
③ 평가
④ 위의 모두가 해당된다.

13 조사 방법은 학교에서 가장 많이 사용되는 평가 방법일 것이다.

13 다음 중 학교심리학자가 새로운 프로그램을 개발하려고 할 때 할 수 있는 첫 단계는?

① 학생 요구에 대한 조사
② 학급 관리를 위한 행동 목표 고안
③ 학생의 성적 향상을 위한 최소 역량 수준 결정
④ 검사 정보와 같은 자료의 수집

정답 11 ② 12 ④ 13 ①

14 한 학군에서 왕따 방지 프로그램을 실행하기로 결정하였다. 학년 시작 시기에 학군에서는 모임을 소집하여 학내에서 왕따가 발생하는 것을 예방하는 것에 대한 새로운 정책에 관하여 이야기하였다. 다음 중에서 이 모임에서 발표한 개입의 유형은?

① 1차(Primary)
② 2차(Secondary)
③ 3차(Tertiary)
④ 행동(Behavioral)

14 학년 시작 시기에 발표하였고 왕따가 있기 전에 그 문제를 근절하기로 고안된 것이기 때문에 1차 예방 개입에 해당된다. 2차 및 3차 예방 개입은 문제가 이미 생긴 뒤에 나타나게 된다.

15 다음 중 프로그램의 효과를 알아볼 수 있도록 하는 질적인 데이터를 제공하는 평가 유형은?

① 학부모 조사
② 경력 평가 결과치
③ 도내 평가 결과
④ 징계 빈도 보고서

15 학부모에 의해 완료된 조사에는 질적인 데이터로 간주되는 기술 데이터(Descriptive Data)가 포함될 수 있다.

16 다음 중 데이터를 사용하는 데 있어서 가장 유용한 방법은?

> 한 중학교에서 학교심리학자가 2학년 학생 중 개별지도가 필요한 학생을 가려내기 위하여 도내 평가 시험의 데이터를 사용하고자 한다.

① 각 학생이 건너 뛴 문제의 총 수를 계산한다.
② 각 과목별로 데이터를 구분한다.
③ 학급별 데이터 집계를 분류한다.
④ 2학년 전체로부터 나온 데이터를 합산한다.

16 과목별 데이터 구분을 통해 어떤 학생이 어떤 과목에서 개별지도가 필요한지를 식별할 수 있다.

정답 14 ① 15 ① 16 ②

17 학생의 요구를 반영하고 이 요구를
충족시키는 커리큘럼을 만드는 데 있
어 가장 좋은 방법은 학생과 이에 대
하여 이야기하는 것이다.

17 **다음 중 채 씨가 데이터를 모으는 방법으로 가장 효과적인 것은?**

> 학교심리학자 채 씨는 학교에서뿐 아니라 학생의 생활까지
> 이어질 수 있는 문제를 다루는 커리큘럼을 만들고자 한다.

① 학교에서 정기적으로 나타나는 행동 문제에 대하여 교사 및
   관리자에게 투표하게 한다.
② 학부모에게 학생이 가지고 있는 행동 문제에 대하여 물어본다.
③ 지역사회 구성원에게 학생의 시민운동 참여를 확대시킬 수 있
   는 방법을 물어본다.
④ 학생과 만남을 갖고 해당 커리큘럼을 만드는 데 참여시킨다.

18 수업 이외의 시간보다 수업 중에 컴
퓨터로 조사 질문지를 완료할 가능
성이 가장 높을 것이다.

18 **다음 중 학생의 참여를 최대화할 수 있는 조사 참여 요청 방법은
무엇인가?**

① 학생들에게 가정에 우편으로 보낸 조사 질문지를 완료하도록
   요청한다.
② 학생들에게 방과 후 조사 질문지를 완료할 때까지 남게 한다.
③ 점심시간에 복도에 테이블을 설치하여 여기서 학생들이 조사
   질문지를 완료하도록 한다.
④ 학생들을 수업시간 중 컴퓨터센터로 데려가서 온라인 조사 질
   문지를 완료하도록 한다.

19 초등학교 3학년과 중학교 2학년은
인지 및 언어 기술의 차이가 있을 것
이기 때문에 두 학년 간 다른 수준으
로 프로그램을 계획하여야 한다. ①의
경우 프로그램에서 신체적 기술을 사
용할 경우는 드물기 때문에 이는 1차적
요인으로 고려하지 않는다.

19 **초등학교 3학년 학생을 위한 왕따 예방 프로그램을 준비할 때와
중학교 2학년 학생을 위한 유사 프로그램을 준비할 때 학교심리
학자가 염두에 두어야 하는 학생들 사이의 1차적인 차이점은 무엇
인가?**

① 신체적 발달
② 인지 및 언어 발달
③ 원가족(Family of Origin)
④ 학급 내 왕따 발생률

정답 17 ④ 18 ④ 19 ②

20 다음 중에서 예방 프로그램에 속하지 <u>않는</u> 것은?

① Head Start
② Skillstreaming
③ Second Step
④ APA

20 APA는 미국심리학회(American Psychological Association)의 약자이다.

✔ **주관식 문제**

01 예방의 세 가지 수준을 나열하고 이에 대하여 정의하시오.

01

정답 (1) 일차 예방 : 구체적인 문제가 없이(문제가 발생하기 전) 전체에 개입하는 것을 의미한다.
(2) 이차 예방 : 위기가 있을 것으로 추정되는 사람 혹은 작은 문제를 가진 것으로 밝혀진 사람에 개입하는 것을 의미한다.
(3) 삼차 예방 : 본격적인 문제를 가지고 있는 사람에 개입하는 것을 의미한다.

해설 Caplan(1964)은 예방을 세 가지 수준으로 분류하였고, 1990년대 중반 이전까지는 대부분의 학자가 Caplan의 예방 개념을 사용하였다. 1990년대 중반부터 미국의학협회(Institute of Medicine, IOM)의 예방 개념 사용이 장려되기 시작하였는데, IOM은 개입 대상에 초점을 둔 구분을 사용하였으며 이 모형에서 예방은 보편적(Universal), 선택적(Selective), 지시적(Indicated) 수준으로 구분된다.

정답 20 ④

안심Touch

02

정답 (1) 왕따 예방 프로젝트(The Bullying Prevention Project) : 초등학교 및 중학교의 왕따를 예방하고 이에 대응하기 위하여 학부모 및 학교교직원에 대한 훈련, 학급 활동, 그리고 학교 전체 절차를 포함하고 있는 왕따 예방의 포괄적인 모형이다.

(2) 싱크 퍼스트(Think First) : 미국에서 뇌 혹은 척수손상 고위험 연령군에 속하는 학령기 어린이 및 청소년을 대상으로 "먼저 생각한다면 자신의 몸을 보호하면서도 충분히 재미있고 짜릿한 삶을 즐길 수 있다."라는 모토로 실시되는 예방 프로그램으로 해당 학생에게 역할 놀이, 모델링, 그리고 보상을 통하여 분노 및 공격성 관리 기술을 가르친다.

해설 • 분노대처 프로그램(Anger Coping Program) : 두 명의 프로그램 리더가 가이드하는 8시간짜리 주간 인지 행동 훈련으로 모델링(Modeling), 역할 놀이(Role Play), 문제해결 그리고 정적 강화(Positive Reinforcement)가 8~14살 학생 소집단에 교육된다.
• 세컨드 스텝-중학교 버전(Second Step-Middle School Version) : 현재 진행 중인 학교 커리큘럼에 끼워 넣은 기술 기반 교육 강좌로 중학생들에게 폭력, 공감(혹은 감정이입), 문제해결, 그리고 분노관리를 이해하도록 가르친다.

02 효과적인 예방 프로그램의 사례 중 두 가지를 기술하시오.

제 **4** 장

학교심리학에서의 개입

제 **4** 장   학교심리학에서의 개입

학교심리학자는 자문, 평가, 그리고 개입 서비스를 학생, 학교, 그리고 가족을 지원할 목적으로 제공하고 있다. 학교심리학자는 학교가 모든 학생을 지원하기 위하여 다양한 절차를 개발하고, 실행하고, 유지하는 것을 돕는 일을 한다. 학생 중심의 자문 팀 과정에 참여하는 것과 같은 일은 학교심리학자가 위험 속에 있는 학생을 식별하는 것을 돕고, 다른 정신건강 전문가와 협력하여 정서 혹은 행동 기능에서 문제의 신호가 있는 학생을 위한 증거 기반 개입방법을 개발하고 실행하고 이것의 효과를 평가하도록 한다. 학교심리학자는 학부모의 우려에 민감하여야 하고 지역사회 기반 자원으로 위탁하는 것에 대한 적합한 정보를 이들에게 제공할 수 있어야 한다.

학교심리학자는 행동 및 정서에 문제를 가진 학생을 위한 단계별 개입에 있어 중요한 역할을 수행할 수 있다. 학교심리학자는 개입 절차에 필요한 특별 훈련을 받고 이에 대한 전문성을 가진 사람이다. 이러한 개입의 정도는 여러 가지 요인에 따라 다양할 수 있는데, 즉 학교심리학자와 학생의 비율, 과제의 유형 및 평가 담당 건수에 따라 달라진다.

> **학교심리학자 개입의 다섯 가지 수준**
>
> 1. 학생 중심 간접 개입 : 주로 개별 학생을 위하여 교육 및 행동적 개입방법을 계획하는 데 있어 학부모 및 교사와 협력할 때 나타난다. 이러한 종류의 개입은 다음을 포함한다.
>   - 자문 : 개별 학생 혹은 학급의 행동 및 학습 문제와 관련된 우려를 다루기 위하여 교사 및 학교 관리자와의 자문
>   - 프로그램 계획 : 학생의 학습 유형, 인지 프로파일(지능검사 결과 등), 발달 수준, 혹은 행동적 요구를 충족시키기 위하여 커리큘럼에 적응하고 문제를 해결하는 방식에 대하여 조언한 학교심리학자의 기능적 행동 평가에 따른 계획
>   - 학부모 협력 : 학생의 행동, 사회-정서, 학습의 문제를 더 잘 이해하고 학생이 생활하고 학습하는 환경에 맞추어 개입 전략을 최선으로 통합하기 위한 협력
>   - 목표 설정 : 학교심리학자는 평가 결과를 해석하고 이것을 학생의 장점과 요구에 근거하여 현실적인 목표를 수립하는 데 활용한다.
>   - 교사 지원 : 학교심리학자는 교사를 자문하고 학생의 학습 혹은 행동 문제의 구체적인 성격에 근거한 교수 전략을 제안한다.
>   - 에이전시 간 네트워킹 : 학교심리학자는 아동 혹은 청소년에게 포괄적인 서비스를 제공하기 위하여 다른 에이전시와 협력하고 조직화한다.
>   - 위탁 : 학교심리학자는 필요한 경우 다른 에이전시 및 전문가에게 위탁하는 것을 용이하게 한다.

2. 학생 중심 직접 개입 : 개별 학생에 대한 심리적 평가/개입(예 행동 혹은 인지-행동 치료 등)에 관여한다. 개입은 최근 일어나고 있거나 식별된 문제에 대하여 이에 해당하는 학생에게 실행하게 되는데, 때로 긴급을 요하는 경우도 있다. 그리고 개입은 학교 환경 안에 있는 학생의 어려움을 이해하고 이를 조정할 목적으로 행해지기도 한다. 다른 경우에, 개입은 학교를 자퇴하거나 퇴학당한 위험이 있는 학생(예 심각한 파괴적 행동 장애를 가진 학생 등)에게 실행하게 된다. 이런 학생은 사후개입 혹은 급성 에피소드에 대한 서비스가 필요할 수 있다. 사후개입 서비스는 일반적으로 대안 교육 프로그램, 장기적 개인 혹은 가족 심리 개입, 중퇴 회복 및 추적 지원, 그리고 가족 보호 개입의 형태를 가지며 보다 집중적인 지원을 하게 된다. 이러한 지원은 보통 학교심리학자로부터 직접 제공되지는 않으며, 학교심리학자가 서비스 전달자와 협력하고 자문하는 형태로 이루어진다.

- 개별 심리 평가 : 심리 평가의 기초는 주로 심리 검사이다. 하지만, 심리 검사의 해석은 다른 수집된 정보의 내용을 함께 고려하며 심리학자에 의하여 해석된다. 이러한 정보에는 학급 관찰, 파일 검토, 면담 및 체크리스트를 통한 사례 정보 수집, 기능적 행동 데이터 수집, 그리고 아동 혹은 청소년에 대한 다른 전문 평가의 검토 등이 포함된다. 심리 검사는 인지 발달, 기억, 언어, 실행 기능, 시각적 지각, 청각적 지각, 언어 발달, 시각 운동 기술, 학습에서의 습득, 그리고 사회-정서적이고 행동적 조정과 같은 영역을 평가하기 위하여 표준화된 객관적인 심리 검사 및 투사적인 심리 검사에 대한 실행과 해석을 포함하는 과정이다. 포괄적인 심리 평가로부터 수집된 데이터는 학교심리학자가 학부모와 교사를 위한 개입 전략을 추천하는 데 있어 방향을 제시하는 역할을 한다.
- 개별 치료 : 학교심리학자는 인지-행동 치료, 이완 치료, 합리적인 정서 치료, 그리고 사회 기술 훈련과 같은 증거 기반 심리학적 개입방법을 사용한다. 이러한 개입은 학생 및 다른 사람이 문제의 성격, 그 문제를 최선으로 해결하거나 관리하는 방법, 그리고 향후 문제를 예방하는 방법을 더 잘 이해할 수 있도록 한다. 개입은 또한 학생 및 다른 사람이 학교에서 성공하기 위하여 향후 계획을 세울 때, 이를 돕는 역할을 한다.
- 집단 행동 기술 개발 : 학교심리학자는 때때로 소집단을 조직함으로써 학생의 요구를 충족시키며, 이 소집단은 특정 문제 혹은 특정한 대처 기술의 고양에 초점을 맞춘다. 예를 들면, 사회 기술 훈련, 분노 관리 훈련, 스트레스 관리, 그리고 이혼 가정 자녀 관리 등이 있다.

3. 학교 전체 개입 : 서비스 전달을 통하여 학생의 정신건강 및 학습에서의 요구를 충족시키는 방법을 향상하기 위한 노력으로 학교를 지원한다. 이러한 개입의 종류는 다음과 같다.
- 연락 : 학교심리학자는 학교 기반 문제 해결 팀의 연락책으로 활동한다.
- 협력 : 학교심리학자는 학교 내에 특수한 학생을 포함하도록 하기 위하여 교사 및 관리자와 협력한다.
- 연수 교육 : 학교심리학자는 교사 및 관리자에게 학교 기반 연수 교육을 제공하는데, 이것은 행동 지원과 학급 관리 전략, 부수적인 평가 방법, 특수 학생에 대한 이해, 자살 예방, 그리고 스트레스 관리 등을 포함한다.
- 예방 : 학교심리학자는 긍정적인 학교 환경 개선을 촉진하는 학교 전체 예방 및 개입 프로그램에 대하여 조언한다.
- 자문 : 학교심리학자는 다양한 학습, 사회-정서, 그리고 행동에서의 문제와 관련된 학습 유형 및 행동에 대한 정보 제공의 일환으로 교사 및 관리자를 자문한다.
- 최근 실무 정보 : 학교심리학자는 아동 및 청소년의 정신건강, 예외성 등과 관련된 영역의 개입에 대한 최근 연구 정보를 제공한다.

> - 가난
> - 최근의 부모 이혼, 혹은 가족 붕괴
> • 다음 행동을 보이는 고위험 아동 및 청소년
>   - 범죄 행동
>   - 싸움 혹은 괴롭힘
>   - 약물 혹은 알코올 남용
>   - 약물 판매
>   - 무기 소지
>   - 갱단에 참여
>   - 학교에서 중퇴

고위험군 학생은 문제해결의 수단으로 물리적인 싸움을 일관되게 사용하고, 범죄 기록이 있으며, 남을 부상 입힌 전력이 있으며, 본인이 폭력의 희생자(부모 등에 의한)일 수 있으며, 학교에서 실패하거나 중퇴 경험이 있으며, 무기를 소지하고, 갱단에 참여하거나 약물을 남용하는 학생일 수 있다. 이사를 많이 다닌 학생 및 청소년 역시 위험군으로 고려될 수 있다. 개입의 대상으로 위험 혹은 고위험군 집단을 선택한다면, 그들과 신뢰를 쌓고 수용될 때까지 많은 노력을 기울여야 할 것이다.

③ **어린 아동(10살 혹은 그 이하)** : 폭력은 학습되는 행동이다. 생애 초기에 수립된 가치관, 태도, 그리고 대인 간 기술은 폭력 행동의 발달에 있어 중요한 역할을 한다. 한 사람의 폭력 혹은 비폭력의 경향성이 초기 아동기에 만들어지기 때문에, 학령전기 및 초등학교 시기의 아동이 비폭력 가치관을 심어주고 갈등 해결 기술을 (폭력적인 방법이 아닌 다른 기술로) 향상시키는데 이는 개입을 실행하는 데 있어 이상적인 대상이 될 수 있다.

④ **학부모 및 다른 가족 구성원** : 가족 간 경험은 아동 및 청소년에 의한 폭력적인 행동을 야기, 촉진, 혹은 강화하는 것에서 중요한 역할을 수행한다. 그러므로, 학부모, 형제자매, 혹은 전체 가족 유닛을 대상으로 하는 개입방법을 개발하는 것이 중요하다. 가족이 참여하는 개입은 종종 학교 혹은 지역사회의 다른 부분에서 실행되는 개입을 보완할 수 있다.

⑤ **그 밖에 영향력 있는 성인들** : 학부모만이 아동 및 청소년의 신념과 행동에 영향을 주는 것이 아니라, 교사, 코치, 아동 보육사, 그리고 이웃의 어른과 같은 사람들도 아동 혹은 청소년이 폭력에 대하여 느끼는 방식에 영향을 줄 수 있다. 가족 구성원을 대상으로 하는 개입과 함께, 지역사회의 다른 성인들도 참여하는 개입이 학생 자신들만을 대상으로 하는 개입을 보완하는 데 효율적일 수 있다.

⑥ **일반 모집단** : 사회적 규준 역시 폭력 행동에 영향을 줄 수 있다(사회적 규준이 엄격한지 느슨한지 등). 일반 모집단을 위한 개입은 지역사회의 청소년 폭력의 정도에 대한 지식의 폭을 넓히고, 청소년 폭력에 대한 입법 혹은 정책의 정보 기반으로 활용되며, 청소년에 의한 폭력을 예방하기 위한 다른 개입을 촉진하고 지원하는 환경을 조성할 수 있다. 하지만, 지역사회 전체의 청소년을 대상으로 한 개입과 함께 전체 지역사회의 가치관, 태도, 혹은 행동을 바꾸도록 고안하는 시도는 비용이 많이 든다. 그리고 기대했던 변화가 일어나지 못할 가능성도 있다.

(3) 셋팅

개입을 위한 셋팅은 되도록 대상 학생이 편안함을 느끼는 곳이어야 한다. 또한, 셋팅을 위하여 계획된 개입의 유형도 함께 고려하여야 한다. 개입이 효율적으로 이루어질 수 있는 장소에 대하여 대상 학생에 대한 추가 데이터를 수집하여야 할 경우도 있다.

> 📖 **청소년 폭력 행동에 대한 개입을 위한 셋팅**
>
> - 보편적인 청소년 모집단
>   - 학교
>   - 교회
>   - 운동장
>   - 청소년 활동 센터
>   - 집
>   - 쇼핑센터
>   - 영화관
>
> - 아동
>   - 아동 케어 센터
>   - 집
>   - 학교
>
> - 고위험군 청소년
>   - 대안학교
>   - 소년법원 시설
>   - 사회 서비스 시설
>   - 정신건강 및 약물관리 시설
>   - 병원 응급실
>   - 레크리에이션 센터
>
> - 학부모
>   - 집
>   - 직장
>   - 교회
>   - 지역사회 센터

(4) 목표 및 단기 목표 설정

개입방식과 개입 대상이 결정되면, 개입의 목표가 결정되어야 한다. 그리고 목표를 달성하기 위하여 필요한 구체적인 것을 결정한다. 이것이 단기 목표인데, 단기 목표는 측정 가능하고 성취 가능한 것이어야 한다. 단기 목표는 행하여야 할 작업을 명확하게 하고 개입의 과정을 추적하는 수단을 제공하기 때문에 중요하다. 단기 목표가 너무 많은 경우에는 결과의 유형에 따라 이것들을 묶는다. 이런 방식으로 단기 목표를 제시하는 것은 지역사회 지도자, 재정 지원자, 그 밖의 관련자가 개입의 효과를 보다 용이하게 파악할 수 있도록 해 준다.

단기 목표는 정적인 것이 아니라 새로운 정보가 수집되거나, 자원에 변동이 생기거나, 실행 과정이 진행 인력에 따라 더 빨리 혹은 더 느리게 진행됨에 따라 수정되어야 한다.

> 📖 **목표 및 세부 목표의 사례**
>
> 목표 : 중학교에서 싸움으로 초래되는 퇴학을 줄임
> 세부 목표
> 1. 2000년, 학생의 사회 기술을 개발하고 갈등을 다루는데 적합한 비공격적인 반응을 학습시키기 위하여 중학교 1학년 학급에 25 강좌 프로그램을 제공함
>   - 누가 : 개입 전문가

- 무엇을 : 자기이해, 갈등 해결, 분노조절, 그리고 친사회적 활동과 같은 주제로 일 년 동안 한 주에 두 번 제공되는 한 시간짜리 세션 프로그램
- 얼마나(대상) : 중학교 1학년 학급 전체
- 언제 : 2000년도에
- 어디서 : ○○○ 학교

2. 2001년, 청소년 간 행동 문제 및 논쟁을 중재하는 학교 전체 프로그램을 실행함
  - 누가 : 교사 및 또래 중재자
  - 무엇을 : 주간 중재 클리닉
  - 얼마나(대상) : 중학교 1~3학년 학생 전체
  - 언제 : 2001년도에
  - 어디서 : ○○○ 학교

3. 2002년, 한 달에 다섯 번에서 한 달에 두 번으로 중학교 3학년 학생 간 싸움 횟수 감소시키기
  - 누가 : 중학생
  - 무엇을 : 신체적인 공격 사건
  - 얼마나(대상) : 60%까지 감소
  - 언제 : 2002년도에
  - 어디서 : ○○○ 학교

4. 2004년, 학교에서의 싸움 혹은 다른 파괴적 행동으로 퇴학되는 중학생(1~3학년)의 수를 반으로 감소시키기
  - 누가 : 중학생
  - 무엇을 : 학교에서의 싸움과 관련된 퇴학
  - 얼마나(대상) : 평균 한 달에 두 명에서 한 달에 한 명으로 감소
  - 언제 : 2004년도에
  - 어디서 : ○○○ 학교

(5) 적합한 개입방법 선택

여러 가지 개입 유형 중에서 적합한 것을 선택하기 위하여, 지역사회 특징 및 대상으로 할 학생의 특징에 대하여 검토하는 것으로 시작한다. 또한, 대상 학생에 대한 기존의 연구 자료를 기반으로 사용할 개입방법에 가장 적합한 셋팅을 찾는다. 그리고 목표 및 단기 목표를 고려한다. 선택된 개입방법은 이런 모든 요소에 가장 잘 들어맞는 것이어야 하며, 가지고 있는 자원에도 적합해야 한다.

- **다중 개입방법 선택** : 한 가지 방법에 의한 개입보다 여러 가지 유형을 포함한 다중 개입이 보다 효과적일 수 있다. 예를 들어, 10대에게 갱단 가입을 피하도록 멘토링하는 프로그램은 대안적인 방과 후 활동을 제공하는 개입에 의해 보완될 수 있다. 학생을 위한 비폭력적인 갈등 해결 교육은 가정에서 비폭력을 장려하는 방법을 가족에게 가르치는 개입에 의해 보완될 수 있다. 개입을 선택할 때에는 자원, 지역사회 지원, 그리고 경험의 수준을 주의 깊게 고려한다.

(6) 개입을 위한 자원 배치

청소년에 의한 폭력을 예방하기 위한 개입을 실행하는 것은 많은 자원을 필요로 한다. 기금 및 다른 재료 등의 자원은 개입 실행에 있어 매우 중요하다. 하지만, 이것이 성공을 보장하는 것은 아니다. 이와 더불어, 시간, 노력, 그리고 지역사회의 다른 구성원의 지원 등이 필요하다.

① **공공 출처** : 정부 그리고 지방 자치 단체 등으로부터의 공공 기금이 해당된다. 정부 에이전시는 일반적으로 대중에게 어떻게 돈을 사용하였는지를 설명하여야 하기 때문에 많은 제어를 하게 된다. 하지만, 이러한 에이전시는 사적인 단체에 비해 많은 기금을 제공하며 프로젝트를 실행하는 것도 더 쉽다.

② **민간 출처** : 민간 자금은 조합 및 다른 사업체, 자원봉사 조직, 재단, 기부기관, 교회, 그리고 다른 지역 설립기관으로부터 조성된다. 민간 조직은 자신들이 기금을 제공하는 개입의 유형에 있어 공공 에이전시보다 훨씬 융통성이 있으며, 개입 과정에 직접 관여하는 수준이 더 낮다. 이러한 조직은 또한 시설, 장비, 그리고 자원봉사자 등을 제공하기도 한다.

(7) 지역사회와 연계

개입을 계획할 때 지역사회를 참여시키는 것은 여러모로 유익할 수 있다. 지역사회 구성원이 개입의 계획 및 실행에 도움을 요청받고 이에 임하게 된다면, 개입이 성공하기를 바랄 것이고 기꺼이 노력과 필요한 자원을 투자할 것이다. 결국, 지역사회 구성원을 참여시키는 것은 자원과 개입 절차를 실행할 자원봉사자를 얻는 것을 용이하게 한다.

(8) 활동 및 자료 개발

개입을 위한 활동 및 자료를 개발할 때, 의도한 대상 집단의 특성(예 문화 등)을 고려하도록 한다. 이러한 특성을 고려함으로써 내용, 출처, 그리고 활동 및 메시지의 유형이 만들어질 수 있다.

• **사전 검사 자료 및 활동** : 개입을 실행하기 전에, 의도된 대상 집단에서 몇 명에게 임의로 활동 및 자료를 테스트해 본다. 이것을 통해 자료 및 활동이 바람직한 결과를 얻을 것인지를 살펴볼 수 있다. 또한, 부작용이 있는지도 함께 살펴볼 수 있다.

(9) 개입 실행 스태프 고용

개입방법이 개발되면, 그것을 실행할 스태프가 필요하다. 스태프의 구성은 여러 가지 요소에 의해 좌우된다. 먼저, 수행될 활동에 대해 고려한다. 어떤 개입은 특수한 기술이나 교육 수준이 있는 스태프가 필요하다. 예를 들어, 가정 방문을 해야 할 경우에는 등록된 간호사 혹은 면허가 있는 사회복지사가 필요하다. 그리고 의도된 대상 학생의 요구 및 선호를 고려할 필요가 있다. 예를 들어, 어린 남자아이의 경우 동일한 인종의 남자 멘토를 선호한다면 개입에도 동일한 조건을 활용할 수 있다.

다른 중요한 고려 사항은 개입 실행에 활용 가능한 자원이다. 개입에 자금 지원이 잘 된다면, 여러 명의 임금을 받는 스태프를 고용할 수 있을 것이다. 하지만, 자원이 제한되어 있다면, 자원봉사자를 구해야 할 것이다.

또한 스태프가 개입 실행에 얼마나 많은 시간을 소요할지도 생각하여야 한다. 가정 방문이 관련된 개입은 하루에 여러 곳의 집을 방문할 수 있는 풀타임 스태프를 필요로 할 것이다. 하지만, 지역사회 센터의 학부모 반에 관련된 개입이라면 한 주에 며칠 저녁 시간을 가르칠 수 있는 파트타임 스태프로 충분하다.

(10) 개입 실행 스태프 훈련

개입의 내용이나 누가 스태프로 일하게 되었는지와는 별도로, 개입 실행과 관련된 사람은 반드시 훈련을 받아야 한다. 이 훈련에서는 스태프들에게 문제에 대한 정보를 주고 개입 실행을 어떻게 진행하는지를 교육한다.

- **훈련 내용 및 스케줄** : 훈련 내용은 이미 계획된 개입 활동 및 자료에 따르지만, 다음에서 언급되는 요소가 모든 스태프 및 모든 개입 상황에서 적용되어야 한다.

> ① 커뮤니케이션 기술 : 스태프가 언어적, 비언어적으로 커뮤니케이션하는 방법이 개입의 성공 여부에 영향을 줄 수 있다. 스태프가 개입 대상의 상황에 대한 존중을 표시하는 방식으로 커뮤니케이션할 수 있도록, 그리고 스태프가 결코 잘난 체하거나 판단하지 말도록 훈련시킨다. 스태프는 개입 대상이 개입 활동을 수행하는 데 있어서 자신감을 줄 수 있는 존재이어야 한다.
> ② 팀 구축 : 훈련의 경험에 있어 스태프들 간 동지애를 증진시키는 것은 매우 중요하다. 훈련에 팀 구축 활동을 포함시키는 것은 스태프들 간 응집력을 높여 그들이 개입 실행에서 더 나은 수행을 할 수 있도록 한다.
> ③ 개입 내용 : 모든 스태프는 문제의 영역에 친숙하고 개입이 그 문제를 어떻게 다룰 수 있는지에 대하여서도 잘 이해하고 있어야 한다. 개입 활동, 활동의 목표, 그리고 목표를 달성하는 데 있을 수 있는 문제점을 극복하는 방법에 대한 포괄적인 개관을 제공한다.
> ④ 훈련 매뉴얼 : 스태프가 훈련을 마친 뒤에 참고할 수 있는 훈련 매뉴얼을 만든다. 매뉴얼에는 훈련에서 논의한 정보에 대한 요약 및 개요, 그리고 스태프가 배운 기술을 실습해 볼 수 있도록 고안된 연습 문제 등과 같은 것을 포함한다. 그리고 개입의 절차 및 운영, 기록 보관 및 데이터 수집을 위해 필요한 양식들, 질문 혹은 개입 실행 시 문제가 있을 때 연락할 사람들의 이름 및 연락처를 포함한다.
> ⑤ 기술 실습 : 훈련생들이 개입에서 진행할 역할을 실습해봄으로써 새로운 기술을 익힐 수 있도록 하는 시간도 포함한다. 그리고 그 수행에 대한 피드백을 주고 피드백을 따를 수 있도록 독려한다. 이 밖에 훈련생 스스로가 자신의 수행에 대하여 평가할 수 있는 기회를 준다.
> ⑥ 추가 훈련 : 개입이 실행되는 동안의 추가 훈련 세션에 대해 계획한다. 이 세션은 개입이 실행되는 동안 발생할 수 있는 문제를 다룰 수 있으며 스태프가 더 나은 수행을 할 수 있도록 하는 추가적인 기술 구축 활동 시간을 제공할 수 있다. 또한, 이러한 세션을 통해 스태프 간 진행에 가속도가 붙을 수 있다.

(11) 개입 실행

개입 실행을 위한 자료 및 활동이 이미 준비되었고, 스태프도 훈련을 마친 상태이다. 개입의 실행은 지속 기간, 빈도, 집중도 등에 따라 매우 다양하게 이루어질 수 있다. 개입 실행 과정에서 중요한 것은 스태프를 감독 및 지원하고, 지역사회가 개입 실행에 관심을 가질 수 있도록 하는 것이다.

(12) 개입 모니터링

개입의 전체 단계에서 실행 과정을 모니터링하는 것이 중요하다. 개입 모니터링에서는 계획에 따라 활동이 이루어지는지 여부를 살펴본다. 또한, 예기치 않은 문제 혹은 방해물이 나타나는지도 살펴보아야 한다. 개입을 모니터링하는 방법은 다양하지만, 최소한 개입 모니터링에는 다음 사항이 포함되어야 한다.

① **목표가 달성되고 있는지를 판단할 수 있는 중요한 변인의 측정** : 예를 들어, 목표 중 하나가 학생의 갈등 해결 기술을 향상하기 위한 학교 전체 프로그램을 실행하는 것이라면, 한 학기에 얼마나 여러 번의 기술 구축 활동이 수행되었는지와 같은 변인이 측정되어야 한다. 그리고 그런 활동에 대한 학생의 출석률도 측정되어야 한다.

② **개입 스태프에 의한 평가** : 이 평가 정보는 스태프 훈련이 실제 실행에 얼마나 도움이 되는지, 대상 학생이 스태프와 개입 활동에 편안함을 느끼는지 등에 대하여 알려준다.

③ **대상 학생으로부터의 피드백** : 대상 학생이 특정 활동에 흥미를 느꼈는지 그리고 제시된 자료를 얼마나 잘 이해했는지 등을 알 수 있다.

모니터링 데이터 검토를 통하여 목표했던 결과를 얻지 못하는 활동이 발견되면 그 부분을 변경할 수 있다. 스태프가 활동을 실행하는 데 있어 어려움이 있다고 보고한다면, 부가적인 훈련을 제공할 수 있다. 개입 활동 중 어떤 부분에서 계획보다 못 미치는 빈도로 실행이 되거나 대상 학생이 기대에 못 미치는 수행을 보인다면, 목표를 재고할 필요가 있다. 그리고 변경하게 된 것은 모두 스태프 및 관계자와 공유하여야 한다.

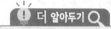
더 알아두기

> 개입 모니터링은 형성평가의 개념과 연결지어 생각할 수 있다.

(13) 개입 평가

개입 절차의 마지막에 계획한 목표 및 세부 목표가 어느 정도 달성되었는지를 알아보기 위한 마지막(혹은 총괄) 평가가 진행되어야 한다. 개입을 통해 대상 학생이 얼마나 변화했는지 그리고 당초에 계획했던 결과가 달성되었는지가 평가된다. 또한, 개입 프로그램을 통해 얻은 이익(물리적인 것이 아니어도)과 프로그램의 비용 간 비교도 필요하다. 이 밖에 개입 실행의 장기적 효과를 평가하기 위한 추적연구에 대한 계획 또한 필요하다.

많은 경우 자원이 한정되어 있어 평가 단계를 건너뛰려고 할지도 모른다. 하지만, 평가는 매우 중요한 단계이다. 평가를 통해 자금 지원자, 지역사회 지도자, 그리고 개입 스태프에게 개입 실행이 성공하였는지에 관하여 설명할 수 있는 근거가 제공된다. 그리고 개입이 기대에 못 미친 결과를 가져왔다면, 평가를 통하여 무엇이 잘못되었고 어떤 부분이 변경되어야 하는지를 식별할 수 있다.

(14) 요약

개입의 계획, 실행, 그리고 평가와 관련된 일련의 짜여진 과정은 시간 소모적이고, 노동 집약적이며, 과중한 업무처럼 보일 수 있다. 하지만 이렇게 체계적인 과정을 따르면, 개입 성공의 가능성을 높일 수 있고 다른 사람이 앞선 체계를 따라 개입 실행을 반복할 수 있게 될 것이다.

📖 **강박장애(Obsessive Compulsive Disorder, OCD)를 가진 학생의 사례를 통한 학교 개입 절차**

① 존재하는 문제의 식별

OCD가 있는 학생을 식별하기 위하여 주의를 기울여야 할 사항으로 교육 전문가들은 다음 상황을 지목한다.

- 이전에는 학교 수행을 매우 잘 하고, 대인간 상황에서도 정상적으로 행동하던 학생이 어려움을 보이기 시작한다.
- 정상 지능의 학생이 또래 학생은 불편 없이 완료한 평이한 수준의 과제를 지나치게 어려워하기 시작한다.
- 학생이 과도하게 피곤해 하며 계속하여 지각을 하거나 과제를 해오지 않는다.
- 출석률이 좋았던 학생이 학교를 피하기 시작한다.
- 학생이 산만하거나 혹은 학급에 흥미가 없는 것으로 보인다. 교사가 주의를 주어도 이 행동이 계속된다.
- 학생이 학급에서 집중하는 데 문제를 보이기 시작하고, 교사 혹은 학급 발표에 주의를 기울이지 않으며, 학급 과제 혹은 시험에 집중하지 않거나, 학급에서 깨어 있지 못할 만큼 너무 피곤해한다.
- 학생이 화장실에 가도 되는지를 자주 물어보기 시작한다.
  - 학생이 자신이 수업을 이해한 것이 맞는지, 과제를 맞게 했는지, 혹은 시험 성적이 좋았는지를 계속해서 물어보기 시작한다.
  - 학생이 교사에게 같은 질문을 반복하거나 계속해서 말을 걸기 시작한다.

    이것은 문제가 있음을 알려주는 만성적인 증상을 나타내는 학생들의 사례이다. 먼저, 문제가 있음을 나타내는 학생의 행동에서의 변화를 알아차림으로써 교사 및 다른 학교 교직원은 해당 학생을 어떻게 도울지에 대한 틀을 구상할 수 있다. 학생이 ODC의 증상과 일치하는 행동을 보인다면, 이에 적합한 개입 절차가 진행되게 된다.

② 정보 수집 및 학교 개입을 위한 사례 개발

학교심리학자는 학생의 문제의 특징을 평가하고 학교에서 증상을 관리함으로써 학생을 도울 수 있는 계획을 개발해야 한다. 교사는 학생에서 나타날 수 있는 OCD의 증상을 아마도 가장 먼저 관찰하게 될 사람으로, 그 증상이 나타났을 때, 학생을 돕기 위한 사례를 구축하기 위하여 문제 행동을 기록해 두는 것이 중요하다. 급우들 혹은 다른 학교 스태프 역시 비정상적인 행동을 알아차릴 가능성이 있는데, 이것 역시 잘 기록해 두는 것이 중요하다. 기록은 관찰된 행동 유형에 대하여 세부적으로 기재되어야 하며, 관찰에 대하여 객관성을 유지하는 것 또한 중요하다. 예를 들어, "그 학생이 학급을 (걸어 다니면서) 방해하고 있는 중이다."라는 표현보다는 "그 학생이 자신의 책상 주위를 걷고 있는 중이다."라고 기재하는 것이 맞다. 해당 학생이 무엇을 하고 있지 않느냐보다는 무엇을 하고 있는지를 기록하는 것 또한 중요하다(예 "그 학생이 연습 문제를 풀지 않고 있다."보다는 "그 학생이 연습 문제를 풀고 지우고, 또 지우고 하고 있다.").

문제 행동이 나타나는 시간과 상황 혹은 배경에 대하여 구체적이어야 하며, 문제 행동 직전(선행요인) 혹은 직후(결과)에 어떤 사건이 있었는지가 또한 기록이 되어야 한다. 이러한 정보는 그 행동을 유발하는 인자(예 교사가 학생에게 바닥에 앉으라고 할 때마다, 그 학생은 울음을 터뜨린다) 혹은 그에 수반되는 결과(예 그 학생이 울 때마다, 교사는 바닥에 앉지 않은 것에 대하여 말로 질책한다)에 대한 잠재적인 패턴을 알아내는 데 유용할 수 있다. 그리고, 문제 행동이 또래, 학급의 다른 사람, 혹은 학급 분위기에 미치는 사회적인 영향도 기록이 되어야 한다(예 교사가 지시를 반복할 때, 또래들은 웃고 있다). 끝으로, 그 학생에게 시도되었던 조정 혹은 중재에 대하여서도 기록이 되어야 한다.

교사가 OCD 증상과 일치하는 행동을 관찰하였다면, 부가적인 정보를 수집하는 것이 중요해진다. 이제 전략의 첫 번째로 학부모와 접촉하는 것이 중요하다. 학부모 혹은 다른 가족 구성원은 학교에서의 기능에 영향을 주었을 수 있는 그 학생의 행동에 대한 자산들의 생각 그리고 그 학생의 생활 속 변화 사항에 대한 중요한 정보를 제공할 수 있다.

③ 학부모와의 커뮤니케이션

학부모와 이야기할 때에 학교교직원은 해당 학생과 관련된 특정 정신건강의 진단명을 말하지 말고, 관찰한 행동을 설명하고 집에서 하는 행동과 학교에서 하는 행동을 잘 비교해 보는 것이 바람직하다. 하지만, 학교심리학자나 상담심리학자 등 정신건강 전문가로 자격을 인정받은 경우에는 실제 진단이 가능하다.

④ 학교 전문가 간 협력

교사(=문제의 첫 발견자로 의뢰인일 가능성이 가장 많으므로)는 자신이 우려하는 바를 학교심리학자, 사회복지사, 상담자, 양호교사, 혹은 다른 적합한 학교 전문가와 논의하는 것이 유익하다. 오늘날 학교는 다양한 분야의 전문가 집단을 두고 있으며, 이 전문가 집단은 학생의 행동을 평가하는 데 있어 효율적인 협력자로서 기능할 수 있다. 교사가 자신의 관찰과 우려를 한 명 이상의 이러한 전문 인력과 공유하는 것은 매우 유용할 수 있는데, 이들도 교실 혹은 다른 사회적 배경(학교 식당, 휴식 시간, 체육 시간 혹은 다른 활동 시간 등)에서 추가적인 관찰을 함으로써 교사의 관찰을 입증할 수 있기 때문이다. 이러한 전문가들은 또한 학부모, 학생과 함께 하는 학교 스태프에게 묻거나, 혹은 질문지, 체크리스트, 평점 척도 등을 채우도록 다른 학생에게 요청하여 부가적인 정보를 모을 수 있다. 협력한 학교교직원도 해당 학생이 문제가 있다는 데 동의하고, 서로 간 관찰 사항이 문서화되고 통합되었을 때, 학생의 학부모에게 관찰에 대하여 설명하는 것이 훨씬 효과적일 수 있다.

학생과 상호작용하는 학교교직원은 또한 학생의 장점을 식별하는 데 도움을 줄 수 있다. 특정 영역에 대한 학생의 능력과 같은 장점(예 창의력, 언어 능력, 예술적 능력, 체육 능력 등)에 초점을 두는 것은 OCD는 그 학생의 전체가 아닌 일부분에 불과하다는 것을 인식하게 하여 학생이 가진 능력을 강화하는 데 도움을 줄 수 있다. 학생의 장점을 강조하는 것은 OCD와 관련하여 낮아진 학생의 자존감에 도움을 줄 뿐만 아니라 그 학생이 보다 긍정적인 관점을 유지할 수 있도록 하는 데도 도움을 준다.

⑤ 평가

OCD와 관련된 지속적인 문제를 가진 학생의 경우, (학교 내부에는 진단 전문가가 없기 마련이므로) 외부의 의사 혹은 정신건강 치료자에게 위탁하여 진단을 받도록 하는 것이 최선의 방법이 될 수 있다. 이 경우, 학교에서 정확한 의사 혹은 치료자의 정보를 학부모에게 제공하는 것이 매우 중요하다.

⑥ OCD가 있는 학생을 위한 다음 단계

일단 학생이 OCD로 (전문가에 의하여) 진단 받으면 교사 및 다른 학교교직원은 학교 내에서 학생이 기능하는데 도움을 줄 수 있는 계획을 세우기 시작하여야 한다. OCD라는 공식적인 진단이 없었지만 만성적이고 심각한 학교 관련 문제를 겪고 있는 학생의 경우에도 역시 조치를 취할 필요가 있다.

3 학교상담 및 학교상담의 주요 영역

(1) 학교상담

원래 학교상담이 학교심리학자의 전문 영역에서 주된 분야였다고 할 수는 없다. 하지만, 많은 학교심리학자는 상담 활동으로 관심사를 넓혀왔으며, 자신들의 전문 역할 및 기능에 상담 활동을 편입시켰다. 학교심리학자에게 상담은 아동 및 청소년의 사회, 정서, 그리고 행동적 웰빙을 증진시키도록 고안된 개입의 한 종류로 볼 수 있다. 개인 및 집단 상담 세션은 이러한 기능을 나타내는 가장 직접적인 기술이기는 하나 이것이 학교심리학자의 상담자로서의 역할의 전부는 아니다. 상담은 학교심리학자의 어떤 다른 역할(예 평가, 자문 등)보다도 개입의 성격이 강한 역할로 보인다.

상담, 심리(정신) 요법, 치료는 '개입'을 설명하기 위해 문헌에서 주로 사용되는 용어로 이 용어들에 대한 적합한 용법에는 다소 혼란이 있다. 사실 이 용어들이 교대로 사용되기 때문에 이러한 혼란은 더 가중되고 있다. 상담은 짧고, 집중적이고 조언에 가까운 경향이 있으나, 심리요법 혹은 치료는 종종 좀 더 만성적이거나 심각한 문제에 대한 처치로 정의된다. 학교심리학에서는 이런 용어 구분이 별로 유용하지 않기 때문에 여기서 상담이란 위에서 언급한 것처럼 "아동 및 청소년의 사회, 정서, 행동 기능을 향상시키기 위하여 학교심리학자(그리고 다른 정신건강 전문가들)에 의하여 사용되는 개입"이라고 정의한다.

상담 서비스는 구체적이고 측정 가능한 목표 및 세부 목표를 충족하기 위하여 고안된다. 임상심리학자, 임상 사회복지사, 그리고 상담심리학자 역시 이러한 역할을 수행하여 왔고 따라서 학교심리학자의 역할 및 기능과 겹치는 부분이 생긴다. 이러한 전문가들과 학교심리학자가 차별화되는 점은 학교라는 배경과 학생의 종합 교육적 목표를 지향한다는 점이라고 할 수 있다. 또한, 어떤 학교에서는 학교심리학자가 학생의 개별화된 교육 프로그램(Individualized Education Program, IEP)의 일부로써 상담을 실행할 책임을 가지는 경우도 있다. 특수교육의 일환으로 IEP를 받는 학생에게 상담은 IEP를 지원하는 관련 서비스로 제공되는 경우가 있다.

상담가로서의 학교심리학자는 상담 목표를 달성하기 위하여 다양한 범주의 기법, 방법론, 그리고 활동을 활용한다. 여기에는 개인 및 집단 치료, 상담을 위한 요구를 결정하고 상담 과정을 모니터링하기 위한 평가, 학부모, 교사, 그리고 다른 전문가와의 자문, 위기 예방 및 개입, 그리고 사회 기술 훈련 등이 포함될 수 있다.

(2) 학교심리학자의 학교상담의 역사

앞 챕터에서도 설명한 것처럼 아동 교육 운동이 한창이던 1900년대 초에 학교심리학이 탄생되었으며, 스스로를 학교심리학자로 칭했던 사람들은 일차적으로 학생의 학습문제 평가 및 지적 장애를 평가하는 데 참여하고 있었다. 하지만, 이러한 초기 학교심리학자들은 학교심리학자로서의 훈련을 받지 않았었다. 시간이 흘러, 학교심리학자의 역할 및 기능이 확대되면서, 훈련 기준이 개발되었고, 학교심리학은 보다 명확하게 정의된 전문 분야로서 성숙할 수 있었다.

1930년 자신의 책에서 게르트루드 힐드레스(Gertrude Hildreth)는 학교에서 나타나는 문제를 다루기 위하여 심리학이라는 과학을 응용할 것을 강조하였다. 이 책에서는 학교 상황에서의 상담의 필요성이 지나가는 말로만 언급되고 있다.

1950년대에 학교심리학자의 상담 역할은 보다 주목을 받았으며, "상담" 그리고 "치료"라는 단어들이 점차 문헌에 등장하기 시작하였다. 1955년 발간된 APA 회의 보고서에서 상담은 학교심리학자 역할의 한 부분으로 구분되었다. 하지만, 이때까지도 많은 학교심리학자는 많은 노력을 평가에 투자하였으며 상담 개입은 다른 에이전시로 위탁하는 방식을 취하였다.

상담가로서 학교심리학자의 역할은 1960년대 말부터 1970년대 초에 두드러지기 시작하였다. 이 당시 학교심리학자의 훈련 프로그램에 (모든 주는 아니지만) 상담 훈련이 포함되기 시작하였다.

오늘날 학교심리학자가 제공하는 상담 서비스는 크게 두 가지 트렌드를 따르는데, 하나는 증거 기반 실무(Evidence-based Practice)에 대한 강조이고 다른 하나는 RtI 모형에 상담 서비스를 통합하는 것이다. 사실 학교심리학자의 상담 역할은 눈에 보이는 효과가 나타나는 서비스를 제공하는 것이 상당히 어렵고 최선의 상담 서비스를 제공하기 위하여 학생의 요구에 적합한 집중 수준의 단계화된 상담을 제공하는 것이 필수적일 수 있다.

> **더 알아두기**
>
> 증거 기반 실무는 내담자 각각에게 행할 심리 치료를 정하는 의사결정 과정에서 연구를 통해 근거가 확보된 심리 치료를, 임상적으로 숙련된 치료자가 환자의 필요, 가치와 선호 등의 맥락을 고려하여 내담자에게 적용하는 것을 말한다(APA, 2006).

(3) 학교상담의 영역

Maher와 Springer(1989)에 의하면 학교상담과 다른 상담의 차별화된 점은 다음과 같다.

먼저 학교상담은 심리적인 문제처럼 전문적인 조력이 필요한 경우 이외에 학습문제, 진로문제처럼 교육적인 조력이 필요한 경우 전문가보다 교과 담당 혹은 담임교사가 상담을 진행하는 것이 더 효과적일 수 있다. 둘째, 학교상담의 대상은 모든 학생이다. 즉, 문제행동 혹은 부적응 행동을 일삼는 학생만이 대상이 아닌 모든 학생을 위한 조력활동이다. 셋째, 학교상담의 초점은 사후 치료보다는 사전에 부적응을 예방하는 활동을 중심으로 하여 이루어질 필요가 있으며 궁극 목적은 학생의 성장이다. 넷째, 학교상담은 학습, 진학이나 진로 결정, 대인관계, 성격, 비행, 이성관계 등과 같이 학교현장과 관련된 구체적인 문제들을 다루게 된다. 다섯째, 학교상담은 개인상담뿐만 아니라 집단상담을 적극적으로 활용하며, 때로 집단상담이 더 효율적일 수 있다. 여섯째, 학교상담은 학부모나 지역사회와의 협력을 필요로 한다. 일곱째, 학교상담은 전문적인 활동으로 인식되어야 하며, 따라서 교사가 학생을 효과적으로 돕기 위해서는 관련 지식과 방법을 체계적으로 습득하고 있어야 한다.

① 학습문제 상담

한국교육개발원 연구보고서(1994)에 의하면 고등학생들의 가장 큰 관심은 학업문제이고 그 다음은 진로 및 직업 선택에 관한 문제로 나타났다. 고등학생들의 주된 정서 중에서 서운함, 절망, 좌절을 유발하는 원인으로 54.5%가 학업문제 때문이라고 응답했다. 고등학생들이 가장 원하는 것에 대한 조사 결과도 87%가 열심히 공부하여 성적을 올리고 싶다고 나타났으며, 실력은 안 되지만 꼭 대학에 들어가고 싶다는 학생이 54.1%, 공부에 대한 압박에 시달린다는 학생과 노력에 비해 성적이 오르지 않는다고 응답한 학생들도 각각 30%를 넘는다는 결과를 보아도 학업문제가 가장 큰 비중을 차지하고 있음을 알 수 있다.

② 성격문제 상담

성격이란 개인이 자신의 행동이나 내적, 외적요구에 적응해 나가는 데 있어 일관성 있는 경향이라고 할 수 있다. 그러므로 인간이 환경에 적응하는가 실패하는가 하는 문제는 그의 성격과 깊은 관계가 있다. 교육의 궁극적 목표가 바람직한 인간 형성에 있으므로 학교에서 건전한 성격 형성을 위한 지도자가 필요하다.

③ 문제행동 상담

문제행동이란 동일한 상황 속에서 대다수의 사람이 보여 주는 행동 경향과 다를 뿐 아니라 소속된 사회에서 수용하지 못하고 개인이나 사회에 나쁜 영향을 주거나 개인에게 주관적 고통을 주는 행동을 할 수 있다.

④ 진로문제 상담

현대사회는 부단히 변화되고, 직업도 급격하게 전문화, 세분화되어 가고 있기 때문에 한 사람이 한 직업에 종사하는 시대는 지났다. 따라서 진로상담 교사와 상담자는 내담자의 진로 발달을 촉진시킴과 동시에 내담자가 자신의 진로를 계획하고 준비하여 올바른 직업을 선택할 수 있도록 의사결정을 도와주고 또한 선택한 직업에 효과적으로 적응하여 자아실현을 이룰 수 있도록 도와야 한다.

⑤ 인간관계 상담

청소년기에 중요한 인간관계의 영역으로는 이성과의 관계, 친구와의 관계, 교사와의 관계, 가족과의 관계이다. 상담은 스스로 대인 기술 및 인간관계 개선을 위한 방법을 강구할 수 있도록 도와주는 것이다.

4 심리학 상담이론

(1) 정신분석상담

① 의의 및 특징

㉠ 인간심리에 대한 구조적 가정 및 여러 가지 형태의 부적응 행동에 대한 역동적 이해 등의 이론적 배경에 기초를 둔다.

ⓒ 인생의 초기 경험을 중시하며, 무의식 혹은 심층에 숨어 있는 문제의 원인을 분석하여 의식의 세계로 노출시킴으로써 자아의 기능을 강화한다.

ⓒ 건전한 성격이란 '자아(Ego)'가 '초자아(Superego)'와 '원초아(Id)'의 기능을 조정할 능력이 있어서 적절한 심적 균형을 유지하는 것을 말한다.

ⓔ 무의식적 자료에 접근하기 위해 환자들의 관념이나 느낌, 환상 등을 우선 거리낌 없이 자유롭게 표현하도록 하는 방법을 사용한다.

ⓜ 최근의 정신역동(Psychodynamic)은 정신분석(Psychoanalysis)보다 넓은 의미를 포함하나 프로이트(Freud)의 정신분석이론의 주요 개념에 근거하므로 사실상 정신분석과 같은 개념으로 이해하는 것이 일반적이다. 다만, 정신역동이 여기-지금(Here & Now)의 치료적 관계에서 환자의 의식과 잠재의식에 초점을 두는 반면, 정신분석은 환자의 무의식과 과거 경험에 주목하여 치료적 관계를 통한 과거의 재경험 및 재구성 과정에 초점을 둔다는 점에서 차이가 있다.

② 과정
  ㉠ 제1단계 : 초기 단계
    • 우선적으로 내담자의 문제를 해결하는 데 있어서 정신분석적 방법의 적합성 여부를 판단한다.
    • 상담자는 내담자와 신뢰관계를 형성하며, 자유연상과 꿈의 분석을 통해 내담자의 심리적인 문제를 드러낸다.
    • 상담자가 내담자에게 수용의 자세를 보임으로써 상담자와 내담자 간에 치료동맹이 맺어지며, 그 과정에서 내담자의 전이에 대한 욕구가 촉진된다.
  ㉡ 제2단계 : 전이 단계
    • 내담자는 유아기 때 중요한 대상에게 가졌던 감정을 상담자와의 관계에서 반복하려고 한다.
    • 상담자는 내담자의 전이 욕구에 대해 중립적인 자세로 해석을 수행함으로써 내담자의 욕구를 좌절시킨다.
    • 상담자의 역전이에 대한 분석 및 해결도 병행되어야 한다.
  ㉢ 제3단계 : 통찰 단계
    • 내담자는 자신의 부정적인 감정이 애정과 의존 욕구의 좌절에서 비롯된 것임을 깨닫게 된다.
    • 내담자는 상담자에게 자신의 욕구가 좌절된 것에 대한 반감을 표시할 수도 있다.
    • 상담자는 내담자의 그와 같은 욕구를 다루게 됨으로써 그로 인해 야기된 감정을 보다 쉽게 다룰 수 있다.
  ㉣ 제4단계 : 훈습 단계
    • 전이에 대한 통찰을 토대로 내담자로 하여금 자신의 행동과 태도를 변경하도록 유도하는 과정이다.
    • 상담자는 내담자가 통찰한 것을 실제 생활로 옮기도록 돕는다.
    • 훈습에 의해 내담자의 변화된 행동이 안정 수준에 이르게 되면 종결을 준비한다.

③ 방어기제의 특징
  ㉠ 무의식의 욕구나 충동으로부터 자아를 보호하기 위한 무의식적 사고 및 행동이다.
  ㉡ 대부분 병적인 것이 아닌 정상적인 것이지만, 현실적인 삶으로부터 도피하기 위한 수단이 될 수도 있다.

ⓒ 한 번에 한 가지 이상 사용되기도 하며, 방어의 수준은 개인의 발달 및 불안 정도에 따라 다르게 나타난다.

ⓔ 상담 과정에서 방어기제는 내담자가 불안을 피하기 위해 채택하는 반응 양식을 말한다.

ⓜ 내담자는 문제 상황에 직면하는 경우 습관적으로 방어기제를 사용하기도 한다.

ⓗ 방어기제를 여러 번 사용할 경우 심리적인 문제를 일으킬 수 있다.

ⓢ 상담자는 내담자로 하여금 자신의 방어기제를 통찰하도록 함으로써 자신의 불안에 직면하며, 대안적이고 적응적인 사고 및 행동 방식을 채택하도록 돕는다.

ⓞ 방어기제의 정상성 또는 병리성을 판단하는 기준으로서 방어기제 사용에 있어서의 균형, 방어의 강도, 사용된 방어의 연령 적절성, 방어의 철회가능성 등이 있다.

ⓩ 방어기제의 이론을 정립한 학자는 안나 프로이트(Anna Freud)이다.

④ **적응적인 방어기제**

㉠ 이타주의(Altruism)

다른 사람의 욕구충족을 헌신적으로 도우면서 그로부터 대리만족을 얻는다.

　例 동생이 남몰래 언니의 애인을 사랑하고 있을 때 오히려 언니의 애인과의 데이트를 도우면서 옷과 액세서리 등을 빌려주는 경우

㉡ 승화(Sublimation)

정서적 긴장이나 원시적 에너지의 투입을 사회적으로 인정될 수 있는 행동방식으로 표출하는 것이다.

　例 예술가가 자신의 성적 욕망을 예술로 승화하는 경우

㉢ 유머(Humor)

상황에 내재된 유쾌한 측면에 초점을 두어 부정적인 생각이나 감정 대신 즐거운 웃음을 주기 위해 행동한다.

　例 적군과의 전투를 앞둔 상황에서 어린 시절 즐겨듣던 흥겨운 노래를 흥얼거려 전우들의 긴장감을 감소시키는 경우

㉣ 억제(Suppression)

일종의 의식적인 거부로, 비생산적이고 감정소모적인 논란거리로부터 주의를 의도적으로 다른 곳으로 돌린다.

　例 평소 사업자금을 달라고 조르던 아들이 아버지 회사의 부도위기 사실을 알게 되어 그와 같은 요구를 삼가는 경우

⑤ **부적응적인 방어기제**

㉠ 억압(Repression)

죄의식이나 괴로운 경험, 수치스러운 생각을 의식에서 무의식으로 밀어내는 것으로서 선택적인 망각을 의미한다.

　例 부모의 학대에 대한 분노심을 억압하여 부모에 대한 이야기를 무의식적으로 꺼리는 경우

㉡ 부인 또는 부정(Denial)

의식화되는 경우 감당하기 어려운 고통이나 욕구를 무의식적으로 부정하는 것이다.

　例 자신의 애인이 교통사고로 사망했음에도 불구하고 그의 죽음을 인정하지 않은 채 여행을 떠난 것이라고 주장하는 경우

ⓒ 합리화(Rationalization)

현실에 더 이상 실망을 느끼지 않기 위해 또는 정당하지 못한 자신의 행동에 그럴듯한 이유를 붙이기 위해 자신의 말이나 행동에 대해 정당화하는 것이다.

예 여우가 먹음직스런 포도를 발견하였으나 먹을 수 없는 상황에 처해 "저 포도는 신 포도라서 안 먹는다."라고 말하는 경우

ⓐ 반동형성(Reaction Formation)

자신이 가지고 있는 무의식적 소망이나 충동을 본래의 의도와 달리 반대되는 방향으로 바꾸는 것이다.

예 미운 놈에게 떡 하나 더 준다.

ⓜ 투사(Projection)

사회적으로 인정받을 수 없는 자신의 행동과 생각을 마치 다른 사람의 것인 양 생각하고 남을 탓하는 것이다.

예 자기가 화가 난 것을 의식하지 못한 채 상대방이 자기에게 화를 낸다고 생각하는 경우

ⓗ 퇴행(Regression)

생의 초기에 성공적으로 사용했던 생각이나 감정, 행동에 의지하여 자기 자신의 불안이나 위협을 해소하려는 것이다.

예 대소변을 잘 가리던 아이가 동생이 태어난 후 밤에 오줌을 싸는 경우

ⓢ 전치 또는 치환(Displacement)

자신이 어떤 대상에 대해 느낀 감정을 보다 덜 위협적인 다른 대상에게 표출하는 것이다.

예 종로에서 뺨맞고 한강에서 눈 흘긴다.

ⓞ 주지화(Intellectualization)

위협적이거나 고통스러운 정서적 문제를 피하기 위해 또는 그것을 둔화시키기 위해 사고, 추론, 분석 등의 지적 능력을 사용하는 것이다.

예 죽음에 대한 불안감을 덜기 위해 죽음의 의미와 죽음 뒤의 세계에 대해 추상적으로 사고하는 경우

ⓩ 해리(Dissociation)

괴로움이나 갈등상태에 놓인 인격의 일부를 다른 부분과 분리하는 것이다.

예 지킬 박사와 하이드 씨

ⓧ 행동화(Acting-out)

무의식적 욕구나 충동이 즉각적으로 충족되지 않은 채 연기됨으로써 발생하는 내적 갈등을 피하기 위한 목적으로 욕구나 충동을 보다 직접적으로 표출하는 것이다.

예 남편의 구타를 예상한 아내가 먼저 남편을 자극하여 매를 맞는 경우

(2) 개인주의상담

① 의의 및 특징

㉠ 아들러(Adler)의 상담모델은 의료모델이 아닌 성장모델이다. 즉, 인간의 부적응 문제를 병리적인 것으로 여기지 않는다.

ⓛ 개인의 부적응 문제를 의료적 치료대상으로 여기기보다는 교육을 통해 바로잡아야 할 과제로 간주한다.

ⓒ 개인심리학을 토대로 인간의 다양한 문제를 해결하기 위한 실천적 노력에 관심을 기울인다.

ⓔ 내담자의 증상 제거보다는 열등감을 극복하고, 잘못된 생활양식을 수정하는 데 관심을 기울인다.

② **목표**

ⓞ 사회적 관심을 갖도록 돕는다.

ⓛ 패배감을 극복하고 열등감을 감소시킬 수 있도록 돕는다.

ⓒ 잘못된 가치와 목표를 수정하도록 돕는다.

ⓔ 잘못된 동기를 바꾸도록 돕는다.

ⓜ 타인과 동질감을 갖도록 돕는다.

ⓗ 사회의 구성원으로서 기여하도록 돕는다.

③ **과정**

ⓞ 제1단계 : 상담관계의 형성 및 치료목표 설정

상담관계를 형성하기 위해서는 우선 첫 면접에서 내담자가 상담에 대해 어떠한 기대를 가지고 있으며, 자신의 문제를 어떠한 방식으로 보고 있는지 살펴보아야 한다. 또한 그 동안 자신의 문제를 극복하기 위해 어떠한 노력을 펼쳐왔으며, 지금 상담을 받으러 오게 된 계기가 무엇인지 파악해야 한다.

ⓛ 제2단계 : 개인역동성의 탐색

상담자는 내담자의 생활양식과 가족환경, 개인적 신념과 부정적 감정, 자기 파괴적인 행동양상 등을 파악하여, 그것이 현재 생활의 문제에 있어서 어떻게 기능하는지 이해해야 한다. 이를 위해서는 내담자의 개인역동성에 대한 심층적인 탐색이 필요하며, 특히 가족구조, 출생순위, 꿈, 최초기억, 행동패턴 등에 주의를 기울여야 한다.

ⓒ 제3단계 : 해석을 통한 통찰

상담자는 내담자에 대한 지지와 격려를 지속적으로 보내는 한편, 해석과 직면을 통해 내담자로 하여금 자신의 생활양식을 자각하며, 자신의 외면적 행동을 통해 나타나는 내재적 원인에 대해 통찰할 수 있도록 해야 한다.

ⓔ 제4단계 : 재교육 혹은 재정향

재교육 또는 재정향은 통찰을 행동으로 전환시키는 것으로서, 내담자로 하여금 회피해 왔던 위험을 감수하는 것이 생각보다 나쁘지 않다는 사실을 발견하도록 하는 것이다. 상담자는 해석을 통해 획득된 내담자의 통찰이 실제 행동으로 전환될 수 있도록 다양한 능동적인 기술을 사용한다.

(3) 형태주의상담(게슈탈트상담)

① **의의 및 특징**

ⓞ 펄스(Perls)에 의해 개발·보급된 것으로서, 게슈탈트(Gestalt)상담이라고도 한다.

ⓛ 게슈탈트는 개체에 의해 지각된 유기체 욕구나 감정 즉, 개체가 자신의 욕구나 감정을 하나의 의미 있는 전체로 조직화하여 지각한 것을 의미한다.

ⓒ 현상학 및 실존주의의 영향을 받아 인간을 전체적이고 현재 중심적이며, 선택의 자유에 의해 잠재력을 각성할 수 있는 존재로 본다.

ⓔ 내담자로 하여금 '여기-지금'의 현실에서 자신이 무엇을 어떻게 보고 느끼는지, 무엇이 경험을 방해하는지 '자각 또는 각성(Awareness)'하도록 돕는다.

ⓜ 개인이 자신의 내부와 주변에서 일어나는 일들을 충분히 자각할 수 있다면, 자신이 당면하는 삶의 문제들을 스스로 효과적으로 다룰 수 있다고 가정한다.

ⓗ 내담자의 불안, 분노, 증오, 죄책감 등 표현되지 않은 느낌으로서의 미해결 과제를 처리하도록 하며, 이를 통해 성격을 통합하고 성장에 이를 수 있도록 돕는다.

> **더 알아두기**
>
> **게슈탈트(Gestalt)**
> - 게슈탈트란 전체, 형상, 형태, 모습 등의 뜻을 지닌 독일어로서, 게슈탈트 심리학자들에 의하면 개체는 대상을 지각할 때 그것들을 산만한 부분들의 집합이 아닌 하나의 의미 있는 전체, 즉 게슈탈트로 만들어 지각한다는 것이다.
> - 게슈탈트는 개체에 의해 지각된 유기체 욕구나 감정 즉, 개체가 자신의 욕구나 감정을 하나의 의미 있는 전체로 조직화하여 지각한 것을 의미한다. 개체는 자신의 욕구나 감정을 유의미한 행동으로 만들고 이를 실행하여 완결 짓기 위해 게슈탈트를 형성한다.
> - 개인은 자신의 모든 활동을 게슈탈트로 형성하여 조정하고 해결한다. 따라서 건강한 사람은 자신이 가진 게슈탈트 형성능력을 통해 자신에게 필요한 것을 스스로 자각하면서 문제를 해결해 나간다.
> - 만약 게슈탈트 형성 활동을 인위적·의도적으로 차단하고 방해하는 경우 게슈탈트 형성에 실패함으로써 신체적·심리적인 장애를 겪게 된다.

② **인간관**
ⓐ 인간은 완성을 추구하는 경향이 있다.
ⓑ 인간은 자신의 현재 욕구에 따라 게슈탈트를 완성한다.
ⓒ 인간의 행동은 그것을 구성하는 구성요소인 부분의 합보다 큰 전체이다.
ⓓ 인간의 행동은 행동이 일어난 상황과 관련하여 의미 있게 이해될 수 있다.
ⓔ 인간은 전경과 배경의 원리에 따라 세상을 경험한다.

③ **목적**
ⓐ 자각에 의한 성숙과 통합의 성취
- 내담자가 스스로 성숙·성장할 수 있도록 돕고, 이를 통해 통합(Integration)에 이르도록 하는 것을 기본적인 목표로 한다.
- 상담자는 내담자가 현재의 경험을 더욱 명료하게 하고 자각을 증진시킴으로써 '여기-지금'의 삶에 충실하도록 도와야 한다.
ⓑ 자신에 대한 책임감
- 자신의 경험에 대한 주체가 곧 '자기(Self)'라는 태도를 가질 것을 강조한다.
- 상담자는 외부환경에 의존하던 내담자로 하여금 책임의 방향을 내담자 자신에게 돌리도록 함으로써 자신의 행동의 결과를 수용하고 그에 대한 책임감을 가지도록 도와야 한다.

ⓒ 잠재력의 실현에 따른 변화와 성장
- 내담자의 잠재력을 어떻게 실현할 수 있는가에 초점을 둔다.
- 상담자는 내담자로 하여금 자신에 대한 각성과 함께 외부 지지에서 자기 지지로 전환하도록 함으로써 삶을 더욱 풍요롭게 하고 변화와 성장을 향해 나아가도록 도와야 한다.

(4) 행동주의상담

① 의의 및 특징
- ㉠ 비정상적·부적응적인 행동이 학습에 의해 획득·유지된다고 보며, 이를 수정하기 위해 학습의 원리를 적용하는 상담방법이다.
- ㉡ 기본적으로 내담자의 행동을 변화시키려는 목적에 의해 고안된 것으로서, 내담자로 하여금 문제행동을 소거하는 동시에 바람직한 행동을 학습하도록 돕는 과정이다.
- ㉢ 내담자의 문제행동 원인을 파악하기 위해 과거를 탐색하기보다는 문제행동을 지속 또는 강화하는 요인이 무엇인지 파악하는 데 초점을 둔다.
- ㉣ 상담자는 내담자의 문제 유형에 따라 각기 다른 기술을 적용하며, 상담 과정에서 적극적이고 지시적인 역할을 수행한다.
- ㉤ 객관적으로 관찰할 수 있는 내담자의 행동을 대상으로 하므로 상담 과정의 효과성 및 효율성을 과학적이고 객관적인 방법으로 평가한다.
- ㉥ 고전적 조건형성에 의한 행동주의심리치료와 조작적 조건형성에 의한 행동수정은 물론 행동주의학습이론과 인지학습이론을 결합한 사회학습적 접근방법 등 다양한 영역을 포함한다.

② 기본 가정
- ㉠ 인간행동의 대부분은 학습된 것이므로 수정이 가능하다.
- ㉡ 특정한 환경의 변화는 개인의 행동을 적절하게 변화시키는 데 도움이 된다.
- ㉢ 강화나 모방 등의 사회학습 원리는 상담기술의 발전을 위해 이용될 수 있다.
- ㉣ 상담의 효율성 및 효과성은 상담 장면 밖에서 내담자의 구체적인 행동 변화에 의해 평가된다.
- ㉤ 상담방법은 정적이거나 고정된 것 또는 사전에 결정된 것이 아니므로, 내담자의 특수한 문제를 해결하기 위해 독특한 방식으로 고안될 수 있다.

③ 일반적인 과정
- ㉠ 제1단계 : 상담관계 형성
  - 상담자는 가치판단 없이 내담자에게 관심을 가지며, 내담자의 말을 수용하고 이해해야 한다.
  - 상담자는 내담자와 충분한 관계형성이 이루어진 후에 상담기술을 적용하여야 한다.
- ㉡ 제2단계 : 문제 행동 정의·규명
  - 상담자는 내담자의 문제 행동을 명확히 규명하여야 한다.
  - 상담자는 내담자로 하여금 자신의 문제 행동을 구체적인 행동으로써 나타내도록 돕는다.
- ㉢ 제3단계 : 현재 상태 파악
  - 상담자는 내담자의 문제를 파악하여 이를 구체적으로 분석해야 한다.
  - 여기에는 내담자의 문제 행동 및 그러한 행동이 나타나는 장면에 대한 분석, 내담자의 발달 과정 및 그에 따른 통제력에 대한 분석, 내담자의 사회적 관계 및 다양한 환경에 대한 분석 등이 포함된다.

ⓔ 제4단계 : 상담 목표 설정
- 상담 목표는 상담자 및 내담자의 구체적인 행동표적이 된다.
- 상담기술이 내담자의 문제 유형에 따라 달리 적용된다고 해도, 기본적으로 내담자의 문제 행동에 대한 변화를 주된 목표로 한다는 공통점이 있다.

ⓜ 제5단계 : 상담기술 적용
- 상담기술의 선택은 내담자의 현재 상태와 함께 상담 과정에서 수집한 정보에 기초한다.
- 바람직한 행동을 강화하거나 바람직하지 못한 행동을 소거하는 기술, 내담자 스스로 자신의 행동을 통제할 수 있도록 돕는 기술 등이 사용된다.

ⓗ 제6단계 : 상담 결과 평가
- 상담자는 상담 과정 및 상담 기술의 효과성과 효율성에 대해 평가한다.
- 평가 결과에 따라 상담 과정 중 적용되는 기술은 변경될 수 있다.

ⓢ 제7단계 : 상담 종결
- 상담자는 최종 평가에 따라 상담을 종결할 것인지 추가적인 상담을 수행할 것인지 판단한다.
- 상담자는 내담자의 긍정적인 변화가 다른 부적응적인 행동에로 전이될 수 있도록 돕는다.

(5) 합리적·정서적 행동치료

① 의의 및 특징
ⓐ 엘리스(Ellis)가 주창한 것으로, 신념, 결정, 행동을 강조한다는 점에서 인지치료적 접근에 해당한다.
ⓑ 인간은 자기 보존, 자기 성장, 행복, 사랑 등 합리적이고 올바른 사고를 가지고 있는 반면, 자기 파괴, 자기 비난, 완벽주의, 회의 등 올바르지 못한 사고도 가지고 있다.
ⓒ 엘리스는 인간이 외부 환경에 의해 장애를 느끼는 것이 아닌 자기 자신으로 인해 장애를 경험한다고 주장한다. 또한 쓸데없이 자신을 혼란시키는 생물학적·문화적인 경향이 있으므로, 스스로 혼란스러운 신념을 만든다고 주장한다. 그러면서도 엘리스는 다른 한편으로 인간이 자신의 인지, 정서, 행동을 변화시킬 수 있는 능력을 가지고 있음을 강조한다.
ⓓ 특히 정신병리가 아동기에 의미 있는 사람으로부터 주입된 비합리적 신념의 학습 또는 환자 자신이 만들어 낸 미신이나 자기 패배적 사고에 의해 일어난다고 본다.
ⓔ 비합리적 신념의 산물로 정서장애가 발생하므로, 이와 같은 비합리적 신념들을 변화시킬 수 있는 방법을 내담자에게 가르쳐 주는 것을 치료의 핵심으로 본다.

② 비합리적 신념의 특징(Ellis & Dryden)
ⓐ 당위적 사고
영어의 'Must'와 'Should'로 대변되는 것으로서, 우리말로는 "반드시 ~해야 한다."로 표현된다. 이는 인간문제의 근본요인에 해당하는 매우 경직된 사고로서, 어떠한 강한 요구가 포함되어 있다.
㉑ "나는 반드시 성공해야만 한다."
ⓑ 파국화(Awfulizing) 또는 재앙화(Catastrophizing)
'지나친 과장'을 의미하는 것으로서, 우리말로는 "~하는 것은 끔찍한 일이다."로 표현된다.
㉑ "기말시험을 망치는 것은 정말 끔찍한 일이다."

ⓒ 좌절에 대한 인내심 부족

좌절을 유발하는 상황을 잘 견디지 못하는 것으로서, 세상에 대한 부정적·비관적인 시각을 가지게 된다.

예 "나는 다른 사람들에게서 죄인으로 오해를 받으면서 살 수 없다."

ⓔ 자기 및 타인에 대한 비하

자기 자신이나 타인 혹은 상황에 대해 경멸하거나 비하함으로써 파멸적인 사고를 하는 것이다.

예 "열심히 공부하고도 성적이 떨어졌으니, 나와 같은 바보가 세상에 또 있을까!"

[합리적·정서적 행동치료에서 비합리적 신념의 유형]

구분	특징
완전주의	자신은 완전하며 또한 완전해야 한다고 믿는다. 예 선생님의 사소한 지적에 상처를 받거나 조언을 받아들이기 거부하는 경우
당위성	모든 현상이나 사건이 반드시 어떠한 일정한 방식이나 방향으로 전개되리라고 믿는다. 예 부모가 자신의 가치관에 따라 자녀를 훈육하려는 경우
과잉일반화	한두 개의 고립된 사건에 근거해서 일반적인 결론을 내리고 그것을 서로 관계없는 상황에 적용하려고 한다. 예 여자 친구가 피곤하여 만날 수 없다고 했을 때, 사랑이 식었다고 결론을 내리는 경우
부정적 예언	자신이 시도하는 일은 결과적으로 성공할 수 없다고 믿는다. 예 수험생이 자신이 하는 일은 실패할 것이 분명하다고 단정을 내림으로써 시험을 미리 포기하거나 체념하는 경우
무력감	자신의 능력을 스스로 과소평가하거나 무기력 상태에 놓임으로써 자신은 결코 그렇게 할 수 없다고 믿는다. 예 비행청소년에게서 곤란을 겪고 있는 친구에게 자신은 도움을 줄 수 없다며 회피하는 경우

(6) 인지치료

① 의의 및 특징

ⓐ 엘리스(Ellis)가 개인이 가진 비합리적 사고나 신념에 문제의 초점을 두었다면, 벡(Beck)은 개인이 가지고 있는 정보처리 과정상의 인지적 왜곡에 초점을 두었다.

ⓑ 벡은 사람들이 느끼고 행동하는 방식이 경험의 지각과 구조화의 방식에 의해 결정된다고 보았다.

ⓒ 개인이 정보를 수용하여 처리하고 반응하기 위한 지적인 능력을 개발시키는 방법을 말한다.

ⓓ 역기능적이고 자동적인 사고 및 도식, 신념, 가정의 대인관계행동에서의 영향력을 강조하며, 이를 수정하여 내담자의 정서나 행동을 변화시키는 데 역점을 둔다.

ⓔ 구조화된 치료이자 단기적·한시적 치료로서 '여기-지금(Here & Now)' 내담자가 가지고 있는 문제를 파악하며, 그에 대한 교육적인 치료를 수행하는 과정으로 이루어진다.

② 주요 원칙

ⓐ 인지용어로써 내담자의 문제를 공식화하며, 이를 토대로 치료를 진행한다.

ⓑ 치료자와 내담자 간의 건강한 치료적 동맹과 상호협조를 강조한다.

ⓒ 내담자의 자발적이고 적극적인 참여를 강조한다.

ⓐ 목표 지향적인 동시에 문제 중심적인 치료이다.

ⓜ '여기-지금(Here & Now)'을 강조한다.

ⓗ 내담자 스스로 치료자가 될 수 있도록 교육하며, 특히 재발방지를 위해 노력하는 과정이다.

ⓢ 구조화된 치료이자 단기적·한시적 치료이다.

ⓞ 내담자로 하여금 자신의 역기능적인 사고와 신념을 평가하도록 하며, 그에 대해 적절히 반응하도록 교육한다.

ⓩ 내담자의 부적응적 사고, 감정, 행동을 변화시키기 위해 다양한 기법을 사용한다.

(7) 인간중심상담

① 의의 및 특징

ⓐ 상담의 인간중심적 접근방법은 1940년대 초 미국의 심리학자 로저스(Rogers)에 의해 창안된 것으로서, 내담자 중심원리가 집단 과정에 적용·발전된 것이다.

ⓛ 인간의 본능적인 욕구를 강조하면서 지시적·분석적인 방법을 동원한 정신분석적 접근이나, 인간의 행동을 단순히 자극에 대한 반응으로 간주한 행동주의적 접근에 반발하여, 인본주의를 기반으로 하는 비지시적인 접근방법을 강조한다.

ⓒ 인간은 자아와 현실 간에 불일치가 이루어지거나 자아에 대한 자각이 이상적 자아와 일치되지 않을 경우 부적응이 나타난다.

ⓔ 인간은 자기성장을 실현할 수 있는 능력, 자신의 잠재력을 실현할 수 있는 능력을 가지며, 자기실현의 동기를 타고났다.

ⓜ 상담 및 심리치료의 과정에 대한 일차적 책임을 내담자에게 둔다.

ⓗ 상담자는 내담자가 가지고 있는 문제해결 능력과 잠재력, 자기성장 능력 등을 활용하도록 유도함으로써 비지시적인 분위기에서 내담자 스스로 성장할 수 있도록 최적의 환경을 제공하는 역할을 한다.

ⓢ 집단적 접근에는 어떠한 특수한 목적이나 집단 활동을 위한 사전 진행계획도 없으며, 집단상담자는 해당 집단이 자체의 활동방향을 발전시킬 수 있도록 안내자, 촉진자로서의 역할을 수행한다.

② 상담자가 갖추어야 할 바람직한 태도

ⓐ 일치성과 진실성

• 상담자의 내적인 경험과 외적인 표현이 일치되며, 내담자와의 관계에서 개방적인 표현이 이루어지도록 노력하는 것을 의미한다.

• 상담자는 자신의 감정을 솔직하게 인정하고 내담자의 진솔한 감정 표현을 유도함으로써 진솔한 의사소통이 이루어지도록 노력해야 한다.

ⓛ 공감적 이해와 경청

• 동정이나 동일시로써 내담자의 감정에 빠져드는 것이 아닌 객관적인 입장에서 내담자를 깊이 있게 이해하는 것을 의미한다.

• 상담자는 내담자의 주관적인 경험을 감지하고 내담자의 마음속에 들어감으로써 내담자가 자신의 감정을 더욱 강렬하게 경험하는 동시에 내부의 불일치를 인식하도록 도와야 한다.

ⓒ 무조건적인 긍정적 수용(관심) 또는 존중
- 상담자가 아무런 조건 없이 수용적인 태도로써 내담자를 존중하며, 따뜻하게 수용하는 것을 의미한다.
- 상담자는 내담자의 사고나 감정, 행동에 대한 옳고 그름, 좋고 나쁨을 평가 또는 판단해서는 안 된다.

(8) 실존주의상담

① 의의 및 특징
㉠ 인본주의 심리학에 기초를 두며, 인간의 직접적인 경험으로서 자기 자신의 존재에 초점을 둔다.
㉡ 상담 목표는 치료 자체에 있는 것이 아닌 내담자로 하여금 자신의 현재 상태에 대해 인식하고 피해자적 역할로부터 벗어날 수 있도록 돕는 것이다.
㉢ 어떠한 사건에 대한 내담자 스스로의 확고한 신념이 단지 우연에 의한 것임을 인식시키며, 자유의 상황에서 내담자의 선택 및 그에 따른 책임을 강조한다.
㉣ 인간 존재의 불안의 원인을 본질적인 시간의 유한성과 죽음 또는 부존재의 불안에서 기인하는 것으로 보며, 이러한 불안을 오히려 생산적인 치료를 위한 재료로 활용한다.
㉤ 상담자는 내담자와의 인간적이고 진실한 만남을 통해 내담자로 하여금 상담자와의 관계에서 자신의 독특성을 발견하도록 돕는다.

② 상담의 원리
㉠ 비도구성의 원리
실존적 관계란 능률이나 생산성을 강조하는 기술적 관계가 아니므로, 상담 장면에서 상담자와 내담자의 관계는 도구적·지시적이 되어서는 안 된다.
㉡ 자아중심성의 원리
상담의 초점은 내담자의 자아에 있으며, 이러한 자아중심성은 내면세계에 있는 심리적 실체를 중심으로 이루어진다.
㉢ 만남의 원리
'여기-지금'에서의 상담자와 내담자의 만남을 중시하며, 이러한 만남의 과정을 통해 과거의 인간관계에서 알 수 없었던 것을 현재의 상담관계를 통해 깨닫도록 한다.
㉣ 치료할 수 없는 위기의 원리
적응이나 치료 자체보다는 인간 존재의 순정성 회복을 궁극적인 목적으로 한다.

(9) 해결중심단기치료

① 의의 및 특징
㉠ 1970년 후반 드세이저(Steve de Shazer)에 의해 창안되어 발전되었다.
㉡ 문제를 분석하지 않고, 현재와 미래에 초점을 두며 상담을 오래 끌지 않는다. 그리고 생각보다는 행동에 초점을 둔다.
㉢ 치료가 단기에 끝나므로 경제적이다.
㉣ 변화는 항상 일어나고 있기 때문에 작은 변화를 통해 큰 변화를 달성할 수 있다.

ⓑ 목표 설정을 잘 하도록 해서 목표달성이 용이하게 한다. 해결지향적인 질문 중에 특히 상담 전 변화에 대한 질문, 예외질문, 기적질문, 척도질문, 대처질문 그리고 악몽질문 등이 상담의 목표 설정과 달성에 효과적이다.

② **상담의 원리**

ⓐ 문제보다는 내담자의 장점과 자원, 능력을 더 강조하여 성공하였던 경험을 치료 면담 시 적용한다.

ⓑ 내담자가 경험하는 문제에 대해 어떤 가정을 하지 않고, 개별적인 해결책을 발견하고자 한다.

ⓒ 현재와 미래를 강조하며 과거를 깊이 탐색하기보다 내담자가 현재와 미래에 적응하는 것을 돕는 데 초점을 둔다.

ⓓ 내담자와 치료자, 치료자와 내담자가 서로 협력적인 관계에 있어야 한다.

ⓔ 내담자가 문제 삼지 않는 것은 건드리지 않는다.

제 2 절 개인상담

1 개인상담의 일반적 과정

(1) 초기 과정

① 현재 가지고 있는 문제들과 상담의 필요성에 대한 인식

② 지금까지 어떻게 해결해 왔는가 묻기

③ 해결을 원하는 문제에 대해 질문

④ 신뢰관계 수립

⑤ 문제의 개요를 파악(현재생활, 과거, 가족, 친구관계 상호작용 탐색)

⑥ 상담계획 수립

(2) 문제해결 과정

① 구체적인 문제, 외면화 문제, 내면화 문제, 정신병리적 문제를 취급대상으로 함

② 문제해결 증진, 자기조절 능력 증진, 태도, 인간관계 긍정적 변화를 가져오도록 도움

③ 내담 학생의 감정, 주관적 사실, 성격 등에 초점을 둠

④ 환기법을 사용하여 내담 학생이 자기의 감정을 자유롭게 표현하도록 도움

⑤ 심리적 지지법(맞다. 다들 그렇다) 사용 등으로 내담 학생의 불안을 감소(자아가 약할 때 내면을 보기 어렵다.)

⑥ 심리검사 실시로 상담에 참고함

⑦ 대처 행동에 대한 의논을 함

(3) 종결

① 문제가 전부 해결되는 것을 의미하는 것이 아니라는 것을 미리 예고함
② 학생이 문제해결 방법을 찾기 시작하면 다른 요인을 개입시킬 때도 종결 가능
③ 해결된 문제, 변화 등을 교사와 학생이 함께 검토
④ 책임감을 갖고 자기 성장의 노력을 하도록 주지시킴
⑤ 기대 수준에 도달 못한 점 검토(이유)
⑥ 점진적 방법으로 만나고 만남의 빈도 감소로 종결 시도
⑦ 종결은 내담 학생과 합의하여 결정
⑧ 사후지도 계획 수립, 종결 후 도움 기회 개방

2 상담에서 의사소통의 특성

상담은 근본적으로 인간의 성장과 발달을 촉진시킬 수 있는 진정한 인간적 만남을 전제로 하기 때문에 상담관계에서의 의사소통은 다른 사회적 관계에서의 의사소통과 특성을 달리한다. 이런 관점에서 상담 기법은 곧 의사소통의 기법이라고도 볼 수 있다. 개인 상담 시 의사소통의 기법에 있어 중요한 것으로 로저스(Rogers)는 공감적 이해, 존중, 진실성을 들고 있고 칼크허프(Carkhuff)는 이 세 요소 외에 구체성, 직면, 자아개방, 즉시성 등을 제시하고 있다.

3 로저스와 칼크허프의 촉진적 의사소통 변인의 개념 및 수준별 예

수준 1	상대방의 언어 및 행동표현의 내용으로부터 벗어나거나 주의를 기울이지 않기 때문에 감정 의사소통에서 상대방이 표현한 것보다는 훨씬 못 미치게 의사소통하는 수준
수준 2	상대방이 표현하는 감정에 반응을 하지만 상대방이 의사소통한 것에서 주목할 만한 감정을 제외시켜 의사소통하는 수준
수준 3	상대방이 표현한 것과 본질적으로 같은 정서와 의미를 나타내어 상호 교류적인 의사소통을 하는 수준
수준 4	상대방이 겉으로 표현하지 않는 내면적 감정과 사고를 지각하여 왜곡 없이 의사소통하는 수준
수준 5	상대방의 내면적 감정·사고를 정확히 지각하여 왜곡 없이 충분히 표현할 뿐만 아니라 깊은 수준의 자기 탐색을 촉진하여 의사소통하는 수준

(Ⓐ : 수준 낮음 Ⓑ : 수준 보통 Ⓒ : 수준 높음)

(1) 공감적 이해

상담자는 내담 학생이 어떻게 느끼고 생각하고 지각하고 있는가를 상담자 자신의 개념 틀을 개입시키지 않고 학생의 내적준거 체제에 따라서 정확히 이해하여 이를 왜곡 없이 의사소통하려고 노력한다. 상담자는 학생이 명백히 표현하고 있는 표면적 감정, 사고뿐만 아니라 잠재적인 내면적 감정, 사고를 이해 표현하여 학생의 심층적인 자기 탐색을 촉진하게 된다.

① 성적이 너무 떨어져서 큰일 났어요. 공부는 열심히 했는데도 그래요.

　　㉠ 이것도 공부라고 했니? 그러고도 공부 열심히 했다구! Ⓐ

　　㉡ 속이 상한 모양이구나. 열심히 했는데도 떨어졌으니. Ⓑ

　　㉢ 성적을 올리려고 열심히 했는데 떨어졌으니 어떻게 해야 될지 정말 걱정이 되겠구나. Ⓒ

② 요새 잡념 때문에 공부가 통 안돼요. 입시도 얼마 안 남았는데...

　　㉠ 공부가 하기 싫으니 잡념이 들지. 넌 어째 그 모양이냐? Ⓐ

　　㉡ 시험은 얼마 안 남았는데 공부가 안 돼서 걱정이겠구나. Ⓑ

　　㉢ 이렇게 중요한 때에 집중이 잘 안되니 속이 타겠구나. Ⓒ

③ 맨날 공부 공부! 잔소리 하니 정말 싫어요. 공부는 내가 알아서 한다니까요.

　　㉠ 뭐! 네가 알아서 한다고? 알아서 한다는 게 겨우 그거냐? Ⓐ

　　㉡ 잔소리를 들으니까 기분이 나쁜가 보구나. Ⓑ

　　㉢ 네게 모든 걸 믿고 맡겨 두면 더 잘 할 수 있단 말이지? Ⓒ

④ 저는 친한 친구가 없어요. 마음 터놓고 이야기할 만한 애가 없어요.

　　㉠ 넌 사교성이 없어서 큰 탈이야. Ⓐ

　　㉡ 마음 터놓고 지낼만한 친한 애가 없단 말이지? Ⓑ

　　㉢ 마음에 맞는 친구가 있어 깊은 우정을 나눌 수 있으면 좋겠단 말이지? Ⓒ

⑤ 엄마는 너무 하세요. 여자(남자) 친구한테 전화가 왔다고 그렇게 끊어 버리면 어떻게 해요?

　　㉠ 네가 지금 여자(남자) 친구 만날 때니? Ⓐ

　　㉡ 전화를 못 받게 해서 화가 난 모양이구나. Ⓑ

　　㉢ 엄마가 일일이 간섭하지 않고 네 입장을 존중해 주기를 바라는구나. Ⓒ

(2) 존중

존중은 상담자가 내담 학생에 대하여 따뜻한 배려를 경험하고 이를 표현하는 것이다. 학생의 어떤 특정 행동을 조건으로 하지 않고 학생을 한 인간으로서 존중하고 배려한다. 상담자는 비판단적 자세로 학생의 감정, 사고, 행동을 수용하고 이를 의사소통을 통하여 표현, 전달한다.

① 학교 다니기가 너무 힘들어요. 매일 차에 시달리고 나면 맥이 빠져요.

　　㉠ 넌 편한 것만 찾니? 그래 가지곤 아무 일도 못해. Ⓐ

　　㉡ 그래, 차에 시달리니 피곤할 거야. Ⓑ

　　㉢ 그래, 넌 참을성이 많아서 앞으로 무슨 일이든 잘 해낼 거야. Ⓒ

② 엄마는 저에 대해서 너무 관심이 없어요. 성적이 떨어졌는지 올랐는지 아무런 관심도 없는 것 같아요.

　　㉠ 제 할일도 제대로 못하면서 무슨 불만이 그렇게 많으냐? Ⓐ

　　㉡ 엄마가 네게 좀 더 관심을 가졌으면 좋겠단 말이지. Ⓑ

　　㉢ 엄마가 제대로 뒷받침을 못해줬는데도 공부하느라 애를 많이 썼구나. Ⓒ

③ 고등학교에 가니까 정말 정신 차릴 수가 없어요. 과목 수도 많고 수업시간도 많고 숙제도 많고 참 힘들어요.

　　㉠ 고등학교는 뭐 거저먹는 줄 아니? 혼 좀 나봐. Ⓐ

    ○ 고등학교 가니까 힘든 모양이구나. 넌 열심히 하려고 늘 애를 쓰지. Ⓑ

    ⓒ 힘들지만 넌 잘 이겨내서 네 실력을 발휘할 거야. Ⓒ

④ **형보다 공부를 못한다고요? 형하고 비교하지 마세요. 공부만 잘하면 다예요?**

    ㉠ 엄마한테 무슨 말 버릇이 그러냐? Ⓐ

    ○ 성적 가지고 비교해서 기분이 나쁘구나. 하긴 공부가 다는 아니야. Ⓑ

    ⓒ 넌 성품이 좋아서 사회생활을 잘 할 거야. Ⓒ

(3) 진실성

조력과정에서 상담자의 내면적 경험, 그에 대한 인식과 표현이 모두 일치되어야 내담 학생의 긍정적 인성 변화를 촉진할 수 있다고 로저스는 지적하고 있다. 상담자는 학생에 대하여 어떤 가면을 쓰거나 역할 놀이를 하지 않으면서 순수하고 진실한 인간적 관심을 솔직하고 자연스럽게 표현한다. 상담자의 언어적 표현과 비언어적 표현은 일치된다. 그러나 부정적 감정은 솔직하게 표현하되, 비파괴적·건설적으로 표현하여 내담 학생과의 관계를 악화시키지 않는다.

① **엄마, 죄송해요 집안 청소를 해놓지 않아서...**

    ㉠ 언제는 네가 집안 청소 한 적 있니? Ⓐ

    ○ 청소를 했더라면 엄마 기분이 얼마나 좋겠니? Ⓑ

    ⓒ 그래 엄마 마음이 좀 섭섭하구나. 그러나 네가 공부하기 바쁜데 그런 데까지 신경 쓸 수 있겠니? Ⓒ

② **엄마, 연락도 없이 늦어서 죄송해요. 걱정하셨죠?**

    ㉠ 뭐 별로 걱정하지 않았어. 네가 언제는 연락하고 늦었니? Ⓐ

    ○ 연락도 없이 늦으니 걱정이 되잖니? Ⓑ

    ⓒ 걱정이 되지. 요새 별일이 다 있잖니? 밤늦게 다니면 안 돼. Ⓒ

③ **선생님, 수업시간에 애들이 너무 떠들어서 정말 죄송했어요.**

    ㉠ 너희 반은 도대체 틀려먹었어. Ⓐ

    ○ 너희 반은 수업시간에 정말 너무 떠드는구나. Ⓑ

    ⓒ 너희 반 정말 큰일 났구나. 그래 가지곤 어디 공부가 되겠니? Ⓒ

(4) 구체성

구체성은 개인의 감정, 경험을 논의할 때 모호함을 피하기 위하여 일반적이고 추상적인 말 대신에 구체적 용어를 사용하는 것이다.

① **담임선생님께 무슨 말씀드리기가 어려워요. 너무 권위적이세요.**

    ㉠ 권위적이라... 권위적이란 말이 무슨 뜻인가? Ⓐ

    ○ 선생님이 뭐라고 하셨기에 권위적이라고 하는 거지? Ⓑ

    ⓒ 선생님이 학생들에게 어떻게 해 주셨으면 좋은지 좀 자세히 솔직하게 얘기해 볼래? Ⓒ

② **저 이과에서 문과로 계열을 바꿔야겠어요. 아무래도 제 적성은 문과 쪽인 것 같아요.**

    ㉠ 뭘 하든지 열심히 하기만 하면 되는 거야. Ⓐ

    ○ 어떤 점에서 네 적성이 문과 쪽이라고 생각했니? Ⓑ

    ⓒ 문과 쪽에서 무슨 학과를 공부해서, 앞으로 무엇을 하려고 할 생각이니? Ⓒ

(5) 직면

직면은 상담자가 내담 학생의 감정, 태도, 행동상의 모순점, 불일치감을 지각하여 이를 명료하게 지적함으로써 학생의 새로운 통찰과 행동의 변화를 촉진한다. 그러나 직면은 내담 학생에게 도전감을 주고 공격하기 위하여 사용되어서는 안 되고 일종의 발전된 수준의 공감적 이해의 형태로 이루어져야 한다.

① 동생이 저보다 공부를 잘하면 자랑스럽기도 하고 얄밉기도 해요.

　㉠ 동생이 공부를 잘하면 자랑스럽다고? Ⓐ

　㉡ 동생이 너보다 잘하면 자랑스럽기도 하고, 얄미운 생각도 든단 말이지? Ⓑ

　㉢ 얄밉기도 하면서도 자랑스럽다니, 왜 그런 마음이 드는지 이야기해 주겠니? Ⓒ

② 전 친구들이 저를 싫어할까봐 싫은 부탁을 해도 차마 거절하지 못해요. 그렇지만 친구들이 어떻게 생각하건 저는 신경 안 써요.

　㉠ 친구들이 싫은 부탁을 해도 거절을 못한다고? Ⓐ

　㉡ 싫은 부탁도 거절하기 힘들고, 친구들이 너를 어떻게 생각할 것인가도 신경을 안 쓴단 말이지? Ⓑ

　㉢ 친구들이 싫어할까봐 싫은 부탁도 거절하지 못한다면서, 친구들이 너를 어떻게 생각하든 전혀 신경을 안 쓴다고? 그게 무슨 이야기니? Ⓒ

(6) 자아개방

자아개방은 상담자가 자신에 관한 정보나 경험을 공개하는 것을 의미한다. 상담자는 자신도 내담 학생과 비슷한 경험을 갖고 있다는 것을 밝힌다. 이때 경험의 유사성과 차이가 강조된다. 진실성은 감정의 표현에 초점을 맞추고, 자아개방은 정보나 사실의 공개에 역점을 두는 데 차이가 있다.

① 선생님은 학생 때 연애해 본적이 있으세요?

　㉠ 쓸데없이 별걸 다 묻는구나. Ⓐ

　㉡ 글쎄, 연애 비슷한 거 한 적 있었지. Ⓑ

　㉢ 마음속으로 좋아하던 사람이야 있었지만 그저 혼자 속만 태웠지. Ⓒ

② 선생님도 자랄 때 꾸중을 많이 들어보신 적 있어요?

　㉠ 난 꾸중들을 만한 일을 한 적이 별로 없었어. Ⓐ

　㉡ 물론 잘못 했을 때, 꾸중을 들은 적이 많이 있었지. Ⓑ

　㉢ 나도 꾸중을 많이 듣고 자랐어. 그땐 몰랐는데 지내고 보니까 역시 어른들 말씀이 옳은 것 같아. Ⓒ

(7) 즉시성

즉시성은 지금까지 설명한 다른 어떤 인간관계 변인보다 상담자와 내담 학생 간의 상호작용에 더 초점을 맞추고 있다. 상담 과정에서 학생이 상담자와의 관계에 대하여 어떤 표현을 할 때 '지금-여기에서' 이를 민감히 지각하여 직접적으로 이에 대하여 반응을 보이고 논의하는 것을 의미한다.

① 지금까지 세 차례 상담을 하였는데 별로 효과가 없는 것 같아요. 제 말만 들으실 뿐, 무슨 뚜렷한 해결책을 말씀해 주시지 않고 계시잖아요.

    ㉠ 너무 성급하게 생각하지 마라. 상담이란 그런 게 아니야. Ⓐ

    ㉡ 상담을 해도 해결책을 얘기해 주지 않으니 답답하단 말이지. Ⓑ

    ㉢ 내가 어떤 뚜렷한 해결책을 제시하지 않고 있어 답답하게 느끼고 있구나. 그래 이 문제에 대해서 좀 더 자세히 얘기해 보았으면 좋겠는데… Ⓒ

② 요새 어른들은 젊은이들을 이해하지 못하는 것 같아요.

    ㉠ 네 할 일이나 잘해. Ⓐ

    ㉡ 요새 어른들이 답답하단 말이지? Ⓑ

    ㉢ 세대 간의 차이란 언제나 해결하기 어려운 문제가 아니겠니? Ⓒ

4 상담적 대화 기법

(1) 비수용적 대화

① 거부적 대화

    ㉠ 명령하고 지시하는 말투

    학생들의 요구와 감정 또는 학생이 당면하고 있는 문제 따위는 중요하지 않으며, 학생은 언제나 상담자의 요구에 따르는 것이 유익하다는 뜻을 포함하고 있다.

    ㉡ 경고하고 위협하는 말투

    명령이나 지시적 말투와 비슷하다. 다른 점은 명령과 지시를 어길 때 좋지 않은 결과가 따를 것이라는 점을 첨가함으로써 보다 더 강한 거부의 효과를 나타낸다.

    ㉢ 도덕적 훈계와 설교의 말투

    외부의 권위를 도입하여 학생들로 하여금 상담자의 요구에 순응하도록 하는 것을 말한다. 학생의 요구보다 사회적, 도덕적 규범과 종교적 계율 같은 것이 더 중요함을 강조한다.

    ㉣ 충고나 해결책을 제시하는 말투

    상담자의 우월성을 강조하고 학생의 잠재능력을 거부하는 대화이다. 이런 언사는 학생들에게 의존심을 갖게 한다. 자신의 문제를 스스로 생각하여 해결하려고 하지 않고, 남의 힘을 빌리려는 습성을 길러준다.

    ㉤ 강의와 논리적 설득

    사실과 논리에 입각한 체계적 설득은 학생으로 하여금 변명의 여지가 없게 한다. 그리고 학생의 생각이나 행동은 비논리적으로 무지의 소산이란 점을 함축하고 있다.

    ㉥ 부정적 평가와 비판의 말투

    많은 상담자들은 학생들의 잘못과 결함, 부적절하고 어리석은 행동들을 지적하여 비평하고 평가하는 것이 학생들의 성장과 발전에 크게 도움이 된다고 믿는 것 같다.

    ㉦ 비웃음과 조롱의 말투

    이것은 부정적 평가와 비평보다 학생의 자존심을 더 크게 상하게 한다. "너는 왜 그렇게 머리가 안 돌아가니? 매일 설명을 해도 못 알아듣겠어? 집에 가서 발 닦고 자!" 이와 같은 언사는 학생에게 극도의 좌절을 불러일으킬 뿐이다.

◎ 분석하고 진단하는 말투

학생의 행동에 대하여 상담자가 아마추어적 심리 분석을 하고 멋대로 진단을 내리는 언사를 말한다. "네가 다른 아이들의 관심을 얻으려고 그 따위 짓을 했다는 것을 나는 잘 안다", "너, 피해망상이 이만 저만이 아니구나? 내가 언제 너를 미워했다고 그러니?" 이러한 언사는 학생에게 좌절과 위협을 준다.

㉘ 칭찬과 긍정적 평가의 말투

칭찬과 긍정적 평가가 반드시 좋은 효과를 내는 것은 아니다. 자존심의 만족을 줄 수 없는 칭찬과 긍정적 평가는 오히려 학생의 분노를 일으킬 수 있다.

㉙ 동정과 위로의 말투

동정과 위로는 어려운 문제로 고민하고 있는 학생의 심리적 부담을 덜어 주는 데 효과가 있으리라고 생각되지만 반드시 그렇지는 않다. 예컨대, "너무 심각하게 고민하지 마라. 일이 잘 되겠지. 시간이 지나면 다 해결될 것이다." 이와 같은 위로의 말은, "겪어 보지 않아서 이 고통스런 심정을 모를 겁니다."라는 대답을 듣게 된다.

㉠ 심문과 탐색의 말투

질문이나 심문, 또는 탐색적 언사는 교사가 학생에게 어떤 의심이나 혐의를 두고 있음을 전제할 수 있다. 즉 학생에 대한 신뢰감의 결핍을 의미한다. 예컨대, "이 그림 네가 그렸니?"라는 질문에는 다분히 불신의 뜻이 내포되어 있다.

㉤ 회피와 교란의 말투

학생의 문제를 진지하게 받아들이지 않고 농담으로 받아 넘기거나 화제를 바꾸어 학생 자신의 생각이나 감정의 흐름을 방해하는 형태의 대화를 일컫는다.

(2) 이해와 수용의 대화

사람은 누구나 어려움이나 고통스런 경험을 하고 있을 때 함께 이야기할 수 있는 사람을 찾는다. 자신의 모든 것을 이해하고 따뜻이 포용해 줄 수 있는 사람을 찾아 헤맨다. 이 사람은 나의 기분을 이해해 줄 것인가? 나의 행동을 이상한 눈으로 보고 비판할 것인가? 아니면 나의 행동을 질책하고 처벌할 것인가? 내 이야기를 듣고 놀랄 것인가? 호기심으로 나를 대할 것인가? 이러한 심리적 곤경에 처한 학생은 교사의 태도에 민감한 반응을 보인다. 이러한 때 상담자가 비수용적 언어를 사용하면 즉시 물러서 버린다.

그러나 수용적 태도를 가진 상담자에게는 조심스럽게 마음의 문을 열고 접근한다. 상담자는 학생의 성장을 돕기 위하여 항상 이해하고 수용하는 대화의 기술을 익혀야 한다. 비옥한 토양은 씨앗 속에 들어있는 생명의 잠재력을 싹틔우고, 성장시키고, 꽃피워 열매 맺도록 하듯이 교사의 수용은 학생들의 자아실현의 잠재능력을 개발하고 완성시킬 수 있기 때문이다.

(3) 나의 생각과 감정을 표현하는 대화

학생이 상담자의 말에 귀를 기울이고 따르게끔 하려면, 나를 표현하는 대화 방법을 사용하는 것이 효과적이다. 즉 학생과의 대화에 있어서 상담자는 학생의 행동으로 인하여 경험하고 있는 자신의 생각이나 감정을 학생에게 알리는 것이다. "나"를 표현하는 대화에서는 학생이 나를 쉽게 이해할 수 있도록 상담자가 자신의 생각이나 감정을 풍부하고 적절하게 표현(부호화)하는 데 힘쓰고 있다. "나"를 표현하는 방식은 여러 가지가 있을 수 있다. 나를 표현하는 가장 효과적인 방법은 실제로 일인칭 단수 대명사, 즉 "I(나)"라는 말을 사용하는 것이 그 요령이다. 이러한 대화의 내용을 'I-메시지'라고 한다. 그러나 우리는 흔히 나의 생각이나 감정을 표현할 때, 'I' 대신에 'You(너)'를 사용하여 무리하게 부호화하려고 애를 쓴다.

① '너'를 주어로 사용하는 대화(You-메시지)

　　㉠ (너) 조용히 해! (명령과 지시)

　　㉡ 너 또 한 번 지각을 하면 알지? (경고, 위협, 협박)

　　㉢ 사람은(너는) 성실하고 착하고 부지런해야 한다. (도덕적 훈계와 설교)

　　㉣ (너는) 내가 일러준 대로 시간 계획을 세워 공부하면 된다. (해결책 제시)

　　㉤ 네가 스스로 하려고 하지 않는 한 아무 일도 이루어질 수 없다. (논리적 설득)

　　㉥ 너는 무슨 일을 그 따위로 했나? (부정적 평가와 비판)

　　㉦ (너는) 세 살 먹은 어린애 같다. (비웃음과 조롱)

　　㉧ 너는 과대망상을 하고 있다. 꿈에서 깨어나시지? (분석과 진단)

　　㉨ 너는 항상 우리 학급의 일꾼이야! (칭찬과 부추김)

　　㉩ (네가) 다음 시험을 잘 치르면 되겠지, 뭐! (동정과 위로)

　　㉪ 네가 유리창을 깨뜨렸니? 무엇 때문에? (질문, 심문, 탐색)

　　㉫ 영희야, 네가 벌써 사랑할 나이가 되었니? (농담과 회피)

② '나'를 주어로 사용하는 대화(I-메시지)

> I-메시지 사용 원리
> (행동＋결과＋느낌)
> (네가…해서…될까봐…걱정이 된다)

　　㉠ "I-메시지"는 학생이 상담자의 말을 듣고 싶도록 대화하는 방법이다. 학생에게 영향력을 미치려면 상담자는 학생에게 상담자의 느낌, 의사 및 의도가 이해되도록 하면서 의견을 교환할 수 있어야 한다.

　　㉡ "I-메시지"는 학생 행동에 대한 상담자의 느낌을 설명하는 글이다. 즉, "I-메시지"는 상담자 자신이 중심이 되어 느낌을 말함으로써 학생의 행동을 탓하지 않고, 학생이 자신의 행동이 상담자에게 끼친 경향과 그로 인한 상담자의 감정을 알도록 하는 것이다.

📖 **You-메시지와 I-메시지 비교 사례**

▸ You-메시지

아버지(피곤함)	부호화	부호 → → → → → → → → "아유, 시끄러. 입 다물어!"	부호 해석	아이 (아버지는 나를 싫어하는구나!)

▸ I-메시지

아버지(피곤함)	부호화	부호 → → → → → → → → "아버지가 피곤해서 너의 얘기를 못 듣겠구나."	부호 해석	아이 (아버지는 피곤하구나!)

---

③ **I-메시지의 방법**

　　㉠ 행동 자체보다 행동의 결과와 관련된 상담자의 느낌을 전달

　　㉡ 한 가지 문제 상황에 대해 세 요소를 말함

　　㉢ 행동(네가 …하면)

　　㉣ 결과(왜냐하면)

　　㉤ 느낌(나는 …라고 느낀다)

예

(1) 행동의 서술 수용할 수 있는 학생의 행동을 객관적으로 묘사	(2) 구체적 영향 학생의 행동이 당신에게 끼치는 구체적 영향	(3) 감정 그에 따르는 감정
네가 수업 시간에 늦게 들어오면	아이들이 모두 너를 쳐다보고 나는 수업을 중단해야 하니까	속상하고 짜증이 나.

　　㉥ I-메시지의 방법은 위 세 가지 구성 요소를 그대로 나열하여 말하면 된다.

　　㉦ 반드시 세 단계가 있어야 하는 것은 아니다.

　　㉧ 느낌을 꼭 넣지 않아도 된다.

　　㉨ 상담자가 "I-메시지"를 보냈으나 학생이 반발할 때는 적극적 경청이 필요하다.

④ **긍정적 I-메시지**

　　있는 그대로를 얘기하므로 칭찬보다는 듣는 사람의 부담을 줄임

예

　　㉠ 상황 : 더운 여름에도 열심히 공부를 하니까

　　㉡ 결과 : 내가 너를 잘 지도한 것 같아서

　　㉢ 감정 : 기분이 좋고 뿌듯하다.

5 대화 진행 시 착안사항과 금지사항

(1) 착안사항

① 대화의 속도, 방향, 시간의 길이를 조정할 것

② 목적과 의도하는바 산출 목표를 분명히 알 것

③ 면접 유형과 종류를 설정할 것

④ 조용하며 인내심이 있고 공정하게 또 무엇이든지 말할 수 있게 할 것

⑤ 내담 학생을 편안하게 해 줄 것

⑥ 방해요소가 없는가를 확인할 것(Yes, No의 대답이 안 나오게 할 것)

⑦ 귀를 기울여 듣고 무언반응을 살필 것(몸짓 언어)

⑧ 내담 학생의 대답에 정확한 확인을 할 것

⑨ 목적이 달성됐으면 부드럽게 그러나 단호히 끝낼 것

⑩ 후속조치가 필요한가를 결정할 것

(2) 금지사항

① 대화를 지배하거나 토론하거나 화를 내지 말 것

② 내담 학생을 자기 견해, 지식, 권위사용의 대상으로 보지 말 것

③ 성급하게 결론으로 뛰어가지 말 것

④ 내담 학생에게 인간적인 호감이나 혐오감을 표현하지 말 것

⑤ 내담 학생의 진술 도중에 끼어들지 않도록 할 것

⑥ 불합리하거나 부담스런 질문을 하지 말 것

⑦ 불필요하게 대화를 오래 끌지 말 것

⑧ 지킬 수 없는 약속, 무책임한 발언을 하지 말 것

⑨ 결론이 없이 중단하지 말 것

⑩ 대화 저해요인(편견, 오해, 모호함)을 극복할 것

6 피해야 할 대화법

(1) 놀라서 외치는 일을 피하라.

> 학생 : "저는 친구를 만나러 갈 때마다 소리가 지르고 싶어져요."
> 상담자 : "별꼴 다 보겠네.", "큰일이군!"
>   ⇒ "왜 그런가?", "그렇게 된 이유가 있을 거야."

(2) 지나친 관심의 표현을 피하라.

> 학생 : "저는 가끔 죽고 싶을 때가 있어요."
> 상담자 : "왜 넌 그렇게 바보 같으냐?", "큰일 날 소리 하고 있네."
> ⇒ "요즘 무척 힘이 드는구나!"

(3) 도덕적 판단을 피하라.

> 학생 : "저는 종종 훔치고 싶은 충동을 느껴요."
> 상담자 : "그건 네게 많은 문제를 야기할 거야.", "그것은 나빠."
> ⇒ "이런 충동 뒤엔 무슨 이유가 있다고 느끼나?"
> "이런 충동이 언제부터 일어났니?"

(4) 어떤 상황에서도 처벌하는 것을 피하라.

> 학생 : "선생님은 제게 전혀 도움이 되지 않아요."
> 상담자 : "그러면 상담을 끝낼까?", "네가 협조하지 않기 때문이야."
> ⇒ "네가 실망하도록 내가 잘못한 것이 어떤 것인가?"

(5) 학생 비판을 피하라.

> 학생 : "저는 목욕하고 머리 다듬는 것을 싫어합니다."
> 상담자 : "네가 얼마나 덥수룩한지 알기나 하니?"
> ⇒ "네 생각은 어떠니?", "다른 대안은 무엇이니?"

(6) 헛된 약속을 피하라.

> 학생 : "제가 이제 최고라고 생각하세요?"
> 상담자 : "오, 그럼, 틀림없이 그렇고말고.", "네게 큰 희망을 갖고 있어."
> ⇒ "우리 서로가 노력하기에 따라 큰 차도가 있을 거야."
> "넌 그것에 대해 약간의 의구심을 갖고 있나 보구나."

(7) 학생이 겁먹지 않도록 하라.

> 학생 : "다음 번 약속을 지킬 수 없을 것 같아요. 그 때 연주회를 보러가야 해요."
> 상담자 : "너는 상담을 중요하게 생각하지 않는 것 같구나.", "상담보다 연주회가 더 중요하면 오지 않
> 아도 돼."
> ⇒ "아마도 상담보다 연주회가 더 즐거운가 보지?"
> "상담하러 여기 올 때 어떤 기분인가?"

(8) 상담자의 어려움 때문에 학생에게 부담을 주지 말라.

> 학생 : "오늘 선생님은 무척 피곤해 보이세요."
> 상담자 : "응, 우리 아이가 아파서 많은 고통을 당하고 있어.", "최근엔 잠을 잘 자지 못해."
> ⇒ "맞았어. 지난밤에 늦게까지 잠을 안 자고 일했거든. 그러나 우리 상담엔 지장이 없
> 을 거야."

(9) 조급함을 보이지 말라.

> 학생 : "아무도 절 돕지 않으니 이 일을 끝내야 될까 봐요."
> 상담자 : "속히 태도를 바꾸는 것이 좋겠어.", "응, 그렇게 하는 것이 낫겠어. 나도 그렇게 하라고
> 권하려 했어."
> ⇒ "그런 느낌 뒤에 무슨 일이 있는지 알고 싶구나."
> "아마 네 문제를 해결하기 위한 다른 길이 있을 거야."

(10) 정치와 종교적 토론을 피하라.

> 학생 : "선생님은 ○○당과 ○○당 중 어디에 투표하실 거예요?"
> 상담자 : "물론 ○○당이지. 우리나라는 개혁이 필요하거든.", "난 ○사모야. 그래서 ○○당에
> 투표할 거야"
> ⇒ "넌 내가 어느 당에 투표할 것으로 생각하니?"
> "어디에 투표하는가의 문제가 너에겐 어떤 의미를 만들 것 같으니?"

(11) 학생과 논쟁하는 것을 피하라.

> 학생 : "아빠와 관계된 일은 단 일 센티미터도 움직일 수 없어요."
> 상담자 : "그런 식으로 행동하는 것은 이치에 맞지 않아.", "넌 이기적으로 행동하고 있다고 생
>   각하지 않니?"
>   ⇒ "아빠를 위해 어떤 일을 하는 것은 무의미하다고 느끼는 모양이지?"

(12) 학생을 놀리는 일을 피하라.

> 학생 : "한 번 마음만 먹으면 저는 못할 일이 거의 없어요."
> 상담자 : "네 분수에 대해 별로 생각해 본 적이 없지?", "네 능력을 스스로 과대평가하고 있는
>   것 아니니?"
>   ⇒ "넌 한 번 마음을 먹으면 아주 확신에 넘쳐 있구나."

(13) 학생을 얕잡아 보지 마라.

> 학생 : "저는 매우 머리 좋은 사람으로 여겨집니다."
> 상담자 : "네가 하는 짓으로 보아 나에겐 그렇게 생각되지 않는데."
>   ⇒ "그 문제에 대해 어떻게 그런 생각을 갖게 되었니?"
>   "그것은 오히려 네가 자기 두뇌에 대해 확신을 갖지 못했다는 뜻 같은데."

(14) 내담 학생의 실수를 비난하지 마라.

> 학생 : "병원 진단서를 갖고 오는 걸 또 잊었어요."
> 상담자 : "무책임하다고 생각하지 않니?", "다시 가서 갖고 와"
>   ⇒ "왜 잊고 왔는지 알고 싶다."
>   "아마 갖고 오기 싫었던 모양이지?"

7 적극적인 청취법(Active Listening)

(1) 귀를 기울일 준비를 하라(신체적으로, 지성적으로, 정신적으로)

① 진심으로 원하면 경청하는 능률이 향상됨을 인식하라.

② 경청함으로써 배우겠다는 결심을 하라.

③ 경청은 연습과 훈련을 요구한다는 것을 인식하라.

④ 귀를 기울이지 않으면 아무에게도 도움을 못 준다는 것을 인식하라.
⑤ 말하는 것보다 듣는 것이 더 중요함을 이해하라.

(2) 말하는 솜씨나 말투뿐만 아니라 내용을 판별하라.

(3) 당신의 감정을 억제하고 내담 학생의 말을 인내로 들어주라.

(4) 마음의 분산을 막고 방심을 저지하라.

(5) 내담 학생에게 귀와 몸을 기울이고 관심을 쏟으라.

(6) 말을 들으면서 생각하고 내용을 검토하고 말 중의 숨은 뜻을 파악하라.

(7) 질문을 아껴서 필요 없는 질문을 삼가라.

(8) 중간에 말을 막거나 가로채지 말라.

(9) 내담 학생의 진술 내용에서 화제를 이탈시키지 말라.

(10) 상담자의 의사를 전달할 때 내담 학생이 사용한 표현을 사용하라.

(11) 설교나 훈계를 하지 말라.

(12) 충고하는 일을 서두르지 말라.

(13) 논쟁하지 말라. 논쟁이 되면 변화보다 기존 신념을 굳히고 방어자세가 되어 논쟁을 이겨도 사람을 잃는다.

(14) 자기 호기심을 충족시키려고 쓸데없는 질문을 던지지 말라.

8 **몸짓을 통한 의사소통**(비언어적 의사소통)

(1) 시간을 통한 비언어적 의사소통
① 알아차리거나 반응을 보일 때까지의 지속시간
② 그 사람에 대해 혹은 그 문제에 대해 소비하는 시간의 양

(2) 신체 각 부위를 통한 비언어적 의사소통

① **눈 마주침** : 시선의 방향과 응시하는 시간 및 빈도수

② **눈** : 깜박거림, 눈물, 눈뜨는 크기, 눈꺼풀의 위치

③ **피부** : 창백한 정도, 땀나는 정도, 안색과 홍조의 정도

④ **자세** : 순종 준비자세, 앞으로 수그림, 피곤해 보임, 의기소침, 꾀죄죄한 모습, 팔짱 낌, 다리 꼼, 먼 곳 응시하기, 머리 떨굼, 바닥 응시, 천정 응시, 거부하는 자세

⑤ **얼굴표정** : 무표정, 이마의 주름살 잡기, 시무룩한 얼굴, 눈살 찌푸림, 코 벌름거리기, 미소나 박장대소, 입술 깨물기, 입모양 등

⑥ **손과 팔** : 팔 동작 상징적인 손 모양, 모양이나 크기를 가리키는 손, 팔의 모습, 여러 가지 손 유희

⑦ **자학적 혹은 자아 징벌적 행위** : 손톱 깨물기, 몸 긁기, 손가락의 관절 꺾는 소리, 머리칼 잡아 뽑기, 몸을 문지르거나 비비기, 때리거나 찌르기

⑧ **반복적 행위** : 발 구르기, 손가락으로 두들기거나 탁탁 치기, 안절부절하는 조바심, 뒤틀거나 몸부림치거나 움찔거림, 떨림, 단추·머리·옷·핀 등을 만지작거림

⑨ **신호나 명령** : 손가락의 튕김, 손가락을 입에 대고 침묵 지키기, 지시하기, 반대 표시로 빤히 쳐다보기, 어깨 으쓱하기, 비틀거리거나 너울거림, 알았다고 끄덕이기, 윙크, 공감 표시로 끄덕이기, 부정표시로 휘젓기

⑩ **접촉** : 격려나 관심 기울이기(어깨를 탁탁 두들겨줌), 부드러움의 표시, 애정의 표시, 포옹

⑪ **기타** : 머리 윗부분을 두들김(얕잡아 봄), 악수하며 손등 만지기

> ### 제 **3** 절 집단상담

> **1** 집단상담의 이해

(1) 의의 및 특징

① **집단상담이란**

㉠ 비교적 정상적인 범위에 속하는 사람들이

㉡ 전문적인 상담자와 함께

㉢ 상호신뢰와 허용적인 분위기 속에서

㉣ 자기 이해와 수용, 개방을 촉진하도록

㉤ 집단 구성원 간 상호작용을 함으로써

㉥ 개인의 태도 및 행동의 변화를 통한 문제해결과 함께 잠재능력의 개발을 도모하는 것

② 집단상담은 생활 과정상의 문제해결과 바람직한 성장발달을 위해 전문적으로 훈련된 상담자의 지도 및 동료들의 역동적 상호교류를 토대로 각자의 생각, 태도, 감정, 행동양식 등을 탐색·이해하도록 함으로써 더욱 성숙된 수준으로 향상시키기 위한 과정이다.

③ 집단상담은 의식적 사고와 행동, 그리고 허용적 현실에 초점을 둔 정화, 신뢰, 돌봄, 이해, 수용 및 지지 등의 치료적 기능들을 포함하는 일종의 역동적인 대인 간 과정이다.

(2) 원리

① 자기이해

자기 접촉 및 탐색을 통해 자신의 사고, 감정, 욕구, 가치 등을 있는 그대로 표현하고 이해하는 것이다. 이러한 이해는 긍정적인 면과 부정적인 면을 모두 포함하며, 이를 통해 자신은 물론 다른 사람에 대한 이해가 촉진된다.

② 자기수용

이해한 그대로의 자신을 인정하고 받아들이는 것이다. 현실 속에서 자신의 행동이 긍정적이든 부정적이든, 도덕적이든 부도덕적이든 간에 자신이 그러한 행동의 주인공임을 인식한다. 이러한 자기 수용은 자기만을 수용하는 것으로 끝나는 것이 아닌 상대방을 비롯한 모든 사람, 더 나아가 자연현상까지 확대된다.

③ 자기개방

자신에 대한 이해와 수용을 통해 자신을 있는 그대로 나타내 보이는 것이다. 이는 타인의 개방을 촉진시켜 상호이해의 폭을 넓히는 동시에 더 깊은 자기 개방이 가능하도록 촉진한다.

④ 자기평가

현실 속에서 자신의 행동을 의미 있는 기준에 비추어보는 과정이다. 인과관계 추론을 통해 자신의 행동에 대한 타당성을 평가하며, 자신의 행동이 현실적으로 유효하고 적합한 것인지 검토한다.

⑤ 자기도전

새롭게 학습된 행동이나 사고, 감정 등을 소개하는 과정이다. 연습의 기회를 통해 새로운 행동을 시도하며, 그 결과에 대해 상담자의 객관적인 평가를 받는다.

(3) 목표

① 자신과 타인에 대한 신뢰감 형성

② 자신에 대한 지식습득과 정체성 발달

③ 인간의 욕구나 문제들의 공통성과 보편성 인식

④ 자기 수용(Self-acceptance)·자신감·자아 존중감 증진 및 자신에 대한 시각의 개선

⑤ 정상적인 발달문제와 갈등을 해결하는 새로운 방식 발견

⑥ 자신과 타인에 대한 주도성·자율성·책임감의 증진

⑦ 자신의 결정에 대한 자각과 지혜로운 결정능력 증진

⑧ 특정행동의 변화를 위한 구체적 계획 수립과 완수

⑨ 효과적인 사회적 기술학습

⑩ 타인의 욕구와 감정에 대한 민감성 증진

⑪ 타인에 대한 배려와 염려를 바탕으로 직면의 기술 습득

⑫ 타인의 기대에 부응하는 태도에서 벗어나 자신의 기대에 부합하는 방식의 습득

⑬ 가치관의 명료화, 가치관의 수정 여부 및 수정 방식 결정

(4) 집단상담자의 역할

① 집단 활동의 시작을 돕는다.

② 집단의 방향을 제시하고 집단 규준을 발달시킨다.

③ 집단 분위기 조성을 돕는다.

④ 의사소통 및 상호작용을 촉진시킨다.

⑤ 집단 구성원에게 행동의 모범을 보인다.

⑥ 집단 구성원을 보호한다.

⑦ 집단 활동의 종결을 돕는다.

(5) 일반적인 과정

① **제1단계** : 시작단계

　㉠ 시작단계에서는 집단 구성원 상호 간의 탐색, 집단구조에 대한 불확실성, 행동에 대한 불안감이 나타난다.

　㉡ 집단 구성원은 지도자로서 집단상담자에게 의존하는 성향을 보이며, 자기 역할을 파악하기 위해 노력한다.

　㉢ 집단상담자는 집단 구성원들로 하여금 자유롭게 자신의 생각과 감정을 표현하도록 유도하며, 편안한 분위기에서 존중과 공감, 수용의 태도를 학습하도록 도와야 한다.

② **제2단계** : 갈등단계

　㉠ 집단상담의 시작단계가 지나면 집단 구성원들이 서로 간에 부정적인 정서 반응을 나타내면서 집단 내적 갈등이 일어나게 되는데, 이는 집단상담의 과정상 필연적인 것이다.

　㉡ 집단 구성원들은 자신들의 불만과 저항에의 의지를 표시하며, 경우에 따라 집단상담자를 원망하거나 공격하기도 한다.

　㉢ 집단상담자가 수동적인 경우 집단 구성원들은 스스로 문제를 해결하려는 움직임을 보이며, 이 과정에서 갈등과 책임전가 현상이 나타나기도 한다.

　㉣ 집단상담자는 집단 구성원들의 저항과 방어에 즉각적으로 개입하여 이를 해결하기 위한 지지와 도전을 제공하여야 한다.

③ **제3단계** : 응집단계

　㉠ 집단이 갈등단계를 넘어서면 부정적인 감정이 극복되고, 조화롭고 협력적인 집단분위기가 발전되면서 점차 집단 구성원들 간에 응집력이 발달하게 된다.

　㉡ 집단 내의 호의적인 분위기는 적극적인 관심과 애착의 형태로 나타나기도 하며, 이러한 분위기에서 집단 구성원들은 집단상담자와 집단을 자신과 동일시하게 된다.

　㉢ 이 단계에서 지나친 자기만족은 오히려 집단의 발달을 저해할 수 있다.

　㉣ 집단상담자는 집단의 상호작용을 촉진하는 동시에 집단 구성원들이 가지고 있는 성장 의지 및 능력이 발휘될 수 있도록 유도해야 한다.

④ **제4단계** : 생산단계
  ㉠ 집단상담은 친근감을 느끼면서 수용하는 응집단계를 넘어서, 깊은 통찰에 의해 행동 변화가 이루어지는 생산단계로 나아가게 된다.
  ㉡ 집단 구성원들은 갈등에 직면하여도 이를 극복하는 방법을 학습하여 능동적으로 대처할 수 있으며, 집단 문제에도 적극적으로 참여할 수 있다.
  ㉢ 생산단계에서 집단은 집단 구성원들 간의 피드백 및 직면이 가능해지며, 변화를 위한 모험을 시도하기도 한다.
  ㉣ 집단상담자는 집단 구성원들이 보여주는 행동의 의미를 해석해주어 더욱 깊은 자기 탐색이 가능하도록 도우며, 집단 구성원들의 생각과 감정, 행동의 긍정적인 변화가 실질적인 행동으로 이어질 수 있도록 격려해야 한다.

⑤ **제5단계** : 종결단계
  ㉠ 집단 구성원들은 마침내 바람직하지 못한 행동에서 벗어나 새로운 행동을 학습함으로써 목표를 달성한다.
  ㉡ 집단 구성원들은 자신의 문제가 해결됨으로써 점차 자기노출을 감소하며, 유대관계의 분리로 인해 아쉬운 감정을 느낀다.
  ㉢ 집단상담자와 집단 구성원들은 집단 과정에 대해 반성하며, 일상생활에서의 적용에 대해 토의한다.
  ㉣ 집단상담자는 상담 종결에 따른 집단 구성원들의 감정을 다루며, 해결되지 못한 문제들을 정리해야 한다. 또한 집단 구성원들이 집단상담 과정에서 배운 내용들을 일상생활에서 유효하게 적용할 수 있도록 도와야 한다.

2 집단의 구성

(1) 동질성과 이질성

① 집단은 다양성과 공통성 사이에 균형을 이루어야 하며, 상담의 목적에 따라 집단 구성원들의 성, 연령, 배경 등을 고려해야 한다.
② 집단은 동질적인 동시에 이질적으로 구성되어야 한다.
③ 동질성은 집단 구성원들 간의 관계를 증진시키고 집단의 결속력을 높이는 반면, 집단 구성원들이 서로에게 익숙해짐으로써 새로운 자극을 접할 기회나 반론을 제기할 수 있는 기회가 감소함으로써 현실검증의 계기를 마련하기 어렵다.
④ 이질성은 집단 구성원들에게 다양한 관점과 견해를 제공함으로써 개인의 문제를 해결하는 데 자극이 될 수 있는 반면, 서로 공통점이 없으므로 자신을 노출하거나 다른 성원과 유대를 형성하는 것에는 시간이 오래 걸린다. 특히 초기에 집단 구성원들 간의 방어와 저항의 태도로 인해 구성원들의 탈락이 많을 수 있다.
⑤ 예를 들어 아동의 경우 남아와 여아를 따로 모집하는 것이 좋은 반면, 청소년기 이상의 경우 남자와 여자가 혼합된 집단이 효과적이다. 또한 학생의 경우 같은 또래끼리 어울리도록 하는 것이 좋은 반면, 성인의 경우 서로의 경험을 교환할 수 있도록 다양한 연령층으로 구성하는 것이 효과적이다.

(2) 집단의 크기

① 동질성과 이질성의 장점을 동시에 갖추어 충분한 경험을 토대로 새로운 도전을 시도할 수 있는 집단이 되기 위해서는 집단의 크기가 일정 수준을 유지해야 한다.

② 집단의 적절한 크기의 기준은 대체로 그 구성원의 성숙도, 집단상담자의 경험, 집단의 유형, 탐색할 문제나 관심의 범위, 그리고 타인에 대해 알고자 하는 집단 구성원의 요구 등 여러 요인에 따라 다를 수 있다.

③ 집단상담의 규모는 보통 5~15명 또는 6~12명 정도이며, 대체로 5~8명 정도가 적당한 것으로 알려져 있다.

> **더 알아두기**
>
> 집단의 적정 규모(크기)에 대해서는 학자마다 교재마다 다르게 제시되고 있습니다. 참고로 코리 부부(Corey & Corey)는 일반적으로 집단 구성원 수를 5~8명 정도, 상황에 따라 3~12명 정도로 하는 것이 바람직하다고 하였으며, 얄롬(Yalom)은 상호역동적인 치료집단의 적절한 크기로 7~8명을 제시한 바 있습니다.

④ 집단 구성원의 수가 적은 경우 집단 지도자에 대한 의존도가 높아질 수 있는 반면, 집단 구성원의 수가 많은 경우 집단지도자의 접근성이 떨어질 수 있다.

⑤ 집단의 크기는 모든 집단 구성원이 원만한 상호작용을 할 수 있을 정도로 커야 하고, 동시에 모든 집단 구성원이 정서적으로 집단 활동에 관여하여 집단감정을 느낄 수 있을 정도로 작아야 한다.

(3) 집단의 개방수준

① 집단지도자는 신규 구성원을 받아들일 것인지, 받아들이지 않고 기존의 구성원으로만 집단 활동을 할지 결정해야 한다.

② 개방집단과 폐쇄집단 중 어느 하나를 선택하는 것은 집단목표와 환경에 따라 달라질 수 있다.

개방집단	폐쇄집단
• 새로운 구성원의 아이디어나 자원을 활용할 수 있다. • 새로운 구성원의 참여로 집단 전체의 분위기를 조성할 수 있다. • 구성원 교체에 따른 안정성이나 집단정체성에 문제가 발생할 수 있다. • 새로운 구성원의 참여가 기존 구성원의 집단과업 과정에 방해요소가 될 수 있다.	• 같은 구성원의 지속적인 유지로 인해 결속력이 매우 높다. • 안정적인 구성으로 집단 구성원의 역할 행동을 예측할 수 있다. • 구성원의 결석이나 탈락이 집단에 부정적인 영향을 미친다. • 새로운 정보의 유입이 이루어지지 않으므로 효율성이 떨어질 수 있다. • 소수 의견이 집단의 논리에 의해 무시될 수 있다.

(4) 집단의 지속기간 및 회합의 빈도

① 집단의 지속기간은 집단성원들이 제각기 참여의 기회를 가질 수 있고 정서적으로 자신을 투입할 수 있으며, 원만한 집단 활동이 전개될 수 있을 정도로 이루어져야 한다.

② 집단 지도자는 집단프로그램이 약속된 시간·규칙에 따라 전개되도록 해야 한다.

③ 집단상담을 시작할 경우 미리 그 기간을 분명히 하고 종결의 시일도 정해 두어야 한다.

④ 시간이 제한적인 집단은 정해진 기간 내에 목표를 달성하기 위해 노력하므로 생산적일 수 있다.

⑤ 회합 횟수를 사전에 정해놓고 만날 수도 있으나, 상담 진행 과정 중 서로 협의하여 조정해나갈 수도 있다.

⑥ 일반적으로 아동의 경우 30~40분, 청소년의 경우 1시간, 성인의 경우 2~3시간 정도가 적절하며, 모임의 빈도는 일주일에 한 번 혹은 두 번 정도가 적합하다.

⑦ 마라톤 집단의 경우에는 계속해서 12시간, 24시간 혹은 48시간 진행되기도 한다. 이러한 마라톤 집단은 계속적인 상호작용과 수면부족에서 오는 피로현상 등을 통해 집단 구성원 간에 통상적 가면을 벗고 자신을 그대로 노출하도록 한다. 이와 같이 긴 시간의 활동을 전개하는 이유는 강력한 정서적 몰입과 대인간의 맞닥뜨림을 촉진하기 위함이다.

(5) 물리적 환경의 배려

① 물리적 환경은 집단 구성원들의 심리상태와 함께 그에 따른 역할 수행과 밀접하게 연결되어 집단 구성원들의 비밀성, 친밀감, 안도감, 집중도의 측면에 상당한 영향을 미친다.

② 집단 지도자는 효율적인 집단경험을 위해 다양한 배치, 움직임, 빛, 습도, 온도 등을 고려하여 물리적 공간을 설계하고 적응방법을 모색해야 한다.

③ 집단 구성원들이 물리적인 자원을 거부감 없이 활용하며, 역동적인 상호작용이 이루어질 수 있도록 배려해야 한다.

④ 집단 상담실의 위치, 크기 및 분위기는 집단 구성원의 수, 연령, 그리고 주된 활동 프로그램에 따라 다를 수 있다.

⑤ 집단 상담실은 심리적인 안정감을 줄 수 있고 집단 과정에 몰입하는 데 방해를 주지 않을 정도로 정돈되어 있으며, 참여자들이 자유롭게 신체적 활동을 할 수 있을 정도로 커야 한다.

⑥ 상담의 효과를 높이기 위해 흔히 시청각 기재를 활용할 수도 있으며, 이 경우 사전에 집단 구성원들에게 분명히 알리고 동의를 얻어야 한다.

⑦ 집단 구성원은 가로 또는 세로의 일직선상으로 앉는 것보다 둘러앉을 경우 더욱 효과적으로 의사소통을 하며, 같은 줄에 앉는 것보다 마주보고 앉을 경우 상호작용이 활발히 이루어진다.

3 집단상담의 효과와 집단응집력

(1) 집단상담의 효과

① **시간 및 비용의 절감**

집단상담은 상담자가 다수의 내담자들과 접촉하므로 시간 및 비용 측면에서 효과적이다.

② **편안함 및 친밀감**

집단상담은 상담자와의 1대 1 개인상담보다 집단 구성원들 간의 친밀감을 통해 여러 가지 문제를 더욱 쉽게 다룰 수 있다.

③ **구체적 실천의 경험**

집단상담은 현실적이고 실제 생활에 근접한 사회 장면을 제공하므로 새로운 행동을 검증하거나, 문제해결 행동을 구체적으로 실천할 수 있는 경험을 가질 수 있다.

④ **현실검증의 기회 제공**

집단상담에서 개인은 외적인 비난이나 처벌에 두려움 없이 새로운 행동을 시험해보며, 현실을 검증해 볼 수 있는 기회를 제공해준다.

⑤ **소속감 및 동료의식**

집단상담에서는 동료들 간에 서로의 관심사나 감정들을 터놓고 이야기할 수 있으므로 소속감과 동료의식을 발전시킬 수 있다.

⑥ **풍부한 학습 경험**

집단상담에서는 다양한 구성원들을 접할 수 있으므로 개인상담이 줄 수 없는 여러 가지 풍부한 학습 경험을 제공한다.

⑦ **지도성의 확대**

집단 구성원들은 상호 간에 경청하고 수용하고 지지하고 대면하고 해석해 주는데, 이와 같은 행동을 통해 서로 상담자로서의 역할을 하게 된다.

⑧ **관찰 및 경청**

집단상담에서 집단 구성원들은 다른 사람들의 이야기나 행동을 경청하고 관찰하면서 함께 생각하고 느낄 수 있다.

⑨ **개인상담으로의 연결**

내담자가 개인상담을 기피하는 경우 우선 집단상담을 통해 개인상담의 필요성을 느끼도록 하며, 내담자로 하여금 용기를 얻어 개인상담에 응하도록 유도할 수 있다.

(2) 응집력이 높은 집단의 특징

① 자기 자신을 개방하며, 자기 탐색에 집중한다.

② 다른 구성원들과 고통을 함께 나누며, 이를 해결해 나간다.

③ 자유로운 분위기에서 집단 활동에 적극적으로 동참한다.

④ 자신의 생각과 느낌을 즉각적으로 표현한다.

⑤ 서로를 보살피며, 있는 그대로 수용해 준다.

⑥ 보다 진실하고 정직한 피드백을 교환한다.

⑦ 건강한 유머를 통해 친밀감을 느끼며, 기쁨을 함께 한다.

⑧ 깊은 인간관계를 맺으므로 중도 이탈자가 적다.

⑨ 집단의 규범이나 규칙을 준수하며, 이를 지키지 않는 다른 집단 구성원을 제재한다.

(3) 집단응집력의 영향요인

① 다른 모든 조건이 동일하다는 가정 하에 규모가 큰 집단보다는 작은 집단에서 집단응집력이 상대적으로 강하게 나타난다.

② 집단은 목표달성을 통해 효과적으로 자신의 이미지를 각인함으로써 집단응집력을 높인다.

③ 집단응집력은 집단 구성원들 간의 생산성 차이를 감소시키나, 이러한 집단응집력과 생산성 사이의 관계는 항상 정(+)의 관계에 있는 것은 아니다.

④ 집단 구성원들 간의 공유된 태도 및 가치관, 집단문화 등이 집단응집력의 중요한 원천이 된다.

(4) 집단 구성원의 비생산적인 행위

① 질문자의 질문에 대해 답변을 하기보다 자신의 질문만을 계속하는 행위

② 마치 제3자가 이야기한 것인 양 가장하여 다른 집단 구성원에 대해 험담을 하는 행위

③ 집단 활동과 관련이 없는 집단 외부의 이야기를 길게 늘어놓는 행위

④ 다른 집단 구성원의 개인적인 정보를 캐어묻는 행위

⑤ 자신의 문제나 책임을 마치 다른 사람의 것인 양 전가하는 행위

⑥ 논리적이지 못한 말을 길게 늘어놓음으로써 다른 집단 구성원들을 지루하게 만드는 행위

⑦ 집단 내 여러 구성원들이 특정 구성원에게만 지속적으로 질문을 하거나 자신들의 감정을 표출하는 행위

4 집단상담의 형태

(1) 지도집단 또는 가이던스집단(Guidance Group)

① 토론의 내용이 정의적이거나 심리적인 집단토의 장면으로 이루어지는 비교적 구조적인 형태의 집단상담이다.

② 집단 지도자가 집단 구성원들의 개인적 요구나 관심사에 따라 교육적·직업적·사회적 정보를 제공하는 것을 주된 목표로 한다.

③ 집단 지도자에 의한 강의, 교수 등의 방법이 활용되며, 집단의 방향이나 집단의 진행 내용 등이 사전에 계획적으로 구조화된다.

(2) 상담집단(Counseling Group)

① 상담집단은 지도집단과 달리 어떠한 주제나 문제보다는 사람에게 초점을 둔다. 즉, 개인의 성장과 발달뿐만 아니라 성장에 방해요소를 제거시키거나 자기인식에 초점을 둔다.

② 집단에서는 정의적이고 개인적인 내용들이 논의되며, 이를 통해 개인의 행동 변화를 도모한다.

③ 집단 지도자는 집단 구성원들로 하여금 사적인 문제들을 편안하게 나눌 수 있도록 안정감과 신뢰감이 있는 집단 분위기를 조성하는 데 주력한다.

(3) 치료집단(Therapy Group)

① 제2차 세계대전 중 정신질환자의 치료를 담당할 전문가의 부족으로 발달하게 된 것으로, 치료를 주된 목표로 한다.

② 집단 지도자는 전문적인 훈련을 받고 전문적인 기술을 습득한 사람이다.

③ 주로 정상적인 기능을 할 수 없는 사람들을 대상으로 집중적인 심리치료를 적용하므로 다른 상담집단에 비해 오랜 시간을 필요로 한다.

(4) 자조집단(Self-help Group)

① 서로 유사한 문제나 공동의 관심사를 가진 사람들이 자발적으로 구성하여 각자의 경험을 공유하는 형태의 집단상담이다.

② 개인이 각자 자신의 문제 상황에 대처할 수 있도록 하며, 자신에 대한 긍정적인 느낌과 함께 자신의 삶에 책임감을 가지도록 하는 것을 목표로 한다.

③ 1935년 미국의 오하이오에서 시작된 알코올 중독의 치료를 위한 '익명의 알코올 중독자들(Alcoholic Anonymous)'이 대표적인 예에 해당한다. 이것은 알코올 중독 환자들이 서로 단합하여 자신들의 문제를 스스로 해결하고 금주할 수 있도록 돕는 단체이다.

(5) 감수성집단 또는 감수성훈련집단(Sensitivity Group)

① 집단의 목표는 심리사회적 문제나 정신적 장애의 해결보다는 집단 구성원들의 의식화 또는 일정한 훈련을 통한 효과에 있다.

② 집단 구성원들로 하여금 자기 자신은 물론 타인에 대한 인식을 증진하도록 하며, 보다 효율적인 상호작용 패턴을 구축할 수 있도록 돕는다.

③ 집단 구성원들은 토론이나 각종 실험활동을 통해 집단이 어떻게 작용하는지, 개별 구성원들이 타인에게 어떠한 영향을 미치는지에 대해 이해할 수 있게 된다.

(6) T 집단(Training Group)

① 소집단을 통한 훈련이 프로그램의 핵심을 이루므로 '훈련집단'이라고 부르며, 실험실 교육 프로그램의 방법을 활용하므로 '실험실적 접근'이라고도 부른다.

② 집단 활동을 관찰·분석·계획·평가하고 집단 구성원으로서의 역할을 학습하는 등의 보다 직접적인 경험을 통해 집단의 전반적인 과정에 대해 학습하며, 커뮤니케이션 및 피드백의 구체적인 행동기술을 습득하는 것을 주된 목표로 한다.

③ 비구조화된 소집단에서 집단 구성원 모두가 직접 참여하여 스스로의 목표를 설정하고 상호 간에 피드백을 주고받는다.

(7) 참만남집단 또는 대면집단(Encounter Group)

① T 집단의 한계를 보완하기 위한 것으로, 동시대의 실존주의와 인도주의 사상을 도입한 것이다.

② 개인의 성장과 함께 개인 간 의사소통 및 대인관계의 발전을 도모함으로써 궁극적으로 자아실현에 이를 수 있도록 하는 것을 1차적인 목표로 한다. 또한 개인의 성장 및 변화를 통해 그가 소속한 조직의 풍토를 변혁하는 것을 2차적인 목표로 한다.

③ 개별 구성원들로 하여금 다른 사람과의 의미 있는 만남을 통해 인간관계 및 인간실존에 대해 자각하도록 돕는다. 또한 '여기-지금(Here & Now)'의 경험을 통해 자유로운 대화를 전개하며, 다른 사람과의 교류능력을 증진하고 잠재력을 발휘하도록 돕는다.

제 4 절 학부모상담

1 의의

학부모의 웰빙증진뿐만 아니라 자녀의 웰빙증진에도 도움을 주고자 하는 것으로 학생의 적응력 향상과 학업활동을 전개하는 데 필요한 정보교환을 함으로써 학생의 진로교육과 행복한 학교생활을 하도록 하는데 목적이 있다.

(1) 부모는 학생 개인의 역사에 대해 가장 잘 알고 있는 전문가로 학생의 과거뿐만 아니라 현재와 미래에 지대한 영향을 미치는 중요인물이다.

(2) 청소년기 부모-자녀의 관계는 애착과 자율의 양면적 요구를 포함하는 이중적 속성을 가지므로 부모와의 관계에서 갈등이 증가하는 시기이다.

(3) 가정에서의 교육과 학교에서의 교육은 확연히 구분될 수 없이 긴밀하게 얽혀있고 서로 영향을 주고받는다.

(4) 학부모와 학교 스태프가 학생을 위해 서로 협조적 관계를 잘 유지하면 학생교육의 효과가 극대화될 수 있다. 하지만, 학부모와 학교 스태프의 협조가 잘 이루어지지 않으면 오히려 학부모가 학생교육에 심각한 방해요인이 될 수 있다.

2 원리

(1) 학부모와 학교심리학자(혹은 교사)는 학생의 성장을 위해서 함께 노력해야 할 동료이며 한 팀이다.

① 부모를 청소년 교육의 전문가로서 존중하는 태도를 가진다.

② 부모가 학교심리학자(혹은 교사)에게 합당한 존중의 태도를 유지하게 한다.

③ 부모와 학교심리학자(혹은 교사)는 일상적인 친분관계가 아니며, 나이에 의한 수직적 상하관계가 성립될 수 없다.

(2) 부모의 불편한 심경을 이해한다.

① 학교심리학자(혹은 교사)는 상담자이고 부모는 내담자이다.

② 학부모 상담의 목적을 분명히 알려주고 협조할 수 있는 분위기를 만든다.

③ 학생에 대한 긍정적 이야기로 학부모 상담을 시작한다.

(3) 성공적인 학부모상담을 위해 평소의 준비가 필요하다.

① 학생에게 관심이 있음을 평소에 지속적으로 전달한다.

② 평소 학생에 대한 자잘한 것이라도 기록하고 모아둔다.

(4) 학부모 유형에 따라 접근을 달리한다.

① **자녀의 성장을 위해 상담을 원하는 보호자 고객 유형의 학부모**

㉠ 학부모상담에 적극적인 태도로 임하고 변화를 위해 노력하고자 하는 준비도 잘 갖추어진 학부모로서, 학교심리학자(혹은 교사)가 학부모상담을 통해 줄 수 있는 도움을 원한다.

㉡ 부모의 자녀에 대한 열의와 노력에 대한 인정과 지지를 전하며, 학생에 대한 생각과 느낌, 교육에서 중요하게 생각하는 점들에 대한 학부모와 학교심리학자(혹은 교사)의 의견을 서로 나누고 확인한다.

② **자신의 문제를 상담받기 원하는 내담자 고객 유형 학부모**

㉠ 부모의 어떤 문제가 학생의 문제해결이나 성장에 걸림돌이 되는 경우, 부모의 문제를 다룰 수는 있지만 항상 학생의 문제에 대한 관련성을 고려하고 학생의 문제에 초점을 맞추면서 부모의 문제를 다루는 정도에 국한한다.

㉡ 학부모가 상담에 대한 요구는 높으나 자신의 문제나 가족 간 문제를 상담받을 수 있는 자원이 극히 부족한 경우에는 교사가 적극적으로 가능한 자원을 찾아줄 수 있다.

③ **불평자 유형 학부모**

㉠ 문제에 대한 자기인식이 부족하고 변화의 의지가 부족하여, 문제를 다른 사람이나 상황 탓으로 돌리고 학교심리학자(혹은 교사)에게 비우호적이며 비협조적이다.

㉡ 방어적 태도가 아닌 공감적으로 이해하려는 상담자적인 태도로 학부모를 대하는 것이 매우 중요하다.

㉢ 학생의 문제가 학부모 자신의 행동 및 부모자녀 관계와 어떻게 관련이 되는지, 학생의 변화를 위해 학부모가 무엇을 시도할 수 있는지 등을 생각해 보도록 돕는다.

④ 방문자 유형 학부모

  ㉠ 자녀의 문제를 인정하지 않거나, 변화의 가능성에 대해 기대가 없고 변화를 위한 어떤 개입
   에도 관여하고 싶어 하지 않는다.

  ㉡ 무조건적 존중과 공감적 이해의 태도로 임하며 부모의 자녀에 대한 기본적이고 작은 노력이
   라도 찾아서 인정해주어 학부모가 좀 더 기운을 낼 수 있도록 북돋아 준다.

(5) 학생과 부모의 특성 및 상황에 따라 다양하게 접근한다.

① 다양한 접근방법을 사용한다. 단순한 정보제공, 체계적인 학부모 교육, 학생문제에 대한 규정
 및 명료화, 학생교육에 대한 조언, 학부모의 교육내용에 대한 허용과 심리적 지원, 문제의 인식
 및 해결을 위한 설득, 학부모의 감정해소 및 정리를 위한 도움, 학생 및 학부모의 심리적 문제
 해결을 위한 치료적 개입, 외부전문가에게 필요 시 의뢰 등이 있다.

② 학부모의 상황과 기대 및 느낌을 알아본다.

③ 이전에 학부모가 학생의 문제해결 및 성장을 위해 시도했던 노력들에 대해 알아본다.

④ 학부모의 강점에 기반을 두고 조언한다.

⑤ 학생이 좋아할 일은 학생이 모르게, 학생이 싫어할 일은 학생이 있는 데서 조언한다.

(6) 다룰 수 있는 문제로 만들고, 우선순위를 정한다.

① 필요한 경우 문제를 보는 시각을 바꾸도록 도울 수 있다.

② 변화시키고 싶은 것뿐만 아니라 유지하고 싶은 것도 찾아보게 한다.

(7) 추수상담을 통해 학부모를 지원한다.

① 추수상담은 상담 종결 후 상담 효과가 지속되는지 여부를 확인하는 것으로 상담자와 내담자의
 합의에 따라 일정 기간 동안 수차례에 걸쳐서 수행할 수 있다.

② 추수상담을 통해 내담자 행동 변화의 지속상태 점검, 잘하는 부분에 대한 강화, 부족한 부분은
 보안할 수 있는 방법을 찾도록 하며, 상담 과정의 적합성에 대하여서도 추적할 수 있다.

3 학부모 상담기법

(1) 공감적 이해

공감적 이해는 상담자가 학부모의 입장이 되어 학부모의 생각과 감정을 이해하는 마음과 자세와
태도를 가지는 것이다. 상담자가 내담자와 대화할 때 공감적 이해의 태도와 행동을 보여주면 내담
자는 자신이 이해받는다는 느낌을 갖게 되고 상담자를 보다 신뢰하게 되어, 자신을 깊이 드러내 보
이며 결과적으로 상담자와 학부모 간에 촉진적인 관계가 형성될 수 있고, 학부모가 자기 자신을 더
욱 깊이 있게 탐색할 수 있다.

(2) 존중

존중은 상대방을 전적으로 믿고 신뢰하는 것이다. 존중을 받은 내담자는 상대방에게 가치를 인정받기 위한 조건을 채우기 위해 자신이 원하는 방향이 아닌 방향으로 선택하고 행동해야 한다는 습관적인 사고와 행동으로부터 벗어날 수 있다.

(3) 일치성

상담관계에서 상담자가 매순간 경험하는 자신의 감정이나 태도를 있는 그대로 진솔하게 인정하고 개방하는 것을 말한다. 내담자 앞에서 일치성을 유지하면서도 내담자의 성장을 촉진하기 위해서 상담자는 높은 수준의 자각, 자기수용, 자기신뢰, 그리고 인간에 대한 애정을 갖추는 것이 중요하다.

(4) 질문

질문은 상담과정에서 문제, 내담자의 상황, 변화가능성을 탐색하기 위해 사용하게 되는데, 같은 내용의 질문이라고 해도 개방적인 질문으로 하느냐 폐쇄적인 질문으로 하느냐에 따라 내담자의 대답과 자기탐색 정도, 그리고 그 질문으로 인해 내담자가 받는 영향이 달라질 수 있다. 개방적 질문은 상담과정에서 내담자의 내면세계를 탐색하는 데 필요한 질문이다. 폐쇄적 질문은 정확한 정보를 얻거나 확실한 의사결정을 이끌어내고 싶을 때 쓰인다.

(5) 재진술

재진술은 상황이나 사건 등 내담자가 말하는 내용을 상담자의 언어로 바꾸어 말함으로써 내담자로 하여금 자신이 말한 내용에 대해 주의를 기울이도록 하는 방법이다. 내담자는 상담자의 재진술을 들으면서 자신이 말한 내용을 다른 사람의 입을 통해 듣는 기회를 가지게 되고 결국 자신이 말한 내용을 명료하게 이해할 수 있다. 또한 자신만의 입장에서 말을 했던 내담자는 상담자의 입에서 나오는 재진술 반응을 통해 자신이 했던 말을 객관적인 입장에서 다시 생각해 볼 수 있는 기회를 갖게 된다.

(6) 구조화

구조화는 상담과정, 제한조건, 방향에 대하여 상담자가 내담자에게 정보를 주는 것이다. 상담 초기에 구조화가 확고하게 이루어지면 내담자는 상담이 체계적인 계획을 가지고 있다는 점을 인지하게 된다.

(7) 역할연습

역할연습은 현실 장면을 상담 장면으로 끌어들여, 상담자와 내담자가 현실 속의 여러 인물들을 연기하는 기법이다. 역할연습은 내담자가 자신의 상황을 객관적으로 보도록 하기 위해서, 내담자에게 다른 사람의 관점에 설 수 있는 기회를 주기 위해서, 실행에 옮겼을 때 닥쳐올 좋지 않은 결과에 대한 예기불안에 직면시켜 실행력을 높이기 위해서 사용하게 된다.

4 가족상담의 주요 이론

(1) 정신분석적 모델

① 의의
- ㉠ 인간의 정신을 분석하는 접근으로, 주로 과거에 초점을 맞추면서 내담자의 전이와 저항을 주요 수단으로 활용하는 접근방법이다.
- ㉡ 가족에 관심을 가졌으나, 상담에 가족을 포함시키려는 시도는 소극적이었다.

② 프로이트의 충동심리학
- ㉠ 인간 본성의 중심에는 성적이고 공격적인 충동이 있다. 아이가 알게 모르게 정신적 갈등이 일어나는 것은 이런 근본적인 충동 표현에 불안을 느끼기 때문이다.
- ㉡ 갈등이란, 불쾌한 감정으로 불안과 우울에 의하여 나타나게 된다.
- ㉢ 불안이란, 개인이 어떤 특정 욕구를 충족시키는 행동으로 인하여 처벌받게 될 불유쾌한 관념의 연상이며 이것은 때로 무의식적이다.
- ㉣ 우울이란, 이미 발생했던 재난에 대한 두려운 관념의 불유쾌한 감정이며, 이것은 때로 무의식적이다.

(2) 정신역동적 모델(대상관계이론)

① 의의
- ㉠ 가족을 대상으로 정신역동적 상담을 하는 것이며, 체계적 가족상담에 정신역동적 통찰과 개입을 선택적으로 도입한 모델이다.
- ㉡ 과거의 무의식적 이미지에 대한 통찰을 통한 인성 변화와 가족 구성원의 무의식적 구속으로부터의 자유를 추구한다.
- ㉢ 1970년대 개인 중심인 프로이트의 이론에서 벗어나 관계중심인 대상관계이론으로 이행하면서 주목받게 되었다.
- ㉣ 정신역동적 불안은 인간의 모든 행동이나 생각이 우연히 나타나는 것이 아니라, 본능적 욕구인 성욕과 공격욕을 충족하기 위한 무의식적 충동에 의해서 나타난다고 보았다. 그러나 모든 인간은 자신의 본능이나 욕구를 추구하는 과정에서 이를 억제하려는 사회적 환경이나 정신적 역동과정에 의해서 갈등을 경험하게 되며, 이러한 갈등이 원만하게 해결되지 못했을 때 신경장애와 같은 비정상적인 행동을 보이게 된다는 것이다. 그러므로 문제를 일으키는 정신세계의 역동성을 이해하여 이들 간의 갈등을 해소하고 문제의 증상을 감소시키는 심리치료가 필요하다는 이론인 것이다.
- ㉤ 이를 구체화하여 4가지로 정리해 보면 다음과 같다.
  - 정신장애는 개인의 내적인 갈등의 산물이다.
  - 개인이 사용하는 과다한 방어(Defense)는 병리로 나타난다.
  - 신체 내의 과도한 긴장은 유기체 내의 정신신체적(Psychosomatio) 장애를 유발한다.
  - 자아가 더 이상 현실에 대응할 수 있는 능력을 상실하였을 때, 개인은 정신병적(Psychotic)인 반응을 보인다.

ⓑ 정신역동적 치료란, 이러한 현상의 내적인 갈등을 제거하기 위하여 억압되어 있는 갈등의 해소에 주력하고, 갈등을 통찰시키기 위하여 꿈의 분석, 자유연상, 저항의 처리, 전이 등의 방법을 동원하여 치료하는 것을 말한다.

② **주요 학자**

ⓐ 애커만(Ackerman)
- 『가족생활의 정신역동』이라는 가족의 진단과 치료에 관한 첫 번째 저서를 통해, 가족은 안정적이고 예측이 가능한 경우는 매우 드물며, 어려움을 겪는 한 개인을 가족에서 고립시키거나 격리하기보다는 가족 안에서 치료할 때 보다 나은 변화를 할 수 있다고 역설하였다.
- 사람은 혼자서 살아가는 존재가 아니기 때문에 개인의 무의식에 대한 정확한 이해를 위해서는 가족상호작용이라는 현실적 맥락에 대한 이해가 선행되어야 한다고 보았고, 결론적으로 그는 환자를 가족에서 따로 떼어내어 치료해서는 안 된다고 주장하였다.

ⓑ 클라인(Klein)
- 부모에 의해서 양육될 때 경험하는 만족과 좌절 등을 통하여 부모의 이미지를 내면화하면서 자아상을 형성해 나간다.
- 그 결과 긍정적인 경험은 유아에게 따뜻함·보살핌·만족·안정감을 주지만, 부정적 경험은 유아에게 분노·불안·초조·염려·두려움을 주게 된다.

ⓒ 보스조르메니-나지(Boszormenyi-Nagy)
- 가족 관계에서는 가족출납부적인 관계가 반드시 성립한다고 한다. 즉, 출납부에서 수입이 있으면 지출이 있듯이, 가족의 관계에서도 이득을 보는 가족이 있으면 반드시 손해를 보는 가족이 있다고 한다. 이는 금전출납부의 적자를 해결하기 위해서는 부채가 상환되어야 하는 것처럼, 부정을 저지르면 언젠가는 심판을 받아야 하는데, 문제는 심판이 너무 적거나 불충분하게 실행될 경우 보복의 고리(Chain of Displaced Retributions)가 발생한다는 것에 있다. 결국 가족 중 누군가가 나타내는 증상은 우리 가계의 부정이 너무 많이 누적되어 있다는 것을 알리는 신호이다. 어머니의 희생 및 그에 따른 우울증이 그 예이다.
- 가족출납부에 의하면, 개인의 이익은 집단을 위해 희생되는데 이는 보이지 않는 충성심과 관련이 있다. 따라서 문제행동이나 병리적 반응은 이러한 보이지 않는 충성심에서 발전할 수 있다. 그는 이러한 윤리적 고려를 강조하면서도, 가족 개개인의 주관적 경험과 무의식적인 역동성을 무시하지 않고, 치료 과정에서 과거에 대한 자료(부정의 연쇄 고리)를 사용해 부정을 수정한다.
- 인간에게 가장 기본이 되는 힘이 관계윤리(Relational Ethics)라고 하였다.
- 가족 구성원들의 재접속(Rejunction)을 통해 관계를 개선하는 것에 목표를 둔다.
- 이 치료의 장점은 자신의 가족에게 일어난 부정적 연결고리에 대한 통찰을 통해 용서와 관대함이 이루어지게 되고, 이러한 부정적 채무가 정지될 때 높은 치료효과를 볼 수 있다.

③ **주요 내용**

ⓐ 경청, 감정이입, 해석 등의 정신분석학적 방법을 통해 가족 구성원의 내면을 정화한다.
ⓑ 가족상담의 대상은 개인이 되기도 하고, 가족 구성원 모두가 되기도 하는데, 개별 상담과 집단상담이 필요에 따라 절충된다.

ⓒ 내적·심리적 갈등의 해결, 가족 간의 무의식적인 대상관계를 분석함으로써 통찰과 이해, 성장의 촉진, 합리적인 역할분배를 강조한다.

ⓔ 상담자는 가족의 대화 혹은 행동 속에 무의식적으로 억압되어 있는 과거의 잔여물에 대해 탐색하고 구성원들과 과거를 훈습한다.

④ **상담자의 태도**

ⓐ 정신역동적 가족상담은 분명히 고전적 정신분석보다는 적극적이지만, 대부분의 가족 상담자들과 비교해보면 상당히 비지시적인 기법을 사용한다.

ⓑ 대부분의 가족 상담자도 환자에게 하는 조언을 최소화하려 하지만, 정신역동적 가족 상담자의 경우에는 지시나 충고를 극도로 제한하였으며, 가족들의 생활을 거의 조정하지 않는다.

ⓒ 개인이나 가족 구성원 간, 가족과 상담자 간에 심리 내적 역동이나 투사적 동일시를 중시한다. 가족 구성원이 자신들의 마음속에 있는 것을 언어화하면, 치료자는 언급된 것을 욕구·방어·자아상태·감정전이의 파생물로 간주하여 적극적으로 분석하게 된다.

ⓓ 정신역동적 가족상담의 기본자세

- 방해를 최소화하고, 불필요한 개입을 배제하면서 개인의 반응을 면밀히 검토한다.
- 내면화된 대상의 어떤 부분은 의식적이고 쉽게 알 수 있으나, 대부분의 무의식 속에 숨겨진 심상을 찾아내기 위해서는 비지시적인 치료기법이 중요하다고 본다.
- 정신분석학적 자유연상을 통해 무의식적인 것을 표면화하도록 한다.
- 가족 구성원은 그들의 관심을 치료자의 방해나 지시 없이 자유롭게 이야기하게 된다.

⑤ **상담 기법**

ⓐ 경청 : 내담자가 용기를 내어서 괴로운 일들을 탐색하거나 혹은 생각을 가다듬거나 냉정을 되찾기 위해 말을 중단하고 침묵하거나 눈물을 흘리는 동안은 참을성 있게 기다리며, 내담자가 말하는 것뿐만 아니라 그가 말하고자 의도하는 것, 즉 말의 억양이나 말씨, 자세, 또 다른 비언어적 메시지를 찾아낸다.

ⓑ 감정이입 : 상담자가 내담자의 생각과 느낌을 함께 공감할 수 있도록 주의를 기울여 들어 주는 것이다.

ⓒ 해석 : 자아로 하여금 무의식적인 자료를 의식화하는 것을 촉진시킴으로써 내담자로 하여금 무의식적인 자료들에 대한 통찰을 갖는 것이다.

ⓓ 분석 : 상담자들이 가족의 변화를 시도하기 전에 가족에 대한 이해를 먼저 해야 한다. 전이분석은 내담자가 어릴 때 어떤 중요한 인물, 대상에 대하여 가졌던 사랑이나 증오의 감정을 상담자에게 전이시킬 때 나타나는 현상이다.

ⓔ 자유연상 : 내담자로 하여금 마음속에 떠오르는 것이면 무엇이든지 이야기하도록 함으로써, 무의식적인 사건을 표면으로 끌어내기 위한 최고의 방법이다.

⑥ **평가**

과거 성장기에 부모와의 문제나, 부모와의 결혼생활 문제, 기타 문제로 상처를 받았거나 보이지 않는 충성심에 의해 얽매여서 벗어나지 못하는 가족들에게 효과가 있다.

(3) 의사소통 가족상담모델

① **의의**

　㉠ 의사소통의 과정과 형태에 초점을 두고 있다.

　㉡ 1950년대 캘리포니아 팔로알토에서 베이트슨(Bateson)에 의해 주도된 정신분열증 연구 프로젝트와 잭슨(Jackson)이 이끄는 정신건강연구소(Mental Research Institute, MRI)에 관여한 연구자들이 정립한 의사소통이론에 기초하고 있다.

　㉢ 다른 가족상담이론과 달리, 전적으로 가족에게 초점을 두는 점과, 가족 구성원의 문제를 가진 가족의 상호작용이라는 새로운 관점에서 연구되었다.

　㉣ 1950년대 이후, 30여 년 동안 발전을 거듭해 오는 과정에서 학자에 따라 강조점을 달리한 다양한 모델로 분화·발전하였다. 발전 과정을 보면, MRI를 중심으로 활동한 상호작용적 의사소통모델, 인본주의 경향을 강하게 띠면서 사티어(Satir) 특유의 모델로 발전된 경험적 가족상담모델, 헤일리(Haley)에 의해 발전된 전략적 가족상담모델 등으로 발전하였다.

② **주요 학자**

　㉠ 베이트슨(Bateson) : 의사소통이론의 선구자로서, 정신분열증 행동을 알기 위해 의사소통을 분석하기 시작하였다. 관찰을 통하여 메시지의 상호교환이 가족관계를 한정하며, 이러한 관계는 가족의 항상성 과정을 통해 안정을 찾는다는 사실을 발견하였다.

　㉡ 잭슨(Jackson) : 의사소통 가족상담을 창안하여 보편화하는 데 기여하였다. 1958년에 MRI를 설립하고, 거기에서 병리적 의사소통에 대한 연구를 하였는데, 이러한 의사소통 유형은 결코 정신분열증 환자 가족의 고유한 것은 아니라는 사실을 밝혔다.

③ **의사소통이론의 기본 명제**

　㉠ 모든 행동은 의사소통이다.

　㉡ 모든 의사소통에는 '내용'과 '관계'의 두 차원이 있으며, 내용 측면은 정보를 전달하고, 관계 측면은 정보가 받아들여지는 방법을 전달한다.

　㉢ 모든 체계는 '규칙'에 의해 규정되며, 이러한 규칙으로 인해 '항상성'이 유지되고, 그 결과로 체계가 보존된다.

　㉣ 모든 행동과 의사소통은 '상황' 안에서 검토되어야 하며, 상황에 대한 고려 없이는 완전한 이해가 있을 수 없다.

　㉤ 의사소통은 끊임없이 이어지는 순환적 상호교환의 연속이다.

　㉥ 의사소통 유형은 의사소통이 일어나는 상황 내의 환류로 인해 반복되고, 따라서 문제 또한 유지된다.

④ **주요 개념**

　㉠ 역설적 의사소통

　　• 메시지 간에 상호 모순되고 일치되지 않는 것을 말한다.

　　• 예를 들면, 말로는 반갑다고 하면서 눈으로는 냉담한 표정을 짓는 경우이다. 이럴 경우에 의사소통의 수신자는 어떤 메시지를 따를 것인지 혼란스러워진다.

　㉡ 이중구속(Double Bind)

　　• 한 사람이 다른 사람에게 논리적으로 상호 모순되고 일치하지 않는 두 가지 메시지를 동시에 전달하는 것을 말한다.

- 예를 들면, 상을 받아온 아들에게 엄마가 "축하해"하면서 계속 드라마에 열중하는 경우, 이러한 상호 모순된 메시지는 아동을 어떠한 메시지에도 반응할 수 없는 혼란된 상황에 놓이게 함으로써 결국 정신분열적으로 반응할 수밖에 없게 된다고 베이트슨은 주장하였다.

ⓒ 가족항상성
- 가족이 어떠한 상황에서도 안정성을 유지하려는 속성을 의미하며, 항상성은 가족 내에서 발전시킨 상호작용 유형에 의해 지속된다는 것이다.
- 예를 들어, 자녀가 청소년기에 진입하였는데도 부모는 아동기의 가족체계 방식대로 의사결정을 하려한다.

ⓔ 대칭적 관계와 보완적 관계
- 대칭적 관계는 평등에 기초한 관계이며, 보완적 관계는 평등하지 않은 관계를 의미한다. 그렇다고 어느 관계가 보다 안정적이거나 우월하다고 할 수는 없으며, 양자는 모두 병리적으로 발전할 가능성이 있다.
- 대칭적 관계는 평등성에 기초하지만, 병리적인 관계로 발전할 위험성이 있다. 의사교환자한 쪽의 반응이 다른 쪽에 영향을 주고, 이것이 다시 한 쪽의 반응을 상승시키는, 즉 대칭적 상승의 효과가 있게 되어 언쟁·싸움으로 발전하게 되는 경우이다.
- 보완적 관계란, 의사교환자가 우월·열등의 관계에 놓여 있어 이 관계가 경직되는 경우에 병리적인 관계로 발전한다.

⑤ 정상적 가족발달
- ㉠ 가족을 부정적 환류와 긍정적 환류 과정의 적절한 조화로 유지되는 기능적 체계로 보았다.
- ㉡ 이 두 가지 환류가 적절히 작용하여 가족의 구조를 보존 및 유지함과 동시에 환경의 변화에 적응하여 가족구조를 변화해 나갈 때 가족은 정상적으로 발달하게 되는 것이다.

⑥ 주요 기법
㉠ 직접적 기법
- 명확한 의사소통 규칙의 교육, 가족의 의사소통 유형의 분석과 해석 등의 기법이다.
- 내담자의 문제해결 의지와 통찰력에 의존하는 방법으로, 치료의 효과는 내담자의 협조에 크게 좌우된다.

㉡ 역설적 개입
- 역설적 명령 혹은 증상처방(치료적 이중구속)
  내담자에게 문제행동을 계속 유지하라고 지시함으로써, 그의 통제 밖에 있었던 문제행동을 그의 통제권 안으로 끌어들이고, 문제행동을 포기함으로써만 벗어날 수 있는 치료적 역설 상황을 만드는 것이다.
- 재명명(Relabeling)
  이미 벌어진 상황에 대하여 다른 언어를 사용하여 이에 대한 이해와 느낌, 생각이 바뀌도록 도와서 가족을 변화시키는 방법이다. 특히, 증상의 긍정적인 측면을 강조하는 것이 이 기법의 특징이다. 예를 들어, 가족 간의 심한 언쟁을 '서로 간의 관심과 배려'라고 재명명하는 것인데, 이것은 서로 간에 정서적으로 연결되어 있고 관심이 있을 때 언쟁도 있을 수 있다는 생각에서 착안된 것이다.

ⓒ 보상(Quid Pro Quo)

치료자가 각 당사자에게 상대방에게 무엇을 원하는지를 질문하고, 그 상대방이 기꺼이 다른 상대방이 원하는 것을 해주게 하는 기법이다.

⑦ 평가

㉠ 의사소통 가족상담이론의 기초가 되는 연구는 정신분열증 클라이언트 가족에서 보이는 병리적 의사소통이었으며, 이러한 연구를 통해 유명한 이중구속, 가족항상성 등의 개념이 유추되었다. 이러한 개념들은 대단히 획기적인 것으로 여타의 가족상담이론에서도 중요한 개념으로 활용되고 있다.

㉡ 치료 결과에 대한 경험적 검증 작업이 매우 미흡하고, 개입의 치료효과를 증명할 만한 실증적 자료가 절대적으로 부족하다는 결점이 있다.

(4) 전략적 가족상담모델

① 의의

㉠ 기본적으로 상담자가 가족문제를 해결하기 위한 전략을 설계하고, 가족의 잘못된 위계질서를 수정하는데 주안점을 둔다.

㉡ '전략'이란 말은, 현재 문제를 가능한 한 빨리 그리고 효율적으로 해결하기 위해 상담자가 미리 계획한 구체적인 전략을 말한다.

㉢ 인간의 행동이 왜 일어났는지에 관심이 없고, 단지 행동의 변화에만 관심을 갖는다.

㉣ 헤일리(Haley)의 초기 상담이론은 관계 규정에 의한 '의사소통'에 초점을 두었고, 후기에는 '가족의 위계질서'에 초점을 두고 발전시켰다.

㉤ 헤일리는 문제를 유지시키는 긍정적 피드백 고리를 확인하고, 이러한 상호작용을 지지하는 규칙을 파악하며, 이러한 규칙을 변화시킬 수 있는 방법을 찾고자 하였다.

② 주요 개념

㉠ 권력과 통제 : 가족원이 자신의 위치에 맞는 권력과 통제를 가질 때 위계질서가 유지되며, 힘의 균형이 깨지면 위계질서에 문제가 발생한다고 보았다.

㉡ 위계질서 : 헤일리는 기능이 잘 되는 가족일수록 가족 내 위계질서가 제대로 서 있다고 보고, 윗세대가 더 많은 권력과 통제를 가지고 규칙을 집행할 수 있어야 하며, 세대 간 구조와 경계를 분명히 갖고 서로를 침범하지 않은 채 가족원 각각의 위치를 구조적으로 유지하는 상태를 기능적인 것으로 보았다.

㉢ 피드백 고리 : 가족은 피드백을 통해 정보를 교환하면서 서로의 행동을 통제하거나 확장한다.

• 정적 피드백 : 현재 상태를 벗어나 새로운 변화를 시도하는 피드백

• 부적 피드백 : 변화에 저항해 기존의 상태로 가족을 돌아오게 하는 피드백

㉣ 제1차적 변화와 제2차적 변화

제1차적 변화	체계의 근본적인 조직은 변화하지 않고, 행동의 변화를 의미한다.
제2차적 변화	체계의 근본적인 조직을 변화시키는 것을 의미한다. 즉, 제2차적인 변화에서는 가족의 구조 혹은 가족 구성원 간의 의사소통 패턴에 있어서의 변화를 추구한다.

③ **기능적 가족과 역기능적 가족**
- ㉠ 정상 가족 또는 비정상적 가족이라는 용어 대신, 기능적 가족 또는 역기능적 가족이라는 용어를 사용하였다.
- ㉡ 모든 가족은 발달과정을 거치면서 가족 특유의 의사소통 유형, 관계유형, 가족규칙을 형성해 간다고 보았고, 그런 과정에서 융통성 있게 과업을 수행해 갈 수 있는 가족을 기능적 가족이라 하고, 경직된 가족일수록 역기능적 가족이라고 하였다.

④ **상담 기법**
- ㉠ 직접적 기법 : 충고, 제안, 지도 등을 상담자가 직접 내담가족 구성원들에게 요구함으로써, 상담자가 바라는 대로 내담가족들이 그 지시를 수행하도록 하여 문제를 해결하는 기법이다.
- ㉡ 역설적 기법 : 문제행동을 유지하거나 더 강화하는 행동을 수행하도록 지시하여, 역으로 저항을 통한 변화를 이끌어 내고자 하는 방법이다.
- ㉢ 은유적 기법 : 내담 가족 구성원들이 성에 관한 문제처럼 자신들의 문제를 밝히기 수치스럽다고 생각하여 상담자와 의논하기를 원하지 않을 때, 유사한 다른 문제에 대해 이야기하여 성에 관한 문제까지 접근해 가는 방법이다.
- ㉣ 재구성 기법 : '재명명' 또는 '재규정'이라고도 하며, 가족 구성원이 문제를 다른 시각에서 이해할 수 있도록 돕는 방법이다.
- ㉤ 가장기법(위장기법) : 긴장 상황을 조성하고 반항심을 유발하는 대신에, 놀이를 하는 기분으로 저항을 우회한다. 예컨대, 분노·발작 증상이 있는 자녀에게 '헐크 놀이'를 하도록 지시한다. 아이가 성공적으로 헐크 흉내를 내면, 부모는 자녀를 돕는 것처럼 행동한다. 분노·발작도 위장, 걱정도 위장이기 때문에 가족 상황은 긴장되고 심각한 싸움에서 쾌활한 가상적 게임으로 변형된다.
- ㉥ 시련기법 : 내담 가족이 현재 겪고 있는 증상이나 고통과 같거나, 더 심한 시련을 체험하도록 과제를 주어서 그 증상을 포기하도록 유도하는 기법이다. 시련기법에 사용되는 것들은 내담 가족에게 이익이 되는 것들이어야 하고, 합법적으로 거역할 수 없는 것들이어야 한다.
- ㉦ 순환적 질문기법(Circular Questioning)
  - 가족 구성원이 문제에 대한 제한적이고 단선적인 시각에서 벗어나, 문제의 순환성을 인식하도록 유도하는 방법이다.
  - 사례

> 치료자 : A의 우울증으로 누가 가장 괴로워하나요?
> 가족 : 어머니요.
> 치료자 : 어머니는 A를 도우려고 무엇을 하세요?
> 가족 : 어머니는 A와 몇 시간씩 넘게 이야기를 하시고 또 무언가를 하려고 하세요.
> 치료자 : 어머니가 A를 도울 때 누가 가장 지지해주고 동의하시나요?
> 가족 : 지금 A를 진료해주고 있는 정신과 의사예요.
> 치료자 : 그럼 A를 도울 때 반대하는 사람은 누구예요?
> 가족 : 아버지요. 아버지는 A가 원하는 것을 받아들여주면 안 된다고 생각하세요.
> 치료자 : 아버지의 생각에 동의하는 사람은 누구예요?
> 가족 : 우리는 모두 A가 너무 어린아이 취급을 받는다고 생각해요. 할머니도 그렇게 생각하세요. 할아버지는 아마도 어머니와 같은 생각이시겠지만 돌아가셨어요.

> 치료자 : 그럼 A가 우울해지기 시작한 시점이 할아버지가 돌아가시기 전인가요, 아니면 그 후인가요?
>
> 가족 : 아마도 할아버지가 돌아가시고 얼마 안 되어서인 것 같아요.
>
> 치료자 : 그렇군요. 만약에 할아버지가 돌아가시지 않았다면, 지금 가족은 어떻게 달라 졌을까요?
>
> 가족 : 할머니가 우리와 함께 사시지 않았을 테니까요. 어머니와 할머니가 그렇게 많 이 싸우지도 않으셨을 거예요. 그럼 어머니도 항상 슬프지 않으셨겠죠.
>
> 치료자 : 어머니와 할머니가 그렇게 많이 싸우지 않으시고 어머니도 항상 슬퍼하지 않으 신다면, A는 어떻게 되었을 것 같아요?
>
> 가족 : 아마도 A는 지금보다 행복해졌을 것 같아요. 하지만 아마도 아빠와는 다시 싸 웠을 거예요.

- 순환질문은 내담자가 자신을 다른 가족 구성원들의 관점에서 보게 함으로써, 자기중심에서 벗어나게 한다.
- 이처럼 순환적 질문기법이란, 치료자는 질문을 통하여 가족 구성원이 A의 문제에 대한 이 해를 '정신과적인 문제'에서 '가족 구조의 변화의 적응적인 문제'로 옮겨가도록 유도함으로 써, 단선적인 시각에서 벗어나 문제의 순환성을 깨닫도록 돕는다.

🔍 더 알아두기 🔍

전략적 가족상담이론 및 학파와 주요 기법

구분	내용	치료기법
헤일리	궁극적인 치료목표는 가족의 위계와 세대 간의 경계를 구조적으로 재조직화 하는 것	지시기법(직접적 지시, 은유적 과제, 고된 체험기 법, 역설적 개입)
마다네스	자녀들이 부모들을 보호하고 돌보는 역할 을 함으로써 문제가 발생되므로 자녀가 부모에 의해서 돌봄과 보호를 받도록 위 계질서를 바로잡는 일을 치료 목표로 함	가장기법
MRI 학파	문제를 일으키고 유지하는 정적 환류고리 (Feedback Loop)를 찾아 상호작용을 유 지하는 규칙을 발견함으로써 이를 변화시 키는 방법을 찾는 것, 가장 직접적인 방 법은 어떤 이에게 똑같은 것을 덜 하도록 하기 위하여 어떤 상황 하에서 어떤 행동 을 제안하는 것	• 제1차적 변화 : 체계의 근본적인 조직은 변화시 키지 않고 행동에 있어서 변화 • 제2차적 변화 : 체계의 근본적인 조직을 변화시 키는 변화
밀란 학파	가족들이 가지고 있는 게임을 무력화시키는 일	• 의례화처방(가족게임) : 파라졸라, 보스꼴로, 체 친, 프라다 • 불변처방 : 맥케이브, 스미스-레스닉 • 협동치료 : 보스꼴로, 체친

⑤ 평가

헤일리(Haley) 모델은 가족의 구조를 재조직하는 데 치료목표를 두고, 매우 행동적인 접근을 하였다.

(5) 경험적 가족상담모델

① 의의

㉠ 사티어(Satir)는 휘태커(Whitaker)와 함께 경험적 가족상담의 선구자로서, 일생을 가족상담에 전념하였으며, 자신의 독자적인 임상경험을 토대로 한 경험적 가족상담모델을 개발하였다.

㉡ 사티어는 개인이 그들 자신의 내적 경험을 개방하여 가족과 자유롭게 상호작용할 때에 개인 뿐만 아니라 가족이 함께 기능하고 성장한다고 보았다.

㉢ 특히, 자아존중감에 관심을 두었던 사티어는 개인의 인간성에 깊은 관심을 기울였다.

㉣ 그는 가족체계 내에서 가족 구성원들이 자신과 다른 가족 구성원들에 대하여 어떻게 느끼고, 어떻게 반응하는지 등 정서적 수준과 감정적 수준에 관심을 두었으며, 인간의 잠재능력에도 많은 관심을 가졌다.

㉤ 개인의 역사적 분석에 초점을 두는 것이 아니라, 가족체계 내의 관찰할 수 있는 현재 상호작용 관계에 초점을 맞춘 이론이다.

㉥ 가족 상담자들은 자신을 개방적이고 솔직하며, 자발적인 정서표현의 모델로 활용한다.

② 목표

㉠ 가족 상담자들은 가족문제가 잘못된 의사소통에서 기인한다고 생각하고, 치료적 개입을 통해 가족이 보다 바람직한 의사소통 기술을 습득하도록 도움을 주는 것을 목표로 한다.

㉡ 개인 간 차이점을 인정하고, 가족 구성원의 잠재력을 성장시킨다.

㉢ 내담자의 자아존중감을 높이고, 일치적인 의사소통을 하도록 한다.

㉣ 내담자가 자기 삶에 대한 선택권을 갖도록 한다.

㉤ 가족규칙이 합리적이 되도록 한다.

㉥ 문제해결보다 가족의 기능을 회복시키는 데 초점을 두어서, 가족이 제시하는 문제의 구체적인 부분에 대해 관심을 쏟지 않고, 진단에 관심을 갖지 않았다.

③ 주요 인물

㉠ 휘태커(Whitaker) : 경험적 가족상담이론의 창시자로서, 정신분열증 환자와 가족에 대한 선구자적 연구를 하였다. 치료를 하나의 성장과정으로 보고, 개개인의 성장을 도와 그들이 가족들과 함께 성장할 수 있도록 돕는 것이 치료 목적이다.

㉡ 사티어(Satir) : 사회사업가이며, 캘리포니아주 팔로알토에 위치한 정신건강연구소(MRI)의 창립 멤버로, 가족상담 선구자 중 한 사람이다. 자아에 대해 관심이 많았고, 인간의 잠재능력에 대해 긍정적 시각을 가졌다. 가족체계 내에서 자신 또는 타인에 대해서 어떻게 느끼느냐 하는 감정이나 정서에 많은 관심을 기울였다.

④ 주요 개념

㉠ 성숙

• 모든 인간은 성장과 발달에 대한 욕구를 가지고 있다.

• 성숙한 사람은 자신에 대해 충분히 책임지며, 자신과 타인에 대한 정확한 지각을 기초로 선택할 수 있고, 자신이 내린 결정에 대해 책임진다고 전제한다.

ⓛ 자아존중감
- 한 개인이 자신에 대해 가지는 일종의 평가 개념으로, 자신의 사고·가치관·행동에 많은 영향을 미친다.
- 사티어(Satir)는 자아존중감을 개인 및 가족문제를 진단하고 치료하는 데 매우 중요한 기준으로 사용했고, 문제가족의 구성원은 공통적으로 자아존중감이 낮다는 사실을 발견하였다.

ⓒ 가족 규칙
- 가족행동을 규정하고 제한하며, 가족생활을 이끌어 가는 가족 구성원의 역할·활동·행동 등 중요한 면에 대한 상호 간의 기대를 말하며, 의사소통을 관찰함으로써 발견할 수 있다.
- 기능적 가족에는 기능적 가족규칙이 존재하고, 역기능적 가족에는 역기능적 가족규칙이 존재한다.
- 즉, 건강하지 못한 가족은 사람이 나쁜 것이 아니라, 가족 내에 존재하는 규칙이 적절하지 못하기 때문이다.
- 비합리적·비인간적인 규칙을 변화시킬 때, 가족의 자아존중감이 향상된다.

⑤ **정상 가족과 역기능적 가족**

㉠ 정상 가족
- 정상 가족은 가족 규칙에 융통성이 있고, 문제를 건설적으로 해결하며, 가족 구성원이 서로를 양육하는 가족이다.
- 정상 가족은 관심과 온정 및 부드러움을 경험하며, 감정이입을 잘 하며 서로 신뢰하고 솔직하다.
- 개별성을 인정하고, 다른 사람의 견해를 존중한다.
- 가족 간의 대화가 직접적이며, 자신에 대한 가치감을 가지고 서로 나눈다.

㉡ 역기능적 가족
- 냉랭하며 억압된 분위기에서 권태롭고 우울하게 살아가는 가족으로서, 가족 구성원은 단지 관습이나 의무감으로 살아가고, 스스로 자기 가치감을 느끼지 못한 채 생활한다.
- 가족 구성원 간에 서로 경계하거나 거리감이 있으며, 가족 구성원의 행동과 견해에 융통성이 없고, 가족체계 안에서 힘의 구조가 수시로 바뀐다.
- 가족 구성원 간에 무관심하거나 대화가 없고, 때로는 가족 구성원 간의 분화가 되어 있지 못하다.

⑥ **역기능적 의사소통유형**

㉠ 회유형(위로형)

다른 사람만을 즐겁게 하는 사람이며, 다른 사람을 기쁘게 하고 즐겁게 하는 데에서 위안을 얻는다.

단어	• 동의하는 단어를 사용한다. • 내 잘못이다. 네가 없으면 난 아무것도 아니다.
정서	구걸하는 마음, 변명하는 표현과 목소리, 약한 신체적 자세를 보인다.
행동	• 의존적, 순교적이며 착한 행동을 한다. • 사죄·변명·애걸·양보의 행동을 한다.
내면의 경험	나는 아무 것도 아닌 것 같이 느낀다. 나는 아무 가치가 없다.

자원	돌보는 것, 민감성
관계	자신을 무시하고, 타인과 상황은 중요시한다.
예	"제발 용서해 주세요. 제가 시간을 잘 봤어야 했는데… 모든 것이 다 제 잘못이에요."
치료 목표	• 단계적 분노의 감정훈련, 자기주장훈련, 차이점 인식, 자기존중감 강화 • "아니에요.", "할 수 없어요." 말하기, 자기가 원하는 것 표현하기, 자기욕구와 감정인식 • 부정적인 감정표출이 첫 단계의 목표

ⓒ 비난형

다른 사람을 비난함으로써 상대방을 통제하려고 하는 사람이다.

단어	• 반대하는 단어를 사용한다. • 너는 아무것도 제대로 하지 못한다. 문제가 무엇이냐? 모든 것이 당신 잘못이다.
정서	• 비난적이다. 힘을 과시하고 융통성이 없다. • 나는 여기서 우두머리다.
행동	공격적·심판적·명령적·약점을 캐내는 행동을 특징으로 한다.
내면의 경험	• 외롭고 긴장감으로 가득 차 있다. • 나는 외로운 실패자다.
자원	강한 주장
관계	자기와 상황만을 중시하고, 타인을 무시한다.
예	"아빠가 이렇게 자꾸 야단치니까 집에 들어오기 싫잖아요. 제가 늦게 들어오는 건 다 아빠 때문이에요."
치료 목표	• 자기감정 조절, I-메시지 전달법, 정확한 규칙 설정, 부정적인 사고를 긍정적으로 유도하기 • "너 때문이야.", "그러나"라는 단어 사용을 통제, 인지적 왜곡 인식, 자기감정 통찰 훈련 • 합리적·이성적 사고 훈련, 적절한 신체접촉과 경계훈련, 경청훈련

💡 더 알아두기 🔍

I-메시지 전달법이란 '너(상대방)'를 상대로 말하지 않고 '나'를 주어로 하여 상대방에게 감정을 표현하는 방식을 말한다.

ⓒ 초이성형

조용하고 침착하나 행동의 폭이 매우 좁다. 다른 사람과 대화할 때 바른 말들만 하며, 말의 속도는 대단히 느리다.

단어	• 극히 객관적이다. • 규칙과 옳은 것에 관한 자료를 사용하고, 추상적인 단어와 긴 설명을 사용한다.
정서	냉정하고 경직되며, 굳은 자세와 고자세이다.
행동	원칙론적, 권위적, 강직, 행동의 합리화, 조작적, 의도적, 강제적 행동을 특징으로 한다.
내면의 경험	• 나는 상처받기 쉽고 고립된 느낌이다. 어떤 감정도 표현할 수 없다. • 감정의 동요나 흥분에 불안함, 변화에 대한 위협, 자기통제의 상실에 대한 두려움을 느낀다.
자원	지식

관계	자신과 다른 사람을 무시, '상황'만 중시한다.
예	"이건 그냥 무조건 야단칠 일이 아니고요. 제가 왜 늦었는지에 대해 이성적으로 생각을 좀 해 보세요."
치료 목표	말의 뉘앙스나 비언어적인 메시지 표현 촉진, 감수성 훈련, 상대방에 대한 두려운 감정 인식, 신체이완 훈련, 비언어적 의사소통인 얼굴표현·목소리·톤·태도 통찰

ⓒ 산만형

의사소통에서 다른 사람의 말과 행동에 상관없이 행동한다. 대화의 내용에 초점이 없고, 적절하게 반응하지 못하여 상황파악에 어둡다.

단어	• 관계없는 단어를 사용한다. • 뜻이 통하지 않고 요점이 없다.
정서	혼돈스러움. 비스듬히 앉는다.
행동	산만, 부적절한 조정, 지나치게 정신이상적인 행동을 특징으로 한다.
자원	즐거움, 자발적, 창의적
관계	자신, 다른 사람, 상황을 모두 무시한다.
내면의 경험	무가치와 고독의 경험, 소외에 대한 두려움, 타인의 인정을 원함
예	"(다른 곳을 쳐다보며) 이런, 아빠가 화나셨나봐. 그런데 집이 왜 이렇게 썰렁해."
치료 목표	주의집중, 상대방의 말을 끝까지 경청하기, 자기 생각을 마지막까지 표현하기, 자아존중 감 향상, 신체접촉 받아주기, 자기감정 인식, 명상 훈련, 감수성 훈련

ⓜ 왜곡된 의사소통의 예
  • 알아주지 않는 경우

> (학교에서 돌아온) 고등학생 아들 : "아이고, 더워라." (먼저 시원한 마실 것 좀 달라는 의도)
> 엄마 : "더우면 목욕해라." (자녀의 욕구수준을 이해하지 못함)

  • 들어주지 않는 경우 : 어떤 말을 했는데도 반응이 없으면, 들어주지 않는다는 느낌을 갖게 된다.

> (청소기를 돌리고 있는 엄마에게) 아들 : "용돈 좀 주세요."
> 엄마 : 대답 없이 계속 청소기만 돌린다.

  • 일부러 했다는 느낌

> (친구를 만나러 간 아들이 일찍 들어올 때) 엄마 : "웬일이니. 오늘 바람 맞았니?"
> 아들 : "그래요. 친구한테 바람맞아 일찍 들어왔어요."라고 반응하는 것

• 얼버무려지는 경우

> (심부름으로 마트에서 채소를 사온 딸에게) 엄마 : "이게 뭐니? 채소가 다 시들었잖아."
> 하고 말한 후, 딸이 황당해하자 그제야 "배고프지. 얼른 밥 먹자."라는 식으로 얼버무리
> 는 경우

⑦ 상담 기법

㉠ 원가족 도표(Family of Origin Map)

• 사티어는 치료의 대상을 내담자(Client) 또는 IP(Identified Patient/Index Person)라고 지
칭하지 않고 '스타(Star)'라는 용어를 사용하였다.

• 원가족 도표는 스타의 원가족 도표, 스타의 어머니 원가족 도표, 스타의 아버지 원가족 도
표의 3장으로 구성되며, 주로 가족 재구성을 위해 사용한다.

• 원가족 도표는 가족 치료에서 흔히 사용하는 가계도와는 구성과 내용에서 차이가 있다. 이
도표는 원가족의 맥락 속에서 개인 심리의 내적 과정뿐만 아니라, 가족과의 상호작용 및
가족역동성을 이해하고 평가하게 해준다.

• 구체적으로 이 도표를 통하여 가족 구성원의 성격, 자아존중감 정도, 대처방법인 의사소통
방식, 가족규칙, 가족의 역동성, 가족 내의 대인관계, 세대 간의 유사점과 차이점 그리고
사회와의 연계성 수준 등을 파악할 수 있으며, 내담자가 높은 자아존중감을 가지고 일치된
의사소통을 하는데 어떤 변화가 필요한지를 알기 위해 사용된다.

㉡ 가족조각기법(Family Sculpture)

• 가족 중 한 사람이 자신의 이미지에 따라 다른 가족을 공간에 배열한 후, 신체적 표현을
요구하여 가족관계를 나타내는 무언의 동작 표현이다. 즉, 공간 개념을 통해 가족체계를
상징적·비유적으로 묘사하는 것이다.

• 가족들은 가족조각을 시도함으로써, 가족 간의 위계질서, 연합, 거리감 또는 친밀감, 보이
지 않는 힘의 작용과 같은 상호작용을 직접 느끼며 체험할 수 있게 되고, 치료자는 가족의
역동성을 파악하고 직접적 또는 간접적으로 치료개입을 하므로 치료의 효과를 가져올 수
있다.

• 가족조각기법의 절차

제1단계	• 가족의 동의를 얻는 단계이다. • 가족조각기법이 가족을 이해하는데 유용한 방법이라는 사실을 부각시켜 가족의 동의를 얻는다.
제2단계	상담자는 네 가지 역기능적 의사소통에 대한 조각상을 표현해 보도록 한다.
제3단계	가족 구성원들이 자신에게 맞는 방식으로 모두 자세를 취해 보도록 한다.
제4단계	앞 단계의 활동을 통해 서로 느끼는 느낌과 체험들을 이야기하도록 한다.
제5단계	• 가족 중 한 명을 조각가로 선정하는 단계이다. • 대개 문제를 가지고 있는 가족이지만, 이 제안을 기쁘게 받아들인 사람부터 시작해도 좋다.

제6단계	• 조각을 만드는 단계이다. • 특별한 규칙은 없지만, 가족에게 조각을 만드는 사람의 지시에 따르도록 강조한다. • 조각 과정에서 상담자는 조각가가 바라는 것, 기대감, 자아존중감 등에 관하여 질문하고, 말로 표현하기 힘든 거절감, 무시, 가치상실 등을 나타내도록 돕는다. • 상담자는 가족의 상호관계성과 역동성에 대하여 적절히 설명하면서, 적당한 시기에 개입하여 가족의 역동성이 균형을 이루도록 하며, 가족들이 변화에 대한 가능성을 자연스럽게 경험하도록 돕는다. • 가족 전원의 배치가 끝나면, 조각을 만들 사람도 어딘가에 들어가 자신의 모습을 만들도록 지시한다. • 조각하는 동안 가족들이 이야기하거나 웃지 않게 하는 것이 중요한데, 웃거나 이야기하는 것은 자신을 드러내지 않으려는 자기방어일 수도 있기 때문이다.
제7단계	• 감정을 나누는 단계이다. • 조각이 끝나면, 상담자는 모든 가족에게 그 자세로 약 1~2분 간 유지하면서 정지하도록 요구하는데, 이는 가족에게 자신들의 내면에 있는 감정과 접할 수 있는 기회를 주기 위한 것이다. • 그 후, 상담자는 가족 개개인에게 조각하는 동안 어떤 느낌이 들었는지 질문하는데, 이때 상담자는 가능하면 가족들이 감정적 차원에서 많은 피드백을 할 수 있도록 도와주어야 한다.

ⓒ 가족재구조화(Family Reconstruction)
- 가족재구성이라도 하는데, 3세대를 대상으로 한 치료적 개입이 한 개인의 역기능적인 과거의 학습과 현재의 대처양식을 긍정적인 자원, 선택, 그리고 성장으로 전환하기 위해 설계되어 있다.
- 원가족으로부터 근거하고 있는 가족의 역기능적 패턴을 명백하게 볼 수 있도록 도와주는 역할을 한다.
- 가족 구성원 중 원가족에 대한 가족지도를 작성하도록 하는 스타(Star)와 함께 시작한다. 가족의 역기능 체계를 개방적이고, 건강한 기능체계로 바꾸는 데 기여하는 기법이다.
- 이 기법은 표면에 나타난 가족규칙과 가족 주제, 가족신화 등을 함께 나누도록 한다. 내담자 자신의 어린 시절의 한 사건을 선택하여 재연하게 하고, 이를 통하여 자신에 대한 다른 감정과 시각을 가질 수 있도록 구조화한다.
- 이때 치료자는 스타의 가족역사에서 발생했던 의미 있는 사건들을 연대기적으로 정리할 수 있도록 도와주어야 한다. 이 과정을 통해 원가족으로부터 왜곡된 학습과 인간으로서의 부모에 대한 이해, 그리고 스타 자신에 대한 이해를 이루어간다.

ⓔ 역할극
치료자는 역할 참여자들과 함께 내담자가 겪었던 여러 어려운 삶의 상황들을 재연하여 내담자에게 새로운 시각의 경험을 하도록 한다.

ⓜ 빙산 탐색
- 사티어는 인간의 특성은 '심리적 존재'라고 전제하고, 이러한 심리적인 내면을 빙산으로 비유하고 있다.
- 사티어는 우리는 사람들을 이해할 때 주로 겉으로 드러나는 것으로 이해하고 판단하는데, 인간을 이해하기 위해서는 숨겨진 빙산 즉, 내면까지 함께 이해할 수 있어야 한다고 주장하였다.

• 빙산탐색 과정을 통하여 과거의 역기능적인 의사소통 패턴 대신 일치형 패턴으로 변화하며, 개인적인 성장과 건강한 가족관계를 수립한다.

행동	• 빙산 위에 나타난 어떤 사건에 대한 활동과 이야기에 대해 내담자가 보고 들은 객관적 사실은 무엇인가? • 그가 보고 들은 것에 대하여 어떤 의미를 부여하는가? • 그 사건의 의미는 원가족과 자신의 자존감 수준에 어떠한 영향을 주는가?
대처	• 수면에 나타난 사건에 대해 내담자는 어떻게 대처하였는가? • 어떤 대처방식과 방어기제들을 활용하였는가?
감정	• 기쁨과 흥분의 감정이었는가? • 분노와 두려움, 슬픔과 아픔에 대한 감정이었는가?
감정에 대한 감정	그 사건에 대한 자신의 감정에 대한 감정은 무엇인가?
지각	• 그 사건의 대처방식에 대한 자신의 감정과, 감정과 감정에 대한 내담자의 해석규칙들은 무엇인가? • 보통 자신이 가지고 있는 가족규칙·습관·신념·가정·고정된 시각에 의해 자신이 갖는 주관적 해석이다.
기대	• 오늘날까지 충족되지 않은 기대에 대해 어떻게 대처하여 왔는가? • 충족되지 않은 기대의 탐색과 해결방안으로는 자신에 대한 기대와 타인에 대한 기대, 자신에 대한 타인들의 기대는 무엇이었는가를 탐색한다.
열망	내담자 자신이 이루고자 하는 소망·열망에 대한 탐색으로, 자존감을 높일 수 있는 새로운 방안을 모색한다.
자아	• 내담자 자신을 지탱하게 하는 생명력(Life-Source)은 무엇인가? • 자신의 정신력 또는 영혼 깊숙한 곳에서 솟아나는 자신의 에너지의 근원은 무엇인가를 탐색한다.

⑧ 치료 과정

제1단계 정체상태(폐쇄상태)	고통, 증상 등을 통해 변화의 필요성이 제기되는 단계이다.
제2단계 외부요인의 도입	문제의 탐색 및 긍정적 목적설정 단계이다.
제3단계 혼돈(체계의 개방)	이전 행동은 맞지 않고, 새로운 행동은 개발되지 않은 사이의 혼란이다.
제4단계 변형(변화하기)	긍정적으로 설정된 목적을 행하여 변화하기 시작하는 단계로, 치료시간의 대부분이 소요된다.
제5단계 통합	변화가 자신과 조화를 이루고, 자리를 잡기 시작하면서 새로운 자신의 일부가 된다.
제6단계 실습(변화 실행하기)	변화를 실습하고 새로운 감각을 느껴본다.
제7단계 새로운 상태	건강·평등·조화·일체감·균형감을 가지며, 익숙함보다 편안함을 느낀다.

⑨ 평가

㉠ 경험적 가족 치료자들은 방어기제를 줄이고, 정서적 경험을 강화시키기 위하여 매우 적극적이다.

㉡ 이 치료에서는 이해보다는 경험을 강조하고, 주로 감성적인 측면을 강조한다.

ⓒ 실존주의·인본주의·현상학이론 등에 바탕을 두었지만, 이론체계가 미흡하고 기법도 다른 치료 방법에서 도입한 것이다.

ⓔ 다른 치료모델과 비교할 때, 경험적 치료모델의 개념이 추상적이고 치료효과 측정이 쉽지 않으며, 기법이 창의적이고 상황에 따라 다양하게 적용됨으로써 효과 측정이 더욱 어렵다.

5 가족상담의 실제 및 기타 사항

(1) 가족평가의 개요

① 가족평가의 정의
ⓐ 가족을 하나의 단위로 보고, 가족 내부 및 외부체계, 이들 간 상호작용을 파악하기 위해 자료를 수집·분석하여 그 가족에 대한 개입을 계획하는 일련의 과정을 말하며, '가족사정'이라고도 한다.

ⓑ 가족평가 과정을 통해 내담자 가족문제의 본질과 가족체계의 구조·가족관계 유형·가족체계와 외부체계의 상호작용·문제해결을 위한 가족 구성원의 자원·문제해결에 대한 가족의 동기에 대해 평가한다.

② 맥패터(McPhatter)의 가족평가의 목적
ⓐ 가족문제의 특성을 명료화한다.

ⓑ 가족원들이 그들 문제를 어떻게 지각하는지를 이해한다.

ⓒ 가족역동의 구조·기능성·영향을 정확히 파악한다.

(2) 상담단계별 가족평가

① 초기단계의 가족평가
ⓐ 초기평가는 상담 과정을 결정하는 기초 단계이다.

ⓑ 초기단계의 가족상담자는 가족 구성원들과의 라포(=상호신뢰관계)를 형성하도록 노력한다.

ⓒ 다양한 상담 계획과 기법을 수립하여 가족의 상호작용을 관찰한다.

ⓓ 가족상담자는 목표를 설정하고 모든 가족의 참여를 격려하도록 한다.

ⓔ 문제의 시작, 문제에 가장 영향을 받는 사람, 개인치료, 부부 및 가족상담의 병행 여부 등을 주의 깊게 평가한다.

② 중기단계의 가족평가
ⓐ 중기단계는 상담 과정의 핵심으로, 가족상담자는 겉으로 드러나지 않는 간접적인 문제들을 명확하게 탐색한다.

ⓑ 중기단계의 가족 구성원은 자신의 문제를 드러내는 것을 두려워하는 등의 저항적인 행동을 보이기도 한다.

ⓒ 가족상담자는 '왜'라는 질문에서 '어떻게'라는 질문을 이끌어 내도록 한다.

ⓓ 중기과정에서는 가족 구조의 재조정, 새로운 가족규칙과 역할의 수용 등이 이루어져야 한다.

③ **종료단계의 가족평가**

㉠ 문제가 가족 구성원 모두 동일한 수준까지 개선되기 어려우며, 가족 구성원 중 일부가 상담 과정을 지체하거나 방해하는 경우가 있다.

㉡ 상담 과정을 통해 문제를 함께 해결하고, 자신감을 회복하는 단계이다.

㉢ 명확하고 숨김없는 대화 방법이 발달하고, 갈등을 해결하는 방법을 습득한다.

㉣ 상담자는 가족상담의 종결 전에 목표의 달성 여부, 변화의 여부 등을 전반적으로 평가해야 하며, 추후 상담 계획도 종료단계에서의 평가에 포함되어야 한다.

> **더 알아두기**
>
> **상담을 종결시키는 지표**
> • 상담 초기에 설정한 목표를 달성하였을 경우
> • 최초에 설정한 목표는 달성하지 못했지만, 상담이 더 이상 필요하지 않다고 판단될 정도로 가족기능에 변화가 있는 경우
> • 외부에서 자원이 더 이상 필요하지 않다고 판단되는 경우
> • 상담자가 여러 가지 노력을 했는데도 상담효과가 없다고 판단했을 경우
> • 가족이 상담에 대한 동기를 상실했을 경우

(3) 가족평가 방법

① **개요**

구분		자료유형	평가방법
주관적(질적) 가족평가 방법	내부자	자기보고식 방법	면접(인터뷰)과 관찰, 동적 가족화, 합동 가족화, 가계도, 가족조각
	외부자	관찰자의 주관적 보고	
객관적(양적) 가족평가 방법	내부자	행동에 대한 자기보고	가족환경 모델, BEAVERS(비버스) 모델, 순환 모델, McMaster(맥매스터) 모델, 가족건강성 척도
	외부자	행동적 방법	

② **주관적(질적) 가족평가 방법**

가족과 라포 형성	언어적·비언어적인 기법을 통하여 라포를 형성함으로써 내담자가 자유롭게 자신의 어려움을 털어놓고 상담자로부터 기꺼이 도움을 받고자 한다.
가족관계 정보수집	가족 구성원 간 실제 상호작용을 관찰하는 것과 가족 구성원 간 관계에 대해 질문하여 가족관계가 서로 어떻게 결합하여 가족체계를 구성하고 있는가를 탐색한다.
가족관계의 진단	• 문제와 치료 결과에서 기대하는 가족의 욕구를 이해한다. • 가족구성과 가족의 발달 단계를 정리(가계도)한다.

㉠ 면접(인터뷰)과 관찰

㉡ 동적 가족화

• 의의

가족이 무엇인가를 하고 있는 그림을 통해 가족집단의 역동관계를 파악하는 방법이다. 그린 사람의 문화적 배경이 그들 가족관계의 표현에 반영되기 쉽다는 점을 인식해야 한다.

- 동적 가족화의 해석 방법

> - 동적 가족화가 의미하는 것을 찾는다.
> - 그림을 그리는 과정을 관찰한다.
> - 그림을 그린 후, 면담 과정에서 정보를 수집한다.
> - 전체적인 맥락에서 그 흐름이나 질을 잘 파악하여야 한다.
> - 동적 가족화에 나타난 인물의 대인관계·표현·활동을 파악하여야 한다.
> - 동적 가족화의 위치와 강조점을 파악하여야 한다.

- 상징

> - 상징을 고려할 때, 지나친 해석은 지양해야 하고 전체의 맥락과 그림을 그린 사람에 관한 자료를 합해서 활용해야 한다.
> - TV(가족의 단란), 부엌(어머니), 신문(지적·정보에 대한 관심) 등을 해석한다.

- 인물의 특징으로 본 해석

> - 가족 구성원의 상대적인 크기 : 일반적으로 높이나 크기가 증가하면, 가족관계 또는 가족의 심리적 영향이 크다는 것을 의미한다.
> - 가족의 유사한 표현 : 의복·표정·방향과 같이 어떤 가족과 자신의 모습이 동일하다면, 그 가족에게 호감을 가지고 있거나 동일시의 욕구가 있다고 추론한다.

ⓒ 합동가족화
- 동적 가족화와 달리, 가족이 함께 작품을 만들어 가도록 하는 방법이다.
- 그림에 가족 구성원의 감정이 투영될 뿐만 아니라 가족 간 상호작용을 반영하고, 가족기능의 측정에 도움을 준다.
- 해석

> - 정리역할 : 누가 그림을 정리하는가?
> - 그리는 순서 : 누가 가장 먼저 또는 나중에 그리는가?
> - 크기 : 그려진 인물의 크기는 다른 것에 비해 상대적으로 누가 크거나, 작은가?
> - 특수한 내용이나 이상한 주제가 나타나는가?

ⓔ 가계도(Family Genogram) : 가계도를 이용하면 가족 구성원의 성별·연령 또는 병력과 가족구조를 쉽게 파악할 수 있다. 또한 가족 구성원들 사이의 감정적인 관계가 표시되어 있으면 그 가족의 역동적인 양상도 파악할 수 있다.

③ 객관적(양적) 가족평가 방법
ⓖ 가족환경모델 : 1974년 무스(Moos) 등이 사회생태학적 관점에서 하나의 사회집단인 가족에 대해 그 기능을 측정하고자 하였다. 그 결과 가족의 기능에 관계된 90개 항목을 추출하여 요인분석을 통해 10개 항목군을 정하고 가족환경 척도(Family Environment Scale, FES)로 제작하였는데, 이것을 다시 '관계차원', '개인성장차원', '체계유지차원'으로 구분하였다.

ⓛ BEAVERS의 체계모델
- 비버스(Beavers)의 체계모델은 Beavers와 그의 동료가 일반 체계이론의 원리에 기초를 두고, 가족은 물론 개인을 포함하는 모든 생활체계는 혼란스러운 역기능적 체계에서 엄격한 통제 지향적 체계로 더 나아가 보다 자율적이고 융통성 있고 적응적인 체계로 나아간다는 가정에 의존하고 있다.
- 가족기능이 증상이나 유형보다도 우선한다는 가정 하에, '유능성'과 '유형'이라는 두 가지 개념으로 가족기능에 대한 개념적 지도를 구성했다.

가족구조	권력분포, 세대 간 경계와 같은 개념 포함
가족신화/신념	• 가족의 습관적이며, 근거 없는 왜곡된 사고방식 • 가족의 전반적인 이데올로기에 관한 것 • 가족 구성원 개인 혹은 가족 구성원 간의 관계에 대한 잘못된 기대와 공유된 믿음 • 가족 구성원들이 의심 없이 공유하여, 현실 왜곡 혹은 현실 부정의 요소를 가지기도 함
목표 지향적인 협상	유능한 가족은 효율적인 문제해결을 이루는 반면, 역기능 가족은 위험을 통해 문제 해결
자율성	침투성, 책임감, 표현의 명확성을 포함
가족정서	가족 정서에 관련된 이슈로, 정서, 분위기, 감정이입, 미결된 갈등을 포함
전반적 가족 건강 상태/병리 상태	전반적인 가족 건강 상태와 병리 상태

- '가족유능성'은 범주적인 유형이 아닌, 가족을 연속선으로 나타내는 무한적 개념으로 다음과 같이 구분된다.
- '가족유형(Family Style)'이라 명명한 관계적 차원은 구심성 가족상호작용과 원심성 가족상호작용에 대한 개념이다. '구심성 가족'은 외부세계보다는 가족내부의 관계에서 만족감을 얻는 반면, '원심성 가족'은 가족 내부에서보다 외부세계에서 더 많은 만족감을 얻는다.

구심적 가족	• 스트레스를 겪을 때 내부로 향함 • 가족 내부의 관계가 가족 외부의 관계보다 우선순위·경계선 불분명, 혼란스러운 의사소통 유형
원심적 가족	• 어려운 일이 생기면, 가족으로부터 멀어지고 외부로 향함 • 양육적인 가정환경을 볼 수 없음 • 가족 구성원 간 애정이 거의 없음 • 개인적인 필요를 충족시키기 위해 가족 외부로 향함

- 비버스(Beavers)에 따르면, 건강한 가족은 극단적으로 원심적이거나 구심적이지 않은 형태, 즉 균형적인 가족 스타일을 가진다.
- 비버스(Beavers)는 가족역량(유능성) 요인과 가족유형 요인을 활용하여, 가족기능 및 역기능의 정도에 따라 크게 4가지 가족체계 유형으로 분류하였다.

건강한 가족	• 최적의 가족과 적절한 가족유형이 이에 속한다. • 이 가족은 적절하게 기능하며, 가족구성원은 심리적 스트레스를 거의 겪지 않는다.
중간 범위 가족	• 가족역량 차원에서는 중간 수준에 속하는 가족이다. • 가족양식의 수준에 따라 중간 범위의 구심성 가족, 중간 범위의 원심성 가족, 중간 범위의 혼합 가족의 세 유형이 이에 속한다. • 이 가족은 가벼운 행동장애와 신경증적인 증세를 보인다.
경계선상의 가족	• 가족양식에 따라 경계선상의 구심성 가족과 경계선상의 원심성 가족으로 분류된다. • 경계선상의 가족은 가족 내에서 안정되고 통제지향적인 상호작용을 확립하는데, 중간 범위의 가족들보다 효과적이지 못하여 가족 구성원은 자신과 다른 사람의 행동에 대한 의식이나 통찰이 거의 없다. • 이 유형의 자녀는 불안정한 성격혼란을 겪거나 강박관념이나 식욕부진 등이 나타날 수 있다.
심하게 혼란스러운 가족	• 가족역량 차원에서 가장 낮다. • 가족양식 수준에 따라 심하게 혼란스러운 구심성 가족과 심하게 혼란스러운 원심성 가족이 이 유형에 속한다. • 가족 구성원들은 관심을 공유할 수 없어 결국 갈등해결이 불가능하게 된다. • 자녀들은 가끔 정신분열증(=조현병)이나 반사회적 성격을 나타낸다.

ⓒ 순환모델
• 가족이 어떻게 기능하는가를 연구하는 가장 중요한 모델 중 하나이며, '복합구조모델'이라고도 한다. 이것은 가족체계이론에 기초하여 가족의 유형을 규명하는 독창적 접근 방법이다. 올슨(Olson) 등은 가족기능을 설명하는 것으로 가족응집성, 가족적응성, 의사소통을 제시하였다.

의사소통	• 가족상호 간의 응집력과 적응력을 원활하도록 하는 촉진 영역으로 보고, 순환 모델에 직접 포함시키지는 않았다. • 가족응집성과 적응성을 통합하여 순환 모델을 제안하였다.
응집력	• 가족 구성원이 가족 내에 다른 체계 또는 구성원들과 분리 또는 결속되어 있는 정도와 서로에 대해 느끼는 정서적 유대감을 말하는 것으로, 가족 구성원 간의 상호의존적 관계를 설명하고 있다. • 이것은 가족 구성원 간의 정서유대, 가족의 외부환경, 하위체계들의 경계, 연합이 이루어지는 정도와 대상, 가족의 공동 시간과 개인의 사적 시간의 허용 정도, 가족의 공동 공간과 개인의 사적 공간의 허용 정도, 친구의 인정, 의사결정 유형, 가족과 개인의 취미 및 활동 보장 정도로 측정된다. • 결속 정도에 따라 과잉분리, 분리, 연결, 밀착으로 분류된다. • 응집성이 지나치게 높은 밀착 상태에서는 가족 구성원의 지나친 동일시로 가족 구성원 간의 유대감이 너무 높고, 개인의 자율성은 제한을 받는다. • 응집성이 낮은 과잉분리 상태에서는 가족 구성원 간의 유대감은 낮고, 자율성은 높아진다. • 따라서 적절한 응집성을 가진 가족이 가족 간의 애착 정도와 개인의 자율성의 균형을 이루면서 효율적으로 가족 기능을 수행하고 개인의 정서적 발달을 촉진시킨다.

적응성	• 상황적으로 또는 발달 관계상 일어날 수 있는 스트레스에 반응하여 가족체계의 권력·역할·규칙을 변화시킬 수 있는 능력으로, 가족 구성원들이 가족체계를 변화시킬 수 있는 능력이다. • 이것은 가족 구성원들이 자신의 의견을 주장하는 유형, 리더십, 부모의 양육태도, 가족의 협상 스타일, 역할관계의 융통성을 고려하여 경직·구조적·융통적·혼동의 네 수준으로 분류된다.

• 가족체계 연구 시에 정상 가족을 대상으로 할 때에는 16개 유형으로 자세히 분류하여 논하기 어려우므로 '가족응집성과 적응성의 점수'에 따라 '극단가족·중간 범위 가족·균형가족'의 3종류 가족체계로 나누어 체계 유형을 연구하거나, 'FACESⅢ의 점수'에 따라 '극단가족·중간 범위 가족·약간 균형적인 가족·균형 가족'의 네 종류로 가족체계를 나누어 연구할 수도 있다고 하였다.

• 올슨(Olson) 등은 심리치료를 받으러 오는 가족은 흔히 응집성 차원의 극단적인 수준에 위치하고 있다고 말하였다. 응집성 수준이 극히 높을 때, 그 가족은 지나치게 상호동일시 하여 가족 내에서의 충성과 합의를 강조하기 때문에 각 개인의 개별화가 방해받기 쉬운 반면, 응집성이 아주 낮은 수준에서는 지나친 자율이 강조되기 때문에 다른 가족 구성원과의 접촉 및 개입이 제한되고 자기 임의로 행동하게 된다고 한다. 결국 응집성이 중간 수준일 경우에, 각 개인은 다른 가족 구성원들과 적절히 독립되어 있으면서도 서로 관련을 가지는 균형을 이룰 수 있다는 것이다.

② McMaster 모델
• 캐나다의 맥매스터대학 정신과에 재직하던 앱스타인(Epstein, 1978) 등에 의해 개발되었다.
• 가족기능을 평가하고 진단하는 데 뛰어난 개념적 준거를 제공하고 있다.

문제해결	가족이 효과적으로 기능하는 데 요구되는 문제해결능력이 있는가?
의사소통	효과적인 가족기능을 위해 의사소통이 모호하고 위장되어 있기보다는 생활을 하기 위해서 수행해야 하는 특수한 행동들이 잘 분담되고 있는가?
가족의 역할	가족 구성원들이 매일의 일상생활을 하기 위해서 수행해야 하는 특수한 행동이 잘 분담되고 있는가?
정서적 반응성	가족이 주어진 자극에 따라 적절한 내용과 적절한 양의 감정으로 반응할 수 있는 능력이 있는가?
정서적 관여	가족 전체가 각 개인의 관심사, 활동, 가치관에 얼마나 관심을 보이는가?
행동통제	가족 구성원들의 행동을 다스릴 규범과 기준을 가지는가?

• 가족기능 수준을 문제해결, 의사소통, 가족의 역할 등 6개 차원으로 고려하고 있다.
• 평가

장점	• 포괄적인 가족기능 평가의 척도가 된다. • 문항이 간결하며 이해하기 쉽고, 초점이 단순하게 잘 맞추어져 있다. • 문항 지시 역시 응답하기 쉽게 만들어져 있다.
단점	• 신뢰도와 타당도에 대한 더 많은 연구가 필요하다. • 임상가족과 비임상가족을 판별해 낼 수 있으나, 표본수가 너무 작다. • 점수화와 해석에 대한 매뉴얼이 없다.

ⓜ 가족 건강성 척도

가족 건강성 척도는 구조화된 자기보고식 질문지이다. 국내의 가족 건강성 혹은 기능성에 대한 연구의 대부분에는 올슨(Olson)의 순환 모델이 가장 많이 활용되고 있으나, 서구문화권의 특수성을 담고 있어 한국 가족을 평가하는데 부적절하다는 논란도 제기되고 있다.

(4) 가족상담의 실제

① 가족상담 첫 회기에 전체 가족이 참여하는 것을 권장하나, 최근에는 상담자가 판단해서 문제에 따라 참가하는 가족 구성원과 시기를 융통성 있게 정하는 추세이다.
② 상담자는 적절한 시점에서 집단의 잡담의 종료를 알리며 면담을 진행하는 것이 바람직하다.
③ 다른 가족 구성원을 대신해서 이야기해서는 안 된다는 규칙을 만들어 놓는 것이 효과적이다.
④ 모든 가족 구성원이 동시에 말하는 경우 상담자가 특정 가족 구성원을 지정해서 질문할 수 있다.
⑤ 상담실에서 싸움이 발생할 가능성이 높은 경우나 가족 구성원이 따로 상담을 받기 원하는 경우 등에는 가족 구성원을 따로 만나는 것이 좋다.

제 5 절 문제 유형별 개입전략

학생 문제에 대한 개입은 문제 자체에 대한 이해 및 분석에 초점을 두기보다는 예방중심, 성장중심으로 실질적으로 도움이 되는 방향으로 개입하도록 하는 인식의 전환이 필요하다. 이를 위해서는 학생을 하나의 독립된 인격체로 존중하면서 학생의 삶에 순수하고도 깊은 관심과 애정을 가지고 학생의 진정한 욕구를 제대로 읽어내는 통찰력을 갖추고 있어야 한다. 또한 남을 배려하고 자신을 성장시키는 자존감이 있는 삶을 스스로 만들어갈 수 있도록 도와주면서, 학생이 창의적으로 자기를 계발하고 외부와의 관계를 성장시키는 데에 초점을 두어야 한다.

1 학교에서 접하는 학생 문제 유형

학생, 특히 청소년의 문제 유형 분류체계는 일반적으로 가정, 비행, 생활습관/태도, 학업, 진로, 학교부적응, 성, 대인관계, 성격, 정신건강 등으로 분류할 수 있다. 이 중 학교에서 쉽게 접하게 되는 학생 문제 유형은 비행, 학업, 진로, 대인관계 등으로 볼 수 있다. 다음에서는 각 문제 유형별 사례들을 열거하였다.

(1) 비행

① 가출

중3 때부터 가출하기 시작하더니 이제는 며칠도 집에 붙어 있지 못한다. 집에 들어가면 너무 답답하고 심심해서 나가게 된다고 하지만 이런 학생을 이해할 수가 없다.

② **폭력**

고2 남학생이 학교에서 후배들이 버릇없이 굴어서 친구들과 함께 후배들을 때렸다. 버릇없이 구는 후배를 보면 참을 수가 없어서 몇 번 때려주곤 했다.

③ **도벽**

초등학교 1학년 때부터 시작한 행동이 습관적인 도벽으로 발전하였고 이제는 훔치는 돈의 단위도 조금씩 늘고 있다.

④ **음주/흡연**

중학생이 되면서 음주와 흡연을 시작해서 끊지 못하고 있다. 이젠 끊고 싶지만 하루도 참을 수 없다.

⑤ **약물 오남용**

친구의 권유로 본드를 흡입하기 시작했는데 끊을 수가 없다. 혼자 있는 시간만 되면 본드 생각이 난다.

⑥ **불량서클/폭력조직**

중학교 때 불량서클에 가입했다가 고등학교에 오면서 탈퇴하려 했지만 쉽지가 않다. 아이들이 학교 앞에서 기다리고 복수한다고 하는데 어떻게 해야 할지 모르겠다.

(2) 학업

① **학습능력**

중학교 때 공부를 너무 하지 않아서 고등학교 2학년인 지금은 부족한 기초학습 능력으로 친구들을 따라갈 수가 없다.

② **성적저하**

중학교에 올라와서 시험을 보았는데 성적이 많이 떨어져서 다시는 올라가지 않을 것 같아 걱정이다.

③ **학습동기 부족**

공부하는 것을 재미없어 한다. 수업시간에도 집중이 안 되고 집에서도 공부를 왜 해야 하는지 모르겠다고 한다.

④ **학습태도/방법 문제**

책상 앞에 오래 앉아 있지 못하고 공부하는 데 집중이 되지 않아서 답답해한다. 어떻게 공부를 해야 할지 모른다.

⑤ **시험불안/학업 스트레스**

성적은 상위권이지만 시험을 보기 전에 심하게 스트레스를 받아 공부를 전혀 하지 못한다.

(3) 진로

① **진로정보 부족**

학교에 적응하지 못하고 공부도 잘 못해서 대안학교에 가고 싶은데 이에 대한 정보가 없다.

② **진학/진로선택 문제**

고등학교에 들어와서 문·이과를 결정해야 하는데 어디를 선택해야 할지 모르겠다. 문과 과목이 재미있지만 이과를 가는 것이 취직에 유리하다고 들었다.

③ **진로에 대한 무계획**

부모님이 대학에 가야한다고 해서 인문계 고등학교에 왔지만 본인은 왜 대학을 꼭 가야하는지 모르겠고 그렇다고 따로 하고 싶은 것도 없다.

(4) 대인관계

① **왕따/따돌림**

친구들이 때리고 괴롭히지만 아무런 대응을 하지 못한다. 그래서 학교가기가 싫고 친구들을 보는 것이 두렵다.

② **친구 사귀기가 어려움**

친구들과 잘 어울리고 싶고 많은 친구를 사귀고 싶지만 잘 안 된다. 나는 먼저 친구들한테 말하는 것도 어렵고 오래 사귀지도 못한다.

③ **친구 사이의 갈등**

친구와 사소한 문제로 싸우고 멀어져서 다시 예전처럼 지내고 싶지만 적절한 방법을 모르겠다.

④ **이성교제**

여자 친구를 사귀고 싶지만 잘 안 된다. 여자 앞에만 가면 목소리가 떨리고 얼굴이 붉어져서 앞으로도 여자 친구를 못 사귈 것 같다.

⑤ **기타**

아르바이트를 하는 곳에서 만난 형이 나를 조수 부리듯이 한다. 형에게 의사를 표현하고 싶지만 겁이 나서 말을 못하겠다.

2 학생 문제 개입의 목표

(1) 행동 변화의 촉진

학생들로 하여금 좀 더 생산적이고 만족스러운 삶을 살 수 있도록 사고, 감정, 행동의 변화를 가져오는 것이 개입의 목표이다.

(2) 적응 기술의 증진

학생들은 적응하는 데 여러 가지 어려움을 갖게 된다. 즉 신체의 변화, 인지 능력의 변화, 가정에서의 역할 변화, 학부모의 기대 변화, 사회의 기대 변화 등 변화의 소용돌이 속에서 생활하고 있다. 이러한 변화에 적응하는 것은 청소년기의 가장 중요한 발달 과업이기도 하다. 학생 내담자는 바로 이러한 변화에 적응하지 못한 경우가 많다. 따라서 새로운 환경과 주위의 요구에 적응할 수 있는 방법을 학습하는 것은 학생 개입에 있어 중요한 목표가 된다. 즉, 학생 내담자로 하여금 변화하는 자신과 환경에 대해서 적응할 수 있는 기술을 갖도록 하는 것이다.

(3) 의사결정 기술의 함양

우리의 생활은 의사결정의 연속이라고 할 수 있다. 버스를 탈까 택시를 탈까 하는 사소한 결정에서부터 전공 학과와 대학 그리고 직장을 선택하는 중요한 선택에 이르기까지 항상 크고 작은 결정을 하면서 살아간다. 어떤 결정은 그 결과에 따라 별로 영향을 받지 않지만 어느 결정은 자신의 인생을 좌우하게 된다. 자신의 인생뿐만 아니라 다른 사람의 인생까지도 바꾸게 된다. 이렇게 생활이 의사결정의 연속이기 때문에 우리가 만족할 삶을 산다는 것은 결국 필요한 의사결정을 잘 내렸다는 의미이기도 하다. 반대로 만족하지 못한 생활을 하게 되는 것은 잘못된 의사결정의 결과라고 할 수 있다. 대부분의 학생들은 합리적인 의사결정에 익숙하지 않으며, 즉각적이고 충동적인 결정을 내리는 경우가 많다. 그렇기 때문에 그 결과에 만족하기보다는 불만일 경우가 많다. 이러한 불만족스러운 상태는 여러 가지 다른 문제를 일으키는 원인이 되고 있다. 따라서 많은 문제의 원인이 잘못된 의사결정의 결과라고 할 수 있다. 이 경우 개입 과정을 통해서 학생이 자연스럽게 합리적인 의사결정 과정을 체험하고 학습할 수 있도록 도울 수 있다.

(4) 인간관계의 개선

인간은 사회적 동물이다. 즉 집단을 형성해서 다른 사람들과 더불어 살아간다. 그렇기 때문에 항상 다른 사람과 인간관계를 형성하면서 살고 있고 우리를 즐겁게 하는 것이나 괴롭게 하는 것들의 원인이 다른 사람들과의 관계에 달렸다고 할 수 있다. 특히 청소년기는 또래들과 어울리고 또래들의 가치와 규범을 따르며 또래들로부터 인정받기를 원하는 시기이다. 따라서 다른 어느 시기보다 친구관계 즉 인간관계가 생활에서 중요한 역할을 하게 된다. 따라서 인간관계를 원만히 할 수 있도록 하는 것은 개입의 중요한 목표가 된다.

(5) 학생의 잠재력 개발

인간은 무한한 잠재력이 있지만 극히 그 일부만 활용하고 있다. 대부분의 사람들은 자신의 능력을 거의 모르는 채 살아가고 있다. 더구나 일상생활에 문제가 있는 사람들은 자신의 능력에 대해서 더 회의적인 생각을 갖고 있다. 그리하여 개입 과정에서 학생들로 하여금 자기 탐색의 기회를 갖도록 할 수 있다. 이러한 자기 탐색의 과정을 거쳐서 자신의 새로운 능력과 특성을 발견하게 된다. 새로운 특성을 발견할 뿐만 아니라 지금까지 부정적으로 보아 왔던 자신의 특성을 긍정적으로 볼 수 있는 계기를 갖게 할 수 있다. 학생은 아직 미성숙하기 때문에 자신에 대해서 탐색할 기회가 부족하고 자신을 왜곡해서 지각하는 경우가 많다. 이러한 학생들로 하여금 자신의 새로운 능력을 발견하고 잘못 인식하고 있던 자신의 특성을 새롭게 발견하도록 하는 것은 개입의 중요한 목표가 될 수 있다.

(6) 자아정체감 확립

청소년은 아직 역할이 뚜렷하지 못한 주변인(Marginal Person)이라고 할 수 있다. 따라서 이들은 항상 자신들의 존재 의의와 역할에 대해서 의문을 갖는다. 즉 "나라는 존재는 무엇인가", "나는 왜 존재하는가", "나는 존재할 만한 가치가 있는가", "내가 가정, 학교, 사회에서 설 곳은 어디인가" 등의 질문을 통해서 자아정체감(Ego Identity)을 확립하려고 노력하고 있다. 자아정체감의 확립은 청소년기의 가장 중요한 발달 과업이며, 자아정체감을 확립하지 못하면 정체감위기(Identity Crisis)를 경험하게 된다. 청소년들의 문제는 상당한 부분이 자신의 뚜렷한 존재 의의, 즉 자아정체감을 확립하지 못하여 이것이 정체감 위기로 발현되는 데 원인이 있다고 할 수 있다. 그렇기 때문에 학생에게 자아정체감을 확립하도록 하는 것이 개입의 중요한 목표가 될 수 있다.

(7) 긍정적 자아개념 형성

사람은 누구나 자신이 지각한 자신의 모습이 있다. 이러한 모습은 긍정적일 수도 있고 부정적일 수도 있다. 또한 자기가 지각한 자신의 모습이 자기가 바라고 원하는 모습과 일치하거나 가까울 수도 있고 전혀 다를 수도 있다. 자신이 지각한 자신의 모습이 긍정적이거나 자기가 원하는 모습과 일치하게 되면 자신에 대해서 자신감을 갖게 된다. 그러나 자기가 지각한 자신의 모습이 마음에 들지 않게 되면 자기 자신에 대해서 부정적인 태도를 갖게 된다. 즉 부정적인 자아상(Self-Image)과 부정적인 자아개념(Self-Concept)을 형성하게 되는 것이다. 긍정적인 자아상과 자아개념을 갖게 되면 자신감을 가지고 행동할 수 있으나 부정적인 자아상과 자아개념을 갖게 되면 자기 자신에 대해서 열등감을 갖게 되고 원만한 인간관계를 형성하기 어렵다. 결국, 대인 관계에 적응하는 데 어려움을 갖게 된다. 적응에 문제를 가진 많은 학생들은 자신에 대해서 자신감을 갖지 못하고 부정적으로 지각하는 부정적인 자아개념을 가진 학생들이다. 따라서 학생으로 하여금 긍정적인 자아상과 자아개념을 형성하도록 하는 것을 개입의 중요한 목표로 삼아야 한다.

(8) 건전한 가치관 정립

오늘날 가장 심각한 청소년 문제 가운데 하나가 청소년의 가치관에 관한 문제라고 할 수 있다. 우리나라의 청소년들은 심한 가치관의 혼란과 갈등을 경험하고 있으며, 긍정적인 가치관을 추구하기보다는 부정적인 가치관을 추구하는 경향을 보이고 있다. 가치관은 개인의 행동 양식, 수단, 목적 등에 있어서의 선택에 영향을 미치는 한 집단의 독특성을 규정짓는 개념이다. 이러한 가치관은 개인의 사고와 행동의 기준이 된다. 따라서 개인이 올바른 가치관을 가지고 있으면 바른 행동을 할 확률이 높다. 반대로 부정적인 가치관을 가지고 있으면 바른 행동을 기대하기가 어렵다. 그런데 여러 가지 가치관과 의식 구조 조사에 나타난 우리나라 청소년들은 부정적인 가치관을 가지고 있는 경우가 많다. 즉 이기적, 개인주의적 태도나 요령 및 편법주의적인 태도를 가지고 있는 경우가 많다. 또한 당위적으로 생각하고 있는 가치와 현실 인식 간의 불일치에서 오는 갈등도 심하게 경험하고 있다. 따라서 학생들에게 바른 가치관을 정립하여 올바른 삶의 태도를 가지고 생활하게 하는 것을 개입의 중요한 목표로 삼아야 한다.

3 학생 문제 유형별 개입전략

(1) 비행

학생 비행에 대한 개입은 학생 자신은 물론 가족, 또래, 학교 및 지역사회를 모두 포함하는 광범위한 지원망을 구축하여 통합적으로 운영될 필요가 있다.

① **학교**

상담 시 다른 사람과 함께하는 공동체적 삶 속에서 지켜야할 다양한 규칙과 대화기술, 갈등해결 기술 등과 사회적 기술을 학습하도록 훈련시킨다.

② **가족**

비행 학생은 성장하면서 부모나 가족, 타인과 신뢰로운 관계를 맺지 못하였거나 관계의 상실을 경험한 경우가 많다. 비행 학생 상담은 정서적 유대감을 형성하는 것이 무엇보다 우선되어야 한다. 상담 과정에서 학생과 신뢰로운 관계를 형성하기 위하여 상담자는 학생을 인격적으로 존중하여 마음을 열 수 있도록 하며 상담의 목표를 달성하기 위해 학생의 책임감을 강조하면서 상호 협력해 나가야 한다. 또한 가족과의 갈등관계를 해결할 수 있도록 문제해결능력을 기를 수 있도록 한다.

③ **또래 친구**

또래의 유혹을 거절할 수 있도록 자기주장이나 자기통제 능력에 대한 훈련이 필요하며, 친구들과의 건전한 또래 문화를 형성하는 방법을 모색해 볼 수 있다. 또한, 친구가 되고 도와줄 수 있는 능력의 개발도 필요하다. 집단상담을 통한 학습훈련과 또래상담자 운영이 효과적일 수 있다.

④ **지역사회**

비행 학생에 대한 개입은 지속적인 관심과 애정을 제공할 수 있는 사회적 지지망을 구축하는 것이 중요하다. 이러한 사회적 지지망은 학생이 자신의 문제를 스스로 해결할 수 있도록 용기와 힘을 제공한다.

(2) 학업

학습과 관련된 문제에 대한 개입 프로그램은 주로 학습동기와 자기효능감을 촉진하고, 학습하는 데 필요한 정보처리, 통제 및 조절 능력을 길러주고, 학습 수행을 시작하고 이를 지속하게 하는 전략으로 요약할 수 있다.

① **학습 내용 및 학습 관리와 관련된 학습전략**

　㉠ 학습 내용 구조화 전략

　　이것은 학습 내용을 체계적으로 이해하고, 이를 저장하여 조직화하는 것에 초점을 두는 전략이다.

　㉡ 학습 관리 전략

　　이것은 계획-실행-평가-검토의 단계로 구성되며 특히 검토에 초점을 두는 전략으로 시간관리, 정보처리, 자료관리, 과부화 관리 등의 전략이 이에 속한다.

② **학자별 학습전략**

　㉠ Dansereau의 협동학습전략(MURDER 전략)

　　• 주전략(혹은 기본전략) : 학습에 직접적인 영향을 미치는 것으로 이해-파지 전략 및 인출-활용 전략으로 나뉜다.

　　• 보조 전략(혹은 지원전략) : 학습 전에 구체적인 학습목표 및 시간 계획을 설정하는 전략, 긍정적인 학습태도 전략, 주의력 향상 전략, 진단 평가 전략으로 나뉜다.

ⓛ Derry와 Murphy의 학습전략
- 학습전략은 학습자의 기본 기능을 학습에 적합하도록 하는 과정이다.
- 학습전략에는 기억, 문제해결, 동기 등 인지, 정서, 행동적 요인이 모두 포함되어야 한다.
ⓒ McKeachie 등의 학습전략
- 인지 전략 : 시연, 정교화, 조직화
- 초인지(혹은 상위인지) 전략 : 계획하기, 점검하기, 조정하기
- 자원관리 전략 : 시간 관리, 학습 환경 관리, 노력 관리, 타인의 조력

(3) 진로

① 진로와 관련된 학생 문제의 원인
㉠ 자기이해 부족
㉡ 의사결정 능력 부족
㉢ 성격상 문제(예 우유부단함)
㉣ 진로에 대한 이해 부족 등

② 개입 전략
㉠ 심리검사 활용 : 가치관 탐색, 흥미/관심 영역 탐색, 성격 탐색, 적성 탐색과 관련된 심리검사 활용. 이 밖에 진로성숙도검사, 의사결정유형검사, 불안검사 등도 활용
㉡ 정보 혹은 검색 활용 : 책, 저널, 방송, 인터넷 등을 통하여 직업 정보를 탐색하게 한다.
㉢ 개입 방안
- 학생이 정확한 자기이해를 할 수 있도록 돕는다.
- 학생이 직업 세계를 탐색할 수 있는 기회를 준다. 예 직업 현장 방문 등

(4) 대인관계

① **정서적 상담전략** : 정신분석상담, 인간중심상담, 게슈탈트상담
② **인지적 상담전략** : 인지치료, 합리적·정서적 행동치료, 교류분석이론, 현실치료
③ **행동적 상담전략** : 조작적 조건형성이론, 사회학습이론

제 6 절 진로상담

1 진로상담의 개관

(1) 의의

① 청소년 내담자가 당면한 진로문제에 대해 상담을 통해서 궁극적으로 내담자의 일생 동안의 진로발달이 잘 이루어질 수 있도록 도와주는 과정이다. 이를 위해서 개인의 진로계획 및 준비, 직업준비와 선택, 진로문제의 해결과 적응 등을 돕는다.

② 상담자는 상담의 일반원칙과 진로검사나 진로정보 등의 도구를 사용하며, 생애진로발달 측면에서 내담자가 당면한 진로문제에 대하여 진단하고 구체화 과정을 거쳐 문제해결 등을 추구한다.

(2) 주요 원리

① 진학과 직업선택에 초점을 맞춰 전개되어야 한다.

② 개인의 특성을 객관적으로 파악한 후, 상담자와 내담자 간의 라포(Rapport)가 형성된 관계 속에서 이루어져야 한다.

③ 진로발달이론에 근거하며, 진로발달이 진로상담에 영향을 미친다.

④ 진로상담은 개인의 진로결정에 있어서 핵심적인 요소이므로, 합리적인 진로의사결정 과정과 기법을 체득하도록 상담한다.

⑤ 변화하는 직업세계의 이해와 진로정보활동을 중심으로 개인과 직업의 연계성을 합리적으로 연결하는 과정의 이용 방법에 초점을 두어야 한다.

⑥ 각종 심리검사의 합리적인 결과를 이끌어낼 수 있도록 도와주는 역할을 다해야 한다.

⑦ 상담윤리강령에 따라 전개되어야 한다.

⑧ 항상 개인차를 고려해야 한다.

(3) 목표

① 자신에 대한 올바른 이해 확립

② 일과 직업세계에 대한 이해 증진

③ 정보탐색 및 활용능력의 함양

④ 올바른 직업관과 직업의식 형성

⑤ 합리적인 의사결정능력의 증진

2 진로상담자의 역량과 자세

(1) 진로상담자가 갖추어야 할 역량

① 자기성찰 및 자기계발 역량
② 개인차 및 다양성에 대한 이해
③ 상담목표를 명료화하는 기술
④ 효과적인 상담을 위한 개인 및 집단상담 기술
⑤ 개인 및 집단검사 실시 및 해석 능력
⑥ 진로발달이론에 대한 이해 및 전문지식 함양
⑦ 진로프로그램 실시 및 개발 역량
⑧ 정보 탐색 및 첨단 정보화기술 활용 능력
⑨ 상담전문가의 올바른 윤리의식

(2) 진로상담자의 자세

① 진로상담자로서 지켜야 할 상담윤리를 숙지하고 전문성을 유지한다.
② 검사를 선택할 때 표준화검사의 결과와 변형된 직업카드 분류법을 활용한다.
③ 전문 기술을 유지하고 발선시키기 위해 슈퍼비전에 대한 지식과 기술이 필요하다.
④ 연구 목적으로 상담사례를 발표할 때는 내담자의 동의를 먼저 구하여야 한다.
⑤ 상담내용에 대해 비밀을 유지해야 한다. 단, 내담자나 내담자 주변인에게 닥칠 위험이 분명하고 위급한 경우, 법원의 명령이 있는 경우는 예외적으로 내담자의 비밀을 사전 동의 없이 관련자에게 공개할 수 있다.

3 진로선택이론

(1) 특성-요인이론

① 이론의 배경

㉠ 파슨스(Parsons)는 개인분석(자기분석), 직업분석, 과학적 조언을 통한 매칭을 주장하였는데, 이는 자신의 강점과 약점을 포함한 개인적 성향을 충분히 이해하고, 주어진 직업에서의 성공 조건 및 보상과 승진에 관한 정보를 알아야 하며, 입수한 정보를 바탕으로 선택과정에서 '진실한 추론'을 해나가야 한다는 것이다.

㉡ 개인의 독특성을 바탕으로 한 개인차 심리학의 성장은 과학적 측정을 통한 특성 확인을 가능하게 하여 파슨스의 모델을 발전시켰고, 피터슨은 진로상담자들이 사용할 수 있는 여러 가지 심리검사 도구를 개발하였다.

㉢ 달리(Darley)는 특성-요인이론과 유사한 용어인 미네소타 견해(Minnesota Point of View)를 개발하였다.

ⓔ 미네소타 대학의 직업심리학자들은 다양한 특수적성검사, 인성검사 등의 도구를 개발함으로써 특성-요인이론의 기초를 다졌다.

ⓜ 대표적인 이론가는 파슨스(Parsons)를 비롯하여 윌리암슨(Williamson), 헐(Hull) 등이 있다.

② **특징**

ⓘ 개개인은 신뢰할 만하고 타당하게 측정될 수 있는 고유한 특성을 갖고, 모든 직업은 그 직업에서 성공을 하는 데 필요한 특성을 지닌 근로자를 요구한다.

ⓛ 직업선택은 직접적인 인지 과정이기 때문에 개인의 특성과 직업의 특성을 짝짓는 것이 가능하며, 개인은 자신의 특성과 직업이 요구하는 특성을 연결할 수 있다.

ⓒ 개인의 특성을 파악하고 직업에 대한 이해의 과정을 거친 뒤, 이 두 가지 요소에 근거하여 각 개인의 특성과 적절한 직업의 매칭을 과학적 조언을 통해 주장한다.

ⓔ 개인의 특성과 직업의 요구 간에 매칭이 잘 될수록 성공 또는 만족의 가능성은 커진다.

ⓜ 특성-요인이론에서는 개인의 제 특성에 대한 객관적인 이해를 기초로 하는 개인분석, 직업의 특성과 요구되는 직업능력을 분석하는 직업분석, 상담을 통해 개인과 직업을 연결하는 합리적 추론을 중시한다.

ⓗ 개인의 지능, 적성, 흥미, 포부, 학업성취, 환경 등의 개인특성과 관련된 이해를 중시하며, 이를 위해 표준화된 검사의 실시와 결과의 해석을 진로상담 과정에서 강조한다.

③ **주요내용**

ⓘ 효과적인 상담관계를 위한 요건

ⓐ 상담자는 각 내담자의 독특성을 가정한다.

ⓑ 상담은 내담자의 자발적 요청에 의해 이루어지는 것이 더 바람직하다.

ⓒ 상담은 내담자 스스로 해결할 수 없는 문제에 당면했을 때만 필요하다.

ⓓ 상담관계에서 상담자는 완전하게 가치중립적인 입장을 취할 수는 없다.

ⓔ 무조건적인 수용이 내담자의 잠재력을 완전히 발휘하게 한다는 심리치료의 가정에 동의하지 않는다.

ⓕ 상담은 인간발달의 전체성을 다루어야 한다.

ⓖ 상담의 대상은 누구나 될 수 있다.

ⓗ 각 개인은 자신의 잠재력을 충분히 발휘할 도덕적 의무를 가진다.

ⓘ 상담은 내담자로 하여금 이성적 문제해결능력을 기르게 하는 것이지만, 궁극적으로는 탁월성을 추구하는 목적적 노력을 하는 인간을 만드는 것이다.

ⓛ 특성-요인이론의 상담목표

ⓐ 내담자의 정서적 안정을 돕고 이성적으로 생활하도록 한다.

ⓑ 내담자 자신이 필요로 하는 정보를 수집·분석·종합할 수 있도록 한다.

ⓒ 내담자의 자기이해, 자기지도, 자기성장을 촉진한다.

ⓓ 내담자 자신의 동기, 능력, 적성, 성격, 흥미 등의 특성과 요인을 이해하고 수용하도록 한다.

ⓔ 내담자 자신의 특성 및 요인과 직업 또는 외부조건을 검토하여 만족스러운 결정을 내릴 수 있도록 한다.

ⓒ 상담의 특징
   ⓐ 상담자 중심의 상담방법이다.
   ⓑ 내담자에 대한 정서적 이해보다 문제의 객관적 이해에 중점을 둔다.
   ⓒ 내담자에게 정보를 제공하고 학습기술과 사회적 적응기술을 알려주는 것을 중요시한다.
   ⓓ 내담자를 객관적으로 이해하고, 올바른 예언을 하기 위해 사례나 사례연구를 상담의 중요한 자료로 삼는다.
ⓔ 상담자의 기술
   ⓐ 동조 요청하기 : 내담자로 하여금 자신의 환경에 적응하도록 요청하는 기술이다.
   ⓑ 환경 변화시키기 : 내담자의 환경을 부분적으로 변화시키려는 시도이다.
   ⓒ 적절한 환경 선택하기 : 내담자의 개성과 성격에 가장 알맞은 환경을 선택하게 하는 것이다.
   ⓓ 필요한 기술 학습하기 : 내담자에게 곤란을 일으키는 결함을 극복하도록 조력하는 것이다.
   ⓔ 태도 바꾸기 : 가장 치료적인 성격의 기술로 내담자의 요구와 환경의 요구가 조화하도록 내담자의 태도를 바꾸게 하는 것이다.
ⓜ 상담기법
   ⓐ 윌리암슨의 상담모형 6단계

제1단계 분석	• 여러 자료로부터 개인의 특성(태도, 흥미, 가족배경, 지적 능력, 교육적 능력, 적성 등)에 관한 자료들을 주관적·객관적 방법으로 수집하고, 표준화검사를 실시한다.
제2단계 종합	• 개인의 장·단점, 욕구, 문제를 분류하기 위한 정보를 수집하고 조정한다. • 내담자의 독특성이나 개별성을 강조하기 위하여, 사례연구 기술과 검사목록에 의하여 자료를 수집하고 요약한다.
제3단계 진단	• 개인의 교육적·직업적 능력과 특성을 비교하여 진로문제의 객관적인 원인을 파악한다. • 내담자의 문제 및 뚜렷한 특징을 기술한 개인자료와 학문적·직업적 능력을 비교하여 문제의 원인을 탐색한다.
제4단계 예측	• 가능한 대안을 탐색하고, 각 대안의 성공가능성을 평가하고 예측한다. • 문제해결을 위해 내담자가 고려해야 할 대안적 조치를 예측한다.
제5단계 상담	• 개인특성에 관한 자료를 중심으로 직업에 잘 적응하기 위해 어떻게 해야 할지를 상담한다. • 현재와 미래의 바람직한 적응을 위해 무엇을 해야 할지를 내담자와 함께 이야기한다.
제6단계 추후지도	내담자가 행동계획을 잘 실천하도록 돕고, 결정과정의 적합성을 점검한 후 필요한 부분의 보충을 위해 추후지도를 한다.

   ⓑ 윌리암슨의 특성-요인 진로상담기법
      • 촉진적 관계 형성
      • 자아이해의 신장
      • 실제적인 행동의 계획이나 설계
      • 계획의 수행
      • 필요한 경우 다른 상담자에게 의뢰
   ⓒ 윌리암슨의 특성-요인이론에서 검사의 해석단계에서 이용할 수 있는 3대 상담기법
      설명, 설득, 직접 충고

ⓓ 윌리암슨의 진로선택의 문제
- 불확실한 선택
- 미선택(무선택)
- 흥미와 적성의 불일치
- 현명하지 않은 선택(어리석은 선택)

④ **특성-요인이론의 평가**

㉠ 검사를 통한 개인의 특성평가 등에 대한 구인타당도의 문제가 제기될 수 있다.

㉡ 어떤 직업의 성공여부에 대한 예언타당도의 문제가 제기될 수 있다.

㉢ 장기간에 걸친 진로발달과정을 도외시하여 개인의 특성이 어떻게 발달되었는지 충분히 설명할 수 없고 이론 자체만으로 효율적인 진로상담의 지침을 제공하지 못한다.

㉣ 직업선택을 일회적인 행위로 간주한다.

(2) 홀랜드(Holland)의 성격이론

① **의의**

㉠ 개인의 특성과 직업세계의 특징과의 최적의 조화를 가장 강조하였다. 개인의 직업적 적응 또는 직업적 적합성은 그 개인의 초기경험의 산물인 인성에 따라 이루어진다는 이론적 전제 아래 사람들은 자신의 성격을 표현할 수 있는 적합한 환경을 추구한다는 것이다.

㉡ 사람의 행동은 그들의 성격에 적절한 직업 환경 특성들 간의 상호작용에 의해 결정된다는 것이며, 발달과정에 대해서는 설명하지 않는다.

㉢ 개인의 성격은 그들의 직업적 선택을 통해서 표현되며, 개인의 직업적 만족, 안정, 성취 그리고 적응은 그들의 성격과 직업 환경 간의 적절한 연결에 달려 있다고 보았고, 자신의 특성과 유사한 직업 환경을 선호하는 경향이 있다고 본다.

② **홀랜드 이론의 배경**

홀랜드의 이론은 다음과 같은 4가지 가정을 기초로 하고 있다.

㉠ 대부분의 사람들은 실재적(Realistic), 탐구적(Investigative), 예술적(Artistic), 사회적(Social), 기업적(Enterprising), 관습적(Conventional)의 6가지 유형 중의 하나로 분류될 수 있다.

㉡ 6가지 종류의 환경이 있고, 각 환경에는 그 성격 유형에 일치하는 사람들이 머문다.

㉢ 사람들은 자신의 능력과 기술을 발휘하고 태도와 가치를 표현하며, 자신에게 맞는 역할을 수행할 환경을 찾는다.

㉣ 개인의 행동은 성격과 환경의 상호작용에 의해서 결정되며, 사람의 성격과 그 사람의 직업환경에 대한 지식은 진로선택, 직업성취 등에 관해서 중요한 결과를 예측할 수 있게 한다.

③ 홀랜드의 6가지 성격유형

유형	성격 특징	선호하는 활동	싫어하는 활동	대표적 직업	환경
실재적 유형 (R형)	남성적, 솔직함, 검소함, 지구력, 건강함, 소박함, 직선적, 단순함	분명하고 질서정연하게, 체계적으로 대상이나 연장·기계·동물들을 조작하는 활동 내지는 신체적 기술들	교육적인 활동이나 치료적인 활동	기술자, 자동차 및 항공기 조종사, 정비사, 농부, 엔지니어, 전기·기계기사, 운동선수 등	작업환경은 각종 도구를 이용해서 기계 등을 다루는 실무적인 일이다.
탐구적 유형 (I형)	논리적, 분석적, 합리적, 정확함, 비판적, 내성적, 신중함	관찰적·상징적·체계적으로 물리적·생물학적·문화적 현상을 탐구하는 활동	사회적이고 반복적인 활동	과학자, 의료기술자, 의사, 생물학자, 화학자, 물리학자, 인류학자, 지질학자 등	정확하고 과학적이며 지적인 사람들이 모여 있다.
예술적 유형 (A형)	자유분방, 개방적, 독창적, 개성이 강한 반면 협동적이지는 않음	예술적 창조와 표현, 변화와 다양성 및 모호하고, 자유롭고, 상징적인 활동을 좋아한다.	틀에 박힌 것, 명쾌하며, 체계적이고, 구조화된 활동	예술가, 작곡가, 음악가, 무대감독, 작가, 배우, 소설가, 미술가, 무용가, 디자이너 등	자기표현에 능하며, 독창적이고 독립적인 사람들이 모여 있다.
사회적 유형 (S형)	친절함, 봉사적, 감정적, 이상주의적	타인의 문제를 듣고, 이해하고, 도와주고, 치료해 주고, 봉사하는 활동	기계·도구·물질과 함께 명쾌하고, 질서정연하고, 체계적인 활동	사회복지가, 교육자, 간호사, 유치원 교사, 종교지도자, 상담가, 임상치료사, 언어치료사 등	병원, 학교, 상담소에는 사교형의 사람들이 다른 유형보다 더 많이 있다. 친절하고 인정 많으며, 신뢰가 가는 사람들이다.
기업적 유형 (E형)	지배적, 통솔력, 지도력, 설득적, 경쟁적, 야심적, 외향적, 낙관적, 열성적	조직의 목적과 경제적 이익을 얻기 위해 타인을 선도·계획·통제·관리하는 일과 그 결과로 얻어지는 위신·인정·권위를 얻는 활동	관찰적·상징적·체계적 활동	기업경영인, 정치가, 판사, 영업사원, 상품구매인, 보험회사원, 판매원, 관리자, 연출가 등	야망있고 사교적이며, 활동적인 사람들이 모여 있다.
관습적 유형 (C형)	조심성, 세밀함, 계획성, 완고함, 책임감	정해진 원칙과 계획에 따라 자료들을 기록·정리·조직하는 일과 체계적인 작업환경에서 사무적·계산적 능력을 발휘하는 활동	창의적, 자율적이며 모험적, 비체계적인 활동	공인회계사, 경제분석가, 은행원, 세무사, 경리사원, 컴퓨터 프로그래머, 감사원, 안전관리사, 사서, 법무사 등	숫자, 기록, 기계와 관련된 규칙적이며 순서에 따라 업무를 처리하는 분야에 많다.

④ 홀랜드 이론의 5가지 주요 개념
 ㉠ 일관성(서로 다른 유형 간의 관계)
  ⓐ 환경유형뿐만 아니라 성격유형에도 적용되는데, 6가지 유형의 어떤 쌍들은 다른 유형의 쌍보다 공통점이 더 많다.
  ⓑ 육각형 모형의 중요한 기능 중 하나는 성격의 일관성 정도를 규정하는 것이다.

ⓒ 일관성 있는 흥미유형을 보이는 사람은 대체로 안정된 직업경력을 가졌으며, 직업성취와 직업적 목표가 분명한 사람들이다.

ⓓ 따라서 일관성 있는 코드유형을 보이는 사람은 환경과의 상호작용에서 그렇지 않은 경우보다 예측 가능한 행동 결과를 나타낼 것이다.

ⓛ 변별성(유형 간 상대적 중요도의 관계)

특정 개인의 성격유형이나 작업환경은 다른 어떤 개인이나 환경보다 더 명확하게 규정할 수 있을 때 변별성이 있다고 해석한다.

ⓒ 정체성

ⓐ 개인적 측면에서의 정체성이란 개인의 목표, 흥미, 재능에 대한 명확하고 견고한 청사진을 말한다. 환경적 측면에서의 정체성이란 조직의 투명성, 안정성, 목표·일·보상의 통합이라고 규정된다.

ⓑ 자신에 대한 종합적인 인식으로서 일치성, 일관성 및 변별성에 의해 영향을 받는다.

ⓛ 일치성(성격과 환경 간의 관계)

ⓐ 개인의 흥미유형과 개인이 몸담고 있거나 소속되고자 하는 환경의 유형이 서로 부합하는 정도를 말한다.

ⓑ 사람은 자신의 유형과 비슷하거나 정체성이 있는 환경유형에서 일하거나 생활할 때 일치성이 높아지게 된다. 또한 사람은 중요한 보상이 제공되는 환경에서 최대한 능력을 발휘하게 된다.

ⓜ 계측성

유형들(환경) 내 또는 유형들 간의 관계는 육각형 모델에 따라 정리될 수 있는데, 육각형 모델에서 유형들(환경) 간의 거리는 그것들 사이의 이론적인 관계에 반비례한다.

⑤ 홀랜드 인성이론 적용 검사도구

직업선호도검사 (VPI, Vocation Preference Inventory)	• 내담자가 160개의 직업목록에 흥미 정도를 표시하는 것으로, 직업선택이 사람들의 생각과 감정에 의해 측정될 수 있다고 본다. • 워크넷에서 제공하는 직업선호도검사 하위검사는 흥미검사, 성격검사, 생활사검사이다.
자기방향탐색 (SDS, Self-Directed Search)	• 내담자가 점수를 기록하는 형태의 워크북과 소책자로 되어 있다. • 그 유형은 R(현실적), I(연구적), A(예술적), S(사회적), E(진취적), C(관습적)이다. • 우리나라는 1997년에 홀랜드의 직업선호도검사를 한국판으로 개정하여 1998년부터 직업안정기관에서 사용하고 있다.
직업탐색검사 (VEIK, Vocational Exploration and Insight Kit)	• 진로문제로 받는 스트레스 정도를 측정하는 검사이다. • 내담자가 추가로 관심을 갖는 직업을 84카드로 분류하여 그들의 관심직업을 분석한 것이다.
자기직업상황 (MVS, My Vocational Situation)	• 개인과 환경의 정체성을 측정하는 검사이다. • 20개의 질문으로 구성되어 있으며, 직업정체성, 직업정보에 대한 필요, 선택된 직업목표에 대한 장애 등을 측정하는 것을 목적으로 한다.

경력의사결정검사 (CDM, Career Decision Making)	• 홀랜드의 이론에 기초한 검사로서, 점수결과도 그의 육각형 모델에 따라 6가지 흥미점수가 도출되는데, 그중 원점수가 가장 높은 2~3가지 흥미척도가 탐색대상 직업군이 된다. • 능력, 근로가치, 미래계획, 선호하는 교과목 등을 자가평정한 결과를 직업 관련 의사결정시스템 전반에 통합시키며 중학생부터 성인을 대상으로 한다.

⑥ 홀랜드 이론에 대한 평가

  ㉠ 장점

    ⓐ 환경 측정의 영역과 개인과 환경 간의 상호작용 이해, 개인행동의 이해라는 측면에서 탁월하다.

    ⓑ 환경의 다양한 유형 속에서 인간의 행동을 예언하고 이해하는 데 필요한 구조의 개발에 기여해 왔다.

    ⓒ 인성 특성에 관련된 직업적 흥미를 이해하는 데 매우 중요한 공헌을 하였다.

  ㉡ 단점

    ⓐ 일반적인 홀랜드 모형, 특히 SDS(자기방향탐색)는 남녀 차별을 보여 준다.

    ⓑ 특히 젊은이들은 자신의 환경 및 자신을 변화시킬 수 있는 능력이 있음에도 이 점을 고려하지 않았다.

    ⓒ 인성 요인을 중요시하면서도 인성발달과정에 대한 설명이 다소 결여되어 있다.

    ⓓ 사람들이 어떻게 그러한 유형이 되는지에 대해 충분히 설명하지 못한다.

    ⓔ 진로상담에 적용할 수 있는 구체적인 절차를 제공해주지 못하는데, 특히 상담자가 내담자와의 대면관계에서 사용할 수 있는 과정과 기법에 관한 절차가 없다.

(3) 로(Roe)의 욕구이론

① 개요

  ㉠ 로(Roe)는 여러 가지 다른 직업에 종사하는 사람들은 각기 다른 욕구를 가지고 있으며, 이러한 욕구의 차이는 어린 시절의 부모-자녀관계에 기인한다고 보고 욕구가 직업선택에 큰 영향을 미친다고 여겼다.

  ㉡ 초기 아동기, 특히 12세 이전에 부모가 보여준 자녀양육 방식이 자녀의 진로선택에 영향을 줄 수 있다고 보고, 부모가 자녀를 대하는 양육방식과 자녀의 심리적 욕구의 상호작용에 의해 직업선택이 이루어질 수 있음을 가정하였다.

  ㉢ 로는 직업과 기본욕구 만족의 관련성에 대한 논의는 매슬로우(Maslow)의 욕구위계론을 바탕으로 할 때 가장 효율적이라 보고 성격이론 중 매슬로우의 이론이 가장 유용한 접근법이라고 생각하였다.

② 8가지 직업군(흥미에 기초하여 구분) : 서비스직, 비즈니스직, 단체직, 기술직, 옥외활동직, 과학직, 일반문화직, 예능직

③ 직업수준의 6단계(곤란도와 책무성 고려) : 고급 전문관리, 중급 전문관리, 준전문관리, 숙련직, 반숙련직, 비숙련직

④ 로의 욕구이론에 대한 문제점

㉠ 실증적인 근거가 결여되어 있다.

㉡ 진로상담을 위한 구체적인 절차를 제공하지 못했다.

㉢ 부모-자녀의 관계는 로의 이론처럼 획일적이거나 단순하지 않기 때문에 이론을 검증하기가 매우 어렵다.

(4) 블라우(Blau) 등의 사회학적 이론

① 이론의 배경

㉠ 개인을 둘러싼 사회·문화적 환경이 개인의 행동에 영향을 미친다는 사회학적 지식을 바탕으로 생성된 이론으로, 블라우(Blau)와 밀러(Miller), 폼(Form) 등이 대표적 학자이다.

㉡ 핵심은 가정, 학교, 지역사회 등의 사회적 요인이 진로선택과 발달에 영향을 미친다는 것이다.

② 주요 내용

㉠ 문화나 인종의 차이는 개인의 직업적 야망에 큰 영향을 미치지 않는 데 반해, 개인이 속해 있는 사회계층은 이에 지대한 영향을 미친다.

㉡ 사회계층에 따라 그 속에서 생활하는 대다수 사람들의 사회적 반응, 교육받은 정도, 직업적 야망, 일반지능 수준 등을 결정하는 독특한 심리적 환경을 조성하게 되는데, 이것이 결과적으로 직업선택 및 발달에 영향을 미치게 된다.

㉢ 개인이 통제할 수 없는 요인들이 직업선택에 중요한 영향을 끼친다는 것이다. 즉, 개인이 가진 직업선택의 재량권이 다른 이론에서 가정되는 것보다 훨씬 적다.

㉣ 따라서 사회학적 이론을 고려하여 진로상담을 할 때는 개인을 둘러싼 제반 상황을 파악하여 지도하여야 하며, 동일한 요인이라 해도 개인에 따라 영향을 받는 정도가 다르므로 각각의 요인이 개인에게 주는 독특한 의미를 주의 깊게 파악해야 한다.

4 진로발달이론

(1) 긴즈버그(Ginzberg)의 직업선택발달이론

① 의의

㉠ 직업선택은 4가지 요인인 가치관, 정서적 요인, 교육의 양과 종류, 실제 상황적 여건의 상호 작용으로 결정된다.

㉡ 직업선택의 과정은 바람(Wishes)과 가능성(Possibility) 간의 타협이기 때문에 비가역적이라고 주장하였다.

② 직업선택과정의 3단계

㉠ 환상기

자기가 원하는 직업이면 무엇이든 하고 싶고, 하면 된다는 식의 환상 속에서 비현실적인 선택을 하는 경향을 갖게 된다. 즉, 이 단계는 직업선택의 문제에서 자신의 능력이나 가능성, 현실여건 등을 고려하지 않고 욕구를 중시한다(11세 이전).

ⓛ 잠정기

    ⓐ 개인은 자신의 흥미, 능력, 취미에 따라 직업선택을 하려는 경향을 갖는다. 이 시기의 후반기에 가면 능력과 가치관 등의 요인도 조금 고려하지만, 현실상황을 별로 고려하지 않기 때문에 직업선택의 문제에서 다분히 비현실적인 성격을 띤다.

    ⓑ 이 시기의 특성은 잠정적이라 볼 수 있으며, 다음의 4가지 하위단계로 나뉜다.
흥미단계(11~12세), 능력단계(13~14세), 가치단계(15~16세), 전환단계(17~18세)

ⓒ 현실기

    ⓐ 직업에서 요구하는 조건과 자신의 개인적 요구와 능력을 고려하여 현명한 선택을 하고자 한다.

    ⓑ 이 시기는 다음의 3가지 하위단계로 나누어진다(18세 이후).
탐색단계, 구체화(결정화)단계, 특수화단계

(2) 수퍼(Super)의 생애진로발달이론

① 의의

ⓐ 긴즈버그의 진로발달이론을 비판하고 보완하면서 발전된 이론이다.

ⓑ 개인의 속성과 직업에서 요구하는 속성을 고려하여 연결해주는 '자기개념' 이론을 가장 중요하게 여기며 진로성숙도검사를 주로 활용한다.

ⓒ 진로발달은 제한된 발달시기에 일어나는 전 생애과정으로 개인의 일부는 개인의 심리적·생리적 속성에 의해, 또 다른 일부는 의미 있는 타인을 포함하는 환경요인에 의해 인간발달의 한 측면으로써 직업발달을 해 나가게 된다고 주장하였다.

ⓓ 개인의 진로발달은 대순환과 소순환이 공존한다는 역동적인 관점을 채택했다.

② 진로성숙도와 진로적응성

ⓐ 진로성숙도

    ⓐ 진로발달의 연속선상에서 개인이 도달한 위치를 의미한다.

    ⓑ 각 단계의 발달과업을 성공적으로 수행할 수 있는 준비도를 의미한다.

    ⓒ 진로성숙도의 구성 6가지 : 진로결정성, 진로확신성, 진로목적성, 진로준비성, 진로독립성, 가족일치성

ⓑ 진로적응성
끊임없이 변하는 일의 세계와 자신을 둘러싼 환경의 요구에 대처하는 준비도이자, 다양한 생애 역할과 자신을 둘러싼 직업환경의 변화에 대한 준비도를 말한다.

③ 직업발달과정과 과업

ⓐ 발달과정

성장기 (Growth Stage, 출생~14세)	욕구와 환상이 지배적이나, 사회참여활동이 증가하고 현실검증이 생김에 따라 흥미와 능력을 중시하는 단계
탐색기 (Exploration Stage, 15~24세)	• 학교·여가생활, 시간제의 일 등을 통한 경험으로 자신에 대한 탐색과 역할에 대해 수행해야 할 것을 찾으며, 직업에 대한 탐색을 시도하려는 단계 • 이 시기에 개인은 직업 선택에 대한 구체화, 결정화, 실행이라는 진로발달과업을 접하게 된다.

확립기 (Establishment Stage, 25~44세)	• 자신에게 적합한 직업분야를 발견하고 자신의 생활 안정을 위해 노력하는 단계 • 확립기의 초반과 중반에는 정착 또는 안정화, 확립기 후반부터는 공고화와 발전이 주된 과업임
유지기 (Maintenance Stage, 45~64세)	• 직업세계에서 자신의 위치가 확고해지고 자신의 자리를 유지하기 위해 노력하며 안정된 삶을 살아가는 시기 • 개인은 유지, 보존, 혁신의 진로발달과제를 가진다. 만일 이 기간에 현재의 직업 혹은 조직을 유지하기로 결정을 내리면, 개인은 자신이 성취한 것을 유지하고, 지식과 기술을 새롭게 하며, 일상적인 일을 하는 새로운 방법을 고안해 냄
쇠퇴기 (Decline Stage, 65세 이후)	• 감속기(65~70세) : 일의 수행속도가 느려지고, 직무에 변화가 오거나 혹은 일의 능력이 쇠퇴하는 데 따른 적절한 변화가 요구됨 • 은퇴기(71세 이후) : 시간제 일, 자원봉사 혹은 여가활동 등으로 이직함

ⓒ 직업발달과업

과제	연령	특징
구체화	14~17세	• 자원, 우연성, 흥미, 가치에 대한 인식과 선호하는 직업에 관한 계획을 통해 일반적인 직업목표를 형식화하는 인지적 단계의 과업이다. • 선호하는 진로에 대한 계획을 세우고 그것을 어떻게 수행할 것인가를 고려하는 것이다.
특수화 (결정화)	18~21세	• 시험적인 직업선호에서 특정한 직업선호로 바뀌는 시기의 과업이다. • 자세한 자료와 진로선택의 다양성을 뚜렷하게 인식하여 진로계획을 구체화하는 것이다.
실행화	22~24세	직업선호를 위한 훈련을 완성하고 고용에 참가하는 시기의 과업이다.
안정화	25~35세	• 직업에서 실제 일을 수행하고 재능을 활용함으로써 진로선택이 적절한 것임을 보여주고 자신의 위치를 확립하는 단계의 과업이다. • 개인이 진로를 확립하고 진로상황에 안정감이 생겼을 때 이루어진다.
공고화	35세 이후	승진, 지위, 경력개발 등에 의해 진로를 확립하는 시기의 과업이다.

④ **수퍼(Super)의 생애공간이론**

ⓐ 생애진로무지개

ⓐ 개념

• 수퍼는 개인의 진로발달과정을 자기실현 및 생애발달의 과정으로 보고 여러 가지 생활 영역에 있어서의 진로발달을 나타내는 생애진로무지개를 제시하며, 진로성숙과 역할의 중요성을 강조하였다.

• 양적인 평가방법으로 다양한 생애역할을 평가한다.

ⓑ 다양한 생애역할

• 삶의 다양한 역할 속에서 자신의 가치관을 추구하면서 살 수 있는 방법을 찾도록 한다.

• 일생 동안 9가지 역할(아동·학생·여가인·일반시민·근로자·가장·주부·부모·연금생활자)을 수행한다고 보고, 이러한 역할들이 상호작용하며 이전의 수행이 이후의 수행에 영향을 미치게 된다고 하였다.

ⓒ 종단적 과정과 횡단적 과정

　전 생애 동안 이어지는 진로발달의 종단적 과정(역할이 필요한 시간/기간)과 특정 시기의 횡단적 과정(활동의 왕성함 정도를 표시하는 면적/공간)을 표현한다.

ⓓ 역할 간의 갈등

　전 생애 발달과정 중 특정시기에 생애역할들 간 갈등을 겪을 수도 있다.

ⓔ 중요한 생애역할의 개념

　참여(Participation), 전념(Commitment), 지식(Knowledge), 가치기대(Value Expectations) 등이 있다.

ⓛ 진로아치문모형

ⓐ 인간발달의 생물학적·지리학적 면을 토대로 한 것으로, 아치웨이(Archway)의 기둥은 발달단계와 삶의 역할을 의미한다.

ⓑ 개인(심리적 특징)을 왼쪽 기둥, 사회(경제자원, 경제구조, 사회구조 등)를 오른쪽 기둥으로 세웠다. 상층부 중심에는 자기(Self)를 배치하였다.

ⓒ 개인은 사회의 단위로서 성장하고 기능하면서 사회에서 자신의 교육적·가족적·시민적·여가적 생애를 추구하며, 사회는 개인에게 영향을 준다.

(3) 타이드만(Tiedeman)과 오하라(O'Hara)의 진로발달이론

① 의의

㉠ 진로발달을 직업정체감을 형성해 가는 과정으로 보았으며, 새로운 경험을 쌓을수록 개인의 정체감은 발달한다고 하였다.

㉡ 개인의 자아정체감은 분화와 통합의 과정을 거치면서 형성되어 가며, 자아정체감은 직업정체감 형성의 기초요인이 된다.

㉢ 분화와 통합은 논리적으로는 분리되지만 실제경험에서는 분리되지 않으며, 연령이 증가하고 경험이 쌓일수록 발달하게 된다.

② 직업정체감 형성과정

㉠ 개인은 어떤 문제에 직면하거나 어떤 결정을 내려야 할 때 인지적 구조의 분화와 통합에 의한 의사결정의 단계에 접어들게 된다. 이러한 단계들을 '예상기'와 '적응기(실천기)'로 구분하고 있다.

㉡ 예상기(Anticipation Period)

　전직업기(Preoccupation Period)라고도 불리며 탐색기, 구체화기, 선택기, 명료화기의 4가지 하위단계로 나누어진다.

㉢ 적응기(Adjustment Period)

　실천기(Implementation Period)라고도 한다. 이 단계는 앞에서 내린 잠정적 결정을 실천에 옮기는 과정으로 순응기, 개혁기, 통합기의 3가지 하위단계로 구분된다.

(4) 갓프레드슨(Gottfredson)의 제한-타협이론(직업포부 발달이론)

① 의의
ⓐ 갓프레드슨은 사람들의 진로기대가 어릴 때부터 성별, 인종별, 사회계층별로 차이가 나는 이유를 설명하기 위해 제한-타협이론을 개발하였다.

ⓑ 개인의 자기개념이나 흥미 등 주로 내적인 요인에만 관심을 두었던 기존의 발달이론과 달리, 성(性), 인종, 사회계층 등 사회적 요인과 함께 개인의 언어능력, 추론능력 등 인지적 요인을 추가로 통합하여 직업포부의 발달에 관한 이론을 개발하였다.

② 포부의 제한과 타협
㉠ 제한
  ⓐ 자기개념과 일치하지 않는 직업들을 배제하는 과정으로 자기개념의 발달단계에 따라 이루어진다.
  ⓑ 직업의 사회적 지위와 성역할을 기준으로 진로포부를 제한한다.
  ⓒ 수용 가능한 진로 대안 영역을 축소하는 과정이다.
㉡ 타협(절충)
  ⓐ 직업의 성역할, 사회적 지위, 흥미가 중요한 측면이며 타협되는 과정이다.
  ⓑ 제한을 통해 선택된 선호하는 직업 대안들 중 자신이 극복할 수 없는 문제를 가진 직업을 어쩔 수 없이 포기하고, 자신에게 덜 적합하지만 현실적으로 가능한 것을 선택하는 과정이다.

③ 직업포부의 발달단계

발달단계	과제	연령	특징
1단계	힘과 크기 (서열) 지향성	3~5세	• 사고 과정이 구체화되며, 어른이 된다는 것의 의미를 알게 된다. • 외형적 관심단계이며, 주로 어른들의 역할을 흉내 내고 직관적인 사고과정을 보인다.
2단계	성역할 지향성	6~8세	자아개념이 성의 발달에 의해서 영향을 받게 되면서 직업에 대한 성역할 고정관념을 습득한다.
3단계	사회적 가치 지향성	9~13세	사회계층에 대한 개념이 생기면서 상황 속에서 자아를 인식하게 되고, 일의 수준에 대한 이해를 확장시킨다.
4단계	내적이며 고유한 자아에 대한 지향성	14세 이후	• 고유한 내적 자아의 특성에 대한 개념을 가지면서 자아인식이 발달하며 타인에 대한 개념이 생겨난다. • 타협의 과정이 시작되며, 자기개념에 부합하는 직업을 탐색한다.

(5) 크럼볼츠(Krumboltz)의 사회학습진로이론

① 이론의 배경
㉠ 교육적·직업적 선호 및 기술이 어떻게 획득되며, 교육프로그램·직업·현장의 일들이 어떻게 선택되는가를 설명하기 위하여 발달된 이론이다.
㉡ 학습경험을 강조하는 동시에 개인의 타고난 재능의 영향을 강조하는 이론이다.

② **진로발달과정에 영향을 미치는 요인**

환경적 요인	• 개인에게 영향을 미치나 일반적으로 개인이 통제할 수 있는 영역 밖에 있는 것으로 상담을 통해서 변화시키는 것이 불가능하다. • '유전적 요인(신체적 요인 등)과 특별한 능력' 및 '환경적 조건과 사건'
심리적 요인	• 개인의 생각과 감정 및 행동을 결정하게 된다. • '학습경험'과 '과제접근기술'
우연적 요인	• 우연히 발생한 일이 진로에 긍정적으로 작용하는 경우를 '계획된 우연'이라고 한다. • 개인이 우연적 사건에 대한 준비와 대응에서 필요한 5가지 지각 요인은 '호기심, 인내심, 유연성, 낙관성, 위험감수'이다.

㉠ 학습경험

도구적 학습경험	• 주로 어떤 행동이나 인지적인 활동에 대한 정적인 또는 부적인 강화를 받을 때 나타난다. • '선행사건 → 행동 → 결과'의 순서에 의해서 학습된다.
연상적 학습경험	이전에 경험한 감정적으로 중립적인 사건이나 자극을 정서적으로 비중립적인 사건이나 자극과 연결시킬 때 일어난다.

㉡ 과제접근기술

ⓐ 과제접근기술은 선행사건이나 어떤 과제를 성취하기 위해 동원하는 기술이다.

ⓑ 개인이 환경을 이해하고 이에 대처하며 미래를 예견하는 능력이나 경향으로, 학습경험, 유전적 요인, 환경적인 조건이나 사건의 상호작용으로 나타난다.

ⓒ 문제해결기술, 일하는 습관, 정보수집 능력, 감성적 반응, 인지적 과정 등이 포함된다.

5 진로의사결정이론 및 직업적응이론

(1) 하렌(Harren)의 진로의사결정이론

① 하렌은 의사결정이 필요한 과제를 인식하고 그에 반응하는 개인의 특징적 유형과 개인이 의사결정을 내리는 방식을 '의사결정유형'이라고 정의하였다.

② 의사결정과정에 영향을 미치는 의사결정자의 개인적인 특징으로 '자아개념'과 '의사결정유형'을 제안하였다.

③ 의사결정유형에는 의사결정과제를 지각하고, 그에 반응하는 개인의 특징적인 방식으로 합리적 유형, 직관적 유형, 의존적 유형이 있다.

④ **진로의사결정과정**

1단계(인식), 2단계(계획), 3단계(확신), 4단계(실행)

(2) 다위스(Dawis)와 롭퀴스트(Lofquist)의 직업적응이론

① 직업성격적 측면

　㉠ 민첩성 : 과제를 얼마나 일찍 완성하느냐와 관계되는 것으로서, 정확성보다는 속도를 중시한다.

　㉡ 역량(속도) : 근로자의 평균 활동수준을 말하고, 개인의 에너지 소비량을 의미한다.

　㉢ 리듬 : 활동에 대한 다양성을 의미한다.

　㉣ 지구력 : 개인이 환경과 상호작용하는 다양한 활동수준의 기간을 의미한다.

② 적응양식적 측면

　㉠ 융통성(유연성) : 개인의 작업환경과 개인적 환경 간의 부조화를 참아내는 정도로서, 작업과 개인의 부조화가 크더라도 잘 참아낼 수 있는 사람은 융통적인 사람이다.

　㉡ 끈기(인내) : 환경이 자신에게 맞지 않아도 개인이 얼마나 오랫동안 견뎌낼 수 있는가 하는 것을 의미한다.

　㉢ 적극성 : 개인이 작업환경을 개인적 방식과 좀 더 조화롭게 만들어 가려고 노력하는 정도를 의미한다.

　㉣ 반응성 : 개인-환경 간 부조화를 견딜 수 있는 정도를 넘어설 때 자신의 직업성격을 변화시키는 방식으로 대처한다(직업성격의 변화로 작업환경에 반응하는 정도).

6 진로상담이론의 최근 경향

(1) 인지적 정보처리이론(CIP, Cognitive Information Processing)

① 의의

　㉠ 피터슨(Peterson), 샘슨(Sampson), 리어든(Reardon)에 의해서 개발된 것이며, 개인이 어떻게 정보를 이용해서 자신의 진로에 관한 문제해결능력과 의사결정능력을 향상시킬 수 있는가에 대한 종합적인 시각을 제공하며 진로사고검사(CTI)가 이루어진다.

　㉡ 인간의 문제해결과정이 컴퓨터의 정보처리과정과 유사하다는 점에 착안하여 진로선택과정을 정보처리과정으로 본다.

　㉢ 진로선택 자체의 적절성보다는 그 선택에 있어서 인지적으로 정보를 처리하는 인간의 사고 과정을 중요시하며 진로의사결정 방해요소를 파악한다.

② 특징

　㉠ 이 모델에서는 진로상담을 하나의 학습과정으로 간주한다.

　㉡ 개인의 진로발달이론

　　진로의사결정에서 인지적 영역이 중요하지만, 그 과정에서 정의적(Affective)인 측면도 인정 되므로, 진로선택은 인지적 과정과 정의적 과정 간의 상호작용의 결과라고 본다.

③ 진로사고검사(CTI)

　㉠ 인지적 정보처리이론(CIP)과 인지치료를 이론적 근거로 하여 진로에서의 부정적인 인지를 측정한다.

ⓛ 어떤 사람들이 흥미검사로부터 얻어지는 정보를 처리하는 데 어려움을 가지고 있는지를 찾아내는 선별도구로서, 개인적인 특성에 맞는 진로지도를 할 수 있다.
ⓒ 진로검사 하위척도 : 의사결정혼란, 수행불안, 외적갈등

(2) 사회인지진로이론(SCCT, Social Cognitive Career Theory)

① 의의
자기효능감과 결과기대, 개인적 목표 등의 인지적 측면과 진로와 관련된 개인특성, 환경 그리고 행동요인들을 이론적 틀 안에 포함시키고, 이들 간의 관계를 설명하는 데 기여한 이론이다.

② 진로행동모형
ⓐ 흥미모형
자기효능감과 결과기대는 함께 흥미를 예언하고, 흥미는 목표를 예언하고, 목표는 활동의 선택 및 실행을 가져오고, 이후 수행결과가 나타난다는 모형이다.
ⓑ 선택모형
학습경험에 의해 영향을 받은 자기효능감과 결과기대에 따라 예측된 여러 가지 진로 관련 흥미들 가운데 주된 하나의 목표를 선택하여 표현하고, 선택한 것을 실현하기 위한 활동을 선택하고 성취를 이루어 내는 것으로 나눈 후, 이것이 다시 피드백되면서 미래 진로 행동을 형성해 간다는 모형이다.
ⓒ 수행모형
과거의 수행이 미래 행동의 결과에 대한 기대와 자기효능감에 영향을 미치고, 개인이 이미 선택한 영역에서 추구하는 수행의 수준을 예측하는 모형이다.

(3) 사비카스(M. Savickas)의 구성주의진로이론(Career Construction Theory)

① 구성주의이론의 요인
ⓐ 직업적 성격
모든 사람에게는 각각 독특한 특성이 있으며, 이는 성격 유형과 관련되어 개인의 성격 유형이 직업의 특성과 연결될 수 있다고 생각한다.
ⓑ 진로적응도
특정한 일에 자신을 맞추어 나가는 과정에서 동원되는 개인의 태도, 능력, 행동 등을 말한다.
ⓒ 생애주제
수퍼가 이야기한 자기개념으로, 자신의 일이나 생애 역할에 의미를 부여하게 하는 원동력이다.

② 진로양식면접(Career Style Interview)
ⓐ 직업적 성격, 진로적응도, 생애주제의 영역에서 내담자의 삶의 주제 즉, 진로이야기를 이끌어내는 방법으로 활용된다.
ⓑ 상담자는 내담자가 진로 경험을 회상하게 하여 자신의 어린 시절부터 나타난 삶의 주제를 찾게 하면서 생애초상화(Life Portrait)를 그리게 한다.
ⓒ 생애초상화를 통해 삶의 과정에 나타난 열정을 발견하게 하고 현재의 열정과 일치 혹은 불일치를 통찰하게 하여 변화를 결심하게 하고 진로를 선택할 수 있도록 돕는다.

7 진로상담의 기법

(1) 내담자 특성 파악을 위한 진로상담기법

① **생애진로사정(LCA, Life Career Assessment)**

    ㉠ 아들러(Adler)의 개인심리학에 기초한 것으로서 상담자가 내담자의 체계적인 다양한 정보를 수집하고, 내담자는 자신에 대해 체계적으로 이야기를 해나가며 자신의 경험에 대해 정리하고 자신의 삶의 방식을 알아가는 과정을 말한다.

    ㉡ 구조화된 면접기법이자 대표적인 질적 측정도구이다.

    ㉢ 짧은 시간 내에 내담자에 대한 체계적인 정보를 수집할 수 있다.

    ㉣ 내담자 자신에 대해 구체적으로 알 수 있어 정보를 수집하는 초기단계에서 유용하고, 내담자의 강점을 저해하는 장애를 발견할 수 있다.

    ㉤ 비판단적이고 비위협적인 대화 분위기로 전개되므로, 내담자와 긍정적인 관계를 형성하는 데 도움이 된다.

    ㉥ 진로사정, 일상적인 하루, 강점과 약점, 요약의 4가지 부분으로 구성되어 있으나, 이 형식을 꼭 따라야 하는 것은 아니며, 내담자의 반응에 따라 유연하게 변화시킴으로써 기계적인 답변을 방지하는 것이 좋다.

② **진로가계도**

    ㉠ 보웬(Bowen)의 가계도를 응용한 것으로, 3세대에 걸친 내담자 가족의 윤곽을 평가하며 진로상담에서 활용하고 정보수집단계에서 사용한다.

    ㉡ 가족상담 또는 가족치료에 기원을 둔 것으로 학생의 직업의식과 직업선택, 직업태도에 대한 가족구성원들의 영향력을 분석하는 대표적인 정성적 평가방법의 하나이다.

    ㉢ 내담자 가족의 지배적인 직업가치를 확인하고 가족 중 내담자의 진로기대 형성에 중요한 역할을 한 사람이 누구인지를 결정하는 데 도움이 된다.

    ㉣ 가족 구성원의 관계를 정해진 기호와 선으로 도표화한 그림으로 남자는 사각형, 여자는 원으로 표현한다. 이를 통해 가족의 외형적 관계뿐만 아니라 심리적 관계까지도 표현할 수 있는 장점이 있다.

③ **직업카드 분류법**

    ㉠ 직업카드를 개발하고 이를 분류하는 활동을 통해 직업 흥미를 탐색하는 방법 또는 질적 도구이다.

    ㉡ 진로카드 분류 활동을 통해 내담자의 진로주제를 평가한다.

    ㉢ 내담자가 능동적으로 직업분류 과정에 참여하도록 하는 강점이 있지만, 표준화된 심리검사는 규준집단이 다를 경우 사용에 제한이 있다.

(2) 의사결정 조력을 위한 진로상담기법

① **진로자서전 쓰기**

내담자가 과거에 진로와 관련하여 어떻게 의사결정을 했는지 알아보기 위해 학교 선택, 고등학교 졸업 후의 직업훈련, 시간제 일을 통한 경험, 고등학교에서 배운 지식과 기술들, 중요한 타인들 등에 대해 내담자 스스로 기술하게 하는 것을 말한다.

② **근거 없는 믿음 확인하기**
　　㉠ 엘리스(Ellis)의 현실치료 ABCDE 모델을 활용한 것으로서, 진로와 관련된 근거 없는 믿음에 대해 합리적으로 생각하게 하는 것을 말한다.
　　㉡ 이러한 방법은 내담자의 특성을 파악하는 효과도 있고, 근거 없는 믿음을 확인하고 받아들임으로써 합리적인 결정을 내릴 수 있도록 돕는다.

실제예상문제

01 배정된 자습시간 중에 1학년 학생인 영희는 가끔씩 자신의 자리를 벗어나 블록 게임을 하려고 한다. 자리에 돌아오게 될 때에는 이미 시간 내에 자습과제를 마무리하기에는 힘들다. 다음의 행동 개입 전략 중 영희가 자습을 완료할 수 있도록 하는 장기적인 가능성을 가장 효과적으로 높여 줄 수 있는 방법은?

① 자습이 시작되기 전 정해진 시간 동안 영희에게 교사가 선택한 도서에 한해서 읽을 수 있도록 허락함

② 영희가 배정된 자습시간에 자신의 자리를 벗어나지 않는다는 전제하에서 자습이 끝난 뒤 블록 게임을 할 수 있도록 허락함

③ 학습의 목적과 관련하여 자습을 완료하는 것의 중요성을 영희에게 설명함

④ 배정된 자습시간 중에는 학급에서 블록을 치워버림

01 ② 자습시간에 자신의 자리에서 벗어나지 않는 것은 이미 영희의 행동 목록에 들어가 있고 따로 이 행동을 형성할 필요가 없다는 것에 주목하는 것이 중요하다. 단지 블록을 가지고 노는 것이 더 선호되는 행동이기 때문에 프리맥 원리(Premack Principle)에 따라 이 선호 행동을 자리에서 벗어나지 않는 덜 선호되는 행동의 강화요인으로 사용될 수 있다.
①, ③, ④는 어떤 것도 강화요인으로 사용되기에 부적합하다.

02 6학년 교사는 자신의 반 동호가 급우들에게 적대적이기 때문에 이를 우려하고 있다. 다음의 교수 전략 중 동호가 급우들과 보다 협력적으로 지낼 수 있도록 할 수 있는 것으로 가장 좋은 것은?

① 동호가 적대적인 행동을 하면 그 결과로써 놀이나 경주 활동에 참가하는 것을 금지시킴

② 동호가 행동 규칙을 암기하고 학급에서 이 행동 규칙이 어떻게 적용되는지에 대한 예시를 적어보게 함

③ 동호의 적대적인 행동에 대한 반응으로 주의 기울이기 혹은 동의하기를 철회함

④ 동호에게 적대적인 행동에 대한 적합한 대체 행동을 가르치기 위한 사회적 기술 훈련을 실시함

02 ①, ②, ③은 훈육에 있어 권력 행사(집행)자(Power-assertive Dispenser)로서 교사의 역할을 강화하는 것이다. 이러한 전략을 귀납적 혹은 희생자 중심의 공감 훈육과 비교하였을 때 귀납적 훈육 전략이 적대적인 공격성을 억제하는 데 있어 일반적으로 더 낫다.

훈육방식
• 권력 행사 : 아동의 행동 통제를 위해 부모(양육자)의 권력을 사용하는 방식
• 귀납적 훈육 : 아동의 행동을 바로잡기 위하여 그 행동이 잘못된 이유와 변화되어야 하는 이유를 설명하여 행동의 변화를 가져올 수 있도록 하는 방식

정답 01 ② 02 ④

03 ④ 영재 학생을 특히 관심 영역에서 가속화하도록 격려하는 것은 이 학생이 지속적으로 관심을 유지하고 동기화할 수 있도록 돕는다. ①, ②, ③은 효과적인 교수 전략의 특정 사례이긴 하지만, 영재 학생의 특별한 요구를 충족시키는 것에서 필수적인 것은 아니다.

04 ④ 행동 모형은 행동 우연성을 조작하여 행동을 수정하는 데 주안점을 둔다. ①, ②, ③은 행동 모형과 관련된 것이 아니다.

05 부적 강화는 혐오적인 자극(이 경우, 숙제)의 가능성을 제거하여 정적인 행동을 증가시키기 위한 기법이다.

03 다음 개입 중 어떤 것이 영재 학생의 교육을 촉진하는 데 있어 가장 효과적인가?

① 영재 학생의 사회적 기술을 강화하고 학문적으로 성장할 수 있도록 이질학급편성을 활용하기
② 커리큘럼 틀 내에서 독립적인 연구 프로젝트를 배정하기
③ 영재 학생이 자신의 능력껏 공부할 수 있도록 하는 협력적 학습을 실행하기
④ 영재 학생에게 특히 이 학생의 관심 분야 및 기술의 영역 내에서 이를 가속화할 수 있도록 격려하기

04 다음 조건 중 어떤 것이 학교 개입의 행동 모형의 주안점을 가장 잘 나타내고 있는가?

① 심리학적 절차에 기반함
② 아동 간 관계
③ 아동의 유아기 동안의 사건들
④ 관찰 가능한 사건들

05 교사는 학생이 읽은 각 책에 대한 숙제를 면제하여 주는 조건으로 독서를 장려하고자 한다. 다음 용어들 중 교사가 하려는 행동수정 기법을 가장 잘 설명하고 있는 것은 어떤 것인가?

① 소거
② 변동비율강화
③ 고정비율강화
④ 부적 강화

정답 03 ④ 04 ④ 05 ④

06 평가의 다중방법 모형(Multimethod Model of Assessment)에서 아동 면담은 다음 중 어떤 목적을 위해 유용한가?

① 장점에 기반한 전망(Strength-Based Perspective)을 포함하기 위함

② 포괄적인 평가를 위한 법적인 가이드라인을 충족하기 위함

③ 문제가 시작된 때와 그 문제가 시간이 지나면서 변화하는 방식에 대한 정확한 타임라인을 제공하기 위함

④ 문제에 대한 아동 전망을 더 잘 이해하기 위하여 라포(Rapport)를 형성하기 위함

06 ④ 아동 면담은 라포를 형성하고 문제에 대한 아동의 인식을 이해하는 데 있어 중요하다. ②를 위하여 아동 면담이 필수적인 부분은 아니다. 아동 면담은 일반적으로 장점에 기반한 전망을 포함(①)하는 데 있어 최선의 방법은 아니며, 시점에 대한 구체적인 정보를 얻는 데(③) 있어 좋은 방법도 아니다.

07 다음 중 주의결핍과잉행동장애(ADHD)를 치료하기 위하여 사용되는 자극제(Stimulant Medication)는 무엇인가?

① Adderall®

② Strattera®

③ Prozac®

④ Zoloft®

07 ① Adderall은 ADHD를 치료하기 위하여 사용되는 자극제이다.
② Strattera는 ADHD를 치료하기 위하여 사용되는 비자극제이다.
③, ④는 각각 항우울제 및 항불안제이다.

08 ④ 반구조화된 면담의 특징에 해당한다.

비구조화된 면담
• 특별한 형식과 절차를 미리 정해두지 않고 면담 상황과 내담자 반응에 대한 면담자의 판단에 따라 유연성 있게 진행한다.
• 내담자의 상황과 문제, 진술에 따라 융통성 있게 진행되고 초점과 시간을 달리할 수 있다.
• 면담자에 따라 절차가 상이하게 진행되고 내용이 달라질 수 있다.
• 면담자의 숙련된 전문성이 필요하고 심리검사 자료로서의 신뢰도가 낮을 가능성이 있다.

08 다음 중 면담의 형식에 대한 설명으로 옳지 <u>않은</u> 것은?

① 반구조화된 면담은 구조화된 면담과 비구조화된 면담의 단점을 보완하고 장점을 취하기 위한 방법이다.

② 비구조화된 면담은 면담자의 숙련된 전문성이 필요하고 심리검사 자료로써의 신뢰도가 낮을 가능성이 있다.

③ 체계적 면담은 초보 면담자도 빠짐없이 질문할 수 있다.

④ 비구조화된 면담은 몇 가지 핵심 질문으로 구성하고 나머지는 면담자가 유연하게 진행할 수 있도록 구성되어 있다.

정답 06 ④ 07 ① 08 ④

checkpoint 해설 & 정답

09 ④ 라포를 구축하는 것이 내담자가 면담자와 개인적인 정보를 공유하는 데 요구되는 신뢰를 만들어 내는 데 있어 핵심이라고 할 수 있다.

내담자와 관계를 구축하는 것은 면담 과정을 방해하지 않을 것이다(①). 면담은 질문지와 같이 표준화된 것이 아니라 상호 간 대화로 이루어진다. 즉, 조사는 자기보고 혹은 고정된 대답(예/아니오 등)으로 이루어지나, 심리학적 면담은 그렇지 않다. 결국, 면담을 단순히 문서화된 질문지의 구술 버전이라고 보기는 어렵다(②). 면담자는 내담자에게 보다 많은 질문을 통하여 추가적인 정보를 끌어낼 수 있도록 노력하여야 한다. 노련한 면담자는 정보에만 집중하기보다 사회적 요인에도 집중하는 면모를 보인다(③).

10 해당 학생의 건강이 인지 검사에 영향을 주어 제대로 된 결과를 얻지 못한 경우, 학교심리학자는 다른 인지 검사를 다른 때에 진행하고 제대로 된 결과를 얻지 못했던 기존 검사는 사용하지 말아야 한다. 동일한 검사를 다시 실행하게 되면 신뢰도에 문제가 생기게 되므로 불가하다.

09 다음 중 면담 과정의 성격에 대한 설명으로 옳은 것은?

① 내담자와의 관계 형성은 방해가 될 뿐이다.
② 면담은 질문지의 일종으로 문서화된 것이 아니라 말로 이야기되는 것에 불과하다.
③ 뛰어난 면담자는 사회적 요인이 아니라 오직 정보에만 초점을 둔다.
④ 라포(Rapport)는 개인적인 정보를 공유하는 데 필요한 신뢰를 구축하게 한다.

10 다음 사례에서 괄호 안에 들어갈 알맞은 말은 무엇인가?

> 어떤 4학년 학생이 표준능력평가의 독해에서 낙제점을 받아 담당 교사가 평가를 의뢰하였다. 이 교사는 이 학생이 현재 2학년 수준의 독해 능력을 가지고 있다고 예상하였다. 이 학생은 이전 두 학기 동안 문서화된 연구 기반 독해 개입(Empirically-Based Reading Intervention) 프로그램을 받아왔고 올해에는 독해 가정교사와 일대일로 공부하기도 하였다. 학력 검사, 인지 검사, 그리고 행동/환경 평가를 포함하는 종합 다중요인 평가를 완료한 뒤에 학교심리학자는 회의에서 이 학생의 부모, 교사, 그리고 학교 관리자에게 정보를 제시한다. 학교심리학자와 학교 스태프는 이 학생이 특수교육 서비스를 통해 이득을 얻을 수 있을 것이라고 생각한다. 인지 검사 시행 후, 이 학생이 검사를 진행할 때 아팠고 그래서 점수도 최선의 점수가 아니라는 것을 알게 되었다. 학생의 점수는 좋지 않았고 학생의 능력을 반영하는 것이 아니라고 여겨질 때, 학교심리학자는 ( )해야 한다.

① 이 학생에게 다른 날 다른 종류의 인지 검사 전체를 실행하며 이전 결과는 폐기
② 다음 주에 다시 동일한 검사를 실행하며 이전 결과는 폐기
③ 이 학생에게 일 년 안에 다른 인지 검사를 실행할 수 없음을 알기 때문에, 진행한 검사의 결과를 해석하고 평가에 포함
④ 다른 날 다른 종류의 인지검사 중 소검사를 실행하며 평가에 이 소검사 점수를 포함

정답 09 ④ 10 ①

11 현실주의 상담(혹은 현실치료, Reality Therapy)의 주요 목적은?

① 사회적으로 적절한 방식으로 내담자의 본질적인 요구를 충족시킨다.

② 합리적이고 비합리적인 기대를 구별한다.

③ 내담자가 자신의 인생을 적극적으로 통제할 수 있도록 돕는다.

④ 장애의 근원을 해결한다.

11 선택이론(Choice Theory)에 기반을 둔 현실주의 상담은 내담자의 선택과 의사결정을 지지하고 내담자 자신의 인생을 스스로 통제할 수 있도록 격려한다.

12 자동차 사고로 양친을 모두 잃은 한 학생이 과속으로 무모하게 운전하는 것에 집착하게 되었다. 이를 설명하는 방어기제는?

① 승화(Sublimation)

② 억압(Regression)

③ 반동형성(Reaction Formation)

④ 투사(Projection)

12 억압된 욕구와 반대 행동을 보이는 방어기제를 반동형성이라고 한다.

13 다음 내용 속 학교심리학자가 철수의 교육적 중재에 있어 취하게 될 다음 단계의 것으로 적합한 것은?

> 한 학교심리학자가 과제를 안 하는 고등학교 1학년 학생인 철수의 학업 수행을 증진시킬 수 있는 개입 프로그램의 고안을 의뢰받았다. 이 학교심리학자는 철수에게 매일 과제 검사로 담임교사의 사인을 받고 매일 저녁 과제를 끝낸 뒤 부모의 사인을 받으라는 행동 지침을 만들었다. 몇 주 뒤에 철수의 과제 완료 비율은 자신의 학년에 비해 유의하게 증가한 것으로 나타났다.

① 개입 프로그램을 완전히 중단한다.

② 매일 교사의 사인을 받는 것에서 주마다 교사의 사인을 받는 것으로 대체한다.

③ 학기가 끝날 때까지 현재의 개입 프로그램을 계속한다.

④ 철수에게 이 개입을 중단할지 여부와 언제 중단할지에 대하여 결정할 수 있도록 한다.

13 개입에서 학생에게 자기결정(Self-determination)을 할 수 있도록 하는 경우 훨씬 목표에 도달할 가능성이 높아지고 그 효과는 미래까지 지속되는 경향이 있다.

정답 11 ③ 12 ③ 13 ④

14 집단상담자는 집단의 방향을 제시하고 집단 규준을 발달시킬 수 있도록 해야 한다.

14 한 학교심리학자가 서로 자주 다투는 한 6학년 학급 학생 집단과 만나고 있었다. 학교심리학자는 이 학생들에게 급우를 보다 존중할 수 있도록 하기 위한 갈등해결 과정을 시작하려고 한다. 다음 중 학교심리학자가 집단상담에서 해야 할 역할로 바람직하지 <u>않은</u> 것은?

① 집단의 분위기 조성을 돕는다.
② 의사소통 및 상호작용을 촉진시킨다.
③ 집단의 방향 제시는 학생들의 몫이다.
④ 집단 활동의 종결을 돕는다.

15 게슈탈트심리학은 행동주의 학파에 대한 반동으로 형성되었다.

15 심리학 학파 중 개인적인 요소보다는 경험의 전체 장(Field)에 대한 개인의 반응을 강조한 부류는?

① 게슈탈트심리학(Gestalt Psychology)
② 행동주의심리학(Behaviorism)
③ 정신분석학(Psychoanalysis)
④ 고전적 조건형성(Classical Conditioning)

16 학대받은 아동은 일반적으로 또래와 관계를 맺는 것을 힘들어 하는 경향이 있다.

16 다음 중 신체적 혹은 성적으로 학대받은 학생의 특징이 <u>아닌</u> 것은?

① 죄책감
② 어른에 대한 불신
③ 가족 프라이버시에 대한 지나친 관심
④ 사교성

정답 14 ③ 15 ① 16 ④

17 다음과 같은 기법의 명칭은 무엇인가?

> 제멋대로 행동하는 아동을 다루게 될 때 상담자는 종종 개방형 질문을 하지 말라고 권고 받게 된다. 이것은 예를 들면, 교사가 "너는 무엇을 좋아하니?"라고 질문하는 것보다 "너는 파란색 펜이 좋니, 아니면 검정색 펜이 좋니?"라고 질문하는 것이다.

① 통제된 선택권(Controlled Choice)
② 함축된 속성(Implied Attribution)
③ 제한된 경계(Circumscribed Boundaries)
④ 제한된 효용성(Limited Efficacy)

18 다음 중 Individualized Education Program(IEP)을 계획할 때 참여할 필요가 <u>없는</u> 사람은?

① 학부모
② 교사
③ 학교심리학자
④ 학생

19 다음 중 집단상담의 장점은 무엇인가?

① 많은 사람을 한 번에 다룰 수 있다.
② 비밀보장이 가능하다.
③ 자기 자신의 문제를 이야기하는 데 많은 시간을 할애할 수 있다.
④ 집단 구성원끼리 적대적일 수 있다.

17 통제된 선택권은 어른의 높은 위치를 강화한다.

18 IEP는 학부모, 교육자, 그리고 전문가의 연락을 통하여 계획하게 된다.

19 집단상담의 장점 중 주요한 것으로 많은 사람을 한 번에 다룰 수 있다는 점이 있다.

정답 17① 18④ 19①

20 목표 체계를 설정함으로써 학교심리학자는 효과적인 프로그램을 위하여 필요한 것이 무엇인지에 대하여 계획할 수 있다.

20 다음 괄호 안에 들어갈 내용으로 옳은 것은?

> 상담 프로그램을 위한 목표와 세부목표 목록을 만들 때, (　　) 을(를) 고려하는 것이 중요하다.

① 목표 체계
② 부정성 척도
③ 출구 전략
④ 학생의 스케줄

21 학교심리학자와 교사 등이 무시 전략을 사용할 때는 위험하지 않거나 해를 주는 행동이 아닌 경우에 한해서만 가능하다. 위험하거나 해를 주는 행동은 결코 무시해서는 안 된다.

21 다음 중 무시 전략(Ignore Strategy)이 사용되어야 하는 학생은?

① 규제에 대하여 불평하는 학생
② 다른 학생을 떠미는 학생
③ 다른 학생을 괴롭히는 학생
④ 교사에게 고함을 지르는 학생

22 FAPE는 적절한 무료 공교육(Free Appropriate Public Education)의 약자이다. 미국에서 장애가 있는 학생은 언제든지 적절한 무상 공교육을 받을 권리를 가진다.

22 미국의 학군은 장애가 있는 학생에게 FAPE를 제공할 것이 법에 의해 강제된다. FAPE는 무엇의 약자인가?

① Fulfilled Applied Public Education
② Forced but Appropriate Public Education
③ Free Appropriate Public Education
④ Freedom of Applied Public Education

≫〉〉⦰

> 장애인교육법(Individuals with Disabilities Education Act, IDEA) 의 내용과 관련지어 숙지하여 두십시오.

정답 20 ① 21 ① 22 ③

23 다음 괄호 안에 들어갈 내용으로 옳은 것은?

> 집단상담에서 상담 시간을 독점하는 학생에 대처할 수 있는
> 가장 좋은 방법은 (   )이다.

① 그 학생에게 행동을 고치지 않으면 집단상담 참여는 중지될 것
   이라고 이야기하는 것
② 생산적이고 위협적이지 않은 방식으로 집단에게 그 학생의 행
   동을 검토하게 하는 것
③ 그 학생에게 예의바르게 다른 구성원도 좀 더 자주 말할 수 있
   도록 해달라고 요청하는 것
④ 집단상담 외의 시간에 그 학생과 함께 학생의 독점 행동을 토
   의하는 것

23 해당 학생 및 그 학생의 집단상담 동
료들이 부적절한 상호작용의 경험으
로부터 무엇인가를 얻게 만들 수 있
는 것은 그들에게 그 행동과 그 행동
의 함축된 의미를 검토하게 하는 것
이다.

24 이 상황에서 학교심리학자는 무엇을 해야 하는가?

> 고등학교 2학년 학생인 하연은 최근 남자친구와의 이별로 우
> 울한 상태라고 이야기하였다. 대화 도중 하연은 "잠자리에 들
> 면 그대로 깨어나지 말았으면 해요."라고 말하였다.

① 정신질환 평가를 위해 즉시 지역 정신건강센터에 연락한다.
② 하연이 자살 충동이 있는지 평가하고 만약 그렇다면 개입한다.
③ 하연의 말은 그저 도움을 요청하는 소리로 인식하고 별로 심각
   하게 받아들이지 않는다.
④ 하연과 그녀의 남자친구를 화해시킬 기회가 있는지를 살펴본다.

24 이 학생의 진술은 명백하게 자살생
각을 표현한 것으로, 자살 위험 수준
및 적합한 개입 방식을 결정하기 위
한 평가가 필요하다.

정답 23 ② 24 ②

안심Touch

25 아동 성폭력은 보고 의무가 있는 것으로 일차적으로 아동보호서비스센터에 신고하여 적절한 조치를 취하게 한다.

25 **다음 괄호 안에 들어갈 내용으로 옳은 것은?**

> 한 초등학교 교사가 자신의 학생 중 한 명에 대한 우려를 털어놓았다. 정상적으로 밝고 활동적이었던 이 학생이 지난 몇 주 동안 점차 내성적으로 변해가고 있다는 것이었다. 이 학생과 면담 후에 학교심리학자는 이 학생이 성적으로 학대를 받고 있을 것이라고 의심하게 되었다. 이런 상황에서 이 학교심리학자의 1차적인 의무는 (   )와(과) 연락을 취하는 것이다.

① 학생의 부모
② 교장
③ 위탁 의뢰를 위한 지역상담센터
④ 아동보호서비스센터

26 학교심리학자가 자신의 경험과 내담자의 현재 상황 사이에 직접적인 치료 관련성을 찾지 못하는 한, 상담 세션에서의 자기 노출은 부적합하다.

26 **다음 괄호 안에 들어갈 내용으로 옳은 것은?**

> 한 학교심리학자가 어떤 대학에 입학할지를 결정하는 데 어려움이 있는 학생과 만났다. 이 심리학자는 자신이 경험했던 대학 선택과 이로 인한 후회에 대하여 개인적으로 반영된 생각을 드러냈다. 이 학교심리학자의 언급은 (   ).

① 대학을 선택하는 데 딜레마를 가지고 있는 사람은 그 학생뿐만이 아니라는 것을 이해시켰기 때문에 적합하다.
② 학생에게 학교심리학자와 더 가까워지는 느낌을 갖도록 했기 때문에 적합하다.
③ 학교심리학자가 대학교를 선택하는 것과 관련된 현재의 문제를 이해하지 못하였기 때문에 부적합하다.
④ 학생의 현재 딜레마보다 학교심리학자의 경험에 더 초점을 두었기 때문에 부적합하다.

정답 25 ④ 26 ④

27 다음 중 상담 동안에 내담자에게 개방형 질문을 하게 될 경우 단점은?

① 내담자가 자신의 진실한 감정을 표현하지 않을 수 있다.
② 내담자가 장황하게 말할 경우 상담은 궤도를 이탈하게 된다.
③ 내담자가 세션 동안 편안함을 느끼지 못할 것이다.
④ 상담자가 여러 가지 문제에 대한 정보를 얻을 수 없을 것이다.

28 다음 중 멘토링 프로그램(Mentoring Program)의 예시로 적합한 것은?

① 학교심리학자와 특수교육 교사가 장애가 있는 학생을 과외 활동에 통합시킬 계획을 위해 협력한다.
② 학교심리학자가 지역사회 구성원들이 학생과 함께 경험을 공유할 수 있도록 대규모 모임을 준비한다.
③ 학생들이 자유시간이나 방과 후에 지역사회의 어른들과 함께하는 레크리에이션 활동에 참가하여 어른들로부터 개별지도를 받는다.
④ 학생들이 특수교육 교사로부터 개별적인 관리를 받는 학습 도움실(Resource Room)에서 하루 중 일부를 소비한다.

29 학교심리학자가 집단상담 세션을 위하여 여러 명의 학생을 선택하였고 선택된 학생들은 모두 세션 참여에 동의하였다. 다음 중 학교심리학자가 집단상담의 1차 세션에서 해야 할 것은?

① 집단 비밀보장 문제에 대한 또래의 일치를 수립하기 위하여 구성원을 생활지도한다.
② 집단을 위한 상담목표와 기대되는 결과에 대하여 토의한다.
③ 집단상담 동안 사용될 의사규칙과 에티켓을 수립한다.
④ 학교심리학자가 집단을 위해 선택한 활동의 순서와 목적을 설명한다.

27 개방형 질문은 내담자가 어떻게 반응할지를 선택할 수 있도록 한다. 이러한 재량권은 내담자가 관심을 주제에 두게 되면 긍정적이나 현재의 초점을 벗어나는 경우 단점으로 작용한다.

28 차례로 ①은 자문, ②는 협력, ④는 교수(Teaching)의 예시이다.

29 집단상담의 성격은 필수불가결하게 학생의 개인적 사고 및 감정을 공유하여야 한다. 그래서 비밀보장의 원칙의 책무에 대한 집단 내 상호적인 동의가 우선적으로 이루어져야 한다.

정답 27 ② 28 ③ 29 ①

안심Touch

checkpoint 해설 & 정답

30 학생의 증상을 없애기 위하여 사용된 마법의 지팡이 혹은 약제 등은 해결중심단기치료 기법에서 종종 사용된다. 이 기법은 상담이 단기로 진행되고 문제 원인을 규명하기보다는 해결책에 초점을 맞춘다.

30 마법의 지팡이 기법은 다음 중 어떤 상담 기법의 중요한 내용으로 볼 수 있는가?

> 한 초등학교 5학년 남학생이 운동장에서 동급생들과 언쟁을 벌인 것으로 인해 행동 문제 관련하여 의뢰되었다. 이 학생은 동급생들과 친구가 되고 싶었지만 그들을 "화나게 만들지 않고" 그들의 주의를 끄는 것이 어려웠다고 말했다. 학교심리학자는 학생에게 잠자는 동안 마법의 지팡이가 그의 머리에 닿아 다음 날 아침 그가 깨어났을 때 그 학생이 다른 학생을 화나게 만드는 것이 사라진 것을 깨닫는 장면을 상상해 보라고 요청하였다.

① 실존주의치료(Existential Therapy)
② 합리적 정서-행동치료(Rational-emotive Behavioral Therapy)
③ 체계이론(Systems Theory)
④ 해결중심단기치료(Solution-focused Brief Therapy)

31 누군가 시험을 망쳤다고 해서 모든 것을 망쳐버리는 것은 아니다. 이것은 비합리적인 신념의 사례이다.

31 합리적 정서-행동치료(Rational-emotive Behavioral Therapy)에 의하면, "나는 이 시험을 통과하여야 해. 그렇지 않으면 모든 것을 망쳐버리게 돼."라는 것은 무엇의 사례인가?

① 희망적 관측(Wishful Thinking)
② 비합리적 신념(Irrational Belief)
③ 논박(Disputation)
④ 투사(Projection)

32 에이전시 간 네트워킹은 학생 중심 간접 개입에 속한다.

32 다음 중 학생 중심 직접 개입에 속하지 <u>않는</u> 것은?

① 개별 심리 평가
② 에이전시 간 네트워킹
③ 집단행동 기술 개발
④ 개별 치료

정답 30 ④ 31 ② 32 ②

33 다음 중 집단상담의 목표로 적절하지 <u>않은</u> 것은?

① 자신과 타인에 대한 신뢰감 형성

② 효과적인 사회적 기술학습

③ 정상적인 발달문제와 갈등을 증폭하는 새로운 방식 발견

④ 가치관의 명료화, 가치관의 수정 여부 및 수정 방식 결정

>>>◯

집단상담의 목표
- 자신과 타인에 대한 신뢰감 형성(①)
- 자신에 대한 지식습득과 정체성 발달
- 인간의 욕구나 문제들의 공통성과 보편성 인식
- 자기 수용(Self-acceptance)·자신감·자아 존중감 증진 및 자신에 대한 시각의 개선
- 정상적인 발달문제와 갈등을 해결하는 새로운 방식 발견
- 자신과 타인에 대한 주도성·자율성·책임감의 증진
- 자신의 결정에 대한 자각과 지혜로운 결정능력 증진
- 특정행동의 변화를 위한 구체적 계획 수립과 완수
- 효과적인 사회적 기술학습(②)
- 타인의 욕구와 감정에 대한 민감성 증진
- 타인에 대한 배려와 염려를 바탕으로 직면의 기술 습득
- 타인의 기대에 부응하는 태도에서 벗어나 자신의 기대에 부합하는 방식의 습득
- 가치관의 명료화, 가치관의 수정 여부 및 수정 방식 결정(④)

33 정상적인 발달문제와 갈등을 증폭하지 않는다.

34 효과적인 대화기법의 하나로 학생의 행동으로 인하여 경험하고 있는 자신의 생각이나 감정을 학생에게 알리는 전달법은?

① I-메시지 전달법

② You-메시지 전달법

③ We-메시지 전달법

④ She-메시지 전달법

34 I-메시지 전달법을 통하여 상담자(혹은 부모 등)는 학생이 자신의 말에 귀를 기울이도록 할 수 있다.

정답   33 ③   34 ①

안심Touch

35 각각 인간중심 상담 및 실존주의 상담에 해당되는 내용이다.

35 다음 설명에서 (a)와 (b)에 들어갈 말로 알맞은 단어의 조합은?

> - (a)은 로저스(Rogers)에 의해 창안된 상담 기법으로 상담 및 심리치료의 과정에 대한 일차적 책임을 내담자에게 둔다.
> - (b)은 인본주의 심리학에 기초를 두며 상담자는 내담자와의 인간적이고 진실한 만남을 통해 내담자로 하여금 상담자와의 관계에서 자신의 독특성을 발견하도록 돕는다.

① a. 행동주의 상담   b. 형태주의 상담
② a. 정신분석 상담   b. 개인주의 상담
③ a. 인간중심 상담   b. 실존주의 상담
④ a. 인지치료 상담   b. 해결중심단기치료 상담

36 전체 학생을 대상으로 하는 보편적 개입의 경우 고위험군 학생만을 대상으로 하는 선별적 개입에 비하여 자원이 많이 소요되는 경향이 있다.

36 다음 중 학생 전체를 대상으로 하는 보편적 개입의 단점으로 적절한 것은?

① 비용 및 시간이 많이 소요된다.
② 고위험군 학생에게 효과적이다.
③ 많은 학생에게 문제에 대하여 알리는 것이 제한적이다.
④ 지역사회와 연계할 수 없다.

37 기록은 관찰된 행동 유형에 대하여 세부적으로 기재되어야 하며, 관찰에 대하여 객관성을 유지하는 것 또한 중요하다. 가급적이면 주관적이거나 모호한 용어('계속', '전혀' 등)를 배제하려고 노력하여야 보다 정확한 관찰 정보로 활용할 수 있다.

37 다음 중 개입을 위한 정보 수집 단계에서 행동 사례에 대한 기술 방법으로 적합한 것은?

① 학생은 계속 산만한 행동을 한다.
② 학생은 5~6차례 학급을 뛰어 다니고 3차례 책상 위에 올라갔다.
③ 학생은 연습 문제를 전혀 풀지 않고 있다.
④ 학생은 학급을 방해하고 있다.

정답   35 ③   36 ①   37 ②

38 학습전략검사에 대한 설명으로 옳은 것은?

① 최근 인지심리학의 영향으로 학습 전략을 다루는 인지적 접근이 학습 문제에 대한 주된 개입방법으로 자리 잡게 되면서 등장하게 된 검사이다.

② 학습방법 진단검사에는 학습동기, 자기효능감, 학습기술, 자원관리 기술 등의 하위 능력을 측정한다.

③ ALSA 청소년 학습전략검사는 자기관리, 수업 참여, 과제 해결, 읽기, 쓰기, 시험치기, 정보처리 등 학습기술을 측정한다.

④ 학습기술 진단검사는 성격적 차원, 정서적 차원, 동기적 차원, 행동적 차원으로 구성되어 있다.

»»Ｏ

학습방법 진단검사	• 한국심리자문연구소에서 학습부진의 원인을 진단하기 위해 제작하여 초등학교용, 중학교용, 고등학교용 검사가 별도로 개발 • 학습방법진단척도, 감성지수척도, 학습환경지수척도 등 3개의 하위 척도
ALSA 청소년 학습전략 검사	• 김동일(2000)이 초등학교 고학년부터 중·고등학생을 대상으로 학습 전략을 분석하고 프로그램 활용을 통한 학습 전략 증진에 기여할 목적으로 개발 • 학습동기, 자기효능감, 학습기술, 자원관리 기술 등의 하위 능력 측정
학습기술 진단검사	• 변영계와 김석우(2000)가 제작한 것으로 초등학교 고학년부터 중·고등학생을 대상으로 학습자가 스스로 학습 목표를 정하고 학업성취를 이루어 가는 과정을 계획하고 설계하는 데 관련된 일련의 기법을 평가하여 학습기술 향상 방안을 제시할 목적으로 사용 • 자기관리, 수업참여, 과제해결, 읽기, 쓰기, 시험치기, 정보처리 등 학습기술 측정
MLST 학습전략 검사	• 박동혁(2000)이 중·고등학생을 대상으로 학습자의 학습 과정에서 자기조절학습 능력의 근간을 이루는 습관적·행동적 및 전략적인 효율성을 측정하기 위해 개발 • 성격적 차원, 정서적 차원, 동기적 차원, 행동적 차원으로 구성

38 학습전략검사

최근 인지심리학의 영향으로 학습 전략을 다루는 인지적 접근이 학습 문제에 대한 주된 개입방법으로 자리 잡게 되면서 학습자의 학습 전략 활용 수준을 측정하기 위한 각종 심리검사가 개발되어 사용

정답 38 ①

안심Touch

checkpoint　해설 & 정답

39 고등학생들의 주된 정서 중에서 서운함, 절망, 좌절을 유발하는 원인으로 54.5%가 학업문제 때문이라고 응답했다. 고등학생들이 가장 원하는 것에 대한 조사 결과도 87%가 열심히 공부하여 성적을 올리고 싶다고 나타났으며, 실력은 안 되지만 꼭 대학에 들어가고 싶다는 학생이 54.1%, 공부에 대한 압박에 시달린다는 학생과 노력에 비해 성적이 오르지 않는다고 응답한 학생들도 각각 30%를 넘는다는 결과를 보아도 학업문제가 가장 큰 비중을 차지하고 있음을 알 수 있다.

39 한국교육개발원 연구보고서(1994)에 따르면 한국 고등학생이 가장 중요하게 생각하는 문제는?

① 학업 문제
② 성격 문제
③ 이성 문제
④ 진로 문제

40 '치환'은 자신이 어떤 대상에 대해 느낀 감정을 보다 덜 위협적인 다른 대상에게 표출하는 것이다.

40 정신분석상담이론의 부적응적 방어기제 중 '종로에서 뺨맞고 한강에서 눈 흘긴다'라는 상황에 적합한 것은?

① 억제
② 억압
③ 부인
④ 치환

41 학생의 생활을 통제하는 것은 개입의 목표로 볼 수 없다.

41 다음 중 학생 문제 개입의 목표로 적절하지 <u>않은</u> 것은?

① 행동 변화의 촉진
② 학생의 생활 통제
③ 의사 결정 기술의 함양
④ 자아정체감 확립

정답　39 ①　40 ④　41 ②

42 다음 중 개입 절차의 마지막에 진행하는 것으로 계획한 목표 및 세부 목표의 달성 정도를 알아보기 위하여 시행하는 것은?

① 형성평가
② 진단평가
③ 총괄평가
④ 심화평가

42 총괄평가를 통해 시행한 개입으로 학생이 얼마나 변화했는지, 목표의 달성 정도, 개입 실행의 장기적 효과를 평가하기 위한 추적연구에 대한 계획 등이 다루어진다. 그리고 개입이 기대에 못 미친 결과를 가져왔다면, 총괄평가를 통하여 무엇이 잘못되었고 어떤 부분이 변경되어야 하는지를 식별하여 다음 개입 시 참고 자료로 활용할 수 있다.

43 개인주의상담 과정과 그 내용이 적절하지 않게 짝지어진 것은?

① 제1단계 : 상담관계의 형성 및 치료목표 설정
② 제2단계 : 개인역동성의 탐색
③ 제3단계 : 현재 상태 파악
④ 제4단계 : 재교육 혹은 재정향

43 ③의 내용은 행동주의 상담과 관련된다.

44 다음 중 개인상담의 종결 단계에서 이루어지는 것이 아닌 것은?

① 책임감을 갖고 자기 성장의 노력을 하도록 주지시킨다.
② 시점은 내담 학생과 합의하여 결정한다.
③ 문제가 전부 해결되는 것을 의미하는 것이 아니라는 것을 미리 예고한다.
④ 신뢰관계를 수립한다.

44 신뢰관계 수립은 상담의 초기 과정에서 이루어져야 한다.

정답 42 ③ 43 ③ 44 ④

45 제시된 특징은 대체로 집단상담의 시작단계에서 나타나는 것이다.

46 효과적인 집단상담을 위해 집단을 구성하게 될 경우 동질성과 이질성을 모두 고려하여야 하며, 집단의 크기, 집단의 개방수준 등도 함께 고려할 필요가 있다.

45 다음 내용은 집단상담의 일반적 과정 중 어느 단계의 특징으로 볼 수 있는가?

> 이 단계에서는 집단 구성원 상호 간의 탐색, 집단구조에 대한 불확실성, 행동에 대한 불안감이 나타난다.

① 시작단계
② 갈등단계
③ 응집단계
④ 생산단계

46 다음 설명에서 빈칸에 들어갈 말로 알맞은 단어의 조합은?

> • 집단상담에서 (a)은(는) 집단 구성원들 간의 관계를 증진시키고 집단의 결속력을 높이는 역할을 한다.
> • 집단상담에서 (b)은(는) 집단 구성원들에게 다양한 관점과 견해를 제공함으로써 개인의 문제를 해결하는 데 있어 자극이 된다.
> • 집단상담에서 (c)은(는) 두 가지로 개방집단과 폐쇄집단이 있다.

① a. 이질성
   b. 동질성
   c. 집단응집력

② a. 동질성
   b. 이질성
   c. 개방수준

③ a. 지도집단
   b. 가인던스집단
   c. 개방수준

④ a. 가이던스집단
   b. 지도집단
   c. 집단응집력

정답 45 ① 46 ②

47 집단상담에서 집단 구성원의 수가 적은 경우와 많은 경우에 나타나는 상황에 대한 설명으로 적절한 것은?

① 집단 구성원의 수가 적은 경우 집단 지도자에 대한 의존도가 높아질 수 있는 반면, 집단 구성원의 수가 많은 경우 집단지도자의 접근성이 떨어질 수 있다.

② 집단 구성원의 수가 적은 경우 집단 지도자에 대한 의존도가 낮아질 수 있는 반면, 집단 구성원의 수가 많은 경우 집단지도자의 접근성이 높아질 수 있다.

③ 집단 구성원의 수가 적은 경우 집단 지도자에 대한 의존도가 높아질 수 있는 반면, 집단 구성원의 수가 많은 경우 집단지도자의 접근성이 높아질 수 있다.

④ 집단 구성원의 수가 적은 경우 집단 지도자에 대한 의존도가 낮아질 수 있는 반면, 집단 구성원의 수가 많은 경우 집단지도자의 접근성이 떨어질 수 있다.

47 ①번의 설명이 적절하다.

48 다음에서 설명하고 있는 내용은 무엇에 관한 것인가?

- 상황이나 사건 등 내담자가 말하는 내용을 상담자의 언어로 바꾸어 말함으로써 내담자로 하여금 자신이 말한 내용에 대해 주의를 기울이도록 하는 방법이다.
- 내담자는 상담자를 통해 이것을 들으면서 자신이 말한 내용을 다른 사람의 입을 통해 듣는 기회를 가지게 되고 결국 자신이 말한 내용을 명료하게 이해할 수 있다.
- 자신만의 입장에서 말을 했던 내담자는 상담자의 입에서 나오는 이것의 반응을 통해 자신이 했던 말을 객관적인 입장에서 다시 생각해 볼 수 있는 기회를 갖게 된다.

① 공감적 이해
② 일치성
③ 재진술
④ 역할연습

48 이 설명은 상담기법 중 재진술과 관련된 내용이다.

정답   47 ①   48 ③

49 ④의 내용은 의사결정 기술과 관련된 내용이다.

49 다음 중 부정적인 자아상을 형성하게 될 경우 나타날 수 있는 것으로 적절하지 <u>않은</u> 것은?

① 자기 자신에 대해서 부정적인 태도를 갖게 된다.
② 자기 자신에 대해서 열등감을 된다.
③ 원만한 인간관계를 형성하기 어렵다.
④ 즉각적이고 충동적인 결정을 내리는 경우가 많다.

50 학습전략 중 McKeachie 등의 학습전략과 관련된 내용이다.

50 다음에서 설명하는 내용은 무엇과 관련된 것인가?

- 학습전략에는 기억, 문제해결, 동기와 같이 인지, 정서, 행동적 요인이 모두 포함되어야 한다.
- 인지 전략, 초인지 전략, 자원관리 전략으로 분류하였다.

① Dansereau의 협동학습전략
② Derry와 Murphy의 학습전략
③ McKeachie 등의 학습전략
④ Bandura의 학습전략

51 ① 개인의 독특성을 바탕으로 한 개인차 심리학의 성장은 과학적 측정을 통한 특성 확인을 가능하게 하였다.
② 특성-요인이론의 상담목표는 내담자의 정서적 안정을 도와 이성적으로 생활하도록 하면서 필요로 하는 정보를 수집·분석·종합할 수 있도록 하는 것이다.
④ 개인의 지능, 적성, 흥미, 포부, 학업성취, 환경 등의 개인특성과 관련된 이해를 중시하며, 이를 위해 표준화된 검사의 실시와 결과의 해석을 진로상담과정에서 강조한다.

51 특성-요인이론에 관한 설명으로 옳은 것은?

① 개인차에 관한 연구에서 시작하였고, 과학적 측정을 중요하게 다루지 않는다.
② 정서가 불안한 사람은 직업을 선택할 수 없다고 본다.
③ 대표적인 학자로 파슨스(Parsons), 윌리암슨(Williamson), 헐(Hull) 등이 있다.
④ 개인의 특성은 불안정하기 때문에 표준화된 심리검사를 통해 파악해야 한다고 본다.

정답 49 ④ 50 ③ 51 ③

52 홀랜드(Holland)의 직업선택이론에 관한 설명으로 옳은 것은?

① 홀랜드 이론의 5가지 주요 개념은 일관성, 일치성, 차별성(변별성), 정체성, 계측성(타산성)이다.

② 기업적 유형(Enterprising Type)은 기계, 도구, 동물에 관한 체계적인 조작활동을 좋아하고 사회적 기술이 부족하다.

③ 실재적 유형(Realistic Type)에 맞는 대표적인 직업은 공인회계사, 사서, 경리사원 등이다.

④ 사회적 유형(Social Type)의 성격특징은 표현이 풍부하고 독창적이며 비순응적이다.

52 ② 기계, 도구, 동물에 관한 체계적인 조작활동을 좋아하는 유형은 사회적 유형이다.
③ 공인회계사, 사서, 경리사원 등은 관습적 유형의 대표적 직업이다.
④ 사회적 유형의 성격 특징은 친절함, 봉사적, 감정적, 이상주의적이다.

53 로(Roe)의 진로상담이론에 관한 설명으로 옳지 <u>않은</u> 것은?

① 초기 아동기에 부모가 보여준 자녀양육 방식이 자녀의 진로선택에 영향을 줄 수 있다.

② 매슬로우(Maslow)의 욕구체계이론에 영향을 받았다.

③ 진로상담을 위한 구체적이고 실증적인 근거를 제시하였다.

④ 서비스직, 옥외활동직, 예능직 등을 포함하여 흥미에 기초한 8가지 직업군을 제안하였다.

53 로(Roe)의 이론은 실증적인 근거가 결여되어 있고 부모-자녀의 관계가 획일적이거나 단순하지 않기 때문에 이론을 검증하기가 매우 어렵다.

54 긴즈버그(Ginzberg)의 직업선택발달이론에 대한 설명으로 옳지 <u>않은</u> 것은?

① 직업선택은 가치관, 정서적 요인, 교육의 양과 종류, 실제 상황적 여건의 상호작용으로 결정된다.

② 직업선택과정은 환상기, 잠정기, 현실기의 3단계가 있다.

③ 환상기에는 직업선택의 문제에서 자신의 능력이나 가능성, 현실여건 등을 고려하지 않고 욕구를 중시한다.

④ 잠정기는 탐색단계, 구체화단계, 특수화단계의 3가지 하위단계로 나누어진다.

54 긴즈버그(Ginzberg)는 직업선택의 3단계를 '환상기-잠정기-현실기'로 구분하고, 현실기를 다시 '탐색단계, 결정화단계, 특수화단계'의 3가지 하위단계로 나누었다.

정답 52 ① 53 ③ 54 ④

55 '진로아치문모형'에서는 개인(심리적 특징)을 왼쪽 기둥, 사회(경제자원, 경제구조, 사회구조 등)를 오른쪽 기둥으로 세웠다. 상층부 중심에는 자기(Self)를 배치하였다.

55 수퍼(Super)의 생애공간이론에서 '진로아치문모형'에 대한 설명으로 옳은 것을 모두 고른 것은?

> ㄱ. 진로아치문모형은 인간발달의 생물학적·지리학적 면을 토대로 한 것이다.
> ㄴ. 아치웨이(Archway)의 기둥은 발달단계와 삶의 역할을 의미한다.
> ㄷ. 왼쪽 기둥에는 경제자원, 경제구조, 사회구조 등 사회를 세웠다.
> ㄹ. 오른쪽 기둥은 욕구나 지능·가치·흥미 등으로 이루어진 개인의 심리적 특징을 세웠다.

① ㄱ, ㄴ
② ㄴ, ㄷ
③ ㄷ, ㄹ
④ ㄱ, ㄴ, ㄹ

✅ **주관식 문제**

01

정답 (1) 적응적인 방어기제 : 승화 (Sublimation)
정서적 긴장이나 원시적 에너지의 투입을 사회적으로 인정될 수 있는 행동방식으로 표출하는 것이다. 예 예술가가 자신의 성적 욕망을 예술로 승화하는 경우
(2) 부적응적인 방어기제 : 투사 (Projection)
사회적으로 인정받을 수 없는 자신의 행동과 생각을 마치 다른 사람의 것인 양 생각하고 남을 탓하는 것이다. 예 자기가 화난 것을 의식하지 못한 채 상대방이 자기에게 화를 낸다고 생각하는 경우

01 정신분석 상담이론에 따른 적응적인 방어기제와 부적응적인 방어기제의 명칭을 하나씩 적고 이에 대하여 설명하시오.

해설
• 적응적인 방어기제 : 이타주의, 승화, 유머, 억제
• 부적응적인 방어기제 : 억압, 부인 또는 부정, 합리화, 반동형성, 투사, 퇴행, 전치 또는 치환, 주지화, 해리, 행동화

정답 55 ①

02 다음은 합리적·정서적 행동치료에서 비합리적 신념의 유형에 대한 설명이다. 빈칸에 들어갈 알맞은 말을 쓰시오.

(㉠)	자신은 완전하며 또한 완전해야 한다고 믿는다.
(㉡)	모든 현상이나 사건이 반드시 어떠한 일정한 방식이나 방향으로 전개되리라고 믿는다.
(㉢)	한두 개의 고립된 사건에 근거해서 일반적인 결론을 내리고 그것을 서로 관계없는 상황에 적용하려고 한다.
(㉣)	자신이 시도하는 일은 결과적으로 성공할 수 없다고 믿는다.
(㉤)	자신의 능력을 스스로 과소평가하거나 무기력 상태에 놓임으로써 자신은 결코 그렇게 할 수 없다고 믿는다.

02

정답 ㉠ 완전주의
㉡ 당위성
㉢ 과잉일반화
㉣ 부정적 예언
㉤ 무력감

해설 합리적·정서적 행동치료는 엘리스(Ellis)가 주창한 것으로, 신념·결정·행동을 강조한다는 점에서 인지치료적 접근에 해당한다. 인간이 외부 환경에 의해 장애를 느끼는 것이 아닌 자기 자신으로 인해 장애를 경험한다고 주장한다. 또한 쓸데없이 자신을 혼란시키는 생물학적·문화적인 경향이 있으므로, 스스로 혼란스러운 신념을 만든다고 주장한다. 그러면서도 다른 한편으로 인간이 자신의 인지, 정서, 행동을 변화시킬 수 있는 능력을 가지고 있음을 강조한다.

03 집단상담자의 역할을 4가지 쓰시오.

해설 집단상담은 생활 과정상의 문제해결과 바람직한 성장발달을 위해 전문적으로 훈련된 상담자의 지도 및 동료들의 역동적 상호교류를 토대로 각자의 생각, 태도, 감정, 행동양식 등을 탐색·이해하도록 함으로써 더욱 성숙된 수준으로 향상시키기 위한 과정이다. 또한 의식적 사고와 행동, 그리고 허용적 현실에 초점을 둔 정화, 신뢰, 돌봄, 이해, 수용 및 지지 등의 치료적 기능들을 포함하는 일종의 역동적인 대인 간 과정이다.

03

정답 (1) 집단 활동의 시작을 돕는다.
(2) 집단의 방향을 제시하고 집단 규준을 발달시킨다.
(3) 집단 분위기 조성을 돕는다.
(4) 의사소통 및 상호작용을 촉진시킨다.
(5) 집단 구성원에게 행동의 모범을 보인다.
(6) 집단 구성원을 보호한다.
(7) 집단 활동의 종결을 돕는다.

04

정답 ㉠ 추수상담
　　㉡ 공감적 이해

해설 학부모 상담기법에는 공감적 이해, 존중, 일치성, 질문, 재진술, 구조화, 역할연습 등이 있다.

---

04 다음은 학부모 상담과 관련된 내용이다. (　　)에 들어갈 알맞은 말을 쓰시오.

> • (㉠)은/는 상담 종결 후 상담 효과가 지속되는지 여부를 확인하는 것으로 상담자와 내담자의 합의에 따라 일정 기간 동안 수차례에 걸쳐서 수행할 수 있다.
> • (㉡)은/는 상담자가 학부모의 입장이 되어 학부모의 생각과 감정을 이해하는 마음과 자세와 태도를 가지는 것이다.

학교심리학에서의 자문

I wish you the best of luck

독학사 심리학과 3단계

혼자 공부하기 힘드시다면 방법이 있습니다.
시대에듀의 동영상강의를 이용하시면 됩니다.
www.sdedu.co.kr ➔ 회원가입(로그인) ➔ 강의 살펴보기

제 5 장

학교심리학에서의 자문

자문이란 학생이 건전한 성장과 발달을 이루도록 하기 위해 학생을 돕는 전략 혹은 적합한 정보를 제공하는 것을 의미한다. 학생생활지도와 학급운영 등에 대한 학교교직원 자문하기, 학부모 요청에 의한 자문, 학생, 학부모, 교사에게 상담이나 생활지도 관련 정보 제공하기 등이 이에 속한다고 볼 수 있다.

📖 용어 정의

- 자문(Consultation) : 학생의 학습 혹은 행동 문제를 해결하거나, 자문 의뢰인(예 교사 혹은 다른 학교 전문가 등)의 전문적 기술을 향상시키기 위하여 만들어지는 자문가(학교심리학자)와 자문 의뢰인 사이의 자발적이고, 비관리적인 관계
- 의뢰인(Consultee) : 자문가와 함께 일하는 개인
- 클라이언트(Client) : 의뢰인의 변화에 의해 영향을 받게 되는 개인

💡 더 알아두기 🔍

자문 의뢰인인 교사 등이 자문가인 학교심리학자의 도움(자문)을 받아 자신의 기술을 향상시키거나 문제 영역에 대한 지식을 얻게 될 경우 결국 이것은 클라이언트인 학생이 가진 문제를 해결하는 데 사용하게 된다. 따라서 학생을 클라이언트로 본다.

📖 자문의 첫 단계

- 자신이 자문가가 되기 위하여 전문적인 능력을 갖추고 있는지를 확인한다.
- 상호존중으로 시작한다.
- 자신의 명확한 역할을 함께 일하는 사람(자문 의뢰인)에게 정의해 준다.
- 자문의 각 단계에 있어 목표를 설정한다.
- 각 단계별 목표를 달성하는 데 있어 책임자를 정한다(단계별 책임자).
- 이 과정에서 상호 간 동의를 확인한다.
- 기밀보장의 한도에 대하여 논의한다.

제 **1** 절 　 **자문의 정의와 필요성**

1 　 **자문에 대한 개관**

(1) 자문의 정의

① '자문(Consultation)'은 어떠한 특정한 문제나 상황에 대해 전문가의 의견을 듣거나 소견을 묻는 것을 말한다.

② 예를 들어, 전문가로서 임상심리학자에게 내담자의 정신 상태에 대한 정신의학적 소견을 물을 수 있고, 가족치료전문가에게 내담자의 가정문제에 대한 의견을 들을 수 있다.

③ 자문가는 피자문자(자문의뢰인)가 그들의 책임 하에 있는 내담자에 대한 다양한 심리적 문제들을 해결할 수 있도록 조력한다.

④ 자문가는 피자문자가 문제 해결에 있어서 능동적인 주체로서 활약하도록 하며, 피자문자의 기능 및 업무능력을 향상하도록 함으로써 다른 유사한 쟁점들에 대해 효과적으로 대처할 수 있도록 한다.

⑤ 자문은 상담치료의 질적 향상 및 내담자의 만족도 향상, 치료 효과의 극대화를 도모한다.

(2) 자문의 특징

① 자문을 요청한 사람(피자문자)과 자문을 받아들이는 고문(자문가) 간의 관계는 임의적·한시적이다.

② 자문가는 피자문자나 그의 책임 업무와 관련이 있는 것으로 자문을 요청한 기관과는 관련이 없다.

③ 자문가는 관련 업무의 전문가로서 피자문자 개인보다는 그가 제시한 문제를 중점적으로 다루어야 한다.

④ 자문가는 치료자로서의 기술을 요구하지만, 원칙적으로 피자문자를 대신하여 내담자에 대한 직접적인 치료자로서의 역할을 대행하지는 않는다.

(3) 자문의 유형

구분	특징
비공식적 동료집단 자문	• 심리학자나 임상가는 동료집단 내 다른 전문인에게 비공식적인 자문을 요청할 수 있다. • 도전적인 임상사례에 대한 보다 효과적인 치료전략의 수립을 위해 이루어진다.
내담자중심 사례자문	• 심리학자나 임상가는 환자의 치료 및 보호에 대한 책임감을 가지고 환자의 특별한 요구를 효과적으로 충족시키기 위해 자문을 요청할 수 있다. • 자문가는 다른 분야의 전문가나 치료자로부터 환자의 치료를 위한 자문을 요청받기도 하며, 치료의 책임을 부여받기도 한다.
피자문자중심 사례자문	• 내담자나 환자의 임상적인 문제보다는 피자문자의 관심사가 주요 요인으로 작용한다. • 피자문자의 경험부족이나 정보부족, 오류나 실수 등이 토론의 주제가 된다.
프로그램중심 행정자문	• 내담자나 환자 중심의 개인 사례보다는 프로그램 자체에 중점을 둔 자문에 해당한다. • 심리학자나 임상가는 내담자나 환자를 위한 집단치료프로그램의 구성 및 진행과정에 대한 자문을 구할 수 있다.

피자문자중심 행정자문	• 어떤 조직 내에 소속되어 있는 피자문자가 조직의 행정이나 인사 등의 행정적인 업무에 대해 자문을 요청할 수 있다. • 자문가는 특정 조직의 효율적인 행정업무가 이루어지도록 지도 및 훈련을 제공하며, 경우에 따라 변호인으로서의 역할을 수행하기도 한다.

(4) 자문의 일반적 과정

① **제1단계** : 질문의 이해

자문가는 피자문자의 자문 의뢰 목적과 함께 의뢰된 문제의 성질을 명확히 파악함으로써, 자문의 성격이 자신의 전문성에 부합하는 것인지 확인한다.

② **제2단계** : 평가

자문가는 면접법이나 관찰법, 다양한 정보·자료의 수집 등을 통해 의뢰된 문제에 대해 조사하며, 상황을 명확하게 평가한다.

③ **제3단계** : 개입

자문가는 실제적인 자문을 통해 피자문자가 얻고자 하는 바에 대한 정확한 개입 전략을 전개한다.

④ **제4단계** : 종결

자문의 목적이 충족되거나 더 이상의 자문이 무의미하다고 판단되는 경우 자문이 종결된다. 이 경우 자문가는 잔여 쟁점들을 처리한다.

⑤ **제5단계** : 추적

자문가는 자문의 효과를 극대화하기 위해 자문의 결과에 의한 새로운 변화를 지속적으로 추적한다.

(5) 자문의 전문적 과정

① **제1단계** : 개시의 단계

㉠ 자문을 요청한 사람(피자문자)과 자문을 받아들이는 고문(자문가) 간의 특별한 관계가 시작된다.

㉡ 자문가는 피자문자가 직면한 문제와 자문을 요청한 이유 등을 파악하며, 자문의 효용과 한계에 대해 명확하게 밝힌다.

② **제2단계** : 문제 정의의 단계

㉠ 자문가는 피자문자가 제시한 문제를 면밀히 분석한다.

㉡ 자문가는 피자문자의 진술을 최대한 존중해야 한다.

③ **제3단계** : 대안분석의 단계

㉠ 자문가는 피자문자가 해당 문제에 대해 어떠한 시도를 했으며, 그 결과는 어떻게 나타났는지 면밀히 분석한다.

㉡ 자문가는 문제에 대한 진단을 통해 피자문자와 함께 해결 방법과 대안을 마련한다.

④ **제4단계** : 장애물 제거의 단계

㉠ 피자문자는 잘못된 신념이나 주관적 판단으로 인해 객관성과 전문가로서의 효율성을 발휘하지 못하는 경우가 있다.

㉡ 자문가는 피자문자가 내담자의 문제를 해결하는 데 방해되는 장애물들을 제거한다.

⑤ **제5단계 : 종료 단계**

㉠ 자문가와 피자문가 간의 관계가 공식적으로 종료된다.

㉡ 자문의 결과에 대해 쌍방이 동시에 만족감을 가지는 것이 어려울 수 있다.

(6) Dougherty의 자문가의 역할

① **전문가로서의 자문가**

기술적인 조언자로서 피자문자의 욕구 및 문제 해결에 도움이 되는 전문지식이나 기술, 경험을 발휘한다.

② **교육자로서의 자문가**

다양한 장면에서 피자문자로 하여금 문제 상황을 극복할 수 있도록 하고 각종 병리적 증상이나 스트레스에 대처할 수 있도록 교육 또는 수련의 기회를 제공한다.

③ **협력자로서의 자문가**

우월한 위치에서 피자문자에게 일방적으로 지시를 내리는 것이 아닌 공동의 목표를 두고 이를 달성하기 위해 함께 노력하는 협력자이다.

④ **옹호자로서의 자문가**

인간존엄성의 가치에 입각하여 자신의 권리를 표출하는 데 어려움을 겪는 환자들을 위해 그들의 기본적인 권리가 침해되지 않도록 적극적으로 옹호한다.

⑤ **진상 조사자로서의 자문가**

심리학적 지식 및 전문성의 결여, 시간적·상황적인 여건으로 인해 문제 상황에 효과적으로 대처하지 못하는 피자문자들을 위해, 그들이 스스로 문제 상황을 극복하고 과제를 완수할 수 있도록 다양한 정보를 찾아 그 결과를 전달해 준다.

⑥ **과정 전문가로서의 자문가**

피자문자로 하여금 문제 상황에 효과적으로 대처할 수 있도록 문제의 다양한 원인요소와 사건의 제반 과정에 대한 피자문자의 이해를 돕는다.

(7) Dougherty의 효과적인 자문을 위한 기술

① 감정이입

② 진솔성

③ 사회적 기술

④ 다른 사람과 일하는 것에 대한 편안한 느낌

(8) 심리학적 자문의 예

① 만성질환자의 재활을 위한 프로그램

② 자살예방, 강간 및 폭력 후 위기개입

③ 실직자 및 구직자를 위한 정신건강 프로그램

④ 청소년을 위한 정신건강증진 프로그램

⑤ 청소년 성행동 및 아동기 비만문제

⑥ 학교부적응 및 학교폭력에 대한 자문
⑦ 부부관계 및 이혼에 대한 자문 등

2 학교자문의 필요성

- 자문가로서 학교심리학자는 "의뢰인(예 교사, 관리자, 혹은 학부모 등)"이 "클라이언트(예 학생, 학급, 학교, 지역사회 등)"의 문제를 식별하고 이해하도록 돕고, 의뢰인이 이러한 클라이언트의 문제를 극복하는 절차를 시작할 수 있도록 하는 역할을 한다.
- 자문은 한 전문가가 제3자(일반적으로 학생)와 관련된 문제를 해결할 수 있도록 다른 전문가를 돕는 자발적인 과정이다.
- 자문은 클라이언트가 잘 기능할 수 있도록 도울 뿐만 아니라 의뢰인의 지식과 기술 개발을 촉진하여 의뢰인 또한 잘 기능할 수 있도록 하는 것을 목표로 한다.

학교자문은 학교에서 흔히 직면하는 학생들의 다양한 학습, 정서 및 행동 문제들을 해결하고 학생들과 일상적으로 상호작용하는 피자문자(주로 교사)의 전문적 역량을 증진할 목적으로 제공하는 전문적 조력 과정으로 교육 시스템의 책임성 강화와 학생들의 정신건강 요구 증가에 따라 그 중요성이 한층 강조되고 있다. 많은 학생에게 효과적인 심리적 서비스를 제공하기 위하여 학교 심리학자는 자문 개입 기법을 사용한다(Zins, Kratochwill, & Elliott, 1993). 이 기법은 학교심리학자 및 의뢰인 상황 사이의 협력, 커뮤니케이션, 그리고 문제해결 방식에 따라 다양한 수준으로 특징지을 수 있다. 교사가 의뢰인일 경우 (관리자, 학부모, 지역사회 기반 전문가 혹은 학생복지에 책임이 있는 누군가에 비해서), 특정 문제가 두드러질 수 있는데 심리학자–교사 관계는 감독 관계라기보다는 협동 관계이기 때문이다. 그리고, 교사는 학생 및 가족과 직접적으로 접촉하기 때문에, 중재자 역할을 하는 교사를 통해 자문 메시지가 어느 정도 전달될 수 있다. 결국, 자문 관계의 성격 및 의뢰인에 대한 효과는 제안되는 서비스가 실제로 제대로 전달되는지 여부에서 결정된다. 심리학자가 얼마나 정확하게 학생의 심리·교육적 요구를 진단하는지 그리고 얼마나 숙련되게 그 요구에 맞는 치료 방안을 제시하는지와 상관없이 의뢰인이 조치를 취하지 않는다면 어떤 심리학적 서비스도 학생에게 전달될 수 없을 것이다(Gutkin & Curtis, 1990, p. 578). 학교자문은 간접 서비스로서 고유한 특성을 가지고 있으며, 적절히 적용될 때 비용을 줄이고 피자문자의 역량을 강화하여 문제를 예방할 수 있는 장점이 있다. 학교자문은 이론적, 개념적으로도 견실하고 실증적인 기반을 갖춘 유망한 학교심리서비스모델로, 미국의 경우 정신건강 자문, 행동 자문/생태행동 자문, 조직 및 시스템 자문 등이 대표적인 학교자문모델로 정착되어 있다.

3 학교자문의 특성

(1) 협력적 vs 지시적

학교자문은 지시적이 아니라 협력적일 때 가장 성공적일 수 있다. 협력이란 "동등한 위치의 최소 두 명의 관계자가 공통의 목표를 향해 일할 때 공동의 의사결정을 위해 자발적으로 이루어지는 직접적인 상호작용의 한 형태"라고 정의된다(Friend & Cook, 1996). 하지만, 지시적인 자문이 적합할 때도 있는데, 그것은 다음의 상황과 같은 경우이다.

① 의뢰인의 자문 요청이 일회성의 매우 구체적인 정보에 대한 것일 때(예 심리-교육 평가의 특정한 검사를 이해하기 위한 것 등)
② 업무량과 시간적 제약으로 협력 활동을 할 수 없을 경우
③ 의뢰인의 지식이 협력 활동을 하기에 부족할 경우(예 클라이언트 변화를 용이하게 하는 기본적인 기술의 부족 등)
④ 의뢰인이 협력할 수 있는 자원을 가지고 있지 않은 경우(예 정서적으로 신체적으로 지쳐 있는 등)

> **더 알아두기**
>
> 학교자문에 있어서 협력적인 접근이 우선시되지만 지시적인 접근이 요구되는 상황이 있을 수 있다는 것을 알아둘 필요가 있다.

(2) 자격인정 기준

학교심리학자는 개인, 가족, 집단, 그리고 시스템에 적용 가능하고 서비스의 효율적인 시행을 촉진할 수 있도록 하는 자문, 협력, 그리고 커뮤니케이션의 다양한 방법에 대한 지식이 있어야 한다. 그리고 학교심리학 서비스 전달의 모든 측면에 녹아들어 있는 효율적인 의사결정과 문제해결의 체계적이고 포괄적인 과정의 일부로써 자문, 협력, 커뮤니케이션 기술을 발휘하여야 한다(NASA의 학교심리학자 훈련 및 실습 영역 中).

① **학교심리학자가 가져야할 지식 영역의 사례**
   ㉠ 개인, 가족, 집단, 그리고 시스템에 적용 가능한 심리학과 교육학의 다양한 자문 방법
   ㉡ 전문가, 가족, 그 밖의 사람 간의 협력, 효율적인 의사결정 및 서비스 실행을 촉진하는 전략
   ㉢ 상황, 맥락, 그리고 다양한 특징에 따라 효과적일 수 있는 자문, 협력, 그리고 커뮤니케이션 전략
   ㉣ 가정, 학교, 그리고 지역사회 환경과 연결된 효과적인 자문 및 협력의 방법
② **학교심리학자가 가져야할 기술 영역의 사례**
   ㉠ 서비스 전달의 모든 측면에 녹아들어 있는 포괄적인 과정의 일부로써 자문 방법을 적용하고 사람과 효율적으로 협력하고 커뮤니케이션하는 기술
   ㉡ 계획, 문제해결, 의사결정 과정에서 자문하고 협력하는 기술 및 특정 상황, 맥락, 그리고 다양한 특징에 따라 교수(Instruction), 개입, 그리고 교육/정신건강 서비스를 기획, 실행, 평가하는 기술

   ⓒ 개인, 가족, 집단, 그리고 시스템 수준에 따라 자문하고 협력하는 기술
   ⓔ 다양한 학교교직원, 가족, 지역사회 전문가, 그리고 다른 사람들 간 협력과 커뮤니케이션을
      촉진하는 기술
   ⓜ 다양한 청중(예 학부모, 교사, 다른 학교교직원, 정책입안자, 지역사회 지도자, 기타 등)에게
      효과적으로 정보를 전달하는 기술
   ⓗ 협력을 촉진하고 서비스 제공의 효과를 얻기 위하여 심리학적/교육학적 원칙의 적용을 촉진
      하는 기술

> **❗ 더 알아두기 ᗐ**
>
> 학교자문의 특성으로는 ① 학교자문은 문제해결 및 예방의 다중적인 목적을 가진다. ② 자문자와 피
> 자문자의 관계는 '협조적 동반자 관계'로 자문 과정에 있어 대등한 힘을 가지고 문제해결을 위하여
> 협력하는 관계이다. ③ 학교자문에서 자문자와 피자문자는 각기 다른 역할과 책임을 가진다. ④ 학
> 교자문은 협조적 동반자 관계를 전제로 문제 확인 및 분석, 개입계획의 개발 및 선정, 개입의 실행,
> 개입의 평가 및 후속 조치를 포함하는 일련의 체계적 문제해결 과정을 따라 진행된다. 자문은 전형
> 적으로 피자문자의 행동이나 태도의 변화를 요구하므로 자문자는 전문가적 영향력(Expert Power)
> 과 참조적 영향력(Referent Power)을 발휘하여 피자문자의 변화를 도와야 한다.

제 2 절   **교사자문**

많은 사람들에게 학교심리학자는 단순히 학생을 지원하는 학교교직원으로 인식되는 경우가 많으나, 보
다 중요한 것은 학생과 더불어 학교심리학자가 교사를 어떻게 지원할 수 있는가에 대한 것이다. 여기서
는 학생의 성패와 밀접한 관련이 있는 서로 간 협력을 위한 학교심리학자와 교사와의 관계 구축 및 지
원에 대한 전략을 검토하고 이후에 교사자문에 관하여 살펴보도록 하겠다.

1 학교심리학자와 교사 간 협력을 위한 기본 원칙

학교심리학자는 일차적으로 학생에게 학급 내에서 성공할 기회를 제공할 책임을 진다. 학교심리학자가
성공적이고, 자신감 있는 학습자를 만들어내는 데 있어 가장 유용할 수 있는 전략은 끊임없는 개입으로
볼 수 있다. 하지만, 학교심리학자가 제안하는 대부분의 개입 전략은 수업 환경에서 일어나는 것으로,
이것은 결국 학교심리학자와 학급 교사 간 관계가 단단하게 구축되어 협력적인 팀워크가 필요하다는 것
을 의미한다.

(1) 지원 전략

학교심리학자가 학급에 개입방법을 실행하려면 관계자에게 어필할 수 있는 다양한 지원 전략을 사용하는 것이 중요한데, 이러한 전략 사용은 학교심리학자/교사 관계가 얼마나 용이하게 구축되는지와 이들의 팀워크 과정이 얼마나 매끄럽게 돌아가는지에 많은 영향을 줄 수 있다.

① **인센티브** : 교사의 학생 점심 식사 관리 시간에 도움을 주거나, 하루 한 시간 정도 학급에 일이 있을 때 도와주는 등의 관계 구축을 위한 전략을 사용한다.

② **작은 일부터 시작** : 자발적으로 도움을 줄 교사를 선택하여 긍정적인 변화를 시작하는 것이 좋다.

③ **수용/실행 가능성** : 교사들이 현재 자신의 학급에서 쉽게 활용가능하고, 단순하고, 조정이 가능한 개입 전략을 제안한다. 교수 방식에 큰 변화가 필요한 제안은 하지 않는다.

④ 먼저 실행하여 성공한 교사 학급에서 모은 데이터를 다른 교사에게 보여주어 학교에서 계속하여 긍정적 변화가 생길 수 있도록 한다.

⑤ 학생이 중요한 스킬을 얻을 수 있도록 돕는 것이 학생의 학업 성공의 기회를 늘린다는 것을 교사들에게 상기시킨다.

(2) 관계 구축

다음에서 몇 가지 친숙한 관계 구축 전략을 제시한다.

① **주의 기울이기(Attending)** : 이것은 긍정적 안면 습관(눈 맞춤, 고개 끄덕임, 적합한 눈썹 찌푸림 등), 효과적인 보디랭귀지, 그리고 내적인 주의 기울이기(Internal Attending)로 극대화할 수 있다.

> **상황** : 교사 한 명이 "나는 능력별 집단화를 믿을 수가 없어요! 그건 내 일이 아니에요! 아직 한 번도 해 본적도 없고, 시작하려니 막막하네요."라고 말하고 있다.
> 이 상황에서 사용할 수 있는 '주의 기울이기' 전략은 '내적인 주의 기울이기'가 적합한데, 교사가 사용하는 단어를 듣고 (학교심리학자 자신의) 경험 및 이론에 비추어 이를 해석한다.
> **학교심리학자의 반응** : "나에게 왜 당신이 능력별 집단화를 믿을 수 없는지를 말해 주세요."
> 라고 말하며 교사의 반응에 주의를 기울인다. 이러한 과정을 통해 신뢰와 협력이 단단하게 구축될 수 있다.

내적인 주의 기울이기는 교사와 학교심리학자 간 철학적 견해 차이가 있을 때 중요한 전략으로 사용될 수 있다. 서로 간의 관점을 이해하는 것은 보다 효율적인 자문 과정을 이끌어낸다.

② **적극적인 숙고적 경청(Reflective Listening)** : 이것은 교사가 자신의 말이 경청된다는 것과 청자(=학교심리학자)가 그 말 이면의 감정까지도 이해한다는 것을 알게 하는 방식으로 교사의 말을 숙고하는 것을 말한다.

> **상황** : 교사 한 명이 "나는 추가 학점을 주는 것에 동의할 수 없습니다."라고 말하고 있다.
> 이 상황에서 적극적인 숙고적 경청은 아래와 같이 사용될 수 있다.
> **학교심리학자의 반응** : "당신이 추가 학점을 좋아하지 않는다는 것을 이해합니다. 그렇다면, 학생이 참여할 수 있도록 하는 다른 대안을 논의해 보는 게 어떨지요?"

적극적인 숙고적 경청은 교사가 분통을 터트리거나, 불평을 하거나, 혹은 확인을 하려고 할 때 특히 중요하다. 적극적인 숙고적 경청은 또한 교사의 초점을 문제로부터 상황으로 바꾸고자 할 때 시작을 위하여 사용하기 좋은 전략이다.

③ **공감하기(Being Empathetic)** : 공감은 타인의 감정을 이해하고 공유하는 능력이며, 교사 및 학생과의 관계를 구축할 때 학교심리학자의 태도로서 결정적인 것이다.

> **상황** : 교사 한 명이 "정확하게 Self-Recording을 하였는지 모니터링할 학생이 너무 많아요. 전체를 다 모니터링하라는 것은 감당하기 힘들어요. 내가 할 수 있는 일이 아니에요."라고 말하고 있다.
> 이 상황에서 공감하기는 아래와 같이 사용될 수 있다.
> **학교심리학자의 반응** : "당신이 감당하기 어려워한다고 느끼는 것을 이해합니다. 이 상황을 해결하기 위하여 함께 일하겠습니다."

공감하기는 업무가 불가능하거나 과중할 때 중요한 전략이다. 교사를 도움으로써 가능한 해결책을 개발하는 것이 촉진될 수 있다.

④ **질문하기(Questioning)** : 이것은 학교심리학자가 마스터할 기술에서 가장 섬세한 것이다. 기억해야 할 중요한 요소는 위협적인 질문 대신에 매력적인 질문을 하는 것이다. 학교심리학자가 교사에게 할 수 있는 질문의 유형은 개방형/폐쇄형, 직접적/간접적, 단일/다중 질문을 포함한다.

> **상황** : 교사 한 명이 "우리 반 학생들은 낙제할 거예요... 왜냐면 너무 게으르거든요. 나는 내가 할 수 있는 것은 밑바닥부터 전부 시도해 봤지만 어떤 것도 먹히지 않아요... 왜냐면 학생들이 그냥 너무 게으르거든요..."라고 말하고 있다.
> **학교심리학자의 반응** : 우선 교사의 관점을 좀 더 확실하게 이해하기 위하여, 학교심리학자는 "당신이 '게으르다'라고 말할 때, 그것은 무엇과 비슷한 뜻인가요?"라고 질문할 수 있다.

교사의 조언과 제안은 중요하며, 교사가 시도하려는 것이 무엇인지 혹은 그 교사의 학급에서 성공한 것이 무엇인지를 찾아내어야 한다. 숙련된 질문하기 전략은 학교심리학자가 문제에 대한 구체적인 정보를 얻는 동시에 교사의 문제 해결에 대한 관점을 파악할 수 있도록 한다.

(3) 교사를 위한 계속적인 지원

학교심리학자는 교사에게 정보 교환을 위한 미팅 혹은 다양한 학급 개입 전략을 훈련하는 자리에 계속해서 참석할 기회를 제공하여야 한다.

학교심리학자는 교사가 개입의 과정을 모니터링할 수 있도록 데이터 수집을 도와야 한다. 여기에는 단순히 학기 말에 모으는 총괄 데이터 뿐 아니라 형성 데이터(=지속되는 데이터)가 포함된다.

학교심리학자는 학급 개입의 목적을 요약한 자료를 교사에게 제공하여야 한다. 이로써, 교사를 동기화하고 개입을 더 잘 수행할 수 있도록 할 수 있다.

학교심리학자는 학급 개입에서 나온 결과를 교사와 공유하여야 하며, 필요한 경우 교사의 동의를 거쳐 개입 전략을 수정할 수 있다.

학생이 학교심리학자에게 다양한 수준의 지원을 요구하는 것과 마찬가지로, 교사도 학교심리학자에게 다양한 수준의 지원을 요구하고 있다. 가장 낮은 수준의 지원 단계에서 교사는 단순히 보편적 수준의 지원(어떤 학교 지역사회에서도 활용하고 있는 수준의 지원)만을 요구할 것이다. 지원의 두 번째 수준에서, 교사는 자신의 학급의 문제를 다루는 데 대한 도움 요구를 점차 늘려갈 것이다. 끝으로, 지원의 가장 높은 수준에서, 교사는 많은 양의 지원과 개입에 대한 계획, 실행에 대하여 학교심리학자의 관여를 빈번하게 요청할 것이다. 학교심리학자의 임무는 학교에 있는 모든 교사가 가장 높은 수준의 지원을 원할 때에도 이를 모두 충족시켜 주고자 하는 것이라고 볼 수 있다.

> 📖 **교사자문에 필요한 기술**
> - 조직이론(Organizational Theory)
> - 자문의 모형(Models of Consultation)
> - 전략 변경(Change Strategies)
> - 관계 구축(Relationship Building)
> - 협정(Contracting)
> - 커뮤니케이션 기술(Skills in Communication)
> - 중재(Mediating)
> - 집단 리더십(Group Leadership)
> - 강한 판단 기술(Strong Judgment Skills)

2 교사자문의 특징

(1) 3자성과 간접성

직접적인 학교심리학 서비스(예 상담)와는 다르게, 학교심리학자가 자문가로서 기능할 때 "클라이언트"에게 직접 서비스를 행하지 않고 다른 사람(=의뢰인)이 클라이언트를 돕고자 하는 노력을 지원하는 형태로 이루어진다. 특히, 학교심리학자의 이 역할은 자신의 학생의 요구를 충족시켜 주고자 노력하는 의뢰인인 교사를 돕는 것으로 많이 나타나게 될 것이다. 하지만, 학교심리학자는 클라이언트(=학생)와 직접 상호작용하지 않는다.

[학교심리학자 자문의 관계성 : 간접서비스 모형(3인조 모형)]

(2) 자발성

자문은 수직적 관계가 아니기 때문에 자발성과 일시성을 지닌다. 이러한 점이 의뢰인의 독립성을 촉진할 수 있다.

자문가는 문제의 분석 혹은 변화를 위해 제안된 전략을 받아들일 것을 의뢰인에게 강제하지 않는다. 의뢰인은 자문가와 동등한 관계에 있고 자문에 행할 것인지, 행하지 않을 것인지에 대하여 선택할 수 있다. 즉, 자문가로서 학교심리학자는 학생과 관련된 관점에 대한 근거를 제시할 수 있으나, 의뢰인은 학생과 직접 상호작용하는 사람이기 때문에 자신이 동의하지 않는 전략을 사용하지 않을 수도 있다.

(3) 비위계성

자문 관계는 자문가와 의뢰인이 학교 내에서 비슷한 위치에 있다는 것에 전제하며, 이러한 협력 관계의 양쪽 구성원은 서로를 자기 분야에서 특별한 지식과 전문성을 가진 전문가로 간주한다. 따라서 양쪽은 서로의 역할을 감독하는 관계가 아니므로 관계의 평등성을 강조하는 방식으로 자문가의 역할을 진행한다면 효율적인 자문이 진행될 수 있을 것이다. 만약 이것이 충족되지 못할 경우 중요한 자문 정보를 공유하지 못하여 자문 과정이 실패할 수 있다.

(4) 차별화된 책임

자문가와 의뢰인은 클라이언트의 문제를 해결하는 데 있어서 각자 자신의 책임을 완수하여야 한다. 자문가는 문제해결 과정을 가이드하고 클라이언트의 문제를 해결하는 데 필요한 전문 지식을 공유할 책임을 지닌다. 그리고 의뢰인은 클라이언트의 문제를 자문가가 더 잘 이해할 수 있도록 하며 자문 과정에서 서로 합의한 개입방법을 충실히 이행할 책임을 지닌다.

3 교사 자문의 목적

학교심리학의 자문의 목적은 1차 예방 및 2차 예방이라고 볼 수 있다. 1차 예방은 "문제가 일어나기 전에 해로운 환경에 대응"하는 활동을 포함하는 것이며, 2차 예방은 "문제에 대한 조기진단과 효과적인 처치를 통하여" 문제의 유지기간을 짧게 하는 활동을 포함한다.

(1) 1차 예방

1차 예방은 문제가 처음으로 나타날 수 있는 곳에서 그 문제의 가능성을 없애는 것으로, 의뢰인이 제기된 문제를 해결하게 할 뿐만 아니라 앞으로 나타날 비슷한 문제를 예방할 수 있도록 하는 힘을 준다.

자문 성공의 중요한 척도는 제기된 문제가 정확하게 식별되고 해결되는 정도인데, 학교 자문에서는 이에서 더 나아가 1차 예방에도 주안점을 두고 있다. 즉, 자문가인 학교심리학자는 의뢰인이 제기된 문제를 해결하게 하는 동시에 향후 나타날지도 모르는 유사한 문제를 예방할 수 있는 지식을 가지도록 노력한다.

(2) 2차 예방

2차 예방은 클라이언트의 문제를 식별하고 효과적인 처치 방법을 확인하는 것으로, 문제에 대한 조기 식별과 처치를 통하여 문제를 완화할 수 있도록 한다. 이 경우 자문의 중요한 목적은 문제가 더 커지는 것을 방지하는 것이다. 문제가 확대될 경우 문제를 해결하기 위하여 평가 및 상담과 같은 고비용의 시간이 걸리는 보다 직접적인 학교심리학적 서비스가 필요하게 될 것이다. 결국, 2차 예방 활동으로써의 학교 자문은 빠르고 효율적으로 문제를 해결하게 할 뿐만 아니라, 더 비용이 많이 들고 시간 소모적인 직접적인 개입에 대한 요구를 감소시키는 것을 목적으로 한다.

4 교사자문모형

(1) 정신건강 자문(Mental Health Consultation)

제럴드 캐플런(Gerald Caplan)이 고안한 학교 자문의 주요 모형이다. 이 모형에서는 자문인(학교심리학자)과 의뢰인(교사)은 수평적인 협력관계를 가지며, 의뢰인(교사)이 클라이언트(학생)에 대하여 전적인 책임을 진다. 즉, 학교 안에서 발생하는 학생 정신건강문제에 대해 교사가 의뢰하면 학교심리학자(혹은 이에 상응하는 전문가)가 전반적인 도움을 주는 방식의 모형으로 다음의 4가지 유형이 있다.

① **사례중심 자문(Client-Centered Consultation)** : 개인이나 집단 학생을 대상으로 자문인이 직접 상담과 조언을 시행한다.

② **프로그램중심 자문(Program-Centered Consultation)** : 자문인이 교사 그룹을 대상으로 학생의 정신건강을 위한 전체적인 제도나 조직체계의 문제를 평가, 시정하거나, 새 프로그램이나 정책을 짜는 데 조언을 준다.

③ **의뢰인중심 사례자문(Consultee-Centered Case Consultation)** : 문제가 되는 사례 학생을 중심으로 문제해결의 주체인 교사를 대상으로 하여 어떻게 구체적으로 문제를 해결하는 것이 좋은지에 대한 조언을 하게 된다.

④ **의뢰인중심 행정자문(Consultee-Centered Administrative Consultation)** : 정신건강 증진과 문제 해결을 위한 학교의 시스템 전체에 대한 행정적인 도움을 제공한다.

(2) 행동 자문(Behavioral Consultation)

자문인(학교심리학자)과 의뢰인(교사)이 공동으로 학생의 문제 행동을 교정하고 특정 목표 행동을 성취하기 위해서 고안된 문제해결 과정을 실시한다. 학생의 행동을 변화시키는데 초점을 두는 자문 방식이다. 일반적으로 교사나 심리학자들이 선호하는 모형이다. 이 경우 문제 해결의 주체는 의뢰인(교사)이며, 학생들의 문제해결 기술을 증진시키는 데 초점이 주어진다. 매우 구체적이고 실천적인 문제가 다루어진다. 그 과정은 다음과 같다.

① **문제 식별(Problem Identification)** : 문제가 있다면 그 문제행동을 구체적으로 정의한다. 관찰을 통해 바람직한 행동, 바람직하지 못한 행동을 규명한다.

② **문제 분석(Problem Analysis)** : 어떤 요인들이 이런 문제행동에 영향을 미치는지, 이런 문제를 해결하기 위해서 어떤 계획이 필요한지를 분석한다.

③ **처치(계획) 실행(Treatment Implementation)** : 이런 계획을 구체적으로 학생지도에서 실천한다.

④ **처치(계획) 평가(Treatment Evaluation)** : 실시된 프로그램을 통하여 어느 정도 문제가 해결되었는지, 새로 발생한 문제는 무엇인지, 이 프로그램이 계속되어야 할 것인지, 중단되어도 될 것인지를 평가한다.

(3) 조직 자문(Organizational Consultation)

이 모형에서는 학교를 하나의 체계로 간주한다. 행동과학의 개념을 학교에 적용하여 학교의 정신건강 기능을 증진시키는 것이 목적이다. 이 모델이 가지고 있는 기본 개념은 정신건강이나 학습에서 문제가 발생하는 것은 건강하지 않은 교육 제도나 체계 때문이라는 것이다. 학교의 문화(School Culture)가 많은 영향을 주므로, 끊임없는 학교 체계나 제도의 개선을 통해 급변하는 사회에 적응하는 것이 학생들의 정신건강 증진에 중요하다고 본다.

제 3 절 ▷ 학부모자문

학교심리학 영역에서 학부모자문은 학교심리학자(자문가)와 학부모 의뢰인 사이의 구조화된, 간접적, 협력적, 문제 해결 관계로 정의된다(Sheridan, Kratochwill, & Bergan, 1996). 학교심리학에서 학부모자문이 중요하게 된 이유로 IDEA와 NCLB에서 가족과의 협력의 중요성을 강조한 점을 꼽을 수 있다. 학습이란 (학교뿐만 아니라) 다양한 환경과 맥락에서 나타날 수 있는 것으로 학생의 발달은 여러 시스템(환경)과 상호작용을 통해 이루어지며, 학생은 학교에서보다 학교 바깥에서 소비하는 시간이 더 많다. 학생을 위하여 이러한 시스템과 협력의 정도를 최대화할 경우 학교에서 실패를 경험하는 학생을 위하여 더 많은 도움을 줄 수 있을 것이라는 취지로 그 시스템 중 하나인 가족(특히, 학부모)의 협력을 중시하게 되었다. 또한, 학부모(혹은 중요한 양육자)의 지원 없이 이행된 포괄적인 정신건강 서비스는 서비스가 전부 이행되지 못하는 등의 문제가 생길 수 있기 때문에 학교심리학 서비스에 있어 학부모의 협력은 매우 중요하다.

> 📖 **학부모자문에 필요한 기술**
>
> - 가족 시스템(Family Systems)
> - 문화적 역량(Cultural Competency)
> - 전략 변경(Change Strategies)
> - 학부모를 동등한 파트너로 여김(See Parents as Equal Partners)
> - 학부모의 법적 권리 이해(Understand Parents Legal Rights)
> - 진솔한 커뮤니케이션(Genuine Communication)
> - 중재(Mediating)
> - 들어주는 기술(Listening Skills)

1 주요 특징

> - 협력적인 문제해결 과정을 통하여 이행되는 간접적인 서비스 전달(3자 모형[Triadic Model])
> - 치료가 아닌 업무에 초점 : 자문은 상담이 아니다.
> - 자문 관련자 : 자문가(=학교심리학자), 의뢰인(=학부모), 클라이언트(=학생)
> - 동등성과 상호의존성이 수반된 자발적이고 협력적인 관계

학부모는 일반적으로 자신의 자녀에게 최선의 것을 해주기를 원하며 자녀의 편에서 협력하기를 원한다. 그리고 학부모 혹은 다른 가족 구성원은 그 학생에 관하여 많은 것을 알고 있다. 자문가가 해당 학생에 대하여 아는 것과 의뢰인 학부모가 그 학생에 대하여 아는 것 사이의 구분을 이해하는 것이 학부모자문에 있어 중요하며, 각 학생과 그 학생의 가족의 독자적인 요구를 충족할 수 있도록 자문 개입방법을 수정하는 것이 효과적이다.

자문가는 의사결정 과정에서 가능한 한 가족을 포함시켜야 할 전문가로서의 의무를 지닌다. 아울러, 학부모는 해당 자문 개입이 어떤 의미와 책임을 가지는지를 완전히 이해할 권리가 있다.

(1) 학부모 자문에 있어 문제가 될 수 있는 상황은 아래와 같다.

① 학부모와 효율적으로 상의할 방법에 대한 훈련의 부족
② 구조적인 장벽
③ 학부모가 할 역할 좁히기
④ 자문을 위한 한정된 시간 및 자원
⑤ 스케줄링 문제
⑥ 가족 시스템과 학교 시스템 사이의 오해
⑦ 갈등 다루기
⑧ 문제로부터 사람을 분리하기
⑨ 상호적 이해관계에 초점 두기
⑩ 재정 문제

⑪ 결정을 내리기 전 선택안 탐색

⑫ 결정 시 객관적인 정보에 근거하기

(2) 이에 대한 해결책은 아래와 같다.

① 학부모 자문에 대한 학교 시스템이 증거 기반의, 비용 효율이 높고, 상대적으로 쉬우며, 시간 제약이 있다는 것을 교육시킨다.

② 가정과 학교 시스템 간 교량 역할을 만든다.

③ 학교심리학자의 심리학 자문가로서의 역할에 대하여 교육한다.

④ 자문가가 자신의 스케줄에 융통성을 가질 수 있도록 한다.

⑤ 윈윈 할 수 있는 결과가 나올 수 있도록 하는 협력적인 접근법을 구축한다.

⑥ 학생을 위한 긍정적인 교육 결과에 초점을 둔다.

⑦ 충분한 정보가 다루어졌는지를 확인한다.

⑧ 자문가와 의뢰인 양쪽에 있어 정서적으로 부담이 될 가능성이 있는 결정을 최소화한다.

⑨ 공통의 목표(예 학생의 성공 등)에 초점을 둔다.

⑩ 갈등을 관리한다.

⑪ 좋은 소식을 공유하기 위하여 학부모와 통화한다.

⑫ 가족 및 교육자와 친해지는데 시간을 쓴다.

2 학부모자문모형

(1) 행동 자문(Behavioral Consultation)

자문가가 개발, 실행, 평가한 개입 전략을 학부모와 함께 협력하여 진행하면서 학생의 욕구를 충족시키는 서비스 전달의 간접적인 형태로 행동주의심리학의 원리를 따른다.

가족-학교 파트너십을 촉진하고 서비스 전달 방법 중에서 상대적으로 쉽고, 한시적이며, 비용 효율이 높은 방법이다. 그리고, 다양한 학교 관련 행동 문제에 대한 처치 방법의 효율적인 형태로 알려져 있다. 모형이 효과적이라고 입증된 문제 영역은 공격성, 사회적 기술, 불이행, 사회적 철회, 숙제 완료하기, 학교공포증, 언어 기술, 틱장애, 불안 등을 포함한다.

행동 자문 모형은 가장 일반적인 모형으로 자문 과정에서 다음 네 단계의 구조화된 면담 단계를 거친다.

① **문제 식별(Problem Identification)** : 행동주의 원칙에 의거하여, 문제를 식별하기 위한 면담을 통해 구체적이고 관찰 가능한 행동에서 객관적으로 문제 행동을 구별하는 데 초점을 둔다. 문제 행동을 클라이언트의 내면적 장애의 문제로 생각하기보다는, 클라이언트에서 기대되는 수행의 수준과 클라이언트가 실제로 수행한 수준의 차이로 정의한다. 그렇기 때문에, 자문가와 의뢰인은 생태학적인 틀로부터 문제를 개념화하여 클라이언트의 행동과 클라이언트에 대한 환경적 기대 간에 나타나는 차이를 식별하게 된다. 문제 식별은 자문 과정에 있어 가장 중요한 단계로 볼 수 있는데, 그 이유는 이 단계가 효과적인 처치에 대한 개발과 실행을 가이드하기 때문이다.

② **문제 분석(Problem Analysis)** : 이 단계에서는 행동에 영향을 미치는 조건과 변인을 식별하는 데 초점을 맞추어, 행동, 이 행동의 선행요인, 그리고 이 행동의 결과 사이의 기능적 관계가 무엇인지를 결정하는 것을 목적으로 한다. 이 단계는 문제 분석 면담 및 기능적 평가 절차(예 기능적 행동 평가 등)를 통하여 자문가와 의뢰인에 의하여 완료되게 된다. 문제 분석 단계의 마지막에서 자문가는 의뢰인이 클라이언트에서 사용하게 될 적합한 개입방법을 결정하기 위하여 이러한 평가 및 면담 데이터를 사용하게 된다.

③ **처치(계획) 실행(Treatment Implementation)** : 이 단계는 문제 분석 단계에서 개발된 개입방법을 의뢰인이 실행하는 단계이다. 의뢰인이 처치를 실행하는 동안 기술을 개발할 수 있도록 자문가가 의뢰인에게 필요한 훈련 및 지원을 제공하는 것이 중요한데, 이것을 통하여 개입이 계획대로 정확하게 이루어질 수 있다. 또한, 이 단계에서는 절차 모니터링 및 처치의 실행 중 수정이 있을 수 있는데, 즉 클라이언트의 행동이 개입을 실행하는 동안 반복적으로 모니터링되고 이 모니터링 데이터로부터 산출된 정보가 현재의 처치 방법을 유지할지 혹은 변경할지를 결정하는 데 활용된다.

④ **처치(계획) 평가(Treatment Evaluation)** : 마지막 단계로 자문의 목적이 달성되었는지 여부와 처치 계획이 얼마나 효율적이었는지를 결정하기 위하여 일정한 처치 평가 면담이 이루어지게 된다. 처치 효율성을 평가하기 위하여, 처치 실행 단계에서 얻은 데이터를 문제 식별 단계에서 조건화된 수행의 특정 수준과 비교하게 된다. 그리고 처치 실행 단계에서 얻은 데이터를 문제 분석 단계에서 얻은 기저 데이터와 비교하게 된다. 자문이 목적이 달성되었다면 행동 자문 절차 및 개입은 종료하게 되나, 목적이 달성되지 못하거나 새로운 문제가 발생하였다면 문제 분석 단계로 되돌아가 다시 절차를 반복하게 된다.

(2) 연합 행동 자문(Conjoint Behavioral Consultation)

연합 행동 자문 모형은 학생의 요구를 식별하고 해결하기 위하여 자문가와 학부모가 협력하는 구조적, 간접적 형태의 서비스 전달 모형으로 행동 자문 모형의 연장선으로 볼 수 있다. 면담 단계는 모든 단계가 동시에 수행된다는 것만 제외하면 행동 자문 모형과 동일하다.

> 📖 **학부모-자문가 협력 방식**
> • 학생의 학업, 행동 및 사회적 문제를 다룸
> • 학생의 행동을 모니터링
> • 개입 방식 고안

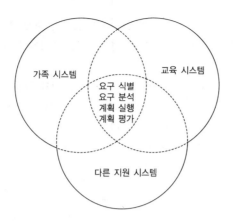

[연합 행동 자문 모형의 도식]

① **연합 행동 자문의 목표**

　㉠ 학생과 가족의 커뮤니케이션 및 이들에 대한 지식을 증대시킨다.

　㉡ 교육적 목적에 대한 몰입도를 높인다.

　㉢ 설정 내의 문제뿐 아니라 관계된 문제를 전체적으로 다룬다.

　㉣ 문제 식별 및 해결에 대한 공동 의식을 촉진한다.

　㉤ 문제에 대한 개념화를 촉진한다.

　㉥ 문제 해결을 위한 전문성 및 사용 가능한 자원을 증가시킨다.

　㉦ 가족-학교 파트너십을 수립/강화하여 가족-학교 관계를 향상한다.

② **연합 행동 자문의 행동 결과 목표**

　㉠ 일시적, 상황적 기반에 근거한 포괄적이고 기능적인 데이터를 얻는다.

　㉡ 타겟과 일시적으로 혹은 상황적으로 멀리 떨어진 잠재적인 배경 사건을 식별한다.

　㉢ 모든 관계자에 대한 기술과 지식을 증진시킨다.

　㉣ 설정과 관련된 일관적인 프로그래밍을 구축한다.

　㉤ 행동 차이 및 부작용을 체계적으로 모니터링한다.

　㉥ 향후 연합 문제 해결에 대한 기술과 역량을 개발한다.

　㉦ 처치 효과에 대한 일반화 및 유지를 증진한다.

③ **연합 행동 자문의 단계**

　㉠ 연합 요구 식별(Conjoint Needs Identification) : 이 단계에서는 가정 및 학교 환경에서 나타나는 문제를 행동적으로 정의하여, 문제 행동에 영향을 주거나 이를 동기화하는 환경적인 조건을 탐색한다. 그리고, 자문의 목표를 결정하고 기저 데이터 수집을 위한 절차를 수립한다.

　㉡ 연합 요구 분석(Conjoint Needs Analysis) : 이 단계에서는 기저 데이터가 충분한지에 대하여 평가하며, 타겟 문제에 영향을 미치는 배경 사건, 생태학적 조건 및 교차 세트 요인을 식별한다. 아울러, 효율적인 개입 계획을 공동으로 수립한다. 언제, 어떻게, 누군가에 의하여 행해질 것인지에 대하여 명확해진 계획을 요약/기록한다.

　㉢ 연합 계획 실행(Conjoint Plan Implementation) : 이 단계에서 자문가는 학부모가 개입 절차를 실행하는 것을 모니터링하고 필요한 경우 학부모에게 훈련을 제공한다. 또한, 행동의

부작용 및 대비효과를 평가하여 처치가 예상하지 못한 문제 혹은 효과를 야기하는지를 살펴본다. 그리고, 계획의 즉각적인 수정이 필요한지를 결정하며, 데이터 수집 절차를 계속하여 진행한다.

ⓐ 연합 요구 평가(Conjoint Needs Evaluation) : 이 단계에서는 자문의 목표가 달성되었는지를 확인하고 계획의 효과에 대하여 평가한다. 처치 계획의 계속, 수정, 혹은 종료에 대하여 논의한다. (처치 계획을 계속하기로 한 경우처럼) 필요한 경우 추가 면담 스케줄을 잡으며, 연합 문제 해결과 의사결정을 계속하는 방법을 논의한다.

3 학부모 유형에 따른 파트너십 전략

자문을 위한 효과적인 파트너십을 구축하기 위하여 학부모의 유형을 파악하고 이에 따른 전략을 사용할 수 있다. 학부모 유형은 여섯 가지로 요약될 수 있으며 각각의 유형별 대처 전략은 다음에서 제시되는 표를 참고할 수 있다.

[학부모 유형과 학교 전략]

지지자(Supporter)	부재자(Absentee)
• 교육 수준 : 저학력/중간 수준 • 특징 : 만족스러워 하고, 참여적, 이행이 필요한 문제에 대하여 도울 준비가 되어 있고, 협조적, 많은 도움이 되고, 활동적, 요구에 응하며, 충분한 시간 여유가 있음 • 핵심 단어 : helpful, nice, solid, friendly, creative, sympathetic, joint thinker, harmonious, supportive, enlightening, willing to serve, naïve, well-adjusted • 적합한 활동 : 도움의 손길을 주는 활동, 학부모 위원회 • 부적합한 활동 : 학교자문위원회 혹은 사례 코스가 없는 학교이사회 • 접근 방법 : 결속력, 협동심, 공유된 목표에 대한 파트너십에 호소	• 교육 수준 : 저학력/중간 수준 • 특징 : 어떤 활동에 기여할 것이라고 생각하기 어렵고, 외부적으로 요청이 있을 때 참석만 하는 정도로 적당히 불만족스러워하며, 비참여적임. 이들에게 학교는 중요하지 않으며 연락하는 것이 불가능하고, 접근이 어려움 • 핵심 단어 : loner, quitter, has (almost) no contact with other parents, no friendship relations with the school, uncommunicative, wrestles with cultural gap due to different cultural background • 적합한 활동 : 학교지원 네트워크, 다른 부재자 학부모에 대한 교량으로 기능 • 부적합한 활동 : 학교자문위원회, 학교이사회, 혹은 사례 코스가 없는 학부모위원회 • 접근 방법 : 연락할 방법을 찾고, 관심을 보이며, 문화적 배경 및 자녀에 대한 이야기로 이끌며, 공감을 보이고, 도움이 필요하다는 것을 어필하여 신뢰를 얻음

정치인(Politician)	커리어 메이커(Career-Maker)
• 교육 수준 : 고학력/중간 수준 • 특징 : 의사결정에 도움을 주고, 영향력을 발휘하고, 참여하려는 욕구, 자신이 회의에 참석할 수 있는 한 만족스러워 하며, 비판적, 외향적, 학교에 대한 문제에 있어 "민주적" 선택 방식에 주목함 • 핵심 단어 : critical, precise, optimistic, desire to inspire, persuasive • 적합한 활동 : 학교자문위원회, 학교이사회 • 부적합한 활동 : 도움의 손길을 주는 서비스의 실제 실행 • 접근 방법 : 학교 정책에 영향을 줄 수 있다는 요구에 호소, 들어주고, 자신의 말을 할 수 있도록 해주며, 이 유형의 학부모의 능력을 완전히 활용할 수 있도록 하기 위하여, 학교자문위원회 혹은 학교이사회에 학부모측을 대표하여 참석하여 줄 것을 요청	• 교육 수준 : 고학력/중간 수준 • 특징 : 자녀 양육, 보살핌, 교육에 대한 책임이 학교에 있다고 여기며, 한 번에 여러 가지를 얻고자 하는 방식을 취함, 학교측에서 모든 짐을 지는 한 만족스러워함, 학교측의 선택에 대하여 비판적, '학교는 학부모를 위한 곳'이라는 태도를 지님, 교사를 부모의 연장선이라고 생각함 • 핵심 단어 : aloof, no news is good news, businesslike, basically all take and no give • 적합한 활동 : 자신의 경력에 도움이 될 만한 학교자문위원회 혹은 학교이사회 • 부적합한 활동 : 시간이 많이 드는 도움의 손길을 주는 서비스 활동 • 접근 방법 : 직장, 직업, 교육과 관련된 이야기로 이끌며, 학교자문위원회와 학교이사회의 기능, 여기에 참석하는 흥미로운 사람들, 거기에 참여하는 것이 경력에 어떤 의미를 가지는지를 설명
박해자(Tormentor)	**슈퍼 학부모(Super Parent)**
• 교육 수준 : 고학력 • 특징 : 불쾌해 하고 자신의 배경을 알아주지 않는 학교측을 이해하지 못하며, 비판적인 클라이언트로서 학교측에서 실수가 있을 경우 이를 맹렬히 비난하며, 학교팀에 있어 비유도미사일처럼 기능하고, 학교측에서 움츠러들며 부적당한 행동에 대한 책임을 지고자 할 때에만 만족함 • 핵심 단어 : know-it-all, cold, insensitive, aggressive, conflictual, fighter, theatrical, impatient • 적합한 활동 : 학교자문위원회, 학교이사회 • 부적합한 활동 : 도움의 손길을 주는 활동, 학부모위원회 • 접근 방법 : 학생 양육 및 교육과 관련된 이 학부모의 동기 혹은 아이디어에 대한 진정한 관심을 보여주고, 전문적으로 대하되 학부모가 편안함을 느끼고 있는지를 살피며, 목표를 잘 기억하고, 잘 준비되어 있어야 하며, 알맞은 질문을 준비하고, 회의가 끝난 후에는 감사를 표시하며, 대화 시 메모하는 것을 보여주며, 언제든지 커뮤니케이션의 창구를 열어둠	• 교육 수준 : 고학력 • 특징 : 자녀 양육 및 교육에 학교와 같이 책임이 있다고 여기며, 일이 바쁜 가운데에도 학교를 지원하도록 준비되어 있으며, 학교와의 관계에 기꺼이 투자하며, 좋은 아이디어를 제공하고, 자신의 네트워크를 활용할 준비가 되어 있으며, 학교가 자녀와 다른 학생들의 수행과 웰빙에 최선을 다할 때 만족스러워함 • 핵심 단어 : loyal, ambitious, strengthener, innovative, communicative, inspiring, walking encyclopedia, grows • 적합한 활동 : 문제에 대하여 분석하고, 해결책을 찾고, 위기에 대처하고, 자금을 확보하는 활동, 학교이사회(의회장) • 부적합한 활동 : 지원적인 학교네트워크 • 접근 방법 : 자녀 양육과 교육에 대한 학부모의 의견과 기대에 따뜻한 관심을 표시하고, 많은 참여가 필요하다는 것을 보이며, 이러한 학부모의 생각에 열린 태도를 보여줌

4 의미 있는 학부모 자문

의미 있는 자문은 체계라기보다는 교육적인 의사결정을 뒷받침하는 과정으로 볼 수 있다. 의미 있는 자문은 학생의 교육 프로그램에 영향을 주는 결정이 이루어질 때 필요하며, 이 과정에는 학생의 가족 혹은 양육자를 포함하는 것이 필수적이다.

(1) 의미 있는 학부모 자문을 위한 가이드

① 가족은 학생에 대한 전문가이다.

학교팀은 의사결정 과정에 커리큘럼, 교육 프로그램, 그리고 학교 환경에서의 학생의 상호작용에 대한 지식이라는 전문성을 보태며, 가족은 학생의 요구에 대한 심도 있는 이해력을 보탠다.

② 의미 있는 자문을 위해서는 상호존중이 필수적이다.

가족과 학교 팀은 요구 수준, 장점과 기술에서 서로 차이가 있는 상태로 자문 과정을 진행하게 된다. 모든 관계자가 자신들은 학생을 위한 최선의/균형 있는 결정과 최고의 결과를 내기 위하여 함께 일하고 있다는 것을 인식할 때 상호존중이 최선으로 유지될 수 있다.

③ 모두가 동등한 파트너로서 참여한다.

이 과정은 모든 관계자가 자신의 관점을 표현할 기회를 가지며 자신의 의견과 조언이 존중받았다고 느끼게 하는 분위기를 만들어내는 것을 의미한다. 이것은 또한 일부 관계자가 자기 자신의 제약을 인식한다는 것을 의미하기도 한다. '이마를 맞대고 의논할' 기회는 학생의 웰빙을 위한 공통의 책임을 시사하는 것이기도 하다.

④ 의미 있는 자문은 관계자가 동의할 수 없다는 것을 의미하지 않는다.

의미 있는 자문의 과정은 거부할 권리를 제안하거나 혹은 상호 동의가 가능하지 않다는 것을 말하는 것이 아니다. 오히려, 자문의 효율성을 평가하는 수단을 포함한 결정 혹은 조치와 같은 상황에서 함께 일하고 추적 평가를 제공하는 방식을 의미한다.

(2) 의미 있는 학부모 자문

의미 있는 자문은 자녀의 교육과 관련된 의사결정에 가족을 포함한다. 의미 있는 자문은 (가족과) 학교팀과의 계속되는 대화와 계획 과정의 참여로 촉진된다. 이것은 학교와 가족이 결정과 가능한 선택지에 대하여 허심탄회하게 논의하고 서로 경청하고 최선의 균형 잡힌 결정을 위하여 협력한다는 것을 의미한다. 이것은 또한 도달한 결정이나 조치를 포함하여 결과에 대한 명확한 커뮤니케이션을 의미한다. 위 조건이 충족되었을 때, 학부모는 학교팀이 자신을 잘 경청하고 있고 자신들의 경험, 지식 및 아이디어가 결정에 참작되었다는 것을 실감하게 된다.

(3) 의미 없는 학부모 자문

의미 있는 자문은 사전에 만들어진 결정이나 계획을 전달하는 것이 아니다. 이것은 설득도 아니고, 많은 전문가들이 적극적으로 관점을 추구하지도 않고 관련 당사자와 대화도 없이 최선의 것을 검토하는 것도 아니다. 의미 있는 자문은 가족이 자문이 일어나고 있다는 것을 입증하기 위하여 포함되기만 하는 과정도 아니다. 의미 있는 자문은 거부권도 아니고 결정이 있을 때 모든 관련자가 동의하기를 요구하는 것도 아니다.

[의미 있는 학부모 자문 vs 의미 없는 학부모 자문]

구분	의미 있는 학부모 자문	의미 없는 학부모 자문
자문이 ~ 이루어진다	어떤 결정이 있기 전에 계속되는 방식으로	결정이 이루어진 뒤에 가족은 결정을 통보받는 방식으로
학교는	학생과 가족의 요구 및 관점을 주의 깊게 고려한다.	자신이 "더 많이 안다."고 생각한다.
가족은	그들의 강점과 관점을 적극적으로 공유할 것, 그리고 학교의 요구를 고려할 것이 독려된다.	절차의 부수적 부분이다.
입증된 기술은 ~을(를) 포함한다	커뮤니케이션 기술과 절차에 대한 몰입	비효율적인 커뮤니케이션, 즉 사용되는 단어와 모순되는 보디랭귀지
상호작용 스타일은	존중하고, 진솔하며, 협력적이다.	전문용어를 사용하고 듣기보다는 말한다.
서로에 대한 접근 방법은 ~을(를) 포함한다	신뢰와 상호존중	방어적, 비난적이며 다른 관점에 대한 존중의 부족
절차는	개방적, 시기적절하며, 가족 참가자에게 수용적이다.	비밀스럽다. 가족 참여 없는 미팅이 있다. 학교 전문가에게 시기란 절차를 '가속화'하는 것이다.
정보 공유는	시기적절하며, 충분하고, 교환된 정보와 관련된다.	정보에 제한적으로 접근하도록 보호된다.
커뮤니케이션은	계속적이다. 각자는 자신의 관점을 진술하는 데 있어 안전함을 느낀다.	학부모와 결정을 내리는 학교교직원 사이의 직접 커뮤니케이션이 아니다. 커뮤니케이션은 오직 "공식적"이다.
결과는 ~(으)로 나온다	향상된 의사결정과 학생에게 이익을 주는 관계	학생을 위한 향상이 없는 것
추적 과정은 ~을(를) 포함한다	학생의 웰빙에 대한 계속되는 대화	분함, 노여움, 소외

5 학부모 교육 프로그램

(1) **효율적인 부모역할 수행을 위한 체계적 훈련(Systematic Training for Effective Parenting, STEP)**

① STEP는 Dinkmeyer와 Mckay가 1976년 고안한 단계적이고 종합적인 부모교육 프로그램

② Dreikurs의 민주적 양육방식이론, Ginott의 인본주의적 부모교육이론, Gordon의 부모 효율성 훈련이론, Berne의 상호교류분석이론, 행동수정이론 등을 포괄하는 종합적인 부모교육이론에 토대를 둠

③ 부모-자녀 간 관계에서 발생하는 다양한 문제를 효과적으로 해결할 수 있는 실질적 접근방법을 제시

(2) 부모효율성훈련(Parent Effectiveness Training, PET)

① PET는 Gordon이 고안한 부모교육 프로그램

② 인본주의 심리학에 이론적 토대를 둠

③ 부모-자녀 간 의사소통 기술 향상에 초점

(3) 적극적 부모역할훈련(Active Parenting, AP)

① Popkin이 1983년 고안한 적극적 부모역할 토론 프로그램을 개정하여 만들어짐

② Adler의 가족구도, Dreikurs의 아동행동의 목적, Rogers의 공감적 이해, Carkhuff의 의사소통 기법 등의 이론에 토대를 둠

③ 다중적인 접근(DVD 부모교육, 집단토론, 역할놀이 등)의 학습법을 토대로 훈련을 실시함

제 4 절 ▶ 법적 및 윤리적 문제 자문

어떤 요인이 학교심리학자의 자문 역할을 아동 및 청소년의 정신건강 문제를 위하여 일하는 다른 전문가의 그것과는 차이가 있는 것으로 만드는가?

여기서 학교심리학자의 자문 역할과 관련된 법적/윤리적 가이드라인을 검토하도록 하겠다. 여기서 다루어질 내용은 학교심리학자로서 필수적으로 알고 있어야 할 지식 기반으로 학교심리학자로 일하기 위하여서는 관련 법률 및 윤리 강령에 대하여 반드시 숙지하고 있어야 하며, 이는 그들이 적절한 자문 역할을 할 수 있도록 하는 지식이라고 할 수 있다(다시 말해, 모든 학교심리학적 자문은 법적/윤리적 지식이 녹아들어 있어야 한다).

교육학 연구에서 사용되는 '비계(Scaffolding)'라는 용어는 연구자들이 어떤 문제 혹은 의문에 대한 실체에 접근할 수 있도록 추진력을 제공하는 수단이라는 의미로 자주 사용된다. 즉, '비계'는 연구에 있어 명확한 방향을 제시하고 목적을 분명하게 하는 것을 돕는 지원 틀(Supporting Framework)이라는 의미를 지닌다.

비슷한 맥락으로 법과 윤리적 기준은 학교심리학의 실무에 대하여 가이드하는 발판 혹은 지원 틀이라고 할 수 있다. 대학원에서 학교심리학자가 되고자 하는 학생들은 자신의 전문 영역과 관련된 법과 윤리의 기본에 대하여 공부한다. 앞서 언급된 Blueprint III에 따르면, 전문적인 법, 윤리 및 사회적 책임의 영역은 학교심리학의 기본적인 훈련 및 실습에 해당하는 네 영역 중 하나이고 학교심리학자에 의하여 수행되는 모든 직무에 관련되어 있는 영역이다. Blueprint III에서는 이 영역을 다음과 같이 설명하고 있다.

이 기본적인 영역에서 다뤄지는 문제들은 상대적으로 간단하지만 학교심리학자의 직무 효용성에 있어 절대적으로 중요한 것이다. 학교심리학자는 서비스의 품질을 높이고 모든 관련자의 권리를 보호하기 위하여 모든 적합한 전문성 기준과 법적 기준을 충족하는 방식으로 실무를 할 수 있도록 준비되어야 한다. 여기에는 학생에게 영향을 주고, 평가, 자문, 그리고 보편적인 전문 실무에 있어 수용되는 전문성 및 윤리 기준을 유지하고, 법적 요구사항을 충족(입법부 및 사법부의 결정에 따르는 것도 포함)하는 모든 결정과 관련된 정당한 법 절차 가이드라인을 준수할 것이 포함된다(p. 17).

The issues addressed by this foundational domain are relatively straightforward but absolutely central to the efficacy of a school psychologist's work. School psychologists should be prepared to practice in ways that meet all appropriate professional (practice and ethical) and legal standards, in order to enhance the quality of services and protect the rights of all parties. This includes adhering to due process guidelines in all decisions affecting students, maintaining accepted professional and ethical standards in assessment, consultation, and general professional practice, and fulfilling all legal requirements, including those in response to legislative and judicial decisions(p. 17).

학교심리학 프로그램에서 대학원 코스는 많은 경우 NASP (2010) Standards for Graduate Preparation of School Psychologists의 내용을 따라 설계된 경우가 많다(=대학원에서 교육 모형으로 NASP의 모형을 선택하여 이 모형에 따라 수업 내용을 구성하는 경우가 많다). 이러한 대학원 코스의 커리큘럼에는 주로 일반교육 및 특수교육을 통제하는 연방법 및 규칙, 교육위원회에서 채택한 대법원 결정 및 연방 판례법, 주법 및 규칙, 지역 학교 정책 및 절차, NASP 자격인정 기준, NASP와 APA의 윤리 규정 등의 주제가 포함된다.

이러한 주제 각각은 학교심리학자가 자신의 전문적 실무를 진행할 때 내리게 되는 결정을 지원하고, 가이드하고, 조력하는 발판의 역할을 수행하게 된다.

📖 용어 정의

- 법(Law) : 강제력을 가지는 주(혹은 국가)에서 규정한 행위규칙(Rules of Conduct)의 모음
- 윤리(Ethics) : 다른 사람과 전문적인 상호작용을 할 때 실행자의 행위를 가이드하는 광범위한 윤리적 원칙 및 규칙의 혼합

*APA와 NASP의 윤리 지침은 관련 법률(교육, 혹은 학교심리학 등)을 알고 이 법률을 존중할 것을 요구한다.

📖 생각해볼 문제

- 학교심리학자의 법적인 의무를 정확하게 이해하고 있는가?
- 법에서 구체적으로 요구하거나 금지하는 행동은 무엇인가?
- 법에서 허용하는 행동은 무엇인가?
- 어떤 행동이 합법적이라면, 그것은 윤리적이라고 바꿔 말할 수 있는가?
- 학교심리학자의 윤리적 의무를 정확하게 이해하고 있는가?

1 중요한 관련 법률

(1) 학교심리학 실무에 영향을 주는 연방 법률

미국 헌법에서는 미국 시민에게 교육 제공을 보증하는 내용이 없다. 다만, 미국 헌법 수정 조항 제10조에 의거하여 각 주에 이 책임을 명시하고 있다. 하지만, 미국 헌법과 수정 조항 제14조는 평등보호조항(Equal Protection Clause)과 정당한 법 절차 권리(Due Process Rights)를 통하여 현재의 특수교육법에 대한 토대를 제공하고 있다. 미국 대법원은 헌법에서 보장된 개인권이 위배되었을 때, 공공교육에 대한 주의 관할권에 간섭할 수 있다.

1977년, 미국 의회는 원래 공법 94~142로 제정되었던 전장애아교육법(Education for All Handicapped Children Act)을 실행하였는데, 이 법률에 의거하여 장애를 지닌 아동에 대한 교육이 최소 제한 환경(Least Restrictive Environment, LRE) 내에서 강제되었다. 나중에, 공법 94~142는 장애인교육법(Individuals with Disabilities Education Act, IDEA)으로 개정되게 되었다(1990, 1997, 2004년 수정을 거침). 이러한 법령은 특수교육을 통제하는 연방 교육법의 기본 토대를 형성하는 것으로 학교심리학의 전문적 실행에 있어 직접적인 영향력을 갖게 된다. 특수교육법의 6가지 기본적인 원리는 다음과 같이 요약될 수 있다. 장애가 있는 아동과 관련된 권리는 '(1) 장애와 상관없이 모든 아동을 위한 적합한 무료 공교육 제공 (2) 잠재적으로 장애를 초래할 수 있는 조건을 식별하기 위하여 차별대우가 없는 평가 보장 (3) 장애 학생이 받을 권리가 있는 교육과 서비스를 보장하기 위하여 개별화된 교육 프로그램 개발 (4) 적합하다고 판단되는 최대 시간 내에서 일반 교실에서 교육받을 기회를 포함하여 LRE 내에서 교육받을 권리 (5) 관계자(학생, 부모, 교사 등) 간 불일치가 있을 경우 정당한 법절차를 따를 권리가 있고 (6) 장애 학생의 교육에 부모가 참여할 수 있도록 보장하기 위한 부모의 권리 및 절차적 보호조항의 보증' 등이 있다.

> **더 알아두기**
>
> 특수교육학 용어에서 최소 제한 환경(LRE)이란 장애 아동을 장애가 없는 또래, 가정, 지역사회로부터 가능한 한 최소한으로 분리시켜야 한다는 개념으로, 장애 아동의 생활이 가능한 한 정상적이어야 하되 필요 이상으로 개인의 자유가 침해되어서는 안 된다는 것을 전제한다.

① 학습장애 구별과 중재반응모형

특정학습장애(Specific Learning Disabilities, SLD)가 있는 학생이 특수교육이 필요하다고 분류된 학생의 거의 반을 차지하고 있다. 2004년 IDEA로 개정하기 전에, SLD에 대한 구별은 보통 학생의 지적 능력과 학업성취도 간에 나타나는 유의미한 불일치로 결정하였다. 하지만, 학교심리학 분야의 많은 연구와 해당 문헌에 대한 검토를 통하여 2004년 IDEA는 SLD가 있는 학생을 구별하는데 있어 대안적인 방법으로 학생이 점차 집중 강도를 높여가는 학업 중재에 대한 반응을 얼마나 잘하는지 여부에 따라 결정할 것이 제안(=중재반응모형[Response to Intervention, RtI])되었다.

! 더 알아두기 🔍

특정학습장애란 언어, 말하기와 쓰기를 이해하거나 사용하는 기초 심리 과정에서 하나 또는 그 이상의 장애가 있는 것을 말한다. 이러한 장애에는 듣기, 생각하기, 말하기, 읽기, 쓰기, 철자, 또는 수학적 계산 능력의 결함이 있다. 여기에는 또한 지각장애, 뇌 손상, 미세뇌기능장애, 난독증, 발달적 실어증과 같은 것이 포함된다. 그러나 시각, 청각, 운동장애, 정신지체, 정서장애, 환경적·문화적·경제적 결함에 의한 학습문제는 포함되지 않는다.

2004년 IDEA에서는 이 제안을 수용한 모형으로 SLD를 판별하도록 하였으며, SLD 학생을 결정하는데 있어 능력과 성취 간 불일치 모형은 사용하지 않도록 하였다. 2004년 IDEA 개정에 맞추어, 각 주의 교육부는 자신의 "주법과 규칙"을 수정하여야 했다.

RTI는 교수환경에 의해 제공되는 다양한 교육적 중재에 대한 아동의 반응을 연속적인 과정으로 평가하여 학습장애를 진단한다. 즉 RTI는 효과적인 중재에도 무반응하여 수행수준과 발달속도가 또래 아동들에 비하여 현저하게 낮은 수준을 보이는 아동을 학습장애로 진단한다. 구체적으로, RTI에서 학습장애의 진단은 일반적으로 연속적 배치단계에 의해 이루어진다. 1단계(Tier1)는 일반교육(Universal Level), 2단계(Tier2)는 대상교육(Targeted Level), 3단계(Tier3)는 집중교육(Intensive Level)으로 분류된다. 1단계의 목적은 일반아동의 학습 능력보다 낮은 성취수준과 느린 성장속도를 보이는 학생을 탐색하기 위한 것이다. 이 단계에서는 전체 아동을 대상으로 평상시의 교수를 진행하면서 표준화 검사를 실시하여 또래에 대한 아동의 현재 수준을 확인한다. 또래수준보다 아동 학업수준이 낮을 때 일반교사가 잘 검증된 교수-학습 방법으로 일정 기간 가르치게 된다. 1단계에서 잘 검증된 교수-학습 방법에 반응을 보이지 않는 하위 20~25%의 아동들은 2단계에 배치된다. 2단계에 배치된 아동들은 현재의 학습능력과 특성 등을 고려한 소집단 교육을 받게 된다. 이러한 교육이 제공되었음에도 불구하고 적절한 월 진전도를 나타내지 않고 "중재-저항"을 보이는 아동들은 학습장애 발생 고위험 가능 아동으로 선별되어 3단계에 의뢰된다. 3단계에서 고위험성 아동으로 진단될 경우, 아동은 특수교육지원서비스에 의뢰되며, 이들에게 제공되는 중재가 곧 학습장애 교수라 할 수 있다.

RtI가 학교심리학 실무에 있어서 중요한 이유는 학교 교육의 현장에서 1단계, 2단계, 3단계의 절차를 진행하면서 그리고 정신적으로 건강한 학생을 만들어내기 위하여 학습 환경을 개선시키는데 있어서 학교심리학자가 하는 역할이 늘어나고 있다는 점이다. 즉, 학교심리학자는 학생이 학습하는 방식 및 어떤 교육이 효율적인지를 이해하는데 있어 학부모 및 교사를 지원하는 교육자문가로서 기능하여야만 하기 때문이다. 아울러, 학교심리학자는 학생이 보호받고 충분한 보살핌을 받는다고 느끼게 할 뿐만 아니라 자신의 역량을 개발하는 데 있어 충분한 자신감을 가질 수 있도록 하는 환경을 만들어내는 방법에 대하여 학부모와 교사를 가이드하는 정신건강의 실무자로서 기능하여야만 한다.

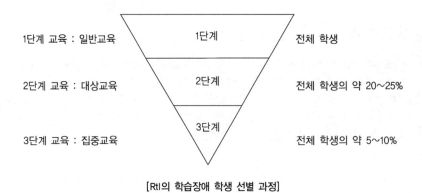

1단계 교육 : 일반교육 — 1단계 — 전체 학생

2단계 교육 : 대상교육 — 2단계 — 전체 학생의 약 20~25%

3단계 교육 : 집중교육 — 3단계 — 전체 학생의 약 5~10%

[RtI의 학습장애 학생 선별 과정]

② **1974년 가족교육권 및 프라이버시에 관한 법률**

공립학교 학생에 대한 교육 서비스 제공에 있어 영향을 미치는 연방법 중에 1974년 가족교육권 및 프라이버시에 관한 법률(Family Educational Rights and Privacy Act, FERPA)은 버클리 수정법안(Buckley Amendment)으로 불리기도 하는데, 학생 기록의 프라이버시와 비밀을 보장함으로써 부모의 권리를 보호하는 법률이다. FERPA에 따라 자금을 지원받는 교육기관은 학생 기록을 공개하는데 있어 학부모의 동의서를 받도록 하는 정책과 절차를 개발할 것이 요구된다. 기록이 공유되는 관계자가 학생에 있어 합리적인 이해관계에 있는 경우(예 해당 학생이 등록된 학교시스템 관리자, 주 혹은 연방 에이전시로부터 권한을 위임받은 담당자, 혹은 특정 사법 집행기관 사람 등), 이 조항은 예외로 적용된다. "기록"이란 FERPA에서 학생에 직접 관련된 정보를 포함하거나 교육기관에 의해 유지되는 기록, 파일, 문서, 혹은 다른 자료로 정의된다.

③ **1973년 재활법 제504조**

1973년 제정된 미국 재활법(Rehabilitation Act), 특히 장애를 이유로 차별을 금지하도록 한 제504조는 학교심리학의 실무에 있어 중요하다. 시민의 권리에 대한 법률(Civil Rights Legislation)처럼 연방 정부의 재정 지원을 받는 학교(공립학교)의 모든 학생들은 프로그램 및 신체적 접근성의 영역에서 반대 차별적인 관습(Antidiscriminatory Practice)으로부터 보호받을 권리가 있다. 제504조에서의 장애는 2004년 IDEA에서의 장애보다 훨씬 범위가 넓다. 제504조에 따르면, 장애란 스스로 돌보기, 보행, 보기, 듣기, 말하기, 숨쉬기 혹은 학습 영역 등을 포함하여 중요한 삶의 활동에 있어 이를 방해하는 신체적 혹은 정신적 결함으로 정의된다. 결국, 학습이나 다른 영역을 방해하는 신체 혹은 정신적 결함이 있는 어떤 학생도 제504조에서는 장애 학생으로 고려될 수 있다. 제504조에 따른 장애 학생에 대한 개입의 실행은 특수교육이 아닌 일반교육의 책임 하에서 이뤄진다. 학급에서 사용하는 조정은 과제 맞춰주기, 시험시간 연장, 원하는 자리에 앉게 하기, 언어적 교수법에 시각적 교수법 보충, 행동관리기법 사용 등이 있다.

> **더 알아두기**
>
> 간단히 말하면, IDEA는 장애 학생에 대한 특수교육 및 관련 서비스를 위한 연방 법률이고, 재활법 제504조는 연방정부의 기금을 받는 모든 기구에 의한 차별로부터 장애 학생의 권리를 보호하는 법이다. 장애로 인해 학교에서 수행이 어려운 학생은 이 두 법에 의해 서비스와 지원을 받을 권리가 가질 수 있다. 만약 ADHD가 있는 학생이 특수교육을 받아야할 정도로 심각한 상태라면 IDEA에 의해 지원을 받아야 하고, 이런 특수교육이 필요하지 않은 장애 학생들에겐 재활법 제504조가 더 빠르고 쉬운 방법이 될 수 있다.

④ **1990년 미국 장애인법**

1990년 제정된 미국 장애인법(Americans with Disabilities Act, ADA)은 장애가 있는 사람에 대한 차별을 없애기 위하여 만들어진 여러 분야에 있어 광범위한 영향을 미치는 법률이다. 이 법률은 학교에 대한 영향 뿐 아니라, 장애가 있는 사람에게 고용, 공공서비스, 교통, 주 및 지역 자치 서비스, 그리고 전기통신 등의 분야에 있어 공평한 기회를 보장한다. 특히, 이 법률에서 제2절 A소절 (공공서비스에서의 차별대우 금지와 기타 일반적 적용 규정)은 공립학교에 직접 적용되는 내용으로, "장애가 있는 자격을 갖춘 개인(A Qualified Individual with a Disability)"은 공립학교의 프로그램 및 활동에 참가하기 위하여 "건축, 연락, 혹은 교통에 있어서의 장애물을 제거하거나 혹은 보조 지원 및 서비스의 제공을 포함"한 "법, 정책 혹은 실행에 있어 합리적인 수정"을 요구할 수 있다.

> **더 알아두기**
>
> 위 ADA에 의거하여 장애 학생들은 수화통역, 시험 대필자, 실험 보조, 수강신청 시 우선등록 등에 대한 지원을 받을 수 있다.

⑤ **2001년 미국 낙제학생 방지법**

2001년 제정된 미국 낙제학생 방지법(No Child Left Behind Act, NCLB)은 빈곤층의 너무 많은 아동들이 "낙제"하고 있다는 것에 대한 우려로 제정된 법이다. NCLB는 1965년 제정된 미국의 초중등교육법(Elementary and Secondary Education Act, ESEA)을 재인증한 것으로 주, 학교 등의 책임을 강조하여 초중등학교에서의 학생 수행(특히, 독해 영역)에 향상을 가져오는 것을 목표로 하였다.

이 법률의 궁극적인 목표는 2013~2014년에 각 주에서 모든 학생들이 주별 시험에서 "능숙(Proficient)" 등급을 얻는 것이었다.

첫 제정 당시 목표로 하였던 2013~2014년이 지난 시점에서 이야기하자면, NCLB는 시행 후 수백만 명의 학생이 낙제하였기 때문에 취지와는 반대되는 결과를 낳게 되었다. 법에 따라 낙제를 방지하기 위하여 낙제 학생에게 보충 학습을 강요하자 대부분 저소득층 또는 이민자 계층 자녀들인 낙제 학생들이 학업을 포기하는 사태가 벌어졌다. 또한, 학교 자체도 우등생을 키우기보다 낙제생의 성적을 끌어올리는 데만 급급했다. 결국 이 법은 2015년 '모든학생성공법(Every Student Succeeds Act)'으로 대체되며 13년 만에 실패로 마감하게 된다.

(2) 중요한 판례

① Schaffer v. Weast

IDEA가 자녀가 개별화된 교육 프로그램(Individualized Education Program, IEP)을 받는 것에 이의를 가지는 학부모가 이에 대한 적법한 절차에 의한 청문회를 요구할 수 있는 권리를 허락하고 있으나, 그 청문회에서 어느 쪽 당사자(학부모측인지 학교측인지)가 설득의 책임을 져야 하는지에 대하여서는 명시하지 않았다. 양측이 적법한 절차에 의한 청문회에서 증거를 제시한 뒤에 설득의 책임을 가지고 있는 당사자는 이기려면 그 케이스를 맡은 청문회 담당관을 설득하여야만 한다. 만약 설득의 책임을 가지고 있는 당사자가 자신의 주장의 올바름에 대하여 청문회 담당관을 설득하지 못하게 된다면, 재판에서 지게 된다.

위와 같은 상황에서 미국 대법원은 2005년 11월 14일 Schaffer v. Weast 케이스에 대한 판결을 내리게 되었다. 이 케이스는 이와 같은 청문회에서 당사자 중 어느 쪽이 설득의 책임을 지게 되는지에 대한 의문을 다루고 있었다. 이것은 중요한 문제였는데 그 이유는 학교측 그리고 학부모측의 다수가 IEP가 해당 아동을 위해 적합한 것인지를 다투게 될 때 설득의 책임을 지게 되는 딜레마에 직면하고 있었기 때문이다.

구체적으로 이 케이스는 학습장애 및 언어장애가 있는 학생인 Brian Schaffer에 대한 것으로, 이러한 장애 때문에 학교측은 Brian의 부모에게 이 학생의 특수한 요구에 더 잘 부응할 수 있는 학교로 재배치할 것이 필요하다고 통보하였다. 그 다음 해에 Brian의 부모는 Montgomery County Public School system [MCPS(공립학교)]으로 Brian을 전학시켰는데, 이들 부모가 보기에 MCPS는 학급도 소규모이고 Brian이 필요한 집중 서비스도 부족하였다. 그래서 이들 부모는 Brian을 다른 사립학교에 등록하고 그 사립학교 비용을 MCPS에서 보상받고자 하여 적법한 절차에 의한 청문회를 시작하였다. 청문회 담당관은 양측 당사자가 제시한 증거는 동등한 설득력이 있다고 보아, 자신의 판단은 설득의 책임을 지고 있는 당사자에 의존할 것이라고 판결하였다. IEP에 대하여 이의를 제기하였기 때문에 설득의 책임은 학부모측에 있다는 결정을 내린 뒤에 청문회 담당관은 Schaffer 가족이 이를 입증하지 못하였다고 판단하여 학교측에 승소 판결을 내렸다. 결국 이 케이스는 장기간에 걸친 복잡성으로 대법원에도 알려지게 되었다.

대법원에서는 적법한 절차에 의한 청문회를 위한 설득의 책임은 그것이 어느 쪽이든 구제를 꾀하려는 쪽이 가져야만 하는 것이라고 판결하였다.

② **Tarasoff v. Regents**

캘리포니아주의 한 대학에 다니던 Poddar라는 남학생이 여자 친구였던 Tarasoff를 살해한 사건으로 치료자의 비밀유지의 의무와 관련된 중요 판례이다.

Poddar는 대학 내 임상심리학자인 Dr. Lawrence와 상담 중 Tarasoff를 살해할 의향을 말하였으나 Dr. Lawrence는 비밀유지의 의무 때문에 아무런 조치도 취하지 않았다. 결국 실제 살인 사건이 일어난 후 Tarasoff의 부모가 소송을 걸었고 법원은 환자의 비밀유지 엄수도 중요하지만 진료 도중 실제 위험이 있다는 것을 알게 된 경우 피해를 입을 사람을 보호할 의무도 가지게 된다고 판결하였다.

③ **Larry P. v. Riles**

캘리포니아주의 흑인 학생이었던 Larry와 관련된 소송을 다룬 판례이다. 이 판례는 불공평한 검사를 통해 흑인 학생을 특수학급으로 편성한 것에 대하여 다루었는데 재판 과정에서 특수학급 편성을 위해 사용되었던 IQ 검사는 학생의 문화적인 배경을 무시한 검사인 것으로 밝혀졌다. 다른 검사를 사용하였을 때 학생은 정신적인 장애가 없는 것이 밝혀졌고 법원은 특수학급으로 배치하는데 IQ 검사만 사용하는 것을 금지하였다.

④ **S1 vs. Turlington Case**

정신지체가 있던 고등학생 7명이 여러 가지 비행으로 퇴학당한 사건이 있었다. 이 중 한 학생이 자신의 행동은 장애와 관련된 것이라고 주장하며 학교 청문회를 요청하였다. 청문회에서 학교 관리자는 그 학생의 비행은 장애와 상관이 없다고 결정하였다. 법원은 이에 대하여 이 결정이 전문가 집단에서 내려진 것이 아니기 때문에 유효하지 않다고 판결하였다.

2 윤리적 가이드라인

2002년 APA의 Ethical Principles of Psychologists and Code of Conduct는 다양한 (심리학) 전공 분야에서 훈련된 심리학자를 위하여 개발된 것으로 해당 업무 환경은 자신이 개업한 사무소, 조직체, 병원 및 의료원, 학교, 대학, 그리고 연구 환경 등을 망라한다.

2010년 NASP의 Principles for Professional Ethics (NASP-PPE)는 학교심리학 실무를 구체적으로 다루는 윤리적 가이드라인으로 이 가이드라인은 학생, 학부모, 가족, 교사, 다른 학교교직원, 동료 학교심리학자, 그 밖에 학교심리학 서비스의 다른 클라이언트 등과 전문적으로 상호작용하는 데 있어 이를 참고할 수 있다. 학교심리학 실무에 특화되었기 때문에 NASP-PPE는 일반적으로 많은 학교심리학자들이 참고하는 윤리적 가이드라인으로 학교심리학 실무에 대한 지침으로 많이 사용되고 있다.

(1) APA 윤리 가이드라인과 NASP 윤리 가이드라인의 비교

APA Ethics Code(2011)	NASP Principles for Professional Ethics(2010)
기본 원칙	기본 원칙
• 선행과 무해성의 원칙 : 다른 사람을 보살피고, 이득을 주며, 해 끼치지 않기 • 충실과 책임감 : 신뢰를 구축하고, 기준 지키기 • 진실성 : 학문, 과학 혹은 연구의 정확성과 정직성 촉진하기 • 정당성 : 공정성 및 정당성 촉진하기 • 인간의 권리와 존엄성 존중 : 사생활에 대한 권리, 기밀보호, 자기결정권 존중하기	• 모든 인간의 존엄성과 권리 존중 • 전문적 역량과 책임감 • 전문적 관계에 있어 정직성과 진실성 • 학교, 가족, 지역사회, 자신의 직업, 사회에 대한 책임감 *NASP의 기본 원칙은 APA에 비하여 훨씬 학교 장면에 구체화된 것으로 볼 수 있다.
① APA 기준 1 : 윤리적 문제 해결 • 심리학자의 직무권 남용 시 • 윤리와 법률, 규칙, 혹은 다른 법률적 권한의 상충 시 • 윤리와 조직 요구의 상충 시 • 윤리적 위반행위에 대한 비공식적 해결 • 윤리적 위반행위에 대한 보고 • 윤리위원회와 협력 • 소송의 부적절성 • 부당한 차별 금지 ② APA 기준 2 : 역량 • 역량의 한계성(=자신의 전문 분야, 훈련받은 분야에서만 서비스하기) • 응급 시 서비스 제공 • 숙련성 유지하기 • 과학적이고 전문적인 지식을 판단 근거로 하기 • 다른 사람에게 업무 위임 시(필요에 의하여 다른 직업군 등의 도움을 받을 경우의 윤리 강령) • 개인적 문제/갈등이 있을 경우(본인의 사적인 문제와 업무에 영향을 줄 경우 윤리 강령) ③ APA 기준 3 : 인간관계 • 부당한 차별대우 금지 • 성희롱 금지 • 다른 종류의 괴롭힘 금지 • 해 끼치지 않기 • 다중관계 금지(내담자와 이중관계 금지) • 이해상충(이해관계가 얽혀 있어 업무 객관성에 문제가 생길 경우 해당 업무를 하지 않기 등) • 제3자가 서비스를 요구할 경우 윤리 강령 • 착취관계(자신의 위치를 이용하여 내담자 등을 착취하지 않을 것과 관련된 윤리 강령) • 사전 동의 • 조직 관련 심리학 서비스	① NASP 보편 원칙 No. 1 : 모든 인간의 존엄성과 권리 존중 • 자율성과 자기결정권(동의 및 찬성) • 사생활 및 기밀보호 • 공정성 및 정당성 ② NASP 보편 원칙 No. 2 : 전문적 역량과 책임감 • 역량 • 조치에 대한 책임 지기 • 책임감 있는 평가 및 개입 실무 • 책임감 있는 학교 기반 기록 보존 • 책임감 있는 자료의 사용 ③ NASP 보편 원칙 No. 3 : 전문적 관계에 있어 정직성과 진실성 • 자신의 전문적 자격에 대한 정확한 설명 • 전문적 서비스, 역할, 우선순위에 대한 솔직한 설명 • 다른 전문가에 대한 존중 • 다중관계 및 이해상충 관계(의 금지) ④ NASP 보편 원칙 No. 4 : 학교, 가족, 지역사회, 자신의 직업, 사회에 대한 책임감 • 건강한 학교, 가족, 지역사회 환경 증진 • 법률 및 법률과 윤리의 관계 존중 • 자기 검열 및 동료 간 검열을 통한 대중의 신뢰 유지 • 멘토링, 교수(Teaching), 감독을 통하여 자신의 전문 영역에 기여 • 학교심리학 지식 기반에 기여

- 심리학 서비스의 중단 시(질병, 사망 등의 불가피한 이유로 내담자에게 심리학 서비스를 중단하게 될 경우와 관련된 윤리 강령)

④ APA 기준 4 : 사생활 및 기밀유지
- 기밀 엄수
- 기밀의 경계와 관련된 논의
- 기록(녹취, 촬영 등과 관련된 윤리 강령)
- 사생활 침해의 최소화
- 기밀의 공개(예 범죄, 자살 등의 우려가 있는 경우, 내담자 정보를 공개하는 것과 관련된 윤리 강령)
- 자문 시(동료 심리학자와 상의할 경우 등의 윤리 강령)
- 교훈을 줄 목적 혹은 다른 목적으로 기밀 정보 사용 금지

⑤ APA 기준 5 : 광고 및 공개 발언
- 거짓말, 기만적인 진술하지 않기
- 다른 사람에 의한 발언(다른 사람/미디어 등의 공개 발언에 관련된 경우의 윤리 강령)
- 워크샵 및 학위를 주지 않는 교육 프로그램에서의 설명(이런 프로그램의 청중에게 정확한 프로그램의 목적, 의도 등을 설명할 책임과 관련된 윤리 강령)
- 미디어 발표 시
- 추천(자신의 위치를 이용하여 자신의 클라이언트 등에게 추천을 받으려고 하면 안 됨)
- 대면 청탁 금지

⑥ APA 기준 6 : 기록 보관과 비용
- 전문적이고 과학적인 작업의 문서화 및 기록 보관
- 기밀 기록의 보관, 전파 및 폐기
- 지불받지 못한 기록의 보류(위기 상황에서는 돈을 받지 못하였더라도 기록 제공의 의무가 있는 등의 윤리 강령)
- 비용과 금융협정
- 클라이언트/환자와의 물물교환
- 지불자와 자금 출처를 보고하는 것에서 정확성
- 위탁 및 비용

⑦ APA 기준 7 : 교육 및 훈련
- 교육 및 훈련 프로그램 고안
- 교육 및 훈련 프로그램 설명
- 교수(Teaching)의 정확성
- 학생에게 개인정보 공개 요구 금지
- 의무적인 개인 혹은 집단 치료 프로그램
- 학생 및 훈련생 수행의 평가
- 학생 및 훈련생과의 성적 관계 금지

⑧ APA 기준 8 : 연구 및 출판
- 기관의 승인
- 연구에 대한 사전 동의
- 연구를 위한 녹취 및 촬영에 대한 사전 동의
- 클라이언트/환자, 학생 및 부하 직원 연구 참가자
- 연구에 대한 사전 동의 생략 시
- 연구 참가에 대한 유인책 제공 시
- 연구에서의 속임수
- 디브리핑(Debriefing : 연구종료 후 연구자가 참여자에게 연구의 진짜 목적, 절차상 취지 등에 대하여 설명함으로써 참여자에게 발생할 수 있는 연구 부작용 등을 없애기 위한 과정)
- 연구에서의 사람관리 및 동물 사용
- 연구결과의 보고
- 표절 금지
- 출판물에서 관련자 이름 언급
- 데이터 이중 출판 금지
- 입증을 위한 연구 데이터 공유
- 리뷰어로서의 자격

⑨ APA 기준 9 : 평가
- 평가의 기본
- 평가의 사용
- 평가에 대한 사전 동의
- 테스트 데이터 공개
- 테스트 제약
- 평가 결과 해석
- 자격이 없는 사람으로부터의 평가
- 시대에 뒤떨어진 테스트와 테스트 결과(낡은 방식의 테스트와 이것으로부터 나온 결과를 판단의 근거로 사용해서는 안 된다는 등의 윤리 강령)
- 테스트 채점과 해석 서비스
- 평가 결과 설명
- 테스트 보안 유지

⑩ APA 기준 10 : 치료
- 치료에 대한 사전 동의
- 부부 혹은 가족이 개입되는 치료
- 집단 치료
- 다른 치료를 받고 있는 사람들에 대한 치료
- 현재 치료 중인 클라이언트/환자와의 성적인 관계
- 현재 치료 중인 클라이언트/환자의 친인척이거나 중요한 사람과의 성적인 관계
- 예전에 성적인 관계가 있었던 사람에 대한 치료
- 예전에 치료받은 클라이언트/환자와의 성적인 관계

- 치료의 중단
- 치료의 제한

*위에서 제시된 APA 윤리 강령에서는 각 세부 항목의
상황에 대하여 심리학자가 하여야 하거나 하지 말아야
할 윤리 지침을 세부적으로 기록하고 있다. 여기에서
는 지면 관계상 각 기준과 기준별 세부 항목의 소제목
만을 제시한다.

(2) 학교 장면에 구체화된 NASP Principles for Professional Ethics(NASP-PPE)

NASP의 윤리 강령인 NASP-PPE에 대하여 살펴보자면, 저변에 있는 원리는 두 가지로, (a) 학생/클라이언트에 대한 옹호자로서의 학교심리학자의 역할과 (b) 적어도, 학교심리학자는 해를 끼쳐서는 안 된다는 것이다. NASP-PPE는 학교에 고용된 학교심리학자 실무자를 위한 가이드라인을 제공하고자 개발된 것으로 학생, 학부모, 교사 및 지역사회 집단의 웰빙을 보호하는 데 초점을 맞추고 있다. 위에서 나열된 목록 중에서 최우선은 학생에 대한 보호이며, 학교심리학자는 학생의 권리와 웰빙에 대한 문제를 다루는데 있어 윤리적인 의무를 지게 된다. NASP-PPE는 (a) 전문적 역량 (b) 전문적 관계 (c) 전문적 실무 (d) 전문적 실무 환경의 네 가지 영역을 다루는데, 이에 대한 구체적인 설명은 다음에서 살펴보도록 하겠다.

① 전문적 역량

NASP-PPE에서는 학교심리학자는 자신이 훈련으로 자격을 인정받은 영역에 대하여서만 실무에 참여할 것을 규정한다. 학교심리학자는 자신의 기술을 계속하여 개발하고 새롭게 하기 위하여 전문성 개발을 게을리 해서는 안 된다. 그리고 학교심리학자는 자신의 개인 문제가 전문적 효율을 떨어뜨릴 때 활동을 삼가야 한다. 끝으로, 학교심리학자는 Principles for Professional Ethics에 대하여 알아야 할 책임과 이를 적용할 책임을 진다. 윤리적 규정에 대한 무지는 변명의 여지가 있을 수 없다.

② 전문적 관계

NASP-PPE는 학교심리학자가 학생, 학생의 가족 및 학교 지역사회의 삶의 질을 개선하도록 장려하는 역할을 하여야 한다고 규정한다. 학교심리학자는 장애, 인종, 민족, 성별, 성적 지향 혹은 종교 등과 상관없이 모든 사람의 다양성을 존중하여야 한다. 이중적 관계(예 학교심리학자와 해당 학생이 친인척인 경우 등)는 금지되는데 사적인 관계와 업무적 관계의 양쪽 관계를 맺고 있을 경우 지속적으로 판단을 흐리게 하는 결과가 될 수 있기 때문이다. 학교심리학자는 동료의 전문가적 행동에 문제가 있을 경우 이를 비공식적으로 해결하도록 노력하여야 하나, 만약 필요하다면 주와 국가의 윤리위원회와 상담할 수 있다. 학교심리학자에 있어 매우 중요한 것은 비밀 엄수에 대한 지식으로, 비밀 엄수에서 제외되는 상황(예 사전 동의, 알아야만 하는 원칙 등)도 이해하고 있어야 한다. 학교심리학자는 품위와 학생 및 다른 클라이언트에 대한 진실성을 유지하여야 하며, 학부모, 법적인 양육자, 그리고 대리부모와 상호작용할 경우에도 자신의 (윤리적) 책임을 이해하고 있어야 한다. 전문적 관계 영역은 또한 지역사회, 다른 전문가, 훈련 과정의 학교심리학자 지망생, 인턴 등까지 관련된 원칙으로 확장된다.

③ 전문적 실무 : 일반적 원칙

NASP-PPE는 학교심리학자가 자신의 일차 클라이언트는 학생이라는 것을 늘 기억하면서 학생의 옹호자로서 기능하기를 요구한다. 서비스를 전달할 때, 학교심리학자는 해당 학교 혹은 다른 조직에 대하여 잘 알고 있어야 하며, 자신의 학교의 진실한 구성원이 되고자 노력하여야 한다. 상충되는 로얄티(Loyalty) 문제가 생겼을 때, 학교심리학자는 우선 자신의 역할을 명확하게 전달하여야 한다. 평가 수행과 개입 방식을 개발하는 역할에 있어, 학교심리학자는 평가, 직간접적인 개입, 그리고 자문의 영역에 있어 현행 실무에 대하여 알고 있어야 한다. NASP-PPE는 데이터를 보고할 경우에 대한 가이드라인과 편집되지 않은 전산화 보고서 활용을 피하는 것에 대한 가이드라인 등을 제공한다. 이전에 출간된 보고서의 수정은 그 보고서의 저자에 의해서만 가능하다. 학교심리학자는 검사 보안을 유지하는데 책임이 있으며 이를 위해 자료와 기술을 활용하며 전자적으로 변환된 정보에 대한 책임 또한 지게 된다. 끝으로, 학교심리학자는 연구, 출판, 발표와 관련된 윤리적 행동에 참여하여야 하는데, 즉 표절하거나 데이터를 날조하여서는 안 되며, 출판과 발표에 있어 저자들의 기여도에 대하여 정확하게 기재하여야 한다.

④ 전문적 실무 환경 : 독립적 실무

이 부분은 NASP-PPE에서 학교심리학자가 독립 기관 및 학교 지역에 이중으로 고용된 경우 이에 대한 윤리적 가이드라인 부분이다. 학교심리학자는 이런 상황에서 책임 있고 윤리적으로 행동하여야 하는데, 예를 들면, 학교심리학자를 고용하는 학교 지역에서 제공되고 있는 것과 동일한 서비스의 제공에 대하여서는 클라이언트로부터 보수를 받아서는 안 된다. 그리고 (독립 기관으로 의뢰한) 학부모에게 공립학교에서 활용 가능한 서비스에 대하여 정보를 제공할 의무를 진다. 학교심리학자가 이중으로 고용된 경우, 먼저 고용주에게 허가를 받은 경우가 아니라면 다른 직장에서의 자료를 사용할 수 없다.

3 정보의 보호

(1) 비밀보장과 관련된 쟁점

① 학교심리학자(상담자)는 내담자의 사생활이 보호되고, 불법적인 정보유출이 이루어지지 않도록 필요한 조치를 강구해야 한다. 예외적인 경우를 제외하고는 그 어떤 경우에도 내담자의 비밀은 보장되어야 한다.

② 비밀보장의 의무를 지킬 수 없는 두 가지 예외적인 경우가 있는데, 내담자나 내담자 주변인에게 닥칠 위험이 분명하고 위급한 경우 또는 법원의 명령이 있는 경우에는 학교심리학자(상담자)는 내담자의 비밀을 사전 동의 없이 관련자에게 공개할 수 있다.

③ 학교심리학자(상담자)는 문서·사진·컴퓨터 파일 등의 형태로 된 내담자의 정보에 대해 비밀보장의 한계·정보를 얻어야 하는 목적 및 활용에 대해 구체적으로 알려야 한다.

④ 학교심리학자(상담자)의 정보를 공개할 경우에는 사전에 동의를 구하며, 꼭 필요한 최소한의 정보만 공개하도록 한다.

⑤ 내담자의 사생활과 비밀은 다른 전문가, 사무원, 자원봉사자들에 대해서도 보장되도록 최선의 노력을 다해야 한다.

⑥ 녹음이나 녹화를 할 경우 내담자의 허락을 받아야 한다.

(2) 결론

법률적, 윤리적 문제는 복잡하고 다중적이며, 역동적이다. 윤리적인 부분은 법률 권한의 영향을 받으며, 법률 권한 역시 윤리적인 원칙의 영향을 받을 수 있다. 사실, 학교심리학자가 행하는 것의 대부분은 법률과 윤리적 원칙에 의해 가이드되는 것으로 볼 수 있다. 그렇기 때문에, 학교심리학자는 늘 법률과 윤리 영역의 최신 정보에 열려 있어야 한다(새로운 법이 제정되기도 하고, 기존의 법률이 폐기되기도 하는데, 이런 경우 학교 정책의 방향이 달라지게 된다).

01 피자문자 중심 사례 자문 모형에서 자문이란 일차적으로 고객의 문제에 대한 해결책이 아니라 피자문자가 문제를 해결하는 것을 방해하는 요소들에 관심을 둔다. 따라서 ①은 답이 아니다. 여기서 자문가-피자문자 관계는 위계적이라기보다는 대등하므로 ③과 ④는 제외된다.

01 다음 중 괄호 안에 들어갈 내용으로 옳은 것은?

> 캐플런(Caplan)의 피자문자 중심 사례 자문(Consultee-Centered Case Consultation) 모형은 자문이란 일차적으로 (   )에 관심을 둔다는 것이다.

① 고객이 표현하는 문제의 원인 및 해결책을 구별해내는 것
② 피자문자가 문제 대처에 어려움을 갖는 원인을 구별해내어 이를 없애는 것
③ 효과적인 의사결정을 할 수 있도록 당국의 위계적 체계를 만들어 내는 것
④ 극복 기술 부족에 대한 자문을 위한 단일하고 잘 정의된 불확실성이 적은 조치를 제안하는 것

02 체험 기간 및 학교 이사회의 승인은 필요하지 않다. 따라서 ①, ③은 제외한다. 또한 학생 배치와 관련하여 어떤 종류의 변경이든지 학부모에게 서면으로 알려야만 하나, 학부모 동의가 필수적인 것은 아니다. 따라서 ④도 제외한다.

02 장애인교육법에 따르면 다음 중 교육 에이전시에서 장애를 지닌 학생의 교육적 배치를 바꾸기 전에 우선적으로 해야만 하는 것은?

① 학생에게 새로운 환경에서의 체험 기간을 주는 것
② 서면으로 학부모에게 통지하는 것
③ 학교 이사회의 승인을 얻는 것
④ 학부모의 동의를 얻는 것

정답 01 ② 02 ②

03 학교심리학자가 교사인 김 씨에게 교수법 훈련에 대하여 조언하는
　동안 다음 중 어떤 원리를 강조하여야 하는가?

> 학교심리학자와의 미팅에서 새로 부임한 6학년 학급의 교사
> 인 김 씨는 학생 중 하나인 철수에 대한 고민을 털어놓았다.
> 학교심리학자는 그 학생을 다룬 적이 있어 그에 대하여 잘 알
> 고 있다. 철수는 매일매일 학업에서는 잘 하고 있으나 시험을
> 치는 데 있어 어려움이 있는 학생이다. 학교심리학자는 교사
> 인 김 씨가 학급활동에서 사용할 교수법 훈련을 만드는 것에
> 대한 방법을 논의하였다.

① 학생이 학업에서 문제가 있을 때 이는 모든 과목에서 적용할
　수 있는 단일한 특별 학습 전략을 사용하여 개선이 가능하다.
② 문제가 있는 학생은 종종 자신만의 학습법을 개발하고 있는 경우
　가 있어 교사가 할 수 있는 것은 일부 지도와 강화 전략뿐이다.
③ 학업 기술 훈련은 학생의 학업 행동을 조직화할 수 있도록 하
　는 사고방식을 지도하는 것과 더불어 다양한 학습 전략을 사용
　하는 것을 모두 포함한다.
④ 학습 전략은 교사가 역할 모델로서 학생들이 소집단으로 모여
　협력하여 문제해결 활동을 하고 실습할 수 있도록 하는 것이
　최선이라고 조언한다.

03 일반적으로 학생에게 다양한 전략을
사용하게 될 때 최선의 결과를 얻을
수 있다. 그렇기 때문에 하나의 학습
기술만으로 가르칠 것을 강조하고
있는 ①은 적합하지 않다. 그리고 철
수 나이의 학생들에게는 자신의 학
습법을 개발하는 것을 도와줄 필요
가 있다. 철수가 시험에서 잘 수행하
지 못한다는 점은 학습법을 개발할
필요가 있다는 것을 의미하는 것으
로 ②는 적합하지 않다. 또래와 협력
하여 문제해결 기술을 실습하는 것
은 철수가 시험을 치는 것에 대하여
도움을 준다고 보기 어렵기 때문에
④는 적합하지 않다.

04 캘리포니아 대학의 Tarasoff v. Regents의 결정은 상담 관계에
　서의 비밀보장에 대한 어떤 원칙을 수립하게 하였나?

① 경고 및 보호의 의무
② 프라이버시 유지에 대한 책임
③ 사전 동의를 얻을 필요성
④ 정확한 기록을 유지할 필요성

04 ②, ③, ④도 역시 중요한 윤리적 책
무이지만 Tarasoff 사례에서 결정된
사안은 아니다.

정답   03 ③   04 ①

안심Touch

checkpoint 해설 & 정답

05 Larry P. v. Riles는 캘리포니아 주에서 특수교육 학생을 분류하는 방식이 문화적으로 편향되어 있다고 주장했던 학부모들에 의해 제기된 법정소송 사건이다.

05 다음 중 괄호 안에 들어갈 내용으로 옳은 것은?

> Larry P. v. Riles에서의 판례는 (   )(이)라는 결과를 낳게 하였다.

① 장애를 가진 학생을 위한 무료의 적합한 공교육의 제공
② 영어 학습자를 위한 이중언어 교육의 제공
③ 학교에서 인종에 의거하여 차별하지 않는 검사 제공의 책무
④ 남학생과 여학생의 육상 활동에 대하여 균등한 금액을 할당할 것

06 ④ 연구결과에 따르면 아동이 중학교 및 고등학교에 다니게 되면 학부모의 청중으로서의 역할이 매우 강조되게 된다.
①, ②, ③은 학생이 커감에 따라 학부모의 이러한 역할도 소멸되므로 맞지 않다.

06 다음 중 괄호 안에 들어갈 내용으로 옳은 것은?

> 아동이 초등학교에 입학하면, 학부모는 아동의 교육에 있어 파트너로서, 협력자로서, 그리고 문제 해결사로서 빈번하게 관여하게 된다. 중학교 및 고등학교 기간에, 학부모는 보다 일반적으로 (   )(으)로써 묘사될 수 있다.

① 파트너   ② 협력자
③ 지원자   ④ 청중(관객)

07 ④ 또래 비교에 대한 지식은 학교심리학자가 태희의 행동을 예외적인 것인지 아닌지를 결정하기 위하여 필요한 것으로 해당이 되지 않는다.
정확한 평가를 위하여 보고된 행동의 빈도(①) 및 지속성(②)을 기록하는 것은 중요하다.

07 다음 의뢰와 가장 관련성이 적은 관찰 데이터는 어떤 것인가?

> 태희는 자신의 책상 앞에서 가만히 앉아 있지를 못하기 때문에 학교심리학자에게 의뢰된 1학년 학생이다. 담임교사는 태희가 "항상 일어서서 교실 주변을 걸어 다닌다."고 보고하고 있다.

① 빈도(Frequency)
② 지속성(Duration)
③ 집중도(Intensity)
④ 또래 비교(Peer Comparison)

정답 05 ③ 06 ④ 07 ④

08 다음의 협력은 자문 모형 중 어떤 것의 사례로 볼 수 있나?

> 학교심리학자인 박 씨는 특수교육교사인 이 씨와 함께 일하는데 이는 자폐 스펙트럼 장애가 있는 학생인 민우의 요구를 충족하기 위함이다. 박 씨는 민우와 직접 대면하여 일을 하지는 않으며 이 씨가 중재자의 역할을 하고 있다.

① 시스템 모형
② 자원 모형
③ 3인조 모형
④ 적응적 학습환경 모형

08 ③ 3인조 모형은 세 가지의 역할을 아우르는 것으로, 이 역할들은 각각 자문가(학교심리학자), 중재자(특수교육교사), 그리고 고객(민우)이다. 이 모형에서 자문가는 직접 서비스를 제공하지 않은 채로 중재자를 통하여 일한다.
시스템적 접근(①)은 직접 가르치는 방법으로 자문가에 의한 직접적인 평가와 관련된다. 자원 모형(②)은 자문가가 고객에게 자문 및 직접적인 수단을 제공하는 것으로 일부 서비스는 중재자를 통하기도 한다. ④는 자문 모형이 아니다.

09 다음 중 이 학교심리학자가 할 수 있는 최선의 권고는?

> 한 학교심리학자가 학습을 방해하는 문제 행동을 해결하려고 하는 교사 김 씨에 대한 조력을 요청받았다. 이 학교심리학자는 데이터를 받았는데, 이 데이터는 교사 김 씨 학급의 30명의 학생 중 26명에 대한 서면 훈육의뢰가 작성된 것으로 나타났다.

① 훈육의뢰를 받은 26명의 학생 각각을 위한 개별 행동 약정을 만듦
② 훈육의뢰를 받은 학생들을 위하여 포괄적인 정서 및 행동 평가를 사용함
③ 학습 기술, 출석, 의사결정, 문제해결, 그리고 목표설정과 같은 문제를 다루기 위하여 학교 기반 집단 상담을 제공함
④ Response-Cost Raffle과 같은 학급 전체 행동 관리 계획을 시행함

09 ④ 학급 전체 행동 관리 계획을 시행하는 것이 학생 모두의 행동 문제를 해결하는 데 있어 가장 확실한 방법이다.
①은 너무 여러 가지 약정이 필요하게 되며 교사 입장에서 사회적인 타당도가 떨어지는 것으로 인식할 수 있다. ②는 평가를 위하여 학생들이 Child Study Team (CST)으로 의뢰될 경우 일어날 수 있는 보다 극단적인 형태의 측정이다. ③은 유용하지만, 이와 같은 환경에서 일어나는 행동 문제를 일관성 있고 정확하게 해결하여 주는 것은 아니다.

>>>🔎

Response Cost Raffle은 중재 방법의 하나로 학급 차원의 문제 행동의 사례를 감소시키는 것을 목표로 한다. CST란 학생이 학교에서 심각하고도 지속적인 문제를 경험하는 경우 학교교직원 혹은 학부모가 지원을 요청하게 되는 팀으로 대체로 사회복지사, 학습문제 교사-자문가, 학교심리학자 등의 전문가로 구성되어 있다.

정답 08 ③ 09 ④

10 전학 정보 프로파일은 학생의 능력, 흥미, 장점, 단점, 그리고 이전에 성공했거나 실패한 학습 전략 등과 같은 정보를 제공함으로써 교사에게 각 학생의 교육적 배경을 알려주는 역할을 한다.
①, ②에서 학생을 따라가며 학년을 맡는 교사, 여러 해 동안 동일한 학생을 가르친 교사의 경우 자신의 학생들과 첫 대면이 아니기 때문에 이와 같은 기록이 필요할 가능성이 가장 낮다.
④에서 이전 학교 기록이 없는 새로운 학생들의 학급 교사의 경우에도 이러한 기록을 사용할 가능성이 낮은데, 이 기록에 이전 학교 정보가 빠져 있을 경우 참고할 수 있는 내용이 별로 많지 않기 때문이다.

10 어떤 교사에게 전학 정보 프로파일이 가장 유용할 것 같은가?

① 한 학년에서 다음 학년으로 올라갈 때 자신의 원래 학생을 따라가서 학년을 맡는 교사
② 여러 해 동안 동일한 학생들이면서 혼합 연령으로 구성된 학급을 맡은 교사
③ 과거 학교 기록을 가진 새로운 학생들로 구성된 학급을 맡은 교사
④ 이전 학교 기록이 없는 새로운 학생들로 구성된 학급을 맡은 교사

11 장애아동교육법의 목적은 가능하다면 모든 장애 아동을 일반 학급에 넣어 차별 없이 교육시키는 것이었다.

11 장애아동교육법(Education of All Handicapped Children's Act)의 주된 신념은 다음 중 어떤 것인가?

① 조기 연령에서 장애 아동을 식별하는 것
② 언제라도 가능하다면 장애 아동을 일반 학교에 합류시키는 것
③ 장애아 검사 과정을 의무화하는 것
④ 장애 아동에게 특수교육을 제공하는 것

12 Larry P. Riles는 교육가능급 정신지체(Educable Mentally Retarded, EMR) 학급으로 배치하는 데 있어 아프리카계 미국인 학생에게 표준화된 IQ 검사를 실시하는 것을 금하였다.

12 복잡한 재판 사례였던 Larry P. v. Riles는 다음 중 어떤 것과 관련이 있나?

① 이것이 특수교육에 미친 효과는 미미했다.
② 인종과 상관없이 IQ 검사를 사용하는 것을 유지하게 하였다.
③ 지능에 문제가 있는 교육 대상자에게 영향을 주었다.
④ 아프리카계 미국 학생에 대한 IQ 검사를 금지하는 결과를 낳았다.

정답 10 ③ 11 ② 12 ④

13 공립학교에서 특수한 요구가 있는 학생을 일반 학교에 배치하고자
하는 이유는 무엇인가?

① 장애가 없는 아동이 장애가 있는 아동과 상호작용하면서 이익
을 얻을 수 있다.

② 장애가 있는 아동이 장애가 없는 아동과 상호작용하면서 이익
을 얻을 수 있다.

③ 모든 아동은 구조화된 환경을 제공받아야 한다.

④ 아동은 항상 최소 제한 환경(Least Restrictive Environment,
LRE)에 있어야 한다.

13 LRE 원칙은 미국 장애인교육법에서
명시하는 법률 용어로 장애 아동을
가능하면 정상적인 생활에서 최소한
으로 분리하고자 하는 원칙을 의미
한다.

14 미국 장애인교육법(Individuals with Disabilities Education
Act, IDEA)에 따르면 Individualized Education Program(IEP)
을 개발하는 데 있어 학부모는 무슨 역할을 하는가?

① 학부모는 서면 추천장을 보내지만 회의 출석은 허가받지 못한다.

② 학부모는 IEP의 개발에 있어 동등한 파트너로서의 역할을 하
는 것이 기대된다.

③ 학부모는 기획 회의에 출석하는 것은 허가되나 참여할 수는 없
다(참관만 가능).

④ 학부모는 모든 기획 회의를 주도할 것이 기대된다.

14 IDEA는 학부모가 자기 자녀에 대한
독자적인 지식을 가지고 있기 때문
에 계획 과정에서 동등한 파트너로
역할을 할 것을 주장하고 있다.

15 한 교사의 자기 학급의 훈육 문제에 대한 상담에서 그 교사의
이야기를 경청하고 이에 대하여 역설하면서 학교심리학자는 이
교사의 다양한 우려에 관심을 나타내었다. 이 상황에서 학교심리
학자의 역할은 무엇인가?

① 감독자(Supervisor)

② 평가자(Evaluator)

③ 공동작업자(Collaborator)

④ 조력자(Helper)

15 학교 장면에서 전문가 집단에 속하
는 학교심리학자는 문제 상황의 사
회-정서적 차원을 관리하는 데 있어
조력할 것이 기대된다. 훌륭한 조력
자는 클라이언트의 말을 현명하게
듣고 클라이언트의 참조 틀 내에서
반응하는 사람이다.

정답 13 ④ 14 ② 15 ④

안심Touch

16 IDEA에서는 교육재단이 스스로 요청한 검사에 대하여서만 비용의 책임을 지게 된다.

17 행동 자문 접근에서 학교심리학자는 학생의 데이터를 얻고 평가하는 역할을 하는데 학생을 돕는 최선의 방법을 교사 등의 학교 스태프(혹은 학부모)에게 조언하기 위하여 사용된다. 이 접근은 3자간 자문(학교심리학자, 교사, 그리고 학생) 모형이며, 의뢰인(교사)이 행동 데이터를 수집하고 해석하는 데 있어 학교심리학자에 의존하게 되므로 의존적인 것으로 고려된다.

18 학교심리학자는 시험에 대한 전략을 제공함으로써 학생의 점수를 향상시킬 수 있다.

16 다음 중 장애인교육법(Individuals with Disabilities Education Improvement Act, IDEA 2004)에 포함되는 기본적인 가이드라인에 해당되지 <u>않는</u> 것은?

① 장애가 있는 아동은 무료의 적합한 교육을 받을 기회가 주어져야만 한다.
② 다중 평가 절차에 따른 평가가 포함되어야 한다.
③ 평가가 이루어지기 전에 부모의 동의가 있어야 한다.
④ 시행되는 모든 검사에 대한 비용은 기관의 책임으로 한다.

17 다음 중 행동 자문(Behavioral Consultation)의 특징을 잘 나타낸 것은?

① 3자성-의존적(Triadic-dependent)
② 3자성-독립적(Triadic-independent)
③ 협력적-의존적(Collaborative-dependent)
④ 협력적-상호의존적(Collaborative-interdependent)

18 다음 중 괄호 안에 들어갈 내용으로 옳은 것은?

한 고등학교 2학년 학생들이 도내 학력 평가를 받기로 되어 있다. 이 학교의 수학교사는 모의고사에서 자신의 과목의 단원 2와 3에 비하여 단원 1에 대한 학생들의 수행이 특히 좋지 않은 것을 우려하고 있다. 전체 학급에서 비슷한 양상의 점수를 보이고 있다. 이 교사와 학생들을 지원하기 위하여 학교심리학자는 (   )할 수 있다.

① 단원 1에 대한 시험 치기 전략과 불안 감소 기법을 제공
② 가장 낮은 모의고사 점수를 받은 학생들을 위하여 특수교육 서비스를 의뢰
③ 가장 낮은 모의고사 점수를 받은 학생들을 위하여 학습 개별 지도 제공을 제안
④ 학부모에게 연락하여 자녀들의 수학 과제를 돕도록 격려

정답 16 ④ 17 ① 18 ①

19 이 상황에서 학교심리학자의 윤리적 책임은 무엇인가?

> 한 고등학교 2학년 학생이 학교심리학자에게 자신이 HIV가 의심되어 혈액 검사를 받았고 현재 결과를 기다리고 있는 중이라는 이야기를 했다. 이 학생은 자신의 부모는 이미 혈액 검사 사실을 알고 있다고도 말했다.

① 학교 관리자에게 이 학생이 HIV에 대한 검사를 했다고 이야기 한다.
② 이 학생의 여자 친구의 부모에게 이 사실을 알린다.
③ 대안적 치료를 상의하기 위해 이 학생을 양호교사에게 보낸다.
④ 검사 결과를 기다린다.

20 다음 중 이 학교심리학자의 행동을 가장 잘 설명하는 것은?

> 한 고등학교 1학년 학생의 부모가 자신의 딸이 할머니가 시한부 판정을 받아 이 상황을 무척 괴로워하고 있는 것에 대하여 학교심리학자에게 이야기하였다. 이 학생은 집에서 화가 나 있으며 짜증을 내는 행동을 한다. 그리고 부모는 딸의 학급 수행에 대하여서도 걱정하고 있다. 이 부모의 우려에 대하여 학교심리학자는 학생 및 담임교사와 이야기하기로 하였으며 학생을 10대 청소년을 위한 지역사회지원단체로 의뢰하기로 약속하였다.

① 개인상담(Individual Counseling)
② 집단상담(Group Counseling)
③ 자문(Consultation)
④ 책무(Accountability)

---

19 이 상황에서 학교심리학자는 어떤 조치를 취하기보다는 검사 결과를 기다리는 것이 최선의 선택이다.

20 학교심리학자가 학생에게 도움을 주기 위하여 그 부모 및 교사와 상담하는 것이기 때문에 자문이 적합하다.

정답 19 ④ 20 ③

checkpoint 해설 & 정답

[21~22] 아래를 읽고 물음에 답하시오.

> 초등학교 저학년 학급의 담임교사 여러 명이 학교심리학자에게 자기 학급 학생들이 나눔을 거절하고 서로 밀고 잡아당기는 등의 행동 문제가 있다고 이야기하였다. 학교심리학자는 전체 학생을 대상으로 사회적 기술을 가르치는 데 주안점을 두는 학급 생활지도 교육을 실시하기로 결정하였다.

21 더 효과적이고 해당 학교에 맞춤형 프로그램을 제공할 수 있기 때문에 연구 기반 프로그램을 활용하는 것이 좋다.

21 다음 중 이 학교심리학자가 해당 학급 생활지도 교육에 적합한 커리큘럼을 찾을 수 있는 가장 좋은 방법은?

① 다른 학교심리학자가 온라인에 포스팅한 생활지도를 찾는다.
② 다른 지역의 학교심리학자에게 가지고 있는 커리큘럼을 공유할 수 있는지 물어본다.
③ 저널과 다른 전문 자료에서 연구 기반 소스를 찾아본다.
④ 예전에 학교에서 사용한 커리큘럼을 시행하기로 하는데 그 이유는 교사들이 이미 그 자료에 익숙해져 있기 때문이다.

22 소집단 상담을 통해 학교심리학자가 대상 학생들에게 사회적 기술에 대한 맞춤형 프로그램을 실시할 수 있다.

22 교사들이 학생들에게 학급 생활지도를 배포한 뒤, 이차 개입의 형태로 가장 효과적인 것은?

① 행동 문제를 보이는 학생들과의 개별 면담
② 심리교육집단(Psychoeducational Group)
③ 학부모 미팅
④ 소집단 상담

23 자신이 무엇을 할지 선택의 기회가 주어진 경우 학부모는 더 많이 참여하게 될 것이다.

23 다음 중 학부모가 자녀 교육에 적극적으로 관여하도록 독려하는 데 있어 가장 효과적인 조치는?

① 그들을 학부모 자원봉사자로 배치한다.
② 그들을 보조원으로 도서관에 배치한다.
③ 그들에게 학교에서 도움이 필요한 분야의 목록에서 선택하도록 한다.
④ 그들에게 학생을 위한 학습 단원을 만드는 것을 도와달라고 한다.

정답 21 ③ 22 ④ 23 ③

24 생활지도 커리큘럼의 세부 목표를 확실히 달성하고자 할 때 가장 효과적인 방법은?

① 교사들에게 담임학급에서 수행할 수 있는 관련 활동 정보를 제공

② 학교 생활지도 프로그램의 목표를 다루는 학교 차원의 커리큘럼을 구매

③ 학업 커리큘럼으로 생활지도 커리큘럼을 통합할 수 있도록 교사들과 협력

④ 생활지도 교육을 위한 정기 일정을 수립

24 학업 커리큘럼과 통합되었을 때 생활지도 커리큘럼은 가장 효과가 있다.

25 디브리핑(Debriefing)의 목적으로 적합한 것은?

① 연구 참여자에게 연구 종료 후 연구의 진짜 목적을 설명하기 위함

② 구성개념을 측정가능한 상태로 정의하기 위함

③ 관찰하고자 하는 독립변인 이외의 변인이 종속변인에 영향을 주지 않도록 오염변인(=혼재변인)을 통제하기 위함

④ 각각의 피험자가 어느 집단에 배정될지에 대하여 동일한 확률을 가지기 위함

25 ②는 조작적 정의, ③은 실험적 통제, ④는 무선할당의 목적이다.

26 행동 자문 모형의 효과가 입증된 문제 행동의 영역에 속하지 <u>않는</u> 것은?

① 공격성

② 사회적 기술

③ 틱장애

④ 정신분열증

26 행동 자문 모형이 효과적이라고 입증된 문제 행동 영역은 공격성, 사회적 기술, 불이행, 사회적 철회, 숙제 완료하기, 학교공포증, 언어 기술, 틱장애, 불안 등이 있다.

정답　24 ③　25 ①　26 ④

27 교사 자문 시 관계 구축 전략에는 주의 기울이기, 적극적인 숙고적 경청, 공감하기, 질문하기가 있다.

28 (a)는 STEP, (b)는 PET에 대한 설명이다.
AP는 Popkin이 1983년 고안한 적극적 부모역할 토론 프로그램을 개정하여 만들어진 것으로 다중적인 접근(DVD 부모교육, 집단토론, 역할놀이 등)의 학습법을 토대로 훈련을 실시한다.

29 ② NCLB는 낙제학생 방지법(No Child Left Behind Act)의 약자이다.
①은 FERPA, ③은 ADA, ④는 IDEA와 관련된 내용이다.

27 교사자문에서 관계를 구축하기 위한 전략으로 적절하지 <u>않은</u> 것은?

① 주의 기울이기
② 적극적인 숙고적 경청
③ 확인하기
④ 공감하기

28 다음 설명에서 빈칸에 들어갈 말로 알맞은 단어의 조합은?

- (a)은(는) Dinkmeyer와 Mckay가 1976년 고안한 단계적이고 종합적인 부모교육 프로그램으로 부모-자녀 간 관계에서 발생하는 다양한 문제를 효과적으로 해결할 수 있는 실질적 접근방법을 제시한다.
- (b)은(는) Gordon이 고안한 부모교육 프로그램으로 부모-자녀 간 의사소통 기술 향상에 초점을 둔다.

① a. PET   b. STEP
② a. STEP   b. AP
③ a. AP   b. PET
④ a. STEP   b. PET

29 2001년 제정된 미국 NCLB의 목적은?

① 학생 기록의 프라이버시와 비밀을 보장함으로써 부모의 권리를 보호하고자 하는 것
② 빈곤층의 낙제아를 방지하고 2013~2014년 각 주의 모든 학생들이 주별 시험에서 '능숙' 등급을 얻도록 하는 것
③ 장애가 있는 사람에 대한 차별을 없애고 교육, 고용, 공공서비스, 교통 등 여러 분야에서 공평한 기회를 보장하는 것
④ 장애가 있는 사람에 대한 특수교육 및 관련 서비스를 제공하는 것

정답 27 ③ 28 ④ 29 ②

30 다음 중 Tarasoff Case와 관련된 내용으로 적절한 것은?

① 비밀보장의 원칙에서 예외를 두게 된 계기가 되었다.
② 특수학급으로 배치하는 데 있어 인종 차별적 요소와 관련된 Case이다.
③ 정신지체가 있는 고등학생들이 사건의 발단이 되었다.
④ 학부모가 IEP를 받는 것이 적합한지를 다루는 문제와 관련된다.

30 Tarasoff Case(=Tarasoff v. Regents)를 통하여 내담자나 내담자 주변인에게 닥칠 위험이 분명하고 위급한 경우 또는 법원의 명령이 있는 경우는 상담자가 내담자의 비밀을 사전 동의 없이 관련자에게 제공할 수 있게 되었다.

31 다음 중 학교자문의 특성으로 볼 수 없는 것은?

① 단편적인 목적을 가진다.
② 자문자-피자문자(의뢰인)의 관계는 협조적 동반자 관계이다.
③ 자문자-피자문자(의뢰인)는 각기 다른 역할과 책임을 가진다.
④ 자문자는 전문가적 영향력을 발휘하여야 한다.

31 학교 자문은 문제해결 및 예방의 다중적인 목적을 가진다.

32 다음 설명에서 빈칸에 들어갈 말로 알맞은 단어의 조합은?

> • (a)은 문제가 처음으로 나타날 수 있는 곳에서 그 문제의 가능성을 없애는 것이다.
> • (b)은 클라이언트의 문제를 식별하고 효과적인 처치 방법을 확인하는 것으로, 문제에 대한 조기 식별과 처치를 통하여 문제를 완화할 수 있도록 한다.

① a. 1차 예방   b. 2차 예방
② a. 1차 예방   b. 3차 예방
③ a. 2차 예방   b. 3차 예방
④ a. 1차 예방   b. 1차 예방

32 각각 1차 예방과 2차 예방에 대한 내용이다.

정답   30 ①   31 ①   32 ①

33 정치인 유형 : 학교 정책에 영향을 줄 수 있다는 요구에 호소, 들어주고, 자신의 말을 할 수 있도록 해주며, 이 유형의 학부모의 능력을 완전히 활용할 수 있도록 하기 위하여, 학교자문위원회 혹은 학교이사회에 학부모측을 대표하여 참석하여 줄 것을 요청

33 다음 중 학부모 유형과 파트너십 전략이 적절하게 짝지어지지 <u>않은</u> 것은?

① 지지자 유형 : 결속력, 협동심, 공유된 목표에 대한 파트너십에 호소

② 부재자 유형 : 연락할 방법을 찾고, 관심을 보이며, 문화적 배경 및 자녀에 대한 이야기로 이끌며, 공감을 보이고, 도움이 필요하다는 것을 어필하여 신뢰를 얻음

③ 정치인 유형 : 직장, 직업, 교육과 관련된 이야기로 이끌며, 학교자문위원회와 학교이사회의 기능, 여기에 참석하는 흥미로운 사람들, 거기에 참여하는 것이 경력에 어떤 의미를 가지는지를 설명

④ 슈퍼 학부모 유형 : 자녀 양육과 교육에 대한 학부모의 의견과 기대에 따뜻한 관심을 표시하고, 많은 참여가 필요하다는 것을 보이며, 이러한 학부모의 생각에 열린 태도를 보여줌

34 결정을 내리기 전에 선택안을 탐색한다.

34 학부모자문에서 문제가 될 수 있는 상황으로 적절하지 <u>않은</u> 것은?

① 구조적인 장벽

② 갈등 다루기

③ 결정 시 객관적인 정보에 근거하기

④ 결정을 내린 후 선택안 탐색

35 시각, 청각, 운동장애, 정신지체, 정서장애, 환경적·문화적·경제적 결함에 의한 학습문제는 포함되지 않는다. 특정학습장애가 있는 학생은 듣기, 생각하기, 말하기, 읽기, 쓰기, 철자, 또는 수학적 계산 능력에 결함이 있다. 여기에는 또한 지각장애, 뇌 손상, 미세뇌기능장애, 난독증, 발달적 실어증과 같은 것이 포함된다.

35 다음 중 특정학습장애가 있는 학생의 결함 영역에 속하지 <u>않는</u> 것은?

① 철자 능력

② 수학적 계산 능력

③ 난독증

④ 운동장애

정답 33 ③　34 ④　35 ④

36 중재반응모형의 특징으로 볼 수 <u>없는</u> 것은?

① 3단계로 이루어진 모형이다.

② 이 모형에 따르면 학습장애의 진단은 연속적 배치단계를 통해 이루어진다.

③ 3단계에 배치되는 학생은 전체 학생의 약 20~25%에 해당된다.

④ 2단계는 대상교육 수준이다.

36 3단계에 배치되는 학생은 전체 학생의 약 5~10%이다.

37 다음 개념은 무엇에 관한 것인가?

> 장애 아동을 장애가 없는 또래, 가정, 지역사회로부터 가능한 한 최소한으로 분리시켜야 한다는 개념으로, 장애 아동의 생활이 가능한 한 정상적이어야 하되 필요 이상으로 개인의 자유가 침해되어서는 안 된다는 것을 전제한다.

① IDEA
② LRE
③ SLD
④ RtI

37 최소 제한 환경(Least Restrictive Environment, LRE)에 대한 설명이다.

38 다음 중 연합 행동 자문의 목표에 속하지 <u>않는</u> 것은?

① 학생과 가족의 커뮤니케이션 및 이들에 대한 지식을 증대시킨다.

② 교육적 목적에 대한 몰입도를 높인다.

③ 설정 내의 문제 뿐 아니라 관계된 문제를 전체적으로 다룬다.

④ 개인이나 집단 학생을 대상으로 자문인이 직접 상담과 조언을 시행한다.

38 ④는 사례중심 자문(Client-Centered Consultation)과 관련된 내용이다.

정답 36 ③ 37 ② 38 ④

checkpoint 해설 & 정답

39 ③번이 적합하다.

39 다음 설명에서 빈칸에 들어갈 말로 알맞은 단어의 조합은?

> • (a) : 학생의 학습 혹은 행동 문제를 해결하거나, 자문 의뢰인의 전문적 기술을 향상시키기 위하여 만들어지는 자문가와 자문 의뢰인 사이의 자발적이고, 비관리적인 관계
> • (b) : 자문가와 함께 일하는 개인
> • (c) : 의뢰인의 변화에 의해 영향을 받게 되는 개인

① a. 상담   b. 클라이언트   c. 자문가
② a. 예방   b. 의뢰인   c. 클라이언트
③ a. 자문   b. 의뢰인   c. 클라이언트
④ a. 피자문   b. 클라이언트   c. 자문가

40 프로그램중심 행정자문의 특징에 속하는 내용이다.

40 다음 특징을 가지는 자문의 유형은 무엇인가?

> • 내담자나 환자 중심의 개인 사례보다는 프로그램 자체에 중점을 둔 자문에 해당한다.
> • 심리학자나 임상가는 내담자나 환자를 위한 집단치료프로그램의 구성 및 진행과정에 대한 자문을 구할 수 있다.

① 피자문자중심 행정자문
② 프로그램중심 행정자문
③ 내담자중심 사례자문
④ 피자문자중심 사례자문

정답 39 ③   40 ②

✔ 주관식 문제

01 자문의 일반적 과정을 단계별로 간략히 기술하시오.

01

정답 (1) 제1단계 : 질문의 이해
(2) 제2단계 : 평가
(3) 제3단계 : 개입
(4) 제4단계 : 종결
(5) 제5단계 : 추적

해설 **자문의 전문적 과정**
개시의 단계 → 문제 정의의 단계 →
대안분석의 단계 → 장애물 제거의
단계 → 종료 단계

---

02 학부모 교육 프로그램에 대한 설명이다. 빈칸에 들어갈 알맞은
용어를 쓰시오.

(㉠)	(㉡)
• Dinkmeyer와 Mckay가 1976년 고안한 단계적이고 종합적인 부모교육 프로그램 • 민주적 양육방식이론, 인본주의적 부모교육이론, 부모효율성 훈련이론, 상호교류분석이론, 행동수정이론 등을 포괄하는 종합적인 부모교육이론에 토대를 둠 • 부모-자녀 간 관계에서 발생하는 다양한 문제를 효과적으로 해결할 수 있는 실질적 접근방법을 제시	• Gordon이 고안한 부모교육 프로그램 • 인본주의 심리학에 이론적 토대를 둠 • 부모-자녀 간 의사소통 기술 향상에 초점

02

정답 ㉠ STEP
㉡ PET

해설 **적극적 부모역할훈련(AP)**
• Popkin이 1983년 고안한 적극적 부모역할 토론 프로그램을 개정하여 만들어짐
• Adler의 가족구도, Dreikurs의 아동행동의 목적, Rogers의 공감적 이해, Carkhuff의 의사소통기법 등의 이론에 토대를 둠
• 다중적인 접근(DVD 부모교육, 집단토론, 역할놀이 등)의 학습법을 토대로 훈련을 실시함

안심Touch

03

정답 (1) 내담자나 내담자 주변인에게 닥칠 위험이 분명하고 위급한 경우
(2) 법원의 명령이 있는 경우

해설 학교심리학자(상담자)는 내담자의 사생활이 보호되고, 불법적인 정보유출이 이루어지지 않도록 필요한 조치를 강구해야 한다. 예외적인 경우를 제외하고는 그 어떤 경우에도 내담자의 비밀은 보장되어야 한다.

04

정답 ㉠ 행동 자문
㉡ 조직 자문

해설 정신건강자문에서는 자문인(학교심리학자)과 의뢰인(교사)은 수평적인 협력관계를 가지며, 의뢰인(교사)이 클라이언트(학생)에 대하여 전적인 책임을 진다. 즉, 학교 안에서 발생하는 학생 정신건강문제에 대해 교사가 의뢰하면 학교심리학자(혹은 이에 상응하는 전문가)가 전반적인 도움을 주는 방식의 모형이다.

03 학교심리학자가 비밀보장의 의무를 지킬 수 없는 2가지 예외적인 경우에 대하여 기술하시오.

04 다음은 교사자문모형에 대한 설명이다. (　　)에 들어갈 알맞은 말을 쓰시오.

- (㉠) 모형은 학생의 행동을 변화시키는 데 초점을 두는 자문 방식으로 문제 해결의 주체는 의뢰인(교사)이며, 학생들의 문제해결 기술을 증진시키는 데 초점이 주어진다. 매우 구체적이고 실천적인 문제가 다루어진다.
- (㉡) 모형은 학교를 하나의 체계로 간주한다. 행동과학의 개념을 학교에 적용하여 학교의 정신건강 기능을 증진시키는 것이 목적이다.

최종모의고사

I wish you the best of luck

독학사 심리학과 3단계

제 1 회 최종모의고사 | 학교심리학

제한시간: 50분 | 시작 ___시 ___분 – 종료 ___시 ___분

⊐ 정답 및 해설 471p

01 NASP에서 출판되는 공식 입장 문서인 Supervision in School Psychology에 따르면, 다음 중 어떤 것이 학교 지역을 감독하게 되는 학교심리학자에 관해 가장 정확한 표현인가?

① 이들은 오직 완전히 인증 받지 않았거나 자격을 갖추지 못한 학교심리학자와 학교심리학의 인턴에게만 감독을 제공할 필요가 있다.

② 이들은 행정적인 감독이 아닌 전문적인 감독을 제공한다.

③ 이들은 학교심리학자로서 경험을 쌓은 일 년 뒤에 감독자로 활동할 자격을 가지게 된다.

④ 이들은 국내에서 인증된 학교심리학자 자격증명 혹은 주 정부의 학교심리학자 자격증명을 보유하여야만 한다.

③ 정상적인 적응을 하고 있는 사람들도 심리검사와 같은 생소한 상황에 직면할 때는 여러 가지 특징적인 행동을 나타내게 되는데 이러한 일반적인 행동까지 심리평가 보고서에 포함시키는 것이 좋다.

④ 심리평가 보고서에는 환자의 특징적인 행동과 심리검사 결과뿐만 아니라 외모나 면접자에 대한 태도, 의사소통 방식, 사고, 감정 및 과제에 대한 반응에서 특징적인 내용까지 포함시키는 것이 좋다.

02 다음 중 심리검사를 실시하거나 면접을 시행하는 동안 심리전문가가 취해야 할 태도로 가장 적절하지 <u>않은</u> 것은?

① 행동관찰에서는 다른 사람 또는 다른 장면에서는 관찰할 수 없는 비일상적 행동이나 그 환자만의 특징적인 행동을 주로 기술한다.

② 관찰된 행동을 기술할 때에는 어떤 상황에서 어떤 방식으로 불안을 나타내는지를 구체적인 용어로 설명하는 것이 바람직하다.

03 다음 중 어떤 교육방식이 음소인식(Phonemic Awareness)을 발달시키는 데 있어 가장 효과적인가?

① 구술 언어교육만 사용

② 활자 언어교육만 사용

③ 구술 및 활자 언어교육 모두 사용

④ 위의 모두가 해당되지 않는다.

04 다음 MBTI의 유형별 특징 중 SF 유형의 특징
으로 가장 옳지 <u>않은</u> 것은?

① 사람에 대한 관심과 함께 인간적인 따뜻함
이 있다.

② 다른 사람의 비판에 민감하며, 감정적으로
반응하는 경향이 있다.

③ 다른 사람은 물론 자기 자신에 대해서도 비
판적이고 무감동하며 냉정하다.

④ 다른 사람의 말을 잘 경청하며, 상호교류
및 타협에 능숙하다.

05 다음 중 괄호 안에 들어갈 내용으로 옳은 것은?

> 조작적 조건 형성(Operant Conditioning)
> 은 (   )을 통하여 문제에 접근한다.

① 상담(Counseling)
② 행동 수정(Behavior Modification)
③ 모델링(Modeling)
④ 조형(Shaping)

06 다음 설명과 관련있는 모형은?

> 이 모형에서 이상(Abnormality)은 새로운
> 학습 경험을 통해서만 변화가 가능한 부
> 적응적인 행동과 관련된다고 주장한다.

① 인지모형(Cognitive Model)
② 생의학모형(Biomedical Model)
③ 행동모형(Behavioral Model)
④ 정신분석모형(Psychoanalytic Model)

07 두 종류 시험에서 나온 결과가 −0.50의 상관
관계가 있다. 이 데이터에 대한 해석으로 올바른
것은?

① 한 사람이 양쪽 시험 모두에서 높은 점수를
얻는 것은 불가능하다.

② 만약 한 사람이 한 시험에서 수행이 나쁘다
면 다른 시험에서는 잘 하는 경향이 있을 것
이다.

③ 두 시험의 주제들은 관련성이 없다.

④ 대부분의 사람들은 한 쪽 시험에서 수행이
좋지 않을 것이다.

08 어떤 학생의 개별화된 교육 프로그램(Individual
Education Program, IEP)에서 이 학생의 장
단점이 기록되었다. 이것은 다음 중 무엇에 해당
되는가?

① 장기목표
② 현재 수행수준
③ 단기목표
④ 유관 프로그램

09 다음 중 융(Jung)의 양향설에서 외향성의
특징에 해당하지 <u>않는</u> 것은?

① 객체에 부합하는 방향으로 행동하고 판단한다.

② 새로운 상황에서의 융통성과 적응성이 뛰어
나다.

③ 환경에 자신의 영향력을 행사하고자 한다.

④ 자신의 생각이나 감정을 글로 표현하려는
경향이 있다.

10 다음 중 자폐 스펙트럼 장애 학생에게 있어 일반적인 행동 정보로 볼 수 있는 것은?

① 수학 학습을 잘못함
② 시각운동 기능이 강함
③ 신체적인 학대를 받은 가족 이력
④ 상동적 행동

11 한 5학년 담임교사가 학교심리학자에게 학급에서 수행을 잘 하지 못하는 학생에 대한 평가와 개입을 요청하였다. 학교심리학자는 평가를 하기 전에 우선 무엇을 해야 하는가?

① 특수교육 시설 및 담당 인원이 학생의 요구를 충족시키는데 있어 충분한지를 파악한다.
② 학교의 특수교육 교사에게 시험실시에 대한 서면 요청서를 제공할 것을 요청한다.
③ 학생에 대한 기록을 검토하고 최소 두 번 학급에서 학생의 행동을 관찰한다.
④ 학생의 부모에게서 검사 시행에 대한 동의를 얻는다.

12 다음 로샤검사의 채점항목 중 특수점수의 특이한 언어반응(Unusual Verbalization)과 관련된 설명으로 옳은 것은?

① DV(일탈된 언어표현) : 피검자가 부적절한 구를 사용하였거나 표현이 우회적일 때 채점
② DR(일탈된 반응) : 반점의 부분이나 이미지들이 부적절하게 하나의 대상으로 합쳐져서 압축하여 표현할 때 채점

③ INCOM(조화되지 않는 합성) : 분명하게 분리되어 있는 두 가지 이상의 반점 영역들에 대해서, 대상들이 있을 수 없는 방식으로 관계를 맺고 있는 것으로 지각하는 경우 채점
④ CONTAM(오염 반응) : 부적절한 반응 합성 중에서 가장 부적절한 반응을 하였을 때 채점

13 학습 요구에 대한 진단평가가 수행될 경우 고려될 필요가 <u>없는</u> 요인은?

① 사전 지식
② 흥미
③ 선호되는 학습 스타일
④ 사회성

14 김 교사는 학생들에게 독서를 권장하기 위해 독서한 만큼 숙제를 면제하여 주고 있다. 이 기법은 다음 중 어디에 해당되는가?

① 소거
② 변동비율강화계획
③ 고정비율강화계획
④ 부적 강화

15 동일한 연구주제 및 유사한 변인을 사용하는 다양한 연구에서 나온 자료를 체계적으로 종합하여 고찰하는 연구방법은?

① 변량분석
② 상관분석
③ 중다회귀
④ 메타분석

16 검사제작에 있어 타당도란 무엇을 의미하는가?

① 측정하려고 하는 것을 측정하는가
② 연속적인 실행에서 일관된 결과를 산출하는가
③ 예비실험을 통하여 통계적으로 분석하는가
④ 일반 모집단의 대표적 표집에 근거한 기준을 포함하는가

17 Tarasoff v. Regents 케이스는 상담관계의 비밀유지에 대한 어떤 원칙을 확립하였나?

① 경고 및 보호의 의무
② 사생활보호의 책임
③ 동의서를 받는 것의 필요성
④ 정확한 기록유지의 필요성

18 학교심리학자인 이 씨는 특수교육교사인 김 씨와 함께 자폐 스펙트럼 장애가 있는 학생인 민호를 위해 일하고 있다. 이 씨는 민호를 직접 만나지는 않고 김 씨가 매개자 역할을 하고 있다. 위 사례는 어떤 자문모형의 사례로 볼 수 있는가?

① 정신건강자문모형
② 행동자문모형
③ 3인조자문모형
④ 조직자문모형

19 박 교사의 학급 학생 30명 중 23명의 학생이 수업을 방해하는 행동으로 학교심리학자인 심 씨에게 의뢰되었다. 심 씨는 다음 중 어떤 전략을 취하는 것이 바람직한가?

① 의뢰된 23명의 학생에게 개별적인 행동수정전략을 짜서 접근한다.
② 의뢰된 학생들에게 종합적인 정서·행동평가를 실시한다.
③ 학업기술, 출석, 의사결정, 문제해결 등을 다루는 집단상담을 실시한다.
④ 학업전체에 대한 행동관리계획을 실행한다.

20 종합적 선별검사 결과 극소수의 학생만이 학업 역량을 충족시켰다면 어떤 조치를 취하는 것이 바람직한가?

① 핵심프로그램의 교수법을 바꾼다.
② 충족시키지 못한 학생에게 보충수업을 제공한다.
③ 학생들에게 역량을 개발할 시간을 더 준다.
④ 충족시키지 못한 학생의 학습장애 여부를 평가한다.

21 조직자문에 대한 설명으로 옳지 <u>않은</u> 것은?

① 조직자문은 시스템 자문이라고도 부른다.
② 단기적인 목적은 조직이 직면한 특정 문제를 경감·제거하는 것이다.
③ 장기적인 목적은 학교시스템의 문제해결 역량을 증진하는 것이다.
④ 조직자문은 궁극적으로 어떤 조직의 안정을 추구한다.

22 심리검사의 해석에 대한 내용 중 다음 특징은 어떤 단계에 해당되는가?

> • 검사실시과정에서 작성한 상담을 받게 된 경위 등을 확인하고, 특이점이 있었는지를 점검한다.
> • 검사실시자가 다른 사람이었다면, 여러 개의 검사 중 학생에게 실시한 검사의 선택이유를 파악해 둘 필요가 있다.

① 검사해석 전 단계
② 오리엔테이션 단계
③ 결과해석 단계
④ 종결 단계

23 객관적 검사의 특징에 해당하지 <u>않는</u> 것은?

① 구조적 검사라고도 한다.
② 모든 사람에게서 동일한 방식의 해석이 내려질 것을 기대한다.
③ 개인의 독특성보다 공통적으로 지니고 있는 특성이나 차원을 기준으로 하여 상대적으로 비교하고자 한다.
④ 모호한 검사자극에 대한 수검자의 비의도적·자기노출적 반응을 잰다.

24 다음 특징을 가지고 있는 상담이론은?

> • 인생의 초기 경험을 중시한다.
> • 내담자(환자)의 관념이나 느낌, 환상 등을 거리낌 없이 자유롭게 표현하도록 한다.
> • 인간심리에 대한 구조적 가정 및 여러 가지 형태의 부적응 행동에 대한 역동적 이해 등의 이론적 배경에 기초한다.

① 정신분석이론
② 행동주의이론
③ 인지행동이론
④ 교류분석이론

✅ 주관식 문제

01 다음은 표준화 검사의 기능에 대한 설명이다. 빈칸에 들어갈 알맞은 말을 쓰시오.

(㉠)	검사결과를 검토하여 미래를 예언할 수 있게 한다.
(㉡)	수검자의 장점과 단점을 파악하고 판단할 수 있게 한다.
(㉢)	검사를 통하여 집단의 일반적 경향을 알아볼 수 있게 한다.
(㉣)	개성과 적성을 발견해서 그것에 맞는 지도와 적성배치를 할 수 있게 한다.
프로그램 평가	프로그램의 효과를 평가하고, 그 결과를 통해 의사결정에 체계적인 자료를 제공한다.

02 다음은 지능이론 중 카텔과 혼(Cattell & Horn)의 위계적 요인설에 대한 설명이다. ( )에 들어갈 알맞은 말을 쓰시오.

- (㉠) 지능은 유전적·신경생리적 영향에 의해 발달이 이루어지는 반면 경험이나 학습의 영향을 거의 받지 않는다. 신체적 요인에 따라 청소년기에 이르기까지 발달이 이루어지다가 이후 퇴보현상이 나타난다. 속도, 기계적 암기, 지각능력, 일반적 추론능력 등이 해당한다.
- (㉡) 지능은 경험적·환경적·문화적 영향의 누적에 의해 발달이 이루어지며, 교육 및 가정환경 등에 의해 영향을 받는다. 나이가 들수록 더욱 발달하는 경향이 있으며 언어이해능력, 문제해결능력, 상식, 논리적 추리력 등이 해당한다.

03 다음은 상담이론에 대한 설명이다. ( )에 들어갈 알맞은 말을 쓰시오.

- (㉠) 상담은 인간의 부적응 문제를 병리적인 것으로 여기지 않고 교육을 통해 바로잡아야 할 과제로 간주한다. 내담자의 증상 제거보다는 열등감을 극복하고, 잘못된 생활양식을 수정하는 데 관심을 기울인다.
- (㉡) 상담은 현상학 및 실존주의의 영향을 받아 인간을 전체적이고 현재 중심적이며, 선택의 자유에 의해 잠재력을 각성할 수 있는 존재로 본다. 내담자로 하여금 '여기-지금'의 현실에서 자신이 무엇을 어떻게 보고 느끼는지, 무엇이 경험을 방해하는지 '자각 또는 각성(Awareness)' 하도록 돕는다.

04 주제통각검사(TAT) 해석의 방법 5가지를 쓰시오.

제한시간 : 50분 | 시작 ___시 ___분 – 종료 ___시 ___분

⤵ 정답 및 해설 475p

01 다음 중 괄호 안에 들어갈 내용으로 옳은 것은?

> 아널드 게젤(Arnold Gesell)은 학교심리학
> 의 역사에 있어 중요한데 그 이유는 그가
> (   ) 때문이다.

① 인지발달의 주요 4단계를 구별하였기
② NASP의 윤리적 규준을 확립하였기
③ 아동에게 사용이 적합한 주제통각검사 버전
   을 개발하였기
④ 유아 및 영아를 위한 준거참조평가의 원형
   을 고안하였기

02 다음 중 최초로 임상심리학이라는 용어를 사용
하고 최초로 심리진료소를 개설한 학자는?

① 위트머(Witmer)
② 분트(Wundt)
③ 카텔(Cattell)
④ 프로이트(Freud)

03 다음 중 표준화된 성취도 검사가 <u>아닌</u> 것은?

① ITBS
② CTBS
③ SAT
④ TAT

04 서울시 서대문구에 있는 ○○고등학교에서는
우수한 인재를 정의하기 위한 개념준거로 지적
성장, 정서적 성장, 시민의식을 제시하였다. 다음
중 개념준거의 정서적 성장과 연관된 실제준거로
가장 옳은 것은?

① 적성검사 점수, 전공만족도
② 지능검사 점수, 지능지수
③ 성격검사 점수, 고등학교 생활기록부
④ 성취도검사 점수, 고등학교 성적기록부

05 표준화 검사의 제작 과정 중 예비검사단계, 통계
분석단계, 문항선택단계의 하위 단계들로 이루
어진 것은?

① 사전 검사설계
② 규준 작성
③ 표준화
④ 문항 분석

06 표준화된 IQ 검사를 통하여 학생들에 대한 결과가 다음과 같이 산출되었는데 동호 20점 미만, 민지 102점, 영희 67점, 인성 123점, 석진은 154점이었다. 이 점수들에 비추어 보았을 때 다음 중 맞지 <u>않는</u> 것은?

① 동호는 최중도 정신지체이다.
② 영희는 중등도 정신지체이다.
③ 민지의 지능은 평균으로 고려된다.
④ 인성의 IQ는 평균 이상, 석진의 점수는 영재로 고려된다.

07 한국판 아동용 웩슬러 지능검사(K-WISC-IV)의 실시규칙과 관련된 설명 중 옳지 <u>않은</u> 것은?

① 시작점에 대한 연령 범위는 포괄적이다.
② 역순 규칙은 어린 아동들이나 지적 결손으로 의심되는 나이가 많은 아동용으로 고안된 것이다.
③ 역순 규칙에서 역순 문항들이 있는 소검사들에서는 처음 실시되는 두 문항에서 아동이 완벽한 점수를 받으면 시작점 이전의 미실시 항목들에 대해서 모두 만점을 부여하고, 그 소검사를 계속한다.
④ 〈숫자〉, 〈토막짜기〉 두 개의 소검사만이 모든 연령에 대해 단 하나의 시작점을 갖고, 나머지 다른 모든 소검사들에서는 시작점이 아동의 연령에 따라 달라진다.

08 다음 중 투사적 검사(Projective Test)에 대한 설명으로 가장 옳은 것은?

① 구조적 검사(Structured Test)라고도 한다.
② 개인들 간의 특성을 상대적으로 비교하는 데 역점을 둔다.
③ 수검자의 무의식적 요인이 반영된다.
④ 대부분의 투사적 검사들은 현상학이론에 상당 부분 영향을 받아 왔다.

09 다음 경우 적합한 평가 배터리(Assessment Battery)는?

일학년 학생이 일반 학급에서 수행이 어려웠기 때문에 의뢰되었다. 이 학생은 신경질적이고 다른 학생보다 어리게 행동하였다. 교사는 이 학생이 학업 전 기술(Pre-academic Skills)을 갖추고 있지 않다고 말하였다. 학생은 마르고 연약하였다. 또한 뇌전증(=간질)이 있었으며 말은 매우 낮고 거의 들리지 않았으며, 미성숙했다. 부모는 고등학교 졸업자이고 형제들은 평균 수준의 능력을 가지고 있다.

① Vineland, WJ-III, UNIT, BASC, 숙제 분석
② Vineland, WIAT, UNIT, BASC, 숙제 분석
③ Draw A Person, WIAT, UNIT, BASC, 숙제 분석
④ Vineland, WIAT, WIPPSI, BASC, 숙제 분석

10 소거(Extinction)가 적합한 목표가 될 수 <u>없는</u> 것은 다음 중 어떤 것인가?

① 불만스러울 때 바닥으로 책을 집어 던지는 민우의 기질

② 독립적인 자습 중에 준호가 계속하여 손을 드는 것

③ 독립적인 공부 시간에 영희가 계속해서 쪽지를 전달하는 것

④ 어떤 학생이 학급에서 질문을 할 때 미선이 계속 그 학생의 이름을 부르는 것

11 다음 중 로샤검사(Rorschach Test)에 대한 설명으로 옳지 <u>않은</u> 것은?

① 투사적 검사에 해당한다.

② 10장의 유채색 또는 무채색 잉크반점으로 된 대칭형 그림카드로 구성되어 있다.

③ 형태와 색채는 물론 음영에 대한 지각적 속성까지 고려한다.

④ 자아와 환경관계, 역동을 평가한다.

12 다음 중 성격에 대한 일반적 정의를 <u>잘못</u> 연결한 것은?

① 정신역동적 관점 : 성격은 신체적·정신적 체계의 역동적 조직으로, 개인 내부의 역동적 관계에서 비롯된다.

② 사회학적 관점 : 성격은 개인이 속한 사회와 함께 행동유형의 체계적 집합으로 문화에 의해 파악된다.

③ 심신동형적 관점 : 성격은 개인 특유의 신경생리적 계열의 항렬식이다.

④ 요인적 관점 : 성격은 다양하고 독특한 특질인 요인들로 구성되며, 해당 요인들은 아무런 공통점 없이 각 개인에게 고유하다.

13 다음 중 MMPI의 임상척도 제작 방식으로 가장 옳은 것은?

① 직관적 방식

② 규준참조 방식

③ 내적 구조 접근 및 요인분석

④ 외적 준거 접근 및 경험적 준거 타당도 방식

14 한 고등학교 학교심리학자가 또래중재프로그램(Peer Mediation Program)*의 자문가로 참가하게 되었다. 프로그램 참가자인 희경은 학급의 반이 여학생임에도 불구하고 프로그램의 리더가 모두 남자라는 것을 지적하였다. 다음 중 이 학교심리학자가 희경의 지적에 대하여 할 수 있는 가장 적합한 반응은?

① 다음 회의에서 집단의 성별 공평성 문제를 논의하도록 해 보겠다고 반응함

② 희경의 자주성에 대한 보상으로 이 학생에게 리더의 자리를 마련하여 줌

③ 희경에게 리더의 자리는 모두에게 공평하게 선택할 기회가 주어진 것임을 설명함

④ 보다 많은 여학생들이 또래중재프로그램에 참가할 수 있도록 격려함

> *또래중재프로그램(Peer Mediation Program) : 학생들 스스로가 갈등을 해결할 수 있도록 하는 것을 목적으로 하는 프로그램으로 각 학급에서 두 명의 학생이 학급 추천으로 선발되어 일정 교육을 거친 뒤 중재자(Mediator)로 활동하여 학급의 갈등 해결을 돕는다. 이 경우 별도의 전문가가 이러한 학생 중재자를 지원하게 된다.

15 다음 중 상담 과정에서 적극적인 듣기(Active Listening)의 중요성을 가장 잘 설명한 것은?

① 조용히 들으면서 중요한 점을 메모하는 것은 심리학자가 그 상황에 대한 중요한 요소를 떠올릴 수 있도록 돕는다.

② 문제를 듣고 고객의 행동을 평가하는 것은 심리학자의 전문적 의견을 확고하게 해 준다.

③ 우려되는 부분을 듣고 개인적인 이야기로 반응하는 것은 심리학자의 공감을 표현하는 것이다.

④ 정보와 정서에 대하여 듣고 고객에게 그것을 반영하는 것은 문제를 더 확실하고 심도 있게 정의할 수 있도록 한다.

16 막 전학 온 한 학생의 부모가 교장에게 이 아동에게는 당뇨병이 있다는 말을 했다. 이 학생의 요구를 보다 효과적으로 처리하기 위하여 학교 스태프는 다음 중 어떤 조치를 가장 먼저 취해야 하는가?

① 이 학생이 개별화된 교육 프로그램(Individualized Education Program, IEP)을 받은 적이 있는지 여부를 확인한다.

② 학부모에게 소송포기양식에 사인할 것을 요청한다.

③ 이 학생의 편의를 위하여 계획을 세우는 과정을 시작한다.

④ 양호교사에게 이 학생의 전반적인 건강을 평가할 수 있도록 한다.

17 다음 로샤검사의 시행단계 중 질문단계에서 검사자가 제시하는 결정인에 대한 질문으로 가장 적절한 것은?

① "어디서 그렇게 보았나요?"

② "언제 그렇게 보였나요?"

③ "무엇을 보았나요?"

④ "무엇 때문에 그렇게 보았나요?"

18 토랜스 창의력 검사(Torrance Tests of Creative Thinking, TTCT)에서 측정되는 창의력의 4가지 기준은 무엇인가?

① 유연성(Flexibility), 지능(Intelligence), 정교성(Elaboration), 유창성(Fluency)

② 지능(Intelligence), 독창성(Originality), 정교성(Elaboration), 유연성(Flexibility)

③ 유창성(Fluency), 유연성(Flexibility), 정교성(Elaboration), 독창성(Originality)

④ 유창성(Fluency), 독창성(Originality), 지능(Intelligence), 카리스마(Charisma)

19 다음 중 교사 이 씨가 사용하고 있는 교육 전략은 무엇인가?

> 교사 이 씨는 자신의 학급에서 이력서를 작성하는 방법을 가르치고 있었다. 이 씨는 학급에 작성하여야 할 다른 형태의 양식이 있다는 것을 상기시키면서 시작한다. 그리고 학급 구성원들이 이력서에 자신의 정보를 기입하도록 도우면서, 학급 구성원들이 독립적으로 이 작업을 완료할 때까지 점차 개입을 줄여나간다.

① 경험을 통한 학습

② 또래 가정교사

③ 공동 학습

④ 비계(Scaffolding)

20 칼 로저스에 따르면 바람직한 상담자란?

① 행동과 감정·생각이 상충되지 않는 상담자
② 내담자가 표현하는 것을 반영하는 상담자
③ 상담관계에서 항상 동일한 기법과 개입을 사용하는 상담자
④ 내담자가 자신이 생각하거나 하자는 대로 하게 만드는 상담자

21 학교 지역사회에서 왕따 방지 프로그램을 시행하기로 결정하여 학년 시작 시 회의를 통해 캠퍼스에서 일어나는 왕따를 예방하기 위한 새 정책을 토의하기로 하였다. 이 회의는 개입 유형 중 어디에 해당하는가?

① 1차 개입
② 2차 개입
③ 3차 개입
④ 행동 개입

22 입학할 대학교에 대하여 고민하고 있는 학생을 상담하게 된 학교심리학자가 대학 선택과 이에 대한 개인적 경험담을 털어놓았다면 학교심리학자의 이 행동은 어떻게 평가할 수 있나?

① 그런 식의 딜레마를 겪고 있는 것이 그 학생 뿐만이 아니라는 것을 이해시켰기 때문에 적절하다.
② 학교심리학자에게 친근감을 느끼게 하였기 때문에 적절하다.
③ 학교심리학자는 대학 선택에 대한 현행의 문제를 이해하지 못하고 있을 것이기 때문에 부적절하다.
④ 학생의 현재 문제가 아니라 자신의 경험에 더 많은 초점을 맞추었기 때문에 부적절하다.

23 상담에서 개방형 질문을 사용하는 것의 단점은?

① 내담자의 진실한 감정을 표현할 수 없다.
② 내담자가 장황하게 말하는 경우 치료과정이 궤도를 벗어날 수 있다.
③ 내담자에게 상담과정이 불편하게 느껴질 수 있다.
④ 상담자가 다양한 주제에 대한 정보를 얻기 힘들어진다.

24 표준화된 검사 활용에 대한 내용으로 옳지 <u>않은</u> 것은?

① 종류가 매우 다양하므로, 검사의 양호도, 즉 타당성, 신뢰성, 객관성, 실용성 등을 고려하여 선택되어야 한다.
② 시행 이유와 필요성에 대한 명확한 목적의식을 가지고 실행되어야 한다.
③ 표준화된 검사는 그 결과 자체가 절대적인 의미를 가지므로 해석에 주의해야 한다.
④ 검사의 시행·채점·해석에 대한 전문적인 식견과 소양이 필요하다.

✅ 주관식 문제

01 인물화검사(DAP)의 장점을 4가지 쓰시오.

02 다음은 검사 도구의 조건에 대한 설명이다. 빈칸에 들어갈 알맞은 말을 쓰시오.

(㉠)	동일한 대상에 대해 같거나 유사한 측정 도구를 사용하여 반복 측정할 경우 동일하거나 비슷한 결과를 얻을 수 있는가를 말한다.
(㉡)	측정하고자 하는 개념이나 속성을 얼마나 실제에 가깝게 정확히 측정하고 있는가를 말한다.
(㉢)	검사자의 채점이 어느 정도 신뢰할 만하고 일관성이 있는가를 말한다.
(㉣)	검사도구가 얼마나 적은 시간과 비용, 노력을 투입하여 얼마나 많은 목표를 달성할 수 있는가를 말한다.

03 다음 이론을 주장한 학자 이름을 쓰시오.

(㉠)	체액기질설	다혈질, 우울질, 담즙질, 점액질
(㉡)	체형기질설	내배엽형, 중배엽형, 외배엽형
(㉢)	세계관 유형에 따른 성격유형	감성적 인간, 영웅적 인간, 사색적 인간
(㉣)	양향설	내향성, 외향성

04 다음은 MMPI의 주요 코드유형 중 어떤 유형에 해당하는지 쓰시오.

(㉠)	(㉡)
• 신체 기능에 몰두함으로써 수반되는 다양한 신체적 증상에 대한 호소와 염려를 보인다. • 정서적으로 불안감과 긴장감을 느끼며, 감정 표현에 어려움이 있다. • 보통 내향적인 성격을 가지고 있으며, 다른 사람과의 관계에 있어서 수동적·의존적인 양상을 보인다. • 신체형 장애, 불안장애의 가능성이 있다.	• 편집중적 망상과 환각, 공상으로 많은 시간을 보낸다. • 한 가지 생각에 집중하지 못하며 예측불허의 행동을 보이기도 한다. • 다른 사람에 대한 의심과 불신으로 인해 친밀한 대인관계를 형성하기 어렵다. • 정신분열증(조현병), 양극성 장애(Bipolar Disorder)의 가능성이 있다.

정답 및 해설

최종 모의고사

제1회

01	02	03	04	05	06	07	08	09	10	11	12
④	③	③	③	②	③	②	②	④	④	④	④

13	14	15	16	17	18	19	20	21	22	23	24
④	④	④	①	①	③	④	①	④	①	④	①

주관식 정답	
01	㉠ 예언의 기능 ㉡ 진단의 기능 ㉢ 조사 기능 ㉣ 개성 및 적성의 발견
02	㉠ 유동성 ㉡ 결정성
03	㉠ 개인주의 ㉡ 형태주의(게슈탈트)
04	㉠ 표준화법 ㉡ 욕구–압력 분석법 ㉢ 대인관계법 ㉣ 직관적 해석법 ㉤ 지각법

01 정답 ④

NASP는 모든 학교 치료자들이 박식한 전문적 감독을 할 수 있는 것이 중요하다고 주장하므로 ①은 제외한다. NASP의 공식 입장 문서는 감독이 전문적이고 행정적인 감독 모두를 포함한다고 명시하고 있으므로 ②는 제외한다. 그리고 감독자들은 최소한 학교심리학자로 3년의 경험을 갖추어야 한다고 명시하고 있으므로 ③은 제외한다.

02 정답 ③

해당 심리평가가 임상적·병리적 측면에서 유의미한 특징적 양상을 보이거나 적절한 치료를 필요로 하는 내담자 또는 환자를 대상으로 하는 것이 아닌 정상적 적응상태를 나타내 보이는 사람을 대상으로 하는 경우, 임상적으로 무의미한 일반적 행동까지 심리평가 보고서에 포함시키는 것은 효과적이지 못하다.

심리학적·임상학적 전문가는 심리검사 및 심리평가에 의뢰된 내담자나 환자를 주요 대상으로 하여 해당 개인 및 주변인물에 대한 면접과 함께 대상자에 대한 행동관찰을 수행하며, 그 결과를 생활사적 정보와 결합하여 심리평가 보고서(Psychological Test Report)를 기록한다. 따라서 심리평가 보고서에는 평가 대상자의 용모 및 외모, 말과 표현, 면접 태도, 언어적·비언어적 의사소통능력은 물론 신체적·정신적·정서적 기능, 인지능력, 행동수행능력, 대인관계능력 등이 종합적으로 기록된다.

03 정답 ③

음소인식 발달에 있어 가장 효과적인 것으로 나타난 교육방식은 구술 및 활자 언어교육을 조합하여 사용하는 방법이다. 음소인식과 읽기, 쓰기 기술 습득 간 관계의 복잡성이 완전히 이해되지는 않으나 활자 교육의 성공에 구술 교육이 필요하다는 것이 명확해지고 있다.

04 정답 ③

SF 유형의 F는 감정형을 의미한다. 감정형의 경우 인간 및 인간관계에 관심을 가지며, 온화함과 인정, 우호적인 협력을 추구한다. 반면, 감정형과 대조되는 사고형(T)의 경우 진실 및 사실에 관심을 가지며, 논리와 분석, 원리와 원칙, 옳고 그름에 대한 판단, 지적인 비평을 강조한다.

05 정답 ②

행동 수정은 학습의 원리를 적용하여 바람직하지 않은 행동을 변화시키고자 하는 기법으로 이 원리는 고전적 조건형성, 관찰학습, 그리고 조작적 조건 형성에 대한 연구에 근거하고 있다.

06 정답 ③

행동모형에서는 이상 행동이 성장 과정에서 나타나는 잘못된 학습의 결과라고 주장한다.

07 정답 ②

부적 상관은 한 쪽에서 수행을 잘 할 경우 다른 한 쪽에서는 잘 수행하지 못하는 것을 나타낸다.

08 정답 ②

학생의 장단점은 IEP의 학생의 현재 수행수준 항목에 해당된다.

09 정답 ④

내향성은 자신의 생각이나 감정을 글로 표현하려는 경향이 있는 반면, 외향성은 말로 표현하는 것을 선호한다.

10 정답 ④

자폐 스펙트럼 장애 아동의 공통적인 특징에는 사회적 의사소통 능력 부족, 언어발달 지연, 상동적 행동, 무표정, 눈맞춤이 어려움 등이 있다.

11 정답 ④

검사 시행 전 학부모에게 시행에 대한 동의를 받도록 한다.

12 정답 ④

①은 일탈된 반응, ②는 조화되지 않는 합성, ③은 우화적인 합성에 대한 설명이다.

특수점수의 특이한 언어반응(Unusual Verbalization)

언어 표현		내용
일탈된 언어표현	DV (일탈된 언어표현)	피검자가 신어 조작을 보이거나 과잉 표현을 보일 때 채점
	DR (일탈된 반응)	피검자가 부적절한 구를 사용하였거나 표현이 우회적일 때 채점
부적절한 반응합성	INCOM (조화되지 않는 합성)	반점의 부분이나 이미지들이 부적절하게 하나의 대상으로 합쳐져서 압축하여 표현할 때 채점
	FABCOM (우화적인 합성)	분명하게 분리되어 있는 두 가지 이상의 반점 영역들에 대해서, 대상들이 있을 수 없는 방식으로 관계를 맺고 있는 것으로 지각하는 경우 채점
	CONTAM (오염반응)	부적절한 반응 합성 중에서 가장 부적절한 반응을 하였을 때 채점
부적절한 논리	ALOG (부적절한 논리)	검사자가 유도하지 않았는데도 피검자가 자신의 반응을 정당화하기 위하여 설명할 때 논리가 부적절하고 비합리적일 때 채점

13 **정답** ④

학습 요구에 대한 진단평가는 4가지 주요 요인에 초점을 둔다. 사전 지식, 오해(Misconception), 흥미, 그리고 선호되는 학습 스타일이 그것이다. 이 평가의 목적은 효과적인 개입 전략을 개발하기 위하여 학생의 강점 및 약점을 식별하는 것이다.

14 **정답** ④

부적 강화는 회피자극(숙제)을 경감하여 행동을 증가시키는 것으로 문제의 사례가 이에 해당한다.

15 **정답** ④

메타분석의 정의에 해당하는 내용이다.

16 **정답** ①

② 검사-재검사 신뢰도
③ 사전검사
④ 대표성에 의거한 표집도 중요하지만 이것만으로 타당도를 설명할 수 없음

17 **정답** ①

②, ③, ④ Tarasoff 케이스와는 관련이 없는 내용이다.

18 **정답** ③

간접서비스 모형의 다른 말인 3인조자문모형에 대한 내용이다.

19 **정답** ④

① 지나친 시간 및 비용이 소요될 수 있다.
② 평가만으로 행동을 수정할 수는 없다.
③ 박 교사 학급의 행동문제와는 동떨어져 있는 문제이다.

20 **정답** ①

대다수의 학생이 학업 역량에 도달하지 못하였다면 학생들의 요구를 고려하여 이것의 전달법 등을 변화시킬 필요가 있다.

21 **정답** ④

조직자문은 궁극적으로 어떤 조직의 변화를 추구한다.

22 **정답** ①

검사해석 전 단계에 해당되는 내용이다.

23 **정답** ④

투사적 검사의 특징에 해당된다.

24 **정답** ①

정신분석상담이론의 특징으로 볼 수 있다.

주관식 해설

01 **정답** ㉠ 예언의 기능
㉡ 진단의 기능
㉢ 조사 기능
㉣ 개성 및 적성의 발견

해설 표준화 검사는 정해진 절차에 따라 실시되고 채점되는 검사이다. 즉, 검사 조건이 모든 수검자(피검사자)에게 동일하며, 모든 채점은 객관적이며 신뢰도와 타당도가 비교적 높다.

02 **정답** ㉠ 유동성
㉡ 결정성

해설 웩슬러 지능검사의 소검사 중 '빠진 곳 찾기, 차례 맞추기, 토막 짜기, 모양 맞추기, 공통성 문제, 숫자 외우기' 등이 유동성 지능을 반영하고, '기본지식, 어휘문제, 공통성 문제, 이해문제' 등이 결정성 지능을 반영한다.

03 [정답] ㉠ 개인주의
　　　　㉡ 형태주의(게슈탈트)

[해설]

개인주의 상담의 목표	형태주의 상담의 목표
• 사회적 관심을 갖도록 돕는다. • 패배감을 극복하고 열등감을 감소시킬 수 있도록 돕는다. • 잘못된 가치와 목표를 수정하도록 돕는다. • 잘못된 동기를 바꾸도록 돕는다. • 타인과 동질감을 갖도록 돕는다. • 사회의 구성원으로서 기여하도록 돕는다.	• 자각에 의한 성숙과 통합의 성취 • 자신에 대한 책임감 • 잠재력의 실현에 따른 변화와 성장

04 [정답] ㉠ 표준화법
　　　　㉡ 욕구-압력 분석법
　　　　㉢ 대인관계법
　　　　㉣ 직관적 해석법
　　　　㉤ 지각법

[해설] TAT는 로샤검사와 더불어 전 세계적으로 널리 사용되고 있는 대표적인 투사적 검사로 자아와 환경관계 및 대인관계의 역동적 측면 등을 평가한다. 30장의 흑백그림카드와 1장의 백지카드 등 총 31장으로 구성되어 있다.

제2회

01	02	03	04	05	06	07	08	09	10	11	12
④	①	④	③	④	②	④	③	②	②	④	④
13	14	15	16	17	18	19	20	21	22	23	24
④	①	④	③	④	③	④	①	①	④	②	③

주관식 정답		
01	㉠ 연필과 종이, 지우개 이외의 재료가 필요 없다. ㉡ 한 시간 이내로 가능하다. ㉢ 외국인과 문맹자에게도 실시 가능하다. ㉣ 검사의 목적이 숨겨져 있으므로 솔직할 수 있다.	
02	㉠ 신뢰도 ㉢ 객관도	㉡ 타당도 ㉣ 실용도
03	㉠ 히포크라테스 ㉢ 딜테이	㉡ 셀든 ㉣ 융
04	㉠ 1-2 또는 2-1 코드(Hs & D) ㉡ 8-9 또는 9-8 코드(Sc & Ma)	

01 정답 ④

나머지들은 게젤과 관련된 내용이 아니다.

02 정답 ①

위트머(Witmer)는 미국 펜실베니아(Pennsylvania) 대학에서 1896년 세계 최초의 심리진료소(Psychological Clinic)를 세우고, 1904년 임상심리학 강좌를 개설함으로써 임상심리학의 본격적인 시작을 알렸다.

03 정답 ④

Thematic Apperception Test(TAT)는 성격을 평가하기 위하여 사용되는 투사적 검사이다. 피검자는 모호한 그림을 제시받고 그림에 대한 지각을 이야기로 구성할 것을 요청받게 된다. Iowa Test of Basic Skills(ITBS), Comprehensive Test of Basic Skills(CTBS), Stanford Achievement Test(SAT)는 모두 표준화된 성취도 검사이다. 이 검사들은 보통 초등학교 및 중학교 전체 학급을 대상으로 매해 치러진다. 같은 연령, 같은 학년의 평균 점수와 자신의 점수를 비교하여 볼 수 있는 객관적 검사라고 할 수 있다.

04 정답 ③

성격검사 점수와 고등학교 생활기록부가 옳은 내용이다.

개념 준거	• 지적 성장 : 우수한 인재는 지적으로 성장해 있을 것이다. • 정서적 성장 : 우수한 인재는 자신의 가치와 신념을 가지고 있으며, 원만하고 안정적인 인간관계를 맺고 있을 것이다. • 시민의식 : 우수한 인재는 훌륭한 시민으로서 자신이 속한 지역사회의 복지에도 공헌하고 있을 것이다.

↓

실제 준거	• 지능검사 점수, 학교 성적 • 성격검사 점수, 학교 생활기록부 • 사회봉사 실적, 가입한 자원봉사조직의 수 및 참여 정도

↓

우수한 인재

05 정답 ④

문항 분석은 예비검사단계, 통계분석단계, 문항선택단계로 이루어진다.
- 예비검사단계 : 수검과정에서 발생할 수 있는 예상치 못한 반응이나 문항에 대한 해석적 오류 가능성을 검토한다.
- 통계분석단계 : 문항의 난이도, 변별도, 추측도 등에 대한 통계적 분석을 통해 구성된 문항들이 양질의 문항인지 확인한다.
- 문항선택단계 : 문항의 적절성 여부를 통해 수검자의 특성을 유의미하게 반영할 수 있는 문항들을 선택한다.

06 정답 ②

IQ 67인 영희는 중등도 정신지체가 아니다. 중등도 정신지체는 IQ 40~55 사이의 점수에 해당된다.

07 정답 ④

〈숫자〉, 〈선택〉 두 개의 소검사만이 모든 연령에 대해 단 하나의 시작점을 갖는다.

중지규칙

소검사 실시를 언제 그만두는가를 결정하기 위한 기준들을 나타내며, 라포를 유지하고 검사 시간을 최소화하도록 고안된 것으로 소검사마다 다른데, 일반적으로 아동이 특정 수의 연속적인 문항들에서 0점을 받은 후에 소검사 실시를 그만두도록 지시한다.

08 정답 ③

① '구조적 검사(Structured Test)'는 객관적 검사에 해당한다. 투사적 검사는 '비구조적 검사(Unstructured Test)'이다.
② 객관적 검사가 개인들 간의 특성을 상대적으로 비교하는 데 역점을 두는 반면, 투사적 검사는 개인의 독특하고 다양한 반응을 측정하는 데 초점을 둔다.
④ 대부분의 투사적 검사들은 정신분석이론에 상당 부분 영향을 받아 왔으나, 최근에는 현상학이론, 자극-반응이론, 지각이론 등의 개념을 도입하고 있다.

09 정답 ②

Vineland는 사회적, 환경적 기능을 평가하기 위하여 주어지게 된다. WIAT는 학업 전 기술을 평가하기 좋다. UNIT는 이 학생이 말하기 문제를 보이고 있기 때문에 시행되어야 하며 BASC는 정서적 기능을 측정하기 위한 부수적인 척도이다. 또한, 학급 데이터(예 그림, 놀이 등)를 살펴보는 것도 유용할 수 있다.

10 정답 ②

소거는 목표 행동을 완전하게 제거하는 데 유용한 절차이다. (질문을 위해) 손을 드는 행동은 바람직한 행동으로, 다만 그 정도를 조절할 필요가 있다. 즉, 손드는 행동을 감소시켜야지 완전히 제거하여서는 안 되므로 적합한 방법이 될 수 없다.

11 정답 ④

자아와 환경관계, 역동을 평가하는 것은 주제통각검사(Thematic Apperception Test, TAT)의 특징에 해당한다. 로샤검사의 경우 지각과 성격의 관계를 상정한다.

12 정답 ④

성격에 대한 요인적 관점은 개인의 성격구조가 다양하면서도 공통된 특질, 즉 요인들의 구성에서 비롯된다고 본다. 따라서 요인분석적 연구에서는 개인의 성격차원에서 이와 같은 보편적인 특질들을 찾는 방향으로 전개되며, 이를 통해 개인의 성격을 측정·기술·예측하고자 한다. 요인적 관점을 제시한 대표적인 학자들로는 아이젱크(Eysenck), 카텔(Cattell) 등이 있다.

13 정답 ④

미네소타 다면적 인성검사(MMPI)의 임상척도는 외적 준거 접근 및 경험적 준거 타당도 방식으로 제작되었다. 즉, 준거집단에 해당하는 환자집단과 일반 정상집단을 잘 변별해주는 문항들을 비교하여 척도를 구성하는 방식으로, 해당 항목에 특정한 방식으로 반응하는 대상자들에 대해 특정한 속성을 가지고 있다고 판단하도록 하는 것이다.

14 정답 ①

모집단의 대표성 문제가 있으므로 성별 다양성에 대하여 해결책을 마련하겠다는 방식으로 말하는 것이 적합하다.

15 정답 ④

적극적인 듣기는 선입견 없이 내담자의 이야기를 듣고 정서를 관찰하는 것으로 이를 통해 임상적 판단의 토대를 마련하게 된다.

16 정답 ③

당뇨병이 있는 학생을 돕기 위한 계획을 세우는 것이 우선이다.

17 정답 ④

로샤검사의 질문단계에서 입수해야 할 정보
• 반응영역 : "어디서 그렇게 보았나요?"
• 결정인 : "무엇 때문에 그렇게 보았나요?"
• 반응내용 : "무엇을 보았나요?"

18 정답 ③

유창성은 주어진 문제에 대한 대안적 해결책을 고안하는 능력, 유연성은 자신의 아이디어를 조정하는 능력, 정교성은 아이디어를 확장하고 다듬는 능력, 독창성은 혁신적인 아이디어를 만들어내는 능력을 말한다.
토랜스의 창의력 검사는 전 세계적으로 광범위하게 사용되는 검사로 언어검사(Thinking Creatively with Words)와 도형검사(Thinking Creatively with Pictures)로 나뉜다.

⇩

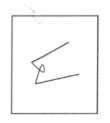

[토랜스의 창의력 검사 중 도형검사의 예시]
위처럼 불완전한 그림이 주어지면 이것을 이용하여 아래처럼 피험자가 그림을 완성시키는 방식으로 진행

19 정답 ④

이 전략명의 유례는 교사가 학생에게 지식의 뼈대를 만들도록 돕고 학생이 이를 정교화 할 수 있도록 격려한다는 데서 왔다.

20 정답 ①

진솔성에 대한 정의로 볼 수 있다.

21 정답 ①

회의가 학년 시작에서 이루어지며 문제가 발생하기 전 문제를 저지하기 위한 것이기 때문에 1차 개입에 해당된다. 2차 및 3차는 문제가 이미 나타난 이후에 이루어진다.

22 정답 ④

학교심리학자의 개인적인 경험이 내담자의 현재 상황과 직접 연결될 수는 있으나 심리학자의 자기노출은 내담자의 상황보다는 심리학자의 상황에 더 많은 초점을 두게 되므로 적절하지 않다.

23 정답 ②

개방형 질문을 사용하는 경우 내담자는 치료의 초점에서 벗어난 이야기를 할 수 있다.

24 정답 ③

표준화된 검사는 수검자의 행동 특성에 대한 참고자료로써 유효할 뿐, 그 결과 자체가 절대적인 것은 아니다.

주관식 해설

01　**정답**　㉠ 연필과 종이, 지우개 이외의 재료가 필요 없다.
　　　　　㉡ 한 시간 이내로 가능하다.
　　　　　㉢ 외국인과 문맹자에게도 실시 가능하다.
　　　　　㉣ 검사의 목적이 숨겨져 있으므로 솔직할 수 있다.

　　　해설　인물화검사인 DAP는 수검자에게 종이와 연필을 이용하여 자유롭게 인물을 그려보도록 하는 투사적 검사로, 신체를 통해 무의식적 심리현상을 표현하도록 하는 것이다. 즉, 인물화에 그려진 인물은 곧 그 그림을 그린 사람의 신체이미지(Body Image) 또는 자아상(Self-Image)을 반영하는 것이 된다. 마코버(Machover)는 이러한 '자기표현 수단으로서의 신체'를 강조하면서, 투사(Projection)를 통한 동일시와 내사(Introjection)를 통한 동일시가 만나는 지점이 곧 '신체'라고 주장하였다.

02　**정답**　㉠ 신뢰도
　　　　　㉡ 타당도
　　　　　㉢ 객관도
　　　　　㉣ 실용도

　　　해설　타당도(Validity)와 신뢰도(Reliability)를 한마디로 정의하면 각각 '정확성'과 '일관성'으로 표현할 수 있다. 특히 신뢰도를 심리측정학 분야에서 사용할 때는 주로 '일관성(Consistency)'의 의미로 사용된다.

03　**정답**　㉠ 히포크라테스
　　　　　㉡ 셀든
　　　　　㉢ 딜테이
　　　　　㉣ 융

　　　해설　성격의 특질론을 주장한 학자는 올포트, 카텔, 아이젱크 등이 있다.

04　**정답**　㉠ 1-2 또는 2-1 코드(Hs & D)
　　　　　㉡ 8-9 또는 9-8 코드(Sc & Ma)

　　　해설
　　　MMPI는 세계적으로 가장 널리 쓰이고 가장 많이 연구되어 있는 객관적 성격검사이다. 1943년 미국 미네소타 대학의 하더웨이와 매킨리(Hathaway & McKinley)가 처음 발표하였으며, 진단적 도구로서의 유용성과 다양한 장면에서의 활용 가능성을 인정받고 있다.

남도 전공심화과정인정시험 답안지(객관식)

★ 수험생은 수험번호와 응시과목 코드번호를 표기(마킹)한 후 일치여부를 반드시 확인할 것.

전공분야

성명

3	수 험 번 호
—	

※ 감독관 확인란

(인)

관 리 번 호	(연번)
(응시자수)	

과목코드

응시과목

1 2 3 4 5 6 7 8 9 10 11 12 13
14 15 16 17 18 19 20 21 22 23 24

교시코드

과목코드

응시과목

1 2 3 4 5 6 7 8 9 10 11 12 13
14 15 16 17 18 19 20 21 22 23 24

답안지 작성시 유의사항

1. 답안지는 반드시 컴퓨터용 사인펜을 사용하여 다음 [예]와 같이 표기할 것.
   [예] 잘된표기: ●
   잘못된 표기: ⊗ ⊙ ◑ ◐ ○

2. 수험번호 (1)에는 아라비아 숫자로 쓰고, (2)에는 "●"와 같이 표기할 것.

3. 과목코드는 해당과목의 코드번호를 찾아 표기하고,
   응시과목란에는 응시과목명을 한글로 기재할 것.

4. 교시코드는 문제지 전면 의 교시를 해당란에 "●"와 같이 표기할 것.

5. 한번 표기한 답은 긁거나 수정액 및 스티커 등 어떠한 방법으로도 고쳐서는
   아니되고, 고친 문항은 "0"점 처리함.

[이 답안지는 마킹연습용 모의답안지입니다.]

절취선

년도 전공심화과정 인정시험 답안지(주관식)

★ 수험생은 수험번호와 응시과목 코드번호와 응시과목 코드번호를 표기(마킹)한 후 일치여부를 반드시 확인할 것.

전공분야

성명

수험번호

과목코드

교시코드
① ② ③ ④

응시과목

번호	※1차 점수	※1차 채점	응시과목	※1차확인	※2차확인	※2차 채점	※2차 점수
1	⓪ ① ② ③ ④ ⑤	⑥ ⑦ ⑧ ⑨ ⑩					⓪ ① ② ③ ④ ⑤ ⑥ ⑦ ⑧ ⑨ ⑩
2	⓪ ① ② ③ ④ ⑤	⑥ ⑦ ⑧ ⑨ ⑩					⓪ ① ② ③ ④ ⑤ ⑥ ⑦ ⑧ ⑨ ⑩
3	⓪ ① ② ③ ④ ⑤	⑥ ⑦ ⑧ ⑨ ⑩					⓪ ① ② ③ ④ ⑤ ⑥ ⑦ ⑧ ⑨ ⑩
4	⓪ ① ② ③ ④ ⑤	⑥ ⑦ ⑧ ⑨ ⑩					⓪ ① ② ③ ④ ⑤ ⑥ ⑦ ⑧ ⑨ ⑩
5	⓪ ① ② ③ ④ ⑤	⑥ ⑦ ⑧ ⑨ ⑩					⓪ ① ② ③ ④ ⑤ ⑥ ⑦ ⑧ ⑨ ⑩

답안지 작성시 유의사항

1. ※란은 표기하지 말 것.
2. 수험번호 (2)란, 과목코드, 교시코드는 반드시 컴퓨터용 싸인펜으로 표기할 것
3. 교시코드는 문제지 전면의 교시를 해당란에 컴퓨터용 싸인펜으로 표기할 것.
4. 답안은 반드시 흑·청색 볼펜 또는 만년필을 사용할 것. (연필 또는 적색 필기구 사용불가)
5. 답안을 수정할 때에는 두줄(=)을 긋고 수정할 것.
6. 답란이 부족하면 해당답란에 "뒷면기재"라고 쓰고 뒷면 '추가답란'에 문제번호를 기재한 후 답안을 작성할 것.
7. 기타 유의사항은 객관식 답안지의 유의사항과 동일함.

※ 감독관 확인란

(인)

남도 전공시화과정인정시험 답안지(객관식)

컴퓨터용 사인펜만 사용

★ 수험생은 수험번호의 응시과목 코드번호를 표기(마킹)한 후 일치여부를 반드시 확인할 것.

전공분야

성 명

(1) 3

(2) ④ ● ② ①

수 험 번 호

과목코드	응시과목
	1 ① ② ③ ④
	2 ① ② ③ ④
	3 ① ② ③ ④
	4 ① ② ③ ④
	5 ① ② ③ ④
	6 ① ② ③ ④
	7 ① ② ③ ④
	8 ① ② ③ ④
교시코드	9 ① ② ③ ④
① ② ③ ④	10 ① ② ③ ④
	11 ① ② ③ ④
	12 ① ② ③ ④
	13 ① ② ③ ④
14 ① ② ③ ④	
15 ① ② ③ ④	
16 ① ② ③ ④	
17 ① ② ③ ④	
18 ① ② ③ ④	
19 ① ② ③ ④	
20 ① ② ③ ④	
21 ① ② ③ ④	
22 ① ② ③ ④	
23 ① ② ③ ④	
24 ① ② ③ ④	

답안지 작성시 유의사항

1. 답안지는 반드시 컴퓨터용 사인펜을 사용하여 다음 보기와 같이 표기할 것.
   보기 잘된 표기: ● 잘못된 표기: ⊗ ⊗ ◐ ⊙ ○ ●
2. 수험번호 (1)에는 아라비아 숫자로 쓰고, (2)에는 " ● "와 같이 표기할 것.
3. 과목코드는 뒷면 "과목코드번호"를 보고 해당과목의 코드번호를 찾아 표기하고,
   응시과목란에는 응시과목명을 한글로 기재할 것.
4. 교시코드는 문제지 전면의 교시를 해당란에 " ● "와 같이 표기할 것.
5. 한번 표기한 답은 긁거나 수정액 및 스티커 등 어떠한 방법으로도 고쳐서는
   아니되고, 교정은 문항은 " 0 "점 처리함.

과목코드	응시과목
	1 ① ② ③ ④
	2 ① ② ③ ④
	3 ① ② ③ ④
	4 ① ② ③ ④
	5 ① ② ③ ④
	6 ① ② ③ ④
	7 ① ② ③ ④
	8 ① ② ③ ④
	9 ① ② ③ ④
	10 ① ② ③ ④
	11 ① ② ③ ④
	12 ① ② ③ ④
	13 ① ② ③ ④
14 ① ② ③ ④	
15 ① ② ③ ④	
16 ① ② ③ ④	
17 ① ② ③ ④	
18 ① ② ③ ④	
19 ① ② ③ ④	
20 ① ② ③ ④	
21 ① ② ③ ④	
22 ① ② ③ ④	
23 ① ② ③ ④	
24 ① ② ③ ④	

※ 감독관 확인란

(인)

관 리 번 호

(연번)

(응시자수)

[이 답안지는 마킹연습용 모의답안지입니다.]

년도 전공심화과정
인정시험 답안지(주관식)

전공분야

성명

★ 수험생은 수험번호와 응시과목 코드번호를 코드번호표 표기(마킹)한 후 일치여부를 반드시 확인할 것.

과목코드

| ① ② |
| ① ② ③ ④ ⑤ ⑥ ⑦ ⑧ ⑨ ⑩ |
| ① ② ③ ④ ⑤ ⑥ ⑦ ⑧ ⑨ ⑩ |
| ① ② ③ ④ ⑤ ⑥ ⑦ ⑧ ⑨ ⑩ |
| ① ② ③ ④ ⑤ ⑥ ⑦ ⑧ ⑨ ⑩ |

교시코드

① ② ③ ④
① ② ③ ④

수험번호

3
① ② ● ④

(1)

(2)
① ② ③ ④ ⑤ ⑥ ⑦ ⑧ ⑨ ⑩
① ② ③ ④ ⑤ ⑥ ⑦ ⑧ ⑨ ⑩
① ② ③ ④ ⑤ ⑥ ⑦ ⑧ ⑨ ⑩
① ② ③ ④ ⑤ ⑥ ⑦ ⑧ ⑨ ⑩
① ② ③ ④ ⑤ ⑥ ⑦ ⑧ ⑨ ⑩

답안지 작성시 유의사항

1. ※란은 표기하지 말 것.
2. 수험번호 (2)란, 과목코드, 교시코드 표기는 반드시 컴퓨터용 싸인펜으로 표기할 것
3. 교시코드는 문제지 전면 의 교시를 해당란에 컴퓨터용 싸인펜으로 표기할 것.
4. 답란은 반드시 흑·청색 볼펜 또는 만년필을 사용할 것. (연필 또는 적색 필기구 사용불가)
5. 답안을 수정할 때에는 두줄(=)을 긋고 수정할 것.
6. 답란이 부족하면 해당답란에 "뒷면기재"라고 쓰고 뒷면 '추가답란'에 문제번호를 기재한 후 답안을 작성할 것.
7. 기타 유의사항은 객관식 답안지의 유의사항과 동일함.

※ 감독관 확인란

(인)

응시과목 코드번호를 코드번호표 표기(마킹)한 후 일치여부를 반드시 확인할 것.

번호	※ 1 차 점수		※1차확인	응 시 과 목	※2차확인	※ 2 차 채점	※ 2 차 점 수
1	⓪ ① ② ③ ④ ⑤	⑥ ⑦ ⑧ ⑨ ⑩					⓪ ① ② ③ ④ ⑤ ⑥ ⑦ ⑧ ⑨ ⑩
2	⓪ ① ② ③ ④ ⑤	⑥ ⑦ ⑧ ⑨ ⑩					⓪ ① ② ③ ④ ⑤ ⑥ ⑦ ⑧ ⑨ ⑩
3	⓪ ① ② ③ ④ ⑤	⑥ ⑦ ⑧ ⑨ ⑩					⓪ ① ② ③ ④ ⑤ ⑥ ⑦ ⑧ ⑨ ⑩
4	⓪ ① ② ③ ④ ⑤	⑥ ⑦ ⑧ ⑨ ⑩					⓪ ① ② ③ ④ ⑤ ⑥ ⑦ ⑧ ⑨ ⑩
5	⓪ ① ② ③ ④ ⑤	⑥ ⑦ ⑧ ⑨ ⑩					⓪ ① ② ③ ④ ⑤ ⑥ ⑦ ⑧ ⑨ ⑩

컴퓨터용 사인펜만 사용

★ 수험생은 수험번호와 응시과목 코드번호를 표기(마킹)한 후 일치여부를 반드시 확인할 것.

년도 전공심화과정인정시험 답안지(객관식)

전공분야

성명

(1)	3							

수 험 번 호

※ 감독관 확인란

⑩ 인

관 리 번 호 (연번)
(응시자수)

답안지 작성시 유의사항

1. 답안지는 반드시 컴퓨터용 사인펜을 사용하여 다음 보기와 같이 표기할 것.
   [보기] 잘된 표기: ● 잘못된 표기: ⊙ ⊗ ● ◐ ○
2. 수험번호 (1)에는 아라비아 숫자로 쓰고, (2)에는 "●"와 같이 표기할 것.
3. 과목코드는 뒷면 "과목코드번호"를 보고 해당과목의 코드번호를 찾아 표기하고,
   응시과목란에는 응시과목명을 한글로 기재할 것.
4. 교시코드는 문제지 전면 의 교시를 해당란에 "●"와 같이 표기할 것.
5. 한번 표기한 답은 긁거나 수정액 및 스티커 등 어떠한 방법으로도 고쳐서는
   아니되고, 고친 문항은 "0"점 처리함.

과목코드

응시과목

교시코드

1	① ② ③ ④	14	① ② ③ ④
2	① ② ③ ④	15	① ② ③ ④
3	① ② ③ ④	16	① ② ③ ④
4	① ② ③ ④	17	① ② ③ ④
5	① ② ③ ④	18	① ② ③ ④
6	① ② ③ ④	19	① ② ③ ④
7	① ② ③ ④	20	① ② ③ ④
8	① ② ③ ④	21	① ② ③ ④
9	① ② ③ ④	22	① ② ③ ④
10	① ② ③ ④	23	① ② ③ ④
11	① ② ③ ④	24	① ② ③ ④
12	① ② ③ ④		
13	① ② ③ ④		

과목코드

응시과목

1	① ② ③ ④	14	① ② ③ ④
2	① ② ③ ④	15	① ② ③ ④
3	① ② ③ ④	16	① ② ③ ④
4	① ② ③ ④	17	① ② ③ ④
5	① ② ③ ④	18	① ② ③ ④
6	① ② ③ ④	19	① ② ③ ④
7	① ② ③ ④	20	① ② ③ ④
8	① ② ③ ④	21	① ② ③ ④
9	① ② ③ ④	22	① ② ③ ④
10	① ② ③ ④	23	① ② ③ ④
11	① ② ③ ④	24	① ② ③ ④
12	① ② ③ ④		
13	① ② ③ ④		

[이 답안지는 마킹연습용 모의답안지입니다.]

년도 전공심화과정
인정시험 답안지(주관식)

★ 수험생은 수험번호와 응시과목 코드번호와 응시과목 코드번호를 표기(마킹)한 후 일치여부를 반드시 확인할 것.

전공분야

성명

과목코드

교시코드
① ② ③ ④

수험번호

답안지 작성시 유의사항

1. ※란은 표기하지 말 것.
2. 수험번호 (2)란, 과목코드, 교시코드는 반드시 컴퓨터용 싸인펜으로 표기할 것
3. 교시코드는 문제지 전면 의 교시를 해당란에 컴퓨터용 싸인펜으로 표기할 것.
4. 답안은 반드시 흑·청색 볼펜 또는 만년필을 사용할 것. (연필 또는 적색 필기구 사용불가)
5. 답안을 수정할 때에는 두줄(=)을 긋고 수정할 것.
6. 답란이 부족하면 해당답란에 "뒷면기재"라고 쓰고 뒷면 '추가답란'에 문제번호를 기재한 후 답안을 작성할 것.
7. 기타 유의사항은 객관식 답안지의 유의사항과 동일함.

※ 감독관 확인란
(인)

번호	※1차 점수	※1차 채점	※1차확인	응 시 과 목	※2차확인	※2차 채점	※2차 점수
1							
2							
3							
4							
5							

참고문헌

1. 한국청소년정책연구원, 「학생상담 및 생활지도 매뉴얼」, 2014.

2. 최영, 「학교정신보건 사업의 배경과 필요성 : 정신과 의사의 관점」, 청소년정신건강센터 심포지엄, 2000.

3. 한종철, 「학교교육에서의 학교심리학자의 역할」, 연세교육과학, 1991.

4. Connecticut State Department of Education, 「Guidelines for the Practice of School Psychology」, 2004.

5. George W. Hynd, 「The School Psychologist : An Introduction」, Syracuse University Press (New York), 1983.

6. Kenneth W. Merrell, Ruth A. Ervin, Gretchen Gimpel Peacock, 「School Psychology for the 21st Century : Foundations and Practices」, Guilford Press, 2012.

7. Manitoba Association of School Psychologists, 「School Psychology : An Essential Public Service in Canada. A Position Paper」, 2014.

8. National Association of School Psychologists, 「National Association of School Psychologists standards for training and field placement programs in school psychology」, 2000.

9. The CPA Section of Psychologists in Education, 「Professional Practice Guidelines for School Psychologists in Canada」, 2007.

10. Timothy M. Lionetti, Edward P. Snyder, Ray W. Christner, 「A Practical Guide to Building Professional Competencies in School Psychology」, Springer, 2010.

11. SD 청소년 상담사 수험연구소, 「청소년 상담사 2급 한권으로 끝내기」.

12. SD 청소년 상담사 수험연구소, 「청소년 상담사 3급 한권으로 끝내기」.

인터넷사이트

- http://www.reportshop.co.kr/dview/230305

- https://en.wikipedia.org/wiki/School_psychology

- http://www.school-psychologists.com/articles/school-psychologist-vs-school-counselor.html

- https://en.wikipedia.org/wiki/School_psychology

- http://blog.naver.com/yrshin60/30486709

- http://schoolpsychologistfiles.com/spedtesting/

- http://counselingnet.kr/bbs/board.php?bo_table=bo_82749&wr_id=6

- http://www.google.co.kr/

- http://www.naver.com/

- http://www.daum.net/

좋은 책을 만드는 길
독자님과 함께하겠습니다.

도서나 동영상에 궁금한 점, 아쉬운 점, 만족스러운 점이
있으시다면 어떤 의견이라도 말씀해 주세요.
시대고시기획은 독자님의 의견을 모아 더 좋은 책으로 보답하겠습니다.

www.sidaegosi.com

시대에듀 독학사 심리학과 3단계 학교심리학

개정5판1쇄 발행	2022년 03월 30일 (인쇄 2022년 01월 18일)
초 판 발 행	2017년 02월 10일 (인쇄 2017년 01월 02일)
발 행 인	박영일
책 임 편 집	이해욱
편 저	독학학위연구소
편 집 진 행	송영진·양희정
표 지 디 자 인	박종우
편 집 디 자 인	차성미·박서희
발 행 처	(주)시대고시기획
출 판 등 록	제10-1521호
주 소	서울시 마포구 큰우물로 75 [도화동 538 성지 B/D] 9F
전 화	1600-3600
팩 스	02-701-8823
홈 페 이 지	www.sidaegosi.com
I S B N	979-11-383-1524-1 (13180)
정 가	28,000원

1년 만에 4년제 대학 졸업

시대에듀가
All care 해 드립니다!

학사학위 취득하기로 결정하셨다면!
지금 바로 시대에듀 독학사와 함께 시작하세요!

시대에듀 교수진과 함께라면
독학사 학위취득은 반드시 이루어집니다

수강생을 위한 프리미엄 학습 지원 혜택

저자직강 명품강의 제공	×	기간 내 무제한 수강	×	모바일 강의 제공	×	1:1 맞춤 학습 서비스

시대에듀 독학사
심리학과

왜? 독학사 심리학과인가? *why*

4년제 심리학 학위를 최소 시간과 비용으로 단 1년 만에 초고속 합격 가능!

1 독학사 11개 학과 중 2014년에 **가장 최근에 신설된 학과**

2 학위취득 후 청소년 상담사나 임상 심리사 등 **심리학 관련 자격증 응시자격 가능**

3 심리치료사, 심리학 관련 언론사, 연구소, 공공기관 등의 **취업 진출**

심리학과 과정별 시험과목(2~4과정)

1~2과정 교양 및 전공기초 과정은 객관식 40문제 구성
3~4과정 전공심화 및 학위취득 과정은 객관식 24문제 + **주관식 4문제** 구성

2과정(전공기초)	3과정(전공심화)	4과정(학위취득)
동기와 정서	학습심리학	인지신경과학
성격심리학	심리검사	임상심리학
발달심리학	학교심리학	소비자 및 광고심리학
사회심리학	산업 및 조직심리학	심리학연구방법론(근간)
이상심리학	상담심리학	
감각 및 지각심리학(근간)	인지심리학(근간)	

시대에듀 심리학과 학습 커리큘럼

기본이론부터 실전 문제풀이 훈련까지!
시대에듀가 제시하는 각 과정별 최적화된 커리큘럼 따라 학습해보세요.

기본이론
핵심 이론 분석으로
확실한 개념 이해
Step 01

문제풀이
출제 예상문제를 통해
실전 문제에 적용
Step 02

핵심요약
이론 핵심내용
중요 포인트 체크
Step 03

모의고사
기출 동형 문제를 통한
최종 마무리
Step 04

※ 전공별·과정별 커리큘럼은 변경될 수 있습니다.

독학사 2~4과정 심리학과 교재

독학학위제 출제영역을 100% 반영한 내용과 문제로 구성된 완벽한 최신 기본서 라인업!

2과정

- 전공 기본서 [전 6종]
  - 동기와 정서 / 성격심리학 /
  발달심리학 / 사회심리학 /
  이상심리학 / 감각 및 지각심리학(근간)

3과정

- 전공 기본서 [전 6종]
  - 학습심리학 / 심리검사 /
  학교심리학 / 산업 및 조직심리학 /
  상담심리학 / 인지심리학(근간)

4과정

- 전공 기본서 [전 4종]
  - 인지신경과학 / 임상심리학 /
  소비자 및 광고심리학 /
  심리학연구방법론(근간)

독학사 심리학과 최고의 교수진

독학사 수험생 여러분의 합격을 책임질 최고의 독학사 심리학과 전문 교수진과 함께!

김윤수 교수	류소형 교수	장경은 교수	천은영 교수	정경아 교수
이상심리학	학교심리학 발달심리학 동기와 정서 사회심리학	산업 및 조직심리학 상담심리학 소비자 및 광고심리학 인지신경과학	성격심리학	심리검사

✚ 심리학과 동영상 패키지 강의 수강생을 위한 특별 혜택

청소년상담사
임상심리사

> **자격증 과정 강의 무료제공!**
> 수강기간 내 학사학위 취득 시
> 청소년상담사 or 임상심리사 자격과정 무료제공

나는 이렇게 합격했다

여러분의 힘든 노력이 기억될 수 있도록
당신의 합격 스토리를 들려주세요.

합격생 인터뷰
상품권 증정

추첨을 통해
선물 증정

베스트 리뷰자 1등
아이패드 증정

베스트 리뷰자 2등
에어팟 증정

시대에듀 합격생이 전하는 합격 노하우

**"기초 없는 저도 합격했어요
여러분도 가능해요"**
검정고시 합격생 이*주

**"불안하시다고요?
시대에듀와 나 자신을 믿으세요"**
소방직 합격생 이*화

**"강의를 듣다 보니
자연스럽게 합격했어요"**
사회복지직 합격생 곽*수

**"선생님 감사합니다.
제 인생의 최고의 선생님입니다."**
G-TELP 합격생 김*진

**"시험에 꼭 필요한 것만 딱딱!
시대고시 인강 추천합니다. "**
물류관리사 합격생 이*환

**"시작과 끝은 시대에듀와 함께!
시대고시를 선택한 건 최고의 선택 "**
경비지도사 합격생 박*익

합격을 진심으로 축하드립니다!

합격수기 작성 / 인터뷰 신청

QR코드 스캔하고 ▷ ▷ ▶
이벤트 참여하여 푸짐한 경품받자!

합격의 공식 시대에듀
SD에듀